커리어 개발과 상담

Duane Brown 지음

박종원, 이성준, 송연미, 김완석 옮김

Σ 시그마프레스

커리어 개발과 상담, 제11판

발행일 2018년 2월 20일 1쇄 발행

지은이 Duane Brown
옮긴이 박종원, 이성준, 송연미, 김완석
발행인 강학경
발행처 (주) 시그마프레스
디자인 김경임
편 집 류미숙

등록번호 제10-2642호
주소 서울특별시 영등포구 양평로 22길 21 선유도코오롱디지털타워 A401~403호
전자우편 sigma@spress.co.kr
홈페이지 http://www.sigmapress.co.kr
전화(02)323-4845, (02)2062-5184~8
팩스(02)323-4197

ISBN 979-11-6226-024-1

Career Information, Career Counseling, and Career Development, 11th Edition

＊ 책값은 책 뒤표지에 있습니다.

이 도서의 국립중앙도서관 출판예정도서목록(CIP)은 서지정보유통지원시스템 홈페이지(http://seoji.nl.go.kr)와 국가자료공동목록시스템(http://www.nl.go.kr/kolisnet)에서 이용하실 수 있습니다.(CIP제어번호 : CIP2018002711)

역자 서문

직업생활은 한 인간의 많은 부분을 장식하고 있는 중요한 생애 역할 중 한 가지이다. 그리고 자신의 미래이자 꿈으로 대변될 수 있는 커리어의 목표에 대한 결정은 우리나라에서 오래전부터 청소년과 대학생은 물론 성인들의 주된 고민사항이었다. 현재 우리가 접하고 있는 환경은 빠른 변화의 흐름 속에서 수많은 직업들이 탄생하고 소멸하고 있으며, 4차 혁명으로 대변되는 급변하고 예측할 수 없는 미래를 맞이하고 있다.

이런 배경 속에서는 단기적인 전망과 현재에 입각한 최선의 직업이나 커리어를 결정하려는 관점보다는 변화에 적응하며 변화를 예측할 수 있는 역량과 준비성을 가지고 있어야 할 것이다. 이것은 어찌 보면 자신의 커리어 발달에 대한 통찰과 이해는 물론 직업 정보를 효과적으로 탐색하고 보유하며 자신의 것으로 소화하는 법을 습득하고, 자기에 대한 정확한 이해와 더불어 현재를 관리하고 미래를 설계하는 것을 포함하는 것으로 볼 수 있다.

교육 선진국에서는 커리어 상담이 의무화되어 있으며 이른 시기에 커리어 상담을 의무화하도록 하고 있다. 우리나라도 2013년을 커리어 교육의 원년으로 선포하면서 다양한 교육 정책들을 세우고 수정해 오고 있으며, 중 1 커리어 탐색 집중 학년제나 커리어 교사 배치 제도 등을 시행하고 있다. 이러한 움직임 역시 일회기적인 의사결정으로서의 커리어 선택이 아니라 자신에 대한 지속적인 탐색과 역량 개발을 통한 자기 주도적인 커리어 결정 능력을 갖추도록 하는 사회적인 인식의 확대와 그 결과 나타나는 제도적 차원의 커다란 움직임으로 생각해 볼 수 있을 것이다. 이런 변화는 앞으로도 개인적 차원에서는 물론 사회적인 차원에서 더욱 강하게 다가올 것으로 보인다.

이 책은 *Career Information, Career Counseling, and Career Development*(11th edition)를 번역한 것이다. 역자들은 이 책을 2000년경에 제6판으로 처음 접하였다. 당시 국내에는 커리어와 관련된 주제를 다루는 전공 이론서들이 지금처럼 많지 않았었고, 커리어 및 직업심리학을 다루는 대학원 내에서는 주로 해외저널과 저서들을 통해서 관련된 주제들을 공부하고 있었다. 역자들 역시 이론과 커리어 지도에 대한 최신 현황을 이해하고자 대표적인 이론들과 다양한 개입방법을 소개했던 이 책을 그때 처음 열어본 것이 떠오른다.

　본서의 역자 중 다수는 당시 직업심리학을 학습하면서 얻은 내용들을 실제 현장에 적용하고 커리어 문제에 대해 고민하는 학생들에게 미약하게나마 도움을 제공하고자 하는 취지에서 '직업길라잡이'라는 무료 웹사이트(당시 www.vcpkorea.com)를 자체적으로 제작하여 운영하였고, 게시판과 이메일을 통해 청소년들 및 성인 취업 준비생들을 대상으로 심리검사 및 커리어 상담을 제공하였다. 처음 생각했던 것과는 달리 짧은 기간 내에 무척 많은 사용자들이 방문을 하였고 게시판에 자신들의 고민을 털어놓았다. 이 사이트에 올라온 상담 내용들을 통해 깨닫게 된 생각과 사실들은 우리에게 무척 의미 있게 다가왔다. 예상보다 많은 학생이 진지하게 자신의 전 생애에 대한 커리어와 미래의 문제에 관심이 많았고, 이에 대해 무척 진지했으며 상당히 심각하기도 하였다. 이들이 겪는 고민에 공감되는 부분들도 많았고 안타까운 부분들도 있었다. 이를 통해 우리는 더 많은 공부와 사례, 그리고 이런 문제를 다룰 책과 논문이 필요하다는 것을 깨닫게 되었다. 이 책을 번역하는 것도 십수 년 전의 당시 함께 고민했던 경험의 작은 산물이라 여겨진다.

　이 책은 크게 5개 파트로 구성되어 있다. 첫 번째는 일반적인 커리어 상담 및 직업심리학에 대한 대표적인 이론들을 다룬다. 아직 국내에서 널리 다루지 않은 이론들과 성소수자들을 다루는 이론도 있지만 앞으로 고려해 봄직한 내용들이라 판단하여 번역에서 제외하지 않았다. 두 번째는 커리어 상담에서 중요한 한 축을 담당하는 직업 정보와 관련된 내용들을 다룬다. 다양한 집단의 내담자들이 갖는 이슈와 커리어 발달을 위한 올바른 정보의 활용에 대한 내용이 주를 이루고 있다. 세 번째는 미국 내에서 적용되는 커리어 발달과 글로벌 시대의 직무 탐색을 위한 다양한 접근과 관련 사례들이 소개되어 있다. 비록 국내 환경과는 상이한 해외의 정책과 사례이지만 국내의 실무자들과 상담자들이 고민하고 참조해 볼 만한 내용들이라 판단해서 그대로 번역에 포함시켰다. 네 번째는 교육 장면에서 활용 가능한 커리어 개발 프로그램들을 소개하고 있다. 유치원 및 초등학교부터 정부 및 기업 내에서 운영할 수 있는 프로그램들을 커리어 발달 단계와 집단의 특성을 고려해서 소개하고 있다. 마지막 다섯 번째에서는 가까운 미래에 접하게 될 직업 구조와 노동시장의 예측에 대해 간단히 다루고 있다. 역자들은 원저서의 내용을 모두 번역하고 다루는 것을 원칙으로 삼아 작업을 진행하였다. 물론 충실한 번역이 이루어졌는지의 문제와 다루고 있는 소재상의 한계는 존재할 수 있을 것이다. 하지만 언급하였듯이 앞으로 충분히 고민하고 적용할 수 있는 이론이라고 판단해서 이러한 내용 역시 소개하였다.

　이 책에서 소개하고 있는 다양한 개념과 사례들은 커리어 개발과 상담을 위한 표준적인 모형이나 개입은 절대 아니다. 커리어에 대해 관심을 갖고 있는 교사 및 실무자, 학생들의 커리어 주제에 대해 관여하고 있는 연구자 및 자신의 커리어 개발에 대해 고민하고 있는 당사자들에게 다양한 관점을 제공해 주며 폭넓은 측면의 이해를 돕고 이러한 문제들에 대해 친숙해질 수 있는 한 권의 책이 되었으면 한다.

역자 일동

저자 서문

이 책의 주요한 목적은 다음과 같다.

1. 이 책을 읽는 학생들이나 독자의 커리어 개발을 촉진하는 것
2. 커리어 개발 분야에서 알려진 다양한 연구와 실무 장면에 필요한 최신 정보를 제공하는 것
3. 사례연구를 통해서 이론과 실무 사이의 관계를 보여주는 것. 이 책은 7개의 사례연구와 수많은 다른 예시들을 포함하고 있다.
4. 모든 종류의 연령, 성, 성적 지향, 인종, 민족에 속한 내담자에게 커리어 서비스를 제공하는 데 필요한 세부사항, 지식, 기술들을 개발하도록 돕는 것
5. 비용 효율적인 커리어 개발 프로그램 제작할 수 있도록 도와주는 것

독자들의 커리어 개발 촉진

학생들은 보통 자격 있는 상담자나 심리학자가 되는 목적을 가지고 훈련 프로그램으로 들어온다. 대부분의 경우에 이러한 목적은 프로그램의 이름과 관련이 있다. 말하자면 학교 상담자들은 학교에서 일할 수 있는 자격을 갖추기를 기대하고, 재활 상담자들은 재활기관에서 일할 수 있기를 기대하고, 상담심리학자들은 종종 대학 상담센터에서 일하거나 개인영업을 원한다. 많은 사람들이 자기 삶의 목적을 이행하면서 학교, 기관 또는 상담센터들에서 서비스를 제공하면서 일생을 보낼 것이다. 사람들은 자신들의 목적을 이행하면서, 자신들의 원래 목적이었던 직업을 갖지만, 몇 년 후에는 많은 다른 사람들처럼 자신들의 커리어 목표를 바꾼다. 학교 상담자들이 개인영업 분야에서 일을 하게 될까? 그렇다! 당신이 생각하는 것보다 더 많다. 재활 상담자들이 학교 상담자로서 일을 하게 될까? 확실히 그렇다! 상담심리학자들이 커리어 코치, 생애 코치, 또는 약간의 혼재된 역할을 하게 될까? 나는 그런 것을 본 적이 있다. 커리어 대안의 하나로 자문 또는 정부기관에서 전문가로서 일하는 것은 어떨까? 그런 일 역시 일어난다. 이 책은 학생들이 커리어 개발 전문가에게 요구되는 지식과 기술이 준비된다면, 그들에게 가능한 광범위한 커리어 대안들을 시도해 보도

록 쓰였다.

커리어 개발에 대한 현재의 관점

스마트폰, 태블릿 또는 컴퓨터를 소유해 본 모든 사람은 기술 변화의 속도를 알고 있다. 기술에 대한 신중한 활용은 모든 유형의 커리어 개발 서비스에서 기본이 된다. 기술, 특히 인터넷을 이용해서 직무에 대한 정보를 제공받는 것은 비전문가들이 커리어를 개발하기 위해서 이용하는 기술로 무엇을 생각하느냐는 질문을 받았을 때 가장 먼저 떠오르는 수단일 것이다. 소수만이 평가 과정에서 기술의 사용을 알고 있다. 대부분은 기술이 수많은 사람들의 커리어 개발 과정(탐색부터 구직까지)에 공헌하는 도구로써 사용되는 방식을 고려해 본 적이 없다. 구직에서 페이스북과 같은 소셜 미디어의 사용은 새롭게 떠오르는 경향성이다.

기술을 사용함에 있어 그 변화를 유지하는 것이 중요하지만, 커리어 개발 실제 장면과 관련이 있는 다른 영역 또한 변화하고 있다. 이론들은 계속 변화하고, 커리어 개발 실무 장면에 대한 포스트모던 사고들의 영향력이 이 변화의 최고 예시가 된다. John Krumboltz는 40년간 유지했던 자신의 오래된 생각들을 버렸고, 커리어 상담자들에게 내담자들이 커리어 선택과 개발에서 우연을 이용하도록 준비시키는 새로운 이론을 제시했다. 새로운 평가 도구들도 소개된다. 노동시장은 변화하고, 새로운 직무들이 나타나고, 전통적인 직무들은 바뀌고 사라진다. 미국과 글로벌 경제는 새로운 기회를 만들기도 하고 기존의 기회들이 없어지면서, 확장 또는 감소되기도 한다. 커리어 코칭은 20년 전에는 거의 아무도 들어 보지 못한 분야였고, 지금 인터넷에는 이 분야에서의 기회들을 다루는 웹사이트들로 넘쳐난다. 커리어 개발은 변화한다. 이러한 변화들이 이 책에서 설명된다.

이론과 실무의 관계

'심사숙고된 이론만큼 실용적인 것은 없다.'는 구절은 여러 사람의 공헌 덕분이었다. 그것을 만든 사람이 누구이든 간에 그 진술문 자체는 중요하다. 나는 커리어 조언, 커리어 상담, 커리어 코칭, 평가에 대한 전통적인 접근과 포스트모던 접근 등 모든 사례를 사용함으로써 주요한 이론들의 적용점과 응용점을 보여주기 위해서 애써 왔다. 예를 들어 제3장에서 Super의 C-DAC 모형은 사례 형태로 제시된다. 제4장에서 나는 John Holland의 모형이 커리어 조언에 어떻게 응용될 수 있는지를 보여주기 위해 표를 사용했다. 사례들은 세분화된 표에서 강조된다.

다양한 집단에 도움이 되기 위한 세부사항과 지식

Frank Parsons의 전통적인 특질과 요인 모형에 대한 대안들이 1950년대 중반에 나타나기 시작할 때, 그 대안들의 초점은 주로 백인 남성의 커리어 발달이었다. 여성, 민족 및 인종 소수집단, 성적 지향 소수집단들은 한 가지 예외를 제외하고서 무시되었다. Donald Super는 여성을 위한 분리이론을 개발했는데, 이는 가정주부라는 역할과 전통적인 여성 커리어로서 그들의 역할에 대부분 초점을 맞추었다. 1989년에 그는 자신의 이론 중 지금은 성차별주의자 아이디어로 고려될 만한 것들을 폐기했다. 다른 여러 학자 중에서 Robert Lent, Gail Hackett, 그리고 Mark Savickas와 같은 이론가들은 포용주의적인 관점으로 이론과 실무 적용점들을 만들어 왔는데, 이는 성, 인종, 또는 성적 지향을 모두 고려해서 내담자들을 다룰 수 있는 이론이다.

평가도구들은 또한 모든 내담자에게 유익하도록 적용되는 변화를 겪었다. 스트롱 흥미검사(SII)는 남성과 여성 각각을 위한 파란색과 분홍색 양식으로 이루어져 있다. SII는 오랫동안 단일 양식으로 합쳐져 있었다. 규준화된 검사들과 목록들은 그들의 참조집단 안에 충분한 여성 또는 소수집단들을 포함하지 않았기 때문에 편향된 결과가 나오기 십상이었다. 평가도구들의 사용과 관련한 이슈들은 현재까지 계속된다. 실무자들은 그 이슈들이 무엇이고 내담자를 위한 가장 타당한 결과를 만들기 위해서 다양한 평가도구들을 사용하는 법을 알 필요가 있다.

비용 효율적인 프로그램의 제작

나는 커리어 개발 프로그램의 통합적인 측면으로 O*NET과 주별 지원 커리어 개발 웹사이트의 사용을 강조한 이유를 질문 받았다. 그 답은 간단했다. 이러한 자원들은 내용이 잘 구성되어 있고 무료이기 때문이다. 나는 인디애나, 아이오와, 웨스트버지니아, 그리고 노스캐롤라이나 주에서 일했었고, 많은 다른 주에서 자문을 해주었다. 유일한 한 가지 사례로 오하이오에 있는 부유한 학군에서 나는 이런 이야기를 들었다. "우리는 우리의 커리어 개발 프로그램의 기금을 대기 위해서 필요한 모든 돈을 갖고 있어요." 지금 많은 대학은 1학년생들까지 노트북 컴퓨터를 지급한다. 일부 사립학교도 똑같이 한다. 도서관과 지역사회기관들은 종종 커리어를 탐색하고, 타당한 검사도구를 실시하고, 이력서 작성과 인터뷰 기술과 기타 다른 것들에 대해서 무료 강습에 사용할 수 있는 컴퓨터를 보유하고 있다. 군징집관들은 고등학생들에게 흥미검사와 적성검사를 실시하고, 채점하고, 해석할 것이다. 이러한 모든 서비스는 개인과 기관이 무료로 사용할 수 있다. 인정하건대 이러한 서비스는 컴퓨터의 사용을 필요로 하지만, 경제적으로 하위계층의 성인 내담자들 일부는 웹 기반 서비스를 사용할 하드웨어나 노하우가 없을 수도 있다. 또한 장애를 가진 내담자들은 커리어 개발을 진행하기 위해서 컴퓨터를 사용할 특별한 시설이 필요할지 모른다. 경제적 또는 신체적 장애가 있는 내담자들이 인터넷에 접속하고 성공을 위해 필요한 기술들을 배우도록 도와주는 기관이나 단체에서 일하는 커리어 개발 전문가들이 있다. 만약 필요한 시설이 사용 가능하지 않으면, 커리어 상담자는 내담자를 위한 옹호자가 되어야 하고 가용한 자원들을 증가시키기 위해 작업해야 한다.

제11판에서 새로 추가된 것은 무엇인가

1. 특정한 역사적인 이유가 없는 경우, 노동인구 중에서 빈곤층, 여성, 소수집단에 대한 통계치와 노동인구의 동향과 교육 정보를 최신 내용으로 업데이트하였다.
2. 커리어 개발에서 특질과 요인 이론과 실무에 대한 내용을 포함한 전체적 통합(실무 내용 추가) 장(chapter)이 추가되었다.
3. 커리어 발달 이론과 실제 장면을 다루는 통합 장이 추가되었다.
4. John Krumboltz의 우연 이론과 사회인지 이론을 포함해서 커리어 개발의 학습 이론과 그 활용을 다루는 완성된 통합 장이 추가되었다.
5. 포스트모던 이론에 완전히 할애된 장이 추가되었는데, Mark Savickas의 새로운 맥락주의를 포함시켰다.
6. 여성의 커리어 개발 촉진에 대한 강조와 함께 커리어 개발에서 성의 역할에 할애한 장이 추가되었다. 이 장은 또한 성적 지향 소수집단들의 커리어 개발에 대한 논의를 포함하고 있다.
7. 코치들의 작업의 수혜자였던 근로자가 쓴 코칭 사례를 포함해서 (7개 중) 5개의 사례가 새롭게 대체되었다. 커리어 상담 사례들은 평가와 상담 전략을 통합해서 제시한다.
8. 종교 소수집단에 대한 내용이 간단하게 소개되었다.
9. 연방정부에서의 커리어 개발에 대한 간략한 내용이 추가되었다.

제11판에서 계속 유지된 내용은 무엇인가

1. 커리어 상담에 대한 가치 기반 접근에 대한 논의는 물론 다문화주의에 대해서도 강조하였다.
2. 이론 수립을 포함한 커리어 개발의 역사가 다뤄진다.
3. 커리어 개발과 관련된 CACREP 평가인증지표와 그것들을 개략적으로 다루었다.
4. NCDA, ASCA, ACA와 같은 전문적인 조직에서 만들어진 지침들이 관련 장에서 다뤄진다.
5. 개정된 4개의 장에서 사립학교, 상급교육, 기업, 그리고 개인영업에서 제작하는 커리어 개발에 대해 다루고 있다. 사립학교에서의 교육을 다룬 장에서는 커리어 서비스가 중심이 되는 ASCA 모형으로 통합하는 것에 초점을 맞춘다. 초등·중등·고등학교의 커리어 서비스를 조직화하고 실시하기 위한 팁들이 포함되었다.
6. 참전군인, 범죄자, 고령 근로자, 그리고 장애 내담자에게 제공하는 커리어 개발 서비스에 대한 논의가 포함되었다.
7. 한 장을 온라인과 오프라인으로 커리어 상담센터를 구축하고 개편하는 내용으로 할애하였다.
8. 글로벌 구직 촉진을 위한 장에서 소셜 미디어 사용과 직업 알선 서비스에 대한 내용이 논의된다.
9. 커리어 개발 평가에 대한 포스트모던 접근뿐 아니라 전통적인 이론에 대해 다룬 장도 포함되어 있다.
10. 학생용 연습문제가 포함되어 있는데, 이는 인터넷과 다른 수단을 사용해서 학생들이 자신의 학습 경험을 확장하는 데 도움을 주고자 제시한 것이다.
11. '기억해야 할 것들'은 각 장의 주요 내용을 요약 정리한 것이다.
12. 각 장의 마지막에 핵심 요점들에 대한 지식을 스스로 시험해 볼 수 있도록 간단한 퀴즈를 제시하였다.

차례

제2부 직업 상담, 측정, 지식의 전달

제3부 실행 촉진하기

제4부 민간과 공공부문의 커리어 개발 프로그램 관리

제16장 중등 과정 후 교육기관의 커리어 개발 397

제17장 개업 커리어 상담자 : 상담, 코칭, 컨설팅 423

제18장 기업 조직과 연방정부의 커리어 개발 441

제5부 추세와 쟁점 : 미래에 대한 전망

제1부

커리어 발달 실무의 기초

제1장

글로벌 경제 시대의 커리어 발달 개요와 사회적 정의에서의 역할

 **기억해야 할 것들**

- 글로벌 경제의 현실과 이것이 미국에서의 고용에 미치는 함의
- 커리어 발달 서비스에 대한 필요성이 근래 50년 동안 가장 높은 수준일 수 있는 이유
- 커리어 발달의 용어
- 커리어와 커리어 발달이 사회적 정의를 위해 싸우는 데 중요한 이유
- 커리어 발달의 역사에서 주요 사건

직업 지도와 커리어 발달의 역사

이 장의 후반부에서도 논의하겠지만, 요즈음 커리어 상담과 커리어 발달 서비스의 이론과 실제에 대해 개인과 그들이 기능하는 사회적 맥락 모두에 초점을 맞추는 새로운 패러다임을 채용할 것에 대한 요구가 존재한다. 이런 생각들은 새로운 것은 아니지만 20세기의 오랜 기간 내내 무시되었다. 개인을 이해하는 것에 대한 요구와 어떻게 모든 사람이 자신들의 맥락에 의해 영향을 받는가 하는 것은 100년 전 교육, 경영, 산업 및 그 외에서 직업 지도의 흐름에 기초를 세운 사회 개혁가들의 외침의 메아리이다. 매사추세츠 주의 보스턴, 캘리포니아 주의 샌프란시스코, 그리고 미시간 주의 그랜드래피즈의 개혁가들은 유럽에서 미국으로 건너온 수많은 이민자들의 문제, 즉 직장이 바뀌는 것에 대해 준비가 되지 않은 고등학교 중퇴자, 직장에서의 압박, 수준에 못 미치는 공립학교, 과학적 원칙을 커리어 설계와 직업교육에 적용시켜야 할 필요성 등에 초점을 두었다. 다문화적 이슈를 적절히 다루지 못한 것과 더불어 가장 많은 비판을 받은 것은 가장 마지막의 과학적 원

칙에 초점을 둔다는 것이다. 요즈음 일부 커리어 발달 전문가들은 실무자들에게 포스트모더니즘에 뿌리를 둔 이론과 전략을 위해 현대 철학에 뿌리를 둔 이론과 전략을 버릴 것을 권고하고 있다.

1913년 이전으로 돌이켜보면, 사회 개혁가들이 1906년에 전미산업교육진흥협회(National Society for the Promotion of Industrial Education, NSPIE)를 발족했다는 것을 주목할 만한데, 이는 1913년에 세워진 전미직업지도협회(National Vocational Guidance Association, NVGA) 조직의 모체가 되었다. 이들 개혁가들은 직업교육을 지지하였고, 전미교육협회(National Education Association, NEA), 상원위원 등을 설득하기 위해 노력했다. NSPIE의 성과 중 한 가지는 1917년의 Smith-Hughes 법안의 통과를 위해 초안을 작성하고 성공적으로 영향력을 발휘했다는 점이다. 이 법안은 랜드그랜트대학교와 공립학교에서의 직업교육에 기초를 제공하였다(Stephens, 1970).

이런 초기의 개혁자들은 변호사들이었다. 그들이 지역 개혁을 시작하기 위해 사용했던 하나의 방법은 사회복지관이었는데, 지역 내 개인의 삶과 문제를 연구하는 학자들이 기거하는 근로자 계층 이웃에 위치했었다. 1901년에 Frank Parsons는 보스턴의 노스엔드 지역에 시립 서비스 기관을 설립했고, 1908년에 보스턴 시립 서비스 기관의 부속기관인 직업사무소를 개소했다. 시립 서비스 기관 출신의 리더들은 노동조합을 설립해서 근로자들의 권한 부여를 목표로 한 행동들을 실천했다. 이 개혁자들은 또한 직업기술의 향상에 목표를 둔 다양한 교육 활동들을 수행했다. 보스턴 시립 서비스 기관 내에서 이런 활동들은 부양자협회(Breadwinners' Institute)와 직업국(Vocation Bureau) 보호 아래 수행되었다(Stephens, 1970).

정보기관인 고용관리협회(Employment Management Association, EMA)는 1913년에 구성되었다. 이 기관의 목적은 산업체나 기업체에서 직업 지도를 촉진시키는 것이었다. 고용관리협회, 전미직업지도협회, 전미산업교육진흥협회 및 기타 조직들은 20세기 초반 동안 경영, 교육, 정보기관들의 체계적인 변화를 위해 공격적으로 로비를 했고 그 결과는 성공적이었는데, 아마도 50개 이상의 조직들이 연합해서 필요한 개혁을 위해 옹호하려는 협력 노력을 했기 때문이다. Stephens(1970)에 따르면 전미직업지도협회 내부의 알력 다툼 및 전미직업지도협회가 개혁을 추진하려고 동맹을 맺었던 전미교육협회 같은 다른 조직과 겪은 의견 충돌 때문에 개혁에 대한 관심은 1920년대 후반 즈음에 사라졌다.

표 1.1에서 볼 수 있듯이 커리어 발달과 직업 선택을 촉진시키기 위한 공식적인 관심은 샌프란시스코와 그랜드래피즈 같은 곳에서 19세기에 시작되었다. George Merrill, Jesse B. Davis, Anna Y. Reed, 그리고 Frank Parsons와 같은 개척자들은 21세기까지 수백만 명의 삶에 영향을 끼친 운동을 시작했다. 이 사회 개혁자들은 직업 지도 운동의 방향을 제시했다. 자아 성찰을 촉진하고 제1차 세계대전 당시와 이후의 상업과 공업의 선발 방식이 된 심리 측정 도구의 개발은 이 운동에 과학적 측면을 제공했고 실무자에게 굉장히 필요했던 도구가 되어 주었다. 하지만 1930년대의 경제대공황에 이르러서야 직업명 사전(*Dictionary of Occupational Titles*, DOT)이 발행되어 체계적

표 1.1 미국 내 직업 지도, 커리어 발달, 커리어 상담의 역사적 주요 사건

연도	사건
1883	Salmon Richards가 *Vacophy*를 출간. 이 책에서 모든 도시에 직업지원전문가들이 배치되도록 요구함. 그는 직업지원전문가들이 모든 사람에게 직업적으로 지원을 하는 역할을 갖기를 마음속으로 그림.
1895	George Merrill은 샌프란시스코 내의 캘리포니아 기계기술학교에서 직업 지도를 실험함.
1898~1907	Jesse B. Davis는 디트로이트 센트럴고등학교에서 직업의 세계에 관해 학생들을 가르침.
1905	Frank Parsons가 보스턴 내 시립 서비스 기관에서 직업 이민자와 청소년들을 위한 지속교육센터인 부양자협회를 설립함.
약 1908	시애틀에서 근무하는 Anna Y. Reed와 브루클린의 Eli Weaver가 각자의 학교에서 직업 지도 프로그램을 개발하고 준비함.
1908	자선가인 Quincy Shaw 여사가 Frank Parsons의 업적에 기초해서 청소년을 지원하기 위한 보스턴 지도 사무소를 조직하였고, 직업 선택에 대한 체계적인 접근의 중요성을 강조함.
1909	Frank Parsons의 책, *Choosing a Vocation*이 유작으로 출판됨. 이 책은 20세기 초반 직업 지도의 대부분에 기초를 제공했던 Parsons의 3요인 이론 모형을 담고 있음.
1913	전미직업지도협회가 그랜드래피즈에서 창설됨.
1917	첫 번째 집단 지능검사인 Army Alpha가 제1차 세계대전 시 신병 배치의 기초로 사용됨. 이 검사는 1920년대에 검사와 총집 개발이 폭발적으로 증가하게끔 하였고 이후 개념들을 측정하기 위한 더욱 측정적인 접근을 이끌어냄. 1920~1930년대에 측정 도구들은 사람들이 커리어 결정을 하는 데에 도움을 주는 것에 관심을 갖는 심리학자들과 상담가들에게 더욱 중요한 것이 됨.
1921	*National Vocational Guidance Bulletin*이 1915년 최초로 발간되었는데, 이는 정기적인 출판의 시작이 됨. 이 저널은 *Occupations : The Vocational Guidance Journal*로 바뀜.
1933~1935	시민보호기구와 공공산업진흥청 같은 뉴딜 정책이 청소년과 성인들의 고용 및 교육 기회를 창출함.
1934	George Herbert Mead가 *Mind, Self, and Society*를 출판함.
1939	직업명 사전(DOT) 초판이 미국 노동부에서 출판됨.
1939	E. G. Williamson이 커리어 상담을 다루는 초기 입문서인 *How to Counsel Students*를 출판함.
1951	전미직업지도협회가 전미대학선발협회(American College Personnel Association), 교사 교육을 위한 학생선발협회(Student Personnel Association for Teacher Educator), 전미지도감독관협회(National Association of Guidance Supervisors)와 합병되어 미국선발지도협회(American Personnel and Guidance Association)를 형성함. NVGA의 저널인 *Occupations*가 *Personnel and Guidance Association*이 됨. 1952년에 전미학교상담사협회(American School Counselor Association)가 모임에 합류함.
1951	Ginzberg, Ginzberg, Axelrad, Herma가 커리어 발달에 대한 첫 번째 발달 이론을 그들의 책인 *Occupational Choice : An Approach to a General Theory*에 발표함.
1951	전미직업지도협회가 현재 *Career Development Quarterly*로 발간되는 *Vocational Guidance Quarterly*를 발간하기 시작함.
1952	Donald Super가 '직업 발달 이론'을 *American Psychologist*에 발표함. 그의 이론은 커리어 발달 내에서 두 번째 발달 이론이지만, 가장 영향력 있는 이론이 됨.
1956	Ann Roe는 *The Psychology of Occupations*를 발간하였는데, 이 책에는 커리어 발달에 대한 성격 기반 이론이 포함되어 있음.

(계속)

연도	사건
표 1.1	**미국 내 직업 지도, 커리어 발달, 커리어 상담의 역사적 주요 사건(계속)**
1957	국가방위교육법(National Defense Education Act)을 통해 학교 상담가를 훈련시키고 학교 상담 프로그램을 지원하기 위한 비용을 제공함. 이런 법안의 일차적인 목적은 구소련의 인공위성인 스푸트니크 발사에 대응하여 지원하기 위해 미국 내의 과학자, 기술자, 수학자의 채용을 촉진시키는 것임.
1959	John Holland가 *Journal of Counseling Psychology*에 '직업 지도의 이론'을 발표하였으며, 이 이론은 그의 영향력 있는 직업 선택 이론의 성공에 기틀을 마련하였다.
1963	직업교육법(Vocational Education Act)을 통해 직업교육 학생들에게 직업 지도 비용을 지원함.
1976	커리어 선택을 증진시키기 위해 미국직업정보조정위원회(National Occupational Information Coordinating Committee)를 설립.
1982	전미직업지도협회에서 커리어 상담가들에게 필요한 역량을 수립함.
1983	국가공인 커리어 상담자 자격증(National Certified Career Counselor Certification) 제도가 전미직업지도협회에 의해 수립됨.
1984	전미직업지도협회가 전미커리어개발협회(National Career Development Association, NCDA)로 이름을 바꾸고 저널의 명칭도 *Career Development Quarterly*로 바꿈
1984	국가공인상담사위원회(National Board for Certified Counselors)가 국가공인 커리어 상담사 자격증의 관리를 맡음.
1987	전미커리어개발협회가 1951년에 미국인사협회(American Personnel Association)의 일부가 된 이후 첫 번째로 전국 컨벤션을 플로리다 주 올랜도에서 개최. 현재 전미커리어개발협회는 매년 컨퍼런스를 개최함.
1989	전미커리어개발협회가 미국정보조정위원회 및 오하이오주립대학교에 있는 직업교육연구센터와 협력해서 미국인들을 대상으로 커리어 개발 서비스와 정보의 사용, 이런 서비스에 대한 접근 용이성 및 우수성, 차별을 포함한 작업장의 다양한 측면에 대해 지각하는 것들을 여론조사하도록 갤럽 조사기관에 의뢰함. NCDA와 NOICC는 이와 유사한 여론조사를 1992, 1994, 2000년에 의뢰함.
1990	장애인보호법이 의회에서 통과됨. 이 보호법은 무엇보다 장애를 가진 사람들이 직무 기회와 훈련에 대해 동등하게 접근하도록 보장함.
1994	학교-일 이행지원정책이 의회에서 통과됨. 이 법안은 공립학교가 모든 학생을 위한 도전적인 교육 프로그램을 개발하고, 학업 주제를 직업 현장과 연계시키고, 학생들이 자신의 흥미와 교육 및 커리어 계획을 세우는 것을 돕는 계기를 제공함.
1994	미국 노동부가 직업명 사전(DOT)을 대체할 직업 분류 도식 개발에 도입함. 새로 개발된 시스템인 O*NET에 대한 기술 보고가 1995년부터 1997년 사이에 출판되었고 2001년까지 DOT에서 O*NET로 완전히 전환됨.
2000	국가공인상담사위원회가 국가공인 커리어 상담사 프로그램을 해체하기로 결정함. NCDA가 해당 프로그램을 유지할 방법 모색을 위한 위원회를 만듦.
2001	NCDA가 커리어 상담사들의 자격을 유지시키기 위해 숙련된 진로 상담사(Master Career Counselor) 멤버십이라는 분류를 만듦.
2013	NCDA가 보스턴에서 100주년을 기념함.

출처 : J. M. Brewer(1942); F. W. Miller(1968); A. P. Picchioni and E. C. Bonk(1983); M. Pope(2000); J. J. Schmidt(1999); J. A. Holstein and J. F. Gubrium(2000).

직업 정보가 마련되었다. DOT의 발행은 20세기 후반에 발행된 직업정보네트워크(Occupational Information Network, O*NET)가 발전되기 전까지 대부분의 직무 관련 문헌들의 기반이 되었다. 그리고 2001년에 이르러 DOT가 O*NET에 완전히 탑재되었다.

심리학자들과 직업 상담가들에게서 주목받지 못했던 또 다른 학파가 사회학에서 나타나고 있었다. 포스트모더니즘은 직업 개발 전문가들에게 20세기 후반이 되어서야 완전히 모습을 드러냈다. 한편 Charles Horton Cooley, William James, George Herbert Mead는 이후 직업 개발에 대한 포스트모던식 접근으로서 완전히 꽃핀 사고-상징적 상호작용론(idea-symbolic interactionism) (Holstein & Gubrium, 2000)에 대해 생각하고 글을 쓰기 시작했다(Savickas, 2013).

1970년대는 미국 내 공립학교에서의 직업 발달에 중요한 시기였다. 직업교육이라는 개념의 정부 지원으로 미국 내 학군 전역에 걸쳐 500가지의 직업교육 프로그램에 대한 지원이 있었기 때문이다. 한편 Kenneth Hoyt(2005)에 따르면 9,000개 이상의 학군에서 직업교육을 다양한 방식으로 실험하였고, 그 산물이 오늘날 다양한 형태로 남아 있다. 2008년에 개정된 2003년 전미학교상담사협회의 통합적 학교 상담 프로그램의 많은 요소들이 Hoyt(2005)가 1977년에 구상했던 직업 개발의 요소들과 일치한다.

1960년대 중반 즈음에 커리어 및 교육 설계와 측정을 목적으로 하고 교육 및 직업 정보를 제공하기 위해서 컴퓨터 기술을 적용시키려는 진지한 노력이 시작되었다. Jo Ann Harris-Bowlsbey는 1968년에 전산화된 직업정보시스템(Computerized Vocational Information System, CVIS)의 개발로 이어졌던 계획 과정에서 중요한 인물이었다. CVIS는 400개 직업들에 대한 정보를 저장하는 방법을 제공했다. 이 프로그램은 1972년까지 사전 프로그램으로 계속 유지되었는데, 이때는 시범 과제로 정착하면서 폭넓게 채택된 시기였다(Harris-Bowlsbey, 1990, 2013).

이와 같은 시기에 컬럼비아대학교의 Donald Super와 Roger Myers는 IBM의 Frank Minor와 함께 교육 및 커리어 탐색 시스템(Educational and Career Exploration System, ECES)을 개발하기 위해 공동 작업을 진행하였다. 이후 하버드대학교의 David Tiedeman은 직업결정정보시스템 (Information System for Vocational Decisions, ISVD)을 개발하였다. 이런 작업들은 커리어 상담과정을 소프트웨어 프로그램에 통합하기 위한 야심 찬 시도였다. 기술적인 관점에서 봤을 때, 1969년에서 1970년 사이에 조작 단계에 도달한 이런 프로그램들은 많은 컴퓨터 사용 시간으로 인해 시대를 앞선 것으로 여겨진다(Harris-Bowlsbey, 2013). 오늘날 데스크톱 컴퓨터는 ISVD와 ECES로부터 직접적으로 유래한 DISCOVER와 SIGI PLUS 같은 프로그램을 다룰 수 있다.

커리어 발달은 풍부한 역사를 지니고 있으며 Hoyt(2005) 같은 사람들의 말이 옳다면 밝은 미래를 지니고 있는 셈이다. 한편 당시 커리어 관련 문제들이 공격받았던 직업 지도 운동에서 초기 리더들이 가졌던 열의는 21세기의 현장 실무자들이 다시 되찾았다고 볼 수 있다. 그 이유는 무엇일까? 오늘날 실무자들이 접하는 문제들은 커리어 발달 운동의 설립자들이 접했던 이슈들과 많은 부분 유사하기 때문이다. 자신들의 경제적 욕구를 충족시킬 수 있는 일자리를 찾고자 미국 내로 들어오는 합법 및 불법 이민자의 유입이 존재한다. 불법 이민자들과 그들의 자녀들을 위한 커리어 개발 서비스를 제공하는 것은 이들의 시민권 자격과 관계된 법적 이슈 때문에 이전에는 접해 보지 못했던 독특한 도전일 것이다. 하지만 Storlie(2011)가 언급했듯, 대법원(Plyler v. Doe)은 밀입국한 아이들과 성인들은 유치원에서 12학년까지의 교육에 대한 자격이 있다는 판결을 내렸고, 따라서 학교 상담가들이 이런 학생들에게 커리어 서비스를 제공할 기회를 부여하게 되었다. 억압과 차별로 인해 경제적인 소외계층이었던 사람이 미국 내에서 시민이 되는 것은 전적으로 다른 내용이지만 역시 중요한 도전을 부여한다. 이 장의 후반부에서 다양한 내담자 집단에게 더 나은 기여를 할 커리어 개발로의 새로운 접근에 대한 요청을 탐색할 것이다.

커리어 개발 서비스에 대한 필요성

커리어 개발 서비스에 대한 필요성이 1930년대 대공황 이후로 정점을 찍고 있다고 말하는 것도 과장은 아니다. 2013년 8월에 실업률이 7.4%에 이르렀는데 이것은 1,170만 명의 실업자들이 일자리를 찾고 있는 셈이다. 이에 추가로 1,100만 명은 능력 이하의 일을 하는 사람들인데, 이는 시간제로 일을 하고 있지만 전일제 일을 원하는 사람들로 정의된다. 일자리를 원하는 이에 계산되지 않은 수많은 사람들은 노동시장에서 기회가 부족했기 때문에 일을 계속 이어나가는 대신 조기 은퇴에 부딪히게 되거나 사회보장 장애보험을 받아들이도록 압력을 받았다. 또 다른 범주의 근로자들—구직을 포기했기 때문에 종종 취업 포기자로 언급되는—은 약 85만 명으로 추산된다. 실업자의 수가 취업 포기자와 합쳐지면, 실직한 사람들의 수는 1,250만 명에 이른다(노동통계국, Harrington, 2013). 만일 비자발적인 시간제 고용 근로자의 수가 실업자 집단의 수치에 포함된다면, 거의 2,300만 명의 인구가 어떤 형태로든 실직에 대한 불안으로 고통받는다고 주장하는 것이 과장은 아닐 것이다. 더욱이 이 수치에는 자신이 개발시킨 직무 관련 지식과 기술을 사용하는 것이 허락되지 않은 지위에 고용된 근로자가 포함되지 않았다. 이러한 능력 이하의 일을 하는 범주에서 종사하는 근로자의 수에 대한 믿을 만한 자료는 없지만, 이 수치는 100만에 이를 것이다.

커리어 개발의 용어

모든 교육 및 심리 관련 실무자들과 같이 커리어 개발 실무자들은 그들이 상담자, 심리학자, 취업 전문가들인지의 여부와 상관없이 초보자로서 숙달해야 하는 전문화된 용어들이 있다. 커리어, 커리어 개발, 일 등 전문 용어 일부가 이미 소개되었다. 비록 커리어 선택과 개발에 관련된 전문 용어가 이 책 도처에 나타나지만, 일부 부가적인 커리어 개발 관련 전문 용어는 이 부분에서 정의되고 논의될 것이다.

커리어 선택 및 발달의 다양한 양상을 기술하기 위해 사용된 일부 용어들에 대한 보편적인 합의가 아직 이루어지지 않았다는 것에 주목해야 한다. 예를 들어 일부 상담자와 심리학자들(예 : Holland, 1997)은 직업(vocation)이란 용어를 계속 유지해 왔고 직무(job)와 직업(occupation)이란 용어와 같은 뜻으로 사용한다. 하지만 많은 커리어 상담자들과 심리학자들은 직업(vocation)이란 용어의 사용을 거부했는데, 이는 사람들이 직업을 선택할 때 능동적인 참여를 하는 대신 자신의 직업에 대해 종종 신에 의해 '부여받는'다는 생각과 연관되기 때문이다. 이 후자에 해당하는 집단은 커리어를 선택하는 과정을 나타내기 위해 커리어 선택(career choice)이란 용어를 채용한 반면, 다른 실무자들은 직업 선택(vocational choice)이란 용어를 그대로 사용하고 있다. 커리어/직업 발달을 다루는 2개의 대표적인 출판물은 *Journal of Vocational Behavior*와 *Career Development Quarterly*이다. 두 학술지 모두 커리어 선택과 발달에 관한 소재를 게재하지만, 이 학술지의 제목들은 학술지를 출판하는 집단의 선호도를 반영하고 있다. 앞으로 보겠지만 어떤 용어들이 가장 의미 있고 잘 서술하는지에 관한 의미론적 논쟁은 커리어와 직업이란 용어에 국한된 것은 아니다. 커리어 발달의 다양한 양상을 기술하기 위해 가장 유용한 용어가 무엇인지에 대한 불일치는 아주 많이 나타난다.

직위, 직무, 직업, 커리어, 커리어 발달의 정의

일(work)과 직무(job)를 종종 상호 교환적으로 사용하듯, 직위(position), 직무(job), 직업(occupation), 커리어(career)라는 용어도 마찬가지 실정이다. 50여 년 전에, Shartle(1959) 같은 직업 사회학자들은 전미커리어개발협회가 승인한 이후로 이러한 용어들을 쓸모 있게 정의해 왔다. Shartle은 직위(position)를 한 명의 개인으로부터 수행되는 일련의 과업으로 정의했다. 따라서 일을 하는 개인의 수만큼 많은 직위들이 존재한다. Shartle에 따르면 직무란 단일 사업체 내에서 일군의 유사 직위들이며, 직업은 몇 가지 사업체 내에서 일군의 유사 직무들이다.

직위, 직무, 직업을 정의하는 것은 비교적 간단한 일이고 그 정의도 폭넓게 수용되지만, 커리어의 의미에 대해서는 약간의 논쟁이 있다. 커리어에 대한 비교적 최근의 다섯 가지 정의는 다음과 같다.

- 생애에서 한 개인이 수행하는 일의 총체(Sears, 1982)
- 커리어 = 일 + 여가(McDaniels, 1989)
- 전 생애에 걸쳐 한 개인이 가지는 일련의 직위이며, 직업은 이 중 단지 하나(Hansen, 1997)
- 삶을 구성하는 사건의 흐름. 직업과 다른 생애 역할의 연속이며 이는 서로 결합돼서 자기 발달에 대한 개인의 전체적인 양식에서 개인의 일에 대한 몰입을 표현함(Super, 1976, p. 4)
- 커리어는 각 개인에게 독특한 것이며 개인이 무엇을 선택하고 선택하지 않는가에 의해 만들

어진다. 커리어는 역동적이며 전 생애를 걸쳐서 전개된다. 커리어는 가족, 공동체, 여가 같은 다른 역할과 일을 통합한 것은 물론 직업뿐 아니라 직업 전과 직업생활 후의 관심사까지 포함하고 있다(Herr & Cramer, 1996).

이러한 다섯 가지 정의를 검토하면서 우리는 커리어를 정의내릴 때 수반되는 문제들을 바로 엿볼 수 있었다. Syper(1976), Herr와 Cramer(1996)가 내린 정의는 커리어에 대한 전체적인 생애 유형 개념에 기초하고 있고 모든 생애 역할들이 상호 관련되어 있다는 그들의 견해를 반영한다. 비록 생애 역할이 상호 관련되어 있다는 생각을 논박할 사람은 거의 없겠지만, 이런 학자들에 의해 제기된 커리어의 정의는 보편적으로 수용되지는 않는 것이 분명하다. McDaniels(1989)가 제시한 정의는 그가 불가분의 것으로 보는 2개의 역할로 한정지었다는 면에서 더욱 제한적이다. 내가 이 책에서 채택한 Sears(1982)의 정의는 커리어가 한 개인이 자신의 생애에 걸쳐 가지게 되는 일련의 유급이나 무급의 직업 내지는 직무라는 개념에 기초하고 있다.

나 역시 한 개인의 커리어에 상호작용하며 영향을 미치게 되는 우연 요인은 물론 심리적·사회적·교육적·경제적·신체적 요인들을 포함하는 일생의 과정이라는 커리어 발달에 대한 Sears(1982)의 정의를 택하였다. 그러나 나는 커리어 발달에 영향을 미치는 요인들에 대한 Sears의 목록에 문화(culture)를 추가할 것이다. Leong(1991), Luzzo(1992), 그리고 Fitzgerald와 Betz(1994)는 정확하게 문화적 배경의 영향이 커리어 발달 이론, 커리어 발달 과정에 대한 연구, 혹은 커리어 발달 실무에서 충분히 고려되지 않았다고 언급한다. 커리어 의사결정 태도와 직업 가치 같은 영역 내 문화 집단들 사이에 중요한 요인들이 존재한다는 연구들도 있다(Leong, 1991; Luzzo, 1992). 우리 사회에서 점차 증가하는 다문화적 속성을 고려해 볼 때, 커리어 발달에 대한 우리의 개념화와 그 과정에 개입하는 우리의 접근은 문화적 배경을 고려해야 한다.

커리어 개입의 정의

커리어 개입(career intervention)은 커리어 의사결정 과정에 영향을 미치는 것을 포함한 개인의 커리어 발달의 일부 측면을 향상시키는 것에 목적을 둔 신중한 행위이다(Spokane, 1991). 커리어 지도, 커리어 개발 프로그램, 커리어 교육, 커리어 상담, 커리어 정보 및 커리어 코칭을 포함한 다양한 유형의 커리어 개입이 가능하다.

커리어 개입의 개념은 커리어 상담에서 사정까지에 이르는 기법들을 아우르는 일반적인 개념이다. 과거 10년 동안 연구 기반 개입, 즉 내담자들의 삶에서 차이를 밝히려는 엄격한 연구를 통해 증명해 왔던 개입을 확인하기 위해 미국심리학회(American Psychological Association, APA), 전미학교심리학자협회(National Association of School Psychologists, NASP), 전미학교상담사협회, 상담자 교육 및 지도협회(Association of Counselor Education and Supervision) 및 다른 기관들에 의해 단결된 노력이 전개되었다. 2003년에 상담자 교육 및 지도협회와 전미학교상담사협회가 연구 기반 실행을 규명할 초안을 수립하기 위해 증거 기반 학교 상담을 위한 국립 패널(National Panel for Evidenced-Based School Counseling)을 설립했다(Carey, Dimmit, Hatch, Lapan, & Whiston, 2008). 전미학교심리학자협회와 미국심리학회는 유사한 협회를 설립했는데, 지금까지는 학교를 제외하고는 연구 기반 커리어 개입을 찾아낼 통합된 노력을 해본 적이 없었다. 그러나 커리어 발달의 영역에서 장기적인 추세 중 한 가지는 최고의 수행을 찾아내기 위해 엄격한 과학적 기준을 사용하려 한 노력들로 이루어져 있는 것으로 보인다.

커리어 지도(career guidance)는 커리어 개입처럼 앞에 제시된 대부분의 다른 전략들을 아우르는 광범위한 구성 개념이며 전통적으로 모든 커리어 개발 개입의 기반이 된 지침으로 사용되어 왔다. 종종 저자들은 커리어 지도 프로그램(Herr & Cramer, 1996)에 대해 말하는데, 이것들은 고등학생 혹은 대학생 같은 내담자 집단의 다양한 커리어 발달의 측면에 영향을 미치기 위해 설계된 조직화되고 체계화된 노력이다(Herr & Cramer, 1996; Spokane, 1991). 커리어 지도 프로그램은 커리어 정보를 제공하기 위한 체계적인 시도, 자기 인식을 증진시키기 위한 활동, 커리어 설계 교실, 커리어 상담, 취업 알선 중 일부나 모두 취할 수 있다. 커리어 지도 프로그램이란 용어는 점차 커리어 **개발 프로그램**이라는 용어로 대체되고 있지만, 여전히 광범위하게 사용 중이며 특히 공립학교에서 근무하는 상담자들의 커리어 개발 노력을 언급할 때는 더욱 그렇다.

1970년대에 만들어진 용어인 커리어 교육(career education)은 직업 정보를 제공하고, 커리어 관련 개념들을 학교 커리큘럼에 주입시키고, 경영과 산업 영역에서 현장학습을 실시하고, 다양한 직업을 대표하는 초빙 강사들이 자신의 직무에 관해 이야기해 주도록 하고, 커리어에 대한 학습에 치중하는 수업을 제공하고, 커리어 인턴과 견습 과정을 설립하고, 커리어 경험을 모의 수행할 수 있는 실험실을 설계하는 활동들을 포함하는 다양한 형태의 교육 전략을 통해 학생들과 성인의 커리어 개발에 영향을 미치는 체계적인 시도를 말한다. 비록 커리어 교육 프로그램의 범위는 일반적으로 커리어 지도 프로그램의 범위를 넘어서지만, 커리어 **교육 프로그램**(career education programs)은 커리어 개발 프로그램처럼 종종 커리어 지도 프로그램과 동의어로 논의된다. 커리어 지도처럼 커리어 교육이란 용어는 전미학교상담사협회의 노력으로 인해 빠른 속도로 커리어 **개발 프로그램**(career development programs)이라는 용어로 대체되고 있다(2003, 2008).

전통적으로 정의하듯 커리어 상담(career counseling)은 커리어 선택이나 적응 문제에 대한 도움을 구하기 위해 방문한 개인 내담자나 내담자 집단에게 제공하는 서비스이다. 커리어 상담의 과정에는 라포 형성, 문제의 본질 사정, 목표 수립, 개입, 종결이 포함된다. 커리어 상담의 결과물은 커리어 선택, 상담 시작 이전에 만들어졌던 커리어 선택에 대한 확신 증가, 자기 이해의 증진, 하나 이상의 직업에 대한 이해 증가, 작업 역할 내에서 적응을 위한 전략, 작업 역할과 다른 생애 역할 간의 조정을 위한 전략, 향상된 정신건강 중 일부 내지 전부일 것이다(Brown & Brooks, 1991).

Savickas(2013, p. 168)는 스스로 커리어 구성이라고 제시한 포스트모던 시대의 커리어 상담을 정의했다. 커리어 구성 상담은 내담자로 하여금 자기 스토리의 현재 에피소드로부터 내담자를 혼란에 빠뜨린 사건들, 그들의 적응적인 자원과 준비성, 그리고 상담자와 함께 구성하고자 하는 새로운 에피소드에 대한 자신의 목표를 묘사하도록 함으로써 시작한다. 커리어 구성 상담에서 기대되는 결과는 새로운 정체성을 개발하고 이 정체성을 생애 스크립트를 작성하고 더 만족스러운 삶을 구성하는 데에 사용하는 것이다. 다음 장에서 나는 Savickas가 내린 정의를 다른 포스트모던 커리어 상담자들과 더불어 더 상세하게 고려할 것이다.

점점 더 주목을 받는 커리어 상담의 한 측면은 커리어와 정신건강 이슈 간의 관련성이다. 현장에서의 많은 선도자들(예 : Betz & Corning, 1993; Krumboltz, 1993)은 비록 때로는 두 가지가 독립적인 과정으로 발생할 수 있다고 인정했지만 이 둘을 분리할 수는 없다고 주장했다. 오늘날 많은 기관 내의 커리어 상담자들은 중동 지역 내 전투에서 돌아온 참전군인들이 의미 있는 취업을 하고 우울이나 외상후 스트레스 증후군 같은 정신건강 문제를 대처하도록 도우려는 시도를 하고 있다(Stein-McCormick, Osborn, Hayden, & Van Hoose, 2013). Super(1993) 같은 다른 학자들은 비록 커리어 상담과 개인 상담이 관련되어 있지만 커리어 상담은 구체적인 문제에 초점을 두고 개인 상담은 더 일반적인 개인의 관심사에 초점을 두면서 연속선상에 배치할 수 있다고 주장했다. 여전히 다른 학자들(Brown, 1995; Brown & Brooks, 1991)은 커리어 상담을 계속 진행하는 것이 불가능한 일부 경우에, 개인의 심리적 상태(예 : 우울)가 어떤 내담자들이 목표 설정과 커리어 의사결정에 대한 합리적 접근에 몰두하지 못하게 만들기 때문에 상담자들이 비록 개인적인 문제와 커리어 문제를 동시에 모두 다룰 수도 있다고 제안한다.

커리어 정보(career information)는 때때로 노동시장정보(LMI)로 불리는데, 특히 직무 동향에 대한 종합적인 정보, 국내의 산업, 통합적 정보 체계를 제공하는 것을 포함하기에 그러하다. 커리어 정보는 전산화된 체계, 디지털 레코딩, 웹사이트에 포스팅하는 것을 포함한 다양한 형태를 띤다. 하지만 커리어 자원 센터는 점차 인터넷에서 얻을 수 있는 정보에 의존한다. 예를 들면 미국 노동부는 직업 정보에 관해 가장 많이 사용되는 직업 전망서(*Occupational Outlook Handbook*), 모든 직업 예상(occupational projections), O*NET을 포함해서 현재 주요 출판물 모두를 온라인에 업로드한다. O*NET은 오늘날 가장 접근이 쉬운 최신 정보 원천이고 모든 유형의 직업 정보의 기초 역할을 한다. 그 외의 많은 정보 원천 또한 인터넷에서 얻을 수 있다.

커리어 코칭(career coaching)은 전통적으로 정의되어 왔듯이 피고용인의 커리어 개발을 촉진시키기 위해 관리자가 주로 사용하던 과정이다(Hall & Associates, 1986). 커리어 코칭을 통한 노력은 피고용인이 자신의 작업 환경 내에서 존재하는 기회를 밝혀내고 새로운 지위를 준비하고 진입하는 것을 도와준다. Hall과 그의 동료들에 따르면 커리어 코칭을 뒷받침하는 동기는 피고용인에 대한 회사의 관심과 일에서 성공하기 위해 필요한 재능을 찾는 것을 돕고자 하는 바람으로 인해 발달한다.

최근 커리어 코칭은 여러 방식에서 커리어 상담과 유사하다는 의미를 지니고 있는 것으로 인식되고 있다. Bench(2003)에 따르면 커리어 코치들은 내담자가 자신의 가치를 명확하게 하고, 그들에게 가능한 선택을 알게끔 해주고, 목표를 설정하고, 이러한 목표에 도달하도록 도와준다. 더욱이 커리어 코치는 내담자들이 관리 기술을 배우고, 직업 전환을 관리하고, 직무 탐색 기술을 개발하며 직무 탐색을 실행하거나 단순히 자신의 현재 직무를 효과적으로 수행하도록 하는 것을 도울수 있다. Hall과 그의 동료들(1986)이 커리어 코칭을 사업의 범위 내에서 발생하는 관리 기능을 하는 좀 협소한 것으로 지각한 반면, Bench(2003)는 커리어 코칭을 개인적인 실무 사업으로 예상했다. 사실 두 가지 모두 옳은 이야기이다. 내부 커리어 코칭은 일반적으로 피고용인의 관리자에 의해 수행되며, 피고용인들이 직무를 더 효율적으로 수행하며 회사 내에서의 승진을 돕는 것을 목표로 삼는다. 경영자는 피고용인이 더 효율적으로 일할 수 있도록 돕기 위해 외부 코치를 고용할 수도 있으며, 피고용인들이 자신들의 커리어 코치를 고용할 수도 있다.

케이시의 사례　케이시는 대형 전기 발전 사업체의 신입사원이었다. 그녀는 노골적으로 거침없이 말하며 독선적이었고, 그녀의 경영자의 말에 따르면 무척 심한 편이었다. 그는 케이시의 다듬어지지 않은 점들을 '부드럽게' 만들도록 돕고자 커리어 코치를 고용했다. 코치는 케이시를 만났을 뿐 아니라 만남의 자리와 동료 근로자와의 상호작용 동안 그녀를 관찰했다. 정서 지능에 초점을 둔 접근을 사용해서, 코치와 케이시는 귀 기울이고, 그녀의 분노를 관찰하고, 시기와 취지에 따라서 그녀의 반응을 변화시키는 작업을 진행했다. 그 결과 케이시의 수행 평가는 향상되었다. 코치는 또한 케이시가 경영자의 빈정댐을 다루는 것 또한 도와주었다.

조직과 출판물

이 장의 앞부분에서 이미 언급되었듯이 미국상담협회의 분과인 전미커리어개발협회는 1913년에 전미직업지도협회로 설립되었다. 이 협회는 *Career Development Quarterly*를 출판한다. 커리어 발달 과정에 관심이 많은 커리어 상담자, 학교 상담자, 상담심리학자 및 다른 전문가들은 종종 이런 분과에 가입되어 있다. 커리어 상담자들과 마찬가지로 상담심리학자들은 역사적으로 커리어 발달 움직임을 위한 리더십을 제공해 왔다. 그들은 미국심리학회의 17번째 분과인 상담심리학 분과에 속해 있다. 이 분과는 *Journal of Counseling Psychology*를 발간하며, 다수의 논문을 게재한다는 특징이 있는 반면 일반적으로 커리어 발달 주제에 할애하는 부분이 따로 존재한다. 전문가 조직과 연계되어 있지 않은 저널인 *Journal of Vocational Behavior*의 편집국은 전통적으로 상담심리학자들이 지배하고 있다. 커리어 발달에 초점을 두지만 전문가 조직과 연계되지 않는 또 다른 저널은 *Journal of Career Development*이다. 마지막으로 직업훈련 및 개발협회(Association of Training and Development, ASTD)는 경영과 산업 분야 내에서 경력 개발에 우선적으로 초점을 두는 특별 이익 집단이다.

일이 중요한 이유 - 그렇지 않은 이유

미국 내에는 3억 3,000만 명이 넘는 사람들이 살고 있다. 일이 그들 모두에게 중요한 것은 아닌데, 그중 일부인 1억 3,200만 명만 노동력 범위에 포함되기 때문이다. 추정치는 폭넓게 달라지지만, 1,200만 노동자 규모에 맞먹는 무척 많은 밀입국 불법 노동자들이 존재한다. 이 책의 초점은 주로 불법 체류 여부와는 상관없이 어떠한 형태로든 보상을 주로 받으며 정식 직업에 종사하거나 일을 하고자 하는 노동자에 초점을 둔다.

　일부 사람들은 그들이 공동체 내에서 직업이 없거나 직업을 얻기 위해서는 재훈련이 필요할 수 있기 때문에 일하기를 원치 않는다고 결론지어 버린다. 다른 사람들은 만연된 실업이 원하는 유형의 직업 찾기를 어렵게 만들기 때문에 좌절하게 된다. 그들은 직업 탐색을 그만둔다. 2013년 8월 노동통계국은 미국 내에 390만 개의 일자리가 비어 있다고 보고했지만(2013a, 2013c), 항상 그렇듯 구직자들의 성격 및 기술과 가능한 직무를 수행하는 데 요구되는 기술 및 적성 사이에 부조화가 존재한다. 앞에서 언급했듯이 실직한 많은 사람들이 2013년도에 많은 일자리가 비어 있던 2개의 주인 노스다코타나 텍사스 같은 장소로 이동하지는 않을 것이다. 오늘날에는 과학기술 분야에서 높은 수준의 지식과 기술을 요구하는 직무 내에 노동력 부족이 나타나고 있으며 그로 인해 실직한 사람들의 대부분에게 재훈련이 요구된다. 또한 서비스 영역 내에서 고용 기회가 존재하며, 이중 다수는 최저임금을 지불하고 어떤 혜택도 제공하지 않는다. 실업급여를 받고 있는 사람들이나 사회복지 체계에 의해 제공되는 수당을 받는 사람들은 이러한 직업들이 매력적이지 않다는 것을 알아챌 수 있고 실직 상태로 남기로 결정 내릴 수 있다.

일은 당신의 삶을 구성한다　어떻게? 전일제 근로자들의 주당 평균 근로 시간은 35~40시간에 이른다. 전체 근로 시간에 포함되어야 할 통근에 소요되는 시간은 다양하다. 전체 노동자의 9.4%인 1,300만 명이 최소한 하루를 집에서 일하면서 보내며, 이는 2010년 9.2%에서 상승된 수치이다(Shah, 2013). 재택근무는 작업 관련 활동과 통근에 허비하는 시간을 줄여준다. 고용주는 사무실 공간과 집기에 들어가는 비용을 줄임으로써 이득을 얻는다. 뉴욕의 월스트리트나 로스앤젤레스의 도심에서 근무하는 사람은 자주 그러겠지만 출퇴근에 2시간 이상의 시간을 사용할 것이다. 근로자들은 근무일의 24시간 중 33~40%를 일을 하며 보낸다. 활동과 관련된 작업 및 수행에 쓰이는 깨어 있는 시간의 비율은 50%에 이르고 장거리 통근자는 그 비율을 뛰어넘을 것이다. 은퇴한 근로자와 실직한 근로자들은 '남는 시간'이 많기 때문에 힘들어하는 것도 이상한 일이 아니다. 한 가지 결과는 그들이 일자리로 돌아가는 것이다.

일은 돈을 가져다준다 만일 당신이 안정적인 수입을 가지고 은퇴하거나, 부유하게 태어났거나, 로토에 당첨되지 않는 한 당신은 항상 두 가지 질문을 품고 있을 것이다. 나는 얼마나 많은 돈이 필요할까, 그리고 나는 얼마나 많은 돈을 원하는가? 음식, 주거, 통근, 의료 서비스, 휴식과 갱생의 기회 등은 돈을 필요로 하는 부분이다. 이 질문은 수많은 정부 지원 프로그램에 참여하는 사람들마다 다소 다를 것이다. 62세에 은퇴해서 사회보장 연금 혜택을 받는 사람들, 사회보장 장애보험을 받는 전직 근로자, 푸드스탬프*와 다른 형태의 공공지원 혜택을 받는 사람은 얼마나 많이 벌수 있는지와 정부가 설정한 소득의 제한을 넘어서는 것에 대한 불이익이 무엇인지에 대해 듣는다.

연방정부는 2만 3,050달러 이하의 소득을 지닌 4인 가족은 가난한 것으로 명시하며 아마 지원 없이 욕구를 충족시킬 수 없다고 볼 것이다. 이런 소득 수준에 이르기 위해 전일제 근로자는 시간당 10달러 이상 벌어야 하거나 주당 40시간 이상을 근무해야 한다. 최소한 당신이 어디에 살든 당신의 직무는 당신의 욕구를 충족시켜 줘야 한다. 만일 한 개인이나 가족이 생필품을 구입하기에 충분한 돈을 벌지 못한다면, 공공지원 제도를 찾아보아야 한다. 실업자, 불완전 고용자, 빈곤 노동자들과 함께 작업하는 커리어 상담자들은 내담자들이 공공지원 서비스를 찾는 것을 도와주는 역할을 할 수도 있다.

커리어 계획 과정에서 지원을 받고자 하는 사람들은 자신들의 욕구를 충족시키기 위해 필요한 것보다 많이 때로는 훨씬 더 많이 벌기를 바란다. 이들의 바람에는 음식, 주거, 수송, 의사소통, 여가, 의료 서비스 같은 욕구들과 동일한 사안들이 포함된다. 2012년에 미국 내 평균 가족의 수입은 대략 4만 3,000달러였다. 미시시피 주의 가족 평균 수입이 3만 3,000달러로 가장 낮았고, 코네티컷 주는 5만 9,000달러로 가장 높은 주였으며, 컬럼비아자치구 가족의 평균 수입이 7만 5,000달러로 전체적으로 가장 높았다(인구통계국, 2012). 종종 일에 대해 최종 선택을 할 때에는 지역적 위치, 근로 조건, 안전 사안, 수입을 둘러싼 다양한 형태의 타협을 고민하지만 이내 수입이 쟁점이 된다.

일, 돈 그리고 차별 엄밀히 따지면 작업장 내에서의 차별은 서로 다른 성별, 인종, 민족, 성적 선호도를 가진 두 사람이 동일한 역량 수준의 같은 직무를 수행하면서 한 명은 다른 사람보다 더 높은 급여를 받을 때 발생한다. 실제 차별이 발생하는가? 저자의 딸은 일류 회계회사 중 한 군데에 고용되었다. 딸은 최근에 졸업한 남자 MBA 졸업생이 그녀가 입사 후 2년 후에 받은 것보다 훨씬 더 많은 임금을 받았다는 것을 알았다. 더욱이 직무 수행을 위해 그녀가 받은 훈련은 신입직원보다 명백히 더 나았다. 그녀는 곧바로 상사에게 찾아가서 주장했다. 나는 그녀의 논지가 설득력 있었

---

* 정부가 저소득자들에게 주는 식료품 할인 구매권. 미국에서 빈곤층을 위한 사회보장제도의 일종으로 저소득층 등 취약계층에 식품 구입용 바우처나 전자카드 형태로 식비를 제공하는 지원 제도를 말한다. 미국에서는 불황이 극심했던 1939년 처음 선보였고, 1964년 영양보충보조 프로그램의 일환으로 푸드스탬프 제도를 도입했다. 수혜자는 정부가 지정한 소매업체에서 술 등을 제외한 식품을 일정액까지 살 수 있다.

다고 확신하지만, 아마 차별 소송을 당할 것이라는 위협이 그녀의 논지만큼 2만 달러의 임금인상을 받도록 기여했을 것이다.

경영이나 산업 연구와 상관없이 남성과 여성 사이의 소득 격차를 체계적으로 검토하는 것은 현실적으로 불가능하고, 남성이 여성보다 일반적으로 대략 20% 정도 더 많이 번다는 것만 결론 내리고 있다(Adams, 2013). 이 책의 뒷부분에서 이러한 차이를 좀 더 면밀히 살펴보겠지만 온라인판인 포브스에 기고를 하는 Carrie Lukas(2012) 같은 사람은 편향을 가진 조직이 일반적으로 행하는 것보다 이런 문제를 더 깊게 검토할 필요가 있다고 제안한다. 후에 나는 차별, 재직, 교육, 육아 등의 쟁점들과 남성이 여성보다 매일 약간 더 많은 시간을 일하는 데 사용한다는 결과(Lukas, 2012)를 살펴볼 것이다. 급여의 격차에 기여하는 생물학적인 쟁점 또한 다룰 것이다.

민족성, 인종 그리고 소득　미국 통계국(2012)은 다양한 민족 집단의 가족들이 가지는 소득에 중앙값이 아시아계 미국인 가구 6만 5,469달러, 백인 가구 5만 1,861달러, 히스패닉계 미국인 가구 3만 8,039달러, 아프리카계 미국인 가구 3만 2,584달러라고 보고했다. 가구 내에 포함된 사람들의 수가 통제되지는 않았기 때문에 상당히 다양할 수 있다는 것을 주목할 필요가 있다.

가계 소득은 가구 내 거주 중인 15세 이상 임금 소득자가 벌어들이는 수입의 합계이다. 흑인 가족의 60%가 한 명에 의해 부양되기 때문에 민족 집단들을 비교하기 위해 가계 소득을 사용하는 것은 오해의 소지가 있을 수 있다. 하지만 평균적으로 대부분의 다른 근로자들에 비해 소수집단의 근로자들이 돈을 덜 번다는 사실을 부인하기는 어렵다. 이러한 격차의 일부는 교육 성취에서의 차이에 기인할 수 있지만, 역사적 비평 또한 현재의 상황을 이끌었던 주요 요인이다.

일은 지위와 사회적 기회를 제공한다　작업장은 교우관계의 중요한 원천이다. 일은 또한 사내 팀, 근무 후 근처 술집에서의 시간, 비공식적인 활동 등의 형태로 여가의 기회를 제공할 수도 있다.

2011년에 Friedman과 Martin은 1920년대에 시작한 1,528명의 재능 있는 학생들의 종단연구의 결과를 발표하였다. 연구자들은 고된 일로 채워진 삶을 포함하는 장수와 관련된 수많은 요인들을 보고했다. 특히 열심히 일하고 경력에서 출세하는 사람들이 더 오래 산 것으로 나왔다. 자신의 생애 유형을 전환하고자 하고 더 책임감을 갖고자 원하는 성실한 근로자는 어떠할까? 그들에게 너무 늦은 것일까? 그렇지 않다. 또한 이 연구의 저자들은 일에 대한 자신의 태도를 바꾸고 더 열심히 일하게 된 책임감 있는 근로자들이 역시 더 오래 살았다고 보고했다. 하지만 열심히 일하는 것과 장수 사이의 관련성을 지지하는 증거는 불분명하다. 심장 전문의들은 작업 관련 스트레스를 포함하는 스트레스 요인이 다양한 유형의 심장질환과 연관되어 있다는 것을 오래전부터 알고 있었다.

일의 역사적이고 종교적 의미가 있다　역사적으로 일은 종교적이며 신학적인 의미가 내재되어 있다. 초기 히브리 문서에서 일은 처벌로 보이는데, 이는 아마 성경에 묘사되었듯이 아담과 이브가 목가적인 에덴동산에서 추방당했고 노동하는 삶의 선고를 받았기 때문일 것이다. 일부 초기 기독교도들은 이익을 위해 일하는 것을 불쾌하게 생각했지만, 이러한 관점은 중세 시대에 바뀌게 되었다. 16세기에 시작된 종교개혁 동안 일은 신을 섬기는 최고의 방식으로 여겨졌다. 마르틴 루터와 장 칼뱅은 일을 긍정적으로 바라보았고, 일에 대한 그들의 태도는 사회다원주의(다윈의 생물진화론을 사회 현상에 적용)와 자유방임주의가 결합된 것으로 보이는데, 이는 정부의 규제로부터 자유로운 경제, 개인의 자유와 책임감, 법에 의한 지배를 중시한다. 이들이 합쳐져서 현재 유대인-프로테스탄티즘의 윤리(Judeo-Protestant work ethic, PWE)의 기초와 근면하고 부지런히 일하는 것이 중요하다는 생각을 형성하게 되었다.

Peterson과 Gonzalez(2005)는 PWE가 구식일 뿐 아니라 미국 사회의 많은 병폐의 뿌리라고 주장하였다. 그들은 PWE가 반유대주의와 가난한 자들과 선거권을 박탈당한 사람들에 대한 비난의 기초가 되고, 그들이 자신들을 향상시키려는 충분한 노력을 발휘하지 않기 때문에 역경이 존재한다고 주장하였다. 그들은 피해자를 비난하는 이러한 접근이 작업장 내에서의 억압과 학대를 정당화시키려는 수단으로써 의도적이고 정치적으로 동기화되었다고 제안한다. 그들은 또한 PWE가 다문화에의 응용 가능성이 제한되어 있고, 여성에 대해 편견을 가지고, 미국 문화가 비유대 기독교도 선조들에게 진 빚을 누락시키고, 이민자들에게 쉽게 적용시킬 수 없다고 제안한다. 유교적 작업윤리(Confuction work ethic, CWE)는 이 나라에서 생각되듯이 PWE의 개념을 반영하는 아시아 문화를 통해 발견될 수 있는 교육, 자기 수양, 충성을 강조한다.

Domurat와 Zajenkowska(2012)는 PWE와 CWE가 특별히 대중과 여성을 억압하기 위한 기초로 사용되었다는 견해에 동의하지 않는다. 그러나 그들은 CWE와 PWE의 존재가 미국, 서부 유럽, 많은 아시아 국가의 경제적 성장에 일조했다고 주장하고 그런 사례를 지지하는 증거를 제시한다. PWE를 이민자들에게 적용시키는 것에 관해, 성인 이민자들은 자신의 작업윤리를 지니고 오는 것으로 보이고 자신의 천분을 깨닫게 되는 문화적 맥락(아마 하위문화)에 의해 유지될 것으로 보인다.

Peterson과 Gonzalez가 정의한 병폐들에 대한 책임이 PWE에 있을까? 어떤 경우에서는그들의 사실들을 확인해 볼 필요가 있다. 그들은 반유대주의 논의를 마르틴 루터(16세기의)로 시작하는데 사실 반유대주의는 더욱 일찍, 아마 1세기경에 확산되었고, 기독교도들은 유대교로부터 분리되었다. 나의 핵심은 반유대주의가 PWE와 아무 상관이 없다는 것이다. 나는 PWE가 다른 문화들이 갖는 관점들로 보충되어야 할 필요가 있다는 데에 동의한다. 하지만 PWE의 폐해들에 대한 그들의 견해를 밀어붙이기 위해 Peterson과 Gonzalez는 유럽계 미국인들이 아시아인들을 칭송하기 위해서가 아니라 다른 소수집단이 능력 이하의 성취를 보이며, 따라서 성공을 이루기 위해 충분히 열심히 일하지 않는다는 신념을 지지하기 위해서 아시아인들을 모범적인 소수민족으로 제시한다고 주장한다. 민주주의적 정부와 PWE와 CWE를 적용시키는 것은 세계 역사에서 비할 데 없는 경제적 성장을 이끌었다(Domurat & Zajenkowska, 2012). 하지만 성공을 위해 민주주의에 작업윤리를 더하는 공식에 대한 예외가 있다면 그것은 중국이다. 소비에트연방이 해체된 뒤 중국의 리더십은 기업가 활동에 문을 열어주었고, 이는 분명히 전 인구가 자신들의 CWE에 맞춰 자유롭게 행동하도록 하였으며 그 결과 21세기에 가장 빠른 성장을 유도하였다.

우리의 재산 활용하기　나는 PWE나 CWE를 버리는 것을 찬성하지는 않는다. 나는 궁핍한 사람들을 지원하고 가난한 자들과 권리를 박탈당한 사람들을 위한 기회 구조를 확장시키기 위해 이 나라에서 생산되는 재산을 활용하는 것을 지지한다. 다른 나라들에서 재원을 더 잘 사용하는 것은 영국과 캐나다 같은 국가의 단일 지불 의료 서비스 시스템, 프랑스와 호주의 유치원부터 대학원까지의 납세자-기금 교육 프로그램, 그리고 영국 및 미국의 경우와 약간 비슷한 주택 보조금과 같은 사회주의 제도를 채택하는 형태로 나타났다. 정부의 부의 재분배 체계 중 궁극적인 형태인 공산주의는 러시아와 중국에서 실패하였고 쿠바에서도 위태위태하게 나아가고 있다. 현대 중국은 강력한 중앙 정부에 기업가적 경제라는 어떤 의미에서는 혼합된 모형이다.

　마지막으로 PWE가 가부장적이고 반여권확장주의적이라는 Peterson과 Gonzalez의 주장은 아마도 정확할 것이지만, 그것은 변화하고 있다. 2013년에 2명의 임금 소득자가 있는 가구의 37%에서 여성이 남성보다 더 소득이 높았다(Wang, Parker, & Taylor, 2013). 하지만 현재 여성에 대한 편견을 지닌 윤리를 후원한다는 그들의 관점은 우리 사회 내에서 여성의 역할에 대한 개념을 전적으로 신뢰한다. 일부 급진적인 남녀평등주의자들은 엄마와 돌보는 사람으로서의 여성의 역할을 매도해 왔으며, 이는 사회 내에서 여성의 역할에 관해 수천 년 동안 오래된 유대인-프로테스탄티즘의 생각과 실제로 연결될 수 있는 전통적인 역할이기 때문이다. 많은 여성들은 이러한 이유 때문에 남녀평등주의를 거부해 왔다. 커리어 상담자들은 의심할 바 없이 전통적 역할과 자립적인 근로자 역할을 수용하는 입장 사이에 있는 여성들을 다룰 것이다. 이런 여성들은 자신의 생애 경로를 만들어내도록 권한을 부여받을 필요가 있다. 아마도 우리 사회 내에서 여성의 역할에 대한 미국 내 대부분 종교 집단에서의 지위는 여성의 역할은 집 안에, 그리고 상원(The Senate)에 있다는 어떤 유명한 범퍼 스티커의 표현을 통해 나타내는 것이 더 정확할 것이다.

자존감　일을 통해 얻는 심리적인 부산물은 자존감의 발달이다. 사람들은 일의 목표를 처리할 때에 통달감을 느끼게 되고, 다른 사람들이 중요하게 생각하는 것을 생산하는 활동에 몰두하기 때문에 그들의 자존감이 향상된다. 실업자들은 종종 낮은 자존감으로 힘들어하는데, 그들은 다른 사람들이 중요하게 생각하는 것을 만들어낼 수 없다고 믿기 때문이다(Goldsmith & Diette, 2012).

글로벌 경제에서의 커리어 발달

소비에트연방의 붕괴는 공식적으로 1991년 12월에 이루어졌다. 글로벌 경제의 형성은 1991년 월씬 이전에 시작되었지만, 소비에트연방을 구성하고 있던 수많은 독립 자치주들이 탄생하기 시작한 것은 이 과정을 가속화시켰다. 2005년에 뉴욕타임스에 기고했던 퓰리처상 수상자이기도 한 칼럼니스트인 Friedman은 자신의 책에서 글로벌 경제와 관련해서 이 세계는 수평적이라고 언명하였다. 그의 책은 바다를 향해 멀리 모험하듯 항해하는 배가 평평한 지구의 끝에서 추락하고 파괴될 것이라는 생각을 널리 믿었던, 미 대륙 발견 이전의 시간으로 되돌리려는 시도를 한 것은 아니다. 그보다 Friedman의 시도는 경제가 분리된 지역 경제들로 큼직하게 구성된 후 어떻게 글로벌 경제로 통합되었는지를 설명하려는 것이었다. 더 이전에 전 세계 경제의 세계화가 한창 진행 중이라고 인정했던 노벨 경제학상 수상자인 Joseph Stiglitz(2003)는 그가 불만스러운 것으로 칭했던 것에 대해 글로벌 경제가 미치는 영향을 방어/옹호했고 정치인들과 지역 경제를 보호하기 위해 세워진 다른 장벽들과 상관없이 발생해 왔고, 앞으로도 발생할 것 같은 경제적 변화와 관련된 일부 문제들을 제시하였다. Stiglitz와 Friedman이 말한 요점은 글로벌 경제는 현실이란 것이며, 좋든 나쁘든 우리 생활의 일부라는 것이다.

오늘날 글로벌 경제의 존재를 증명할 필요가 있는 학자나 특정 지식인은 거의 없다. 세계 주요 경제국들의 상호 연결은 2008년에 시작된 경제 불황처럼 하나의 현실이며 이때에 높은 실업, 낮은 소득, 거의 100만에 이르는 취업 의욕이 사라진 노동자의 형태로 어느 정도 지속되었다(노동통계국, 2013e). 2008년 1월에 미국의 실업률은 4.9%에 이르렀다. 이 수치는 은행의 파산, 담보 대출의 미납, 신용카드 빚의 급증에 따라 10% 이상으로 증가했다. 지금은 대략 7.0% 선에 이르고 있다. 주요 근로자 집단 중에서 실업률은 다음과 같았다 : 성인 여성(6.5%), 아프리카계 미국인(12.6%), 성인 남성(7.0%), 10대(23.7%), 백인(6.6%), 히스패닉계(9.4%).

예측할 수 있듯이 이 나라에서 경제적 침체는 다른 경제국들에 영향을 끼쳤다. 하지만 미국의 경제가 회복되면서 다른 나라의 경제 또한 향상되었다. 2013년대 중반 노동통계국에 따르면 EU의 전체 실업률은 10.9%를 나타냈다(2013d). 그리스의 실업률은 거의 27%에 이르렀다. 다른 EU 국가들은 상당히 낮은 실업률을 나타냈다. 오스트리아와 덴마크는 각각 4.6%와 6.8%로 가장 좋은 것으로 나타났다. 러시아의 경제는 유가와 밀접한 관련이 있는데, 실업률이 5.4% 정도로 나타나서 EU 국가의 평균보다 다소 나은 수치를 보인다(Trading Economics, 2013a). 그럼에도 불구하고 만약 원유 수요와 가격이 계속 떨어진다면, 러시아의 실업률은 극적으로 증가할 수도 있다. 세계에서 가장 조심스럽게 관리되는 경제 체제를 운영하면서 미국으로 제품을 수출하는 주요 국가인 중국에 대한 보고서는 2013년도의 도시 실업률이 4.1%로 나타났다는 것을 보여준다(Trading Economics, 2013b). 미국과의 또 다른 주요 무역 파트너인 일본에 대한 가장 최근 자료의 형태를 보면 실업률이 3.9%에 이른다(Trading Economics, 2013a).

글로벌 경제는 우리에게 새로운 용어와 노동시장에 대한 새로운 현실을 제공하였다. 해외업무 위탁, 노동력 구조조정, 아웃소싱, 인소싱, 홈소싱, 인포밍 같은 단어 및 구절은 물론 인터넷과 연관된 모든 단어, 구절, 아이디어는 우리의 일상 대화에 포함되어 왔다. 해외업무위탁과 아웃소싱 같은 용어들은 특히 국가의 경계에 의해 그리고 어떤 경우 보호관세에 의해 보호받았던 직무가 현재 전 세계에 걸친 근로자들에게 경쟁할 수 있는 근거로 제공된다는 것을 분명히 해준다.

직무와 전체 산업을 해외업무위탁, 즉 다른 나라에서 하는 것은 몇십 년 전에 섬유, 가구, 철강 같은 산업 내에서 기업주들에 의해 시작되었다. 그들은 이런 방법을 그 나라에서의 낮은 임금과 더 적은 정부 규제 및 환경보호 요구 조건으로 인해 이윤을 증가시키는 방법으로 보았다. 인건비의 차이는 해외업무위탁과 아웃소싱에 대해 가장 큰 주목과 비난을 받아 왔는데, 아마 미국과 다른 나라에서의 상대적인 인건비에 대한 자료가 노동통계국(2012)에서 손쉽게 구할 수 있기 때문일 것이다. 2011년에, 미국의 생산 근로자들에 대한 평균 비교 보상금(임금 더하기 부가 혜택) 비용은 35.53달러였다. 독일, 호주, 많은 유럽 국가들을 포함하는 몇몇 국가들은 비용 수치가 더 높다. 스페인, 포르투갈, 헝가리, 체코공화국, 그리스는 예외였다. 자료를 확보할 수 있는 대부분 아시아 국가들은 미국보다 더 낮은 인건비를 나타냈는데 일부는 극적으로 낮은 수준이었다. 필리핀(2.01달러), 타이완(9.53달러), 한국(18.91달러), 일본(35.71%)이 그 예이다(노동통계국, 2012). 중국 및 러시아의 임금에 관한 자료는 수집하기 더 어려울 수 있고, 아마 노동통계국 데이터베이스에 포함되어 있지 않기 때문일 것이다. 하지만 2005년 보고서는 중국 생산 근로자들의 한 달 순수 평균 임금이 134달러라고 추산했지만(World Salaries, 2005) 중국에서의 임금 수준은 증가하고 있다(Trading Economics, 2013b). 중국 내 근로자들의 주당 평균 근무 시간이 6일이라는 것 또한 주목할 만하다.

앞에서 언급했듯이 아웃소싱에 대해 가장 빈번히 인용되는 근거는 미국의 임금과 다른 국가의 임금 간 격차이다. 임금 격차는 또한 인소싱─다른 국가의 사업들이 미국 내에 직업을 유치하는 것─에 대한 또 한 가지 이유이다. 현대, 기아, 토요타, 혼다, 메르세데스 벤츠, 닛산, BMW, 그리고 다른 자동차 생산자들이 현재 자사 차량의 많은 부분을 미국 내에서 조립하며, 주로 인디애나, 노스캐롤라이나, 앨라배마, 테네시 주 같은 '노동권에 관한' 주에서만 독점적으로 하는 것이 아닌데, 이곳은 '노동조합원만을 고용하는 사업장'─근로자들이 조합에 가입하지 않으면 작업장에 고용되지 못하도록 하는 노동조합을 결성한 노동력─의 설립이 금지되어 있다. 해외 기업이 그들의 사업체 중 일부를 미국 내에 두는 또 다른 이유는 미국 시장의 규모 때문이다. 제2차 세계대전 이후 미국은 세계에서 가장 큰 경제 시장이었으며, 다른 많은 국가의 국민들에 비해 미국 시민들은 일반적으로 음식이나 주거 같은 생필품이 필요할 때 마음대로 사용할 수 있는 많은 돈을 보유하였다. 비록 많은 사람들이 미국의 경제가 직무에 대한 아웃소싱-인소싱 전쟁에서 지고 있다고 추정하고 있지만, 정확한 통계치를 찾아내기는 힘들다. 추정할 수 있는 것은 Friedman(2005)이 묘사한 수평적인 세계에서 미국 근로자들은 점차 국외의 직무를 찾는 자신을 발견할 것이고, 결국 그러는 것이 필요할 것이다.

어떤 요인들이 세계화를 이끌었는가

Friedman(2005)는 동부 유럽의 경제를 개방시킨 소비에트연방의 몰락을 포함해서 여러 가지 경제적으로 '수평으로 만드는 요소들'을 정의했다. 그는 또한 인터넷을 언급했는데, 인터넷은 1990년대에 미국에서 상업적 용도로 처음 도입되었다. Friedman은 인터넷이 상업적인 힘을 얻게 된 것만큼 빠르게 부유한 국가와 가난한 국가 간의 정보 격차도 커졌다고 지적했다.

북미자유무역협정(NAFTA), EU의 발달, 그리고 미국과 중국의 무역협정은 모두 국가 간에 상품과 서비스의 유통 흐름을 쉽게 하고 가정에 판매하는 상품들의 비용을 줄여줌으로써 경제 생산성을 증가시키는 것에 목표를 둔 협정들이다. NAFTA의 출현은 미국, 캐나다, 멕시코 간의 경제적 관련성을 비교하기 위해 새로운 직업 분류 체계가 필요하다는 것을 보여주었다. 북미산업분류체계(NAICS)는 미국경제분류정책위원회(ECPC), 캐나다 통계청, 멕시코의 국립지리통계협회와 함께 개발되었다. 이 체계는 3개 국가에 비교 경제 자료를 수집하고 NAFTA의 영향을 추적 관찰하기 위한 기반을 제공한다.

연습문제 1.1

다음 문장의 빈칸을 채워 넣어라.

1. Friedman(2005)은 세계 경제를 '수평으로 만드는 요소들'이 (1)_____, (2)_____, (3)_____(이)라고 생각한 것으로 보인다. Brown(이 책의 저자)은 Friedman이 그의 목록에서 매우 중요한 요인을 간과한 것 같다고 믿는데, 이는 _____이다.

수평적이지 않은 근로자와 사회적 정의

사회적 정의에 대해서 수많은 사전적 정의가 존재한다. 가장 간단한 표현으로, 이것은 민족 기원, 성별, 사회적 지위, 인종, 지역 등과 상관없이 모든 사람이 동등하게 대우받아야 한다는 신념이나 철학을 의미한다. 이는 각자가 자신의 개발에 권한을 부여하고, 경제적 평등을 촉진시키고, 사회적 공정성을 보장하기 위한 수단으로써 우리가 속한 기관을 개선시키기 위해 타인들과 함께 일하는 것에 개인적 책임이 있다는 것을 가정한다. 사회적 정의는 글로벌 경제에 의해 증진되었나?

미국 내에서 생산될 수 있는 것보다 제품과 서비스를 비용 측면에서 더 낮게 글로벌 시장에 접근할 수 있기 때문에 우리 다수가 세계화의 수혜자들이었다는 것은 사실이다. 하지만 미국 내 제조업 근로자들은 대부분의 경우 글로벌 경제화의 수혜자들로 치부할 수 없다. 게다가 Stiglitz(2003)는 아프리카, 아시아, 남아메리카의 빈곤한 사람들은 세계회에 의해 도움을 받았던 사람들에 속한다고 말할 수 없다고 제안하며, 세계화가 일부분 그들의 곤경을 악화시켰을 수도 있다고 제안한다. 일부 선진국들이 가난한 국가의 근로자들을 학대해 왔고 환경오염도 부추겼다는 것은 분명한 사실이다.

Friedman(2005)은 수평화 과정이 왜 수많은 사람들을 간과했는지를 논의하기 위한 몇 가지 부수적인 아이디어를 제시한다. 한 국가 내의 근로자들이 글로벌 경제가 제공하는 기회를 통해 이득을 얻기 위해서 사람들은 교육, 의료 서비스, 실직 같은 개인적인 재앙을 무사히 헤쳐 나가도록 도와주는 사회 연결망 등의 사회기반시설을 제공하는 정부를 가질 필요가 있다. 지구상의 대부분 국가들은 이러한 유형의 사회기반시설을 자랑스럽게 여길 수 없다.

미국 내에서 사회적 정의

마틴 루터 킹 주니어는 '나에게는 꿈이 있다'는 유명한 연설에서 미국을 인종차별로부터 자유로울 수 있고 모든 이에게 동등한 기회가 보장될 수 있는 곳으로 상상하였다. 시민법의 제정은 그가 그려왔던 많은 변화들을 초래했지만, 그가 발달하기를 희망했던 경제적인 형평성을 포함한 사회의 어떤 측면들은 누락되었다.

그러나 교육을 증진시키고 정보 격차를 없애는 것은 사회적 정의를 위한 커다란 장애물로 남게되었다. 거의 30%에 해당하는 학생들이 졸업 이전에 학교를 그만둔다. 이렇게 빠른 시기에 이탈하는 학생들이 학교로 복귀하거나, 지역대학에서 졸업 프로그램을 이수하거나, 대입 자격시험을 통과하기 때문에 정확한 중퇴자 비율을 확인하기가 어렵다. 국제 교육 평가 프로그램의 결과에 기초했을 때, 우리는 미국 학생들이 다른 나라 학생들과 비교했을 때 비교가 되질 않는다는 것을 알고 있다. 15세 학생들에 대한 2009년도의 평가 결과는 63개의 다른 나라 학생들과 비교했을 때 미국 학생들은 수학 능력에서 15등, 과학에서 13등, 읽기에서 7등을 차지하는 것으로 나타났다(NCES, 2012). 전통적으로 히스패닉과 아프리카계 미국인 학생들은 이러한 측정에서 백인 및 아시아계 미국인들에 비해 더 낮았다. 이런 결과가 결코 형편없는 것은 아니지만, 점차 기술화되어 가는 세계에서 미국의 리더십을 지탱해 나가기에 충분히 높은 수준은 아니다.

사람들이 의미 있는 직업을 갖지 못한다면 사회적 정의는 완전히 현실화될 수 없다. Roberts, Povich, 그리고 Maher(2012~2013)는 교육과 기술 훈련이 많은 사람들과 가족들의 가난을 종결시킬 열쇠라고 계속해서 강조한다. 많은 커리어 개발 전문가들이 교육기관에서 일을 하기 때문에 빈곤계층을 도와주거나 상처를 주기도 하는 이런 기관의 프로그램과 정책들에 영향을 미칠 고유한 기회를 가지고 있다. 일자리를 준비하고 진입할 기회를 놓쳤을 때는 작업장에서 차별을 못하게끔 하는 방안을 제정하는 것만으로는 충분하지 않다. 하지만 남성과 여성 그리고 백인과 소수집단 근로자들 사이의 임금 격차는 경제적 형평성이 비록 다양한 이유가 있을지라도 실현되지 않는 꿈이라는 것을 분명히 보여주고 있다.

Macartney, Bishaw와 Fontenot(2013)은 인구통계국에서 시행한 2007년에서 2011년에 걸친 미국지역사회조사(American Community Survey, ACS)의 결과를 보고하였다. 무엇보다도 이 조사는 미국 내에서의 빈곤율을 상세히 보여주고 있다. 그들의 보고서에는 4,270만 명에 해당하는 15.1%의 미국인들이 빈곤 수준 이하의 수입을 가지며, 백인 중 빈곤 수준 이하로 소득을 버는 사람들의 비율은 9.9%이고, 아프리카계 미국인, 히스패닉계, 아시아계 미국인, 아메리카 원주민 및 알래스카 원주민의 비율은 각각 대략 25%, 22%, 12%, 28%라는 등의 정보들이 포함되어 있다. 이 보고서는 또한 장애를 가진 2,310만 명의 남성과 여성의 절반 정도가 2012년 5월 시점으로 고용되지 않은 상태였다는 것을 보여주었다. 다른 보고서에서 Roberts, Povich와 Maher(2012~2013)는 혼자 일하는 것이 빈곤을 해결하진 않을 것이라고 설명하였다. 그들은 아마 1억 400만 가족에 이르거나 4,750만 명에 이르는 사람들에 해당하는 일을 하는 많은 가족들이 음식, 주거지, 의료 서비스, 그리고 그 외의 필수품들에 대한 욕구를 충족시킬 충분한 돈을 벌지 못할 것이라고 보고한다.

커리어 개발 실무에 대한 새로운 모형이 필요한가

미래의 실무자로서 당신은 여러 가지 것을 결정해야 한다. 나는 어떤 모형을 실행하게 될 것인가? 어떤 기법을 사용하게 될 것인가? 내 내담자의 인생에서 내가 어떻게 효과적인 수단이 될 수 있을까? 어떤 사람들은 "나는 생각한다, 고로 존재한다."라는 유명한 말을 했던 르네 데카르트 같은 사람들의 유럽 철학에 뿌리를 둔, 과거에 사용되었던 모형을 토대로 보았을 때 불행하다. 그의 아이디어는 개인과 맥락 사이의 상호작용을 크게 무시한다. 포스트모던 상담자와 심리학자는 데카르트가 사고 위에 세워진 사고에 대해 더욱 정확하게 생각하고 있었고, 따라서 순환 고리를 만들었다고 주장할 것이다. 존재의 원천으로서의 마음의 중요성이 단지 서구 문화만의 생각은 아니라는 것을 강조하는 것이 중요하다. 석가모니는 "마음은 모든 것이다. 당신은 자신이 생각하는 대로 될 것이다."라고 말한 것으로 추정된다. 당신의 개인적인 모형의 주제는 제3장에서 더 깊게 다루게 될 것이지만, 이러한 문제에 대한 생각은 이미 시작되었어야 한다.

Blustein, McWhirter와 Perry(2005), Peterson과 Gonzalez(2005), Savickas(2013) 그리고 수많은 다른 학자들은 커리어 발달의 이론과 실제에 대해 재정의하고 전체적으로 재개념화할 필요성을 지적했다. Peterson과 Gonzalez는 근원적인 커리어 발달에 대한 전통적 가정이 잘못된 것이라고 주장한다. 그들은 선형적 논리, 객관적 진실, 커리어 발달 실제에 대한 경험적 증거의 필요성을 강조하는 것들이 순환적인 사고, 상대주의, 포스트모더니즘의 주관주의로 대체되어야 한다고 제안한다. 순환은 철학, 언어학, 수학, 심리학을 포함한 다양한 출처로부터 만들어진 개념이다. 이것은 마음이 가장 최근의 생각을 이용해서 과정과 구조를 세우는 과정을 말한다. 순환적인(되풀이되는) 질문하기는 자신의 삶의 다양한 양상 내에서 자기 자신을 묘사하는 데 사용하는 깊이 깔려 있는 주제와 은유를 밝혀내기 위해서 사용된다. 전통주의자들은 사실적 정보를 수집하기 위해서 면접을 사용하며 맥락으로부터 독립적인 사고를 밝혀내기 위해 시도할 수 있다.

Blustein과 동료들(2005)은 Peterson과 Gonzalez의 생각에 동의한다. 그들은 커리어 발달에 대한 새로운 개념적 기초가 필요하다는 것에 동의하였지만, Prilleltensky(1997)의 연구에 의지해서 새로운 패러다임에 대한 상이한 결론을 내리게 되었다. Prilleltensky는 개인주의와 실력주의를 수용하는 가치로부터 자유로운 모형이라고 전통적인 접근을 비판하였는데, 이는 자기 모순적인 진술이다. 개인주의와 실력주의에서의 신념은 가치관에 해당한다. Prilleltensky의 생각의 중심에는 목표 지향적인 변화는 가능하다는 신념이 자리잡고 있다. 즉, 사람들은 더 나은 자기 자신을 선택할 수 있고, 그 결과 그 모습대로 된다. 이런 개념은 전통적인 모형과 대립되지 않는다. 그 주장은 전통적 모형의 옹호자들이 수많은 사람들의 억압, 차별, 소외를 이끄는 요인들에 거의 주목하지 않았다는 것이다. 또한 그들의 비판에 따르면 전통주의자들은 미국 사회 내에서의 권력과 부의 불공평한 분배는 다루지 않았다. 이는 아마 역사적으로 커리어 발달의 전통적 모형을 이행하는 것이 정치와는 관련 없는 방식으로 개인에게 초점을 두어 왔고 인종차별주의, 성차별주의, 정치적이고 경제적인 권리의 박탈 같은 문제들을 크게 무시해 왔다고 보는 것이 정확할 것이다. 이러한 오래된 신념 체계의 흔적은 사라져야 할 필요가 있다. Blustein과 동료들은 사회적 성취에 대한 경쟁은 가난한 자, 일부 인종과 민족 집단, 장애를 가진 사람들에게는 다른 위치에서 출발하는 것이기 때문에 실력주의와 자유기업 체제를 강조하는 것은 잘못된 지도라고 제안했다. 이런 비난은 언급된 집단에 완전히 잘못된 것이며 불공평한 것이다. 빈곤한 자, 소수민족 및 인종 집단 구성원, 장애를 가진 사람들이 인정받을 만한 수행을 할 수 있는가? 물론 그럴 수 있지만 이들에게 그러한 기회가 있는지를 확인하기 위해 많은 영역에서 살펴보아야 한다.

권한 위임(empowerment)은 전통적 접근에 대한 또 다른 대안이다. Prilleltensky(1997)는 여권주의 치료로 정의되고, 심리학적 실제를 뒷받침하는 두 번째 요소이며 우리의 경우 커리어 발달인 권한 위임 모형을 구현하였다. 이 모형은 권력을 동등하게 만드는 것을 목표로 하고 모든 사람이 사회 혜택에 어느 정도는 동등하게 접근해야 한다고 제안하는 분배 철학을 지지한다. 권력의 동등화는 개인적 행위, 소송, 정치적 행위, 단체 교섭, 경제적 보이콧, 경제적 불매운동, 부의 재분배를 포함하는 다양한 과정을 통해 나타날 수 있다.

조세 정책과 정부가 운영하는 사회적 프로그램을 통한 부의 재분배는 종종 떠들썩하고 때로는 논쟁이 되기도 하는 아이디어이다. 하지만 미국 내에서의 부의 재분배를 면밀히 검토하면 이미 재분배의 노력들이 존재하고 있다는 것을 알 수 있다. 사회보장 연금, 노인 의료보험제도, 건강보험 개혁법안/부담적정보호법(Affordable Healthcare Act), 저소득층 의료보장제도, 푸드스탬프 제도들은 납세자들이 보조금을 받는 것들이다. 의문은 우리가 부를 공유해야 하는가가 아니라, '가진 사람들'이 덜 부유한 사람들에게 얼마나 주도록 요구해야 하는가이다. 현재 텍사스, 플로리다, 그리고 5개의 다른 주에서 거주하는 시민들은 주별 소득세를 납부하지 않는 반면, 하와이, 캘리포니아, 뉴욕 같은 주에 살고 있는 상위 소득자들은 연방 및 주 소득세로 수입의 50% 이상을 납부한다. Bleeker(2013)에 따르면 미국에서의 조세 비율은 다른 국가들과 비교했을 때 30만 달러를 버는 근로자들을 기준으로 53위에 해당하며 덴마크, 이탈리아, 프랑스, 그리스, 벨기에는 상위 5개 국가를 차지한다. 일반적으로 서유럽 국가들이 미국보다 더 넉넉한 사회복지 프로그램을 운영한다.

Peterson과 Gonzalez(2005)처럼 Prilleltensky는 포스트모더니즘을 심리학적인 적용을 뒷받침하는 세 번째 대안으로 인정하고 있다. 하지만 그는 그런 생각을 일축했는데, 명백히 가치관의 이슈에 대해 가지는 포스트모더니즘의 비교주 때문이다. Blustein 등(2005)은 해방적 공산사회주의(emancipatory communitarianism)를 지지하였다. 이 접근은 또한 적용의 초점을 개인과 그들이 기능하는 시스템에 모두 두어야 한다는 신념을 옹호하는데, 이것은 포스트모던적 사고와 일치하는 것이다. 해방적 공산사회주의를 받아들이는 전문가들은 사회적 정의의 가치를 지지하고, 인간의 다양성을 중요시하고, 상호 목표를 세우기로 찬성하고, 학생들과 근로자들에게 영향을 미치는 체계 내에서의 불공평을 바로잡으려는 정치적 행위에 관여하며, 스스로 미국 내의 교육 및 경제 체계 때문에 차별받거나 뒤처지는 자신의 내담자와 비내담자 모두에게 순응한다. 분명히 Prilleltensky 및 Blustein과 동료들은 미국 사회 내에서 부, 자원, 권력의 공정한 분할을 지지하는 법적으로 보장하는 인간의 권리를 넘어선 사회적 정의의 개념을 옹호하고 있다. 고용, 임금, 빈곤을 다뤘던 앞선 부분에서 인용되었던 통계치들은 커리어 발달에 대한 현재의 역사적 모형이 우리의 수많은 내담자들이 겪는 사회적 병폐를 다루기 위한 기초를 제공하지 못했다고 제안하는 Blustein과 동료들(2005)의 가정을 지지하는 것으로 보인다. 무척 친숙한 Holland(1997) 이론을 포함한 대부분의 커리어 발달 모형들은 내담자 집단에 일대일 지원을 제공하는 것에 초점을 둔다. 지금까지 밝혀진 직업과 경제 문제를 다루기 위한 기초를 제공하는 현존 모형은 한 가지가 아니다. Blustein과 동료들은 해방적 공산사회주의(Prilleltensky, 1997)의 가치들이 현재 존재하는 이론들과 통합되어야 한다고 언급했는데, 제3장에서 다루겠지만 수많은 개념적 이슈들을 제기한다. 하지만 내담자들이 커리어 선택을 막는 장애물을 극복하도록 돕고, 그들의 선택을 이행하도록 돕는 것은 대부분의 커리어 발달 실무자들에게 핵심적인 신념이다.

실무 현장은 커리어 발달이라는 영역에서 거의 항상 앞서는 이론을 보유하며, 실무자들은 이론가들이 순조롭게 진행하기 위한 모형을 제공하기를 기다릴 필요가 없다. 커리어 발달 실무자들은 지역사회 심리학, 조직 발달 이론, 변화 이론과 실무, 변화 과정에서의 공동 작업을 다루는 최근 문헌으로부터 차용할 수 있다(Brown, Pryzwansky, & Schulte, 2011). 실제로 만일 커리어 발달 전문가들이 그들의 시야를 넓히고 다른 영역으로부터 이론과 실무를 채택한다면 부가적인 이론의 수립은 전혀 필요하지 않을 수 있다. 모든 커리어 상담자에게 필요한 기술들에는 개인과 소집단 커리어 상담의 전통적 기술, 직무 배치, 심리교육학적 학습 경험의 설계 및 전달, 특수교육,

장애를 가진 성인·참전군인, 해고된 성인 같은 다수의 내담자들을 위한 전환 경험의 설계와 이행 등이 포함된다. 미국 사회 내에서의 일부 사회적 부당함을 다루고자 하는 커리어 발달 실무자들에게 필요한 기술에는 자문, 협업, 체계적 사정, 프로그램 설계, 리더십, 지지 등이 포함된다. 게다가 커리어 발달 전문가들은 미국장애인법(ADA), 1990년의 고용티켓 및 노동장려증진법(Ticket to Work and Work Incentives Improvement Act), 장애인교육법(Individuals with Disabilities Education Act, IDEA) 같은 입법안 발의에 대해 제대로 숙지하고 있어야 한다.

집합적인 사회적 가치에 기초한 사회적 정의의 의제를 받아들이는 것이 문제가 없는 것은 아니다. 개인주의는 미국 사회 내에서 핵심적인 가치 중 하나이며(Brown, 2002), 미국 국민들의 다수는 정직과 개인적인 노력이 작업장 내에서 성공하기 위한 기본적 요소라는 생각을 포기하는 것이 어렵다. 사회학자들은 부모의 지위와 직업적 획득 사이의 연관성을 오랫동안 깨치고 있었다(Hotchkiss & Borow, 1996). Blau와 Duncan(1967)이 처음 설명하였고 Sewell, Haller와 Portes(1969)가 더 확장시켰던 지위 획득 모형은 가족의 지위와 지능 및 교육과 직업에 대한 태도 같은 일부 인지적 변인들이 교육적 성취, 직업의 수준, 그리고 궁극적으로는 수입에 영향을 미치면서 가족을 통해서 이어져 간다고 제안한다. 다음의 두 사람을 생각해 보자.

- 모두 백인인 2명의 고등학생은 지능이 같다. 학생 1은 대학을 졸업한 부모가 있는 가족을 두었고 부모의 소득은 합쳐서 8만 8,000달러가 된다. 학생 2의 부모는 고등학교를 졸업하였고 바로 취업을 하였다. 가족 구성원 중 대학에 진학한 사람은 없다. 학생 2의 가족 수입은 백인 가족 수입 수준의 중앙값 수준인 약 5만 4,000달러 정도이다.
- 2명의 고등학생은 지능이 동일하다. 학생 1은 백인이며 이혼한 어머니와 함께 살고 있다. 이 학생의 아버지는 몇 년 전에 자녀 양육비 지원을 중단한 상태이며, 어머니가 지역 섬유공장에서 시간당 10달러를 벌고 있는데, 이 공장은 6개월 이내에 폐쇄될 것으로 보인다. 학생 2 역시 백인이며 부모가 모두 컴퓨터 제조 선두기업에서 컴퓨터를 조립하는 안정적인 직업을 가지고 있다. 부모의 합산 소득은 시간당 30달러를 넘는다.
- 아프리카계 미국인 학생과 백인 학생 모두 같은 대학교를 다니고 있다. 백인 학생은 도심의 평판이 좋은 공립학교를 다닌 반면, 아프리카계 미국인 학생은 낮은 수준의 고등학교를 다녔다. 백인 학생의 부모는 아들의 대학교육을 위해 모든 비용을 지원하는 것에 동의하고 있는 반면, 아프리카계 학생은 넉넉한 장학금을 받고 있지만 자신의 생활을 위해 주당 15시간의 일을 해야 할 것이다. 두 학생 모두 문학사 학위를 딴 이후에 법대 진학을 원하고 있다.
- 뛰어난 성적을 지닌 2명의 아프리카계 미국인 고등학생은 의대 진학을 원하고 있다. 그들의 재정적 상황 때문에 두 학생 모두 주 내에 있는 공립대학을 다니려고 한다. 모두 명문대학에 입학허가를 받았지만, 학생 1의 아버지가 그 대학에 다녔을 때 차별받은 적이 있어서 그녀는

단호하게 더 낮은 수준의 대학교를 다니기로 선택했다.

비록 이 책은 직업을 얻는 것의 중요성에 대해 강조를 할 예정이지만, 빈곤 노동자들의 역경을 강조했던 이전에 제시된 정보들은 가난으로부터 탈출하는 것이 직업을 얻는 것만큼 쉬운 것이라는 신화를 떨쳐버렸다. 직업은 전일제일 수도 시간제일 수도 있고 최소 임금일 수도 그 이상일 수도 있다. 하나의 직업을 갖거나 하나의 전일제 직업 이상을 갖는 것과 가족 구성원들의 수, 주택 비용, 그리고 다양한 기타 요인들에 의해 저임금 근로자에 해당되게 되는 것도 전적으로 가능하다(Roberts, Povich, & Maher, 2012~2013). 사람들은 만일 1년에 27주를 일하는 데 사용하게 된다면 빈곤한 근로자로 분류되며 빈곤선(최저생계 유지에 필요한 소득 수준) 아래의 삶을 사는 것이다.

일의 미래

*Occupational Outlook Quarterly and Handbook*이라는 제목의 출판물에서 노동통계국이 제시한 전망은 이 책의 마지막 장에서 상세하게 다루어질 것이다. Toffler(1980), Johnston과 Parker(1987), 그리고 Naisbit과 Aburdene(1990) 같은 미래학자들은 비록 세계화에 기인한 최근의 변화 크기를 측정하는 것에 종종 실패하기는 했지만, 노동력에서 발생했던 수많은 변화를 정확하게 예측했다. 대부분 미래학자들은 작업장 내에서 컴퓨터의 중요성을 예견했다. 예를 들어 앞부분에서 언급했듯이 작업장의 분산에 관한 예측이 예상대로 정확했다. 델타 항공 같은 많은 주요 항공사들은 그들의 예약 대행 직무를 다른 나라에 외부 위탁을 해왔지만, 다른 나라에 있는 방사선 전문의와 엑스레이에 관해 전자적 의사소통을 하고, 의료 처치를 위해 해외로 건너가고, 아일랜드와 인도 같은 장소로 소프트웨어 개발을 해외업무위탁하는 것은 가장 앞선 커리어 미래학자들의 예상을 피해갔다. 모든 산업 내에서 사무직 근로자들이 사용자의 음성을 해석하고 메시지를 타이핑하는 것을 '배우는' '스마트' 소프트웨어로 이직하는 것은 많은 미래학자들이 놓친 것이다.

같은 맥락에서 일자리에 대해 연구하는 대부분의 미래학자들은 과학기술이 일부 영역에서의 고용 기회를 감소시킬 것이고, 다른 영역에서의 기회를 증가시킬 것이라고 기대하였다. 당연히 모든 단계의 교육, 의료 서비스, 경영, 그리고 다른 곳들에서 컴퓨터의 사용을 고려했을 때 교육하고, 추적 관찰하고, 재미있는 소프트웨어를 만들어낼 수 있는 사람들에 대한 수요는 사상 최고 수준에 있다. 효율과 생산성을 증가시키는 컴퓨터 시스템을 설계할 수 있는 시스템 분석가 또한 수요가 많다. 건설회사는 광섬유 케이블을 설치해서 컴퓨터와 전화기에 연결시킬 수 있는 전문가를 필요로 한다. 과학기술 설비 수리원은 수요가 많다. 과학기술 혁명의 다양한 유형의 잠재력을 설명할 수 있는 지식이 풍부한 판매원도 수요가 많다.

정보의 보급에 미치는 빠른 영향력과 사회 연결망과 판매 도구로써 인터넷은 최고의 상식을 가진 예언자를 제외하고는 모두를 놀라게 했다. 인터넷 공간에서 웹사이트를 설계하고 유지하는 사람들인 웹마스터들도 수요가 있다. 인터넷의 잠재력을 이용하는 소프트웨어와 하드웨어를 창작해 낼 수 있는 사람들과 마찬가지로 상품을 인터넷에 내놓기 위해 필요한 특화된 기술을 가진 판매원 또한 수요가 있다. 마지막으로 모든 전문가들은 과학기술이 21세기 동안 직무를 없애고 새로운 직무를 만들 것이며, 작업장의 물리적 속성을 변화시키고, 근로자들이 사용할 새로운 도구들을 만들어내면서 작업장의 현실을 계속 변화시킬 것이라는 데에 동의한다.

이 나라에서 인구 구성의 변화는 또한 작업장에 중요한 영향을 미치게 될 것이다. 현재 미국 내에서 대략 10명의 근로자 중 3.5명이 유색인종이다. 21세기의 전반기 동안 어떤 시점에 이르러서는 유색인종이 근로자 중 다수를 구성할 것이다. 이것은 미국 노동부가 SCANS(Secretary's Commission on Achieving Necessary Skills)(SCANS Skills, 1991) 보고서에 장차 근로자에게 필요한 기술 중 한 가지가 다문화 작업장에서 기능할 수 있는 능력이라고 언급한 이유일 것이다. 비록 과거의 추세는 이른 은퇴에 맞춰져 있었지만, 지불금을 받을 수 있는 나이가 증가하고 의료 서비스가 향상되고 있는 사회보장 연금제도상의 변화는 이러한 추세를 뒤바꿀 수 있고, 나이 든 근로자들이 더 오래 일하는 결과를 가져올 것이다. 사회보장 연금과 수명 연장의 영향력과 무관하게 '베이비 붐 세대'로 알려진 현재 50대와 60대인 집단 내 근로자들의 수 때문에 근로자들의 평균 연령은 짧은 기간 내에 증가할 것으로 보인다.

개인의 직업은 일반적으로 그 사람이 어디서 어떻게 사는지를 결정하기 때문에 개인이 참여하는 지역사회 활동과 조직 그리고 생애의 수많은 다른 양상들, 사회적 지위는 개인의 직업과 오랫동안 연관을 맺어 왔다. 이러한 관련성이 더 강해질지 약해질지를 예측하는 것은 어려운 일이다. 일부 작가들이 예언하듯 과학기술의 변화가 숙련된 훈련을 받은 기술 전문가 소집단 및 흥미가 없으며 보람이 없는 지위에서 드물게 일을 하는 대규모의 저숙련 근로자들을 만들어낸다면 사회적 지위는 직업으로부터 떨어져 나오게 될 것이고 일부 다른 근거로 이동할 것이다. 하지 만일 기술적 변화가 대부분의 근로자들을 전체적으로 향상시키는 결과를 낳고, 대부분의 사람들에게 가치 있는 것으로 보일 뿐 아니라 도전적이고 만족스러운 활동에 참여할 기회를 제공한다면, 사회적 지위는 개인의 직업과 밀접하게 관련을 맺게 될 것이다.

비록 지구 온난화의 근원과 그 정도에 관한 논의가 계속 열띠게 이루어지고 있지만, 화석연료의 대체재에 대한 탐색은 한창 진행 중이며 작업장의 속성에 굉장한 영향을 미칠 것이다. 수소 동력 자동차, 발전용 풍력 터빈, 그리고 태양광 에너지 전지는 리더십에 대한 경쟁적인 광분에 관여한 기업들과 정보들이 가지는 아주 적은 아이디어들이다. 변화는 머지않았지만 일은 대부분의 사람들에게 생활의 일부이다.

이 책의 목표

커리어 개발 개입은 개인 상담이나 심리치료와 연관된 작업들에 비해 덜 흥미롭고 확실히 덜 강력한 것으로 잘못된 것으로 여겨지고 있다. 이러한 구분의 추론은 또한 커리어 개입이 어떤 방식에서 다른 접근들에 비해 이해하기에 더 단순하고 적용하기에 더 쉽다는 생각을 나타낸다. 이 책의 목표 중 하나는 이러한 신념들이 현실을 반영하지 않는다는 것을 보여주는 것이다. 심리치료는 사람들을 삶의 여정에서 다시 제자리로 돌려놓는다. 커리어 개발 개입은 자기 실현, 존엄성, 사회적 형평성, 자존감을 향해 사람들이 그 여정을 밟아 나가게 한다. 비록 많은 커리어 개입 장면에서 평가가 핵심적 역할을 하지만, 현대 커리어 개발 개입은 더 이상 단순하게 '측정하고 말해 주는' 모형에 기초하지 않는다. 커리어 개발 개입은 한때 오로지 현대 철학에 비견하는 것으로 분류될 수 있지만, 오늘날 많은 실무자들은 포스트모던 철학과 개입을 받아들여 왔다.

　이 책의 주요 목적은 아동, 청소년, 성인의 커리어 개발 과정을 촉진시키는 데에 관심이 있는 실무자들을 위한 토대와 이에 수반하는 모든 것을 제공하는 것이다. 많은 경우에 커리어 발달을 촉진시키는 것에는 자기 인식을 증진시키는 경험, 개인이 기능하는 맥락의 영향력, 직업에 대한 지식을 제공하는 것들이 포함된다. 하지만 하나의 커리어를 발견하고 거기서 성공하기 위해서 자기와 커리어에 대한 지식 이상의 많은 것들이 요구된다. 성공적인 근로자들은 동기화된 의사결정자이고 다른 근로자들이 작업장에서 가지고 있는 개인차들에 민감하다. 그들은 잘 연마된 직무 발견 과정을 지니며 생산성에 더해질 수 있는 기술을 작업장으로 가지고 온다. 성공적인 근로자들은 또한 교육, 훈련, 직무 성공 간의 관련성을 인식하고 있다. 그들은 평생의 학습에 관여한다. 내담자 자신에게 제시되는 기회를 이용하도록 직업적인 구조를 통해 지원하고자 희망하는 실무자들 또한 커리어 발달 실무를 뒷받침하는 이론적 토대를 이해하는 것과 광범위한 집단에 평가 도구를 선택하고 사용하는 데 필요한 기술을 포함한 광범위한 기술과 지식이 필요하다. 그들은 또한 문화적으로 민감한 커리어 상담, 지지, 자문 기술이 필요하며 교육과 커리어 정보의 정확한 소재를 파악해서 사용할 수 있는 능력이 필요하다. 이러한 분야들과 다른 내용이 이 책에서 다루어진다.

요약

커리어 개발 전문가들은 21세기에 수많은 학생과 근로자를 지원할 기회는 물론 엄청난 도전을 마주하고 있다. 가장 큰 도전은 권리가 박탈되고 소외된 근로자들이 현대의 작업장에서 의미 있는 고용을 획득하고 경제적 혜택의 공정한 분배를 얻도록 돕는 영역에 놓여 있다. 20세기의 전환점에 그러했듯이, 오늘날 이러한 근로자들을 돕고자 하는 노력은 종종 교육 과정과 함께 시작해야 한다. 하지만 모든 근로자가 자기 자신을 글로벌 노동력의 일원으로 보기 시작해야 하며, 어떻게 자신들의 직업이 전 세계를 아우른 근로자들과의 경쟁을 통해 더 강해지고 혹은 위태로워지는지를 이해해야 한다.

이 장의 퀴즈

T F **1.** 경제학자들은 글로벌 경제의 수립을 향한 진전이 대부분의 경우 되돌릴 수 없다고 믿고 있다.

T F **2.** Friedman에 따르면 세계를 '수평화'시키게 된 한 가지 주요 요인은 이전 소비에트연방 경제의 실패였다.

T F **3.** 커리어의 의미를 다루는 광범위한 합의가 존재한다.

T F **4.** Blustein은 우리들이 현재의 커리어 발달 모형을 사회적 정의를 강조하는 모형을 지지하는 것으로 대체해야 한다고 제안한다.

T F **5.** 아프리카계 미국인들은 국내 빈곤 노동자의 50%를 살짝 넘는 비율을 차지한다.

T F **6.** 직업 찾기를 그만둔 취업 의욕을 상실한 근로자들의 수와 능력 이하의 일을 하는 사람들을 합친 숫자는 실업자의 수보다 더 크다.

T F **7.** "미국이 재채기를 할 때, 세계의 나머지 국가들은 감기에 걸린다."라는 말은 미국 내에서의 경제 하락은 자국 내에서보다는 무역 파트너에 대해 높은 실업률을 야기한다는 사실을 언급한다.

T F **8.** 2009년에 커리어 개발 서비스의 필요성은 대공황 이후로 가장 높은 수준이었다는 것은 전적으로 있을 법한 일이었다.

T F **9.** 직무, 직업, 커리어는 모두 동의어이다.

T F **10.** 직업 발달의 선구자가 갖는 관심사는 이주민들과 젊은 사람들에게 우선 집중되었다.

T (01) T (9) F (8) T (7) F (6) T (5) F (4) T (3) F (2) T (1)

참고문헌

Adams, S. (2013). Are women catching up in pay? *Forbes*. Retrieved from http://www.forbes.com/sites/susanadams/2013/04/09/are-women-catching-up-in-pay/

American School Counselor Association. (2003). *The ASCA national model: A framework for school counseling programs*. Alexandria, VA: Author.

American School Counselor Association. (2008). *The ASCA national model: A framework for school counseling programs* (Rev. ed.). Alexandria, VA: Author.

Bench, M. (2003). *Career coaching: An insider's guide*. Palo Alto, CA: Davis-Black.

Betz, N. E., & Corning, A. F. (1993). The inseparability of "career" and "personal" counseling. *Career Development Quarterly, 42*, 137-142.

Blau, P. M., & Duncan, O. D. (1967). *The American occupational structure*. New York, NY: Wiley.

Bleeker, E. (2013). Think your taxes are high? The five countries with the highest taxes. *DailyFinance*. Retrieved from http://www.dailyfinance.com/2013/04/14/think-your-taxes-are-high-the-5-countries-with-the/

Blustein, D. L., McWhirter, E. H., & Perry, J. C. (2005). An emancipatory communitarian approach to vocational development theory, research, and practice. *Counseling Psychologist, 33,* 141-179.

Brewer, J. M. (1942). *History of vocational guidance: Origins of early development.* New York, NY: Harper.

Brown, D. (1995). A values-based approach to facilitating career transitions. *Career Development Quarterly, 44,* 4-11.

Brown, D. (2002). The role of work values and cultural values in occupational choice, satisfaction, and success: A theoretical statement. In D. Brown & Associates, *Career choice and development* (4th ed., pp. 465-509). San Francisco, CA: Jossey-Bass.

Brown, D., & Brooks, L. (1991). *Career counseling techniques.* Boston, MA: Allyn & Bacon.

Brown, D., Pryzwansky, W. B., & Schulte, A. (2011). *Psychological consultation and collaboration: Introduction to theory and practice* (7th ed.). Boston, MA: Allyn & Bacon.

Bureau of Labor Statistics. (2012). International comparisons of hourly compensation costs in manufacturing, 2011. *Bureau of Labor Statistics.* Retrieved from http://www.bls.gov/news.release/pdf/ichcc.pdf

Bureau of Labor Statistics. (2013a). The employment situation. *Bureau of Labor Statistics.* Retrieved from http://www.bls.gov/news.release/pdf/empsit.pdf

Bureau of Labor Statistics. (2013b). International unemployment rates and employment indexes, seasonally adjusted, 2009-2013. *Bureau of Labor Statistics.* Retrieved from http://www.bls.gov/fls/intl_unemployment_rates_monthly.htm#Rchart1

Bureau of Labor Statistics. (2013c). Job openings, hires, and separations little changed in June 2013. *Bureau of Labor Statistics.* Retrieved from http://www.bls.gov/opub/ted/2013/ted_20130807.htm

Bureau of Labor Statistics. (2013d). Household data annual averages. *Bureau of Labor Statistics.* Retrieved from http://www.bls.gov/cps/cpsaat05.pdf

Carey, J. C., Dimmit, C., Hatch, T. A., Lapan, R. T., & Whiston, S. (2008). Report of the national panel for evidence-based school counseling outcome research coding protocol and evaluation of student success skills and second step. *Professional School Counseling, 11,* 197-206.

Domurat, A., & Zajenkowska., A. (2012). Confucian and Protestant work ethics among Polish and Korean employees and small business owners. *Journal of Intercultural Communication,* 36 ISSN 1404-1634, issue 28. Retrieved from http://www.immi.se/intercultural/

Fitzgerald, L. F., & Betz, N. E. (1994). Career development in a cultural context: Race, social class, and sexual orientation. In M. L. Savickas & R. W. Lent (Eds.), *Convergence in career development theories* (pp. 103-119). Palo Alto, CA: CPP Books.

Friedman, H. S., & Martin, L. R. (2011). The longevity project. *Failure Magazine.* Retrieved from http://www.howardsfriedman.com/longevityproject

Friedman, T. L. (2005). *The world is flat: A brief history of the twenty-first century.* New York, NY: Farrar, Straus, & Giroux.

Goldsmith, A., & Diette, T. (2012). Exploring the link between unemployment and mental health outcomes. *American Psychological Association.* Retrieved from http://www.apa.org/pi/ses/resources/indicator/2012/04/unemployment.aspx

Hall, D. T., & Associates. (1986). *Career development in organizations.* San Francisco, CA: Jossey-Bass.

Hansen, L. S. (1997). *Integrative life planning: Critical tasks for career development and changing life patterns.* San Francisco, CA: Jossey-Bass.

Harrington, E. (2013). More discouraged workers in April, says labor department. *CNSNews.com.* Retrieved from http://cnsnews.com/news/article/more-discouraged-workers-april-says-labor-dept

Harris-Bowlsbey, J. (1990). Computer-based guidance systems: Their past, present, and future. In J. P. Sampson Jr., & R. C. Reardon (Eds.), *Enhancing the design and use of computer assisted career guidance systems* (pp. 128-149). Alexandria, VA: National Career Development Association.

Harris-Bowlsbey, J. (2013). Computer-assisted guidance systems: A part of NCDA history. *The Career Development Journal, 81,* 181-186.

Herr, E. L., & Cramer, S. H. (1996). *Career guidance and counseling through the lifespan: Systemic approaches.* New York, NY: HarperCollins.

Holland, J. L. (1997). *Making vocational choices* (3rd ed.). Englewood Cliffs, NJ: Prentice-Hall.

Holstein, J. A., & Gubrium, J. F. (2000). *The self we live by: Narrative identity in a postmodern world.* Oxford, UK: Oxford Press.

Hotchkiss, L., & Borow, H. (1996). Sociological perspective on work and career development. In D. Brown & Associates, *Career choice and development* (3rd ed., pp. 281-336). San Francisco, CA: Jossey-Bass.

Hoyt, K. B. (1977). *A primer for career education.* Washington, DC: Department of Education.

Hoyt, K. B. (2005). *Career education: History and future.* Tulsa, OK: National Career Development Association.

Johnston, W., & Parker, A. (1987). *Workforce 2000: Work and workers for the twenty-first century.* Indianapolis, IN: Hudson Institute.

Krumboltz, J. D. (1993). Integrating career and personal counseling. *Career Development Quarterly, 42,* 143-148.

Leong, F. T. L. (1991). Career development attributes and occupational values of Asian American and white American students. *Career Development Quarterly, 39,* 221-230.

Lukas, C. (2012). It's time that we end the equal pay myth. *Forbes.* Retrieved from http://www.forbes.com/sites/real-spin/2012/04/16/its-time-that-we-end-the-equal-pay-myth/

Luzzo, D. A. (1992). Ethnic group and social class differences in college students' career development. *Career Development Quarterly, 41,* 161-173.

Macartney, S., Bishaw, A, & Fontenot, K. (2013). Poverty rates for selected detailed race and Hispanic groups by state and place, 2007-2011. *United States Census Bureau.* Retrieved from http://census.gov

McDaniels, C. (1989). *The changing workplace.* San Francisco, CA: Jossey-Bass.

Mead, G. H. (1934). *Mind, Self, and Society.* Chicago, IL: University of Chicago Press.

Miller, F. W. (1968). *Guidance principles and services.* Columbus, OH: Merrill.

Naisbitt, J., & Aburdene, P. (1990). *Megatrends 2000.* New York, NY: Morrow.

NCES. (2012). Program for international assessment results. *National Center for Education Statistics.* Retrieved from http://nces.ed.gov/surveys/pisa

Peterson, N., & Gonzalez, R. C. (2005). *The role of work in people's lives: Applied career counseling and vocational psychology* (2nd ed.). Belmont, CA: Brooks/Cole.

Picchioni, A. P., & Bonk, E. C. (1983). *A comprehensive history of guidance in the United States.* Austin, TX: Texas Personnel and Guidance Association.

Pope, M. (2000). A brief history of career counseling in the United States. *Career Development Quarterly, 48,* 194-211.

Prilleltensky, I. (1997). Values, assumptions, and practices: Assessing the moral implications of psychological discourse and practice. *American Psychologist, 52,* 517-535.

Roberts, B., Povich, D., & Maher, M. (2012-2013). Low income working families: The growing economic gap. *The Working Poor Families Project.* Retrieved from http://www.workingpoorfamilies.org

Savickas, M. (2013). Savickas' career construction theory. In R. S. Sharf (Ed.), *Applying career development theory in counseling* (pp. 307-325). Belmont, CA: Brooks/Cole.

SCANS Skills. (1991). SCANS skills. *University of Hawai'i-Honolulu.* Retrieved from http://honolulu.hawaii.edu/intranet/committees/FacDevCom/guidebk/teachtip/scans.htm

Schmidt, J. J. (1999). *Counseling in schools: Essential services and comprehensive programs* (3rd ed.). Boston, MA: Allyn & Bacon.

Sears, S. (1982). A definition of career guidance terms. A National Vocational Guidance Association perspective. *Vocational Guidance Quarterly, 31,* 137-143.

Sewell, W. H., Haller, A. O., & Portes, A. (1969). The educational and early occupational attainment process. *American Sociological Review, 34,* 89-92.

Shah, N. (2013). Nearly one in ten employees work from home. *Wall Street Journal.* Retrieved from http://blogs.wsj.com/economics/2013/03/05/nearly-one-in-ten-employees-work-from-home/

Shartle, C. L. (1959). *Occupational information: Its development and application* (3rd ed.). Englewood Cliffs, NJ: Prentice-Hall.

Spokane, A. R. (1991). *Career interventions.* Englewood Cliffs, NJ: Prentice-Hall.

Stein-McCormick, C., Osborn, D. S., Hayden, S. C., & Van Hoose, D. (2013). *Career development for transitioning veterans.* Broken Arrow, OK: National Career Development Association.

Stephens, W. R. (1970). *Social reform and the origins of vocational guidance.* Washington, DC: National Vocational Guidance Association.

Stiglitz, J. E. (2003). *Globalization and its discontents.* New York, NY: Norton.

Storlie, C. (2011). The challenges of career counseling with undocumented immigrant youth. *Career Convergence Magazine.* Retrieved from http://associationdatabase.com/aws/NCDA/pt/sd/news_article/52966/_PARENT/layout_details_cc/false

Super, D. E. (1976). *Career education and the meaning of work.* Washington, DC: Office of Education.

Super, D. E. (1993). The two faces of counseling: Or is it three? *Career Development Quarterly, 42,* 132-136.

Toffler, A. (1980). *The third wave.* New York, NY: Morrow.

Trading Economics. (2013a). Russia unemployment rate. *Trading Economics.* Retrieved from http://www.tradingeconomics.com/russia/unemployment-rate

Trading Economics. (2013b). China unemployment rate. *TradingEconomics.* Retrieved from http://www.trading-economics.com/china/unemployment-rate

U.S. Census Bureau. (2012). The 2012 Statistical Abstract. *United States Census Bureau.* Retrieved from http://www.census.gov/compendia/statab/cats/income_expenditures_poverty_wealth.html

Wang, W., Parker, K., & Taylor, P. (2013). Breadwinner moms. Retrieved from http://www.pewsocialtrends.org/2013/05/29/breadwinner/

World Salaries. (2005). China average salaries and expenditures. *Worldsalaries.org.* Retrieved from http://www.worldsalaries.org/china.shtml

제2장

윤리적·법적인 지침과
커리어 개발 실무에 필요한 역량

 **기억해야 할 것들**

- 윤리적 커리어 상담과 커리어 개발 실무의 일반적 원칙
- 소송의 법적 책임을 피하는 지침
- 커리어 상담자에게 요구되는 주요 역량들
- 세 가지 자격증 취득 : 숙련된 커리어 상담자, 숙련된 커리어 개발 전문가, 글로벌 커리어 개발 촉진사

이 장은 여러모로 이 책에서 가장 중요한 부분이다. 만일 대중이 개인 전문가나 전문가 집단을 받아들이고자 한다면, 윤리적 실천은 어떤 전문직에서든 초석이며 필수이다. 커리어 개발 실무, 커리어 상담, 평가, 정보의 보급 모두 윤리적 딜레마가 도사리고 있는 영역이다. 이 장의 주요 목적은 하나의 특정 윤리 강령을 알리고자 하는 것이 아니다. 대부분의 윤리 강령에서 발견되는 윤리적 원칙들을 알리고자 함이다. 예상대로 윤리 강령이 기초를 두는 원칙들은 대부분 보편적이다. 틀림없이 전문가 집단이 사용하는 독특한 역할 내지는 기법 때문에 다양한 윤리 강령 내의 미묘한 차이가 있다. 이러한 미묘한 차이들이 커리어 발달 실무와 관련된 부분에서는 그 내용을 강조할 것이다. 여기에서의 접근법은 미국상담협회(2005), 전미커리어개발협회(2007), 미국심리학회(2010), 전미학교상담사협회(2010)가 채용한 윤리 성명을 포함하지만 이에 국한하지는 않은 채 몇 가지 윤리 강령의 원칙들을 종합한 것이다. 윤리에 대해 살펴보기 위해 광범위하게 다루어봄으로써 나는 모든 윤리 강령을 특징짓는 너무도 지루한 세부사항들에 학생들이 휩쓸리는 것을 막았으면 한다. 세부적인 것들도 중요하지만, 이런 기회에 윤리적 원칙에 대한 빈틈없는 지식을 충분

히 갖춰서, 세부사항들이 중요한 분야에서 실무자가 되려는 사람들이 의식할 수 있는 윤리 강령이 논의되어야 한다.

윤리적 영역에서 필요한 것 중 우선적인 것은 역량 기준에 대한 중요성이다. 역량을 먼저 확인하지 않고 외과 의사나 건축가를 일부러 고용하는 사람은 없을 것이다. 전문가 협회는 종종 그들의 전문 영역에 진입하는 사람들이 역량을 보유했는지를 확실히 하기 위해 프로그램 인가 기준이 포함된 역량 진술문을 개발한다. 게다가 전문가 프로그램을 이수한 사람들은 종종 실무에 대한 자격을 얻기 전에 엄격한 시험을 치르고 자신의 자격증 수여를 유지하기 위해 재직 중에 진행되는 교육에 관여하는 것이 필요하다. 개인들이 역량이 있는지를 확인하기 위한 이러한 두 가지 경로의 접근은 전문가들을 만족스럽게 배출해내지만, 그 이력과 현재의 관행은 두 가지 경로의 접근이 역량을 확인하기 위해 실패할 수도 있는 방식이라는 것을 보여주고 있다.

유감스럽게도 많은 주에서 커리어 개발 실무자들을 위한 기준은 심각할 정도로 약하고, 대중은 이들의 무능함으로부터 철저하게 보호받지 못한다. 커리어 개발 실무는 최근에서야 발달되었고 훈련 지침에 포함되었기 때문에 이는 어느 정도 사실이다. 50개의 모든 주에서 상담자의 자격제도는 2009년까지 완성되지 않았고, 전문 커리어 상담자의 자격제도는 아직 초기 단계에 있다. 하지만 보잘것없는 예외가 하나 있다. 심리학자들의 자격제도법은 일반적으로 직업심리학자 같은 하위 전문가들에게는 적용되지 않지만, 일부는 커리어 상담을 제공하기도 하는 심리학자들의 면허 교부법은 사반세기 이상 유지되어 왔다. 그보다 이런 법률은 자신의 역량의 한계 내에서 충분히 연습하도록 강력히 충고하고 있는 미국심리학회(2010)에 의해 공표된 윤리 강령을 충실히 지키고 있는 심리학자들에게 달려 있다. 전문 상담자가 되기 위해 주의 면허위원회에 의해 자격을 부여받은 상담자와 다른 전문가들이 그럴 수 있듯이, 이러한 경고에 주의를 기울이는 데 실패한 사람들은 자신의 자격 취득을 철회당할 수 있다.

윤리 규범

커리어 상담자를 위한 윤리 강령은 전미커리어개발협회(2007), 미국학교상담사협회(2010), 미국상담협회(2005), 국가공인상담사위원회(2012), 재활상담사자격위원회(2010) 그리고 몇 가지 다른 하위 전문 분야에서 마련하였다. 비록 몇 가지 조직에 속해 있고 주에서 발급한 자격이나 증명을 보유한 상담자들은 전문가로서 몇 가지 윤리 강령을 고수하도록 강요받지만, 모든 강령의 원칙들은 동일하다. 어떤 점에서는 심리학자(APA, 2010)와 사회복지사(NASW, 2008)들은 자신들의 윤리 강령을 통합해서 자신의 직업에 통합시키는 것을 더 잘 수행해 왔다. 이 장의 목적은 윤리 강령들을 비교하고 대조해 보는 것이 아니다. 그것은 하나의 요약된 장을 통해서가 아니라 책 한 권이 필요할 것이다. 대신 이 장은 모든 윤리 강령에 포함되어 있는 윤리적 기준에 대한 원칙을 알아본다.

만일 실무자들이 이런 원칙들을 학습하고 따라온다면, 윤리적 실천을 이루게 될 것이다.

커리어 상담, 사정, 직무 배치, 커리어 코칭 같은 커리어 개발 서비스들은 학교 상담자, 대학 상담자, 정신건강 상담자, 재활 상담자, 상담심리학자들을 포함하는 다양한 실무자들에 의해 제공된다. 커리어 코칭이나 직무 배치를 담당하는 사람들처럼 이런 서비스를 제공하는 일부 사람들은 상담자나 심리학자가 아닐 수도 있고, 윤리 강령을 따르도록 반드시 강요받지 않을 수도 있다. 공공기관에서 근무하는 사람들과는 반대로, 개인 영업을 하는 실무자들은 전형적으로 자신이 일하는 해당 주에서 자격을 부여받고 자격위원회가 채택하는 윤리 강령을 따라야 한다. 하지만 어떤 커리어 발달 전문가들도 자신의 전문가 집단의 윤리 원칙들을 무시할 만큼 어리석어서는 안 된다. 그렇게 행동하는 것은 자기 자신을 위험에 두는 것과 같다. 실무자들이 자기 직무의 윤리적 규범을 따르지 못하고 실제로든 상상으로든 고객들에게 피해를 입혔을 때 과실 전문 변호사는 번창한다.

모든 전문가들은 자신의 직무 영역에 존재하는 윤리 강령을 따르는 것뿐 아니라 자신의 직장에서 거의 항상 존재하는 변화에 대한 인식도 유지해야 한다. 다음에 제시하는 것들은 1993년에서 2004년 사이에 쟁점이 되었고 현재 윤리 강령에 비중 있게 포함되어 있는 기법과 사정을 다루는 잠정적인 진술들의 네 가지 사례이다. 이런 잠정적인 기준들은 기술과 문화적 민감성이라는 두 가지 주제를 다루고 있다. 최근 국가공인상담사위원회는 인터넷 상담의 실무라는 개정된 진술문을 발표했는데, 이것은 이 영역 내에서의 실천 사항을 정의하고 실무자들에게 기준을 설정하기 위한 시도였다. *APA Monitor*에서 집필을 하고 있는 Novotney(2011)는 영상 회의를 하고 폭넓은 범위의 내담자들에게 서비스를 제공하기 위해 전화를 사용하는 것에 대해 강력하게 주장한다. 동시적이고 비동시적인 대화는 또한 내담자들에게 서비스를 제공하기 위해 사용되고 있다. 다양한 형태의 기술을 사용하는 의사소통이 확산되고 있기 때문에 이런 영역에 윤리적 기준이 계속 발달될 것으로 보이며, 따라서 잠정적인 성명이 예상될 수 있다. 일부 윤리적 기준에는 다음이 포함된다.

인터넷 온라인 상담을 위한 윤리적 기준(American Counseling Association, 1997)
정보 제공과 설계 서비스를 위한 인터넷 사용에 대한 전미커리어개발협회의 지침(National Career Development Association, 2004)
다문화 사정 기준(Prediger, 1993)

문화적으로 민감한 커리어 상담과 사정 서비스를 제공하는 것은 상담자, 심리학자, 사회복지사들에게 오랫동안 존재한 관심사였다. Prediger(1993)의 진술은 이런 관심사를 반영하는 것이다. 2005년에 미국상담협회는 유념해야 할 한 가지 주요 목표를 세운 그들의 윤리 강령으로 개정했으며, 강령 내의 모든 기준을 문화적으로 민감한 것으로 변경하였다. Kaplan(2006a, p. 2)은 개정을 책임졌던 위원회의 한 구성원(Courtland Lee)에 대해 다음과 같이 인용했다. "강령을 문화적으로 더 민감하게 만드는 데에 주의하여 개정 내용을 살펴보는 것은 윤리개정대책위원회의 우선적인 과제였다. 미국사회복지사협회(2008)와 미국심리학회(2010)는 비슷한 변화를 일궈냈다.

이 장의 나머지 부분들은 VanHoose(1986), Koocher와 Keith-Speigel(1998), Srebalus와 Brown(2003), 그리고 다른 학자들이 제시한 윤리적 실제에 대한 일반적 원칙들에 초점을 둔다. 각 원칙에 제시되어 있는 절의 숫자는 미국상담협회의 윤리 강령을 언급한다(ACA, 2005).

원칙 1 : 무엇보다도 해를 끼치지 말 것(A.4.a와 C.6.e)

해를 끼치지 말 것 원칙은 학생들이 자신의 지식과 기술을 잘못 적용하는 것이 실제로 내담자에게 해를 입힐 수 있다는 것을 고려할 때까지는 대부분의 학생들을 어리둥절하게 만든다. 고등학생이나 대학생들에게 자신만의 결정을 내리도록 격려하는 커리어 상담자는 만일 내담자가 상담자의 기대에 부응하게 된다면 자신의 내담자가 부모와 갖는 관계에 해를 미칠 수 있다. 더욱이 내담자들은 자신들의 문화적 가치 때문에 자신들이 상담자로부터 거절당하고 있다고 지각할 수 있고 이로 인해 자존감이 낮아질 수 있다. 검사와 도구를 사용할 때 다문화적 지침들을 고수하는 데 실패하거나 그것들을 장애인들에게 잘못 사용한 커리어 상담자는 노동시장에서 내담자의 전망에 피해를 입히는 그릇된 정보를 만들어내기 쉽다. 내담자는 자신들의 문화 규범과 일치하지 않는 눈 맞춤을 유지하는 상담자로부터 소외감을 느낄 수도 있다. 해를 끼치지 않는 것은 상담 기법, 코칭 전략, 사정 도구들을 사용할 때 역량을 필요로 한다. 이것은 또한 상담자들이 교육과 직업 선택안에 관해 최신의 정확한 정보를 제공할 것을 요구한다. 더욱이 해를 끼치지 않는 것은 상담자들이 그들의 내담자가 갖는 문화적 배경과 세계관에 대한 지식 및 내담자의 문화와 지배적인 문화 사이에서 발생할 수 있는 문화 갈등의 이해를 개발할 것을 요구한다.

해를 끼치지 말 것이라는 원칙은 2005년에 미국상담협회의 윤리 강령을 통해 다른 방식으로 강조되어 왔다. 상담자들은 잘 구성된 이론 그리고/혹은 지지 연구로부터 탄생한 그런 기법만을, 그 중 가급적이면 후자를 사용하도록 강하게 충고받는다(Kaplan, 2006a). 이런 기준은 커리어 상담자들이 다른 기법을 사용하지 못하게 하는 것은 아니지만, 만일 상담자들이 사용한다면 내담자들에게 기법이 개발되고 있는 중이기 때문에 아직 증명되지는 않았다고 말해야 한다.

원칙 2 : 실력을 갖출 것(C.2.a, b, c, d, f)

앞서 제시된 절의 마지막 문장은 이 책 전체에 걸쳐서 강조될 문화적 역량을 이야기하고 있다. 커리어 상담, 코칭, 사정, 그리고 커리어 개발 실무의 다른 측면들에 관여하는 상담자들에게 필요한 역량은 이 장의 후반부에 열거되어 있다. 전미커리어개발협회(NCDA)의 커리어 상담 역량에 대한 진술에 수록되어 있는 모든 역량을 갖춘 실무자들이 만약 있다손 치더라도 매우 드물다는 것은 주목할 가치가 있다. 따라서 커리어 개발 실무자들은 자신의 기술, 지식, 능력의 한계를 알고 있어야 한다.

역량 있는 실무자가 되기 위해 필요한 지식과 기술은 공식적인 교과과정을 통하고 필요한 기술을 가르칠 수 있는 자격을 갖춘 전문가로부터 지도를 받음으로써 습득할 수 있다. 이것이 면허법과 자격 부여 기준이 일반적으로 인가받은 준비 프로그램으로부터 공식적인 교과과정을 이수할 것을 요구하는 데 대한 이유이다. 하지만 공식 과정에서 제공하는 내용이 가끔 그렇긴 하지만 커리어 개발 실무만큼 역동적인 어떤 분야에서의 발달보다 뒤처질 수 있다. 예를 들어 커리어 개발 실무에서 빠르게 일어났던 과학기술 혁명은 이러한 발달을 이용하고자 희망하는 상담자들로 하여금 어쩔 수 없이 자기 학습에 몰두하고, 인가받은 워크숍에 참여하고, 다른 전문가와 협의를 하게 만들었다. 역량개발을 위한 이런 교육 접근은 실무자들이 기술의 발달이 완성될 때까지 자신의 실무를 제한함으로써 내담자들의 복지를 돌보는 것의 중요성을 기억하는 한 받아들일 만하다.

전문가들은 지속적인 교육을 통해 자신의 역량을 유지할 책임(ACA, 2005, C.2.f)과 자신이 갖춘 역량을 관찰할 책임이 있다. 만일 상담자가 제기능을 못하게 되고 더 이상 효율적으로 실행하지 못한다면, 상담자는 실행을 중단할 의무가 있다(ACA, 2005, C.2.g). 실력을 갖춘다는 것은 또한 다문화적 쟁점에 대해 민감한 것(ACA, 2005, A.2.c와 A 서론)과 그러한 지식을 사정이나 평가 같은 영역에 적용시키는 것을 포함한다는 의미이다(ACA, 2005, E.8).

원칙 3 : 내담자가 자기 자신의 방향을 선택할 권리를 존중할 것(A.4.b)

자신의 내담자를 존중하는 것은 윤리적 실천의 초석이다. 윤리적 맥락에서의 존중이란 내담자의 문화, 비차별적 실천을 할 권리, 의사결정에 대한 접근, 개인주의를 존중하는 것을 의미한다. 내담자들은 자기 자신의 방향을 선택할 권리가 있다.

나는 일반적으로 개인적인 일화를 도입부에만 국한시키지만, 나의 훈련 동안 나타난 경험과 훨씬 최근의 사건은 내담자가 자기 스스로의 방향을 선택할 권리에 대한 원칙이 어떻게 파괴될 수 있는지를 보여주기 위해 여기서 설명할 가치가 있다. 첫 번째 사건은 스트롱 흥미검사(Strong Interest Inventory)의 해석에 대한 사례를 포함한다. 상담자가 고등학교 학생에게 그가 검사 도구로부터 배운 것과 그 해석 내용을 요약하도록 요청할 때까지는 해석이 잘 진행되었다. 그 학생이 망설였을 때, 상담자는 "나는 이것이 너에게 퍼듀대학교의 기계공학과가 맞다는 것을 의미하는 것 같다."라고 말했다. 많은 커리어 상담자들은 자신들이 영향력이 있다는 것을 망각하며, 자격 없이 이뤄지는 부주의한 진술은 처참한 결과를 야기할 수 있다. 다른 사례에서 어떤 대학 상담자는 내담자의 문화에 관한 지식이 부족해서 의사결정 과정에서 자신의 아시아계 미국인 학생에게 부모를 떼어놓도록 권장했다는 것을 인정했다. 상담자는 보상을 해주기 위해 할 수 있는 것이 무엇인지를 물었다. 나는 그녀가 학생에게 사과를 하고 자신이 무지했다는 것을 인정하기를 제안했다. 나는 또한 그녀가 조언하는 모든 내담자들의 문화적 가치와 세계관에 친숙해지기를 권고했다.

요약하면 내담자는 자신의 결정을 다른 사람이 하도록 하는 선택을 할 권리를 가진다. 그들은 또한 자기 자신을 위한 선택을 할 권리를 가진다. 자신의 방향을 선택할 권리가 어떻게 이행되는지는 수많은 요인들에 영향을 받지만, 무엇이 '최선'인가에 대해 서술적인 진술을 함으로써 이를 요약하는 것은 비윤리적이다. 내담자의 세계관을 이해하지 않는 것은 윤리적으로 엄청난 실수이다.

원칙 4 : 당신의 책임을 명예로워할 것(C)

상담자와 심리학자들은 자신의 신체적이고 심리적인 행복을 유지할 책임이 있고 그럼으로써 자신의 내담자에게 적절히 기여할 수 있다. 커리어 개발 서비스를 제공하는 전문가들은 또한 자신의 내담자, 종사자, 고용주, 그리고 해당 지역사회의 법을 포함한 지역사회에 대해 책임을 지닌다. 문제는 어떻게 이런 책임들의 우선순위를 매길 것인지이다. 대부분의 윤리 강령은 상담자의 최우선 책임은 '내담자의 품위를 존중하고 내담자의 안녕을 증진시키는 것'이라 명시한 미국상담협회의 강령에서 볼 수 있는 것 같은 표현을 담고 있다(ACA, 2005, C).

내담자의 안녕을 증진시키는 것과 연방과 지역사회의 법을 존속시키는 것 사이의 갈등이 존재하면 어떻게 될까? 미국심리학회의 윤리 강령(2010)은 내담자의 욕구가 지역사회의 법보다 앞서 있어야 할 때가 있을 수 있다고 분명하게 제안하고 있다. 미국상담협회의 윤리 강령(2005)은 이 문제에 대해 덜 명쾌하다. 다음의 윤리적 딜레마를 고려해 보라. 마리아는 그녀의 상담자에게 자신의 아버지가 허위 취업 허가증을 지니고 있고 미국에 불법 체류하고 있다고 말한다. 모든 윤리 강령은 내담자와 실무자 사이에 드러난 사실들은 내담자나 대중이 위기에 처하지 않는 이상 비밀을 유지하고 있어야 할 것을 요구한다. 고로 마리아의 폭로를 그대로 두는 것은 즉각적인 윤리적 딜레마를 제기하는 것은 아니다. 하지만 내담자가 자신이 위조된 영주권을 가지고 있고 이것을 군 기지에서의 고용을 확보하기 위해 사용하고 있다는 사실을 공개한다면 어떻게 될까? 실제로 이것은 노스캐롤라이나의 르준 캠프에서 발생했다. 이것은 쉬운 대답을 할 수 없는 국가 보안 쟁점 때문에 전문가를 윤리적 곤경에 처하게 한다. 하지만 커리어 상담자와 군대 내 남성 및 여성에게 가능한 결과를 고려할 때 상담자는 군 기지의 인사과에 연락을 하고 가짜 영주권에 대해 보고하는 것을 선택하였다.

윤리 강령은 의사결정의 지침으로서 도움을 주는 것으로 알려져 있지만, 일부의 경우 의사결정 과정에서 취하게 되는 경로가 전적으로 투명한 것은 아니다. 윤리 강령은 전체적인 지침을 제공하지만 일목요연한 지침을 제공하는 것은 아니다. 커리어 상담자의 가치와 판단이 모자란 부분을 채운다.

원칙 5 : 정확한 공개 문구를 사용할 것(C.3)

개인 영업을 하는 커리어 상담자는 자신의 사업을 알리기 위해 일반적으로 다양한 형태의 광고를 하게 된다. 윤리적 행동은 이런 광고 문구가 실무자의 자격 증명과 그들의 행위 제한을 정확하게 나타내는 것을 필요로 한다. 예컨대 커뮤니케이션 박사학위를 받고 상담 석사학위를 받은 상담자는 자신의 광고에 커뮤니케이션 학위를 사용하면 안 될 수 있는데, 이것이 내담자들로 하여금 상담자들이 상담 박사학위를 가지고 사람들을 조언한다고 믿게끔 오도할 수 있기 때문이다(ACA, 2005). 커리어 개발 서비스를 제공하기 위한 준비와 관련된 정도만 광고에 사용할 수 있다.

개인 실무자들이 공개 문구를 사용하는 유일한 커리어 상담자는 아니다. 대중매체의 일원은 구직부터 직업의 미래에 걸친 수많은 현상들에 대한 커리어 상담자의 견해를 자주 요청한다. 상담자들은 또한 커리어 상담과정에서 어떤 도구들을 사용해야 하는지와 커리어 개발 실무의 측면들에 관해서도 질문을 받을 수 있다. 인터뷰와 기자회견에서 이루어지는 진술은 사실적인 정보에 기초해야 하고, 사실은 견해로부터 분명하게 기술되어야 한다.

원칙 6: 다른 분야에서 온 상담가와 실무자를 존중할 것(D)

이 장의 발단 부분에서 서술했듯이 커리어 개발 전문가들은 심리학 및 사회복지를 포함한 다른 전문 분야는 물론 상담 직종에서의 여러 하위 전문 분야에서 비롯된다. 이들 집단 간의 영역 다툼이 있었고 지금 시점에도 계속되고 있다. 두 가지 사건이 유용한 사례가 될 수 있다. 인디애나 및 다른 주의 심리학자들은 오직 심리학자들이 도구들을 사용하게끔 충분히 훈련되어 있다는 이유로 상담자들이 자신의 실무 장면에서 심리검사와 도구들을 사용하지 못하게 하는 제정법에 찬성하도록 영향력을 발휘하였다. 2009년까지 다른 직종에서 온 실무자들은 캘리포니아 출신의 상담자들에 대한 자격 취득법에 대해 반대하는 운동을 했다. 이런 싸움은 일부 집단 사이에서 반감을 초래했지만, 그러한 감정이 커리어 개발 전문가들이 다른 전문가들의 자격과 기술을 존중하지 못하게 해서는 안 된다. 커리어 개발 서비스를 제공하는 것은 단일 집단만의 영역이 아니다.

다른 전문가들에 대한 존중을 논할 때 한 가지 질문이 특히 발생하게 된다. 자격 허가가 없거나 다른 인정받는 자격이 없을 수 있어서 관리 없이 운영할 수 있는 커리어 코치 같은 집단에 관한 커리어 개발 전문가들의 입장은 어떠해야 하는가? 자리를 잡은 전문가들의 한 가지 의무는 자신들의 지위 내에서 파렴치한 실무자들로부터 대중을 보호하는 것이다. 그런 의무가 그들의 직업 영역 밖으로부터의 비양심적인 실무자들로부터 대중을 보호하는 것으로 확장되는가? 그 대답은 조건부 긍정이다. 그 조건은 어떻게 대중이 보호받느냐와 관련이 있다. 비전문가들을 커리어 개발 서비스를 제공하는 데 필요한 자격에 대해 교육시키는 것은 커리어 개발 서비스를 제공하는 개개인의 실무를 관리하는 자격 인정의 법 제정의 연장을 위해 영향력을 행사하듯이 대중을 보호하는 적절한 수단이다. 개인이 대중에게 해를 미치고 있다는 분명한 증거가 없다면 개인을 공격하는 것은 법적 관점에서 위험하다. 그때조차도 비난을 받은 사람으로부터 명예훼손 혐의 소송을 당할 수 있다.

원칙 7 : 도움이 필요한 내담자를 옹호할 것(A.6.a)

2005년에 미국상담협회는 윤리 강령 내에 옹호를 포함시켰다. 그때까지 재활 상담자를 위한 윤리 강령(Commission on Rehabilitation Counselor Certification, 2010)만 실무자들이 자신의 내담자를 옹호할 것을 요구하였다. 다른 전문가 조직들은 선례를 따랐을 것이다. 전미학교상담사협회(2003)의 학교 상담 프로그램을 위한 전국 모형(ASCA National Model for School Counseling Programs)은 다문화 상담 기준의 영향에서도 그러하듯 옹호를 상당히 중요하게 생각한다(Arrendondo et al., 1996). 따라서 비록 심리학자들에게 이런 일이 발생할 가능성은 분명하지 않지만 옹호의 기준은 상담자들을 위한 대부분의 윤리 강령에 대해 곧 자리를 잡을 것으로 보인다. 윤리적 기준이 있든 없든 간에 여기에서의 입장은 커리어 발달 상담자들이 자신의 내담자들을 옹호함으로써 그들의 사회적이고 경제적인 딜레마의 일부를 함께하는 것이 도덕적으로 반드시 지켜야 할 것이라는 것이다.

옹호란 커리어 발달 전문가들이 개인 내담자나 집단을 자원, 서비스나 직무에의 접근성을 향상시키기 위한 목적으로 다른 집단, 정부기관, 지역사회기관, 사업체에 대변할 책임감의 일부 내지는 전부를 맡는 과정이다. 이런 노력은 자료에 기반하고, 조직화되고, 지속적이어야 효과적이다. 이는 종종 생각이 비슷한 타인이나 다른 집단과의 협업을 필요로 한다. 옹호의 궁극적인 목적은 미래에 자기들만의 흥미를 표현하도록 허락할 방식으로 제시되면서 집단이나 개인의 권한을 부여하는 것이다. 따라서 그 과정의 각 단계에 권리를 박탈당한 집단이나 개인을 포함시키는 것이 필요하다(Brown & Trusty, 2005; Fiedler, 2000). Fiedler가 요약한 옹호 과정은 (1) 문제 정의하기, (2) 정보 수집하기, (3) 행동 계획하기, (4) 적극적인 행동 취하기, (5) 평가하고 후속 조치 취하기의 다섯 단계를 포함한다. 이런 과정 중 3단계인 행동 계획하기보다 더 중요한 단계는 없다. 이 시점에 행동에 대한 바람직한 결과물은 정의되어 있고, 옹호 대상의 입장은 윤곽을 나타내며, 그들의 반대를 극복하기 위해 필요한 전략은 상세하게 기술되어 있다.

옹호는 어느 정도의 위험 감수를 요구하는데, 전문가 집단이 내담자들을 대신해서 사용하는 것에 대해 긍정적 위치를 취하는 것을 피해 왔던 이유가 될 수 있다. 하지만 그 분야의 전문가들이 사무실 밖에서 협력자가 되지 않는다면 장애를 가진 사람들과 빈곤선 이하의 삶을 사는 사람들은 물론 합법적이고 불법적인 이주자 같은 집단은 노동시장에서 마주하는 장애물을 극복하게 될 것 같지 않다.

사례연구

상담가가 FBI로부터 요청을 받게 되면 어떻게 해야 하나?

몇 달 전 한 대학 상담자가 자신이 대학을 다닐 준비가 되어 있지 않다고 걱정하는 1학년 학생과 몇 회기를 진행했다. 그는 대학을 그만둔 후 해병대에 입대했고, 해군 군악대에 지원했다. 그 군악대는 대통령 앞에서 연주를 하기 때문에 군악대원이 될 가능성이 있는 모든 군인을 대상으로 신원조사가 진행된다. FBI 요원은 상담자에게 검사 결과를 포함한 모든 기록을 건네고 그의 이전 내담자에 관해 면접을 수락하도록 요구했다. **이 장의 끝에 있는 제안점을 볼 것!**

법적인 쟁점과 커리어 상담

우리는 소송의 위협이 대부분의 전문가들로 하여금 책임보험을 가입하게 재촉하는 소송을 일삼는 사회에서 살고 있다. 커리어 상담자와 다른 전문가들을 위한 법률 기준은 가족교육권 및 사생활보호법(Family Educational Rights and Privacy Act, FERPA) 같은 법의 결과인데, 이 법은 1974년에 통과되었고 자녀들에게 기록에 대한 접근 권한이 주어지는 18세에 이를 때까지 부모가 자녀들의 기록에 접근하는 것을 보장하였다. 이런 법률 기준은 커리어 상담자가 내담자의 비밀 보장에 대한 권리를 존중하도록 요구하는 윤리적 규범에 힘을 실어주었다. 하지만 FERPA는 기록에만 초점을 두며 상담 맥락 과정에서 발생하는 구두 의사소통에는 초점을 두지 않았다.

일부 주에서 면허 허가 법령을 포함하고 있으며 독립된 제정법으로서 비밀보장특권법은 민감한 정보의 노출에 대해 부수적인 보호를 제공한다. 비밀보장특권법은 실무자들에게 제공된 정보들이 비밀리에 유지될 것을 법원, 일반적으로 주 입법부에 의해 내담자들에게 보장하는 것이다. 실무자들에 의해 정보가 노출되는 것은 벌금, 단기 형기, 혹은 두 가지 모두로 처벌받을 수 있다. 게다가 커리어 상담자들은 민감한 기록, 검사 결과, 전자적 의사소통, 구두 보고서들을 보호하지 못했다는 이유로 고소당할 수 있다.

아마도 모든 법적 행위 중 가장 두려울 수 있는 책임 소송은 자신의 전문 영역을 벗어난 행위를 하거나(배임), 적절하고 시기에 맞는 위탁을 하지 못하거나, 자신의 내담자를 저버린 커리어 상담자에 대해 제기될 것이다. 내담자에 대해 직무 태만/의무 불이행이 있거나 해가 되거나 위험한 결과가 초래될 때 상담자는 법적 책임을 지게 된다. 2005년 미국상담협회의 윤리 강령은 이런 모든 쟁점에 대해 매우 명쾌하였는데, 다음의 개인적인 윤리 강령이 소송에 대한 가장 좋은 보호장치일 것이라고 제안한다.

커리어 상담자가 검사와 도구를 현명하게 선택하지 못하거나, 검사 결과를 잘못 해석하거나, 전문가에 의한 최선의 실행들로 고려되지 않는 상담 기법을 사용할 때도 책임 소송이 취해질 수 있다. 게다가 직무와 교육 프로그램에 대한 추천에 공들이지 않는 상담자는 법정 변호사와 마주하는— 비용이 큰 문제가 되는— 자신을 발견할 수 있는데, 실패한 소송에서의 변호조차 5만 달러 이상의 비용이 들기 때문이다.

요약하면 커리어 상담자들은 상담 관계에 악영향을 미치는 합법적인 법규를 알고, 그것을 설명하는 지침을 따르고, 윤리 강령 내에 설명되어 있는 윤리적 규범을 따르고, 검사와 재료들의 선택, 사용, 해석을 위해 전문가들이 세워놓은 지침들에 친숙해지고, 상담과정을 통해 나타나는 모든 정보의 비밀을 주의 깊게 보호함으로써 법적인 문제에 휘말리는 것을 피할 수 있다.

연습문제 2.1

1. 당신이 학습하고 있는 곳의 주가 비밀보장특권법이 있는지 확인하라.

2. 상담협회, 심리학회, 자격허가위원회에 연락을 해서 협회나 위원회에 제기된 비윤리적 행동에 대한 고소에 대해 물어보라. 비윤리적 행동의 고소에 무엇이 필요한가?

3. 전화번호부의 업종별 연락처를 보거나 인터넷의 검색 엔진을 통해 커리어 발달 서비스를 제공하는 가장 뛰어난 능력의 실무자로 보이는 사람을 찾아보라. 그들의 광고에서 그들이 제시하는 자격들은 무엇인가?

커리어 상담가에게 필요한 역량

상담 및 교육평가협회(Association for Assessment in Counseling and Education, AACE)와 전미커리어개발협회가 협력하여 커리어 개발 전문가들이 필요로 하는 역량의 사정과 평가를 다루는 진술문을 발표했다. 이것은 온라인(http://ncda.org/aws/NCDA/asset_manager/get_file/18143/aace-ncda_assmt_eval_competencies)에서 살펴볼 수 있다. 1년 전에 전미커리어개발협회(2009)는 다문화 커리어 상담 및 개발을 위한 최소 역량(Minimum Competencies for Multicultural Career Counseling and Development)이라는 진술문을 채택했다. 이 두 진술문은 기술 개발과 연습에 대한 포괄적인 지침을 제공한다.

전문 상담자들은 일반적으로 석사학위나 그 이상의 학위를 지니고 있지만, 커리어 관련 서비스를 제공하기 위해 필요한 지식과 기술을 확보하지 못할 수도 있다. 전미커리어개발협회와 상담 및 교육평가협회가 커리어 상담 역량에 대해 진술한 내용은 커리어 상담 훈련 프로그램을 위한 지침으로 그리고 커리어 상담에서 자신의 기술을 획득하거나 향상시키길 바라는 사람들을 위한 체크리스트로 기여할 수 있다. 뒤에 나오는 역량 목록들은 전미커리어개발협회(1997, 2009)가 커리어 상담자에게 필요한 역량에 대해 진술한 두 가지 내용과 더불어 상담 및 교육평가협회가 사정과 평가 역량에 대해 진술한 내용을 합친 것이다.

전미커리어개발협회의 역량

전미커리어개발협회는 때때로 타 조직과 손을 잡고 커리어 상담자들에게 필요한 역량에 대해 기준을 마련하는 중심에 있었다. 전미커리어개발협회의 역량에 대한 가장 최근의 내용은 다음과 같다.

커리어 발달 이론   커리어 상담과 개발에 관여하는 전문가들은 다음의 지식을 보여줘야 한다.

1. 이론의 강점과 한계 및 그 이론과 연관된 기법
2. 생애-일 설계와 관련된 형태로의 역할 관계성
3. 커리어 설계 및 배치와 관련된 정보, 기법, 모형
4. 선택한 이론이 어떻게 다른 성별, 다른 성적 지향을 지닌 내담자, 다른 인종과 민족 집단, 다른 신체적 · 심적 능력을 지닌 사람들에게 적용될 수 있는가

개인 및 집단 상담 기술   효과적인 면대면 커리어 상담과 웹 기반 서비스를 위해 필수적으로 고려되는 개인 및 집단 상담 역량에는 다음의 것들이 포함된다.

1. 잠재적인 내담자는 물론 자신의 문화적 신념에 대한 인식과 이런 것들이 어떻게 상담 관계에 영향을 미치는지에 대한 인식
2. 집단의 분위기는 물론 생산적인 개인적 관계를 수립하고 유지하는 것
3. 내담자의 목표를 밝혀낼 때 내담자와 협력하는 것
4. 내담자나 집단의 목표 및 내담자의 욕구, 심리적 상태, 발달 과업에 적합한 기법들을 밝혀내고 선택하는 것
5. 커리어와 관련이 있는 내담자의 개인적 특성을 밝혀내고 이해하는 것
6. 내담자의 커리어에 영향을 미치는 사회적 맥락 조건들을 밝혀내고 이해하는 것
7. 내담자의 커리어와 관련이 있는 가족, 하위문화, 문화의 구조와 기능을 밝혀내고 이해하는 것
8. 내담자의 커리어 의사결정 과정을 밝혀내고 이해하는 것
9. 내담자가 일과 근로자에 대해 취하는 태도를 밝혀내고 이해하는 것
10. 내담자가 성별, 인종, 문화적 고정관념에 기초해서 가지고 있는 일과 근로자에 대한 편향을 밝혀내고 이해하는 것
11. 내담자가 다음을 통해 역할 전환을 준비하고 시작할 행동을 취하도록 고무시키고 격려하는 것
    - 관련된 정보와 경험의 출처 찾기
    - 정보와 경험을 얻고 해석하며 역할 전환을 취하기 위해 필요한 기술 획득하기
12. 일련의 고용 가능성과 직무 탐색 기술을 획득하도록 내담자를 돕는 것

13. 내담자가 자신의 커리어 내에서 일, 여가, 가족, 지역사회의 균형을 포함해서 생애-일 역할 들을 검토하도록 지지하고 고무시키는 것

14. 평가 모형을 디자인하고 개인과 집단 작업에 적용하고 실무를 향상시키기 위한 이러한 노력에 의해 산출되는 자료들을 사용하는 것

개인/집단 사정　커리어 상담에 관여하고 있는 전문가들에게 필수적으로 고려되는 개인/집단 사정 기술은 다음의 능력을 포함한다.

1. 내담자의 성별, 성적 지향, 인종, 민족, 신체적·심적 능력에 적합한 타당하고 신뢰로운 도구들을 평가하고 선택하는 능력

2. 정질적이고 정량적인 사정 전략을 모두 사용해서 적성, 성취도, 흥미, 가치, 성격 특질 같은 개인적인 특성들을 사정하는 능력

3. 여가 흥미, 학습 유형, 생애 역할, 자기 개념, 커리어 성숙도, 직업 정체성, 커리어 미결정성, 작업 환경 선호도(예 : 작업 만족), 그리고 관련된 다른 생애 유형/발달 쟁점을 사정하는 능력

4. 작업 환경(과업, 기대, 규준, 물리적이고 사회적인 환경의 질 같은)의 조건을 사정하는 능력

5. 컴퓨터로 전송되는 사정 측정치를 효과적이고 적절하게 사용하는 능력

6. 사정 도구들로부터 얻은 자료를 해석하고 그 결과를 내담자와 다른 사람에게 제시하는 능력

7. 내담자와 내담자가 지정한 사람들이 사정 도구로부터 얻은 자료를 해석하도록 도와주는 능력

8. 사정 결과에 대한 보고서를 정확하게 작성하는 능력

정보/자원　커리어 상담에 관여하는 전문가들에게 필수적인 정보/자원 기초와 지식은 다음에 제시하는 지식들을 포함한다.

1. 교육, 훈련 및 고용의 동향, 노동시장 정보, 폭넓은 직업 영역과 개인의 직업에 관련된 직무과업·기능·급여·요구 조건·미래 전망에 관한 정보를 제공하는 자원들

2. 내담자들이 생애-일 계획과 관리에 사용하는 자원과 기술

3. 직무 탐색을 포함한 내담자의 커리어 계획을 돕기 위해 사용 가능한 지역사회/직업 관련 자원

4. 여성과 남성의 역할 변경과 이것이 교육, 가족, 여가에 미치는 영향

5. 커리어 계획을 지원하기 위한 컴퓨터 기반 커리어 정보전달 시스템(CIDS)과 컴퓨터 지원 직업 안내 시스템(CACGS)의 사용 방법

프로그램 관리와 실행　다양한 장면에서 종합적인 커리어 개발 프로그램을 개발, 설계, 실행, 관리

하는 데 필요한 지식과 기술은 다음을 포함한다.

1. 커리어 개발 프로그램의 구성에 사용될 수 있는 설계
2. 사정과 평가의 기법과 실무에 대한 조직의 욕구
3. 커리어 개발 프로그램을 이행하고 운영하는 데 유용한 진단, 행동, 계획, 조직적 의사소통, 관리를 포함하는 조직의 이론
4. 예측하고, 예산을 세우고, 계획하고, 비용을 산출하고, 정책을 분석하고, 자원을 할당하고 품질을 통제하는 방법
5. 리더십 이론과 평가와 피드백, 조직 변화, 의사결정, 갈등 해결에 대한 접근
6. 커리어 개발 프로그램에 대한 전문적인 기준과 규준
7. 사회 동향과 커리어 개발 프로그램의 개발과 실행에 영향을 미치는 주 및 연방의 법 제정. 커리어 상담자들은 또한 다음의 능력들을 보여주어야 한다.
   - 특정 집단을 위한 개인 및 집단 커리어 개발 프로그램의 실행 능력
   - 종합적인 커리어 자원 센터를 설계, 조직, 관리할 능력
   - 다른 사람과 협업하여 커리어 개발 프로그램을 실행하는 능력
   - 스태프의 역량을 규명하고 평가하는 능력
   - 커리어 개발 행위 및 서비스를 위한 마케팅 및 홍보 캠페인을 수립하는 능력

코칭, 자문 및 수행 향상   개인과 조직이 효과적으로 커리어 상담 및 개발 과정에 영향을 미칠 수 있으려면 필수적인 것으로 여겨지는 지식과 기술에는 다음의 능력을 포함한다.

1. 수행을 증진시키기 위한 자문 이론, 전략, 모형을 사용하는 능력
2. 내담자 혹은 내담자 집단의 커리어에 영향을 미칠 수 있는 사람들과 생산적인 자문 관계를 만들고 유지하는 능력
3. 피고용인을 멘토링하는 능력
4. 프로그램 평가 전략을 설계하고 프로그램 증진을 위한 프로그램 평가에 의해 산출되는 정보를 사용하는 능력

다양한 집단   다양한 집단에 커리어 상담과 개발 과정을 제공하는 데에 필수적인 것으로 고려되는 지식과 기술에는 다음의 능력을 포함한다.

1. 영어에 대한 유창성이 떨어지는 사람들과 의사소통할 수 있는 적절한 방법 혹은 자원을 발견하는 능력
2. 다양한 집단의 사람들이 가지는 커리어 계획 욕구를 충족시키기 위한 대안적 접근을 찾아내

는 능력

3. 특별한 요구를 지닌 내담자를 지원하기 위해 지역사회 자원을 찾아내고 연결을 해주는 능력

4. 커리어 탐색, 고용 기대, 경제적·사회적 쟁점들을 고려해서 다양한 집단의 독특한 요구/특성을 이해함으로써 다른 스태프, 전문가, 지역사회 구성원을 지원하는 능력

5. 다양한 집단의 커리어 개발과 취업에 대해 옹호하는 능력

6. 접근이 어려운 집단에 커리어 개발 프로그램과 재료들을 설계하고 전파하는 능력

지도 상담자의 수행을 비평적으로 평가하고, 전문적인 기술을 유지하며 향상시키고, 커리어 상담과정 내에서 필요할 때(일반적으로 분리된 과정으로 다뤄지는) 타인에 대한 지원을 찾아내기 위해 필수적인 것으로 고려되는 지식과 기술에는 다음의 능력이 포함한다.

1. 커리어 상담자로서 자신의 한계를 인식하고 적절할 때 전문가 지도를 찾거나 내담자를 위탁하는 능력

2. 상담 기술을 유지하고 향상시키기 위해 정기적으로 문화적이고 성 인지적인 지도를 사용하는 능력

3. 내담자 및 상담 문제 그리고 커리어 상담자로서 개인의 전문적인 발달에 대한 쟁점에 관하여 지도자 및 동료들에게 자문을 구하는 능력

4. 지도 모형과 이론을 이해하는 능력

윤리적/법적 쟁점 커리어 상담의 윤리적이고 법적인 실무에 필수적인 것으로 고려되는 정보 토대와 지식에는 다음의 지식이 포함된다.

1. 커리어 상담과 관련된 문화적으로 민감한 윤리 기준

2. 모든 집단에 대한 커리어 상담 실무에 영향을 미치는 현재의 윤리적이고 법적인 쟁점들

3. 컴퓨터 지원 직업 안내 시스템의 사용과 관련된 현재의 윤리적·법적 쟁점들

4. 자문에 대한 쟁점과 관련된 윤리적 기준

5. 내담자의 비밀 보장과 관련된 주 및 연방 정부의 법령

기술 커리어 계획을 세우는 개인을 지원하기 위한 기술 사용에 필수적인 것으로 고려되는 지식과 기술에는 다음의 것들이 포함된다.

1. 인터넷에서 이용 가능한 서비스는 물론 다양한 컴퓨터 기반 지도 및 정보 시스템에 대한 지식

2. 그러한 시스템과 서비스가 평가되는 기준에 대한 지식

3. 윤리적 기준과 일치하는 커리어 계획을 지원하기 위한 컴퓨터 기반 시스템과 인터넷 서비스를 사용하는 방식에 대한 지식

4. 대체로 기술 주도형 시스템의 사용으로부터 이득을 얻는 내담자의 특징에 대한 지식

5. 지역의 욕구를 충족시키기 위한 시스템을 평가하고 선택할 방법에 대한 지식

커리어 개발 실무자들에게 자격증 부여하기

1981년에 전미커리어개발협회(NCDA)는 커리어 상담을 수행하기 위한 최소한의 훈련, 지식, 기술 요건을 충족하는 사람들을 파악하려는 수단으로 커리어 상담자를 위한 자격 증명 프로그램을 마련했다. 국가공인커리어상담사(National Certified Career Counselor, NCCC) 자격 증명은 2000년까지 국가공인상담사위원회(NBCC)에 의해 관리되었는데, 이때 자격증 부여 프로그램이 종료되었다. 국가공인상담사위원회의 결정에 대해 전미커리어개발협회는 커리어 개발 전문가들의 자격 부여를 위해 2001년에 두 가지 특별한 회원 범주를 마련했다. 숙련된 커리어 상담사(Master Career Counselor, MCC)와 숙련된 커리어 개발 전문가(Master Career Development Professional, MCDP)가 이 범주에 해당된다. 숙련된 커리어 상담사의 자격 증명을 받기 위해서 상담자들은 다음의 기준을 충족시켜야 한다(NCDA, 2013)

- 2년간 전미커리어개발협회의 회원일 것
- 공인된 기관으로부터 상담 내지는 밀접히 관련된 분야에서 석사학위를 받을 것
- 석사 후 3년간 커리어 상담 경험이 있을 것
- 국가공인상담사위원회에서 제공하는 미국 국가공인상담사 자격을 가진 상담자나 심리학자로서 주에서 발급한 면허를 보유하고 유지할 것
- 이 장에서 앞서 언급된 전미커리어개발협회의 여섯 가지 역량(상담자 역량)의 각각에서 최소한 세 가지 항목을 충족시킬 것
- 자격 있는 지도자나 허가받은 상담 전문가로부터 훈련 기간, 혹은 2년간의 지도를 받은 석사 후 실습 동안 커리어 상담에 대해 수련을 마칠 것
- 현재의 직무 분장 중 최소 50%가 커리어 상담과 직접적으로 관련 있다는 것을 문서로 입증할 것

숙련된 커리어 개발 전문가(MCDP)의 회원 자격을 얻기 위해서 전문가들은 다음의 준거들을 충족시켜야 한다.

- 2년간 전미커리어개발협회의 회원일 것
- 공인된 기관으로부터 상담 내지는 밀접히 관련된 분야에서 석사학위를 받을 것
- 석사 후 3년간 커리어 개발 경험, 훈련, 교육, 프로그램 개발, 혹은 자료 개발 경험이 있을 것
- 현재의 전일제 직무 분장 중 최소 50%가 커리어 개발과 직접적으로 관련 있다는 것을 문서로

입증할 것

명백히 숙련된 커리어 상담자(MCC)와 숙련된 커리어 개발 전문가(MCDP)는 커리어 상담에 적극적으로 관여하는 사람과 주로 커리어 개발 행위에 관여하는 사람이라는 두 가지 유형의 전문가를 인정하기 위해 개발되었다. 하지만 도덕적으로 숙련된 커리어 개발 전문가는 커리어 상담에 관여할 수도 있다. 아마 더욱 광범위한 영향을 미친 다른 개발은 미국과 그 외에서 준전문가 자격을 부여하는 것이다. 커리어 개발 촉진사(Career Development Facilitator) 프로그램은 커리어 개발 집단을 촉진시키고, 커리어 코치의 역할을 하고, 직무 탐색에 관여하는 사람들을 멘토링하고, 커리어 자원 센터를 조정하고, 직업 정보를 제공하고, 기타 다양한 커리어 개발 서비스를 제공하는 전문가를 훈련시키기 위한 목적으로 1990년대 중반에 미시간 주 오클랜드대학교에서 시작했다. 이 프로그램은 현재 전미커리어개발협회와 교육자격심사센터에서 감독한다. 커리어 개발 촉진사(CDF)는 자신의 국가에서 커리어 개발 서비스를 제공하는 것을 돕기 위한 훈련을 받는다. 현재 미국을 포함해서 14개 국가에서 커리어 개발 촉진사 프로그램들이 운영되고 있다. 커리어 개발 촉진사들을 위한 훈련 프로그램은 기본적인 조력 기술, 노동시장 정보의 이해, 사정 기술, 특정 집단의 요구 충족시키기, 윤리 및 법 관련 역량, 커리어 개발 모형의 이해, 고용 가능성 기술의 이해, 내담자와 동료 훈련시키기, 프로그램의 관리 및 실행, 홍보, 과학기술 및 자문 관련 기술을 개발하는 것을 목표로 삼는다. 커리어 개발 촉진사들이 제공할 수 있는 서비스 목록에 커리어 상담은 포함되어 있지 않다는 것을 주목할 가치가 있다. 이 자격을 심사하기 위해 지원자들은 다음의 요구 조건을 충족해야 한다.

- 지정된 학습 과정의 120시간의 훈련을 완수할 것
- 대학원 학위와 1년의 커리어 개발 업무 경험, 학사학위와 2년의 커리어 개발 업무 경험, 2년의 대학 생활과 3년의 커리어 개발 업무 경험, 고등학교 졸업 혹은 고등학교 졸업 학력인증(GED)과 대략 4년의 커리어 개발 업무 경험 중 한 가지를 보유할 것

커리어 개발 촉진사는 현재 글로벌 커리어 개발 촉진사(Global Career Development Facilitator, GCDF)라는 자격으로 발전했다(CCE, 2010). 처음에 이 자격은 일본에서의 관심에 대한 반응으로 개발되었지만, GCDF는 현재 불가리아, 캐나다, 중국, 터키, 독일, 한국, 그리스, 일본, 루마니아, 뉴질랜드, 마케도니아, 미국 등 14개 국가에서 취득 가능하다(Center for Credentialing and Education, 2010).

요약

커리어 개발 전문가는 자신의 직업적 정체성과 자격 인정에 의거한 다양한 윤리 강령을 따른다. 하지만 옹호의 경우는 제외하고, 이런 윤리 강령은 유사한 원칙을 가진다. 이 장에서 대부분의 전문가 윤리 강령에 내포되어 있는 여섯 가지 원칙을 확인하고 논의하였다. 일곱 번째 원칙인 내담자를 위해 옹호하기는 만일 전문가들이 내담자들을 대신하여 자기 주장을 하지 않는다면 내담자의 목표 중 많은 부분이 실현되지 않을 것 같기 때문에 이 목록에 추가된 것이다.

이 장의 퀴즈

T F **1.** 커리어 상담은 만일 숙련된 커리어 상담자를 활용하지 못할 경우 국제 커리어 개발 촉진사가 제공할 수 있는 서비스 중 한 가지이다.

T F **2.** 윤리적 규범 중 '해를 끼치지 말 것'은 정보가 제3자에 의해 발견될 때 나타날 수 있는 곤란함 때문에 비밀 보장을 유지하기 위한 지침을 언급하는 것이다.

T F **3.** 법 안에 포함되어 있는 비밀보장특권은 내담자를 자신의 상담자에 의한 정보의 노출로부터 보호한다는 법률 용어이다.

T F **4.** 내담자가 커리어 상담자를 고소하기 위해서는, 내담자는 우선 어떤 유형의 손실로 인해 고통받았다는 것을 입증해야 한다.

T F **5.** 숙련된 커리어 개발 전문가(MCDP)의 자격을 부여받은 사람은 윤리적으로는 커리어 상담을 제공해도 된다.

T F **6.** 국가공인상담사위원회는 커리어 상담자들을 위한 첫 증명 부여 프로그램을 만들었다.

T F **7.** 오랜 논쟁을 거친 후 다수의 전문가 집단 출신의 커리어 상담자들이 단일 윤리 강령에 동의하였다.

T F **8.** 전미커리어개발협회는 숙련된 커리어 상담사(MCC)로 자격 증명을 받기 전에 획득해야 하는 11개의 역량을 제시하였다.

T F **9.** 미국심리학회의 윤리 강령은 심리학자들의 실무가 연구에 기반한 것이어야 한다고 지적한다. 미국상담협회 강령은 동일한 제안을 포함하지 않고 있다.

T F **10.** 재활 상담자를 제외하고 커리어 상담 실무자들을 위한 윤리 강령에는 아주 최근까지 옹호와 관계된 윤리적 지침이 존재하지 않았다.

(1) F (2) F (3) T (4) F (5) T (6) F (7) F (8) F (9) F (10) T

참고문헌

American Counseling Association. (1997). *Ethical standards for Internet online counseling.* Alexandria, VA: Author.

American Counseling Association. (2005). *American counseling association code of ethics.* Alexandria, VA: Author.

American Psychological Association. (2010). *Ethical principles of psychologists and code of conduct.* Washington, DC: Author.

American School Counselor Association. (2003). *ASCA national model for school counseling programs.* Alexandria, VA: Author.

American School Counselor Association. (2010). *Ethical standards for school counselors.* Alexandria, VA: Author.

Arrendondo, P., Toporek, R., Brown, S. P., Jones, J., Locke, D., Sanchez, J., & Sadler, H. (1996). Operationalization of the multicultural counseling competencies. *Journal of Multicultural Counseling and Development, 24,* 42-78.

Brown, D., & Trusty, J. (2005). *Designing and leading comprehensive school counseling programs.* Pacific Grove, CA: Brooks/Cole.

Center for Credentialing and Education. (2010). Credential for global career development facilitator. *Center for Credentialing and Education.* Retrieved from http://www.cce-global.org/credentials-offered/gcdf-home

Center for Credentialing and Education (2013). Credential for global career development facilitator. *Center for Credentialing and Education.* Retrieved from http://www.cce-global.org/credentials-offered/gcdf-home

Commission on Rehabilitation Counselor Certification. (2010). *American Rehabilitation Counselors Association/National Association of Rehabilitation Counselors/Commission on Rehabilitation Counselor Certification code of ethics for rehabilitation counselors.* Chicago, IL: Author.

Fiedler, C. R. (2000). *Advocacy competencies for special education professionals.* Boston, MA: Allyn & Bacon.

Kaplan, D. (2006a, January 2). New mandates for selecting interventions. *Counseling Today.*

Kaplan, D. (2006b, June 2). A new focus on cultural sensitivity. *Counseling Today.*

Koocher, G. P., & Keith-Speigel, P. (1998). *Ethics in psychology: Professional standards and cases* (2nd ed.). New York, NY: Oxford University Press.

National Association of Social Workers. (2008). Code of Ethics of the National Association of Social Workers. Retrieved from https://www.socialworkers.org/pubs/code/code.asp

National Board for Certified Counselors. (2012). *Code of ethics.* Greensboro, NC: Author. Retrieved from http://www.nbcc.org/assets/ethics/nbcc-codeofethics.pdf

National Board for Certified Counselors. (n.d.). *The practice of internet counseling.* Greensboro, NC: Author. Retrieved from http://c.ymcdn.com/sites/www.wicounseling.org/resource/resmgr/imported/internetCounseling.pdf

National Career Development Association. (1997). *Career counseling competencies of the National Career Development Association.* Broken Arrow, OK: Author.

National Career Development Association. (2004). *NCDA guidelines for the use of the Internet for the provision of information and planning services.* Broken Arrow, OK: Author.

National Career Development Association. (2007). *Ethical standards.* Broken Arrow, OK: Author. Retrieved from http://ncda.org/aws/NCDA/asset_manager/get_file/3395

National Career Development Association. (2009). *Minimum competencies for multicultural career counseling.* Broken Arrow, OK: Author. Retrieved from http://ncda.org/aws/NCDA/asset_manager/get_file/26627

National Career Development Association. (2013). What is a global career development facilitator? Retrieved from http://ncda.org/aws/NCDA/pt/sp/facilitator_overview#1

Novotney, A. (2011). A new emphasis on telehealth. *APA Monitor, 42(6)* 40. Retrieved from http://www.apa.org/monitor/2011/06/telehealth.aspx

Prediger, D. (1993). *Multicultural assessment standards.* Alexandria, VA: Association for Assessment in Counseling.

Srebalus, D. J., & Brown, D. (2003). *Introduction to the counseling profession* (3rd ed.). Boston, MA: Allyn & Bacon.

VanHoose, W. H. (1986). Ethical principles in counseling. *Journal of Counseling and Development, 65,* 168-169.

제 3 장

개인-환경 일치(PEC) 이론:
Frank Parsons, 직업 적응 이론, John Holland, 가치 기반 접근

 기억해야 할 것들

- 커리어 발달 이론화의 흐름 속에서 주요 역사적 사건들
- 직업 선택에 대한 직업 적응 이론과 Holland 이론의 주요 견해

- 문화적 가치, 인간 행동에서 가치의 역할, Brown의 가치 기반 이론
- 직업 적응 이론과 Holland 이론 간의 유사점과 차이점
- Holland와 직업 적응 이론의 O*NET에의 적용

이 장에서 제시되는 이론들은 전통적 이론이다. 욕구, 가치, 성격 유형은 요인 분석으로 알려진 통계적 기법을 통해 도출되기 때문에, 이것들은 한때 특성 요인 이론으로 특징지어지기도 했다.

오랜 기간 미시간주립대학교의 상담자 교육자를 지낸 Buford Stefflre는 "좋은 이론만큼 실무적인 것은 없다."라는 어구를 만든 것으로 유명하다. 이 어구가 학생들에게 전달되었을 때 기껏해야 회의적일 뿐이었다. 이론과 실무라는 용어를 동일 문장에 사용하는 것이 모순적이진 않은가? 이론들은 명백히 사실이 아니며, 학생들이 가장 원하는 것은 그들이 내담자를 돕기 위해 사용할 수 있는 입증된 실무이다. 문제는 우리의 실무들 중 많은 부분이 적용되고 있다고 우리가 명백하게 이야기할 수준까지 연구되지 않았다는 것이다. 좋은 이론은 실무를 설계하기 위한 틀을 제공한다. 나는 Stefflre가 옳았다고 믿는다!

이론의 목적과 평가

제1장에서 커리어 발달은 집합적으로 개인의 커리어를 구성하는 직업들에 대한 개인의 선택, 적응, 승진에 영향을 미치는 심리적 · 사회적 · 교육적 · 경제적 · 신체적 · 문화적 요인들을 포함하는 평생의 과정으로 정의되었다. 과장 없이 말하더라도 커리어 발달은 복잡한 과정이다. Krumboltz(1994)가 선호하였듯 이론은 우리에게 단순화된 그림이나, 커리어 발달 과정에 이르는 지침을 제공한다.

'좋은' 이론이 있고 '나쁜' 이론이 있다. Krumboltz(1994)는 "우리의 심리학적 이론들은 지금껏 어떻게 만들어졌는지를 우리가 아는 것과 다름없지만, 십중팔구 정확성과는 한참 거리가 멀다." 고 이야기한다(p. 11). 하지만 좋은 이론은 실무자들과 연구자들에 의해 쉽게 해석될 수 있는—잘 정의된 용어와 구성 개념 같은—차별화된 특징을 갖는다. 이론 내에서 구성 개념 간의 관계가 분명하게 맞물려 있다는 것은 매우 중요한 점이다. 만일 용어들이 분명하게 정의되고 논리적으로 상호 관련을 맺고 있다면, 실무자들은 그것들을 실무를 위한 지침으로 사용할 수 있고, 연구자들은 이론의 가정을 검증하기 위한 연구를 만들어낼 수 있다. 더욱이 좋은 이론들은 남성과 여성 그리고 다양한 문화와 모든 사회 · 경제적 계층의 사람들을 포함하는 모든 집단에 대한 커리어 발달 과정을 설명한다는 측면에서 포괄적이다.

잘 구성된 이론들은 또한 다른 도움을 제공한다. 예를 들어 그런 이론들은 왜 사람들이 커리어를 선택하고 그것들에 불만족스러워하는지를 이해하도록 도와준다. 그런 이론들은 또한 과거에 생성되었고, 현재 생성되고 있고, 미래에 만들어질 커리어 발달에 대한 자료를 해석하도록 해 준다. 연구자와 실무자들은 아동들과 성인들이 커리어를 성 유형화시키고 이런 고정관념이 커리어 선택에 영향을 미친다는 것을 오랫동안 인지해 왔다. 제4장에서 Gottfredson의 이론(1981, 2002)은 왜 이런 현상이 발생하는지를 이해하도록 도와준다. 잘 개발된 이론은 또한 커리어에 대한 인지 및 다양한 커리어 관련 사건들에 대한 정서 반응을 포함해서 커리어 발달에 영향을 미치는 모든 내적 그리고 외적인 요인들을 우리가 설명하는 것을 도와준다(Brown & Brooks, 1996; Krumboltz, 1994; Savickas, 2013). 잘 구성된 이론은 또한 절약적이어야 하는데, 이것은 관계된 현상을 서술하는 데 필요한 가장 간결한 방식으로 가장 단순하게 설명되어야 한다는 것을 의미한다. 요약하면 커리어 선택과 발달 이론들은 세 가지 기능을 한다.

- 커리어 선택과 발달에 영향을 미치는 힘에 대해 이해하는 것을 촉진시킴
- 커리어 선택과 발달 과정을 더욱 분명하게 하는 것을 도울 연구를 자극함
- 경험적 지침이 없을 시 실무에 대한 지표를 제공함

커리어 발달 이론화의 역사

이 장의 한 가지 목표는 커리어 선택과 발달에 관한 이론화의 역사 개요를 제공하는 것이다. 일반적으로 현대 커리어 발달 이론의 전신은 1909년에 발표된 Frank Parsons의 *Choosing Your Vocation*에서 제시된 것으로 인식되고 있다. Parsons의 3요인 모형(Parsons's tripartite model)— 자신의 자기에 대한 이해, 가용한 직업의 요구 조건에 대한 이해, 참 논리에 기초한 한 가지 직업 선택—은 커리어 상담과 커리어 발달의 실천을 뒷받침하면서 20세기 중반으로 이어졌다.

Parsons의 모형은 발표된 시기에 수많은 문제들을 가지고 있었다. 아마 그 시기의 실무자들이 부딪히는 주된 쟁점은 내담자의 성격 특질을 측정하기 위해 사용될 수 있는 도구들이 없었다는 것이다. 비슷하게 내담자가 적합한 직업을 찾아내는 것을 도울 때 상담자와 심리학자들을 위해 개인적으로 탐색하는 것 이외에 직업 정보에 대해 통합된 정보원은 없었다. 따라서 Parsons가 생각했던 어울리는 것을 찾는 과정은 잘 알려져 있지 않았다. 제1차 세계대전 때가—Ralph Yerkes가 주도한 심리측정학자들의 위원회가 Army Alpha를 개발했던—돼서야 지능과 성격 같은 인간의 특질을 측정하는 데 사용될 수 있는 도구들이 사용 가능해졌다. Army Alpha 검사는 지시를 따르는 능력과 일반 지식은 물론 언어 능력과 수리 능력(학업 적성)을 측정하였다. Yerkes와 위원회의 작업은 측정 산업을 활성화시켰고, 제1차 세계대전 후에 말 그대로 수십 개의 심리측정적 도구들을 실무자들이 사용할 수 있게 되었다. 1938년에 생산 직종을 강조하는 **직업명 사전(DOT)**이 노동부에서 출판되었다. 이것은 (1) 개인의 특성을 파악하고 (2) 이것을 직업과 짝짓는 Parsons의 순환 고리의 간격을 좁혀주었다.

오늘날 의사결정 과정이 자신감, 역할 관련성, 성역할 정체감, 가치 등의 무수히 많은 요인들을 통해 걸러지기 때문에, 우리는 개인 특성을 직업에 대응시키기 위해 선택을 할 때 '참 논리'를 사용한다는 생각이 실현 불가능한 몽상이라고 이해하고 있다. 아마 다른 선택안들이 없었기 때문에 개인-환경 일치(PEC) 모형이 20세기 중반이 훨씬 지날 때까지 지배를 했을 것이다. 게다가 곧 볼 수 있듯 특질과 요인 모형은 현대의 커리어 발달 장면에서 여전히 많은 부분을 차지하고 있다.

하지만 1950년대와 1960년대에 커리어 발달에 대한 이론화가 강하게 나타났던 시기가 있었고, 커리어 선택과 발달에 대한 여덟 가지 새로운 이론이 나타났는데, 이들 중 다수가 오늘날 여전히 적용될 수 있다. 1970년에서 1984년 사이에, 커리어 선택과 발달에 대한 여섯 가지 추가적인 이론이 나타났고, 이 중 3개는 여성의 커리어 발달에 크게 무게를 두었다. 이론들이 만들어진 또 다른 뜨거운 기간은 1991년부터 시작됐는데, 1991년 이후로 커리어 선택과 발달에 대한 5개의 새로운 이론이 제시되었다. 이런 사건들에 대한 연대기적인 설명은 표 3.1에서 볼 수 있다.

표 3.1에 수록된 20개의 출판물은 커리어 선택과 발달에 대한 이론 개발의 유일한 시도들은 절대 아니며, 이후에 보겠지만 이 이론들의 대부분은 여러 번 개정되었다. 오늘날에는

표 3.1 커리어 발달 이론화의 역사

연도	사건
1909	Parsons의 책, *Choosing Your Vocation*이 유작으로 출판되었다.
1951	Ginzberg와 동료들이 *Occupational Choice : An Approach to a General Theory*를 출판했고, 이는 커리어 발달에 대한 발달적 이론의 개요를 기술하였다.
1953	Super가 *American Psychologist* 저널에 '직업 발달 이론'을 게재하였다. 이 논문은 커리어 발달에 대한 두 번째 발달적 이론의 개요를 기술하였다.
1956	Roe가 *The Psychology of Occupations*을 출판하였고, 이것은 커리어 발달에 대한 그녀의 성격 기반 이론을 담고 있다.
1959	Holland가 직업 선택 이론을 *Journal of Counseling Psychology*에 게재하였다. 그는 이 논문에서 직업 선택에 대한 이론의 일부 명제를 제시하였다.
1963	Tiedeman과 O'Hara가 *Career Development : Choice and Adjustment*를 출판하였는데, 여기에는 커리어가 욕구를 만족시킨다는 생각에 근거를 둔 이론을 포함한다.
1963	Bordin과 동료들이 *Journal of Counseling Psychology*에 '직업 발달에 대한 연계된 틀'을 게재했다. 그들의 논문은 커리어 발달에 대한 정신 역동적 틀을 제시하였다.
1967	Blau와 Duncan은 *The American Occupational Structure*를 출판했고, 커리어 발달에 대한 사회학적 이론인 지위 획득 이론의 전제를 제시하였다.
1969	Lofquist와 Dawis가 *Adjustment to Work*를 출판했으며, 이는 직업 선택과 적응에 대한 특성-요인 모형의 전제를 요약하였다.
1976	Krumboltz와 동료들이 *The Counseling Psychologist*에 '커리어 선택에 대한 사회 학습 이론'을 발표하였다.
1981	Gottfredson이 '제한과 타협 : 직업 포부의 발달 이론'을 *Journal of Counseling Psychology*에 게재했다. 그녀의 논문은 성역할 정체감이 직업적 포부를 어떻게 제한하는지에 초점을 두었다.
1981	Hackett과 Betz가 '여성의 커리어 발달에 대한 자기 효능감 접근'을 *Journal of Vocational behavior*에 게재하였다.
1984	Astin이 '여성의 삶에서 일의 의미 : 커리어 선택과 직업 행동에 대한 사회심리학적 모형'을 *The Counseling Psychologist*에 게재하였다. 그녀의 논문은 여성의 커리어 발달에 대한 일반적인 이론의 개요를 서술하고 있다.
1984	Tiedeman과 Miller-Tiedeman이 '커리어 의사결정 : 개인주의적 관점'을 발표하였으며, 이는 구성주의적 철학에 기초해서 이론의 틀을 다지기 위한 초기 시도 중 하나였다.
1991	Peterson, Sampson과 Reardon이 *Career Development and Services : A Cognitive Approach*를 출판했는데, 여기에는 커리어 선택과 발달의 인지 정보 처리 모형의 내용을 담고 있다.
1994	Lent, S. Brown과 Hackett은 '커리어에 대한 사회인지 이론과 학업적 흥미, 선택 및 수행의 통합을 향하여'를 *Journal of Vocational Psychology*에 게재하였다.
1996	D. Brown의 '커리어와 생애 역할의 선택 및 만족에 대한 전체론적인 가치 기반 모형'이 *Career Development Quarterly* 및 *Career Choice and Development*에 게재되었다. 이 이론은 2002년에 개정되었다.
1996	Young, Valach와 Collin이 '커리어에 대한 맥락주의적 설명'을 발간하였는데, 이것은 구성주의 철학에 기반을 두고 있다.
2005	Bloch와 Bright 그리고 Pryor는 두 가지 독립된 유형의 커리어의 혼돈 이론을 발표하였다. 두 가지 모두 *Career Development Quarterly*에 게재되었다.
2013	Savickas는 '커리어 구성주의 이론'을 S. Brown과 Lent가 편집한 *Career Development and Counseling*에 발표하였다.

Holland(1997), Super(1990), Lofquist와 Dawis(Dawis, 1996; Lofquist & Dawis, 1991), Lent, Brown과 Hackett(1995, 1996, 2002), 그리고 Gottfredson(1981, 1996, 2002)의 이론들이 연구와 실무에 중요한 영향을 미치고 있다. 심리학적 이론들의 다수가 이 책의 뒤에서 좀 더 자세히 논의된다. 사회·경제적 이론들은 간단하게 논의될 것이다(Blau & Duncan, 1967; Hotchkiss & Borow, 1996; Johnson & Mortimer 2002).

왜 일부 이론은 영향력을 미치는 반면 다른 이론들은 그렇게 되지 않는가를 이야기하는 것은 어려운 일이다. Bordin의 정신 역동 이론(psychodynamic theory)(1984)은 잘 구성되어 있지만, 상담자들이나 상담심리학자들로부터 절대 폭넓게 받아들여지지 않았던 정신 역동 이론 위에 만들어졌기 때문에 인기를 얻지 못했을 것이다. Roe의 이론(Roe, 1956, 1984; Roe & Lunneborg, 1990)은 초기 아동기 환경이 성격 유형을 형성하고 그 결과 커리어 선택을 야기한다는 그녀의 초기 명제를 연구자들이 증명할 수 없었기 때문에 점차 인기를 잃었다. 아직 커리어 선택에 대한 완벽한 이론이 나타나진 않았고 그러지도 않을 것 같다.

커리어 선택과 발달에 대한 몇몇 비교적 새로운 이론들이 미래에 영향력을 미칠 것 같다. 예를 들어 구성주의 이론(예 : Savickas, 2013; Young, Valach, & Collin, 2002)은 과학자들과 실무자들 모두로부터 상당한 주목을 받고 있다. 비록 인지정보처리 모형(CIP)(Peterson, Sampson, & Reardon, 1991; Peterson, Sampson, Reardon, & Lenz, 1996)은 연구와 실무 분야 모두에 영향을 미쳐 왔지만, 다른 이론들은 무척 새로워서 다수의 신봉자들을 끌어들일 기회를 가져보지 못했다. Brown의 가치 기반 이론(Brown, 1996, 2002a; Brown & Crace, 1995)은 여전히 진행 중인 연구이며 이 장에서 더 상술할 것이다.

특정 집단을 위한 이론   일부 저자들(예 : Astin, 1984; Hackett & Betz, 1981)은 초기의 많은 이론들(예 : Super, 1953)이 백인 남성을 우선적으로 지향했기 때문에 여성의 커리어 발달 및 비유럽계 남녀의 커리어 발달을 적절하게 설명해내지는 못한다고 제안했다. 비록 Super는 여성의 변화하는 커리어 패턴을 수용하기 위해 시간이 흐르면서 그의 이론을 일부 수정했지만, Holland(1997) 및 Super(1990) 같은 이론가들은 이러한 비판이 부적절하다고 주장했다. 특정 하위집단에 초점을 두는 대안적 이론들을 개발하기 위한 노력이 열정적으로 충족되지는 않았다. 예를 들어 Astin(1984)의 커리어 선택과 작업 행동에 대한 심리사회적 모형은 지지자들로부터 거의 매력을 이끌어내지 못했다. 더욱이 Nancy Batz와 협력해서 여성의 커리어 선택 과정에서 자기 효능감의 역할을 연구했던 Gail Hackett은 현재 남성과 여성 모두의 커리어 발달에 영향을 미치는 사회인지적 요인들에 초점을 두는 더욱 종합적인 이론의 공동 연구자이다(Lent, Brown, & Hackett, 1995, 1996, 2002). Fitzgerald와 함께 Betz(Fitzgerald & Betz, 1994)는 현재의 이론들이 소수집단, 게이나 레즈비언 성적 지향성을 가진 사람들, 그리고 여성들에게 적용 가능성이 제한된다고 강력하게 주장했다. 이따금씩 이 책의 적절한 부분에서 논의될 것이지만 이러한 주장은 현재 논쟁 중이다.

커리어 발달 이론은 본의 아니게 인종차별주의적인가 Sue와 Sue(2000) 그리고 Pedersen(1991)은 전문 상담자, 심리학자 그리고 다른 직종의 사람들을 위한 훈련 프로그램에 포함된 대부분의 이론들이 유럽 중심적 신념에 뿌리를 두고 있기 때문에 문화적 측면에서 억압적이라고 제안했다. 서유럽의 세계관은 사람들이 자신의 커리어 의사결정을 내릴 때 독립적으로 행동해야 한다고 보며, 개인이 가장 중요한 사회적 단위라고 보는 문화적 신념으로부터 유래한 신념이다(Carter, 1991). 더욱이 많은 아메리카 원주민, 아시아계 미국인, 히스패닉들은 집단의 복지가 개인의 관심사보다 우선시되어야 한다고 믿는다. 예를 들면 그들은 부수적이거나 집합적인 사회적 가치를 중요시하기 때문에 개인이 가족보다 더 중요하다는 생각을 거부할 수 있다. Leong(1991)은 자신의 표본에서 아시아계 미국 학생들이 유럽 중심적 가치로부터 유입된 것일 수 있는 독립적인 의사결정 유형이 아니라, 의존적인 유형이라는 것을 발견했다. 이러한 결과에 대한 한 가지 시사점은 일부 아시아계 미국 학생들이 자신의 직업을 선택할 때 부모가 중요한 역할을 하도록 하는 것이 더할 나위 없이 적합하다는 것을 알 수도 있다는 것이다.

이 장에 포함되어 있는 2개의 이론(예 : Dawis, 1996; Holland, 1997)은 직무 만족이 개인이 자신의 작업 환경과 가지는 상호작용의 결과라는 가정에 기초한다. 직무 만족과 자신의 커리어에서의 성취 같은 변인들은 전적으로 커리어 선택에 대한 가족이나 집단의 승인과 그 안에서의 개인의 수행을 포함하는 훨씬 더 복잡한 변인들과 관련되어 있는 것으로 보인다. Hartung(2002)은 이전에 논의되었던 것들을 다소 반영하는 일부 비판들을 개괄하면서 문화적 타당성에 기반한 커리어 발달 이론에 대한 비판의 목소리에 동참했다. 여기서 언급된 다른 학자들처럼 그는 단일 문화적 접근에서 다문화적 관점으로 변화해야 할 필요가 있다고 제안한다. 하지만 Hartung은 모든 이론이 지금까지 단일 문화적 관점을 갖도록 만들어진 것은 아니라는 것을 인정한다. 그는 Lent, Brown과 Hackett(1996) 그리고 Brown(1996)의 연구를 단일 문화적 관점을 무시했던 이론들의 사례로서 인용한다. Hartung(2002)은 또한 연구 논문들이 문화적 소수집단에게 전통적 이론들의 일부를 사용하게끔 지원하는 것을 가능하게 하고 있다고 제안한다.

단일 문화적 이론은 흠이 있는데, 이는 문화적 타당도가 때로 부족하기 때문이다. 하지만 문화적으로 민감한 상담자나 심리학자들의 수중에서는 그것들은 서유럽의 세계관을 지니지 않은 사람들에 대한 실무를 위해 타당한 기초를 제공해 줄 수 있다. 또한 커리어 상담과정에서 중요한 것은 내담자들의 문화적 신념이다. 우리는 너무 자주 내담자들의 표현적 특성들에 기초해서 그들의 신념 체계에 관해 가정한다. 많은 문화적 소수집단들이 서유럽적 가치를 강화하는 문화적 맥락 내에서 이러한 세계관과 기능을 우선적으로 차용했다. 개인의 문화적 관점을 우선 평가하는 것 없이 어떤 유형의 이론을 적용시키는 것은 윤리적인 오류이다.

제1장에서 논의했듯 전통적 이론들에 대한 다양한 형태의 비판은 Peterson과 Gonzalez (2005), Bloch(2005), 그리고 Bright와 Pryor(2005)에 의해 진행되었다. 이들은 대부분의 전통적인 이론을 뒷받침하는 현대 철학이 사고의 진보적 측면에서 보았을 때 부적절하며 포스트모던의 관점으로 대체되어야 한다고 제안한다. 그들은 사람들이 자신의 맥락과 상호작용하듯 자기가 외부로부터 안으로 형성된다고 믿는다. 제1장에서 또한 지적했듯 Blustein(2006)은 현재 이론들에 비판적인데, 이론들이 사회적 정의라는 요소를 포함하지 않기 때문이다. 그와 그의 동료들(Blustein, 2008; Blustein, Kenna, Gill, & DeVoy, 2008)은 커리어 발달 전문가들이 사회적 변화에 대한 옹호자가 되어야 한다고 제안한다.

모든 이론이 모든 내담자 집단에 적용되는 것이 아니라는 것은 당연하다. 독자들은 결국 자신만의 접근을 선택해야 할 것이다. 이 장의 나머지 부분을 읽기 전에 인간의 행동과 커리어 선택 및 발달에 대한 자신만의 개인적인 이론을 고려하는 것이 도움이 될 것이다. 당신은 비록 이전에 사람들에 대한 생각을 그리 많이 하지 않았겠지만 왜 사람들이 커리어를 선택하는가에 대한 당신만의 편향과 지각을 지니고 있다. 이 영역에서 당신 자신만의 사고를 밝혀냄으로써 당신은 자신만의 복잡한 이론 구성을 향한 첫발을 디디게 된다. 이 장의 이론들에 기초가 되는 현대 철학의 가정은 다음과 같다.

1. 인간 행동은 만약 신뢰할 만하고 타당한 도구가 사용된다면 객관적으로 측정될 수 있다.
2. 인간 행동은 그것이 나타나는 맥락 밖에서 연구될 수 있다.
3. 연구 과정은 가치로부터 자유로워야 한다. 만일 연구자의 가치가 그 과정에 침투된다면 결과는 결함을 지니게 될 것이다.
4. 인과관계의 연관성은 존재하며 측정될 수 있다(예 : 검사의 예측 타당도).
5. 무선 표집, 신뢰롭고 타당한 도구의 사용, 연구자의 가치에 의해 결과가 오염되지 않는 것 같은 어떤 조건이 충족된다면, 결과는 유사한 상황의 다른 사람들에게 일반화될 수 있다.
6. 가급적 커리어 상담자는 자신의 객관성을 유지하고, 신뢰할 수 있고 타당한 도구들을 사용하고, 자신의 실무를 잘 설계된 경험적 연구에 기초해야 한다.

이 장 내의 이론들에 걸쳐서 명심해야 할 가정들과 따라야 할 것들이 개괄된다.

Holland의 직업 선택 이론

Holland는 일련의 이론적인 문헌과 연구 논문을 조금씩 발간해 나가면서 이론적인 입장을 발달시켰다(Holland, 1959, 1962, 1963a, 1963b, 1963c, 1963d, 1966a, 1966b, 1972, 1973, 1985, 1987, 1990, 1994a, 1994b, 1997; Holland & Gottfredson, 1976; Holland & Lutz, 1968; Holland & Nichols, 1964; Gottfredson & Johnstun, 2009 참조). 직업 선택에 대한 Holland의 이론은 몇 가지

가정에 기초하고 있다.

1. 개인의 성격이 직업 선택에서 일차적인 요인이다.

2. 흥미 도구는 사실 성격 도구이다.

3. 개개인은 심리적으로 관련성을 지니는 직업에 대해 정형화된 시각을 발달시킨다. 이런 고정관념이 직업 선택 시에 중요한 역할을 한다.

4. 직업에 대한 백일몽은 종종 직업 선택의 전조로 나타난다.

5. 정체성—개인이 자신의 목표와 개인적 특성에 대해 지각하는 것의 명료성—은 소수의 꽤 집중된 직업 목표를 가지는 것과 관련이 있다.

6. 일관적이고(그림 3.1 참조) 분화된 성격 유형은 직업 선택과 선택에서의 만족에 대한 최고의 예측 변인이 될 것이다. 개인 프로파일 내 첫 3개의 코드 유형이 육각형에 인접해 있을 때 일관성이 존재한다.

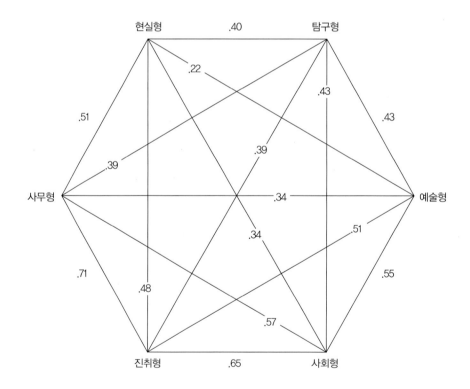

그림 3.1 급간 및 급내 관련성에 대한 Holland의 모형

출처 : Reproduced by special permission of the publisher, Psychological Assessment Resources, Inc., Odessa, FL 33556. From the *Self-Directed Search Technical Manual* by J. L. Holland, Copyright 1985, 1987, 1994, by PAR, Inc. Further reproduction is prohibited without permission from PAR, Inc.

7. 개인의 커리어에서 성공적이고 만족스럽기 위해서 개인의 성격과 일치하는 직업을 선택하는 것이 필요하다. 일치하는 직업은 작업 환경 내의 다른 사람이 근로자들의 특성과 동일하거나 유사한 특성을 갖는 것을 말한다.

성격은 물려받은 특성, 개인에게 노출되는 활동들, 활동들로부터 발전하는 흥미와 역량들의 상호작용의 결과로 발달한다(Holland, 1997). Holland는 "유형은 유형을 낳는다."는 것을 어느 정도 믿지만, 그는 아이들이 그들 자신만의 환경을 어느 정도 형성한다는 것과 그들이 경험을 제공하고 어떤 유형의 수행을 강화하는 자기 부모뿐 아니라 수많은 사람들에 노출된다는 것을 인정한다. 이러한 영향력들의 조합은 '득유의 자기 개념과 관심을 보이고 특유의 기질을 얻는 성향이 있는 사람'을 만들어낸다. 궁극적으로 성격이 탄생한다. Holland는 다음의 '순수한' 성격 유형을 사실로 받아들이는데, 순수한 한 가지 유형의 형태만으로는 좀처럼 나타나지 않는다. (1) 현실형, (2) 탐구형, (3) 예술형, (4) 사회형, (5) 진취형, (6) 사무형의 이 여섯 가지 유형을 좀 더 자세히 살펴보자.

현실형 사람들은 환경을 객관적이고, 구체적이고, 물리적으로 조작하는 방식으로 다룬다. 그들은 주관성, 지적이거나 예술적인 표현, 혹은 사회적 능력을 요구하는 목표와 과제를 회피한다. 그들은 남성적이고, 비사교적이며, 정서적으로 안정적이고, 물질주의적인 것으로 묘사된다. 그들은 농업, 기술, 숙련직, 기술공학 관련 직업들을 선호한다. 그들은 운동경기, 정찰, 공예, 공장가공 같은 운동 기술, 장비, 기계, 도구, 구조를 포함하는 활동을 좋아한다.

탐구형 사람들은 생각, 단어, 상징들을 조작하는 지적 능력을 사용함으로써 환경을 다룬다. 그들은 과학적 직업, 이론적인 과제, 읽기, 채집, 대수학, 외국어, 그리고 예술, 음악, 조소 같은 창의적 활동들을 선호한다. 그들은 사회적 상황을 회피하며 자기 자신을 비사교적이며, 남성적이고, 끈질기고, 학구적이고, 내성적인 사람으로 본다. 그들은 주로 학업과 과학적 영역에서 잘 해내며 보통 리더로서의 수행을 잘하지 못한다.

예술형 사람들은 예술 행위와 작품들을 창조함으로써 환경을 다룬다. 그들은 문제에 대한 해답을 탐색하는 과정에서 주관적 인상과 상상에 의존한다. 그들은 음악, 예술, 문학, 연극 관련 직업을 선호하며 실제 창조적인 활동을 선호한다. 그들은 자동차 수리와 운동 같은 남성적인 활동과 역할을 좋아하지 않는다. 그들은 자기 자신을 비사교적이며, 여성적이고, 수동적이고, 내성적이고, 섬세하고, 충동적이며, 유연하다고 본다.

사회형 사람들은 타인들과 연관되고 상호작용하는 기술을 사용함으로써 환경을 다룬다. 그들은 사회적 기술과 사회적 상호작용에 대한 욕구가 특징이다. 그들은 교회, 정부, 지역사회 서비스, 음악, 독서, 연극 같은 교육, 치료, 종교 관련 직업과 활동을 선호한다. 그들은 자기 자신을 사교적이고, 자애롭고, 쾌활하고, 보수적이고, 책임감 있고, 성취적이며, 자기 수용적으로 본다.

진취형 사람들은 모험심이 강하고, 지배적이고, 열정적이고, 충동적인 특징을 표현함으로써 환경에 대처한다. 설득적이고, 언어적이고, 외향적이고, 자기 수용적이고, 자신감 있고, 공격적이고, 과시욕이 있는 것으로 특징지어지기 때문에 그들은 우월함, 언어 표현, 인정, 권력에 대한 욕구를 만족시켜 주는 판매, 관리, 리더십이 포함된 직업과 활동을 선호한다.

사무형 사람들은 사회적 인정이 수반되는 목표와 활동을 선택함으로써 환경을 다룬다. 그들의 문제에 대한 접근은 틀에 박혀 있고, 올바르고, 독창적이지 않다. 그들은 정돈되고, 사교적이고, 보수적인 인상을 자아낸다. 그들은 사무적이고 컴퓨터를 사용하는 과제를 선호하고, 업무를 동일시하고, 경제적 문제에 높은 가치를 부여한다. 그들은 자기 자신을 남성적이고, 능수능란하고, 지배적이고, 통제되어 있고, 엄격하고, 안정적인 것으로 보며 언어적 적성보다 수학적 적성을 지닌다.

Holland에 따르면 사람은 표현되거나 입증된 직업 혹은 교육적 흥미에 의해, 고용 상태에 따라서, 또는 직업선호도검사(Vocational Preference Inventory), 스트롱 흥미검사, 자기 주도 탐색(Self-Directed Search, SDS) 같은 도구를 통해 얻은 점수에 따라 이 범주 중 한 가지로 유형화될 수 있다. SDS는 Holland가 개발하였고 여섯 가지 유형 영역끼리 동일하게 나눌 수 있는 직업 명칭, 선호도, 자기 효능감 추정치 및 활동으로 구성된다. 성격 유형을 결정하는 각 방법은 점수를 산출해 준다. 비록 Holland(1997)는 여섯 가지 유형 모두가 성격을 기술한다고 믿지만, 그는 상위 3개의 점수가 가장 많은 것을 설명하는 요인이라고 제안한다. 고로 유형의 사정 결과는 *Holland code*라고 알려진 세 문자 코드(예 : SAE)이다. 만일 세 문자 코드가 일관성 있고 분화되어 있다면, 직업 결정과 포부 및 학업적 성취를 설명할 때 가장 첫 번째(첫 번째 유형)가 가장 영향력 있는 것으로, 두 번째 유형이 두 번째로 큰 영향을 미치며, 세 번째 유형이 세 번째로 큰 영향을 미치는 것으로 기대된다. 개인 프로파일의 일관성은 그림 3.1에 보이는 육각형을 사용해서 결정될 수 있다. 만일 성격 유형이 인접해 있다면(예 : 현실형과 탐구형), 그것은 일관성이 있다고 말한다. 비일관적인 유형은 육각형상에서 반대되는 것들이 각각 위치한 것이다(예 : 탐구형과 진취형). 일관적인 성격 프로파일을 가진 사람은 비일관적인 프로파일을 가진 사람보다 커리어 선택을 더 쉽게 할 것이다.

만약 프로파일 내 일차 유형(가장 높은 점수)의 점수가 가장 낮은 점수에 비해 유의하게 더 높다면 성격 프로파일은 잘 분화될 것이다. Holland(1997)는 일관성과 분화가 정체성에 대한 직접적인 추정치라고 믿는데, 이것은 개인의 목표 및 능력에 대한 자기 지각의 명확성으로 정의된다. 정체성은 자기 직업 상황 도구(Holland, Daiger, & Power, 1980)를 사용해서 직접 측정 가능하다. 또한 정체성은 숙련된 면접관에 의해 임상적으로 확인될 수도 있다.

성격과 관련해서 비록 Holland는 성격 프로파일이 시간에 걸쳐 비교적 안정적일 것이라고 이론화했지만 개인이 자신의 작업 환경과 상호작용하면서 성격이 변할 수 있다고 이론화하기도 했다는 것을 주목하는 것이 중요하다. 일관성이 매우 높고 분화가 된 성격을 가지고 있으며 매우 발달된 정체성을 가진 개인은 가장 덜 변할 것이다.

또한 Holland(1985, 1997)는 방금 기술한 순수한 성격 유형과 동일한 형태의 여섯 가지 작업 환경(현실형, 탐구형, 예술형, 사회형, 진취형, 사무형)을 제안한다. 작업 환경에는 그 작업 환경 내 근로자들의 성격에 기초해서 Holland 코드가 부여된다. 이미 지적했듯이 개개인은 자신의 직무 만족과 성취를 최대화하기 위해 자신의 성격과 일치하는 직업 환경을 선택해야 한다. 환경은 다음에 기술되어 있다.

현실형 환경은 기계적인 기술, 인내, 신체적인 이동을 요구하는 구체적이고 신체적 과제를 포함한다. 오직 최소한의 대인관계 기술을 필요로 한다. 전형적인 현실형 장소는 주유소, 기계조립공장, 농장, 건설 현장, 이발소 등이다.

탐구형 환경은 개인적인 지각력보다는 추상적이고 창의적인 능력의 사용을 요구한다. 만족스러운 수행에는 상상과 지능이 요구되며, 보통 성취에는 상당한 기간이 필요하다. 접하게 되는 문제들은 난이도가 다양할 수 있지만, 보통 지적인 기술과 도구들을 적용함으로써 해결된다. 작업은 사람보다 아이디어와 사물을 중심으로 삼는다. 전형적인 장소는 연구 실험실, 진단 사례 회의, 도서관, 그리고 과학자, 수학자 혹은 연구 엔지니어로 이뤄진 작업 집단 등이다.

예술형 환경은 예술적인 형태를 창의적이고 해석적으로 사용하는 것을 요구한다. 사람들은 전형적인 문제를 해결할 때 지식, 직관, 정서적 생활을 이용할 수 있어야 한다. 정보는 개인적이고 주관적인 준거를 배경으로 판단된다. 작업은 보통 오래 계속되는 동안 깊게 몰입하는 것을 필요로 한다. 전형적인 장소는 연극 리허설, 콘서트장, 댄스 연습장, 서재, 도서관, 예술이나 음악 작업장 등이다.

사회형 환경은 인간 행동을 해석하고 수정하는 능력과 사람들을 보살피며 상호작용하는 것에 대한 흥미를 요구한다. 작업은 빈번하고 지속적인 개인적 관계를 필요로 한다. 일에 수반되는 위험은 주로 정서적인 것이다. 전형적인 작업 상황은 학교와 대학 강의실, 상담 사무실, 정신병원, 교회, 교육 사무실, 레크리에이션 기관이다.

진취형 환경은 사람들을 지시하고 설득함에 있어서 언어기술을 필요로 한다. 작업은 타인에게 행동을 지시하기, 통제하기, 혹은 계획하기를 요구하며 흥미의 대부분은 사람들로부터 얻을 수 있는 것에 초점을 두고 있지만 사회형 환경의 사람보다 인간에 대한 더욱 피상적인 흥미를 필요로 한다. 전형적인 장소는 자동차 매장, 부동산 중개사무소, 정치 집회, 광고대행사 등이다.

사무형 환경은 언어적이고 수학적인 정보의 체계적이고, 구체적이고, 규칙적인 처리 과정을 포함한다. 과제는 이미 세워진 절차에 따라 반복적이고 짧은 주기의 조작을 자주 요구한다. 작업의 대부분이 사무실 장비와 재료들을 다루기 때문에 대인관계에서 최소한의 기술만이 요구된다. 전형적인 장소는 은행, 회계 사무실, 우체국, 서류 보관실, 사무소 등이다.

작업 환경은 대체로 일관적일 수도 있다(작업 환경과 일치하는 환경 내에서 일하는 사람의 유형이 동질적인). 작업 환경은 또한 환경 내에서 작업하는 성격 유형들에 기초해서 분화 점수를 부여받을 수도 있다.

Holland는 각 작업 환경이 환경을 통제하는 사람들과 유사한 성격을 가진 개인을 통해 얻을 수 있다고 제안한다. 그들은 조화로운 환경 내에서 편안하고 행복할 것이고, 다른 성격 유형으로 맞춰진 환경 내에서는 불안정할 것이라고 가정된다. 개인-환경 간의 일치는 아마 더욱 안정적인 직업 선택, 더 큰 직업적 성취, 더 높은 학업적 성취, 개인적 안정성의 더 나은 유지, 더 큰 만족을 가져올 것이다.

Holland는 개인-환경 일치 모형[Person-Environment Congruence(PEC) model]에 기초해서 직업 분류 체계를 개발했다. 그의 첫 번째 분류 체계는 1982년에 발간되었고, *The Dictionary of Holland Occupational Codes*(Gottfredson & Holland, 1996)의 가장 최신판은 아직 사용 가능하다. 하지만 미국 노동부는 가용한 직업들에 가장 광범위한 목록인 O*NET에 Holland 코드를 포함시키는 것을 승인했다. O*NET은 온라인으로 이용할 수 있다.

연습문제 3.1

만일 당신이 자신의 세 문자 코드 프로파일을 찾아내기 위해 이 부분에 언급된 많은 도구중 하나를 사용하지 않았다면, 당신은 여섯 가지 성격 유형에 대한 기술문을 읽고 자신의 코드를 추정함으로써 자신의 프로파일을 추측할 수도 있다. 당신이 자신의 세 문자의 코드를 추정한 후에(예 : 나는 SAE 유형이다), 그림 3.1로 가서 당신의 코드에 해당하는 첫 번째 문자에 연필을 올려두어라. 연필 끝을 두 번째 문자로 이동시키고 이어서 세 번째 문자로 이동시켜라. 일반적인 코드의 정의에 기초했을 때 당신의 코드는 일관적인가?

Holland의 커리어 계획 모형 : 수정된 모형

Holland는 분명히 자신의 이론이 커리어 상담의 기초가 되는 것을 절대 의도하지 않았다. 그는 한때 그의 도구들과 이를 지원하는 문서들(Educational Opportunities Finder와 Occupations Finder 개정판)이 개인들이 커리어 선택을 하는 데 사용할 수 있다고 믿었던 것으로 알려져 있다. 그는 이런 가정(Holland, 1997)을 이후에 개정했던 모양이다. 표 3.2는 그의 커리어 계획 모형의 개정된 간소화된 형태를 보여준다. 왜 개정된 모형을 제시하는가? Hollandcodes.com에서 사용 가능한 세 단계 모형은 이용할 수 있는 개인 정보, 교육, 직업 정보의 거의 모든 가능한 정보원을 포함하고 있지만 의사결정 모형 안에는 포함시키지 않고 있다.

B의 사례

B는 신입생만을 대상으로 하는 나의 커리어 수업에 참여하고 있다. 그녀는 수업 요구 조건의 일부로 자기 주도 탐색(SDS)을 완료했고 직업 정보들을 찾아왔다. 이후에 그녀는 MBTI, 작업가치척도, 그리고 적성에 초점을 둔 몇 가지 자기 효능감 도구들을 사용할 것이다. 수업의 모든 수강생은 자신의 검사 결과를 논의하기 위해

표 3.2 Holland의 이론에 기반한 커리어 계획 모형

1단계 : 개인의 인식

나의 세 문자 Holland 코드는 무엇인가(SDS, SII 혹은 다른 도구)?

나의 적성과 커리어 관련 기술은 무엇인가(도구 결과 혹은 자기 추정치; SDS의 pp. 6, 7, 9 혹은 Ability Profiler의 GATB)?

나의 작업 및 문화적 가치는 무엇인가(직업에 관한 중요한 신념)?

2단계 : 직업 인식

나의 성격 유형과 잘 맞는 직업은 무엇인가?

내 적성에 기초해서 내가 잘 수행할 수 있는 직업은 무엇인가(Occupations Finder Revised; O*NET 혹은 DOD [2005년 도구])?

나의 작업 및 문화적 가치를 만족시킬 직업은 무엇인가?

나의 매력적인 직업의 목록은 무엇인가? 그것들에 우선순위가 매겨져 있는가?

3단계 : 교육 계획과 통합하기

흥미 있는 직업을 위한 진입 조건들(교육, 경험 등)은 무엇인가(Education Opportunities Finder)?

나에게 가장 매력적인 것으로 보이는 직업을 위한 자격을 얻기 위해 필요한 교육 혹은 기술 개발을 따라갈 만큼 내가 충분히 동기화되어 있는가(자기 기대 평정)?

선택하기

최종 선택을 하기 위해 내가 사용할 준거는 무엇인가? 가능한 선택안들은 다음과 같다.

a. 급여

b. 직장의 지리적 위치

c. 집에서 떨어져 있는 시간(예 : 통근, 출장)

d. 선택을 찬성하는 것 같은 가족의 고려사항

e. 중요한 다른 것을 위한 기회

f. 미래의 보장(직무의 재직 기간에 관한)과 관련된 쟁점

g. 실외 작업 대 실내 작업

h. 휴가 기간

선택

1. 첫 번째 선택은 _____

2. 제2안의 선택은 _____ (첫 번째 선택을 실행할 수 없는 경우)

커리어 센터에 방문하도록 초대받았다. 우리의 대화 내용의 필기록은 다음과 같다.

내담자 그래요. 저는 SEA-사회형, 진취형, 예술형-유형이군요. S와 E 사이에는 단지 한 칸의 차이만 있고 E와 A 사이에도 큰 차이는 없어요. 선생님이 수업 때 유형에 대한 설명을 해주고 난 뒤, 저는 음악에 대한 배경 때문에 그리고 제가 노래하는 것을 좋아하니까 예술형일 것이라고 생각했어요.

상담자 물론 당신이 옳을 수도 있습니다. 당신의 점수를 고려해도, SDS는 추정치입니다. 당신의 자기 추정이 당신 자신의 실제 유형을 더 낮게 측정할 수도 있지만, 당신의 가장 높은 점수와 가장 낮은 점수 차이(S-I)는 무척 유의미합니다.

내담자 제 추측에 저는 탐구형은 아닌 것 같아요. 저는 수학이나 뭐 그런 것들을 잘하지만 좋아하지는 않아요.

상담자 한번 봅시다. [기록을 보며] 당신은 이곳을 다니기 전에 Z 대학을 2년간 다녔었군요. 음악이 전공이었나요?

내담자 네. 성악을 전공하길 바랐지만, 사람들은 성악 전공을 제안하지 않는 것 같았어요. 저는 빚은 1만 4,000달러, 36학점이 쌓였고, 다른 것은 별로 없습니다. 저는 2년간 다녔지만 두 번째 해에는 많이 낙

제했죠.

상담자　우리는 음악 전공을 제안하지 않습니다. 당신은 왜 이곳에 오기로 결정하셨죠?

내담자　사실 저는 음악을 전공하고 싶지 않습니다. 저는 가수가 되고 싶어요. 분명히 제 목소리는 그리 뛰어나진 않습니다. 저는 'The Voice'와 'America's Got Talent' 두 군데의 오디션을 보았어요. 그들은 저를 거절했죠. 저는 밴드에게 다른 가수와 노래를 했었다고 말했습니다. 저는 학자금을 갚기 위해 돈을 좀 모을 필요가 있습니다. 게다가 전 3주 안에 결혼을 할 예정이고, (집에도 들어가지 못하고) 돈벌이로 하루 종일 클럽에서 노래를 해야 하는 결혼생활을 시작하는 것은 바보 같은 짓일 거라고 생각합니다.

상담자　그래서, 당신은 완전히 음악을 포기하기로 마음먹었나요?

내담자　아뇨. 완전히는 아닙니다. 저는 아직 교회에서 노래를 합니다. 전 성가대에서 노래하는 것을 좋아해요. 제가 12세 때부터 쭉 해왔습니다.

상담자　당신의 SDS 결과로 되돌아가 봅시다. 당신은 방향을 따라서 SEA와 더불어 ESA, SAE와 ASE, AES, 그리고 EAS의 조합과 관련된 직업들을 찾아보았습니까?

내담자　네, 그건 아주 오래 걸렸어요. 그건 대략 100여 개의 다른 직업을 찾아내 주었죠. 하지만 제가 그 목록들을 더 상세히 살펴보기 시작했을 때, 다른 것들보다 저에게 더 나아 보였던 몇 가지가 있었습니다.

상담자　당신은 더 나은 것들에 대한 목록을 작성했나요?

내담자　네. 저는 종교 교육기관장을 목록에 올렸는데, 특히 만약 음악 프로그램, 미용사, 음악 교사, 음악 감독이 포함된다면 무엇이든 좋습니다.

상담자　음악과 감독자를 포함한 주제로 들립니다. 유일하게 거리가 먼 것은 미용사 같군요. 그것은 분명히 당신의 프로파일 내에 포함되어 있지만, 그것은 음악과 관계된 것은 아닙니다.

내담자　하지만 여기서의 미용사 프로그램은 1년만 다니면, 돈 버는 것을 시작할 수 있을 겁니다. 다른 선택안들은 대학교육이 더 필요할 것이고, 제 약혼자는 제가 부채를 모두 청산하기를 바랍니다. 저도 그렇고요.

상담자　다음 단계는 당신에게 흥미로운 직업들의 특성에 대한 전체 목록을 만드는 것입니다. 그건 요컨대 당신이 벌 수도 있는 금액의 수준, 훈련 프로그램 기간 및 참여하기 위한 요구 조건, 당신이 지금 갖고 있고 개발할 필요가 있을 수 있는 기술 목록, 그리고 당연히 작업 조건 등을 말하는 것입니다. 또한 가질 수 있는 직업인지도요. 직업을 준비하는 데에 낙담시키는 것은 아무것도 없고 하나의 정답을 찾아낼 수 있는 것도 아닙니다.

내담자　잘 알겠습니다. 그렇게 따르겠습니다. 그것을 마치고 나서 또 다른 약속을 하겠습니다.

추후 : B는 학교로 돌아가는 데 대한 장단점과 음악 프로그램에 참여하는 것을 가능하게 해줄 학위를 마치는 것에 대해 논의했다. 그녀는 미용사를 선택했는데, 그녀의 학자금을 상환하기 위해 필요한 돈을 벌 수 있기 때문이었다. 그녀는 계획대로 결혼을 했다. 그녀가 미용사 훈련 프로그램을 이수했을 때 한 친척이 직업을 제안했다는 사실은 선택이 그 방향으로 기울어지게끔 했을 수 있다.

Holland 이론의 위치와 활용　Holland의 이론은 현존하는 모든 이론 중 가장 영향력 있는 이론이다. 2013년 7월 30일에 작성된 Holland Codes 자원 센터의 Mary Askew 박사의 글을 보면 자기 주도 탐색(SDS)을 전 세계적으로 2,200만 명의 사람들이 사용했다고 보고하고 있다. 이 이론을 기 반으로 한 도구들에는 Find Your Interests(미 국방부, 2005)도 포함되는데, 이것은 전국 도처의 고 등학교 학생들의 군 신병 모집 프로그램에서 군대직업적성검사와 함께 사용된다.

Holland의 이론(1997)을 사용하는 커리어 탐색과 상담의 목표는 내담자 집단이 자신의 성격 특 성과 동일한 성격 특성을 가지고 있는 근로자들이 포함되어 있는 직업들(일치성)을 밝혀내도록 도 와주는 것이다. 이 과정은 십중팔구 다음의 도구 중 한 가지를 사용하여 내담자의 Holland 유형을 사정함으로써 시작한다.

자기 주도 탐색(SDS)(4판)

Strong 흥미검사

Harrington-O'Shea 커리어 결정 시스템(개정판)

Find Your Interests(군대직업적성검사의 커리어 탐색 프로그램의 일부)

The Career Key(온라인)

Interest Profiler(O*NET 시스템의 일부)

광범위한 흥미와 직업검사(2판)(특정 집단을 위한 비언어적 도구)

비록 이 도구들이 Holland의 구성 개념을 측정하기 위해서 가장 자주 사용되지만, 이것이 이런 목적에 사용 가능한 유일한 것들은 절대 아니다. 모든 주요 흥미 도구들은 Holland 프로파일을 산 출해 준다.

Holland의 이론은 수백여 개의 연구 논문들을 고무시켰다(예 : Gottfredson & Johnstun, 2009; Holland, 1997; Holland & Gottfredson, 1990; Nauta, 2013). 더욱이 Holland의 흥미에 대 한 개념적 도식은 미국 내에서 주요 직업 분류 체계인 O*NET에서 전적으로 사용된다. 이 이론 은 문화 및 성별에 대해 편향되어 있다는 것 때문에 주로 비판을 받았지만 Spokane, Luchetta와 Richwine(2002), 그리고 Nauta(2013)의 개괄 연구는 이런 주장의 타당성을 지지하지 못했다. 성별 에 대한 타당성에 관한 주제는 이 책의 후반부에서 더 상세히 다뤄질 것이다.

이 이론을 옹호하는 많은 연구들은 Holland의 구성 개념을 측정하는 도구 중 하나를 실시하고 자료를 분석해서 그것이 그의 육각형과 근사한 흥미 양식을 도출하는지를 보는 형태를 취해 왔다. 예를 들어 Sidiropoulou-Dimakakou, Mylonas와 Argyropoulou(2008)는 Holland 모형을 그리스의 학생들 표본으로 검증하였고, Holland의 모형이 그리스 사람들과의 상담에 유용하다고 결론지었 다. 만일 소수집단(예 : 그리스인)의 흥미 패턴이 Holland의 본래 연구에서 발견되는 것과 흡사하 다면 구성 타당도가 성립된다고 간주된다. 더욱 중요한 사안은 자신의 프로파일에 대한 개인의 해 석인데, 즉 프로파일이 자신의 성격을 대표한다고 사람들이 믿는 정도를 말한다. 비일관적인 프로파일은 좋아하는 것과 싫어하는 것에 대한 정질적 사정 및 자기 효능감 사정으로 내용에 살을 붙일 필요가 있을 수 있다.

　연구들은 일반적으로 다양한 문화적 배경을 가진 사람들은 물론 남성과 여성들에게 Holland 도구들을 사용하는 것을 지지한다(Nauta, 2013; Spokane, Luchetta, & Richwine, 2002). Holland의 이론을 다루는 많은 연구들은 그의 개념화가 상이한 소수집단에 사용하기에 적절한지의 여부에 초점을 맞추어 왔다. 대체로 그 대답은 긍정적이다(예 : Day, Rounds, & Swaney, 1998; Nauta, 2013; Spokane, 2002). 하지만 문화적 소수집단의 흥미 패턴이 백인들의 것과 유사하다고 제안하는 연구는 이들 집단에 대한 이론의 적절성에 의문을 제기하는데, 이론이 의사결정 과정의 문제를 거의 다루고 있지 않기 때문이다. 이 장에서 제시된 커리어 계획 모형은 개인주의적 의사결정 유형에 초점을 두는데, 이는 Holland의 이론을 반영하고 있다. 이 영역 내에서의 연구는 특히 집합주의적 사회 가치를 지니기 때문에 개인주의적 의사결정 유형을 지지하지 않을 수 있는 내담자들에게 더욱 필요하다.

직업 적응 이론

직업 적응 이론(Theory of Work Adjustment, TWA)은 일련의 출판물을 통해 출발했다(Dawis, 1996, 2002; Dawis, England, & Lofquist, 1964; Dawis & Lofquist, 1984; Dawis, Lofquist, & Weiss, 1968; Lofquist & Dawis, 1991). 각각의 출판물을 거치며 이론은 다소 변화해 왔지만 거의 예외 없이 이론을 지지하는 가정들은 변하지 않았다. 비록 이 이론은 일반적으로 TWA라고 부르지만, 이것은 약간 돌려서 보면 PEC 모형이다. Holland(1997)에 따르면 PEC는 개인-환경 일치(Person-Environment Congruence)의 축약어이다. TWA 이론들에 따르면, 이 철자는 개인-환경 조화(Person-Environment Correspondence)를 나타낸다. 차이점은 무엇일까? Holland에 따르면 일치성은 개인과 그들의 작업 환경 간의 적합성을 언급하는 것이다. TWA 이론은 적합성에서 한 걸음 더 나아가 개인과 그들의 작업 환경 간의 역동적인 관련성을 의미하는 것으로 정의한다. TWA 모형에서 개인은 특별한 방식으로 자신의 환경과 적극적으로 상호작용하며, 근로자들에 대한 반응과 행동 모두에서 환경은 반응을 보인다. Holland는 동일한 유형의 상호작용을 생각했지만 이 속성에 대해서는 덜 구체적이었다. 이 모형은 우선 개인의(근로자의) 특성을 묘사할 것이고, 뒤이어서 Dawis와 그의 동료가 바라본 바대로의 작업 환경의 특성에 대한 묘사가 이어질 것이다. 세 번째 부분의 표현은 개인과 환경 간의 상호작용 결과를 다루게 될 것이다.

　이론에 대한 두 가지 정보가 중요할 수 있다. 첫 번째, 어떤 사람들은 이론의 근원이 그들이 철학적으로 비결정론적인 것으로 보는 기본적인 강화 이론에 있다는 이유로 TWA를 거부해 왔다. 두 번째, TWA는 성격 특질이나 흥미를 다루지 않는다. 가치가 언급되지만 개인적 신념들을 깊게 다루지는 않는다. 가치는 욕구들의 집합이다.

개인의 특성

사람들이 자기 자신을 나타내는 요구 조건은 생물학적 욕구와 심리적 욕구라는 두 가지 유형으로 나타난다. 욕구는 Dawis와 동료들이 설명한 바에 따르면 유전이라는 배경에서 발달하고, 이는 유전이 영향을 미치는 요인이지만 욕구의 발달에 중요한 영향을 미치는 것으로 논의되지 않았다는 암묵적인 인식을 말한다. 욕구는 사람들의 욕구를 만족시킬 강화물에 대한 선호도를 사람들이 발달시키면서 우선순위를 형성한다. 개개인은 자신의 욕구를 강화시켜 줄 환경을 추구한다. 각 개인은 또한 일련의 기술을 개발하는데, Dawis(2002, p. 428)는 이것을 기술을 요구하는 "직무에 의해 표현되는 과제에 반응해서 방출되는 연속적인 행동이며, 이는 TWA의 초기 가정을 요약한 것이다."라고 정의했다(Dawis, England, & Lofquist, 1964).

2002년에 Dawis는 "기술과 욕구로부터 능력과 가치로 강조하는 부분이 바뀌었다."라고 말했다. 그는 소질의 개념에 난이도의 수준이 존재한다는 견해가 내재되어 있다고 믿기 때문에 기술의 개념으로부터 소질의 개념으로 전환된 논리가 나타났다. 육류가공원(meat cutters)과 외과 의사 모두 자르는 기술을 사용하지만, 각각에 요구되는 기술에서의 차이는 상당하다. (1) 시각적 예리함 : 신속성과 상세한 지각, (2) 인지 : 단어와 숫자들을 이해, 기억, 추론, (3) 운동 혹은 정신운동 : 민첩성, 신속성, 눈-손 협응의 세 가지 유형의 능력이 존재한다. 사실 일반적성검사총집(General Aptitude Test Battery, GATB)이나 능력 프로파일러 같은 적성 검사는 전형적으로 TWA의 실무에서 소질을 측정하기 위해 쓰인다. O*NET의 능력 프로파일러는 아홉 가지 직무 관련 능력을 측정한다.

- 언어 능력
- 산술 추리
- 계산
- 공간 능력
- 형태 지각
- 사무 지각
- 운동 협응
- 손가락 민첩성
- 손 민첩성

TWA 연구 팀원들의 연구들에 따르면 가치는 욕구들의 집합이다. 이런 개념은 O*NET의 분류 체계에 통합되었다. O*NET에 포함된 가치들의 명칭과 설명을 표 3.3에 소개하였다. 또한 Dawis와 그의 동료들이 규명한 가치들도 수록되어 있다. 그것들은 괄호 내에 표기되었다.

유지와 적응(조화)

개인이 일단 직업을 갖게 되면, 근로자와 작업 환경 간의 조화가 시작된다. 근로자는 작업장의 요구에 대해 Dawis가 민첩성(celerity)(반응의 신속성), 속도(pace)(반응의 강도), 리듬(rhythm)(반응의 패턴), 지속성(endurance)(반응의 지속 기간)이라고 칭한 형태로 반응한다. 새롭게 고용된 장거리 수송 판매원은 즉각 소비자와 접촉하기 시작해서 직접 만날 약속을 할 수 있다. 그녀는 2시간 동안 시간당 3번의 비율로 전화를 건다. 다음에 그녀는 15분의 휴식을 갖고 본래의 속도로 작업에 복귀한다. 그녀는 할당된 지역 내의 모든 사람과 연락할 때까지 자신의 속도를 유지한다. 피고용인들은 직무에 순응해 가면서 그들의 적응은 직무 요구 조건을 충족시키기 위해 일하고, 적응하고, 변화할 때의 유연성과 자신의 요구를 충족시킬 수 있게 직무를 변화시켜 일하는 것과, 자신이나 직무 속성을 다양한 수준으로 변화시키는 과정에서의 인내의 형태로 나타난다. 이런 과정의 결과는 다양한 수준의 직무 만족으로 나타난다. 만일 작업장의 강화물 패턴이 근로자의 욕구 패턴과 맞는다면, 만족과 만족성이 나타날 것이다. 불만족은 근로자가 직무를 떠나는 결과를 초래할 수 있다.

만족성(satisfactoriness)은 근로자의 소질(직무가 요구하는 과제를 수행할 수 있는 능력), 직무에 대한 접근(신속성, 속도, 지속성, 반응성), 그리고 직무 적응에 대한 작업장의 반응이다. Gibson,

---

표 3.3 O*NET에 포함되어 있는 작업 가치와 TWA의 선행 요인

작업 가치

개인의 만족에 중요한 작업의 전체적인 양상

성취—(성취) 이런 작업 가치를 만족시키는 직업들은 결과 지향적이며 피고용인들이 자신의 가장 뛰어난 능력을 사용하게끔 허락하면서, 그들에게 성취감을 제공한다. 이에 상응하는 욕구들은 능력 발휘와 성취이다.

독립—(자율성) 이 작업 가치를 만족시키는 직업들은 피고용인들로 하여금 자신의 의지대로 일해내고 의사결정을 하도록 허락한다. 이에 상응하는 욕구들은 능력 발휘와 성취이다.

인정—(지위) 이 작업 가치를 만족시키는 직업들은 피고용인들로 하여금 발전(승진)과 리더십에 대한 가능성을 제공하며, 종종 명성이 있는 것으로 여겨진다. 이에 상응하는 욕구들은 발전성, 권한, 인정, 사회적 지위이다.

관계—(이타성) 이 작업 가치를 만족시키는 직업들은 피고용인들로 하여금 타인에게 서비스를 제공하고 협력자들과 우호적이고 비경쟁적인 환경 내에서 일하도록 해준다. 이에 상응하는 욕구들은 협력자, 도덕적 가치, 사회 서비스이다.

지지—(편안함) 이 작업 가치를 만족시키는 직업들은 피고용인들을 후원하는 지지적인 운영을 제공한다. 이에 상응하는 욕구들은 기업 정책, 관리 지도 : 인간관계, 관리 지도 : 기술이다.

작업 조건—(안전성) 이 작업 가치를 만족시키는 직업들은 직무 안전성과 좋은 작업 조건을 제공한다. 이에 상응하는 욕구들은 활동성, 보상, 독립성, 안전, 다양성, 작업 조건들이다.

이 표의 끝에 수록된 웹 주소에서, 직무를 찾는 사람들은 O*NET의 작업 가치들의 하나, 둘 혹은 세 가지를 클릭할 수 있고 선택한 가치를 잠재적으로 만족시킬 직무를 밝혀내기 위해서 거의 1,000개 직무의 O*NET 데이터베이스를 탐색할 수 있다.

출처 : O*NET : 'Work Values.' O*NET OnLine. National Center for O*NET Development, n.d. Web. 13 Mar. 2014. http://www.onetonline.org/find/descriptor/browse/Work_Values/. National Center for O*NET Development.

Weiss, Dawis와 Lofquist(1970)는 만족성에 대한 28개 차원을 측정하여 관리자가 사용할 수 있도록 미네소타 만족성 척도를 개발했다. 수행(performance), 적합(conformance), 일반적 만족성(general satisfactoriness), 신뢰성(dependability), 개인적 적응(personal adjustment) 등 다섯 가지 척도의 점수를 산출한다. 만족성은 직무 유지(지속하거나 중단하거나)와 관련이 있고, 종종 성공(승진, 금전적 보상) 그리고 만족과 가장 큰 관련이 있다.

요약하면 TWA의 기본 가정은 사람들이 두 가지 유형의 욕구, 즉 음식에 대한 욕구 같은 생물학적(혹은 생존적) 욕구와 사회적 수용 같은 심리적 욕구를 지닌다는 것이다. 이런 욕구들은 추동 상태를 일으키며, 이는 차례로 의지에 의한 행동을 이끌어낸다. 행동의 결과로 욕구가 만족스러울 때마다 강화가 발생하고 그 행동은 더 강해진다. 두 번째 가정은 작업 환경이 개인의 욕구와 유사한 '요구 조건'을 갖는다는 것이다. 개인과 환경은 모두 자신의 욕구를 만족시키기 위한 기제를 발달시킨다. 환경(작업) 내에서 개인의 욕구와 환경의 욕구가 만족스러울 때 조화가 나타난다. 근로자들은 직무가 자신의 욕구를 만족시킬 것이라고 지각하기 때문에 직무를 선택하며, 근로자들은 자신의 기술이 작업장의 욕구를 충족시킬 것이라고 지각하기 때문에 선택된다. 근로자가 강화를 받을 때 만족이 발생한다. 근로자들은 작업 환경의 욕구 패턴을 강화할 때 만족스러운 것으로 판단된다. 직무 유지, 즉 근로자들이 직무에서 보내는 시간은 직무에 대한 그들의 만족과 그들의 수행에 대한 만족성의 결과이다.

커리어 상담과 TWA

그림 3.2는 TWA의 형태로 직업 선택-결정 과정을 그림으로 묘사한 것이다. 볼 수 있듯이 의사결정은 가치와 능력의 분석을 통해 시작하고, 몇 가지 직업에 대한 능력 패턴과 가치 패턴들의 분석이 뒤따른다. 앞서 논의되었듯이 작업 가치에 대한 측정은 O*NET 시스템을 사용해서 매우 단순해질 수 있는데, 이는 개개인이 자신의 작업 가치를 이해한다고 가정하고 있다.

미네소타 중요도검사(Minnesota Importance Questionnaire, MIQ)는 욕구에 대한 선호도를 측정하기 위해 사용할 수 있고, 미네소타 적성검사총집(Minnesota Ability Test Battery, MATB)은 적성을 측정하기 위해 사용할 수 있다. 하지만 Swanson과 Schneider(2013)는 MIQ가 연구 장면에서 주로 사용되고 현장에서는 사용되지 않는다고 지적한다. 직업 강화물 패턴(Occupational Reinforce Patterns, ORP)은 강화물의 패턴에 대한 선호도를 측정하기 위해 사용할 수 있는 도구이다. 미네소타대학교 직업심리(University of Minnesota Vocational Psychology) 웹사이트는 이 도구들에 대한 정보를 게시했다. 이것은 검색 엔진에서 키워드 탐색을 통해 접근할 수 있다.

지위와 TWA의 사용 커리어 실무가들에게 TWA가 갖는 중요한 가치는 근로자와 고용 주체 사이의 상호작용을 더 쉽게 이해하도록 해준다는 것이다. TWA는 폭넓게 활용되는 이론은 아닌데, 아

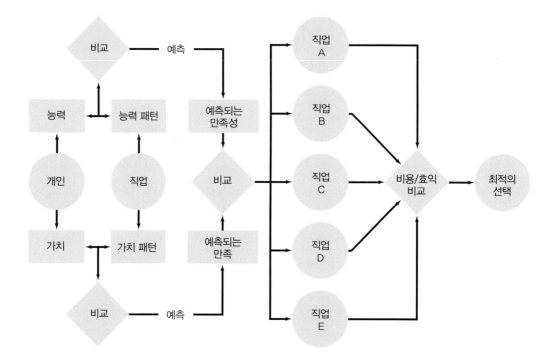

그림 3.2 커리어 선택 조화에 대한 TWA의 도표 설명

출처 : From Dawis, R. V. The thoery of work adjustment and person-environment counselling. 'The Theory of Work Adjustment and Person-Environment Counselling in D. Brown, L. Brooks and Associates Career Choice and Development (3rd ed, pp. 75-120) San Francisco : Jossey-Bass : A Wiley Imprint. Reprinted by permission of the publisher.

마도 이론의 복잡성 때문일 것이다. 이것은 새로운 작업 환경에 적응하기 위해 노력하고 있는 사람들에게 무척 도움이 될 수 있고, 그들이 적응해서 만족하고 만족스럽게 되게끔 도와줄 수 있다. 이 과정은 다음과 같이 진행될 수 있다.

1. 일반적성검사총집(GATB)을 사용해서 능력 패턴을 사정하라. 미국 노동부는 GATB로 측정되는 직무에서의 성공을 위해 직무에 대한 최소한의 요구 조건을 집계하였다. 이것은 시간이 필요한 과정이다. 능력에 대한 자기 추정치가 아마 대부분의 경우에 GATB를 대체해 줄 수 있을 것이다(Sharf, 2013).

2. 미네소타 중요도검사(MIQ)를 사용해서 욕구와 가치를 사정하라. 하지만 MIQ에 기반한 O*NET에서 사용 가능한 직업 중요도 프로파일러가 더 손쉬운 방법일 것이며 내담자들이 O*NET 직업 데이터베이스에 접근하도록 해준다.

3. 사람들이 자신의 직업 능력 패턴, 욕구 및 가치를 O*NET 데이터베이스 내의 직업과 비교하는 것을 도와주어라.

4. 이런 과정의 결과물이 근로자들에게 향상된 직무 만족을 제공하고 동시에 고용주들에게 직무 수행에서의 향상된 만족성을 제공해 줌으로써 이득이 될 것이라고 확신을 심어주어라.

비록 경험적인 자료가 지지하는 것은 없지만 TWA는 남성과 여성 모두에게 사용할 수 있을 것으로 보인다. 쟁점에 대한 확인과 문화 및 인종 소수집단에 대한 검사들의 예측 및 구성 타당도는 아직까지 해결되지 않았다. 더욱이 이론의 개발자들은 문화적 가치들을 고려하지 않았고 그것들이 작업 가치 및 욕구와 어떻게 상호작용할 수 있는지를 고려하지 않았다. 따라서 실무자들 입장에서 TWA를 미래에, 특히 소수집단에게 유용할 것으로 증명할 수 있는 발전 중인 이론으로 고려하는 것이 최선일 것이다(Swanson & Schneider, 2013).

사례연구

직업 적응 문제 진단하기

V는 몇 달 전에 다른 주에서 하청업자로 일하던 영상 도구 수리원 일자리를 잃었다. 그는 더 긴 직무 탐색 이후에 이전하였으며 이전에 했던 직무와 근본적으로 동일한 유형의 직무에 이르게 되었다. 그는 최근에 그의 직속 상관으로부터 임금 인상에 대한 요청을 승인하지 않을 것이라고 들었다. 왜 그의 요청이 거절되었는지를 물었을 때, 관리자는 V가 자신의 생산성을 높일 필요가 있다고 말했다. V는 어리둥절했다. 그는 기계를 재수리하는 과정에서 어떤 결함 제품의 회수도 없이 자신에게 할당된 모든 직무를 완수했지만, 두 번의 경우에서 직무 수행에 그가 추정했던 것보다 더 많은 시간을 소모했다. O*NET에 수록되어 있는 가치들을 읽고 자신을 가장 잘 묘사하는 것을 파악하라는 요청을 받았을 때, 그는 인정, 관계, 지지를 열거했다.

우리의 논의 전에 나는 V에 관한 세 가지 사실을 알았다. 첫째, 그는 대화와 흡연을 대단히 즐겼다. 둘째, 그는 종종 우리 모임에 지각을 했지만, 그보다 더 자주 집단 모임 약속을 완전히 잊고 있었다. 그는 신뢰하기 어려운 집단 구성원이었다. 셋째, 그는 자신이 재미있는 사람이라고 뽐냈고 어느 때에는 자신이 가장 즐기는 것이 사람들을 웃겨주는 것이라고 말했다.

나는 V에게 직무 사이트에 접근하면서 시작하고 그가 과제를 완료했을 때 종료되는 그의 마지막 작업 과제인 '영화처럼'을 수행하도록 요청했다. 이 과제 동안 나는 V에게 그의 도착 시간(그가 제시간에 오는가?), 흡연이나 다른 휴식의 횟수와 시간, 그의 점심식사 소요 시간, 기계를 수리할 때 접하는 문제 등에 특히 주목하라고 요청했다. 그는 제시간에 도착했고, 경영 본부의 비서들을 만났고(간부들과 좋은 관계를 유지하는 것은 중요하다), 왜 MRI 기계가 작동하지 않았는지에 대해 기술자의 견해를 듣는 데에 30분을 사용했고, 다른 30분은 진단 테스트를 실행하는 데 사용했다. 그는 흡연을 하고 역시 흡연자인 기술자와 대화를 나누기 위해 세 번의 휴식을 취했다. 기술자와 흡연을 포함한 75분의 점심식사 시간을 보낸 후에 그는 수리를 완료했고, 오후 2시 30분에 사무실을 떠났고, 오후 4시에 본사에 돌아왔다. 전체 수리 시간(진단+시연)은 3시간이었다. 현장에서 보낸 시간은 5.5시간이었다. 흡연을 하고, 점심을 먹고, 수다를 떠는 시간이 2.5시간이었다.

내가 그에게 나의 요약 내용을 보여주었을 때, 그는 관리자가 비슷한 결론에 도달했을지를 궁금해했다. 나는 또한 V의 작업 가치가 강화를 받지 못했다고 제안했고, 그가 O*NET을 다시 보면서 자신의 작업 가치를 사용해서 직업 데이터베이스를 탐색할 것을 제안했다. 비록 나는 신속성이란 용어를 사용하지는 않았지만, 나는

V가 일터에 도착했을 때 더욱 공격적일 필요가 있다고, 즉 가능한 한 빨리 과제에 착수하고, 휴식을 오전과 오후에 한 번씩으로 줄이고, 점심식사 시간을 줄일 필요가 있다고 제안했다. 나는 또한 그가 즐거움에 대한 욕구를 발산할 수단을 제공하기 위해 토스터마스터즈에 가입하라고 제안했다.

직업 선택의 가치 기반 이론이 존재한다

Brown(1996, 2002a; Brown & Crace, 1995)은 Rokeach(1973), Super(1953, 1990), Beck(1976) 그리고 다른 연구자들의 연구에 기반해서 커리어와 생애 역할 선택에 대한 전체적인 모형을 고안해냈다. 하지만 당초에 이론은 우선적으로 개인주의, 미래 시간 지향, 자기 통제에 대한 적절한 욕구, 활동에 대한 강조, 그리고 인간이 자연을 지배해야 한다는 핵심 신념을 포함하는 전통적인 유럽 중심적 가치를 가진 사람들에게 맞춰져 있었다.

문화적 가치는 커리어 발달과 직업 행동에서 중요한 변인으로 알려져 왔지만(예 : Fouad, 1995), 이런 가치들은 문화에 따라 다양하고, 커리어 선택과 발달의 종합적인 이론은 이런 차이를 고려해야 한다. 이 부분에서 제시되는 것은 대부분을 단일 생애 역할, 즉 커리어에서의 가치에 초점을 두고 있는 Brown(2002b)의 이론의 개정판이다.

문화적 가치들은 커리어 선택 결정 과정이나 결과로 나타나는 만족 그리고/또는 성공에 영향을 미치는 유일한 변인은 아니다. 사회·경제적 지위(SES)(예 : Hotchkiss & Borow, 1996), 가족이나 집단의 영향(예 : Leong & Serifica, 1995), 차별(예 : Heppner, 2013; Melamed, 1996) 같은 맥락적 변인들 또한 성별(예 : Gottfredson, 1996; Melamed, 1995)과 적성(예 : Jencks, Crouse, & Mueser, 1983; Phillips & Imhoff, 1997) 같은 요인들과 더불어 이 개정판에서 고려되었고, 그것들이 커리어 의사결정과 직업 획득에 경험적으로 관련을 보여주었기 때문이다.

커리어 선택과 만족에 영향을 미치는 변인

여러 측면에서 커리어 선택에 영향을 미치는 변인들은 언급하기에 너무도 많다. 하지만 각 이론가는 가장 영향력이 있다고 스스로 믿는 변인들을 선택한다. Holland는 가치들이 RIASEC 모형 내에 내재되어 있다고 가정해서 성격 유형을 선택했다. 하지만 그의 유형들은 일반적인 가치와 특정한 문화적 가치의 영향에 대해 아마 충분한 신뢰를 주지 못한 것 같다.

인간의 가치와 규범 가치는 자신이 기능해야 하는 방법에 대한 기준으로서 개인이 경험하는 신념이다. 그것들은 인지적인 구성 개념이지만 행동적 차원과 정서적 차원을 갖는다. 가치는 발달하는 것이기 때문에 개개인은 사회적으로 수용 가능한 방식으로 자신의 욕구를 충족시킬 수 있고(Rokeach, 1973), 따라서 가치의 행동 양상은 그것들이 발달하는 문화적 맥락에 의해 형성된다. 한 개인의 가치는 자신들이 내리는 자기 평가 및 타인들에 대한 평가의 기반이며, 그것들은 개인적인 목표를 수립할 때에 중요한 역할을 한다(Rokeach, 1973). 가치에는 문화적 가치와 역할 관련 가치라는 두 가지 유형이 존재한다. 우리의 관심사는 이런 가치들이 상호작용하는 방식이다. 예를 들어 사람들의 사회적 가치가 직무 면접, 커리어 상담, 혹은 직무 수행 시 어떻게 기능하는가?

규범은 개인의 가치에 대응되는 집단의 가치이다. 작업 집단은 규범, 즉 행동의 기준을 발전시킨다. 규범에는 공적 규범과 사적 규범 두 가지 차원이 있다. 공적 규범은 겉으로 드러나며 모든 근로자들에게 적용 가능하다. 그것을 집행하는 것은 전형적으로 감독하는 간부의 영역이다. 사적 규범은 발표되지 않은 것이고 집단 내 근로자들의 문화 및 작업 가치를 반영한다. 사적 규범의 집행은 미묘하거나 공공연한 행위를 통해 집단에 의해 수행된다. 직무상에서 기대되는 행위에 대한 미묘한 '힌트', 괴롭힘을 포함한 공공연한 공격적 행동, 그리고 고립 같은 수동적 공격 행위들을 통해 동료들로부터 압력을 받는 것은 공표되지 않은 규범을 집행하기 위해 작업 집단 구성원들이 사용하는 것들이다.

작업 가치는 개인들이 믿기에 자신들의 작업 역할에 참여함으로써 얻는 결과로 만족되어야 하는 가치이다. 가치는 또한 의사결정 과정에서 중심적인 역할을 하는데, 이는 가치들이 목표 설정에 기반이 되기 때문이다. 목표는 만약 적절하게 설정된다면, 개인들을 바람직한 최종 상태(예 : 사회적 수용)로 향해 가도록 한다. 재정적 번영, 이타주의, 성취, 책임감들은 작업 가치들의 사례이다. 작업 가치뿐 아니라 개개인은 작업이 아닌 가족처럼 다른 생애 역할 내에서 만족될 것이라 기대하는 많은 다른 가치들을 발달시킨다(Brown, 1996). 이 장의 앞에 제시되었던 이 이론에 깔려 있는 주요 가정은 문화 및 작업 가치들이 직업 선택 결정 과정, 선택한 직업, 선택한 직업에서의 결과적인 만족과 성공에 영향을 미치는 우선적인 변인이라는 것이다.

공표된 집단 규범은 작업 집단 내에서 생산성을 조절하는 것을 목표로 한다. 그것들은 참석, 시간 엄수, 생산성, 속도 그리고 다른 작업장 행동에 대한 기대를 포함한다. 공표되지 않은 규범도 또한 참석, 속도, 시간 엄수, 그리고 생산성의 기준을 겨냥한 것일 수 있다. 하지만 공표되지 않은 집단 규범은 전형적으로 언어 표현, 복장, 성적 선호에 대한 표명, 그리고 정치적 선호도에 대한 표명 같은 작업과 무관할 수 있는 작업장 행동을 조절하는 것을 겨냥한 것이다. 공표되지 않은 규범은 작업장이나 회사와 연관되어 있는 역사적 가치는 물론 우세한 문화적 가치를 반영하는 경향이 있다. 작업장이나 직업과 연관되어 있는 공표되지 않은 작업 가치들은 문화의 작업윤리에 비해 색다르지만 이것을 반영할 가능성이 있다.

비록 2개 이상의 문화 집단들이 일부 동일한 가치들을 보유하는 것이 드문 것은 아니지만, 연구 결과(예 : Carter, 1991; Kluckhorn & Strodtbeck, 1961)들은 문화적 가치들이 일부 인종이나 민족 집단에서 다른 집단보다 더 널리 퍼져 있는 것으로 보인다고 지적한다(Carter, 1991). 미국 내의 다양한 문화 집단이 보유한 가치들 간의 유사성과 차이점을 보여주는 문화적 가치들에 대해 분류체계를 개발하는 것을 목표로 한 많은 노력이 있었다(예 : M. Ho, 1987; Sue & Sue, 2000). 이런 분류 방식은 Kluckhorn과 Strodtbeck(1961)의 선구적인 연구를 이끌어냈고, 전형적으로 다음과 같은 가치의 범주를 포함한다.

인성 인간은 선하거나, 악하거나, 혹은 둘 다 아니다.

사람-자연 관계 자연은 사람을 지배한다. 사람은 자연을 지배한다. 자연과 조화롭게 사는 것은 중요하다.

시간 지향 시간은 과거, 과거-미래, 현재, 혹은 순환하는 것처럼ㅡ시계나 달력으로 파악되는 시간과 반대되게 현실적으로 되풀이되는 변화에 대한 지향ㅡ 경험된다.

활동 있는 그대로(being), 즉 자발적인 자기 표현을 하는 것은 중요하다. 존재의 존재화ㅡ통제된 자기 표현ㅡ 는 중요하다. 행동하기(doing), 즉 행위 지향적인 자기 표현은 중요하다.

자기 통제 자신의 생각과 정서를 통제하는 것은 무척 혹은 어느 정도 중요하다.

사회적 관계 개인주의는 가치를 가지고, 개인은 가장 중요한 사회적 단위이다.

친족주의 효도라고도 일컬어지는, 친족주의적인 삶의 방식은 무척 혹은 어느 정도 가치 있다 (Lee, 1991).

집단주의 개인의 관심사보다 집단의 관심사를 더 우선시하는 것이 중요하다(Marin & Marin, 1991).

가치는 어떻게 발달하는가 문화화(enculturation)란 사람들이 그들의 문화 집단의 신념과 가치를 통합해서 가치 체계를 형성하는 과정이다(Ho, 1995; Rokeach, 1973). 비록 문화화 과정이 완벽하게 이해되지는 않지만 이것이 애초에 모델링, 강화, 경험의 복잡한 과정의 결과로 발생하는 것으로 보인다(Bandura, 1986; Rokeach, 1973). 생애 후반부에 발달하는 문화 가치와 작업 가치는 모호하게 지각되거나 구체화될 수 있다. 가치가 구체화될 때 사람들은 그것들을 이름 붙일 수 있고 (나는 경쟁을 중요하게 생각한다) 자기 자신의 행동에 그것들을 적용시킬 수 있다(그것이 내가 다른 사람들보다 더 열심히 일하려 노력하는 이유이다). 가치는 비교적 안정적이지만 갈등이나 사색의 결과를 통해 생애주기를 거치면서 변화할 수 있다(Rokeach, 1973).

대부분의 사람들에게 문화화의 결과는 단문화주의(monoculturalism), 즉 사람들은 한 가지 문화의 가치와 신념을 받아들인다. 두 가지 이상의 문화적 신념이 내면화될 때 이중문화화 (bienculturation) 내지는 다중문화화(multienculturation)가 발생한다. 이중문화화나 다중문화화는 이중문화나 다중문화 가족에 관여된 결과이거나(Ho, 1995), 다른 문화 집단과 지속적인 접촉으로 나타난 문화변용의 결과일 것이다.

비록 이중문화주의/두 문화 공존(biculturalism)의 개념이 다문화 연구의 맥락에서 종종 논의되지만(Leong & Gim-Chung, 1995), 두 가지 이상의 문화 가치가 종종 갈등을 일으키기 때문에 한 개인이 두 가지 이상의 문화 가치를 수용할 수 있을 것 같지는 않다. 하지만 이것은 사람들이 한 가지 문화 집단 이상의 문화적 가치를 이해하고 인식할 수 없고 그들의 행동 일부를 다양한 문화적 맥락에 짝짓도록 적응시킨다는 것을 의미한다고 해석되어서는 안 된다. 문화화 과정은 문화 집단 구성원(Ho, 1987), 성별(Brenner, Blazini, & Greenhaus, 1988; Brown, 1995), 사회 · 경제적 지위(Arbona, 1995; Blau & Duncan, 1967), 가족 구성원(Ho, 1995; Ho, 1987)의 영향을 받는다.

문화변용은 개인이 자신의 가치 체계로 통합시키는 문화 가치에 영향을 미칠 수도 있고 그렇지 않을 수도 있다. 문화변용은 자신의 것과 다른 문화로부터 얻은 신념의 문화화를 포함한다(Berry, 1990). 이것은 또한 다른 문화의 언어, 풍습, 전통을 받아들이는 것을 포함한다. 또 다른 문화를 접하는 사람들은 종종 자신만의 신념과 갈등을 유발하는 '메시지'를 받는다. 예를 들어 자기 가족들의 바람과 일치하는 커리어 선택을 하는 것이 중요하다고 믿는 어떤 아시아계 미국인 학생은 그의 동료 집단 구성원들과 상담자로부터 커리어 선택을 위한 '적절한' 방법은 독립적으로 행동하는 것이라고 '들을' 수 있다. 이런 갈등 메시지의 결과는 문화적응 스트레스이다(Chan & Ostheimer, 1983; Smart & Smart, 1995). 문화적응 스트레스는 우월한 문화의 가치를 받아들이는 것을 포함한 몇 가지 방법을 통해 해결될 수 있다. 하지만 Rokeach(1973)가 지적했듯, 비록 가치들이 갈등의 반응으로 변화할 수 있지만, 심사숙고(contemplation)의 결과로 변화할 수도 있다. 따라서 문화변용은 아마 갈등의 반응만으로 나타나지는 않을 것이다.

작업 집단에 들어온 신규 채용자들은 만일 그들이 작업 집단 내의 우월한 연합 집단이 지닌 것이 아닌 가치 구조로 이루어져 있다면 작업 집단의 규범에 순응하라는 문화적응에 대한 압력을 받을 수도 있다. 근로자의 가치 체계가 우월한 작업장 연합 집단이 지닌 가치와 차이가 클수록 문화변용의 압력은 더 클 것이다. 앞에서 언급됐듯 이런 압력은 미묘할 것 같지만 지배적인 연합 집단의 규범에 대한 저항이 발생함에 따라 저항이 충족될 가능성이 적극적으로 증가한다.

작업장의 밖에서 소수집단 구성원들은 지속적으로 자신의 본래 문화로부터 획득한 것들과는 종종 조화되지 않는 가치인 우월한 문화의 가치에 노출된다(예 : Brown, 2002; McWhirter & Ryan, 1991; Smart & Smart, 1995). 유럽 중심의 가치 체계와 행동 규범에 수용하고 포함시키는 것 및 그것들과 동반하는 전통은 문화변용을 야기한다. 문화변용의 한 가지 결과물은 개인의 문화적 신념을 거절하는 것일 수 있다. 만일 상이한 문화로부터 전달된 상충하는 심상과 메시지들이 받아들여지지 않는다면 문화변용은 발생하지 않는다(LaFromboise, Trimble, & Mohatt, 1990).

이때 두 가지 추가적인 요지를 분명히 해두어야 한다. 첫째, 문화변용은 반드시 일방향적 과정은 아니다. 이것은 뒤바뀔 수 있다. 둘째, 문화변용은 상이한 가치를 지닌 문화 집단과 상호작용하는 우세한 문화의 구성원을 포함하는 모든 문화 집단 출신의 사람들에게 영향을 미칠 수 있는 과정이다(Berry, 1990). 다중문화 사회 내에서 문화변용 과정은 역동적 속성을 지니기 때문에, 문화 집단 구성원들에 오로지 기초한 가치로 가정하는 것은 잘못된 것이다.

문화적 집단 구성원 대 내면화된 문화　문화적 집단 구성원은 인구통계적으로 정해지는데, 일반적으로 다수의 연구와 일부 다문화 문헌에서 내면화된 문화 대신에 사용되어 왔다(Ho, 1995). Ho는 심리적 특성—내면화된 문화—이 인구통계적 명칭을 대체해야 한다고 제시한다. 내면화된 문화는 개인의 신념과 가치로 이루어진다. 반복하자면 연구들은 일관적으로 가치 체계들이 집단 내 차이는 물론 주요 문화 집단 간에서도 차이를 가져온다는 생각을 지지해 왔고(예 : Carter, 1991), 따라서 한 개인이 특정한 문화적 가치의 집합을 갖는다고 가정하는 것은 잘못된 결론을 이끌 것으로 보인다.

가치에 의해 행동하려는 동기를 지체시키는 요인　앞서 지적했듯이 가치는 목표 설정 과정에서 주요 원동력이다(Feather, 1988; Rokeach, 1973). 하지만 정신건강 문제(Casserly, 1982; Pietromonaco & Rock, 1987), 개인/문화 집단의 차별 역사(Brown, 1995; Leong & Serifica, 1995; Melamed, 1996), 정보의 부족(Brown, 1996), 가난(Hotchkiss & Borow, 1996), 자기 효능감(예 : Lent, 2013; Lent, Brown, & Hackett, 1996, 2002) 등 다섯 가지 요인이 만일 사람들이 그들의 가치에 따라 행동하는 경우 그들로 하여금 자신의 성공에 대한 기대를 낮추도록 만들 수 있다. 이런 변인들은 모두 다음이 제시되는 명제에 통합된다.

Brown의 가치 기반 이론의 명제

몇 가지 명제가 Brown의 가치 기반 이론과 관련이 있다(Brown, 1996).

1. 매우 우선시되는 작업 가치는 만일 작업 가치가 확고해지고 순서가 정해진다면 개인주의에 가치를 두는 사람들(즉, 개인이 가장 중요한 단위)에게 커리어 선택의 가장 중요한 결정 요소이다. 이런 사람들은 (1) 그들이 자신의 작업 가치에 따라 행동하는 것을 자유롭게 느끼는지, (2) 보유한 가치를 만족시킬 최소한 하나의 직업 대안이 존재하는지, (3) 직업적 대안에 대한 가치 기반 정보를 이용할 수 있는지, (4) 가능한 대안을 이행하는 난이도 수준이 대략 동일한지, (5) 가능한 재정적 자원이 선호하는 대안을 이행하는 것을 지원할 만큼 충분한지 등 몇 가지 요인에 의해 영향을 받는다.

   1.a. 개인주의에 가치를 두는 사람들이 고려하는 직업 대안들의 수를 제한하는 요인들은 낮은 사회 · 경제적 지위, 소수집단의 지위, 정신건강 문제, 신체적 장애, 성별(Gottfredson, 1996), 낮은 학업 적성, 직업에서 차별받을 것이라는 지각, 그리고 가치 기반 정보의 부족을 포함한다. 개인주의에 가치를 두는 여성, 소수집단, 낮은 사회 · 경제적 지위 수준을 가진 사람들, 정신적 혹은 신체적 제약을 가진 사람들은 자신의 작업 가치와 일치하는 직업을 선택하지만, 그들은 유럽계 백인 미국 남성들에 비해 더 제한된 범위의 직업들에서 선택을 하기

쉽다(Heppner, 2013).

1.b. 고려되는 대안들이 대단히 다른 기술과 능력을 요구할 때 자기 효능감은 개인주의에 가치를 두는 사람들의 직업적 의사결정 과정 내에서 제약 요소가 된다.

2. 집합주의적 사회 가치를 지니고 같은 사회 가치를 가진 가족 그리고/혹은 집단 출신의 사람들은 직업 의사결정 과정에서 집단이나 가족 구성원들의 바람에 결정을 맡기거나 그들에게 상당히 영향을 받을 수 있다. 그 결과 선택된 직업은 개인주의에 가치를 두고 자신의 직업 선택을 한 사람들의 경우보다 개인의 작업 가치와 더 낮은 상관을 가진다.

2.a. 의사결정자들의 직업에 대한 성 고정관념화된 지각 때문에 성별은 집합주의에 가치를 두는 사람들이 진입하는 직업에서 중요한 요인이다. 그 결과 직업적 선택은 고정관념에 대해 남성 혹은 여성적인 것이 될 것이다. 집합주의에 가치를 두는 여성들은 집합주의에 가치를 두는 남성에 비해 더 제한된 범위의 직업에 진입한다.

2.b. 하나의 직업이 선택되었을 때 차별이 발생할 수 있을 것이란 지각은 집합주의에 가치를 두는 의사결정자가 그 직업을 결정하는 것을 방해하는 것이 된다.

2.c. 하나의 직업 선택을 이행하는 데 사용 가능한 자원들과 관련된 지각은 집합주의에 가치를 두는 사람들의 직업적 의사결정 과정에서 중요한 제한 요인이다.

2.d. 집합주의에 가치를 두는 사람들에게 직업 의사결정 과정의 결과물은 자신의 가족이나 집단의 작업 가치에 의한 것보다 가치에 기반한 직업적 정보의 이용 가능성에 덜 영향받는다.

3. 개인 차원에서 보았을 때 행위를 고려한 문화적 가치(doing, being, being-in-becoming)는 직업적 의사결정 과정을 제약하지 않는다. 개인주의에 가치를 두고 미래적/과거-미래적 시간 가치와 행위 가치(doing/activity value) 모두를 갖고 있는 사람은 고등학교 졸업 같은 중요한 전환 시점에 결정을 내릴 가능성이 더 높고, 집합주의 혹은 개인주의에 가치를 두거나 존재나 존재화에 가치를 두는 사람들에 비해 그러한 선택에 맞춰서 행동할 가능성이 더 높다.

4. 서로 상이한 가치 체계 때문에 남성과 여성 및 다른 문화 집단의 사람들은 직업을 갖게 되는 비율이 다양하게 나타난다.

5. 어떤 직업 가치를 선택하는 과정에는 (a) 개인의 능력과 가치, (b) 한 직업에서 성공적이기 위해 요구되는 기술과 능력, (c) 고려되고 있는 직업 대안들이 만족시켜 주는 작업 가치와 같은 일련의 '추정치'들이 포함된다. 개인주의에 가치를 두는 사람들에게 정확한 추정을 할 수 있는 능력은 직업 성공과 만족에서 결정적인 요인이다. 친족 관계에 가치를 두는 사람들에게, 의사결정자들이 구한 추정치는 직업적 성공과 만족에서 핵심 요인이다.

5.a. 개인주의에 가치를 두고 개인적인 장점, 약점, 성격 특질에 관한 피드백을 거의 강조하지 않는 배경을 가지며 자신의 직업 결정을 내리는 사람은 자신의 가치와 직무에 의해서 만족되는 가치 사이의 부조화로 규정되는 과정에서 더 많은 오류를 범한다. 그 결과 더 낮은 직무 만족, 낮은 수준의 성공, 더 짧은 직무 유지 기간이 나타난다. 친족주의적 가치관에 가치를 두는 사람들에게 만족, 성공, 그리고 직무 유지는 이러한 추정을 하는 의사결정자의 능력에 달려 있다.

6. 직업적 성공은 어떤 사회적 관계의 가치를 가지고 있느냐와 상관없이 공식적이고 비공식적인 교육 장면에서 획득된 직무 관련 기술, 직무 관련 적성과 기술, 사회·경제적 지위, 작업 역할에의 참여, 차별을 경험하는 정도와 관련이 있다.

6.a. 직업적 역할에서의 성공은 미래의 사건들에 대한 인식과 작업장에서 발생하는 역동적 변화에 순응하는 능력을 요구하기 때문에 직업 역할에서의 성공은 시간과 활동 가치와 관련이 있으며 행위 가치와 더불어 미래 혹은 과거-미래 가치를 지닌 사람들이 가장 성공적이다.

7. 직업의 유지 기간은 부분적으로 근로자, 감독자, 동료들의 문화 및 작업 가치 사이의 부합의 결과이다.

7.a. 만일 (a) 근로자들의 차이에 대한 인식 그리고/혹은 순응이 없고, (b) 근로자가 자신의 작업 집단 내 다른 근로자들에 의해 고립되고, (c) 표현적인 차이나 문화적 가치의 차이 때문에 표면적인 차별이나 괴롭힘이 발생한다면, 근로자들과 멀어지고 그로 인해 직무의 종료가 빨리 나타날 것이다

7.b. 소외는 근로자들의 소질과는 무관하게 낮은 직무 수행을 초래할 것이다. 그 결과 근로자가 자신의 일련의 기술들에도 불구하고 직무가 종료될 것이다.

7.c. 외현적인 보상은 직무 유지를 늘리고 소외된 근로자들의 직무 수행을 향상시킨다.

RF의 사례

북아메리카 원주민인 RF는 고등학교(그의 종족 구성원 중 오직 1/3만이 졸업하였다)를 졸업하고 기계 기술자 일을 배우기 위해 직업기술학교를 다녔다. 그는 근처의 제조회사에 바로 고용되었는데, 모든 백인 작업 집단의 승인을 받지 않은 고용이었다. 14개월 동안 RF는 적절한 시간에 직장에 도착하였고, 이것은 다른 근로자들과 그의 관리자가 기대하지 못한 것이었다. 그는 또한 훌륭한 기계 기술자였다.

다른 근로자들은 RF를 피했다. 그는 혼자 직장에 도착했고, 혼자 휴식을 취했으며, 혼자 점심을 먹고, 퇴근을 할 때는 아무도 인사를 하지 않았다. 1년 이상이 지나서도 그의 관리자를 제외하고는 그의 작업 집단에서 단 한 명도 그에게 말을 걸지 않았다. 그가 그의 작업 집단의 2명으로부터 인사를 받은 아침에, 그는 자신의 점

심 도시락을 집어들었고, 그의 관리자에게 회사를 그만둘 것이라고 말했으며, 건물을 나갔다. 그는 절대 돌아
오지 않았다.

Brown의 가치 기반 이론의 위치와 활용　가치에 기반한 이론을 개발하려는 Brown의 첫 시도는 1996
년에 나타났다. 그 이론은 모든 생애 역할들의 복잡성을 설명하려 시도했고, 확실히 어려운 과제
였다. 그의 최신 이론(2002년에 처음 발표된)은 직업 선택, 만족, 그리고 성공을 설명하기 위한 더
적당한 시도이며, 따라서 이 부분의 다른 이론들과 맥을 같이한다. 이 이론은 새로운 이론이기 때
문에, 그 영향력이 어떠할 수 있는지를 기대하기는 어렵다. 하지만 이 이론은 문화적 가치의 중요
성과 직업 선택 결정 과정을 검토할 때 문화적 차이를 고려할 필요성에 대해 더 생각하도록 고무
시킬 것이다. Brown의 이론을 사용한 커리어 상담에 대한 접근의 상세한 사례는 제8장에 소개되
어 있다.

연습문제 3.2

근대 이론(논리적 실증주의) 대비 포스트모던 이론에 기초한 이론들은 공통점이 거의 없다. 다음에 기술된 내용이 근대
이론에 해당하면 M, 포스트모던 이론에 해당하면 P에 체크하라.

M　P　**1.** 행동은 선형적이다.

M　P　**2.** 원인-결과 관계를 성립하는 것은 불가능하다.

M　P　**3.** 의미 있는 연구는 정질적 접근을 사용해서 실시되어야 한다.

M　P　**4.** 인간 행동의 법칙을 이해하는 것이 중요하다.

M　P　**5.** 행동이 발생하는 맥락 바깥의 개인 행동을 이해하는 것은 불가능하다 .

M　P　**6.** 이 장의 이론들은 어떤 전통에 해당하는가?

정답 : 1. M　2. P　3. P　4. M　5. P　6. M

요약

세 가지 특성 요인 이론이 이 장에서 논의되었다. 각 이론의 결론에서 이론의 일부 적용 방법들이
제시되었고 이론의 현재 위치가 요약되었다. Holland의 이론과 직업 적응 이론 두 가지의 적용을
제한하는 한 가지 요인은 내담자나 집단이 갖고 있는 사회적 가치이다. 단지 Brown(2002a)의 이론
이 집합적인 사회 가치와 다른 중요한 비유럽 가치들의 중요성을 인식한다. 하지만 Holland의 구
성 개념들이 이 국가 내의 소수집단 구성원들에게 유용한 것 같다.

이 장의 퀴즈

T F **1.** 직업 적응 이론가인 René Dawis와 John Holland는(다른 학자들보다도) 모두 직업 선택에서 가치를 우선적인 요인으로 다루었다.

T F **2.** 직업 적응 이론의 어구 표현에서 가치와 Brown의 가치 기반 이론에서의 가치는 같은 방식으로 정의된다.

T F **3.** 개인과 작업 환경 간의 일치의 중요성은 Frank Parsons에 의해 처음 규명되었다.

T F **4.** 친족주의적 사회 가치를 지닌 사람들의 집단은 집단의 복지가 개인의 복지보다 더 우선시되어야 한다고 믿는다.

T F **5.** John Holland, René Dawis, 그리고 Duane Brown 모두 직업 적응에서 문화적 가치의 중요성을 인정한다.

T F **6.** 일치와 상응은 다소 상의한 의미를 지닌다.

T F **7.** 만족은 직업 적응의 개인적 차원이다. 만족성은 수행된 작업에 대한 작업 환경의 지지를 나타낸다.

T F **8.** 작업 역할로부터의 소외는 괴롭힘이 발생할 때마다 나타날 것이지만, 외현적 동기가 소외된 근로자의 직무 유지를 연장시킬 수도 있다.

T F **9.** John Holland의 직업 성격과 작업 환경 이론은 미군과 미국 노동부가 사용하는 자료로 통합되었다.

T F **10.** 직업 적응 이론은 이 장에 제시된 다른 어떤 이론들보다 Holland의 이론과 가장 유사하다.

(1) T (2) F (3) T (4) T (5) F (6) T (7) F (8) T (9) T (10) T

참고문헌

Arbona, C. (1995). Theory and research on racial and ethnic minorities: Hispanic Americans. In F. T. L. Leong (Ed.), *Career development and vocational behavior of ethnic and racial minorities* (pp. 37-66). Mahwah, NJ: Erlbaum.

Astin, H. S. (1984). The meaning of work in women's lives: A sociopsychological perspective. *The Counseling Psychologist, 12,* 117-126.

Bandura, A. (1986). *Social foundations of thought and action: A social-cognitive theory.* Englewood Cliffs, NJ: Prentice-Hall.

Beck, A. (1976). *Cognitive therapy and the emotional disorders.* New York: International Universities Press.

Berry, J. W. (1990). Psychology of acculturation: Understanding people moving between cultures. In R. W. Brislin (Ed.), *Applied cross-cultural psychology* (pp. 232-253). Newbury Park, CA: Sage.

Blau, P. M., & Duncan, O. D. (1967). *The American occupational structure.* New York, NY: Wiley.

Bloch, D. P. (2005). Complexity, chaos, and nonlinear dynamics: A new perspective on career development theory. *Career Development Quarterly, 53,* 194-207.

Blustein, D. L. (2006). *The psychology of working: A new perspective for career development and public policy.* Mahwah, NJ: Erlbaum.

Blustein, D. L. (2008). The role of work in psychological health and well being. A historical, conceptual, and public policy perspective. *American Psychologist 63*, 228-240.

Blustein, D. L., Kenna, A. C., Gill, N., & DeVoy, J. E. (2008). The psychology of working: A new framework for counseling practice and public policy. *Career Development Quarterly, 56*, 294-308.

Bordin, E. S. (1984). Psychodynamic model of career choice and satisfaction. In D. Brown & Associates, *Career choice and development* (pp. 94-136). San Francisco, CA: Jossey-Bass.

Brenner, O. C., Blazini, A. P., & Greenhaus, J. H. (1988). An examination of race and sex differences in manager work values. *Journal of Vocational Behavior, 32*, 336-344.

Bright, J. E., & Pryor, R. G. L. (2005). The chaos theory of careers: A user's guide. *Career Development Quarterly, 53*, 291-305.

Brown, D. (1996). A holistic, values-based model of career and life role choice and satisfaction. In D. Brown & Associates, *Career choice and development* (3rd ed.). San Francisco, CA: Jossey-Bass.

Brown, D. (2002a). The role of work values and cultural values in occupational choice, satisfaction, and success. In D. Brown & Associates, *Career choice and development* (4th ed., pp. 465-509). San Francisco, CA: Jossey-Bass.

Brown, D. (2002b). The role of work and cultural values in occupational choice, success, and satisfaction. *Journal of Counseling and Development, 80*, 48-56.

Brown, D., & Brooks, L. (1996). Introduction to theories of career choice and development. In D. Brown & Associates, *Career choice and development* (3rd ed., pp. 1-32). San Francisco, CA: Jossey-Bass.

Brown, D., & Crace, R. K. (1995). Values and life role decision making: A conceptual model. *Career Development Quarterly, 44*, 211-223.

Brown, M. T. (1995). The career development of African Americans: Theoretical and empirical issues. In F. T. L. Leong (Ed.), *Career development and vocational behavior of racial and ethnic minorities* (pp. 7-30). Mahwah, NJ: Erlbaum.

Carter, R. T. (1991). Cultural values: A review of empirical research and implications for counseling. *Journal of Counseling and Development, 70*, 164-173.

Casserly, M. (1982). *Effects of differentially structured career counseling on the decision quality of subjects with varying cognitive styles* (Unpublished doctoral dissertation). University of Maryland, College Park, MD.

Chan, K. S., & Ostheimer, B. (1983). *Navajo youth and early school withdrawal.* Los Alamitis, CA: National Center for Bilingual Research.

Dawis, R. V. (1996). The theory of work adjustment and person-environment-correspondence counseling. In D. Brown & Associates, *Career choice and development* (3rd ed., pp. 75-120). San Francisco, CA: Jossey-Bass.

Dawis, R. V. (2002). Person-environment correspondence theory. In D. Brown & Associates, *Career choice and development* (4th ed., pp. 427-464). San Francisco, CA: Jossey-Bass.

Dawis, R. V., England, G. W., & Lofquist, L. H. (1964). A theory of work adjustment. *Minnesota Studies in Vocational Rehabilitation No. XV.* Minneapolis: University of Minnesota.

Dawis, R. V., & Lofquist, L. H. (1984). *A psychological theory of work adjustment.* Minneapolis: University of Minnesota Press.

Dawis, R. V., Lofquist, L. H., & Weiss, D. J. (1968). A theory of work adjustment (A revision). *Minnesota Studies in Vocational Rehabilitation No. XXIII.* Minneapolis: University of Minnesota.

Day, S. X., Rounds, J., & Swaney, K. (1998). The structure of vocational interests for diverse racial-ethnic groups. *Psychological Science, 9*, 40-44.

Department of Defense. (2005). *Finding your interests.* Washington, DC: U.S. Department of Defense.

Feather, N. T. (1988). Values systems across cultures: Australia and China. *International Journal of Psychology, 21*, 697-715.

Fitzgerald, L. F., & Betz, N. E. (1994). Career development in a cultural context. In M. L. Savickas & R. W. Lent (Eds.), *Convergence in career development theories* (pp. 103-118). Palo Alto, CA: CPP Books.

Fouad, N. A. (1995). Career behavior of Hispanics: Assessment and intervention. In F. T. L. Leong (Ed.), *Career development and vocational behavior of racial and ethnic minorities* (pp. 165-192). Mahwah, NJ: Erlbaum.

Gibson, D., Weiss, D. J., Dawis, R. V., & Lofquist, L. H., (1970). The Minnesota Satisfactoriness Scales, Minneapolis, MN: Industrial Relations Center, University of Minnesota.

Gottfredson, G. D., & Holland, J. (1996). *The Dictionary of Holland's Occupational Codes* (3rd ed.). Odessa, FL: PAR.

Gottfredson, G. D., & Johnstun, M. L. (2009). John Holland's contributions: A theory-ridden approach to career assistance. *Career Development Quarterly, 58*, 99-107.

Gottfredson, L. S. (1981). Circumscription and compromise: A developmental theory of occupational aspirations. *Journal of Counseling Psychology, 28*, 545-579.

Gottfredson, L. S. (1996). A theory of circumscription and compromise. In D. Brown (Ed.), *Career choice and development* (3rd ed., pp. 179-281). San Francisco, CA: Jossey-Bass.

Gottfredson, L. (2002). Gottfredson's theory of circumscription and compromise. In D. Brown & Associates, *Career choice and development* (4th ed., pp. 85-148). San Francisco, CA: Jossey-Bass.

Hackett, G., & Betz, N. E. (1981). A self-efficacy approach to the career development of women. *Journal of Vocational Behavior, 24,* 326-339.

Hartung, P. J. (2002). Cultural context in career theory: Role salience and values. *Career Development Quarterly, 51,* 12-25.

Hartung, P. J. (2013). The life-span, life space theory of careers. In S. D. Brown & R. W. Lent (Eds.), *Career development and counseling: Putting theory and research to work* (pp. 83-113). Hoboken, NJ: John Wiley and Sons.

Heppner, M. J. (2013). Women and men and work: The long road to gender equity. In S. D. Brown, R. W. Lent, and Associates, *Career Development and Counseling* (2nd ed., pp. 187-214). Hoboken, NJ: John Wiley and Sons.

Ho, D. Y. F. (1995). Internal culture, culturocentrism, and transcendence. *The Counseling Psychologist, 23,* 4-24.

Ho, M. K. (1987). *Family therapy with ethnic minorities.* Newbury Park, CA: Sage.

Holland, J. L. (1959). A theory of vocational choice. *Journal of Counseling Psychology, 6,* 35-45.

Holland, J. L. (1962). Some explorations of a theory of vocational choice: I. One- and two-year longitudinal studies. *Psychological Monographs, 76* (26, Whole No. 545).

Holland, J. L. (1963a). Explorations of a theory of vocational choice and achievement: II. A four-year prediction study. *Psychological Reports, 12,* 547-594.

Holland, J. L. (1963b). A theory of vocational choice: Part I. Vocational images and choice. *Vocational Guidance Quarterly, 11,* 232-239.

Holland, J. L. (1963c). A theory of vocational choice: Part II. Self descriptions and vocational preferences. *Vocational Guidance Quarterly, 12,* 17-24.

Holland, J. L. (1963d). A theory of vocational choice: Part IV. Vocational daydreams. *Vocational Guidance Quarterly, 12,* 93-97.

Holland, J. L. (1966a). A psychological classification scheme for vocations and major fields. *Journal of Counseling Psychology, 13,* 278-288.

Holland, J. L. (1966b). *The psychology of vocational choice.* Waltham, MA: Blaisdell.

Holland, J. L. (1972). The present status of a theory of vocational choice. In J. M. Whiteley & A. Resnikoff (Eds.), *Perspectives on vocational development* (pp. 8-32). Washington, DC: American Personnel and Guidance Association.

Holland, J. L. (1973). *Making vocational choices: A theory of careers.* Englewood Cliffs, NJ: Prentice-Hall.

Holland, J. L. (1985). *Making vocational choices: A theory of vocational personalities and work environments* (2nd ed.). Englewood Cliffs, NJ: Prentice-Hall.

Holland, J. L. (1987). Current status of Holland's theory of careers: Another perspective. *Career Development Quarterly, 36,* 31-44.

Holland, J. L. (1994a). *The self-directed search technical manual* (4th ed.). Odessa, FL: PAR.

Holland, J. L. (1994b). *The occupations locator* (4th ed.). Odessa, FL: PAR.

Holland, J. L. (1997). *Making vocational choices* (3rd ed.). Englewood Cliffs, NJ: Prentice-Hall.

Holland, J. L., Daiger, D. C., & Power, P. G. (1980). *My vocational situation.* Palo Alto, CA: Consulting Psychologist Press.

Holland, J. L., & Gottfredson, G. D. (1976). Using a typology of persons and environments to explain careers: Some extensions and clarifications. *Counseling Psychologist, 6,* 20-29.

Holland, J. L., & Gottfredson, G. D. (1990). *An annotated bibliography for Holland's theory of vocational personality and work environment.* Baltimore: Johns Hopkins University.

Holland, J. L., & Lutz, S. W. (1968). The predictive value of a student's choice of vocation. *Personnel and Guidance Journal, 46,* 428-436.

Holland, J. L., & Nichols, R. C. (1964). Explorations of a theory of vocational choice: III. A longitudinal study of change in major fields of study. *Personnel and Guidance Journal, 43,* 235-242.

Hotchkiss, L., & Borow, H. (1996). Sociological perspectives on work and career development. In D. Brown (Ed.), *Career choice and development* (3rd ed., pp. 137-168). San Francisco, CA: Jossey-Bass.

Jencks, C., Crouse, J., & Mueser, P. (1983). The Wisconsin model of status and attainment: A national replication with improved measures of ability and aspiration. *Sociology of Education, 56,* 3-19.

Johnson, M. K., & Mortimer, J. T. (2002). Career choice and development from a sociological perspective. In D.

Brown & Associates, *Career choice and development* (4th ed., pp. 17-84). San Francisco, CA: Jossey-Bass.

Kluckhorn, F. R., & Strodtbeck, F. L. (1961). *Values in values orientations.* Evanston, IL: Row Peterson.

Krumboltz, J. D. (1994). Improving career development theory from a social learning theory perspective. In M. L. Savickas & R. W. Lent (Eds.), *Convergence in career development theory* (pp. 9-32). Palo Alto, CA: CPP Books.

LaFromboise, T. D., Trimble, J. E., & Mohatt, G. V. (1990). Counseling intervention and Native American tradition: An integrative approach. *Counseling Psychologist, 18,* 624-628.

Lee, K. C. (1991). The problem of the appropriateness of the Rokeach Values Survey in Korea. *International Journal of Psychology, 26,* 299-310.

Lent, R. W., Brown, S. D., & Hackett, G. (1995). Toward a unifying social cognitive theory of career and academic interest, choice, and performance. *Journal of Vocational Behavior, 45,* 79-122.

Lent, R. W., Brown, S. D., & Hackett, G. (1996). Career development from a social cognitive perspective. In D. Brown & Associates, *Career choice and development* (3rd ed., pp. 373-422). San Francisco, CA: Jossey-Bass.

Lent, R. W., Brown, S. D., & Hackett, G. (2002). Career development from a social cognitive perspective. In D. Brown & Associates, *Career choice and development* (4th ed., pp. 255-311). San Francisco, CA: Jossey-Bass.

Leong, F. T. L. (1991). Career development attributes and occupational values of Asian American and white high school students. *Career Development Quarterly, 39,* 221-230.

Leong, F. T. L., & Gim-Chung, R. H. (1995). Career assessment and intervention with Asian Americans. In F. T. L. Leong (Ed.), *Career development and vocational behavior of racial and ethnic minorities* (pp. 193-226). Mahwah, NJ: Erlbaum.

Leong, F. T. L., & Serifica, F. C. (1995). Career development of Asian Americans: A research area in need of a good theory. In F. T. L. Leong (Ed.), *Career development and vocational behavior of ethnic and racial minorities* (pp. 67-102). Mahwah, NJ: Erlbaum.

Lofquist, L. H., & Dawis, R. V. (1991). *Essentials of person-environment-correspondence counseling.* Minneapolis, MN: University of Minnesota Press.

Marin, G., & Marin, V. M. (1991). *Research with Hispanic populations.* Newbury Park, CA: Sage.

McWhirter, J. J., & Ryan, C. A. (1991). Counseling the Navajo: Cultural understanding. *Journal of Multicultural Counseling and Development, 19,* 74-82.

Melamed, T. (1995). Career success: The moderating effects of gender. *Journal of Vocational Behavior, 47,* 295-314.

Melamed, T. (1996). Career success: An assessment of a gender-specific model. *Journal of Occupational and Organizational Psychology, 69,* 217-226.

Nauta, M. M. (2013). Holland's theory of vocational choice and adjustment. In S. D. Brown & R. W. Lent (Eds.), *Career development and counseling* (pp. 55-82). Hoboken, NJ: John Wiley & Sons.

Parsons, F. (1909). *Choosing your vocation.* Boston, MA: Houghton-Mifflin.

Pedersen, P. B. (1991). Multiculturalism as a generic approach to counseling. *Journal of Counseling and Development, 70,* 6-12.

Peterson, G. W., Sampson, J. P., Jr., & Reardon, R. C. (1991). *Career development and services: A cognitive approach.* Pacific Grove, CA: Brooks/Cole.

Peterson, G. W., Sampson, J. P., Jr., Reardon, R. C., & Lenz, J. G. (1996). A cognitive information processing approach. In D. Brown & Associates, *Career choice and development* (3rd ed., pp. 423-476). San Francisco, CA: Jossey-Bass.

Peterson, N., & Gonzalez. R. C. (2005). *The role of work in people's lives: Applied career counseling and vocational psychology* (2nd ed.). Belmont, CA: Brooks/Cole.

Phillips, S. D., & Imhoff, A. R. (1997). Women and career development: A decade of research. *Annual Review of Psychology, 48,* 31-60.

Pietromonaco, J. G., & Rock, K. S. (1987). Decision style in depression: The contribution of perceived risks versus benefits. *Journal of Personality and Social Psychology, 52,* 399-408.

Roe, A. (1956). *The psychology of occupations.* New York, NY: Wiley.

Roe, A. (1984). Personality development and career choice. In D. Brown (Ed.), *Career choice and development* (pp. 31-53). San Francisco, CA: Jossey-Bass.

Roe, A., & Lunneborg, P. W. (1990). Personality development and career choice. In D. Brown (Ed.), *Career choice and development* (2nd ed., pp. 68-101). San Francisco, CA: Jossey-Bass.

Rokeach, M. (1973). *The nature of human values.* New York, NY: Free Press.

Savickas, M. L. (2013). Career construction theory. In S. D. Brown & R. W. Lent (Eds.), *Career development and counseling* (pp. 147-186). Hoboken, NJ: John Wiley & Sons.

Sharf, R. S. (2002). *Applying career development theory to counseling* (3rd ed.). Pacific Grove, CA: Brooks/Cole.

Sidiropoulou-Dimakakou, D., Mylonas, K., & Argyropoulou, K. (2008). Holland's hexagonal personality model for a sample of Greek university students. *Journal of Educational and Vocational Guidance, 8*, 11-125

Smart, J. F., & Smart, D. W. (1995). Acculturative stress: The experience of the Hispanic immigrant. *Counseling Psychologist, 23*, 25-42.

Spokane, A. R., Luchetta, E. J., & Richwine, M. H. (2002). Holland's theory of personalities in work environments. In D. Brown & Associates, *Career choice and development* (4th ed., pp. 373-426). San Francisco, CA: Jossey-Bass.

Swanson, J. L., & Schneider, M. (2013). Minnesota theory of work adjustment. In S. D. Brown & R. W. Lent (Eds.), *Career development and counseling* (pp. 29-53). Hoboken, NJ: John Wiley & Sons.

Sue, D. W., & Sue, D. (2000). *Counseling the culturally different* (3rd ed.). New York, NY: Wiley.

Super, D. E. (1953). A theory of vocational development. *American Psychologist, 8*, 185-190.

Super, D. E. (1990). A life-span, life-space approach to career development. In D. Brown & Associates, *Career choice and development* (2nd ed., pp. 192-234). San Francisco, CA: Jossey-Bass.

Young, R. A., Valach, L., & Collin, A. (2002). A contextual explanation of career. In D. Brown (Ed.), *Career choice and development* (4th ed., pp. 206-254). San Francisco, CA: Jossey-Bass.

제 4 장

발달 이론:
Donald Super와 Linda Gottfredson

 >>>>>>>>>>>> **기억해야 할 것들**

- Super와 Gottfredson이 요약한 발달의 단계
- Super의 직업 선택 이론의 주요 견해
- 제한과 타협이 함께 작용해서 직업 선택을 한정하는 방식
- Gottfredson과 Super의 이론 간의 유사점과 차이점

발달 이론들은 커리어 선택, 커리어 적응 및 커리어 내 변화, 그리고 커리어로부터의 철회에 영향을 미치는 생물학적·심리적·사회적·문화적 요인에 중점을 둔다. 이 이론들은 발달의 단계에 초점을 둔다(예 : 아동기와 청소년기). 첫 번째 발달 이론은 1951년에 Ginzberg, Ginsburg, Axelrad와 Herma가 제시하였지만, 그들의 이론은 앞에 언급된 Super의 생애주기, 생애 공간 이론에 의해 무색해졌다. 또 다른 발달 이론은 Gottfredson(1981, 1996)에 의해 제시되었으며, 제한과 타협에 초점을 두었다. 비록 그녀의 이론은 Super의 이론처럼 통합적이지는 않지만, 커리어 발달 과정에서 매우 중요한 측면인 성 유형화된 직업이 커리어 선택에 미치는 영향을 검증한다.

Super의 생애주기, 생애 공간 이론

아마 Donald Super만큼 커리어 발달에 관해 광범위하게 저술하거나 주제에 대해 영향을 미쳤던 사람은 없을 것이다. 커리어 발달에 대한 그의 저술은 무척 광범위해서 매우 동기화되어 있는 학

생들조차도 그의 모든 결과물을 개괄할 때 커다란 도전에 직면하게 된다. 여기서 인용되는 참고문헌들은 상당히 깊이 있는 내용들을 제공하지만 모든 것을 포함하려는 의도는 아니다(Super의 몇몇 연구 목록들은 이 장의 끝에 있는 참고문헌 참조).

Super의 초기 이론적 진술은 개인차 심리학, 발달심리학, 사회학, 성격 이론의 연구자들에게 영향을 받았다. Super는 종종 자신의 관점을 몇 가지 관련 명제들로 이루어진 '분할된' 이론이라고 진술했는데, 명제들로부터 그는 궁극적으로 통합된 이론이 탄생하기를 희망했다. 그는 이전의 진술들을 좀 더 확장시키고 두 가지 경우에서 분할된 부분을 추가하면서 종종 이런 분할된 영역들을 재진술하였다. 그의 1953년 논문은 최초의 10개의 가정을 제시하였다. 그는 1957년 Bachrach와 함께 쓴 저서에 두 가지를 더 추가하였다. 그의 1990년 논문은 4개의 명제를 추가해서 Super의 생애주기 이론에 대한 기초가 되는 14개 명제로 확장되었다. 이런 과정에서 본래의 10개 명제는 1~6 그리고 9~12번째 항목에 해당하고, 부가적인 명제는 항목 7, 8, 13, 14번째에 정리되어 있다. Super의 1990년도 진술은 고딕체로 표기되었고, 해당되는 곳에 명제에 대한 간략한 논의를 제시했다.

1. 사람들은 자신의 능력과 성격, 욕구, 가치, 흥미, 특성, 그리고 자기 개념들이 상이하다. 개인차에 대한 개념은 매우 광범위하게 인식되고 수용되어서 심각하게 이에 도전하는 사람은 없다. 개인 특성의 범위는 각 개인 내에서 그리고 개인 간 모두에 폭넓게 다양하다. 각 개인 내에서 특성이나 능력은 꽤 확연해서 종종 개인들을 희화화하는 것 같기도 하다. 동시에 다른 영역에서는 각 개인은 비교적 나약하거나 서투르다. 비록 우리들 대부분은 다소 많은 특성들에서 다른 사람들과 비슷하지만, 각 개인의 독특성은 개개인에 대한 강점과 약점의 조합에서 분명히 나타난다.

2. 사람들은 이런 특성 덕분에 수많은 직업에 대한 자격을 얻는다. 능력, 개인 특성, 그리고 다른 특성의 범위는 무척 광범위해서 모든 사람은 자신의 성질 내에 많은 직업에서 성공에 대한 필요 조건을 갖추고 있다. 재활 분야에서의 연구는 심각한 장애를 가진 사람들조차도 자신이 만족스럽게 수행할 수 있는 많은 직업의 선택을 하는 것을 보여주었다. 심한 신체적 혹은 정서적 장애가 없는 사람들에게 전반적인 가능성은 확실히 폭넓다.

　　특별한 능력, 기술 혹은 특성을 과도한 정도로 요구하는 직업은 거의 없다. 대부분 운동선수들의 활동이 단지 몇 가지 근육 내지는 근육군만을 사용하듯이, 대부분의 직무는 단지 일부의 구체적인 특성을 요구한다. 따라서 한 개인은 자격 있는 특성을 갖는 어떤 직업에서도 성공적으로 수행할 수 있다. 어떤 기술이 특정 직무의 요구를 충족시키는 데에 중요할 때만 어떤 기술이 결여되거나 그것이 극히 적은 정도만 존재한다는 것이 사람들이 직업으로부터 배제되는 이유가 된다.

3. 각 직업은 각 개인에 대한 약간의 다양한 직업과 각 직업에 대한 약간의 다양한 사람들을 모두 허용하기에 충분히 폭넓은 관대함을 가지고 능력과 성격 특질의 특성 패턴을 요구한다. 하나의 특정 직업의 수행에서 요구되는 능력이나 특질에 대해, 우리는 일의 속성에 가장 잘 부합하는 형식상의 분량(modal quantity)을 발견하기를 기대할 수도 있다. 하지만 이런 양에 대한 다른 한 측면은 작업의 요구를 만족스럽게 충족시키는 이런 특성의 영역(band) 혹은 범위이다. 예를 들어 단지 단일한 특성을 요구하는 무척 단순한 과제를 가정하여 묘사해 보자. 이런 과제를 검토할 때 우리는 직무의 요구 조건을 가장 잘 충족시킬 이런 특성의 분량을 확인할지도 모른다. 우리는 또한 어떤 사람이 직무에서 요구하는 최소한의 수준을 능가하는 한, 비록 어떤 사람이 이상적인 수준의 특성보다 덜 보유하고 있더라도 그 사람이 만족스럽게 수행할 수 있을 것이라고 기대할 것이다. 하지만 우리는 또한 만일 근로자가 최적의 수행을 위해 요구되는 것보다 더 많은 특성을 보유한다면 만족스러운 수행을 기대할 수 있다.

   다양한 직업에서 요구되는 능력의 패턴들은 좀처럼 독특하지 않기 때문에 우리는 상당히 겹치는 부분들을 발견할 것으로 기대할 수 있다. 따라서 어떤 직업 내에서 만족스러운 수행을 야기할 수 있는 능력의 수많은 패턴이 존재하듯이, 자산의 특별한 분포가 만족스러운 수행을 야기하는 수많은 직업이 존재한다.

4. 선택과 적응에 일부 연속성이 존재한다면 자기 개념이 후기 청소년기부터 늦은 장년기까지 점차적으로 안정되어 가지만, 직업 선호도와 역량, 사람들이 생활하고 일하는 상황, 그리고 그런 이유로 그들의 자기 개념은 시간 및 경험과 함께 변화한다. 개인이 어떤 기술이나 능숙함을 발휘하면서, 그들은 그것들을 더 높은 수준으로 증진시키거나 확장시킬 것이다. 이런 더 높은 수준의 기술이 개발되면서, 근로자들은 그것들을 사용할 기회를 제공하는 직업과 관련된 발산 수단에 가까이 하게 될 것이다. 유사하게 근로자들이 주어진 작업 상황에서 성공적으로 수행하면서, 더 보람이 있고 더 책임감 있는 위치에 참여하는 것이 한층 더 만족을 제공할 수 있다는 것을 깨달을지도 모른다. 하지만 작업 환경은 일부 근로자에게 무척 많은 것을 요구해서 그들은 능력의 패턴들에 그리 과하게 부담을 주지 않는 지위를 탐색할 수도 있다.

   작업 환경은 물론 기술과 선호도의 패턴이 끊임없이 변화를 거치기 때문에, 일단 한 근로자가 전적으로 만족을 찾아낸 직무는 더 이상 그런 방식으로 보이지 않는다. 자기 개념이 변화한 개인은 한 번 만족스러웠던 직무가 더 이상 그렇지 않다는 것을 발견할 수 있다. 이런 변화 중 어느 쪽도 근로자들이 새로운 작업 상황을 찾아보게 하거나 어떤 방식으로 현재의 지위에 적응하려는 시도를 하게끔 할 것이라서 이는 다시 편안해지고 만족스러워진다. 근로자나 직무 모두 정적인 것은 아니기 때문에 두 가지를 균형 맞추기 위해서 변화나 적응은 필수적이다.

   Super(1984, 1990)는 자기 개념이 내면화된 개인적 관점뿐 아니라 자신이 존재하는 상황이나 조건에 대한 개인의 관점까지 포함하도록 폭넓게 정의되어야 한다고 강조한다. 개인을 둘러싸는 상황은 항상 개인의 행동과 자기 이해를 만들어내기 때문에, 이것은 중요한 요인이다. Super는 개인적 구성 개념(personal-construct)이 더 폭넓은 정의를 허용하기 때문에 자기 개념보다 더 유용한 용어일 수도 있다고 제안한다.

5. 이런 변화의 과정은 성장기, 탐색기, 확립기, 유지기, 쇠퇴기의 순서로 특징지어지는 일련의 생애 단계(하나의 '대순환')로 요약될 수 있고, 이 단계는 차례로 (a) 탐색기 단계의 환상기, 잠정기, 현실기 그리고 (b) 확립기 단계의 시행기와 안정기로 다시 세분화할 수 있다. 작은 소순환이 하나의 단계에서 다음으로 전환할 때나 한 개인이 인원 감축, 직원들의 욕구 유형에서의 변화, 질병이나 상해, 혹은 다른 사회·경제적 사건이나 개인적 사건 등으로 불안정해질 때마다 발생한다. 그런 불안정하거나 여러 번 시행되는(multiple-trial) 커리어에는 새로운 성장기, 재탐색기, 재확립기가 포함된다(재순환). 만일 소순환이 중단되지 않는다면 유지기 단계가 또한 다시 나타난다.

성장기는 신체적이고 심리적인 성장과 관련된다. 이 시기에 사람들은 일생의 많은 시간 동안 자기 개념의 중요한 구성 요소가 되는 태도와 행동 기제를 형성한다. 동시에 경험들은 잠정적인 선택과 최종 선정 시에 궁극적으로 사용되는 일의 세계에 관한 정보의 배경을 제공한다.

탐색기는 직업이 인생의 한 가지 양상이라는 것을 개인이 인식하면서 시작된다. 이 단계의 초기 혹은 환상기 단계 동안, 표현된 선택은 종종 비현실적이며 개인의 삶의 놀이와 밀접하게 연관된다. 어린 아동들이 카우보이, 영화배우, 파일럿, 우주비행사 같은 직업을 선택하는 것에서 그런 예들을 볼 수 있다. 이런 선택은 모호하고 일시적이며 보통은 오랜 기간 중요하지 않은 것이다. 물론 일부 청소년들과 심지어 일부 성인들은 환상기 단계를 넘어 다음 단계로 나아가지 못하기도 한다. 이런 경우 더 효율적인 선택에 필요한 자기 자신이나 일의 세계에 대한 이해가 누락되거나 무시된다.

탐색기의 잠정기 단계에서 개인은 선택안들을 몇 가지 가능한 것들로 범위를 좁힌다. 능력, 훈련 가능성, 고용 기회에 대한 불확실성 때문에, 이후에 사라질 선택안들이 목록에 포함될 수도 있다. 여전히 일의 세계에 실제로 진입하기 이전인 탐색기의 최종 단계는 사람들은 도달할 수 있는 곳에 있다고 느끼고 가장 중요한 기회를 제공한다고 생각되는 직업들로 목록이 줄어든다.

확립기는 그 명칭에서 알 수 있듯 실제 작업 경험의 초기에 접하는 것들과 관련이 있다. 이 시기에 개인은 처음에는 아마 시행착오에 의한 것이지만 탐색기 동안 내린 선택과 결정이 타당한지를 확인하기 위한 시도를 한다. 이런 시도들 일부는 단지 시험 삼아 이루어진다. 개인은 만일 직무가 부합하지 않는다면 직무를 바꿔야겠다는 확실한 느낌이 있는 직무를 받아들일 수도 있다. 경험이 늘고 숙달되어 가면서 개인은 안정화된다. 즉, 이 직업의 양상들은 자기 개념으로 옮겨지고, 중요한 만족을 얻게 될 최고의 기회를 제공하는 직업으로 수용된다.

유지기 동안 개인은 직업 상황을 지속하거나 증진시키려는 시도를 한다. 직업과 개인의 자기 개념 모두 약간의 유동성을 가지기 때문에, 여기에는 변화나 적응의 반복되는 과정이 포함된다. 근본적으로 개인은 작업 상황의 만족스러운 부분을 지속시키는 것과 짜증나게 하지만 그리 유쾌하지 않은 것만은 아니어서 사람들을 그 영역으로부터 몰아내는 불편한 양상을 개정하거나 변화시키는 것에 관심이 있다.

쇠퇴기는 은퇴 준비 단계를 포함하는데, 이 단계 동안 개인이 일에 대해 중점을 두는 것은 직무를 유지하고 결과물에 대한 최소한의 기준을 충족시키는 것에 있다. 근로자는 이제 지위를 향상시키는 것보다는 유지하는 것에 더욱 관심을 둔다. 이 단계는 개인이 일의 세계로부터 철수하면서 종료된다.

후기 청소년기 남성의 발달에 관한 Levinson(1978)과 Gould(1972)의 연구는 Super의 생애 단계 접근을 지지하는 것으로 보인다. 두 가지 모두 과도기의 구조 변화 단계와는 구분되는 비교적 안정적인 구조 형성 단계로 구성되는 성인 남성의 발달 패턴을 보고한다. Levinson은 자신의 연구 대상자들이 17세에서 29세 사이에 직업 선택을 하였고 종종 이후에 다른 선택을 하였다는 것을 발견했다. 이 연령 기간은 Super가 이론화한 것에 비해 다소 늦다. 그들은 또한 직업적 발달의 준비 단계가 28세에서 33세의 기간 안에 완성된다고 보고했는데, 이것 또한 이전에 가정한 것에 비해 늦은 것이다. 연령에서의 불일치는 아마도 Levinson의 연구 대상자들에 대한 자료가 자신의 삶에서 이전의 사건들을 회상한 성인 남성들을 면접하면서 얻은 것이기 때문일 것이다. 분명히 이 연구들은 오래된 것이고 그들의 결과는 경험적으로 재논의될 필요가 있다.

Murphy와 Burck(1976)는 Super의 생애 단계 개념을 사용해서 중년기 커리어 변화의 빈도가 증가하는 것은 추가적인 단계인 회복기(renewal stage)가 확립기와 유지기 사이에 삽입되어야 함을 나타낼 수 있다고 제안한다. 대략 35~45세 사이인 이 단계 동안, 사람들은 이전의 목표와 계획을 재고려하고 그 목표들을 추구하는 것에 몰입하거나 중년의 커리어 변화를 향해 방향을 선회하기로 결정한다. 이 연구는 21세기 성인들의 표본을 대상으로 다시 한 번 진행될 필요가 있다.

6. 커리어 패턴의 속성, 즉 획득한 직업 수준과 시험적이고 안정적인 직무 순서, 빈도, 기간은 그들 부모의 사회·경제적 수준, 정신 능력, 교육, 기술, 성격 특성(욕구, 가치, 흥미, 특성, 자기 개념), 커리어 성숙 및 개인에게 노출되는 기회에 의해 결정된다.

사람들의 경험적 배경의 모든 요인은 태도와 행동에 영향을 미친다. 명백히 일부 요인들은 다른 것들보다 더 중요한 영향을 미친다. 개인의 부모가 가진 사회·경제적 수준은 이 중 하나가 될 수 있는데, 사람들이 이른 시기에 접하게 되는 직업의 세계라는 것이 대개는 부모, 가족, 친구를 통해서이기 때문이다. 부모와 부모의 친구들이 직장에서의 경험을 상의하는 것을 듣는 것, 가족 안에서 직업적인 성공 · 실패 · 좌절의 영향을 목격하는 것, 가족 환경 때문에 교육이나 여행 혹은 다른 경험에서의 기회를 얻거나 놓치는 것 모두 사람들의 이후 작업 이력에 큰 영향을 미친다. 개인의 정신 능력은 많은 직업을 향한 문을 열고 닫을 수 있는 학업적 성공의 중요한 요인이다. 타인을 다루는 능력은 대부분 작업 상황에서 중요하다. 개인은 직무에 정착하기 전에 먼저 역량을 보여줄 기회를 가져야 하기 때문에 '적절한 시간에 적절한 곳에 있기' 혹은 '휴식 갖기' 역시 중요하다.

우리는 종종 Horatio Alger의 전통(자수성가로 출세한)을 통해, 누구든지 아주 열심히 노력만 한다면 목표를 달성할 수 있다고 생각한다. 하지만 현실적으로 우리가 종종 통제할 수 없는 요인들이 엄청나게 힘든 노력을 통해서만 통과하거나 늘어날 수 있는 한계를 설정한다.

7. 어떤 주어진 생애-커리어 단계의 맥락 내에서 환경 및 유기체의 요구에 성공적으로 대처하는 것은 이러한 요구에 대처하기 위한 개인의 준비성에 따라(즉, 그 사람의 커리어 성숙도에 따라) 달라진다. Super는 커리어 성숙을 발달에 따른 문제와 도전들을 접하고 다루는 개인의 준비도와 능력을 나타내는 신체적 · 심리적 · 사회적 특성의 집합으로 인정한다. 이런 개인적 양상들은 환경에 대한 개인의 반응을 산출하는 정서적이고 지적인 구성 요소들을 모두 갖는다. 자신의 성숙도가 해결 과제와 동일한 사람은 아마 최소한의 어려움 혹은 우려만을 가지고 해결할 것이다. 성숙도가 과제를 해결하기에 충분하지 않을 때 미루기, 서투름, 혹은 실패의 부적절한 반응이 나타날 가능성이 있다.

8. 커리어 성숙은 하나의 가설적인 구성 개념이다. 이것의 조작적 정의는 지능을 정의하는 것만큼 어려울 수 있지만, 이것의 역사는 훨씬 단순하며 성취는 더더욱 불분명하다. Super의 초기 연구(25년간의 종단연구인 커리어 패턴 연구)는 성숙의 개념을 커리어 혹은 직업 발달 문제와 연관된 것으로 다루었다. 그와 동료들은 이런 개념을 정의하고 사정하는 방법을 탐색했다. 이러한 노력으로부터 Super의 커리어발달검사(Career Development Inventory)가 탄생했다.

9. 생애 단계를 통한 발달은 어느 정도는 능력과 흥미의 성숙을 촉진시키는 것으로 현실을 검증하고 자기 개념을 발달시키는 것을 도와줌으로써 유도될 수 있다. 개인들은 두 가지 방식, 즉 (a) 능력과 흥미를 개발하는 것을 도와줌으로써 그리고 (b) 강점과 약점을 이해하도록 도와주어서 만족스러운 선택을 할 수 있도록 해줌으로써 만족스러운 직업 선택을 향해 가도록 도움을 얻을 수 있다.

이런 가정의 두 가지 측면은 모두 한 개인으로서 발달을 최대화하도록 조력할 때 학교의 역할 및 학교의 지도 프로그램을 강조한다. 젊은 사람과 빈번한 접촉을 하는 교사는 교실 내에서 잠재적이거나 덜 발달된 능력을 관찰할 최고의 기회를 갖는다. 교사는 개개인이 더 높기는 하지만 성취가 가능한 목표를 향해 매진하도록 도전할 수많은 기회를 갖는다. 이와 비슷하게 상담자는 검사나 다른 지도 기법으로부터 얻은 자료를 통해 미개발된 가능성을 접할 수 있다. 학교를 그만둔 성인들도 유사한 유형의 도움이 필요할 수 있다.

세 가지 질문이 종종 상담 관계에서 유용한 것으로 밝혀졌으며, 이것은 내담자가 직업적 포부에 대한 일부 현실 검증에 이미 관여되어 있는 수준에 대한 약간의 지표를 제공하기 때문이다.

만일 당신이 원하는 무엇인가를 할 수 있다면 당신은 무엇이 되고 싶은가?

지금부터 10년 후에 당신은 무엇이 될 것이라 기대하는가?

지금부터 10년 후에 당신이 받아들일 수 있는 최소한의 수준은 무엇인가?

첫 질문은 사람들이 주로 그렇게 부르듯 종종 상상적 반응을 일으킨다. 두 번째 질문은 여전히 상당한 상상을 포함하지만 자기 평가와 통찰의 상당한 표현을 포함할 수 있는 답변을 종종 이끌어낸다. 세 번째 질문은 내담자가 상상을 완전히 버리고 강점, 약점, 잠재력을 보는 방식대로 그것들에 대처할 것을 요구한다.

10. 커리어 발달의 과정은 본질적으로 직업적인 자기 개념을 발달시키고 이행하는 과정이다. 이것은 자기 개념이 물려받은 적성, 신체적인 체격, 다양한 역할을 관찰하고 수행할 기회, 역할 수행 결과가 윗사람과 동료들의 승인(상호 학습)을 충족하는 정도에 대한 상호작용의 산물로 나타나는 종합적이고 타협적인 과정이다.

개인이 발달하고 성숙해 가면서 그들은 자기에 대한 심적 그림, 즉 자기 개념을 획득한다. 일의 세계에서의 개인의 지위는 미국 문화 내에서 중요하기 때문에, 개인의 자기 개념에 중요한 영향을 미치게 된다. 실제 일에 투입되기 이전인 교육을 받는 동안, 개인이 기대하는 직업 역할은 자기 개념이 발달하는 데에 영향을 미친다. 개인은 호의적인 자기 개념을 유지하거나 증진시키려는 시도를 한다. 이러한 이상적인 자기 개념을 향한 내부 추동이 개인을 강하게 밀어붙이면서, 그들은 자신의 한계나 외부 환경으로부터 유래할 수 있는 제한 요인들을 접하게 된다. 이런 요인들은 이상적인 자기 개념의 획득을 방해하고 이상적인 것보다 다소 낮은 것으로 타협하거나 받아들이게 만든다.

또한 개인이 다양한 직업들에 대한 통찰을 얻는 정도 및 그들이 자신을 어떻게 볼 수 있는지와 자신에게 중요한 견해를 제공하는 자신의 가족, 교사, 동료 집단, 타인 같은 구성원들에 의해 그들이 어떻게 보이는지를 이해할 수 있는 정도가 영향을 미친다.

생애 커리어 무지개에 대한 Super(1980)의 기술은 각 개인의 생애 동안 개인에 의해 수행되는 다양한 역할 및 이런 역할이 생애 유형과 커리어에 미치는 영향을 강조한다. 대부분 사람들이 갖는 전형적 역할에는 아동, 학생, 시민, 근로자, 배우자, 가사자, 부모, 연금 생활자가 포함된다. 이런 역할들은 커리어 발달의 평생에 걸친 양상을 강조한다.

11. 개인과 사회적 요인들, 자기 개념과 현실의 종합 혹은 이들 사이의 타협 과정은 역할이 환상 속에서

연기된 것이든 아니든 상담 면접 내에서 혹은 학급, 클럽, 시간제 근무, 신입 직무 같은 현실 생활의
활동 내에서 역할 연기 중 하나이며 피드백을 통한 학습 중 하나이다.

　자기 개념의 직업적 양상의 수정은 여러 가지 방식으로 나타날 수 있다. 일의 세계는 꽤 복
잡하고 많은 영역에서 진입의 요건은 꽤 어렵기 때문에, 일부 실제 작업 상황 이상으로 실제
참여를 실험하는 것은 실현하기 어렵다. 이는 본질적으로 추상적인 상황 내에서 어떤 직업이
제공되어야 하는지에 대해 자기 개념과 이것의 요구를 짝지을 필요성을 남긴다. 이것은 상
상 혹은 공상일 수도 있고, 상담을 통해 전문적인 지원을 추구하는 것을 포함할 수도 있고,
개인이 자기 개념의 면에서 직업의 적합성을 평가하는 것을 돕는 관련 경험을 추구하는 것을
의미할 수도 있다.

12. 작업 만족과 생애 만족은 개인이 능력, 욕구, 가치, 흥미, 성격 특성, 자기 개념에 대한 적절한 표현
수단을 발견하는 정도에 의존한다. 그것은 개인의 성장과 탐색 경험이 알맞은지와 적절한지를 고려하
도록 한 일종의 역할을 수행할 수 있는 작업, 작업 상황, 삶의 방식에서의 설립에 의존한다.

　지위는 성격과 가치가 중요하게 보이는 방식으로 사용되도록 하기 때문에 작업에서 기쁨
과 만족을 발견하는 개인은 행동 역시 그렇게 한다. 달리 말하면 개인이 작업 시에 경험하는
것들은 그 사람의 자기에 대한 심적 이미지에 맞는다. 그것들은 자기가 되었으면 하고 그려
보는 사람의 모습이 될 수 있는 충분한 기회를 제공한다.

　만일 수행하는 작업이 개인에게 자신이 되고자 하는 유형의 사람이 될 가능성을 제공하지
않는다면, 그들은 불만족스럽게 여긴다. 이런 불만족은 통상적으로 그들이 바라는 역할을
수행할 가능성이 더 있음직한 작업 상황을 탐색하게끔 만든다.

13. 개인이 작업으로부터 얻는 만족의 정도는 그들이 자기 개념을 이행할 수 있었던 정도에 비례한다. 작
업 상황이 개인의 역할과 갖는 관계는 넓은 의미에서 생각되어야만 한다. 대부분의 사람들에
게서 볼 수 있듯, 전문직과 상위 관리직 지위는 아마도 일 자체에서 오는 본질적인 만족을 위
해 최고의 기회를 제공할 것이다. 하지만 많은 사람들은 어느 정도 지루하고 단조로워 보이
는 일로부터 커다란 만족을 얻는다. 다른 근로자들은 그들 역시 일상적이고 도전적이지 않
다고 생각할 수 있지만 그들에게 되고자 하는 종류의 사람이 될 수 있는 기회, 그들이 하고
자 하는 일을 할 기회, 그들이 생각하고자 하는 대로 자기 자신을 생각할 기회를 제공하는
직무에서 만족을 발견한다. Super는 만족의 정도가 직무와 자기 개념이 부합하는 정도와 직
접적으로 관련된다고 제안한다. Super와 Kidd(1979)는 성인의 커리어 변화와 수정에 대해
탐색하여 중년에 커리어 변화가 증가한다는 것을 인정하였다. 그들은 커리어 적응성(career
adaptability)이 변화하는 커리어 역할을 개인이 직면하거나, 추구하거나, 받아들이는 능력을
정의하기 위해 적절한 용어일 수 있다고 제안한다.

14. 일과 직업은 대부분 남녀의 성격을 구성하기 위한 초점을 제공한다. 비록 어떤 사람들에 대해 이런

초점은 지엽적이거나, 부수적이거나 심지어 실재하지 않는 것일 수도 있다. 그러한 경우 여가 활동과 가사 같은 다른 초점이 중심에 올 수 있다. (개인차뿐 아니라 성역할 고정관념과 모델링, 인종과 민족 편향, 그리고 기회 구조 같은 사회적 전통이 근로자, 학생, 여가인, 가사자, 시민으로서의 그런 역할에 대한 선호도를 결정하는 중요 요소들이다.)

기본적으로 이 명제는 대부분의 성인들은 그들이 행하는 대로 된다고 말한다. 개인은 그 사람의 직무 혹은 주요 역할을 반영한 결과이다. 상당 부분 이 명제는 생애주기, 생애 공간의 커리어 발달을 대표하는 것으로서 Super(1980)가 제안한 생애 커리어 무지개와 관련을 갖는다. 이 명제에서 제시되었듯 Super는 여성의 자녀 출산 역할을 위해 약간만 수정되어서 제공된다면, 자신의 이론에서 다양한 부분이 남성과 여성 모두에 적용된다고 믿는다.

C-DAC : Super의 커리어 상담 모형과 다른 적용

커리어 발달, 사정 및 상담(Career Development, Assessment and Counseling, C-DAC)은 Super의 이론적인 추정에 기초한 커리어 상담 모형을 정교화시키려는 그의 노력을 나타낸다. Hartung은 C-DAC가 개괄, 심층 관점, 자료 사정, 상담의 네 단계로 진행된다고 제안한다. Niles와 Bowlsbey(2013)는 C-DAC 모형이 일차적으로 탐색기 단계에 놓인 사람들에게 초점을 두고 있다고 믿는다. 하지만 아마 직업 적응 이론을 제외하고 대부분의 커리어 상담 모형이 탐색기 단계에 초점을 두고 있다는 것은 사실이라 볼 수 있다. 우리는 고정관념에 의해 그리고 종종 실수로, 커리어 발달의 탐색기 단계가 후기 청소년기와 젊은 성인기 동안 나타나는 것으로 본다. 하지만 C-DAC 과정에서 사용하기 위한 도구들에 대해 Hartung이 서술한 내용은 성인에게 크게 초점을 두는 것으로 볼 수 있고, 스트롱 흥미검사(Consulting Psychologist Press, 2004)를 제외하고는 그것이 발간된 지 대략 30년 정도 되었으며, 현재 미국 인구 통계가 반영되지 않았을 수 있는 표본을 사용해서 개발된 것이라는 점에서 한물간 것일 수 있다. Niles와 Bowlsbey가 제안하듯 그들이 고등학생 내지는 대학생 혹은 관점의 변화나 새로운 직무를 찾게 만드는 불운한 환경 때문에 소순환을 거쳐 재순환을 하는 성인이든 상관없이 C-DAC의 초점이 탐색기 단계에 있다는 것은 분명하다. 도구 사용에 수정을 가하면 Hartung 및 Niles와 Bowlsbey의 견해가 모두 옳은 것일 수 있다.

탐색기 단계에서 수행해야 할 과제는 자기 및 직업 인식 향상(성장), 자기와 커리어에 대한 정보를 바탕으로 잠재적인 선택을 구체화하는 것, 우선순위가 아주 높은 커리어 선택에 대한 심층 탐구, 교육 및 훈련 옵션 탐색, 그리고 궁극적으로는 선택하고 그 선택을 이행하는 것을 포함한다. Super(1990)는 선택안의 구체화가 대안에 대한 종합적이고 역동적인 탐색의 결과로 이루어져야 한다고 믿었지만, 이후 장에서 논의되듯이 강제로 전환의 시련기 속에 있는 성인을 다룰 때에는 가능성이 없을 수도 있다.

제안되는 수정사항이 담긴 Hartung(2013)의 사정 총집은 다음과 같다. 변경된 것은 붉은색 글자로 제시하였다.

1. 현저성 도구(Salience Inventory)(Super & Nevill, 1985a)는 내담자들이 다양한 생애 역할에 관여하고 전념하는 수준을 측정한다. Super(1990; Super & Bowlsbey, 1979)는 생애 커리어 무지개가 역할 현저성을 정질적으로 측정하기 위해 사용될 수도 있다고 제안했다. 각 내담자는 자신의 현재 생애의 역할을 식별하고, 각 역할에 소요된 상대적 시간을 기재한다. 이후에 생활 공간을 이상적으로 사용하는 것과 앞으로 미래에 경험할 만한 역할에 전념하게 될 수 있을 것이다. 이 분석은 생활 공간의 변화를 설계하는 기초로 사용될 수도 있다.

2. 성인용 커리어문제검사(Adults Career Concerns Inventory, ACCI)(Super, Thompson, & Lindeman, 1988)는 커리어 발달 단계 및 그 단계 내(예 : 구체화)에서의 발달 과업의 완수와 관련된 4개의 척도 및 열두 가지 하위척도의 점수를 산출한다. 나는 Super의 커리어 성숙 개념이 ACCI로 측정되는 것 대신에 커리어 상담과정에 포함되어야 한다고 제안하며, 이는 신뢰롭고 타당한 측정 도구가 이 영역에서 존재하지 않기 때문이다.

3. 커리어발달검사(Career Development Inventory, CDI)(Super, Thompson, Jordaan, & Myers, 1984)는 커리어 지향과 선호하는 직업에 대한 지식이라는 두 가지 일반 영역에 대한 점수를 산출한다. 커리어 상담과정은 CDI로 측정되는 커리어 성숙의 6개 양상을 향상시키도록 이끌어갈 것이다.

   ● **커리어 설계**(career planning, CP) 커리어가 성숙한 사람들은 계획 수립 과정에 적극적으로 관여하고 자신이 많이 관여되어 있다고 지각한다. 커리어 설계 척도는 계획 수립 과정과 관련해서 자기 자신을 어떻게 지각하는지를 알려주는 효과적인 도구이다.

   ● **커리어 탐색**(career exploration, CE) 커리어가 성숙한 사람들은 커리어 탐색에 관여하고자 하는 내담자의 의지―자료를 사용하고자 하는 의지―와 관계가 있다. 이 척도는 CP 척도와 합산되어서 커리어 발달 태도(CDA) 척도를 제공한다.

   ● **의사결정**(decision making, DM) 커리어가 성숙한 사람들은 어떻게 의사결정을 하는지를 알고 그렇게 행하는 자신의 능력에 자신감을 지니고 있다.

   ● **일의 세계에 대한 정보**(world-of-work information, WWI) 이 척도의 가장 분명한 요소는 일에 관한 정확한 정보를 가지고 있는지이다. Super는 발달적 측면으로 얘기해서 의사결정자들이 그 당시의 지식을 지녀야 하며, 사람들은 이것을 통해 일에 관한 중요한 정보를 얻어야 한다고 믿는다.

   ● **선호하는 직업에 대한 지식**(knowledge of preferred occupations, PO) CDI를 수행한 후, 사

람들은 20개의 직업을 선택하고 직무와 특정 직업에 진입하기 위해 필요한 자질에 관한 질문에 대답한다. WWI와 PO는 CDI로 합쳐져서 커리어 발달 지식과 기술 점수(CDK)를 산출한다.

- **커리어 지향**(career orientation, COT) COT는 PO를 뺀 CDI의 전체 점수이다. 한편으로 이것은 커리어 성숙에 대한 전반적인 측정치로 고려될 수 있다. McDivitt(2002)는 CDI 같은 도구들이 의사결정 과정을 증진시키기 위해 사용될 수 있다고 제안한다. 하지만 상담자들과 심리학자들은 정질적 측정을 통해서 동일한 일부 사안을 사정할 수 있다. 나는 정질적 사정 과정을 설명하기 위해 1부터 10점 척도를 사용하였다.
- **CP** 미래의 계획을 세우는 당신의 능력을 1부터 10점 척도에 어떻게 평정하겠습니까? 당신의 커리어를 계획하는 데 얼마나 걸립니까?
- **CP** 당신은 과거 속에 삽니까? 현재에 초점을 둡니까? 혹은 미래를 계획합니까? 당신은 왜 그렇게 평정하셨습니까?
- **CE** (1) 사람들과 이야기함으로써, (2) 직업 정보를 읽어봄으로써, (3) 직무에 관한 온라인 정보 출처를 사용함으로써, (4) 직무에 관한 다른 출처의 정보를 상의하면서 얼마나 많이 커리어에 대한 정보를 찾아보았는지를 평가하십시오.
- **PO** 당신의 현재 직업 선택에 관해 얼마나 많은 정보를 가지고 있습니까? 이 직업에서 성공적인 근로자에게 필요한 특성들은 무엇입니까, 그리고 이것들이 당신 자신의 특성과 어떻게 잘 부합됩니까?
- **DM** 현명한 직업 선택을 내릴 수 있는 당신의 능력을 1부터 10점 척도상에 평정하십시오. 마지막으로 중요한 의사결정을 했을 때 따랐던 과정을 설명하십시오.

4. 또한 Hartung은 스트롱 흥미검사(Consulting Psychologist Press, 2004)와 가치 척도(Super & Zytowski, 2006) 같은 흥미검사의 사용을 제안한다. 더욱 간소한 접근법은 내담자가 자기 주도 탐색 같은 Holland(1994)의 유형을 측정하는 한 도구를 완료하도록 하거나 내담자에게 키워드 검색을 사용해서 O*NET 가치관을 찾아보도록 하고 결과를 사용해서 O*NET의 직업 데이터베이스를 탐색하도록 하는 것이다.

대부분의 커리어 상담자와 내담자들은 광범위한 검사와 도구의 총집을 진행하고 해석하는 데 필요한 시간이 부족하다. 따라서 Hartung의 사정 접근은 비록 Super의 이론이 사실임에도 불구하고 대부분의 환경에서는 적용이 불가능하다. 또한 일부 도구들의 신뢰도와 타당도는 수많은 윤리적 문제를 제기한다.

Super의 이론의 입장과 활용 1994년에 사망했을 당시 Super는 약 200편의 논문, 서적, 책의 장, 모노그래프 및 기타 출판물을 단독 및 공동 저술했고, 그중 다수는 그의 이론을 다루고 있다. 그의 제자와 지인들 또한 수백 가지는 아니더라도 수십 가지의 전문적 문헌에 대한 출판물에 기여를 했고, 그 모두가 그의 이론에 자극을 받았으며(Super, Savickas, & Super, 1996), 연구의 흐름은 현재까지 계속되고 있다.

Super(1990)의 이론은 다양하게 응용된다. 예를 들어 이론은 아동과 청소년의 커리어 발달 프로그램의 틀로 사용되었다. 성장기는 유치원 이전부터 중학교 시기까지를 다루는 발달 단계이며 호기심기, 환상기, 흥미기, 잠재기로 나뉜다(능력에 초점을 두어서). 탐색기는 약 14세경에 시작해서 18세까지 지속되며, 이때는 다행스럽게 선택이 구체화되는 시기이다. 이런 단계들과 연령은 분명히 근사치지만, 커리어 발달 프로그램을 설계할 때 유용하게 사용될 수 있다. 이전 단락에서도 논의했듯이, 이 이론은 또한 커리어 상담의 기초로 사용될 수 있다.

여성과 소수집단에의 적용 가능성

Super의 초기 이론(예 : 1980, 1981)은 남성과 여성의 커리어 발달 간의 차이점으로 지각되는 것에 초점을 두었다. Brown과 협회(1990)의 저서 출판 이전에 UNC 캠퍼스의 내 사무실에서의 대화에서, Super는 많은 요인 때문에 성별에 따른 커리어 발달 이론이 필요하다고 생각한 자신의 생각을 바꾸었다는 데에 동의했다. 그런 변화는 그 저서 내에 자신이 서술한 장에 반영되었다(Super, 1990).

Super의 이론은 일차적으로 백인들을 대상으로 한 연구에 초점을 두고 만들어졌기 때문에 '백인 중산층(white bread)'의 이론이다. Sharf(2013)는 아프리카계 미국인들의 커리어 성숙에 대한 연구를 요약해서 백인에 비해 그들이 더 낮은 커리어 성숙도를 나타내는 것 같다고 결론 내렸다. 하지만 Super가 정의한 바대로 커리어 성숙도를 강조하고 내담자가 직업적 자기 개념을 개발하고 이행하는 것을 돕는 것은 만일 그들이 독립성의 사회적 가치를 지지한다면 대부분 집단에서 적절한 것으로 보인다. Leong과 Serifica(1995)는 Super의 생각을 아시아계 미국 학생들에게 적용시키는 것에 궁금증을 가졌었으며, 이는 그들이 의존적인 의사결정 유형을 가질 것 같기 때문이다. 의존적인 의사결정 유형은 친족주의적 사회적 가치를 지지하는 사람들에게는 전형적이라는 것을 덧붙여야 한다. 여기에 설명된 상담과정에서 암묵적인 목표 중 하나는 독립적인 의사결정 유형을 자극하는 것이다.

Super가 제안한 생애 단계는 여성, 소수집단 구성원, 장애인, 가난한 사람 및 성소수자에게 적합한가? 아마도 그렇지 않을 것이다. 성희롱, 자녀 출산과 양육, 배우자의 경력에서의 발전을 위해 양보할 가능성이 높은 것들이 여성에게는 경력 개발에 대한 방해요소가 된다. 장애인은 기회, 고정관념, 그리고 차별에 대한 비용과 유용성 및 높은 실업률 때문에 훈련의 지연에 직면할 수 있다. "마지막으로 고용된 사람이 가장 먼저 해고된다."는 것은 어떤 종류의 질서 있는 발달이라도 어렵게 만들며, 따라서 Super의 이론적인 단계는 가난한 사람들을 도울 때 유용할 것 같지 않다. 발달 단계는 공립학교에서 가장 유용할 수 있으며, 이곳에서는 많은 경험과 사회적 기회가 제공되고/제공되거나 엄격하게 발생한다. 이미 논의된 것처럼 Super의 이론은 공립학교에서 커리어 발달 프로그램의 설계를 위한 기초로 사용되어 왔다. 이것을 다른 장면이나 모집단에 일반화시키는 것은 위험한 제안이다.

A의 사례

개괄 : A는 몇 달 안에 졸업할 예정인 17세의 아프리카계 미국 남성이다. 그의 부친은 작은 주택 페인트공 사업체를 운영하고, 어머니는 공립 도서관의 보조 사서이다. 그는 1명의 누나와 1명의 남동생이 있다. 그의 학점은 모두 A나 B학점이었으며, B학점은 수학과 과학 과목에서 받았다. 그의 PSAT 점수는 언어 능력과 수학에서 평균 이상인 것으로 나타나며, 자신의 반에서 상위 25%로 졸업할 것으로 보인다. 그는 대학에 진학하기를 원하지만, 그의 부모는 대학에 보낼 여력이 없으며 그도 학자금 대출을 받길 원하지 않는다. 그는 집에서 거주하면서 지역 전문대학에 다니기로 마음먹었고, 입학 신청 서류에는 대학 전공과 더 나은 시간제 일자리를 얻어서 학비를 줄일 수 있도록 하는 것 등 두 가지를 논의하고 싶다고 제안했다.

커리어 성숙도의 사정

상담자 저는 당신의 기록 중 한 부분이 좀 궁금했습니다. 당신은 대학 전공에 대해 논의해 보고 싶다고 적었습니다. 어떤 생각이신지 말씀해 주십시오.

내담자 그것은 사실 대학에 들어간 후에 제가 원하는 일이 무엇인지를 고려하고 싶은 것입니다. 저는 대학교의 입학 상담자와 대화를 했고, 그녀는 제가 대학교 편입 프로그램에 등록하고 주립대학에 들어가는 것을 도와줄 선택과목을 듣기를 제안했습니다. 그곳은 전문대학교 시스템에서 옮기고자 하는 모든 학생들을 다 받아주지는 않습니다. 특히 좋은 점수를 받지 못한 학생들과 경영과 심리학 같은 인기 있는 프로그램으로 옮기려는 학생들에게 특히 그렇습니다.

상담자 그건 맞지만, 만일 주립대학에서 거절당한다 해도 당신이 입학 가능한 다른 대학들이 많다고 확신합니다. 당신은 훌륭한 학생이고, 당신의 SAT 결과는 평균 이상인 것은 틀림없습니다.

내담자 좋습니다. 하지만 저는 주립대학에 들어가는 것으로 목표를 잡았습니다. 제 여자친구는 그곳에 있는 학교를 다닐 계획입니다.

상담자 많은 학생들이 자신의 친구들이 다니기로 결정한 곳에 기초해서 대학을 선택합니다. 그것이 항상 대학을 선택하는 가장 현명한 방법은 아닙니다. 함께 더 알아보기 전에 몇 가지 질문을 드리겠습니다.

내담자 알겠습니다.

이 시점에 나는 커리어에 대한 탐구를 잠시 멈추기를 제안했다. A는 가치 기술문을 이용했고, 자기 주도 탐색 검사를 완료하고 우리가 채점을 했다. 그의 SDS 프로파일은 REI였다. 그는 O*NET의 가치 목록에서 관계와 작업 조건을 선택했다. RIE의 조합 내에 수록된 직업명 탐색 결과 공예 교사("나는 생물학 교사가 되는 것에 대해 생각했었습니다. 나는 존스 여사를 사랑합니다. 그녀의 비단뱀을 본 적 있나요? 교사가 되는 것이 좋을 것 같습니다."), 항공기 조종사("비행기를 운전할 수 있는 것은 멋진 일일 겁니다!"), 그리고 법의학 탄도 전문가("나는 범죄현장 조사 프로그램을 시청합니다.")의 세 가지 직업 목록을 산출했다. O*NET에 수록된 직업들은 목록을 늘리는 데에 도움이 되진 않았다. 나는 그에게 주립대학교와 그의 우선 목록으로 하게 된 직업들이 어떤 관계가 있는지에 관해 최대한 탐색해 보라고 요청했다.

Gottfredson의 제한과 타협 이론

Gottfredson(2002)이 제안한 이론은 커리어 포부가 어떻게 발달하는지와 관련이 있다. 이는 다음의 네 가지 기본 가정을 기초로 예측할 수 있다. (1) 커리어 발달 과정은 아동기 때부터 시작한다. (2) 커리어 포부는 자신의 자기 개념을 이행하려는 시도이다. (3) 커리어 만족은 커리어와 자기 지각이 일치하는 정도에 의해 결정된다. (4) 사람들은 선택 과정에서 자신들은 이끄는 직업 고정관념을 발달시킨다. 자기 개념에 대한 이런 가정은 많은 부분 Super(1990)의 이론과 공통점을 가지며, 직업 고정관념에 대한 Gottfredson의 관점은 Holland(1997)의 것과 일치한다.

Gottfredson은 자기 개념이 사회적 자기와 심리적 자기로 구성되어 있다고 믿는다는 점에서 다른 이론가들과 차이가 있으며, 전자는 직업 포부를 결정짓는 중요한 요소이다. 심리적 자기가 가치와 성격 변인 같은 요소들로 구성되는 반면, 사회적 자기는 지능, 사회적 지위, 성별을 고려한 자기 지각의 양상들로 구성된다. Gottfredson은 커리어 선택의 주요 취지는 자신의 선택에 따라 사회적 정체성을 확립하는 것이라고 믿는다. Gottfredson(1996)에 따르면 사람들은 세 가지 차원으로 구성되어 있는 직업의 인지도를 발달시킨다.

1. 직업의 남성성/여성성
2. 직업의 명성(표 4.1 참조)
3. 일의 영역

Gottfredson에 따르면 명성이란 직업의 사회적 지위는 물론 지능의 복잡성 또는 능력 차원까지 포함하는 것이다. 사람들이 특정 직업에 양립할 수 있는 정도를 추정할 때, 이런 차원 중에서 직업에 해당되는 성 유형과 직업과 관련된 명성이 커리어 선택 과정에서 가장 중요하다. 이런 추정에서, 그들의 남성성 또는 여성성에 관한 자기 지각을 유지하는 것이 가장 강력한 관심사이며, 다음으로 사회적 지위를 보호하는 것과 자신의 흥미와 성격을 표현하는 것의 순서로 이어진다. 잠정적인 직업 선택을 고려할 때, 직업에 대한 접근 가능성 또한 고려되어야 한다. 커리어 포부는 접근 가능성과 양립 가능성 사이의 상호작용에 대한 결과이다.

아동들이 성장하고 자기 자신과 직업 분야에 대한 지각을 발달시키면서, 양립 가능성(성 유형, 명성, 흥미)과 접근 가능성에 기초해서 자신의 직업들에 대한 범위를 좁히거나 제한하기 시작한

표 4.1 25개 직업에 대한 사회적 지위 : 1925, 1946, 1967, 1975, 1992년

직업	1925	1946	1967	1975	1992
은행원	1	2.5	4	3	5
내과 의사	2	1	1	1	1
변호사	3	2.5	2	5	2
교육감	4	4	3	4	4
토목 기사	5	5	5	2	3
육군 대위	6	6	8	8	6
해외 선교사	7	7	7	9	NR
초등학교 교사	8	8	6	6	7
농부	9	12	19	7	16
기계 운전원	10	9	12	11	14
방문 판매원	11	16	13	16	13
식료품 판매원	12	13	17	13	18
전기 기술자	13	11	9	10	8
보험 설계사	14	10	10	14	9
우체부	15	14	18	17	15
목수	16	15	11	12	10
군인	17	19	15	19	11
배관공	18	17	16	15	12
버스 기사	19	18	20	22	19
이발사	20	20	14	18	17
트럭 기사	21	21.5	21	21	20
광부	22	21.5	23	20	21
건물관리인	23	23	22	24	23
벽돌공	24	24	24	23	22
건설 단순 노무자	25	25	25	25	24

출처 : "Fifty Years of Stability in the Social Status of Occupations," by G. A. Kanzaki, 1976, *Vocational Guidance Quarterly*, 25, pp. 101-105; and from "Social Status Ranking of Occupations in the People's Republic of China, Taiwan, and the United States," by R. H. Frederickson, J. G. Lin, & S. Xing, 1992, *Career Development Quarterly*, 40, pp. 351-360. Used by permission of NCDA.

다. Gottfredson은 일단 자기 인식이 발달하고 직업들이 그것들과 양립할 수 없는 것으로 치부되면, 영향력 있는 사람이 직업 진입과 관련된 과제를 수행할 수 있는 지적 능력을 가지고 있다고 말해 주는 것 같은 일종의 개입이 발생하지 않는 한 그 과정이 되돌아오지 않을 것이라고 믿는다.

종종 청소년과 성인이 더 접근 가능한 것들을 위해 자신이 가장 선호하는 선택을 포기하기 때문에 최종 직업 선택은 타협안이다. 즉, 타협은 자신의 관점에서 최적의 적합성에는 미치지 못하

는 것으로 보이는 어떤 직업을 선택하는 과정이며, 어떤 영역 내에서 일을 할 수 있는 가용성(예 : 예술형 직무), 교육 및 고용 기회의 가능성과 질, 차별들을 포함하는 많은 요인들의 결과로 나타난다. 사람들이 타협을 하도록 강요받을 때, 우선적으로 성 유형을 고려하고, 두 번째로 명성을 고려하며, 세 번째로 흥미를 고려한다. 사람들은 이런 세 가지 변인과 커리어에 대한 접근 가능성에 대한 지식을 사용해서 직업 구조의 인지도 안에서 수용 가능한 직업 영역을 발달시킨다.

Gottfredson의 발달 단계

Gottfredson(2002)은 네 가지 발달 단계를 정의하였다.

- 3~5세 : 크기와 힘에 대한 지향성. 이 단계에서 아동들은 놀이 활동을 관찰하고, 자신을 동성의 성인에게 지향하며, 직업 같은 성인의 활동에 관해 배우면서 이후의 성역할 고정관념을 위한 기초를 마련하게 된다.
- 6~8세 : 성역할 지향성. 아동들은 이 단계에서 사회적 계층에 대해 인식하지 못하지만, 무엇이 남성과 여성에게 '수용 가능한지'에 대한 지각을 발전시키기 시작한다.
- 9~13세 : 사회적 가치의 지향성. 아동들은 직업이 다양한 사회적 지위를 지닌다는 것을 지각하고 낮은 지위의 직업에 비판적이게 된다. 그들은 또한 사회적 지위의 상징을 인식하기 시작한다. 이 단계에서 아동들은 자신의 능력에 관한 생각들을 발달시키기 시작하고, 사회적 계층 및 성 유형과 연합된 것들과 함께 이러한 지각을 사용하면서('J 상담자의 보고서' 참조), 수용 가능한 직업에 대한 최소한의 경계를 발달시키기 시작한다. 이 기간의 말미 혹은 직후에, 제한 과정이 계속됨에 따라 다양한 직업들이 제거될 것이다. 일단 제거되면 그 직업은 개입 없이는 고려되지 않을 것이다.
- 14세 이상 : 탐색된 선택. 직업에 대한 선택이 탐색되지만 다양한 직업과 관련된 성 역할과의 적절성, 직업과 연합된 사회적 지위, 자신의 능력에 대한 지각으로 시작하여 구성된 수용 가능한 경계 내의 직업들로 제한된다. 그들은 자신의 능력이나 접근 가능성에 대한 지각 때문에 너무 어렵다고 지각되는 직업 대안은 받아들이지 않는다. 접근 가능성을 고려한 지각 때문에 선호하는 직업 선택 과정에서 타협이 종종 발생한다.

J 상담자의 보고서

J는 고등학교를 졸업한 19세의 쿠바 출신의 미혼 남성이다. 그가 상담을 시작했을 무렵, 그는 대형 호텔에 고객들을 태워다 주는 버스운전 기사였다. 그는 팁을 포함해서 시간당 7.5달러를 벌고 있었다. 그가 진술한 목표는 자신의 삶을 행복하게 만들어 주고 미래에 갖게 될 가족을 부양할 수 있는 직업에 입문하는 것이었다. 비록 그는 고등학교에서 훌륭한 학생이었지만 지역 전문대학을 종일 혹은 시간제로 다니는 것에 의문이 있었고, 그는 어떤 학습 과정을 이어나가야 하는지도 잘 몰랐다.

우리가 대안을 찾기 위해 전체 과정의 진행을 시작하기 전에, 나는 그가 제시한 기술에 가장 잘 부합하는 구인 직무의 일자리가 간호사라고 제안했다. 큰 실수였다! 그는 의자에 똑바로 앉아서 주장했다. "지금 농담하시나요. 내 친구들이 나를 호되게 비판할 거예요."

Gottfredson의 이론의 입장과 활용 비록 Goffredson(1996, 2002)은 그녀의 이론이 두 가지 용도─커리어 발달 프로그램 설계와 커리어 상담에 대한 지침─를 갖는다고 제안하지만, 사실은 직업 선택 시에 성별과 지위의 역할을 밝혀주기 위해 필요한 연구를 계속해서 자극한다는 것에 있다. Tieg와 Susskind(2008)는 어린 아동의 직업적 선호도에서 성 유형화된 직업과 지위의 역할을 탐색했고 여아들이 남성적 직업보다 여성적 직업을 더 선호한다는 것을 밝혀냈다. 그들은 또한 어린 남아들이 높은 지위의 남성적 직업들을 선호했지만, 나이가 많은 남아들의 선호도는 지위에 의해서만 영향을 받았다.

Gottfredson에 따르면 커리어 발달 프로그램은 성역할 고정관념과 사회적 지위에 근거한 직업 선택의 한계를 깨뜨리는 방향으로 설계되어야 한다. 그녀는 초등학교 프로그램이 너무 이른 시기의 제한을 방지하고 이후의 직업 선택에 대한 기초를 제공하기 위해 모든 범위의 직업을 탐구하는 데 초점을 맞추어야 한다고 제안한다. 중학교 프로그램은 학생들에게 이미 자신의 직업 선택을 제한하고 있을 수 있다는 것을 경고하고 자기 탐색을 장려하도록 해야 한다. 저자의 관점에서 직업 장벽을 깨뜨리는 것에 대한 이슈는 후자의 프로그램에서 중요한 부분이 되어야 한다.

Gottfredson의 이론은 커리어 상담에 대한 함의를 지닌다. 그녀의 모형에서 두 번째 주요 응용은 발달적 문제의 진단을 다룬다. 그녀는 사정해야 할 다섯 가지 문제를 열거한다.

나는 소수인종과 민족 집단 및 이성애적 성적 지향이 아닌 사람들에게 유용한 틀을 만들기 위해 질문들을 바꿀 수 있는 재량이 있다. 다음의 질문들은 사정해야 할 영역을 밝히는 데에 도움을 줄 것이다.

1. 내담자들이 직업적 대안을 가지고 있는가? 만일 그렇지 않다면 문제는 자기 지식의 결여인가, 직업 지식의 결여인가, 아니면 수용 가능한 대안 중 선택하려는 것이 내키지 않아서인가? 그런 내키지 않는 마음은 성역할 내지는 민족/인종 집단의 고정관념의 결과인가 혹은 게이, 레즈비언, 또는 양성애자들이 차별받을 것 같기 때문인가?

2. 어떤 직업에 진입하는 사람들에 대한 요구가 내담자들의 특성과 일치하는가? 고려하고 있는 선택들은 적절한가?

3. 내담자들은 고려하고 있는 대안들에 만족하는가? 만일 그렇지 않다면, 불만족은 흥미 내지는 성 유형 혹은 인종/민족 지각에 대해 타협할 필요성에 의한 결과인가? 성적 지향이 고려

중인 직업 중 하나 이상의 적합성에 대한 우려를 야기하는가?

4. 내담자는 자기 지식, 직업에 대한 지식, 또는 검증되지 않은 성역할 또는 인종/민족적 고정관념의 부족 때문에 자신의 직업 선택을 과도하게 제한했는가? 내담자의 성적 지향이 직업 선택에 대해 지나친 제한을 야기했는가?

5. 내담자는 선택한 직업들을 향한 경로를 인지하고 있고, 선택한 경로를 협상할 수 있다고 확신하는가? 이런 경로에 대한 기술이나 지식의 부족 때문에 직업적 대안들이 제거된 적이 있는가?

지금까지 설명한 모든 접근과 동일하듯이, 직업 정보는 Gottfredson의 커리어 상담 접근에서 중요한 역할을 한다. 이론이 지니는 장점은 이 이론이 상담자들에게 성역할 지각에 의해서 직업들이 어떻게 제한될 수 있는지를 개념화하는 방법을 제공한다는 것이다. 게다가 제한과 타협의 과정은 소수민족과 인종 집단과 동성애 혹은 양성애 지향자들이 경험하는 과정과 동일할 수 있기 때문에, 이러한 집단에도 역시 쉽게 적용될 수 있다. 하지만 Gottfredson의 이론은 내담자가 의사결정자가 될 것이라는 가정에 기반하고 있기 때문에 독립적인 사회적 가치가 없는 내담자에게 적용하는 것은 문제가 된다.

요약

제3장에서 논의되었듯 특성-요인 이론가들은 우선적으로 커리어 선택-의사결정 과정에 초점을 둔다. 발달 이론가들은 커리어 발달의 전 생애에 걸친 과정을 설명하려 노력하며, 이것은 엄청난 과제이다. Gottfredson은 Super보다 직업에 대한 성 고정관념, 직업의 사회적 지위 및 직업 선택의 자기 개념의 역할에 더 초점을 둠으로써 발달의 작은 부분을 설명하려 노력한다. Gottfredson은 커리어 이외의 생애 역할은 크게 무시한다. Super는 그것들을 자신의 이론에 통합시킨다. 제5장에서 포스트모던 이론가들은 개인과는 대립되는 집단에 초점을 맞추면서 특성-요인 이론가와 발달 이론가 모두가 틀렸다는 것을 우리에게 납득시키려고 노력한다. 실무자가 될 사람들이 안고 있는 문제는 집단과 개인 모두에게 도움이 되는 아이디어를 어떻게 선택해야 하는가이다. 비록 순수주의자가 한 가지 이론을 선택할 수도 있지만, 대부분의 실무자들은 커리어 발달 프로그램의 설계와 커리어 상담 모두에 대한 그들의 개인적인 접근을 만들어 갈 때 절충적인 방식을 선택한다.

이 장의 퀴즈

T F 1. 이 장에 제시된 이론 중 Super의 발달 이론이 아마도 가장 절약적인 이론이다.

T F 2. Super와 Brown은 가치가 직업 선택에서 중요한 요인이라고 제안했다.

T F 3. Super는 자신의 이론에 기초해서 커리어 상담에 대해 명백한 접근의 개요를 서술했다.

T F 4. 만일 Super가 옳다면 전체적인 자기 개념보다 개인의 자기 개념을 언급하는 것이 아마도 더욱 적절할 것이다.

T F 5. Gottfredson은 커리어 선택에 영향을 미치는 요인들의 순서를 매기며, 흥미를 가장 중요한 요인으로 시작한다.

T F 6. 여자 청소년들은 남자 청소년보다 자신의 직업 선호도를 진술할 때 직업의 성 유형을 중요하게 고려할 가능성이 더 높다.

T F 7. Super는 자신이 좋아하지 않는 이론적인 생각을 결코 만난 적이 없다는 말을 해왔다. 그의 이론 전체를 고려하면 이런 말은 가장 정확할 가능성이 크다.

T F 8. 여권 신장론자들은 Super의 이론이 성 차별적이며 문화적으로 편향되어 있다고 종종 주장한다. 만일 단지 이 이론의 기초적인 연구에만 기반한다면 이런 책임은 정확해 보인다.

T F 9. Linda Gottfredson은 발달 이론가이지만, 그녀는 Holland의 자기 주도 탐색이 원래 여성에 대해 편향된 것으로 여겨진다는 일부 비난의 쟁점을 제기했다.

T F 10. Super와 Gottfredson은 커리어 발달 과정에서 자기 개념의 중요성에 관해 동의했다.

(1) F (2) F (3) T (4) T (5) F (6) F (7) T (8) T (9) T (10) F

참고문헌

Brown, D., & Associates. (1990). *Career choice and development* (2nd ed.). San Francisco, CA: Jossey-Bass.
Crites, J. D., & Savickas, M. L. (1995). *Career maturity inventory*. Ogdenburg, NY: Careerware.
Ginzberg, E., Ginsburg, S., Axelrad, S., & Herma, J. (1951). *Occupational choice: An approach to a general theory*. New York, NY: Columbia University.
Gottfredson, G. D., & Holland, J. (1996). *The dictionary of Holland's occupational codes* (3rd ed.). Odessa, FL: PAR.
Gottfredson, G. D., & Johnstun, M. L. (2009). John Holland's contributions: A theory-ridden approach to career assistance. *Career Development Quarterly, 58,* 99-107.
Gottfredson, L. S. (1981). Circumscription and compromise: A developmental theory of occupational aspirations. *Journal of Counseling Psychology, 28,* 545-579.
Gottfredson, L. S. (1996). A theory of circumscription and compromise. In D. Brown & Associates, *Career choice and development* (3rd ed., pp. 179-281). San Francisco, CA: Jossey-Bass.
Gottfredson, L. (2002). Gottfredson's theory of circumscription and compromise. In D. Brown & Associates, *Career choice and development* (4th ed., pp. 85-148). San Francisco, CA: Jossey-Bass.
Gould, R. (1972). The phases of adult life: A study in developmental psychology. *American Journal of Psychiatry, 129,* 521-531.
Hartung, P. J. (2013). The life-span, life-space theory of career. In S. D. Brown & R. W. Lent (Eds.), *Career Development and Counseling* (2nd ed., pp. 83-114). New York, NY: John Wiley & Sons.
Holland, J. L. (1997). *Making vocational choices* (3rd ed.). Englewood Cliffs, NJ: Prentice-Hall.
Leong, F. T. L., & Serifica, F. C. (1995). Cross-cultural perspective on Super's career development theory: Career maturity and cultural accommodation. In F. T. L. Leong (Ed.), *Career development and vocational behaviour of racial and ethnic minorities* (pp. 67-102). Hillside, NJ: Lawrence Erlbaum.
Levinson, D. J. (1978). *The seasons of a man's life.* New York, NY: Knopf.

McDivitt, P. J. (2002). Career Maturity Inventory. In. J. T. Kapes & E. A. Whitfield (Eds.), *A counselor's guide to career development instruments* (4th ed., pp. 336-342). Tulsa, OK: National Career Development Association.

Murphy, P., & Burck, H. (1976). Career development of men in middle life. *Journal of Vocational Behavior, 9,* 337-343.

Niles, S. G., & Harris-Bowlsbey, J. (2013). *Career development interventions in the twenty-first century* (4th ed.). Columbus, OH: Pearson.

Sharf, R. S. (2013). Applying career development to theory and counseling (6th ed.). Belmont, CA: Brooks/Cole Cengage.

Super, D. E. (1951). Vocational adjustment: Implementing a self-concept. *Occupations, 30,* 1-5.

Super, D. E. (1954). Career patterns as a basis for vocational counseling. *Journal of Counseling Psychology, 1,* 12-20.

Super, D. E. (1955). Personality integration through vocational counseling. *Journal of Counseling Psychology, 2,* 217-226.

Super, D. E. (1957). *The psychology of careers.* New York, NY: Harper & Row.

Super, D. E. (1960). The critical ninth grade: Vocational choice or vocational exploration. *Personnel and Guidance Journal, 39,* 106-109.

Super, D. E. (1964a). A developmental approach to vocational guidance. *Vocational Guidance Quarterly, 13,* 1-10.

Super, D. E. (1964b). Goal specificity in the vocational counseling of future college students. *Personnel and Guidance Journal, 43,* 127-134.

Super, D. E. (1969). Vocational development theory. *The Counseling Psychologist, 1,* 2-30.

Super, D. E. (Ed.). (1974). *Measuring vocational maturity for counseling and evaluation.* Washington, DC: American Personnel and Guidance Association.

Super, D. E. (1977). Vocational maturity in midcareer. *Vocational Guidance Quarterly, 25,* 294-302.

Super, D. E. (1980). A life-span, life-space approach to career development. *Journal of Vocational Behavior, 16,* 282-298.

Super, D. E. (1981). A developmental theory: Implementing a self-concept. In D. H. Montros & C. J. Shinkman (Eds.), *Career development in the 1980s: Theory and practice* (pp. 185-215). Springfield, IL: Thomas.

Super, D. E. (1983). Assessment in career guidance: Toward truly developmental counseling. *Personnel and Guidance Journal, 61,* 555-562.

Super, D. E. (1984). Career and life development. In D. Brown & Associates, *Career choice and development.* San Francisco, CA: Jossey-Bass.

Super, D. E. (1990). A life-span, life-space approach to career development. In D. Brown & Associates, *Career choice and development* (2nd ed.). San Francisco, CA: Jossey-Bass.

Super, D. E., & Bachrach, P. B. (1957). *Scientific careers and vocational development theory.* New York, NY: Teachers College, Columbia University.

Super, D. E., Crites, J. O., Hummel, R. C., Moser, H. P., Overstreet, P. L., & Warnath, C. F. (1957). *Vocational development: A framework for research.* New York, NY: Teachers College, Columbia University.

Super, D. E., & Kidd, J. M. (1979). Vocational maturity in adulthood: Toward turning a model into a measure. *Journal of Vocational Behavior, 14,* 255-270.

Super, D. E., Savickas, M. L., & Super, C. (1996). A life-span, life-space approach to career development. In D. Brown & Associates, *Career choice and development* (3rd ed., pp. 121-178). San Francisco, CA: Jossey-Bass.

Super, D. E., Starishevsky, R., Matlin, R., & Jordaan, J. P. (1963). *Career development: Self-concept theory.* New York, NY: College Entrance Examination Board.

Super, D. E., & Sverko, B. (Eds.). (1995). *Life roles, values, and careers: International findings of the work importance study.* San Francisco, CA: Jossey-Bass.

Super, D. E., Thompson, A. S., Jordaan, J. P., & Myers, R. (1984). *Career Development Inventory.* Palo Alto, CA: Consulting Psychologist Press.

Super, D. E., Thompson, A. S., & Lindeman, R. H. (1988). *The Adult Career Concerns Inventory.* Palo Alto, CA: Consulting Psychologist Press.

Tieg, S., & Susskind, J. (2008). Truck driver or nurse? The impact of gender roles and occupational status on children's occupational preferences. *Sex Roles, 58,* 848-863

제5장

커리어 선택과 발달의 학습 이론 기반 및 사회경제학적 이론과 적용

3, 4, 5장은 커리어 발달 이론과 적용을 다루고 있다. 나는 좋은 이론만큼 실용적인 것이 없다는 가설을 독자들이 받아들이길 바란다. 또한 인간의 행동과 커리어 선택 및 발달 과정에 대한 독자 자신만의 신념을 확인했기를 바란다. 그런 논의는 제8장에서 더 풍부하게 다룰 것이다.

이 장에서 제시하는 학습 이론에 기초한 커리어 발달 이론들, 특히 사회인지 커리어 이론(Lent, Brown, & Hackett, 2002)은 점점 인기를 얻고 있다. 이 부분을 읽으면서 인지적 관점이 왜 계속 주목을 받고 있는지 추측해 보라. 잠재적인 내담자의 약 30%가 소수집단 출신일 확률이 높다는 것을 유념한다면, 어떤 이론이 내담자들의 선택 결정 과정과 그들을 돕는 수단에 대한 설명을 가장 잘 해줄 것인가?

제3·4장에서 커리어 선택과 발달의 다섯 가지 이론을 논의하였고, 그것들이 적용할 수 있는 방법에 대한 사례를 제시하였다. 이 장에서는 모형과 이론의 다양한 형태를 제시한다. 이 장의 마지막 부분은 커리어 획득에 대한 사회경제학적 이론을 다룬다.

학습 이론에 기초한 커리어 선택 이론

Krumboltz의 우연 이론과 의사결정

이 장의 뒷부분에서 나는 당신에게 생애 과정에 영향을 미쳤던 계획되지 않고 예기치 못한 사건으로 여기에서 정의되는 우연 사건에 대해 생각해 보라고 부탁할 것이다. 무척 극적인 방식으로 내 삶을 바꾸어 놓았던 두 가지 우연 사건을 공유하는 것으로 시작하겠다.

- 나는 졸업과 현역 군인 지원병, 공장 근로자 내지는 소작인으로서의 삶을 향해 행복하게 나아가면서 작은 고등학교에서 졸업반으로 올라가는 중이었다. 교장선생님은 2분 동안의 '상담 회기'를 위해 나를 따로 불렀다.
  - 대학교에 진학하는 것에 대해 생각해 본 적 있니?
  - 아뇨.
  - 넌 가야 한다. 넌 해낼 수 있다.
- 내가 직업교육 전공의 석사 과정을 마칠 무렵이었다. 나는 교육 리더십의 일정에 맞추기 위해 사소한 것이 필요했었다. 내가 필요로 한 코스는 신청이 어려웠다. 나는 내 지도교수에게 찾아갔고, 그는 과정 목록을 훑어보며 말했다.
  - 2개의 학교 상담 코스(이 중 하나는 직업 지도)를 등록하는 것이 어때?
  - 학교 상담이 무엇인가요?
  - 나도 모르겠어. 하지만 그 과정은 네가 가르치는 것을 도와줄 거야.

1979년과 그 후 여러 차례, Krumboltz(1996)는 도구적 조건 형성에 뿌리를 두고 반두라(1977)의 이론을 처음 반복한 이론을 소개했고, Krumboltz는 이것을 연합 학습이라고 이름 붙였다. 이러한 두 가지 유형의 학습 중, 연합 학습과 그것의 인지 구성 요소는 이 이론에서 중요한 위치를 차지했다. 이후에 행동 습득 및 자기 효능감 신념과 결과 기대의 중요성에 대한 반두라(1986)의 생각은 바뀌었다. Krumboltz(2010)는 자신의 변화가 온라인으로 발표된 2008년, 그리고 2009년에 인쇄본이 발표될 때까지 자신의 이론을 크게 바꾸지 않았다. Krumboltz의 이론화의 기초는 변하지 않았다. 하지만 우연 학습 이론에서 의사결정 모형은 그가 커리어 의사결정에 대한 완전히 합리적인 모형을 제안했던 1979년의 그것과는 매우 달랐다. 그러나 우연에 관해 다루는 것이 중요하다는 Krumboltz의 생각은 훨씬 이전에 시작되었던 것으로 보인다(Krumboltz, 1998).

Krumboltz(1979)는 개인의 발달에 영향을 미치고 궁극적으로 커리어 의사결정 과정과 선택에 영향을 미치는 네 가지 요인을 정의했다.

1. 유전적 자질과 특수 능력. Krumboltz는 물려받은 어떤 특성들이 개인의 유전자형, 즉 유전의 기능에 촉진적이며 제한적인 영향을 미칠 수 있고, 최소한 부분적으로 지적 발달과 눈-손 협응, 음악과 예술적 능력, 신체적 협응 같은 다양한 특수 능력에 한계를 지을 수도 있다고 인식한다. 비록 유전적 소질이 성격 특질의 발달과정에 중요한 역할을 한다는 관점을 지지하는 연구들이 있지만, Krumboltz(2009)는 흥미, 가치 및 내향성 같은 성격 특질의 발달에 미치는 유전의 영향을 다루지는 않는다(Betsworth et al., 1994; Jang, Lively, & Vernon, 1996).

2. 환경 조건과 사건. 이 요인은 개인의 통제를 벗어나 있을 수 있지만 그들이 존재하는 환경을 통해 그들과 관련을 갖는 문화적이고 사회학적인 영향들을 포함한다. 어떤 영향들은 가장 넓은 의미에서 종합적일 수 있고 어떤 것들은 자연적인 힘의 결과일 수 있다. 이런 인적이고 자연적인 요소들로 인해 교육 및 커리어 결정 과정에서 개인에게 영향을 미치는 사건이 발생할 수 있다. 이런 유형의 영향들의 예에는 직무와 훈련 기회의 존재, 사회 정책과 피훈련자나 근로자를 선발하는 절차, 다양한 직업에 대한 임금, 노동조합 법령, 지진과 홍수 같은 물리적 사건, 유전과 가스 같은 천연자원의 존재, 기술적 발달, 사회 조직들의 변화, 가족의 훈련 경험과 자원, 교육 시스템, 그리고 이웃과 공동체 사회의 영향 등이 포함된다.

3. 학습 경험. 이전의 모든 학습 경험이 개인의 교육과 커리어 의사결정에 영향을 미친다. 학습 과정이 매우 복잡하다는 것을 인식하면서 Krumboltz는 도구적 학습 경험과 연합적 학습 경험이라는 두 가지 유형의 학습을 예로 제시한다. 그는 도구적 학습 경험을 개인이 어떤 결과를 야기하는 환경에 대해 행동하는 상황으로 묘사한다. 연합적 학습 경험은 개인이 외적인 자극에 대해 반응함으로써 학습하거나, 실제나 가상의 모델을 관찰하거나, 학습하는 두 가지 사건을 시간과 장소상으로 짝짓는 상황으로 묘사된다.

4. 과제 접근 기술. 이런 기술은 수행의 기준과 가치를 포함한다. 사람들은 과제 접근 기술(task approach skills, TAS)을 각각의 새로운 과제나 문제에 적용한다. TAS의 사례에는 작업 습관과 주의 기울이기, 선택하기, 상징적 암송, 부호화 같은 지각적이고 인지적인 과정이 포함된다. 이러한 기술을 적용하게 되면 각 과제 또는 문제의 결과물에 영향을 미치게 되며 그 결과에 따라 과제 접근 기술이 수정된다.

Krumboltz는 개인을 끊임없이 학습을 경험하는 존재로 보며, 각 경험에는 개개인의 고유성을 산출하게 되는 보상이나 처벌이 뒤따르게 된다. 이렇게 학습 경험과의 지속적인 상호작용은 세 가지 유형의 결과물을 산출하는데, 이것을 Krumboltz는 (1) 자기 관찰 일반화, (2) 과제 접근 기술, (3) 행위라고 이름 붙였다. 자기 관찰 일반화(self-observation generalizations, SOG)란 학습된 표준과 관련하여 자신의 실제 또는 대리적 성과를 평가하는 명백하거나 위장된 자기 진술이다. 개인의 자기 개념이 타인들이 개인을 지각하는 것과 일치할 수도 있고 그렇지 않을 수도 있는 것처럼,

결과로 나타나는 일반화는 정확할 수도 있고 그렇지 않을 수도 있다. 과제 접근 기술(task approach skills)은 미래의 자기 관찰 일반화를 투영하고 미래 사건에 관해 예측을 하려는 사람들이 사용하는 것으로 생각된다(나는 수학에 흥미가 있다. 고로 나는 엔지니어링을 전공해야 한다). 앞서 언급했듯이 TAS는 작업 습관(나는 믿을 만하다), 심적 갖춤새(나는 기대에 재빠르게 반응한다), 지각과 사고 과정(나는 시각화해서 만들어낼 수 있다), 수행 기준과 가치(나는 기술 좋은 교사이며 미술을 가르칠 기술을 사용할 수 있다) 같은 것들을 포함한다. 행위(actions)는 직무를 지원하거나 학업 전공 분야를 바꾸는 것 같은 행동의 실천이다. 행위(행동)는 미래의 행동에 영향을 미치는 어떤 결과물(자기 혹은 외현적인 강화나 처벌)을 만들어낸다.

요약하면 한 개인은 인종, 성별, 체격, 특수 능력이나 장애 등 어떤 유전적 특성을 가진 채로 이 세상에 태어난다. 시간이 경과하면서 개인은 환경·경제·사회·문화적 사건과 조건을 접한다. 개인은 이렇게 맞닥뜨리는 것들로부터 학습하고 새로운 사건과 접촉에 적용되는 자기 관찰과 과제 접근 기술을 만들어 나간다. 이러한 접촉에서 축적되는 성공과 실패들은 사람들이 후속 학습 경험에서 일련의 행동들을 선택하는 데에 영향을 미치고, 성공을 이끌었던 이전의 선택과 유사한 선택을 할 가능성을 높이고 실패를 이끌었던 것과 유사한 선택은 피할 가능성을 높인다. 이 과정은 불안정성의 양상 때문에 복잡해지는데, 왜냐하면 개인은 지속적인 일련의 학습 경험의 결과로 변화하기 때문이다. 환경·문화·사회적 조건들은 역동적이기 때문에 상황 또한 변화한다(Mitchell & Krumboltz, 1990, 1996).

우연 학습 이론(Happenstance Learning Theory, HLT)에서, Krumboltz(2010; Krumboltz, Foley, & Cotter, 2013)는 계획되지 않은(우연) 사건을 포함해서 학습 경험에 대한 자신의 개념을 확장하는데, 이는 그의 초기 생각으로부터 벗어난 매우 합리적인 것이었다. 예를 들어 그의 초기

표 5.1 Krumboltz의 본래 그리고 최근(HLT) 커리어 의사결정 모형

본래 모형 : 내담자 돕기	HLT 모형 : 내담자 돕기
1. 결정이 내려질 필요가 있다는 것을 인식하도록	내담자들이 우연을 지향하도록 돕고 계획된 사건 및 계획되지 않은 사건들에 대해 긍정적 관점을 개발시키도록 돕고 그것들이 제시하는 기대하지 않았던 것과 기회들을 예상하도록 도움
2. 결정 내려야 할 것을 정의하도록	만족의 근원을 밝혀내도록 도움 : 학습을 자극하도록 자기 관찰 일반화의 사정을 수행. 사정은 학습을 자극하는 것이지 개인과 직무를 짝지어주기 위한 것이 아님
3. 자기 관찰을 사정하도록	'왜' 그들이 과거에 성공하거나 실패했는지를 확인하는 것을 도움, 기술 분석(지속성, 유연성, 낙관성, 위험 감수), 역기능적 사고
4. 대안적 선택안을 창출해내도록	계획된 사건과 계획되지 않은 사건의 부정적이고 긍정적인 양상을 재구성하는 것을 도움 : 무엇이 기회였는가? 당신은 무엇을 했는가? 당신은 무엇을 할 수 있었나?
5. 대안들에 대한 정보를 수집하도록	역기능적인 사고를 제거하도록 도움, 계획된 그리고 계획되지 않은 사건들을 만들어내기 위해 행동하도록 도움
6. 선택과 종결을 택하고 이행하도록	그들의 진행과 내담자의 작업을 평가하고 커리어 상담이 단 한 번의 사건이 아니라는 생각이 서서히 생겨나도록 도움. 커리어 선택은 진행 중인 과정이라는 생각을 갖도록 도움

의사결정 모형을 검토하고 그것을 우연 학습 이론과 비교해 보라(표 5.1 참조).

Krumboltz의 이론의 입장과 활용 Krumboltz의 초기 이론의 진술(Krumboltz, 1996; Mitchell & Krumboltz, 1996)은 연구자들로부터 단지 일련의 주목만을 끌었다. 하지만 그의 생각은 본래 시작할 때 혹은 2010년에 그의 이론을 재구성하여 진술할 때 커리어 상담에 대해 매력적인 기초를 제기한다. 우연 학습 이론에서 Krumboltz는 커리어 상담의 목표가 의사결정자인 개인의 특질에 기초해서 직업을 선택하는 것이어야 한다는 전통적인 견해를 거부한다. 그보다 그는 목표가 불확실성으로 가득찬 변화무쌍한 세계와 협상하기 위해 필요한 자기 지식과 기술의 획득을 촉진하는 것이어야 한다고 제안한다. 그는 사람들이 자신의 신념을 확인하고 이것을 자신의 흥미와 통합시키는 것을 돕기 위해 커리어신념검사(Career Belief Inventory)(Krumboltz, 1991)와 이에 따른 워크북(Levin, Krumboltz, & Krumboltz, 1995)을 개발했다. Krumboltz에 따르면 지속적으로 자신에게 제시된 학습 기회를 활용하는 것을 배우지 못한 사람들은 잘못된 결정을 내릴 것이다. 무엇보다도 커리어 상담은 내담자들에게 제시되는 학습 기회를 그들이 인식하고 그것으로부터 혜택을 얻도록 준비되어야 한다. 커리어 상담은 다음의 네 가지 생각을 염두에 두고 진행되어야 한다.

1. 내담자는 상담과정에 진입할 때 자신의 지위에 의존하지 말고 자신의 지식과 기술을 확장시킬 준비를 해야 한다. 커리어 상담자는 내담자들이 자신의 현재 지위를 발견하고 변화와 성장에 대한 계획을 그려나가도록 도와줘야 한다. 변화를 설계함으로써 내담자들은 자신의 기회 구조들을 확장시킨다.
2. 내담자들은 끊임없이 변화하는 직업들의 전망에 대해 준비할 필요가 있다.
3. 비록 내담자의 현재 커리어 발달 문제를 진단하는 것이 커리어 상담과정에서 한 단계이지만, 그것만으로 충분하지 않다. 내담자들은 변화하는 세계의 스트레스원에 대처하도록 권한을 부여받을 필요가 있다.
4. 커리어 상담자들은 자신의 내담자에게 광범위하게 집중하고 내담자들이 직면하는 직무 관련 문제들을 해결할 수 있도록 도와줄 필요가 있다. 내담자들은 자신의 가치와 그것을 만족시키는 것들을 이해할 필요가 있다. 그들은 작업장에서 승진하고 은퇴 후의 계획을 세우는 방법을 포함해서 자신의 삶에 대한 통제력을 가지며 작업장에서의 문제들을 다룰 수 있어야 한다.

언급했듯이 커리어 상담에 대한 Krumboltz의 접근은 상당한 이점이 있고, 특히 우리 사회 내에서 투표권이 없는 사람들과 소외된 집단에 도움이 된다. Krumboltz는 이러한 집단의 구성원이 현재의 상황을 수용하도록 하는 것에 만족하지 않을 것이다. 그는 일부 내담자들이 부정적인 환경에 처해 있다는 것을 인정하면서, 노력과 성취에 대해 정적 강화를 사용할 것이다. 그는 내담자들이 커리어 관련 과제를 준비하도록 하고, 그들에게 모방할 수 있는 역할 모델을 안내하기 위해 행동적 시연과 인지적 연습을 사용할 것이다. 그는 성장과 학습을 제한하고 내담자들이 근접한 목표와 궁극적인 목표를 수립하도록 돕는 신념에 맞서게 될 것이다. 요약하면 Krumboltz는 개인주의적 관점을 지닌 인종과 민족, 소수집단은 물론 남성과 여성들에게 적용될 수 있는 커리어 상담에 대한 역동적인 접근을 약술한다. 나는 Krumboltz의 접근이 집합주의적 관점을 지닌 내담자들에게도 역시 유용하도록 쉽게 대체될 수 있다고 믿는다. 기법들이 일부 사고에 침투하는 것은 어떤 내담자를 소외시킬 수 있다. 내담자는 한 개인이라기보다 가족이거나 집단일 수도 있고 일부 기법들은 가족 내의 의사결정자가 자신에게 마땅한 존경을 보여줄 수 있도록 조절될 것이다. Krumboltz가 약술한 접근은 소수민족 및 인종 그리고 게이, 레즈비언, 양성애자, 트랜스젠더 내담자를 포함한 차별을 두려워하는 사람들에게 적용 가능하다.

연습문제 5.1

Krumboltz의 우연 학습 이론을 실습하기 위해 우연 사건이 우리의 삶을 형성하는 데에 중요한 역할을 한다는 생각을 받아들이는 것이 중요하다. 당신의 삶에 긍정적인 영향을 미쳤던 세 가지 우연 사건을 열거하라. 이 사건들이 커리어 사건이나 선택과 관련이 있을 필요는 없다.

1. _____
2. _____
3. _____

이제 당신의 삶에 부정적인 영향을 미쳤던 세 가지 우연 사건을 열거하라.

1. _____
2. _____
3. _____

커리어에 대한 사회인지적 관점

사회인지 커리어 이론(Social Cognitive Career Theory, SCCT)은 앨버트 반두라(1986)의 사회인지 이론에 기초하는데, Krumboltz의 이론과 어느 정도 유사하다. 이 이론은 또한 일부 중요한 방식에서 그의 이론으로부터 벗어나 있다. 벗어난 부분 중 가장 중요한 것은 Lent, Brown과 Hackett(1994, 1996, 2002)이 자기조절인지를 크게 강조했다는 것인데, 특히 이것은 자기 효능감 기대와 연관성이 있으며, 1986년에 밝힌 반두라의 입장과 일치한다. 자기 효능감 신념은 개인이 특정 과제를 수행하는 능력에 대해 보유하고 있는 역동적이고 끊임없이 변화하는 자기 지각이다. 그들은 "SCCT를 만들어 가면서 우리는 흥미의 형성, 커리어 선택 및 수행과 가장 관련이 있는 것으로 보이는 반두라의 이론 측면을 적용하고, 정교화하고, 확장하려고 노력했다."고 말한다(Lent

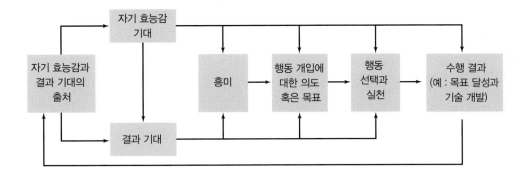

그림 5.1 커리어 흥미가 시간에 걸쳐 발달하는 방식에 대한 모형

출처 : Copyright ⓒ 1993 by R. W. Lent, S. D. Brown, and G. Hackett. Reprinted by Permission of Professor R. W. Lent, University of Marylan.

et al., 2002, p. 258). SCCT는 그림 5.1에 묘사되어 있고, 사회인지 이론의 핵심 명제는 다음과 같다.

1. 사람과 환경 간의 상호작용은 매우 역동적이다. 결과적으로 개인은 환경의 영향을 받으면서 동시에 환경에 영향을 미친다.

2. 커리어 관련 흥미와 행동은 개인의 성별, 성적 지향, 인종, 민족성, 장애, 행동, 자기 효능감 신념, 결과 기대, 목표, 그리고 유전적으로 결정된 특성 등 몇 가지 양상에 의해 영향을 받는다. 보편적인 문화를 포함한 맥락 변인 그리고 교육 기회, 가족 구성, 특정 문화의 영향 같은 공동체 사회 변인들과 학습 경험들은 자기 효능감 신념과 결과 기대를 만들어낸다.

3. 자기 효능감 신념과 결과 기대는 상호작용하면서 흥미의 발달에 직접적으로 영향을 미친다. 사람들은 가치 있는 결과물을 산출하기 위해(결과 기대) 자신이 잘 수행할 수 있다고 믿는 (자기 효능감) 일에 흥미를 가지게 된다. 하지만 사회 · 경제적 변인이나 다른 맥락 변인들 때문에 모든 사람이 자신의 커리어 흥미에 의해 행동할 수 있는 것은 아니다.

4. 성별, 인종, 신체적 건강, 장애 및 환경적 변인들이 결과 기대뿐 아니라 자기 효능감의 발달에 영향을 미치며, 궁극적으로 목표와 수행에 영향을 미친다. 남성과 여성들의 커리어 추구는 그들의 맥락에 의해 확장되거나 제한될 수 있고, 학교나 가족과 같은 생애 역할 혹은 다른 자기 지시적 활동으로 이어질 수 있다.

5. 실제 커리어 선택과 이행은 자기 효능감, 결과 기대, 목표 이외에 수많은 직접적이고 간접적인 변인들에 의해 영향을 받는다. 커리어 선택과 발달에 대한 직접적 영향에는 차별, 수요와 공급에 영향을 미치는 경제적 변인, 그리고 의사결정자의 문화가 포함된다. 간접적인 영향에는 우연한 사건들이 포함된다. Lent(2013)는 흥미에 기초해서 행동할 때 경제적 변인이 커다

란 장벽이 될 수 있다고 제안한다.

6. 교육 관련 활동과 직업 장면에서의 수행은 능력, 자기 효능감 신념, 결과 기대, 그리고 세워 놓은 목표 간의 상호작용의 결과이다. 모든 조건이 동일하다면, 가장 높은 수준의 능력과 가장 강한 자기 효능감 신념을 가진 사람이 가장 수행 수준이 높다. 하지만 사람들이 자신의 환경과 상호작용하면서 자기 효능감 신념과 결과 기대는 계속 변해 간다.

연습문제 5.2

당신은 SCCT를 적용하는 커리어 상담자이고, 당신의 내담자는 어떤 직업 목표를 선택해서 향해 가는 것에 대해 동기부여가 안 되어 있는 것으로 보인다. 정신건강의 문제가 없다고 가정할 때, 그러한 경우의 이유에 대해 당신의 최선의 추측은 무엇이 되겠습니까?

힌트 : 해답은 핵심 명제 6에서 발견할 수 있고, 한 가지 이상일 수 있다.

L의 사례

L은 2학년 2학기에 필요한 전공 선택이라는 과제에 부딪힌 20세의 백인 여성이다. 그녀는 또한 일정을 잡았던 비서의 메모에 따르면 자신의 선택이 커리어에 미치는 영향에 관해 이야기 나누기를 원했다. 우리는 심리 측정 실험에서 스트롱 흥미검사를 실시한 결과 그녀의 프로파일은 커리어의 방향성을 나타내 주지 못했다.

내담자   전 너무나도 혼란스러워요. 전 철학을 전공하는 것에 대해 생각해 왔고, 아버지께 얘기했을 때 제 아버지는 격노하셨습니다. 아버지는 정확하게 돈을 끊겠다고 위협하지는 않았지만, 대학에 다니는 대신 집에 돌아와 인근 지역 전문대학에 있는 직업 프로그램 중 하나에 등록해야 한다고 제안했습니다. 거기에는 아버지가 좋아하는 간호 프로그램이 있었습니다. 물론 나는 이곳 간호 프로그램에 들어갈 것이고 친구 말에 따르면 여름 학기를 추가하면 4년 만에 학위를 받을 것입니다.

상담자   왜 당신은 철학이 자신에게 잘 맞을 것이라고 생각하시나요?

내담자   철학 교수님은 제 보고서를 정말 좋아하셨어요. 그중 3개 모두에서 A를 받았고 학점도 A학점이었습니다. 교수님은 제게 철학을 전공해야 한다고 말했어요.

상담자   그럼 당신 아버지는 간호가 잘 맞는다고 생각했고, 교수님은 철학을 제안하신 거군요. 마치 당신이 대학 내 간호 프로그램 선택안을 어느 정도 탐색해 본 것처럼 들리는군요.

내담자   기숙사에서 함께 묵고 있는 여학생이 간호 전공이에요. 그녀에게 얘기했었죠.

상담자   그녀와 대화한 후에 당신은 어떤 생각을 하셨습니까?

내담자   그 여학생은 간호를 사랑하고 내가 그 과정을 밟아가야 한다고 생각해요. 그녀는 수많은 직업이 존재하고 돈은 좋은 것이라고 말했어요.

상담자   당신이 고려하는 다른 커리어 선택안이 있나요?

내담자   룸메이트는 경영 대학원에 입학하기를 기대해요. 만일 제가 많은 돈을 벌기 원한다면 그녀는 경영이 최선의 대안이라고 할 것이고, 전 많은 돈을 벌고 싶어요. 전 경영 대학원에 들어갈 학점은 돼요. 저는 그것을 약간 생각해 왔어요. [L이 고려했었던 환상적인 커리어 선택안 중 일부를 몇 분간 논의한 후에, L은 좋은 학점, 총명함, 실현 가능한 많은 커리어 선택안을 가진 재능 많은 학생들과 같아 보였다. 그리고 우리의 대화는 새로운 방향을 취했다.]

내담자   저는 누가 커리어 전문가가 여기에 있다고 말해 주었기 때문에 이곳 센터에 왔고, 접수 창구의 여성은 당신이 커리어 상담 전문가라고 말해 주었습니다. 솔직히 전 그것에 대해 생각하기가 피곤합니다. 전 선생님이 제게 어떤 커리어가 저에게 맞는지와 제가 선택해야 할 전공에 대해 말해 주었으면 합니다.

상담자   당신의 좌절감이 느껴지네요. 전 올바른 전공을 선택하는 것과 이것을 당신과 잘 맞는 커리어에 연결시키는 것이 얼마나 중요한지 잘 알고 있습니다. 하지만 제 직무는 당신이 자신을 위해서 올바른 선택을 하도록 도와주는 것입니다. 당신은 올바른 선택을 하는 것에 대해 매우 신중한 것처럼 보이고, 저는 당신의 노력에 찬사를 보냅니다. 당신이 제게 세 가지 정보를 줄 수 있다면 당신의 딜레마를 이해하는 데 도움이 될 것 같습니다. 첫 번째, 1점에서 10점 척도를 사용해서 지금 당신이 커리어 선택을 할 준비가 되었다고 어느 정도 확신하는지 말해 주십시오. 1은 자신이 거의 없는 것이고 10은 거의 완벽히 자신이 있는 것입니다.

내담자   [주저 없이] 전 1입니다. 그게 제가 여기 온 이유예요.

상담자   알았습니다. 똑같은 척도를 사용해서 제 도움 없이 직무 기술서와 직업에 대한 소득 정보 같은 정보들을 수집할 수 있는지에 대해 어느 정도 자신이 있습니까?

내담자   [미소 지으면서] 그건 10이지만, 도움이 필요할 겁니다.

상담자   좋습니다. 다음의 정보는 당신이 설명하기에 조금 더 어려울 수도 있습니다. 당신이 자신의 전공에 대해 결정하려 시도하거나 자신이 선택하는 것을 상상할 때, 당신이 경험할 수 있는 자신의 감정이나 어떤 생각들을 기술해 주세요.

내담자   그건 어렵지 않습니다. 초초하다거나 불안해진다는 것은 아마 심리학 교수가 쓸 단어인 것 같습니다.

상담자   불안과 함께 오는 어떤 생각도 없습니까?

내담자   물론 있죠. "난 이걸 잘 해낼 수 없어. 아마 난 망치게 될 거야."

상담자   1부터 10점 사이의 척도를 다시 해보죠. 1점부터 10점 사이의 척도에서 1점은 거의 불안이 없는 것이고 10점은 매우 높은 불안이라고 가정하고, 전공에 대해 생각하거나 선택하려고 할 때 당신은 얼마나 불안해지십니까?

내담자   10점이나 1점은 아니지만, 높은 편에 속합니다. 손바닥이 실제로 땀에 젖습니다. 제 생각에는 8이나 9점 정도라고 생각해요. 이상한 기분입니다.

상담자   알겠습니다. 당신은 다른 사람들이 선택하는 것을 보고, 그들이 쉽게 하는 것처럼 보였네요. 당신에게 힘들기 때문에 이상하게 느끼고 있고요. 당신이 하는 것과 똑같은 문제를 가진 사람들이 많이 있다는 것을 확신시켜 드리겠습니다. 그 사람들과 당신은 교육과 커리어 관련 결정에 부딪히게 될 때 불안해집니다. 저는 당신이 불안을 줄이고 이후에 전공을 선택하고 당신이 선택한 전공과 관련된 예비 커리어 결정을 내리는 것을 도울 수 있다고 확신합니다.

내담자   저는 사실 선생님이 제게 무엇을 해야 하는지 말해 주길 원하지만, 마치 그것이 좋은 생각은 아니라고 생각하는 것처럼 들립니다. 우리 아빠도 같은 생각을 했으면 좋겠습니다.

상담자   저는 당신에게 무엇을 해야 하는지를 말하는 당신의 아버지에 대해 약간의 분노가 느껴지는군요.

내담자   네. 그렇겠죠. 아버지는 제 인생 전체를 그렇게 대했어요. 저는 아버지가 제 스스로 결정을 내리기를 원한다고 생각하지만, 그는 저를 믿지 않아요. 과거에 저는 몇 번 안 좋은 결정을 내렸죠.

상담자 그건 과거 일이죠. 계속 진행해도 괜찮을까요? 당신의 불안을 먼저 다루는 걸로요. 그리고 우리는 당신의 전공 그리고 그 결정에 이어 나타날 수 있는 몇 가지 커리어 선택 모두를 살펴보기 위해 계속 진행할 예정입니다. 그건 그렇고 당신은 결코 직업 선택 상황에 있지 않았군요. 대부분의 사람들이 평생 동안 6개 이상의 직업을 갖는다는 것을 아는 것이 당신을 거북하게 만들 수도 있습니다. 졸업을 하고 그 이후의 길로 나가는 길에 많은 일이 일어납니다. 우리가 함께하기를 원하는 것은 당신의 인생 전체에서 당신이 결정을 내릴 준비를 하도록 해줄 것입니다.

내담자 그건 좀 두렵습니다.

상담자 저도 그럴 것이라 알고 있습니다. 그것이 아마 당신을 더 불안하게 할 수 있습니다. 하지만 당신이 승낙한다면 우리는 계속 진행할 것입니다. 저는 심적 심상을 사용할 것인데, 즉 의사결정 상황에서 당신 자신을 상상하도록 하고 그런 심상에 동반하는 자기 대화를 밝혀내는 것입니다. 당신은 자신에게 불안을 얼마나 잘 통제하는지 그리고 잘 해낼 때 자신을 칭찬하는지를 평가하도록 요청할 것입니다. 일단 당신이 불안을 통제할 수 있으면 우리는 검사 도구보다는 당신의 경험에 기초해서 흥미를 탐색할 것입니다. 몇 가지 우선적인 커리어를 파악하게 되면, 저는 당신에게 읽을거리, 웹사이트 그리고 당신이 고려하는 직업 내의 사람들에 대한 일부 관찰과 상호작용을 통해 그 커리어들을 탐색하도록 요청할 것입니다.

내담자 저는 고등학교 상담자로부터 삶에서 제가 원하는 모든 것을 할 수 있을 것이라고 들었습니다. 그것은 절 고무시켰지만, 아주 특별하지는 않았습니다.

상담자 결국 당신은 구체적일 필요가 있지만, 당신이 전공과 커리어 대안을 살펴보게 되면 너무 빠르게 결정하게끔 몰아붙이거나 불편하게 만들어서 선택 시도를 멈추게 만드는 불안을 경험할 수 있습니다. 그런데 당신이 만약 당신의 아버지를 그 과정 안에 포함시키길 원한다면 그것은 당신에게 달려 있습니다.

내담자 그것이 꼭 필요하다고 생각하진 않습니다.

Lent, Brown 및 Hackett(1996; Lent, 2013)은 그들의 이론이 심리학 내에서 인지적 기능을 더욱 강조하는 것과 맥을 같이하고, Krumboltz의 사회 학습 이론 같은 초기의 이론들(Krumboltz, 1979; Mitchell & Krumboltz, 1996)이 커리어 관련 행동을 설명하기 위해 학습 역사에 너무 크게 의존하고 인지적 과정에 충분히 의존하지 않는다고 믿는다. 예를 들어 Krumboltz의 이론에서는 그렇지 않지만 조작적 조건 형성과 고전적 조건 형성 모두 이 이론에는 언급되지 않는다. Lent(2013)와 그의 동료들은 커리어 상담자들이 종종 자신의 흥미와 관련된 커리어 관련 행동에 관여하는 경향이 없는 내담자들을 다뤄야 한다고 인식하고, 그는 SCCT의 기법들이 이런 집단에도 유용하다고 제안한다.

사회인지 커리어 이론의 입장과 활용 사회인지 커리어 이론(SCCT)은 1994년에 Lent, Brown 및 Hackett에 의해 처음 발표되었다. 그 이후로 SCCT는 커리어 선택을 다루는 연구들에 상당한 영향을 미쳤다. 또한 수많은 중요한 측면에서 커리어 사정 과정(Betz & Borgen, 2000)에도 영향을 미쳤다. 게다가 SCCT가 커리어 상담의 실제에 영향을 미친다는 증거가 늘어나고 있다(Lent, 2013;

Sharf, 2013). Creager(2011)는 2010년에 발표된 커리어 발달 연구들을 광범위하게 검토했다. 그녀는 SCCT에 의해 자극받은 7개의 연구 논문과 1개의 '의견'을 냈다. 다른 이론들에 의해 자극받은 논문의 최빈치는 더 낮은 것으로 보였다. 2012년에도 SCCT가 연구 주제 선택에 큰 영향을 미치는 것으로 밝혀진 비슷한 개괄 연구가 발표되었다(Erford & Crockett, 2012). 이 리뷰와 다른 연구의 결과(Lent, 2013)는 SCCT에 기반한 커리어 상담이 청소년부터 장애인까지 다양한 내담자 그룹에 유용하다고 제안한다.

SCCT의 가정 중 한 가지는 자기 효능감과 흥미가 연결되어 있고 흥미가 모델링, 격려, 그리고 가장 강력하게는 수행 결정(performance enactment)을 사용함으로써 개발되거나 강화될 수 있다는 것이다. 따라서 성 유형 때문에 어떤 행동에 개입될 기회가 거의 없을 수 있는 여성 같은 내담자 집단은 이 이론을 적용해서 도움을 얻을 수 있다. Lent, Brown과 Hackett(2002)은 또한 SCCT가 차별이나 가난 때문에 직업적으로 관련된 활동에 관여할 기회가 거의 없는 소수민족과 인종 집단 같은 다른 집단의 구성원들과 작업할 때도 유용할 수 있다고 제안한다. 이들 연구자들은 수감된 여성들, 레즈비언과 게이, 정신적 질병을 가진 성인들에게 이론이 성공적으로 적용되어 왔다고 보고한다.

Lent와 동료들(2002)은 SCCT의 두 가지 커리어 상담 적용안을 제안한다. 첫 번째는 제3장에서 논의된 Dawis(1996)가 제안한 것과 비슷한 욕구, 가치, 적성을 다루는 전통적인 측정 자료를 수집하는 것으로부터 시작한다. 이 자료들은 개발해 왔던 기술들과 그런 기술들이 만족을 초래하는 방식으로 적용되는 상황을 밝히는 데 사용될 수 있다.

Lent와 동료들(2002)이 제안한 두 번째 적용안은 직업 구조를 대표하는 직업들을 포함한 수정된 직업 카드 분류의 사용이다. 처음에 내담자는 '불확실한 것' 그리고 '선택할 것'의 두 군데로 카드를 분류하도록 요청받을 것이다. 두 무더기의 카드는 다음에 자기 효능감(내가 필요한 기술을 가졌다면 선택할지도 모른다)과 결과 기대(내가 가치를 두는 것을 직업이 제공한다면 선택할지도 모른다)를 반영하는 범주로 나눠진다. 이런 분류 과정은 상담자가 분류 과정에서 어떤 직업을 제거하거나 유지하기 위한 의사결정과 내담자가 갖는 그런 인지의 정확성을 검증하기 위한 결정을 뒷받침하는 일부 내용을 밝혀내는 것을 도와준다.

Lent(2013)는 적절한 성격 특질, 의사결정 기술, 지지적인 환경 자원 및 그의 표현에 따르면 높은 수준의 성실성을 갖고 있는 청소년과 젊은 성인들은 종종 커리어 상담자와 상의하지 않는다고 주장한다. 상의하는 사람들은 커리어 선택안을 만들 필요가 있고, 장애물에 대처할 기술을 개발할 필요가 있고, 선택을 해나가고 선택한 것들에 대한 가족이나 또래 집단의 지지를 구축해야 할 필요가 있고, 목표 설정과 자기조절인지(예 : 나는 시간을 엄수할 필요가 있다)를 개발하는 것을 도와줄 필요가 있을 것이다.

앞 절에서 Mitchell과 Krumboltz(1996) 및 Krumboltz와 동료들(2013)이 제공한 커리어 상담에

대한 권장사항은 SCCT의 사용에 대한 전략을 토대로 검토되어야 한다. 비록 Lent와 그의 동료들 및 Krumboltz는 자신의 이론화 과정에서 일부 상이한 결론에 도달하긴 했지만, 두 이론 모두 앨버트 반두라(1977, 1986)의 생각에 뿌리를 두고 있다.

커리어 선택의 인지정보처리 모형

인지정보처리(CIP) 모형은 1991년에 처음 제시되었고(Peterson, Sampson, & Reardon, 1991) 2002년에 Peterson, Sampson, Reardon 및 Lenz에 의해 개정되었다. 방금 기술된 사회인지 모형처럼 이 이론도 학습 이론에 기초를 두고 있다. 하지만 자신의 이론의 기초로 반두라의 1986년 연구에 의지하는 Lent, Brown 및 Hackett과는 달리, Peterson과 동료들은 정보처리에 초점을 둔 학습 이론의 지류에 의존한다. 게다가 그들은 인지치료 전문가인 Meichenbaum(1977)의 연구에 의존해서 커리어 문제에 대한 개입의 권고사항의 기초로 삼았다.

커리어 선택의 CIP 이론 이해하기 커리어 결정에 관해서 사람들은 자기 지식과 커리어에 관한 지식의 두 가지 유형의 지식을 발달시키는데, 이것은 1909년에 처음 제시된 Parsons의 생각과 동일하다. Peterson과 동료들(2002)은 자기 지식의 발달은 과거 사건의 해석과 그런 사건들에 대한 인지적 재구성을 포함한다고 이론화시켰다. 회상과 재구성 과정은 과거와 현재로부터 회상된 것들을 짝짓는 것을 포함한다. (내가 이런 상황에 적용할 수 있는 나 자신과 직업에 대해 무엇을 배웠는가? CIP 모형에서 분명한 것은 만일 의사결정자가 자기 지식을 얻을 기회가 거의 없었거나, 직업 정보의 질이 좋지 못하거나, 혹은 과거 사건을 회상하는 능력이 제한되었다면(예 : 뇌의 외상에 기인한 기억 이슈), 의사결정 과정은 만족스럽지 못한 결과를 도출할 것으로 보인다. 더욱이 기본적인 의사결정 기술이 부족하거나(개인적 결정을 내릴 기회가 거의 없었던) 혹은 결정 불안 같은 문제를 가진 내담자들은 현명한 선택을 내릴 것 같지 않다.

의사결정 과정(결정하기)은 CASVE[Communication(의사소통), Analysis(분석), Synthesis(종합), Valuing(비교 판단/가치 평가), Execution(실행)]라는 약어로 표현될 수 있다. 의사소통(C) 단계는 문제가 존재하는 유기적 조직의 내부나 외부의 신호로부터 시작한다. 이러한 신호에 반응하면서 사람들은 문제의 양상들을 분석(A)하려 노력한다. 종합(S) 단계에서 사람들은 잠정적 해결안들을 만들어내고 현실적인 선택안을 찾아낸다. 가치 평가(V) 단계에서 개인의 가치 체계에 기초해서 비용-편익 분석이 진행된다. 마지막으로 선택된 대안들에 대한 실천을 위해 계획이 개발되고 실행(E)된다.

결정 과정에서 사용되는 복잡한 인지적 집행 과정인 메타인지는 의사결정 과정을 감찰하고 조절하는 데에 필수적인 인지적 기능이다. 여기에는 가까운 장래의 커리어 문제와 관련된 정보 획득, 저장, 검색, 처리 과정이 포함된다. 주된 메타인지에는 자기 암시(self-talk), 자기 인식(self-awareness), 관찰(monitoring) 및 통제(control)가 포함된다. 자기 암시는 의사결정자에 의해 자기 자신과 진행되는 내적인 대화이다. 최적의 의사결정 과정을 위해서는 이런 자기 암시의 전반적인 속성이 긍정적이어야 한다(예 : "나는 좋은 의사결정자이다.", "내가 할 수 있는 일이 많다."). 자기 인식은 자신이 가장 직접적으로 관련되어 있다는 사실을 깨닫고 불필요한 요소를 배제함으로써 의사결정자들이 과제를 계속해 나가도록 하는 메타인지이다. 관찰과 통제 기능은 시간적인 차원을 지닌다("의사결정 과정 중 나는 어디에 있는가?" 그리고 "이 시점에 나는 어디에 있어야 하는가?"). 이 메타인지는 또한 사람들로 하여금 언제 충분한 정보를 수집했고, 언제 되짚어 가야 하고, 과정 내에서 다음 단계로 넘어가야 할 때가 언제인지를 이해하도록 해준다.

커리어 상담자와 상담심리학자들에게 가장 큰 관심사는 어떤 이유로든 간에 좋은 의사결정을 하지 못하는 내담자이다. 커리어 사고검사(Career Thoughts Inventory, CTI)는 의사결정 문제의 다양한 양상들을 진단하기 위해 개발되었다(Sampson, Peterson, Lenz, Reardon, & Saunders, 1996). CTI는 다음과 같이 피라미드 내에 포함된 각 칸과 관련된 문항들로 이뤄져 있다.

꼭짓점 : 나의 결정에 대해 생각하는 것
중간 수준 : 내가 결정하는 방식에 대해 아는 것
피라미드의 기반 : 나 자신과 내 선택안에 대해 아는 것

앞서 언급했듯이 여기서 설명된 세 단계는 1909년의 Parsons 모형에 기초하고 있는데, 예외는 그가 개인의 결정에 관해 생각하는 것 대신에 진정한 논리를 적용하는 아이디어를 사용했다는 것이다.

이 피라미드는 실행 과정들, CASVE 주기, 자기 지식, 직업 지식을 다룰 수 있다. 이 도구는 CIP 이론을 실무자들에게 더 이롭게 만들어야 하며 연구자들을 또한 자극할 수 있다.

인지정보처리 모형의 입장과 활용　앞서 지적한 것처럼 CIP 모형은 1991년에 처음 발표되었다. 오늘날까지 이 모형을 다루는 연구와 저술은 일차적으로 이 이론의 발표자들이 노력한 결과였다. 2008년에는 2개의 연구가 발표되었으며(Clemens & Milsom, 2008; Paivandy, Bullock, Reardon, & Kelly, 2008), 그중 하나만이 이론의 저자 중 한 사람(Reardon)이 참여한 것이다. 이는 이 이론이 더 폭넓은 독자들을 유인할 수도 있다는 것을 제안하는 것이다.

CIP 이론을 적용하는 것은 개인이 잘 추론된 커리어 선택을 할 수 있는 준비 및 그런 선택을 할 그들의 인지적이고 감정적인 능력을 사정하는 것으로부터 시작한다. 준비 정도를 사정할 때 커리어 상담자들은 네 가지 요인을 검증해야 한다.

- 높은 수준의 자기 지식과 의사결정 과정에서 그런 지식을 사용하고자 하는 의지

- 일의 세계를 탐색하려는 의지
- 의사결정 과정에 대해 학습하고 관여하고자 하는 동기
- 부정적인 사고가 문제해결에 어떻게 영향을 미치는지에 대한 인식과 필요한 경우 지원을 탐색하려는 의지

커리어 상담자들이 두 번째로 관심을 갖는 것은 Peterson과 그의 동료(1991)가 복잡성 요인 (complexity factor)이라고 부르는 것이다. 요컨대 복잡성은 의사결정 과정에 십중팔구 영향을 줄 수 있는 맥락적 요인을 의미한다. 여기에는 가족 변인, 고용을 하는 조직, 사회 전체, 경제적 변인 등이 포함된다. 이 이론가들은 사람들이 차별에 대한 예상 같은 인지적 요인들 내지는 복잡한 맥락적 요인들에 대처하고 있다고 결론지었다. 준비도는 의사결정 혼란, 개입에 대한 불안, 외적 갈등 등 3개의 척도로 구성되어 있는 커리어 사고검사(Sampson et al., 1996)로 사정할 수 있다.

Peterson과 동료들(2002)은 커리어 상담을 위한 다음의 7단계 모형을 제시한다.

1. 초기 면접의 진행. 커리어 상담자는 내담자를 만나서 관계를 수립하고, 커리어 상담과정을 설명하며, 내담자의 욕구를 명확히 한다. 이 회기의 결말 시에 내담자는 이후에 개관할 수 있는 과정에 대한 정보를 받는다.
2. 예비 사정의 진행. 상담자와 내담자는 커리어 의사결정에 개입할 내담자의 준비 여부를 결정한다.
3. 서로 합의하여 문제를 정의하고 원인을 분석. 원인에는 행동적이고 인지적으로 부족한 부분이 포함되거나 훈련비를 마련하기 위한 돈의 부족 같은 환경적인 제약들이 포함될 수 있다. 상담자와 내담자 모두 문제에 대해 이해해야 한다.
4. 목표를 만들어내기. 목표는 획득 가능해야 하고, 조작적으로 정의되어야(구체적으로) 하며, 결과물과 연대표를 포함해야 한다.
5. 개인 학습 계획의 개발. 접촉할 수 있는 자원들과 내담자가 자신의 목표에 도달하는 것을 도울 활동들을 고려하라.
6. 개인 학습 계획의 실행
7. 목표 달성의 평가. 내담자가 미래의 의사결정을 위해 얻은 기술과 지식을 사용하는 것을 도와라.

CIP 모형이 소수민족과 인종 집단, 장애인, 게이, 레즈비언, 양성애자 및 성전환자 내담자들에 적용된 것에 대해서는 거의 정보가 없다. 이 모형이 우선적으로 자신만의 결정을 내리길 기대하는 사람들에게 적용되는 것은 분명하다. 더욱이 CTI(Sampson et al., 1996)는 다음과 같이 거슬리는 면이 있다. 내담자는 자신의 생각을 보고해야 하며, 일부 아시아계 미국인과 아메리카 원주민 같은 문화적 소수집단에게 사용하기에 부적절할 수도 있다(Brown, 2002).

사회경제학적 이론

제2장부터 제5장까지 제시된 이론 같은 심리학적 이론들은 개인의 커리어 발달의 다양한 측면을 설명하고 개인들이 그 과정을 관리하거나 그 안에서 도움을 얻도록 돕기 위해 개발되었다. 심리학자들과는 달리, 사회학자와 경제학자들은 소집단이나 대집단의 행동에 관심을 두는 경향이 있다. 사회학자들은 종종 가족 같은 소규모 집단에 초점을 두지만, 여성이나 소수집단 같은 대규모 집단에 관심을 가질 수도 있다. 일부 경제학자들은 소위 이중 노동시장(dual labor market)이라 불리며 전 세계 경제같이 전체 노동시장의 커리어 발달에 영향을 미치는 경제적 힘이나 근로자들의 수요와 공급이 임금과 직무 유지에 미치는 영향 등에 초점을 둘 수 있다. Hotchkiss와 Borow(1990, 1996) 그리고 Johnson과 Mortimer(2002)는 사회학자와 경제학자들이 직업 선택의 구조적 변인과 사회 · 경제적 지위 같은 상향적 직업 능력, 차별과 성 직업적 분리 같은 커리어 발달에 대한 장벽, 그리고 커리어에 영향을 미치는 노동시장의 고려사항들을 점점 더 강조한다고 보고한다. 이렇게 집단에 초점을 둔 접근들은 이러한 시점에 제시된 심리학적 접근들보다 개인의 통제 밖에 있는 요인들을 더 크게 강조한다. 하지만 모든 심리학 이론가들은 이런 구조적 변인들을 이해하는 것과 그들의 내담자들이 그것들을 적극적으로 마주칠 때 이를 대처하는 것을 준비하는 것의 중요성을 암암리에 혹은 직접적으로 인식한다.

지위 획득 이론

Hotchkiss와 Borow(1984, 1990, 1996)에 따르면, *The American Occupational Structure*(Blau & Duncan, 1967)의 발간은 지위 획득 이론(Status Attainment Theory, SAT)의 출현을 나타냈다. 최초에 SAT는 가족의 사회 · 경제적 지위가 교육에 영향을 미치고, 이는 차례로 진입하게 될 직업에도 영향을 준다고 가정했다. 가족의 중요성은 종종 사회화 과정에서 전달되는 메시지들에 초점을 맞춘 사회학적 연구에서 하나의 주제로 자리 잡아 왔다. 이후에 정신 능력과 같은 변인들과 사회심리학적 과정이라고 불렸던 것들이 SAT에 추가되었다. Hotchkiss와 Borow(1996)는 지금 모형에 세워져 있는 것처럼, 이론의 기본적 가정이 사회심리학적 과정을 통해 가족의 지위와 인지적 변인들이 결합해서 교육의 획득에 영향을 미치고, 이는 차례로 직업 획득과 소득에 영향을 준다고 제안한다. 일부 사회학자와 경제학자들은 SAT를 너무 단순한 것이라고 비난했고 그것에 대한 대안을 탐색해 왔다. 예를 들어 일부 학자들은 개인이 고용되는 기업의 유형에 초점을 맞춤으로써 직업의 획득을 설명하려 노력했다.

이중 노동시장 이론

이중 노동시장 이론은 우리의 노동시장에서 고용 기회를 제공하는 두 가지 유형, 즉 핵심 기업과 지엽적 기업이 있다고 가정한다. 핵심 기업(core firms)은 다소 잘 개발된 커리어 경로를 지니고 상향 이동에 대한 기회를 제공하는 내부 노동시장을 갖는다. 애플과 코카콜라 같은 기업들은 그들이 경쟁하는 시장 내에서 지배적인 역할을 맡는다. 그들은 자신들의 시장 내에서 입지를 향상시키기 위해 기술과 다른 도구들을 사용한다. 지엽적 기업(peripheral firms)은 근로자들에게 오랜 기간의 관여를 하지 않게 만드는 계절에 한정된 사업과 건설 사업을 포함한다. 대신 근로자들은 직무에 기초해 임금을 받고 더 이상 필요하지 않을 때는 임금을 받지 않는다. 이론에 따르면 이 기업 내의 근로자들은 상향 이동의 기회가 거의 없고, 연구는 이러한 주장에 대해 일부분 지지를 한다(Hotchkiss & Borow, 1996). Johnson과 Mortimer는 이중 노동시장 이론이 너무 단순하기는 하지만, 직업 획득에서 기업의 중요성을 지적한다고 주장한다.

인종, 성별, 커리어

사회학자들은 인종과 성별이 직업 획득과 수입에 미치는 영향에 대한 연구에서 중심에 있어 왔다. 이 연구는 아프리카계 미국인들과 대부분의 다른 소수인종과 민족들이 백인들보다 덜 번다는 것을 일관적으로 보여준다(노동통계국, 2013). 남성과 여성에 대한 임금 자료도 유사한 패턴을 보여주는데, 꾸준하게 여성이 남성에 비해 수입이 낮은 형태를 보여준다(노동통계국, 2013; Johnson & Mortimer, 2002).

커리어 발달 프로그램

비록 연구 노력이 광범위하지는 않았지만 사회학자들은 커리어 발달 프로그램에 참여하는 것이 청소년들과 젊은 성인들의 커리어 발달에 긍정적인 영향을 미친다는 것을 발견했으며(Johnson & Mortimer, 2002), 이것은 나중에 검토될 수많은 심리학적 연구들의 결과를 지지한다.

사회경제학적 이론의 입장과 활용　사회경제학 이론은 실무를 증진시키기 위해 개발된 것은 아니다. 이론의 목적은 커리어 선택 및 발달에 대한 사회학적이고 경제적인 요인들의 이해를 높이는 것을 돕는 것이다(Hotchkiss & Borow, 1996; Johnson & Mortimer, 2002). 이 이론들과 이로부터 성장해 나가는 연구는 기회 구조가 모든 집단에 대해 동등하지 않다는 것을 나타낸다. 개인은 사회학적 사고에서 중요한 변인이며, 여기서는 특히 인종, 민족, 학업 적성, 성별 같은 변인에 관심을 갖는데 모두 광범위하게 연구되어 왔다. 하지만 사회학자들은 심리학자나 상담자들보다 사람들이 성장하고, 발달하고, 열망하는 사회적 맥락을 더 고려하는 경향이 있다. 직업 선택과 관련된 가족의 사회적 지위는 몇십 년간 사회학자들에게 큰 관심사였고 궁극적인 직업 획득의 강력한 예측 변인임이 발견되었다. 여성의 직업적 차별과 소수집단의 사회경제적 계층화와 같은 연구들은 만일 이러한 오래 지속되는 문제들을 해결하기 위해서는 커리어 상담자와 다른 사람들에게 현장에서의 특별한 노력과 옹호가 필요하다는 것을 상기시켜 주는 역할을 해야 한다.

요약

학습 이론에 기반을 둔 커리어 선택 및 발달 이론들이 이 장에서 강조되었다. 또한 사회경제학적 이론들도 간단히 논의되었다. 학습 이론들은 많은 유사점을 지니며, 특히 개인(가족이나 집단과는 대조적으로)이 의사결정자가 될 것이라는 가정에 기초한 Krumboltz(Mitchell & Krumboltz, 1996)의 이론과 Lent와 동료들(2002)의 이론이 그렇다. 집합주의적 사회 가치를 지니고 자기 공개에 대해 우려하는 사람들에게 그 이론을 적용하는 것은 제한적일 수 있다.

이 장의 퀴즈

T F **1.** 자기 효능감의 중요성은 커리어 의사결정에 대한 Krumboltz의 학습 이론의 설명에서 강조된다.

T F **2.** 이 장에서 제시된 커리어 발달 이론들에서 가장 자주 나타나는 두 가지 주제는 자기 지식과 커리어에 대한 지식의 중요성이다.

T F **3.** Lent와 그의 동료들은 SCCT와 Krumboltz의 이론의 차이점은 그들의 이론의 기반이 확고하게 기본적 학습 이론에 있다는 것이라고 주장한다.

T F **4.** 지위 획득 이론은 처음에 가족의 SES가 개인의 직업 선택 시 우선적인 변인이라는 생각에 기반하였다.

T F **5.** SCCT에 따르면 자기 효능감과 결과 기대는 개인이 자신의 환경 내의 활동에 관여하면서 발달하고 궁극적으로 흥미의 구체화를 초래한다.

T F **6.** 커리어 상담 및 발달에 대한 CIP 모형은 이 장에서 논의된 사회 학습 이론에 뿌리를 둔 세 가지 모형 중 하나이다.

T F **7.** SCCT와 Krumboltz의 사회 학습 이론은 반두라의 학습 이론에 기초한다.

T F **8.** SCCT에서의 사정은 이론의 저자에 따르면 정량적으로나 정질적으로 진행할 수 있다.

T F **9.** 이중 노동시장 이론은 미국 내에서 남성과 여성이 실제로 노동시장에서 분리되어 있다고 가정한다.

T F **10.** HLT는 직업 선택 과정에서 계획되지 않은 생애 사건들이 계획된 사건만큼 중요할 수 있다는 이론을 제시한다.

(1) F (2) F (3) F (4) T (5) T (6) F (7) T (8) T (9) F (10) T

참고문헌

Bandura, A. (1977). *Social learning theory.* Englewood Cliffs, NJ: Prentice-Hall.

Bandura, A. (1986). *Social foundations of thought and action: A social-cognitive theory.* Englewood Cliffs, NJ: Prentice-Hall.

Betsworth, D. G., Bouchard, T. J., Cooper, C. R., Grotevant, H. D., Hansen, J., Scarr, S., & Weinberg, R. A. (1994). Genetic and environmental influences on vocational interests assessed using biological and adoptive families and twins. *Journal of Vocational Behavior, 44,* 263-278.

Betz, N. E., & Borgen, F. H. (2000). The future of career assessment: Integrating vocational interests with self-efficacy and personal style. *Journal of Career Assessment, 8,* 329-338.

Blau, P. M., & Duncan, O. D. (1967). *The American occupational structure.* New York, NY: Wiley.

Brown, D. (2002). The role of work and cultural values in occupational choice, success, and satisfaction. *Journal of Counseling and Development, 80,* 48-56.

Bureau of Labor Statistics. (2013). Earnings and employment by occupation, race, ethnicity, and sex, 2010. Retrieved from http://www.bls.gov/opub/ted/2011/ted_20110914.htm

Clemens, E. V., & Milsom, A. S. (2008). Enlisted service members' transition into the civilian world of work: A cognitive information processing approach. *Career Development Quarterly, 561,* 246-256.

Creager, M. F. S. (2011). Practice and research in career counseling and development—2010. *The Career Development Quarterly, 59,* 482-527.

Dawis, R. V. (1996). The theory of work adjustment and person-environment-correspondence counseling. In D. Brown & Associates, *Career choice and development* (3rd ed., pp. 75-120). San Francisco, CA: Jossey-Bass.

Dolliver, R. (1967). An adaptation of the Tyler vocational card sort. *Personnel and Guidance Journal, 45,* 916-920.

Erford, B. T., & Crockett, S. A. (2012). Practice and research in career counseling and development—2011. *Career Development Quarterly, 60,* 290-332.

Hotchkiss, L., & Borow, H. (1984). Sociological perspectives on career choice and attainment. In D. Brown & Associates, *Career choice and development* (pp. 137-168). San Francisco, CA: Jossey-Bass.

Hotchkiss, L., & Borow, H. (1990). Sociological perspectives on work and career development. In D. Brown & Associates, *Career choice and development* (2nd ed., pp. 262-307). San Francisco, CA: Jossey-Bass.

Hotchkiss, L., & Borow, H. (1996). Sociological perspectives on work and career development. In D. Brown & Associates, *Career choice and development* (3rd ed., pp. 281-336). San Francisco, CA: Jossey-Bass.

Jang, K. L., Livesley, W. J., & Vernon, P. A. (1996). Heritability of the big five personality dimensions and their facets: A twin study. *Journal of Personality, 64(3),* 577-591.

Johnson, M. K., & Mortimer, J. J. (2002). Career choice and development from a sociological perspective. In D. Brown & Associates, *Career choice and development* (4th ed., pp. 37-84). San Francisco, CA: Jossey-Bass.

Krumboltz, J. D. (1979). A social learning theory of career choice. In A. M. Mitchell, G. B. Jones, & J. D. Krumboltz (Eds.), *Social learning theory and career decision making* (pp. 113-147). Cranston, RI: Carroll Press.

Krumboltz, J. D. (1991). *Manual for the Career Beliefs Inventory.* Palo Alto, CA: CPP Books.

Krumboltz, J. D. (1996). A learning theory of career counseling. In M. Savickas & B. Walsh (Eds.), *Integrating career theory and practice* (pp. 313-360). Palo Alto, CA: CPP Books.

Krumboltz, J. D. (1998). Serendipity is not serendipitous. *Journal of Counseling Psychology, 45,* 390-392.

Krumboltz, J. D. (2010). The happenstance learning theory. *Journal of Career Assessment, 17,* 135-154.

Krumboltz, J. D., Foley, P. F., & Cotter, E. W. (2013). Applying happenstance learning theory to involuntary career transitions. *The Career Development Quarterly, 61,* 15-26.

Krumboltz, J. D., Mitchell, A. M., & Jones, G. B. (1976). A social learning theory of career selection. *Counseling Psychologist, 6,* 71-81.

Lent, R. W. (2013). Social cognitive career theory. In S. D. Brown & R. W. Lent (Eds.), *Career development and counseling* (pp. 115-146). New York, NY: John Wiley & Sons.

Lent, R. W., Brown, S. D., & Hackett, G. (1994). Toward a unifying social cognitive theory of career and academic interest, choice, and performance. *Journal of Vocational Behavior, 45,* 79-122.

Lent, R. W., Brown, S. D., & Hackett, G. (1996). Career development from a social cognitive perspective. In D. Brown & Associates, *Career choice and development* (3rd ed., pp. 373-422). San Francisco, CA: Jossey-Bass.

Lent, R. W., Brown, S. D., & Hackett, G. (2002). Career development from a social cognitive perspective. In D. Brown & Associates, *Career choice and development* (4th ed., pp. 255-311). San Francisco, CA: Jossey-Bass.

Levin, A. S., Krumboltz, J. D., & Krumboltz, B. L. (1995). *Exploring your career beliefs: A workbook for the Career*

Beliefs Inventory with techniques for integrating your Strong and MBTI results. Palo Alto, CA: CPP Books.

Meichenbaum, M. (1977). *Cognitive behavior modification.* New York, NY: Plenum.

Mitchell, L. K., & Krumboltz, J. D. (1990). Social learning approach to career decisions: Krumboltz's theory. In D. Brown & Associates, *Career choice and development* (2nd ed., pp. 308-337). San Francisco, CA: Jossey-Bass.

Mitchell, L. K., & Krumboltz, J. D. (1996). Krumboltz's theory of career choice and counseling. In D. Brown & Associates, *Career choice and development* (3rd ed., pp. 233-280). San Francisco, CA: Jossey-Bass.

Paivandy, S., Bullock, E. F., Reardon, R. C., & Kelly, F. D. (2008). The effects of decision making style and cognitive thought patterns on negative career thoughts. *Journal of Career Assessment, 16,* 474-487.

Parsons, F. (1909). *Choosing your vocation.* Boston, MA: Houghton-Mifflin.

Peterson, G. W., Sampson, J. P. Jr., & Reardon, R. C. (1991). *Career development and services: A cognitive approach.* Pacific Grove, CA: Brooks/Cole.

Peterson, G. W., Sampson, J. P., Jr., Reardon, R. C., & Lenz, J. G. (2002). A cognitive information processing approach. In D. Brown & Associates, *Career choice and development* (4th ed., pp. 312-373). San Francisco, CA: Jossey-Bass.

Sampson, J. P. Jr., Peterson, G. W., Lenz, J. G., Reardon, R. C., & Saunders, D. (1996). *Career Thoughts Inventory.* Odessa, FL: Personality Assessment Resources.

Sharf, R. S. (2013). *Applying career development theory to counseling* (6th ed.). Pacific Grove, CA: Brooks/Cole.

제 6 장

맥락주의 이론과 적용 및 커리어에 대한 혼돈 이론

 >>>>>>>>>> **기억해야 할 것들**

- 자기의 발달에서 맥락의 중요성
- 현대주의 이론과 포스트모던 이론 간의 차이점
- 맥락주의자들과 혼돈 이론가들의 언어
- 포스트모던 커리어 상담의 과정, 특히 사정 도구들

커리어 발달과 상담에 대한 네 가지 이론이 이 장에서 논의될 것이다. 논의는 Young, Valach 및 Collin(2002)에 의해서 개발되고 Young, Marshall 및 Collin(2007)에 의해 확장된 맥락주의자 이론으로 시작한다. 이것은 가장 최근에는 Savickas(1995, 1997, 2013)에 의해 세련된 방식으로 발전된 이론으로 이어지고 있다. Savickas의 맥락주의자 모형은 잘 만들어졌지만, 그의 이론은 다소 복잡하다. 이것은 처음 읽고 의미를 파악하기 어려울 수 있고 그 이유 때문에 쉽게 무시해 버릴 수 있다. 만일 당신이 실무를 위해 포스트모던의 토대를 고려하고 있다면, Savickas를 무시하는 것은 실수일 것이다. 중요하게도 Savickas는 독자가 두 가지 견해에 대해 더 잘 이해할 수 있도록 전통적인 현대적 접근 방식과 구성주의적 아이디어 사이에서 가교 역할을 하고 있다.

제1장에서 나는 현대적 사고와 포스트모던 사이의 차이에 대한 논의를 시작하였다. 나는 현대주의의 가정을 펼쳐가면서 그 논의를 제3장까지 진행했다. 이 시점에서 포스트모던적 사고의 기본적인 원리가 개괄될 것이다.

포스트모던 이론들은 종종 구성주의적 이론들로 언급되는데, 커리어 선택과 발달 이론 중 비교적 새롭게 추가된 내용이다. 이 이론들은 근본적으로 실증주의적 철학에 기초한 이론들의 가정으로부터 출발한다. 다음의 가정들은 이 이론들을 뒷받침한다.

1. 인간 행동은 비선형적이며 따라서 객관적 견지에서 연구될 수 없다.

2. 원인–결과 관계는 밝혀질 수 없다.

3. 개인들은 그들이 기능하는 맥락을 벗어나서 연구될 수 없다.

4. 연구 자료는 다른 사람들이나 집단에 일반화될 수 없다.

5. 연구는 가치로부터 자유로운 과정이 아니다. 연구자들의 가치는 실제로 연구 과정을 이끌어야 한다.

6. 학생들이 말하는 이야기(담화)는 자료에 대한 정당한 출처이다.

7. 연구는 목적으로부터 자유롭다. 이것은 보여준 욕구에 기초한 실제 효과에 대한 탐색이다. 무작위 표본은 목적을 둔 표집, 즉 연구에 의미 있는 방식으로 응할 수 있는 사람들을 연구하는 것으로 대체된다. 예를 들어 직업 선택에서 성역할 고정관념을 이해하기 위해서 연구자는 다른 변인들에 기초해서 결정을 내린 사람들이 포함된 무작위 표집을 선택하는 것보다 고정관념 때문에 커리어를 선택한 대상자들을 알고 있는 상태에서 선택할 수 있다.

8. 커리어 상담자들은 다른 내담자들의 이야기(담화)에 초점을 맞추고, 정질적 사정 절차를 사용하고, 내담자들이 기능하는 맥락에 대한 그들의 지각에 기초해서 내담자들이 커리어 목표를 세우도록 돕는다.

9. 자기는 개인과 그들의 맥락 사이에서의 지속적인 상호작용 과정을 통해 발달한다.

10. 일부 포스트모던 이론가들은 객관적인 자기, 즉 관찰될 수 있고, 측정될 수 있고, 다른 것들과 비교될 수 있는 것에 대한 아이디어(예 : 흥미와 적성)를 수용한다. 다른 사람들은 이런 생각을 거부한다.

시작 문단에서 제시했듯이 이 장의 모든 이론이 포스트모던의 철학적 사고 그 자체에서 뻗어나온 것은 아니다. Bloch(2005) 및 Bright와 Pryor(2005)는 그들의 이론화를 위한 발판으로서 혼돈 이론을 사용했다. 하지만 이 장에서 논의된 모형 모두는 선형적 사고와 인과관계의 아이디어를 거부한다. 몇몇 물리학자들의 마음에 기원을 두고 있는 혼돈 이론의 원칙은 이 장의 뒤에서 살펴볼 것이지만, 혼돈은 일반적인 의미에서와는 달리 물리학에서는 상이한 의미라는 것을 주목하는 것이 중요하다. 혼돈은 일반적으로 '광범위하게 통제를 벗어난' 것을 의미하는 것으로 가정된다. 물리학자들에게 혼돈은—가족 같은 열린 체계에 적용될 때—역학적으로 불안정하지만 반드시 통제를 벗어나진 않은 것을 의미한다. 우리가 검토할 마지막 모형인 단기 해결 중심 커리어 상담(Brief Solution-Focused Career Counseling)은 Shazer(1985)에 의해 개발되고 Amundson(2003)에 의해 윤색되었으며 커리어 발달의 이론은 아니다. 그보다 이것은 커리어 상담에 대한 독립적인 접근으로 사용될 수 있거나 이 장에 포함된 일부 다른 제안들을 보충하기 위해 사용될 수 있는 포스트모던 상담/의사결정 모형이다.

Young, Valach, Collin : 커리어의 맥락주의적 이론

커리어에 대한 두 가지 맥락주의자 이론 중 첫 번째 것은 Young, Valach 및 Collin(2002)에 의해 세워졌다. 이 이론가들에 의한 맥락주의는 개인의 맥락(환경, 준거 집단 등)의 부분들을 자기의 구조로 엮는 과정이다. 아름다운 태피스트리나 페르시안 카펫을 짜기 위해 여러 개의 맞물리는 가닥들을 사용하는 방직공은 가족, 커뮤니티, 동료 그룹 및 작업 환경 내에서 상호작용하는 개인에게 적합한 은유이다. 방직공 은유의 문제는 방직공이 생산품(프로젝트)을 완수한다는 것이다. 세계관이라는 기본적인 은유를 만들어내는 연기자는 절대 과정을 완료하지 않는다. 자기는 현재에서 이해되어야 하는 진행 중이며 목표-지향적인 패턴에서 창출된다. 이러한 이유로 커리어 상담자들은 자신의 환경을 경험하는 개인들을 이해하려고 해야 하며 그들의 경험의 의미를 이해하도록 노력해야 한다.

Young 등(2002)은 사람들의 행위가 과거나 현재의 사건들에 의해 야기되지 않는다는, 즉 인과관계는 피하는 이론을 제시한다. 커리어 관련 행동들은 그들이 기능하는 맥락에 대해 개인이 구성한 목표 지향적인 결과이다. 사건을 이해하기 위해서 개인은 사건에서 출발해야 하고, 그것에 대한 개인의 관점을 결정해야 하며, 그 관점으로부터 진행해야 한다.

Young 등(2002)은 또한 커리어와 관련되어 취해진 행위들은 개인 및 그들이 참여하는 사회적 맥락에 의해 동시에 인도되는 목표 지향적인 일련의 행동들을 포함한다고 주장한다. 그들은 행위를 (1) 관찰 가능한 행동, (2) 관찰될 수 없는 내적인 과정, (3) 개인 및 행위를 관찰하는 타인들에 의해 해석되는 의미나 결과 등 세 가지 부분으로 쪼갠다. 어떤 사람은 일을 하러 가서 직무를 지루한 것으로 그리고 자신의 노동을 무가치한 것으로 경험할 수도 있다. 그녀가 매주 받는 급여는 그 사람에게는 그 직무를 유지하기 위해 충분히 합당한 것으로 보일 수도 있다. 그녀의 아이들과 일자리가 없는 배우자는 그녀의 일을 영웅적인, 칭찬할 만한 행위로 판단할 수 있다.

커리어 상담에서의 행동 같은 연합된 행위(joint actions)는 사람들 사이에서 발생한다. 이러한 의미를 형성하는 과정에서, 과정으로부터 자발적으로 나타나는 연합 목표가 형성되고 행위자(player)는 개인적이고 사회적인 의미 또한 지니고 있는 연합된 행위(내담자는 선택한 직업 내의 근로자와 면접을 하고 상담자는 그들이 면접 내에서 발견한 의미를 탐색하도록 돕는다)에 관여한다. 투사(projects)는 커리어를 준비하는 것(지역 전문대학을 가는 것) 같이 더 긴 기간의 결합 내지는 개인적 행위이다. 사람들이 행위와 투사 내에서 의미를 구성할 때 그들은 커리어 같은 노력에 관여할 수 있다.

행위는 행위자가 분리될 수 없는 사회적 맥락 내에서 발생하는 일련의 순차적인 단계 내에서 발생한다. 커리어 관련 행위 및 투사와 연합되어 있는 의미는 즉각적인 맥락(내담자, 친구, 부모는 선택을 통해 만족된다)을 통해서뿐만 아니라 장기적이거나 단기적인 목표에 의해서도 해석된다(Young et al., 2002). 해석은 맥락과의 상호작용의 결과로서 발달되는 지각에서의 다양성 때문에 행위자의 성별과 문화에 의해서도 영향을 받는다. 해석은 두 수준, 즉 행동의 흐름에 의해 세워진 현재의 맥락에서와 미래의 기대되는 맥락에서 발생한다. 만일 사람들이 "왜 당신은 현재의 커리어에 진입했습니까?"라고 질문을 받는다면, 그들은 그런 질문을 던진 사람들이 알고자 하는 것에 대한 해석뿐 아니라 그들의 커리어를 이끌었던 사건들에 대한 자신의 해석에 기초해서 가상의 서술을 구성한다. 반복되는 질문과 해석을 통해, 커리어 상담자는 내담자가 맥락 내에서 자기에 대한 이해를 발달시키는 것을 돕는다. 커리어 상담자의 또 다른 역할은 내담자가 자신의 담화(생애 이야기)를 미래의 맥락(일과 같은 역할)에 투사하도록 지원하는 것이다. 미래는 알 수 없는 것이기 때문에, 상담과정의 이런 부분은 사실 예측할 수 없는 사건은 물론 예측 가능한 사건이 될 수 있는 개인이 희망하는 것에 대한 준비이다. 이런 개념은 Savickas(2013), Bloch(2005), Bright와 Pryor(2005) 및 다른 포스트모던 이론가들의 견해와 전적으로 병행할 수 있다.

Young과 동료들(2002)은 커리어 상담의 필수적인 측면은 내담자의 경험을 이해하는 것을 포함하는 해석이라고 명시한다. 내담자가 자신의 생애 이야기들을 전달할 때, 상담자와 내담자는 그 이야기에 의미를 만들려는 노력을 통해 자연스럽게 해석한다. 상담자에게 해석 과정의 목적은 (1) 내담자의 세계관을 파악하고, (2) 내담자가 자신의 개념화를 인식하게 도와주며 어떻게 이것들이 생애 공간 내에서 작동될 수 있는지를 인식하게 도와주고, (3) 내담자들의 구성 개념을 응용하도록 도와주며, (4) 내담자의 자기에 대한 구성을 유지하도록 돕고 특성과 성격 유형 같은 더욱 과학적인 생각을 위해 그것들을 버리지 않도록 돕는 것이다. 이런 과정은 내담자들로 하여금 자신의 커리어 선택과 관련된 구성 개념들을 밝혀낼 수 있도록 해야 한다. 종종 이런 구성 개념들은 직업에 대한 협소한 범위를 넘어서는 의미를 가질 것이다. 구성 개념들이 정의되고 가치를 부여받거나 거절되면서, 성공적인 내담자들은 어떤 주제들을 토대로 능력과 가치 같은 구성 개념들의 우선순위를 정하고 통합한다. 그들의 담화 안의 주제들이 변화하면서 그들의 관점도 변화한다(Savickas, 2013).

Savickas의 커리어 구성 이론(1995, 2002, 2013)

이론에 대한 Savickas의 접근은 Holland(1997)와 Super(1990; Hartung, 2013)가 개발한 현대 이론을 거부하는 대신 이 이론들에 대해 구성주의자적 해석을 부여하면서 두 이론을 자신의 이론에 일부 통합시켰다는 점에서 대부분의 포스트모던 이론가들과는 다소 다르다. 예를 들어 Savickas는 Holland의 업적을 칭찬하며 내담자에게 여섯 가지 성격 유형(RIASEC)과 작업 환경을 제시하는 것이 내담자의 자기에 관한 심사숙고를 증진시키는 수단일 수 있다고 제안한다. Savickas는 또한 발달 과제, 자기 개념, 계획 능력 등의 Super의 일부 아이디어를 차용하며, 이런 아이디어들을 구성주의적 용어로 재구성한다. 비록 자신의 2013년 논문에서 직접 언급하지는 않았지만, Savickas는 프로이트와 동시대의 학자인 알프레드 아들러(Marcus, 1998)의 영향력을 인정했지만 인간의 발달과 치료에 대한 아이디어에 대해서는 매우 다른 생각을 가지고 있었다. 아들러는 개인의 역동적이고 전체적인 기능(모든 생각, 감정 및 행동)을 묘사하기 위해 '생활양식'이라는 용어를 만들었다. Savickas는 생활양식 대신 정체성 담화(identity narrative) 및 생애 초상(life portrait) 같은 용어를 사용한다. 그는 또한 생애 주제라는 용어를 사용하는데, 이것은 지침이 되는 허구라는 아들러의 아이디어와 일치한다. 생애 주제는 이야기의 해석을 사용하고 아들러로부터 차용한 기법인 초기 기억을 통해 커리어 상담에서 드러난다. 아들러는 생애 주제의 기초가 5~6세에 형성되고 아동이나 성인의 가장 이른 초기 기억은 전 생애에 걸쳐서 사람들에게 지침을 제공하는 동기적인 힘을 나타낸다고 믿었다.

이제 당신은 자기 구성에 대한 Savickas(2013)의 관점이 다른 것들과는 물론 Young과 동료들(2002)에 의해 앞에 제시된 것과 어느 정도 다르다는 것을 인식해야 한다. 그는 자기의 구성이 일차적으로 반영 과정을 통해 나타난다고 믿는데, 즉 맥락 내에서 나타날 때 자기에 관해 생각하고 사고를 해석하는 것을 말한다. 그는 또한 우리가 획득한 언어를 사용함으로써 말 그대로 스스로 자기 대화를 한다고 믿는다. 이것은 우리 주변의 맥락과의 역동적 관계성 내에서 발생하며 이러한 출처로부터 나온 아이디어들을 포함한다. 우리는 또한 언어를 사용해서 자신에 관한 담화(이야기)를 구성한다. 우리가 심사숙고하는 많은 부분이 이러한 맥락적 경험에 관한 것이기 때문에, 자기 구성 과정의 핵심 요소는 우리의 경험이다. 아동, 청소년 및 성인은 커리어 내에서 자기 자신에 관한 심사숙고에 사용될 수 있는 커리어 관련 단어들과 경험이 필요하다. 아동들과 함께 작업한 사람은 부모의 일을 포함하여 일의 본질을 이해하기 위해 애쓴다는 것을 알고 있다. 일과 직무는 주로 자신의 관점에서 벗어나므로 일차적으로 그들이 듣는 이야기에 의해 경험된다.

Savickas는 우리가 커리어 구성을 고려할 때 객체로서의 자기, 주체로서의 자기, 투사로서의 자기 등 자기에 대한 세 가지 개념화가 도움이 될 수 있다고 제안한다. 객관적인 자기는 관찰될 수 있고, 측정될 수 있고, 자기에 대한 유사한 관점을 가진 타인들과 비교될 수 있는 것이다. 흥미 도구들은 객관적 자기를 측정하고 기술하기 위해 사용될 수 있다. 예상할 수 있다시피 포스트모던 사고를 하는 많은 사람들은 객관적 자기의 견해를 거부한다. 주관적인 자기는 목표를 설정하기 위해 자기 스스로 행동하며, 자기와 커리어에 관한 자료 집합을 개발하며, 의사결정을 내린다. 이 책의 제4장에 제시된 Super(1990)의 이론은 객관적이고 주관적인 자기 모두를 특징으로 한다.

Savickas는 '객체로서의 자기' 용어를 사용하며 투사로서의 자기라는 아이디어는 불안정적인 작업 구조와 디지털 혁명에 의해 탄생한 비교적 새로운 개념이라고 제안한다. 나는 포스트모던적 사고의 중요성이 높아지는 것을 그의 목록에 추가할 것이다. 대부분의 근로자들에게 커리어는 개인의 훈련과 개편을 완전히 향상시키면서 시작과 중지 그리고 다소 불안정한 느낌을 포함하는 발전하는 작업(투사)이 될 것이다.

자기의 발달에 대한 서술에서 Savickas의 생각은 특히 그가 모델링에 부여하는 중요성에 대해서 Krumboltz(Krumboltz, Mitchell, & Jones 1976; Mitchell & Krumboltz, 1990, 1996), Lent, Brown 및 Hackett(1995; Lent, 2013) 그리고 Super(1990; Hartung, 2013) 같은 수많은 다른 이론가들과 어느 정도 수렴된다. 그는 아동이 지도의 수용과 자기에게로의 모형 결합이라는 두 가지 과정을 통해 부모나 다른 양육자 같은 모델의 행동과 태도를 가정하는 시기인 아동기에 자기의 발달이 시작하는 것으로 묘사한다(행위자로서의 자기). 부모나 다른 양육자는 부지불식간에 하나의 전체로서 취해지는 자기 안에 받아들여지고(적용되고 내면화되고), 개인의 생애 내내 그곳에 존재한다. 이후 아동들이 수용하기로 해결될 수 없는 자신의 문제를 접할 때, 자신의 딜레마를 해결하는 데 도움을 얻기 위해 유사한 문제들을 해결했던 모형을 선택한다. 수용하기와 모델링에 의해 촉발된 아이디어들은 역할 연기, 환상, 놀이, 취미 및 다른 활동들에서 사용되며, 이것들은 흥미와 기량 연마를 이끌게 된다. 그 결과 중학교 시기에 도달할 시점에 아이들은 Savickas가 '작용 주체(agency)'라고 부르는 내부 감각(internal sense) 혹은 개인적인 통제감을 개발시킨다. 보통 초기 청소년기인 그 시점에 발달의 두 번째 단계가 나타난다.

Savickas가 발달, 수용 및 Holland(1997)의 RIASEC 모형의 모델링에 관해 이론화한 것이 유형이 유형을 만들어낸다는 그의 주장에서 크게 비약한 것은 아니다. Savickas는 성격 유형의 개념은 탈맥락화된 주관적인 방식으로 자기를 묘사한다고 지적하지만, 또한 Holland의 패러다임이 커리어 상담자들에 유용한 도구가 될 수 있다고 제안한다.

표 6.1 Savickas의 적응성 모형

각 전환이나 외상에서 요구되는 발달 과제	과제와 관련된 대처 행동	중학교에서 성인기를 거치는 전형적인 전환	외상
커리어 관심사 **커리어 인식, 계획 능력, 미래 시간 조망**	자각하는, 관여된, 준비하는	교육적 전환 학교에서 직장으로	지원의 거절/과정의 실패 직무 탐색의 실패
커리어 통제/개인 내의 자기 훈련. **자기 자신감**	적극적인, 훈련받은	직무 변화, 승진	실직
커리어 호기심/자기와 직업 및 이들 간의 관계에 관해 캐묻기 좋아함. **커리어 탐색**	실험하는, 위험을 감수하는, 호기심에 찬	결혼/출산	이혼, 죽음, 질병, 부상
커리어 확신 **커리어 자기 효능감**	문제해결	은퇴	연금 계획의 실패

중학교 시기 즈음에 학생들은 목표를 세우고 그러한 목표에 맞춰 행동할 수 있는 자기조절의 행위 주체로 보인다. 청소년들이 전 생애를 거치며 계속 접하게 될 발달 과업과 과정들을 설명할 때, Savickas는 Super(1990)의 이론에 있는 많은 생각들에 의존한다. 중학생들은 과업, 전환, 외상 등 세 가지 유형의 적응 관련 이슈를 전 생애를 거쳐 계속 접할 것이다. Savickas는 이런 도전과의 만남에서 성공하는 것은 어떤 개인적인 대처 행동과 태도의 발달에 달려 있다고 이론화한다. 적응성 모형의 전체적인 차원은 표 6.1의 첫 번째 열에 나타나 있다. 그 열의 진한 글씨 표시는 다른 이론에서의 같은 개념들을 의미한다.

네 가지 차원과 관련된 대처 행동들이 두 번째 열에 있다. 니는 일부 전형적인 전환을 세 번째 열에 그리고 오늘날 작업장에서 근로자들에게 일어날 수 있는 일부 외상을 네 번째 열에 포함시켰다. Savickas는 개인의 생애 사건들을 협상할 수 있는 능력인 적응성이 모형의 네 가지 차원에 걸쳐 작용하면서 개인에 의해 개발되는 능력들 내에서 상호작용한 결과라고 가정한다. 그는 또한 목표가 적응의 과정을 촉진한다고 제안한다.

맥락주의자 커리어 상담

Cochran(1997), Young, Valach 및 Collin(2002), Young, Marshall 및 Collin(2007) 그리고 Savickas(1995, 2002, 2013)는 그들의 특별한 맥락주의적 관점에 기초한 유용한 커리어 상담 모형을 제안했다. 하지만 Savickas의 모형이 다른 이론과 어느 정도 연결되기 때문에, 나는 이 부분에서 그 모형을 강조하기로 결정했다. 그는 가장 유명한 첫 번째 맥락주의자 이론가이다.

Savickas의 커리어 상담에 대한 다섯 단계 접근이 표 6.2에 요약되어 있다.

구성

내담자가 커리어 상담을 위해 방문한 이유에 관해 상담자가 질문을 하는 것으로 회기가 시작된다. 뒤이어 교육 및 커리어 관련 경험, 가족 관계, 친구, 여가, 커리어에 대한 백일몽 및 좋아하는 모델에 관한 이야기를 하고 그것들을 선택한 이유에 대해 토론함으로써 주제에 대한 탐색이 진행된다. 상담자는 자기노출 시 관련이 있는 정서에 대해 귀 기울일 필요가 있다. 커리어 문제의 속성에 관해 자주 언급되는 생각들이 주제가 된다. 일단 생애 이야기들이 전해지면, 상담자는 내담자에게 주제를 '이야기해 주거나' 기술한다. 다음에 내담자와 상담자는 주제의 맥락 내에서 문제를 해석하고, 주제를 수정하거나 바꾸고, 미래에 맞게 확장시킨다. 이 과정의 마지막 단계는 내담자가 개발해 왔던 미래의 담화적 주제를 이행하는 데에 필요한 행동 기술을 개발하도록 돕는 것을 포함한다.

해체

종종 자신을 한계 짓는 사고에는 감정이 수반되므로, 정서에 귀를 기울이고 질문을 통해 그것들을

표 6.2 Savickas의 다섯 단계 커리어 상담 모형

	상담자의 과제	내담자의 과제
구성	1. 역할 모형에 관해 질문함으로써 어떻게 자기가 구성되었는지를 결정할 것 2. 목표를 사정할 것 3. 내담자가 선호하는 이야기에서 스크립트에 대해 질문할 것 4. 선호하는 이야기들, 좌우명 등을 이끌어낼 것 5. 초기 기억을 이끌어낼 것 6. 내담자가 말하는 이야기들을 해석할 것	1. 솔직담백할 것 2. 모델과 이야기, 좌우명, 다른 정보를 이끄는 사건의 서술을 위해 맥락을 포함할 것 3. 자신의 생애에 대한 아주 작은 이야기들을 말할 것
해체	1. 자기 제한적 사고와 행위를 이끌었던 사건과 사람을 확인할 것 2. 내담자에게 자신의 이야기가 미래를 결정하지 않는다는 것을 보장해 줄 것 3. 이야기들이 인종, 성별, 사회적 계층 혹은 장애를 포함할 수 있다는 것을 인식할 것 4. 허구적인 내용을 식별하고 이야기의 모순된 부분이나 반대되는 '증거'를 찾음으로써 제한 짓는 이야기들을 해체할 것 5. 내담자가 말한 이야기들을 해석할 것	1. 구성 과정에서의 경험과 연합된 정서를 이어갈 것 2. 가능한 사실에 기반을 둘 것 3. 이야기 내에서 그녀/그 자신의 역할(언어적이고 신체적인 행위)을 제시할 것
복원	1. 사실이 아니라 이야기의 복잡성과 모순에 귀를 기울임으로써 커리어 주제를 파악할 것 2. 커리어 딜레마를 해결하고 사로잡혀 있는 생각을 분명히 표현하면서(해석) 그 몰두에 귀를 기울일 것. 이것은 그 몰두와 다른 생애 역할들을 다루는 직업들에 대한 관여, 즉 생애 역할들이 집합적으로 문제를 다루는 방법들을 포함할 수 있다. 3. 내담자에게 어떻게 커리어가 그들의 몰두를 다루는지를 보여줄 것 4. 아주 작은 이야기를 큰 이야기로 해석할 것	1. 자신의 이야기를 말하고 이야기 몰두에 대한 답변과 연결하도록 이끄는 방식으로 상담자의 해석에 반응할 것 2. 대단히 중요한 생애 이야기를 묘사하는 작은 이야기들을 인정하고 분명히 설명할 것
결합 구성	1. 내담자의 생애 이야기에 대한 자신의 그림(생애 초상화)을 제시하고 내담자들이 수정하도록 격려할 것	1. 전반적인 생애 구성에 대한 자신의 관점에 기초한 개정, 조정, 추가를 통해 생애 초상화를 변경할 것
행위	1. 내담자가 새롭게 발견한 자기에 기초한 의도(목표)를 진술하는 것을 돕고 그러한 의도를 삶으로 가져오도록 행동할 것 2. 행위 영역을 결합 구성할 것	1. 상담자와 함께, 행위 영역을 결합 구성할 것 2. 커리어/생애 이야기를 발전시키도록 행위를 취할 것

직접 이끌어내는 것이 중요하다. 상담자의 목표는 건강한 치아 중 하나의 치조 농양을 제거해야 하는 치과 의사의 목표와 다르지 않은데, 그것이 일으키는 고통이 사람을 지배하기 때문이다.

많은 부정적인 이야기들이 소설같은 배경을 지닌다. 17세 B의 사례에서 몇 년 동안 만들어졌던 앙금이 불행하게도 그녀의 전체적인 존재감에 일반화되고 있었다. 그녀는 자신을 학대하는 양부로부터 반복해서 '가치 없고 쓸데없는 것'이라는 말을 들었다. 고등학교 졸업이 다가오고 있었고, 바로 그 양부는 그녀가 직업을 갖고 가정을 떠나기를 권고하고 있었다. 어떤 노래, 영화 혹은 소설이 즉각적으로 떠오르는지를 질문했을 때, 그녀는 1970년대 린다 론스태드가 불러 유명해진, 1960년대에 쓰인 오래된 노래이며 아직도 고전 음악 라디오 방송국에서 송출되는 *You're No Good*을 언급했다.

복원

이 단계의 커리어 상담은 17세 내담자인 B를 위해 시작되었는데, 그녀의 가족이 몇 달 뒤 그녀가 18세가 될 때쯤 그녀에 대한 재정지원을 끊어버릴 것이기 때문에 그녀는 여름 일자리가 필요하다고 언급했을 때였다. 직무 탐색 도구의 개발을 준비할 때, 그녀는 우위에 있는 직무를 파악하도록 도와줄 수 있는 페이스북 친구들의 목록과 예비 고용주에게 제공해야 하는 기술 목록 및 고등학교에서 즐겨했고 싫어했던 과목들의 목록을 만들도록 요청받았다. 그녀는 직무를 찾는 것을 기꺼이 도와준 인상깊은 페이스북 친구들의 목록을 가지고 나타났다. 그녀는 또한 교사로부터 그녀가 마이크로소프트 오피스의 일부분인 소프트웨어 프로그램 모두를 마스터했다는 것을 보여주는 기록과 더불어 그녀가 기분 좋은 전화 목소리를 지니고 있다는 것을 나타내는 기록을 가지고 왔다. 그녀의 인상적인 기술과 친구 목록은 상담자로 하여금 그녀가 기본적으로 뛰어나지 못하다는 신념에 의문을 갖게 만들기 시작했다. 상담자는 또한 이력서 구성을 준비할 때 그녀가 작업했던 단기적 또는 장기적 목표를 포함시키지 않았다고 지적했다.

결합 구성

결합 구성은 내담자의 생애 공간 내에서 내담자의 세계관을 구성하고 확인하는 것을 포함한다. B에 대해서 이 과정은 상담자가 그녀의 인생 계획이 린다 론스태드의 노래에 기초해서 세워졌는지 물어보고 "당신은 정말로 자신이 제공할 것이 많지 않다고 생각합니다." 라고 관찰한 내용을 전달하면서 시작했다. 다음에 그는 "지금까지 우리가 토론한 것에 기초했을 때, 당신은 몇 가지 단기 그리고 장기적 목표를 수립하고 당신 자신에 대한 관점을 바꿀 때가 됐다고 생각하십니까?" 라고 물었다.

행위

Savickas의 커리어 상담에서 다섯 번째 단계는 목표 수립과 행동 취하기이다. 목표는 커리어 상담 과정 동안 나타난 새로운 생애 담화에 기초해야 한다. 커리어 상담자는 '퇴보'에, 즉 사고와 행동 의 오래된 부정적 패턴으로 되돌아가는 것에 기민해야 한다. 커리어 상담자는 격려와 피드백을 통 해 새로운 관점을 유지하는 것을 도와주기 위해 내담자의 환경 내에 있는 사람들도 포함할 수 있 다. 사회 매체는 사회적 지지의 원천으로서 유용할 수 있다.

B의 사례 : 구성

나는 새로운 학생을 만날 약속에 늦었다. 나는 내 사무실로 달려 들어가서 많이 사과했다. 그리고 나는 그녀의 눈이 빨갛게 부은 것을 알아차렸다. 간단한 소개 후에, 회기를 시작했다.

상담자   나는 보통 약속에 늦지 않습니다. 다시는 이런 일이 없을 거예요. 제가 기분을 더 나쁘게 만들지 않았 다면 좋겠네요.

B   이보다 더 나쁜 일이 있을까요? [그녀는 내 책상 위의 상자에서 티슈를 찾아서, 코를 풀고, 목청을 가 다듬고, 울기 시작했다.] 저는 그럴 수 없다는 걸 알아요. 저는 조금 전에 화학에서 낙제했다고 들었 어요. [거의 경솔하게 계속] 저에겐 간호에 대한 커리어는 이제 없어요.

상담자   너무 슬프시군요. 하지만 당신이 간호직을 잃었기 때문이라고 들리지는 않습니다.

B   그렇지 않아요―그리고 맞아요. [여전히 울면서] 어떻게 해야 할지 모르겠어요. 최소한 내가 가야 할 방향이 있었으면 좋겠어요. 지금 전 아무것도 없고, 부모님은 분노하실 거예요.

상담자   방향타 없는 배처럼 표류하는, 길을 잃은 것이 당신을 슬프게 만드는 것처럼 보입니다. 이 순간에 마 치 당신을 위한 곳은 없는 것마냥 느껴질 겁니다. 아무도 심지어 당신의 부모님조차 당신을 바라지 않는 것처럼요.

B   [자세를 조금 바로잡고 처음으로 눈 맞춤을 유지하면서] 아, 부모님은 괜찮아질 거예요. [다시 거의 경솔하고, 건방지게] 전에도 그런 적이 있어요.

상담자   당신은 부모님의 실망보다 분노에 대해 더 걱정하는 것처럼 보입니다. 당신이 부모님을 실망시켰던 때에 대해 얘기해 보는 것은 어떨까요?

B   맨 처음은 제가 태어났던 날이라고 생각해요. 우리 부모님은 몇 가지 방식에서 구식이에요. 그들은 아이의 성별을 알고 싶어 하진 않았어요. 아빠가 한 손에는 농구공을 들고 다른 손에는 야구 글러브 와 공을 들고 병원에 나타났다는 이야기가 있어요. 놀랍게도 성기가 없었죠. 하지만 걱정할 건 아니 었어요. 1년 후에 해결됐으니까요.

상담자   당신이 부모님이나 혹은 다른 사람을 실망시켰던 다른 때에 대해 말해 주세요.

B   잠깐 생각 좀 해보고요. 내 남동생에 대한 언급은 인색했어요. 나는 그 아이를 무척 사랑하고, 아주 잘 지내요. 우리가 모두 중학생이었을 때는 그를 싫어했어요. 우리 부모님과 선생님은 우리를 끝없 이 비교했어요. 그래도 동생은 제 편이에요.

상담자   실망스러웠던 부모님 얘기로 돌아가죠. [나는 지시자로서 행동하고 있다.]

B　[그녀는 이 단계의 면접 동안 부모와 다른 사람들에게 실망했을 때에 대한 몇 가지 사례를 제시한다.]

상담자　당신의 부모님은 당신이 간호직을 선택했다고 실망하셨나요?

B　전 선택하지 않았어요. 저는 초등학교 교사가 되고 싶었어요. 만일 제가 고연봉의 직업을 선택하지 않는다면 부모님은 재정적 지원을 그만두겠다고 위협했어요. 제가 앞으로 4년간 집에 돌아오지 않기를 바란다고 말했죠. 엄마는 간호직을 선택했지만, 아빠는 언쟁을 벌였어요. 아빠는 법학부를 바랐죠. 그건 윌이 하려던 것이에요.

상담자　윌은 당신의 남동생인가요?

B　네, 착한 아이에요. [강조하면서, 그녀는 계속한다.] 하지만 전 동생을 사랑해요.

상담자　요약해 봅시다. 당신은 화학 과목을 실패했고 무엇인가 잃었다는 생각에 내 사무실에 찾아왔고, 이것은 최소한 어느 부분은 당신이 새로운 커리어 경로를 선택할 필요가 있다는 것을 의미합니다. 이것은 또한 마치 다룰 필요가 있는 다른 이슈, 즉 당신의 부모와 관련된 것이 일부 있다는 것처럼 들립니다.

B의 사례 : 해체

상담자　내가 보기에는 당신 부모님과의 관계는 당신이 발전하는 데에 장애물인 것 같습니다. 당신이 허락하신다면, 당신이 부모님과 그리고 남동생과 가지는 상호작용에 대해 더 알아보고 싶습니다. 당신이 제게 말했던 주제 중 한 가지는 당신의 부모와 남동생에 대한 분노와 관련된 일부 수동-공격적 행동, 아마 애정-증오 관계를 암시합니다. 나는 당신이 초등교육을 무시하게 한 가족의 압력과 간호직을 선택한 어머니의 압력에 의해 혼란스럽다는 것을 인정합니다. 나는 또한 성별에 대한 부모님의 생각에 대해서도 의아합니다. 당신이 여성이라는 것에 대한 어떤 부정적인 분위기를 자신에 대한 당신의 관점으로 포함시켰는지를 탐색해 볼 만한 가치가 있습니다. 그들은 당신의 직업 선택을 제한하는 것일 수도 있습니다.

B　와우, 아주 많네요. 하지만 선생님이 그 주제 중 제 동생과의 애정-증오 관계 하나를 빼는 것은 어떨까요. 그렇지 않거든요. 그것은 애정-애정 관계입니다. 그는 제가 살아가게끔 도와줍니다. 하지만 우리는 수동-공격적 행동에 관해서 얘기해야 할 것이 많을 수 있습니다. 우리 엄마가 주인이에요. 엄마는 아빠를 꽉 잡고 있어야 해요. 엄마는 아마도 며칠 동안 그에게 말을 하지 않거나 저녁 요리를 '잊어버리면서'[인용 부호를 위해 사용된 손가락을 구부리며] 아버지를 간호했습니다. 엄마는 또 취침 시간에 끔찍한 두통을 겪었던 것으로 알고 있습니다.

상담자　당신은 엄마를 존경합니까?

B　가끔요. 하지만 엄마는 지나치게 동네북이에요. 그녀는 그녀가 하는 것보다 더 아빠한테 맞설 수 있어야 해요.

상담자　당신은 남들에게 당하고도 가만히 있는 사람인가요?

B　선생님이 의미하는 바대로라면 저는 사람들이 저를 짓밟게 그냥 두지는 않습니다.

상담자　의사결정을 하는 것에 관해서는 어떻습니까? 당신은 자신의 직업 선택에 대해 얼마나 힘들게 싸웠습니까?

B　그렇게 힘들지는 않았습니다. 부모님의 지원 없이 이 학교를 어떻게 올 수 있을지 알 수 없었어요. 부모님이 초등학교 선생님이 되는 것을 지원하지 않을 것이라 말할 때 화가 났고, 3일 동안 방에 쳐박혀 있었지만, 그게 다였어요. 3일째 되던 날 엄마는 제게 간호직을 받아들일 수 있다고 말했어요.

상담자　그러면 독단적이라는 것은 당신의 특징이 아닙니다.

B　저는 아닌 것 같습니다. 제가 더 공격적이어야 하나요?

상담자　우리는 소리지르고, 절규하고, 던져버리는 것이 아니라 당신의 권리를 내세우는 것에 대해 이야기하고 있어요.

B　부모님께 제 교육에 재정적인 지원을 하도록 하는 것이 제 권리인지 확신이 서질 않습니다.

상담자　네, 그건 아니에요. 하지만 당신 자신의 커리어를 선택하는 것은 당신의 권리이죠. 당신 어머님이 우기시나요?

B　엄마는 보통 자신이 원하는 것을 얻죠.

상담자　여자가 남자에게 권리를 내세우고 여성의 권리가 수용되도록 요청하는 것이 적절할까요?

B　오, 물론이죠.

상담자　아주 확신에 차게 들리지는 않는군요. 다음 얘기를 끝으로 오늘 회기는 마치죠.

상담자　나는 다른 대학에서 자살을 시도했던 당신의 나이 정도 되는 내담자를 만난 적이 있습니다. 그녀의 어머니가 그녀가 원하는 값비싼 지갑을 사주지 않으려 했기 때문이었죠. 내가 그것에 관해 그녀에게 물어봤을 때, 그녀는 "저는 그게 우리 엄마를 상처줄 것이라는 걸 알았어요."라고 말했습니다. 당신은 어머니가 당신과 당신의 직업 선택을 지지하지 않았기 때문에 복수를 시도했던 것인가요?

B　아마도요. 하지만 그것보다 더 많은 일들이 있었습니다.

B의 사례 : 복원

상담자　마지막 회기에서 우리는 단정적이지 않은 것과 아마도 수동-공격적인 대인 간 유형 같은, 더 탐색할 필요가 있는 몇 가지 주제를 찾아냈습니다. 우리가 검토하지 않은 것은 당신 친구들과의 상호작용 및 당신의 일차적인 직업 선택인 것으로 보이는 초등학교 교사에 이끌리게 된 요인입니다. 만약 당신이 상실감을 극복하고자 한다면, 당신은 한 방향 혹은 아마 그것들 중 몇 가지를 지녀야 합니다. 당신이 친구들을 어떻게 다루는지부터 시작해 봅시다. 당신은 사람들이 당신에게 이래라저래라 하도록 놔두지 않는다고 말했죠. 나는 당신이 어머니가 아버지에게 대처해야 하는 것들 때문에 그녀에 대해 미안함을 느끼고 당신의 아버지로부터 강요받는다고 느끼기 때문에 당신이 가정으로부터 멀리 떨어져 있다고 한 것에 대해 의심스럽습니다.

B　[깊은 한숨] 저는 선생님의 물음에 대해 많이 생각해 보았어요. 저는 자살을 시도했던 그 여학생처럼 되지는 않겠지만, 우리 부모님이 원했던 것에 대해 분개했을 때 저는 엉망진창이 되었습니다. 저는 고의적으로 화학 과목에 낙제한 것이 아니었고, 그래서 간호 과정에 등록하지 않으려 했어요. [주저함] 낭독 교사가 저에게 내가 낙제를 했고 만일 제가 더 나은 학점을 받는 것을 약속한다면 그들이 저 자신의 전공을 선택하는 것을 허락할 수 있다고 말했을 때 그런 일이 생겼습니다.

상담자　그리고 그 생각에 대한 당신의 생각은요? 그런 생각을 했을 때 당신은 무엇을 느꼈습니까?

B　죄책감, 일종의 나쁜 기분과 낙제했다는 미안함이요.

상담자　당신이 부모님의 기대를 저버렸다는 죄책감이요? 그들이 화가 날 것이기 때문에 슬픈 것인가요?

B　아뇨. 그런 것은 아니에요. 저는 자신에 대해 실망한 것이라 생각해요. 저는 제 동생만큼 똑똑하진 않지만, 만약 제가 시간을 더 들였다면 그 과정을 C나 더 좋은 학점으로 통과할 수 있었을 거예요. 저는 화학에 흥미가 없고, 그게 바로 그 일부 이유지요. 하지만 저는 일을 잘할 수 있고 이전에도 일을 잘했어요. 아빠가 가끔 그렇다고 말해도 저는 절대 낙제생이 아니에요.

상담자   당신 아버지가 당신이 아주 잘했다고 말했던 적이 있었나요?

B   그런 것 같아요. 하지만 자주 있지는 않았어요. 제가 엄마를 도와드리고 제 방을 깨끗이 할 때 아빠는 잘했다고 말하죠. 아빠는 제가 좋은 점수를 받을 때 잘했다고 말해 주지만, 윌의 학점이 더 좋고, 그는 보통 시험을 볼 시기에 주의를 잘하는 편이에요.

다음의 마무리까지 상담 대화는 계속된다.

상담자   당신의 생애 좌우명은 "내가 잘 되기 위해 계속해 나갈 때만 내 길을 얻을 수 있다."인 것 같지만, 당신은 당신을 그렇게 느끼게끔 만들었다는 이유로 부모님에게 분개했습니다. 당신의 주된 행동 수단은 그들을 실망시키기 위한 방식을 찾아내는 것 같지만, 종종 당신이 그렇게 할 때 나쁜 기분을 느끼죠. 다음으로 새로운 좌우명과 당신의 좌우명을 삶으로 이끌어주는 몇 가지 목표에 관해 얘기를 나누죠.

B의 사례 : 결합 구성과 행위

상담자   우리가 마지막으로 만난 이후로 당신은 생각해 볼 것들이 많았습니다. 하지만 당신은 당신만의 연극의 배우입니다. 의문은 당신이 어떤 유형의 캐릭터를 연기하느냐입니다.

B   저는 페이스북을 통해 몇몇 친구들과 접촉했고 제가 행동하는 방식에 대한 몇 가지 정직한 피드백을 달라고 부탁했습니다. 몇몇은 제가 친절하고 사랑스럽고 좋은 친구라고 말했습니다. 제 가장 친한 친구는 저를 때로는 예측할 수 없다고 말했는데, 이건 제가 의사결정에 어려움을 겪고 있는 것 같고, 그리고 대개 저는 좋은 사람이지만 상황이 나아지지 않으면 제가 '나쁜 자식'이 되어 버린다고 말해서 저는 놀랐습니다.

상담자   당신의 가장 친한 친구의 피드백이 당신을 화나게 하거나 슬프게 만드는 것처럼 어떤 방식으로든 불쾌하게 만들었나요?

B   저는 울어버렸어요. 그래서 선생님은 그게 저를 화나게 했다고 말하겠지만, 저는 제 친구에게 분노하지 않았어요. 저는 단지 제가 되고자 하는 것과 반대되는 말을 그녀가 했기 때문에 운 것뿐이에요.

상담자   그것에 대해 얘기해 보죠. 당신은 어떤 종류의 성격을 가진 사람이 되고 싶습니까? 이걸 위한 한 가지 방법은 가상의 세상이나 실제 삶에서 당신이 존경하는 사람에 대해 생각해 보는 것입니다.

B   '헝거 게임'을 보거나 책을 읽어본 적이 있나요?

상담자   [확실하게 끄덕인다.]

B   거기에서 한 여성이 자신의 여동생의 자리를 차지했어요. 그녀는 죽을 수도 있었죠. 비록 저 자신이 그렇게 말하는 것을 듣고 약간 놀랐지만 저는 윌을 위해 그것을 할 겁니다. 저는 미친 겁쟁이예요. 그녀는 아니었고요.

상담자   아마 당신은 자신에 대해 생각하는 것만큼 심한 겁쟁이는 아닐 겁니다. 아마도 당신은 사람들을 향해 쏘기 위한 활이 없는 것일 수도 있습니다. 또 다른 것이 있나요?

B   그녀는 자신의 마음을 이야기했고 그녀의 세계와 다른 곳에서 뛰고 있는 도시의 왕이나 리더보다 한 수 앞서 나갔습니다. 그녀는 적을 만드는 것을 두려워하지 않았어요. 그녀는 자신감이 있었죠. 그녀는 말하거나 행동하는 것을 두려워하지 않았습니다.

상담자   그리고 당신은 화면에서 보았던 여성이 되고 싶은 것이고요. 만약 당신이 거기에 마음을 쓴다면 그렇게 될 수 있을까요? 당신이 커리어 결정을 포함해서 훌륭한 결정을 할 수 있다고 돌려 말하는 것 없이 부모님에게 확신을 주려 노력하면서 당신 부모님과 상호작용하는 방식을 바꿀 수 있을까요?

B   지금 저는 두려워요. 선생님은 너무 많은 것을 요구해요. [침묵]

상담자   나는 당신에게 많은 일을 필요로 하는 변화의 목표를 세우는 것을 부탁하고 있는 것이지만, 목표
는 일방통행 도로가 아닙니다. 당신은 언제든지 유턴할 수 있고 아니면 다른 목표로 바꿀 수도 있
습니다.

B   [침묵. 그리고 한숨을 쉬며] 지금 저는 썩 잘하지 못하고 있어요, 그렇죠?

상담자   그것은 당신이 결정해야 하는 것입니다. 하지만 당신이 운전하기로 결정을 한다면, 나는 보조석에
있을 겁니다.

B   [침묵] 좋습니다, 제가 어디서 시작해야 하죠?

상담자   당신에게는 삶의 방향이 필요합니다. 커리어 선택을 하는 것과 그것을 당신의 부모에게 납득시키기
위해 애쓰는 것이 시작점이 될 수도 있습니다.

B   괜찮아 보입니다. 사람들은 어떻게 커리어를 선택하나요?

맥락주의자 이론의 입장과 활용

맥락주의 및 모든 포스트모던 이론들에 대한 것은 사람들의 관심 밖이었다. Savickas(2002, 2013)
와 Young 등(2002)의 이론화는 이러한 관심의 일부를 자극했지만, 다른 많은 사람들도 이러한 아
이디어의 증가하는 인기에 기여를 했다. 다른 움직임인 다문화주의 또한 맥락주의의 인기에 부분
적으로 기여를 했다. 이제껏 보았듯이 사람들이 맥락주의를 발달시키고 체험하는 맥락을 무시한
다는 것은 불가능하다. 민족주의와 성차별주의의 부정적인 영향력을 포함해서, 발달에 기여하는
수많은 요인들이 발생하는 것도 맥락 안에서이다. 그 안의 사람들에게 미치는 영향력을 약화시키
기 때문에 내담자의 맥락을 다루는 것은 변화의 필요성에 의해 환경에 이르는 방식을 알려주고 기
능하게 한다. 하지만 맥락주의는 커리어 상담자들이 옹호자 내지는 조직 변화 대행자가 되기 위해
필요하거나 인간의 잠재력을 감소시키는 분야에 뛰어들기를 결정할 때 필요한 정치적 행위 및 기
술들을 취하기 위해 필요한 전략을 제공하지 않는다. 다행히 이런 영역 내에서 기능하기 위해 필
요한 지식과 기술은 손쉽게 이용할 수 있다.

복잡성, 혼돈, 비선형적 역동 : 커리어 발달의 혼돈 이론과 영성

혼돈 이론은 수학 분야이다. 이 영역에서의 수학은 기후, 주식 시장, 그리고 세계 경제 같은 역동
적 체계를 연구한다. 심리학자와 상담자들은 가족, 작업 집단, 조직을 다루기 위한 접근을 제안하
기 위해 혼돈 이론에 의지할 수 있다. 혼돈 이론의 가정은 다음과 같다.

1. 작은 효과가 큰 반응을 유발할 수 있다. 이것은 흔히 나비 효과라고 부른다. 이는 미국에 있
    는 나비 한 마리의 날갯짓으로 시작한 공기의 흐름이 시간이 지날수록 증폭되어 중국에 태

풍을 일으킬 수 있다는 예에 빗댄 말이다. 아마도 나비 효과에 관해 생각하는 더 나은 방법은 비교적 적은 투입으로 기대하지 않았던 큰 결과를 이끌어낼 때 발생하는 티핑 포인트(작은 변화가 어느 정도 기간을 두고 쌓여, 이제 작은 변화 하나만 더 일어나도 갑자기 큰 영향을 초래할 수 있는 상태가 된 단계)에 대해 생각하는 것이다.

2. 가족, 세계 시장, 그리고 기후같이 복잡한 열린 체계는 우선적으로 우리가 이러한 체계가 진화하는 초기 조건을 알 수 없기 때문에 예측할 수 없다. (결혼이나 커리어 선택을 이끌었던 초기 조건을 알 수 있을까?)

3. 열린 체계는 격동으로 특징지어지는데, 이는 열린 체계의 예측 불가능한 속성을 가중시킨다. (인간 체계는 격동으로 특징지어지는가?)

4. 열린 체계에 참여하고 있는 사람들의 체계에 대한 피드백은 이를 더 예측 불가능하게 한다. (이런 가정은 직관에 어긋나는가? 당신은 이것이 정확할 수도 있는 이유를 설명할 수 있는가?)

5. 프랙털*은 순환적으로 스스로 반복되는 복잡한 패턴, 즉 오래된 것으로부터 새로운 패턴이 생겨난다. (진화에 대해 생각해 보라. 이것이 어떻게 프랙털의 사례인가?)

Bloch(2005)는 근대성과 그 철학적 토대에 대한 공격을 통해 자신의 이론에 대한 진술을 시작하였고(논리적 실증주의), 이것은 제3장에 제시되었다. 그녀는 커리어 적응적 실체(개인)를 정의하고 많은 포스트모던 사고 중심인 주제를 되풀이한다. 이 세상의 모든 것은 연결되어 있고 예측할 수 없다. 이와 동일한 가정은 Bright와 Pryor(2005)의 이론적 진술에서 찾아볼 수 있는데, Young과 동료들은 그렇지 않은 반면 그들은 혼돈 이론에 의존하는 Bright와 Pryor의 견해와 차이를 지니면서 Young, Valach 및 Collin(2002)에 의해 발전된 것과 다르지 않은 구성주의자적 관점을 취한다. 나는 혼돈 이론을 설명하기 위해서 Bloch의 생각을 선택했으며, 이는 비록 많은 사람들이 기대할 수 있는 것에 비해 영성에 대해 다른 관점을 지니더라도 그녀가 커리어와 영성을 연결시키기 때문이다. 커리어 상담에 관한 Bright와 Pryor 및 Bloch 모두의 생각이 제시될 것이다.

Bloch(2005)는 적응적인 실체의 특성을 열거하면서 자신의 이론에서 상세히 설명한다. 그것들은 다음과 같이 간략히 기술할 수 있다.

1. 적응적 실체는 내담자들이 그 예이며 비록 그들의 형태(생애 공간)와 요소들이 변화한다 하더라도 스스로를 유지시킬 수 있는 능력을 갖는다.

2. 그들은 환경으로부터 에너지를 얻고 그 에너지를 되돌려 보내는 열린 체계이다.

---

* 산의 기복 · 해안선 등 아무리 세분해도 똑같은 구조가 나타나는 도형. 카오스 이론의 응용으로 인간 세상이나 생물계 · 자연계의 불규칙적인 형상 해명에 이용

3. 적응적 실체는 자원을 상호 교환하는 데 관여하는 네트워크의 일부이다. 이런 네트워크는 예측할 수 없는 결과를 갖는 점점 커지는 연결된 원으로 묘사될 수 있다.

4. 적응적 실체는 작업 집단, 가족, 여가 집단 같은 다른 실체의 일부이다. 이러한 실체는 프랙털이라고 부른다.

5. 적응적 실체는 역동적이기 때문에 언제든 변화한다. 형태와 요소들이 변화하는 과정에서 질서와 혼돈 사이를 왔다 갔다 한다.

6. 적응적 실체는 전환 과정을 거치며, 이 기간에 생존 확률을 최대화시키는 적합성의 정점을 찾는다.

7. 그들은 자신의 기능에 영향을 미치는 다수의 설명할 수 없는 사건 때문에 비선형적 방식으로 행동한다.

8. 그들은 반응하기 때문에 작은 변화가 커다란 효과를 초래할 수 있다(나비 효과).

9. 그들은 전환 과정을 거쳐 나간다. 그렇기 때문에 그들은 어트랙터(attractors)에 의해 제약받을 수 있다. 그들은 동일한 상태로 반복적으로 돌아올 수 있고, 시계추의 방식처럼 지점에서 지점으로 급선회할 수 있고 혹은 순회하지만 동심원이 아닌 패턴으로 이동할 수 있다.

10. 프랙털은 전환 과정을 거쳐가면서 새로운 프랙털을 창출할 수 있다.

11. 프랙털은 우주의 내재된 현실 부분으로서만 존재한다. 그것들은 상호 의존적이다. 영성은 이런 우주와의 통합을 경험한다.

Bloch(2005)는 11개의 원칙을 커리어 발달에 대한 자신의 이론에 적용한다. 그녀는 사람들이 커리어 경로 사이를 자유롭게 이동하면서, 지속적으로 자신의 커리어를 재생시킨다고 지적한다. 커리어는 프랙털이며 개인의 삶의 일부이고, 그것들은 결국 자기 자신을 형성하고 재형성시키는 상호 연결된 네트워크의 일부이다. 그들이 커리어에 작용하고 참여하면서, 사람들은 다른 프랙털에 그려진 것과 유사한 자원과 에너지의 교환을 경험한다. 사람들의 커리어, 곧 그들의 삶은 질서 정연한 것에서 혼돈스러운 것까지 다양하다. 커리어에서의 작은 변화는 종종 크고 기대하지 않았던 변화를 유발한다. 사람들이 연속적인 과정이거나 연속적이지 않은 과정일 수도 있는 전환을 겪을 때, 새로운 커리어를 위한 탐색은 적합성의 정점에 대한 탐색 혹은 개인이 희망할 수 있는 최선의 것에 대한 탐색이 된다. 하지만 일부 사람들은 어떤 변화가 현상으로 되돌아갈 때 패턴에 '갇히게' 된다. 일부는 정의 가능한 장소에서 정의 가능한 장소(직무에서 직무로)로 급선회하며, 일부는 순환 방식으로 이동한다. 즉, 익숙한 장소를 다시 방문한다. 커리어는 그것을 검증하기 위해 오직 비선형적 논리가 사용될 때 의미가 통한다. 커리어 내에서의 전환과 결과적인 형태와 상태는 예측할 수 없는 것이다. 그것들은 현상학적으로만, 즉 개인적인 관점에서만 이해될 수 있다.

혼돈 이론과 커리어 상담 : Bloch와 Richmond

2007년에 Bloch와 Richmond(2007)는 *Soul Work : Finding the Work you Love, Loving the Work You Have*를 저술했으며, 여기서 그들은 Savickas가 제시한 것보다 덜 합리적인 상담 접근을 확인했다. 그들의 생각이 혼돈 이론에 뿌리를 두고 있다는 것을 고려할 때 그것은 놀라운 것은 아니다. 책에서 그들은 내담자들이 상담과정 동안 드러내 보일 수 있는 일곱 가지 주제를 확인한다. 이것들은 어떤 특정한 순서로 발생하지는 않을 것이며 커리어 상담과정에서 한 가지 이상 나타난다는 것이 강조되어야 한다. 이 주제들은 변화, 균형, 에너지, 공동체, 소명, 조화, 통합이다.

변화 Bloch와 Richmond는 변화 주제가 그들이 말하는 내담자의 생애 커리어 동안 몇 번 발생할 것이라고 제안한다. 변화에 대한 추동력은 몇 가지 상호 연결된 사건 혹은 완전히 무선적인 사건의 결과일 수 있다. 변화를 이끌 수 있는 사건에 대해 개방되고 준비되어 있는 것은 생애 커리어의 중요한 부분이다. Krumboltz와 Leven(2010)이 우연이라고 부르는 이런 사건들은 외적인 요인들에 기인한다. 해고당하는 것은 개인이 변화 주제를 수용하게끔 강요하는 외적인 요인이다.

그러나 변화 주제는 불만족, 지루함, 혹은 불안 등의 모든 부정적 정서 같은 내력의 결과일 수 있다. 하지만 호기심(다음 언덕 뒤에는 무엇이 있을까?)과 창의성(내 생애 커리어 내에서 일을 하면서 어떻게 더 즐거울 수 있을까?) 같은 긍정적 힘은 변화 주제를 촉발할 것이다.

가능성과 변화의 필연성에 대처하는 것은 개인의 건강에 중요하다. 개인의 건강을 유지하고, 개인의 영역 내에서 벌어지는 사건들의 최근 정황을 잘 알아두고, 개인의 생애 커리어 공간의 경계를 밀고 나아가는 것, 즉 새로운 전망을 경험하는 것 모두 중요한 요인들이다. Bloch와 Richmond가 영성으로 정의한 변화를 다루기 위한 주요 대처 기제는 강점을 개발하는 것인데, 이는 신체적인 것, 대인관계적인 것, 정서적인 것, 언어적인 것, 혹은 도덕적인 것일 수 있다.

균형 Bloch와 Richmond는 개인의 삶에서 균형을 추구하고자 하는 것은 타고난 성향이라고 제안한다. 그들은 시간 사용과 과제의 중요성에 대한 순위를 매기고 부모나 감독자 같은 권위의 속성을 재구성하는 것은 내담자의 삶에서의 균형을 촉진할 수 있다고 제안한다.

특히 자기 자신에 대한 메시지를 더 긍정적으로 만들고 자기 주장을 더 강하게 만드는 언어학은 개인의 일의 균형을 이루게 하는 데에 도움이 될 수 있다. Super(1957)가 생애 공간 내에서 균형의 중요성을 처음으로 인식한 사람일 수 있다는 것에 주목하는 것이 중요하다. 더욱 최근에 나는(Brown, 2002) 균형을 얻기 위해 개인적이고 문화적인 가치를 만족시키도록 이끄는 방식으로 생애 공간을 정교하게 만드는 것의 중요성을 강조했다.

에너지 에너지는 개인으로 하여금 목표를 향해 가거나 목표로부터 멀어지게 움직이도록 만드는 힘이다. 사람들은 자신의 일이나 다른 생애 역할 내에서 에너지를 소모하기도 하고 만들어내기도 한다. 사람들은 Bloch와 Richmond 및 Miller-Tiedeman(Miller-Tiedeman & Tiedeman, 1990) 같은 다른 학자들이 '몰입(flow)'이라고 말한 상태에 있을 때, 그들의 에너지 사용은 최대화된다.

공동체 Bloch와 Richmond에 따르면 공동체 집단에는 우정 공동체, 문화 공동체, 우주 공동체의 세 가지 유형이 존재한다. 이러한 생각 중 한 가지는 독특하다. 이것은 다른 학자들에 의해 크게 다뤄지지 않는다. 우주 공동체는 고래 구하기, 지구 온난화 중단, 가난의 종결, 암의 완치 같은 Bloch와 Richmond가 '큰 생각'이라 부르는 것을 다룬다. 작업장도 동료애의 기회를 제공하는, 개인의 생애 커리어에 대한 자기 통제감을 발달시키고 기본적 욕구를 충족시키는 하나의 공동체이다(제1장 14쪽 '일이 중요한 이유—그렇지 않은 이유' 참조)

소명 직업에 부름을 받는다는 생각은 때로는 목사, 수녀, 신부, 랍비, 이맘(imam), 선교사 혹은 다른 종교적 역할을 통해서 하느님이나 알라로부터 부름을 받는 것과 관련이 있다. 하지만 Richmond와 Bloch는 많은 사람들이 가르침(Burkist, Benson, & Sikorski, 2005)과 의학(Duffy, Manuel, Borges, & Bott, 2011) 같은 다양한 직업에서 봉사하도록 부름을 받는 것으로 느낀다고 주장한다.

조화 조화와 균형은 개념적으로 관련이 있어 보이지만, Bloch와 Richmond에게 조화는 협소한 개념인 것처럼 보인다. 조화는 커리어가 가치, 흥미, 능력과 들어맞을 때마다 발생한다.

통합 통합은 Bloch와 Richmond에게 몇 가지 의미를 지니는 것으로 보인다. 가장 단순한 형태에서 통합은 경험 세계(우주)를 신뢰하는 것을 의미한다. 만일 당신이 우주를 신뢰한다면, 당신은 당신에게 닥치는 것은 무엇이든지 다룰 것이라 예상된다. 당신은 자신이 대처할 수 있다는 것에 대해 확신이 있다. 이것은 또한 연결성에 대한 느낌인 마치 개인의 영혼이 우주와 함께 있는 것 같은 느낌을 의미한다. 우주에 있는 모든 것은 연결되어 있다는 것이 혼돈 이론의 가정 중 한 가지라는 것을 회상해 보라.

요약 커리어 상담에서 Bloch와 Richmond는 내담자와 상담자를 결합하는 것, 즉 둘 간의 연결성의 중요성에 대해 동의할 것이다. 상담자와 내담자 각자는 목표, 기법, 과정을 함께 창조해낼 것이지만, 무척 중요한 메시지는 내담자들이 우주를 믿는 것, 그것들을 둘러싸는 것들과 연결되어 있는 것을 느끼는 것, 그들의 에너지에 집중하는 것, 그리고 그들의 공동체 내에서 의미 있는 방식으로 참여하는 것을 지향해서 일할 필요가 있는 것 같다.

커리어 상담에 대한 두 번째 혼돈 이론 기반 접근

2005년에 Pryor와 Bright는 커리어 상담에서 혼돈 이론의 적용에 대한 지침을 출판하였다. 커리어 상담에 대한 그들의 권고는 다음의 의견을 포함한다.

1. 커리어 발달은 다른 비율로 나타나며, 꾸준히 변화를 취하는 수많은 요인들에 의해 영향을 받는 과정으로 지각하는 관점을 취하는 것이 중요하다. (개인의 성격, 작업 환경, 회사의 건강, 세계 경제 및 기술에서 변화가 일어나고 있다.)

2. 비록 알려지지 않고 알 수 없는 발생에 대한 반응을 의도하는 것은 가능하지만, 커리어 발달에 영향을 미치는 힘들의 많은 것들이 예측될 수 없는 우연한 사건들이다.

3. 연역적이고 귀납적인 추론은 패턴과 관계를 다루고 모든 지식이 질문들에 대해 열려 있다는 전제를 수용하는 비선형적 귀추법을 위해 삼가야 한다. 패턴이 정의될 때(예 : 내담자가 그의 최근의 네 가지 직무에 대해 빠르게 지루해짐), 내담자들은 이를 과거 사건에 연결하도록 장려받아야 한다.

4. 내담자들이 과거의 의사결정을 고려하고 있을 때, 그들은 그러한 결정이 이루어졌던 맥락, 즉 결정이 이루어졌을 때 갖게 된 환경적 영향 요인들을 고려하기를 권장받아야 한다.

5. 내담자들은 자신의 체계 내에서 어트랙터(제약)를 밝혀내도록 조성되어야 한다.

Bloch(2005)처럼 Bright와 Pryor(2005; Pryor & Bright, 2008)는 반복적인 패턴의 검토에 기초해서 지점 어트랙터(point attractors), 시계추 어트랙터(pendulum attractors), 원환체 어트랙터(torus attractors)의 세 가지 유형의 어트랙터를 정의했다. Pryor와 Bright(2008) 그리고 Bright, Amundson 및 Pryor(2008)는 낯선 어트랙터(strange attractors)라는 네 번째 유형의 어트랙터를 추가한다. 낯선 어트랙터는 프랙털 구조인데, 이는 불규칙적인 기하학적 형태이다. 단일 목표를 지향하는 내담자는 지점 어트랙터에 반응을 보인다. 두 가지 영향력 내지는 선택 사이에서 괴로운 내담자—예를 들어 2개의 전공 사이에서 선택을 할 수 없는 대학생—는 시계추 어트랙터에 반응을 보인다. 원환체 어트랙터는 더욱 복잡하지만 궁극적으로 수용 불가능한 결과물을 야기하는 반복적인 패턴이 특징이다. 자신의 직무에 대한 복잡성과 중요성을 지각할 수 있는 매우 총명한 대양 횡단 비행사가 반복적인 과제같이 직무와 관련된 자각되지 못한 패턴 때문에 불만족스럽거나 지루해진다. 낯선 어트랙터는 반직관적이며 다른 것들과는 달리 반복적인 패턴을 포함하지 않는다. 하지만 Bright와 Pryor는 신화와 은유를 사용하는 생애 패턴 분석이 궁극적으로 현재의 괴로움을 야기한 생애 패턴에서의 유사점을 나타낼 것이라고 제안한다.

커리어 상담에 대한 포스트모던 및 혼돈 이론 기반적 접근의 입장

최소한 커리어 상담에 대한 6개의 접근이 포스트모던적인 철학적 사고와 혼돈 이론에 기초해서 발전해 왔다. 그중 4개의 접근은 지금까지 논의되어 왔고, 다섯 번째가 마지막 부분에 추가될 것이다.

연습문제 6.1

커리어 문제로 어려움을 겪고 있는 사람을 돕기 위해 이 장에서 지금까지 진행된 기법이나 접근을 어떻게 사용할 것인가?

커리어 상담에 대한 최소한 여섯 가지 관점이 제시되었다. 이론적인 지향점과는 무관하게 커리어 상담의 목적은 내담자가 미래의 커리어를 구성하도록 도와주는 것이다. 여기에는 상담자와 내담자가 두 가지 상이한 역할을 수행하는 모더니즘에 뿌리를 둔 이론과는 대조되게 상담자와 내담자의 결합된 행위가 포함된다. 결합된 행위를 취하는 것은 목표가 그 과정에서 저절로 나타날 수 있다는 것을 의미한다. 결합된 목표의 예에는 생애 주제 및 궁극적으로 전 생애의 담화가 구성되는 내담자의 생애 이야기를 개발하고 이야기하는 것이 포함된다. 행위를 취하는 것은 내담자와 생애 담화의 창출을 고무시키는 것을 돕는 상담자 사이의 유대감에 의해 힘을 얻으며, 이는 커리어 구성의 모험에 포함된다. Young, Valach와 Collin(2002)은 그들의 이론이 목표를 강조하며, 그래서 일부 포스트모던주의자들은 그것이 이론을 너무 합리적으로 만들기 때문에 그것을 부인한다고 지적한다. Young 등은 그들의 이론에서 목표가 단지 행위의 조직화를 위한 하나의 기초라는 것을 서둘러 추가한다.

직업 구성 개념의 발달을 이해하기 위해 Neimeyer(1988)의 연구를 고려하는 것이 도움이 될 수 있다. 대부분의 사람들은 직업적 담화를 구성하는 과제를 자기 자신에 관한 몇 가지 유용한 구성 개념으로 시작한다. 하지만 그들은 능력과 가치 같은 개념을 인식하지는 않을 것 같다. 그들이 자신에 관한 구성 개념을 더 개발하면서, 내담자들은 그것들을 조직화하기 시작하고 직업적 구성 개념을 통해서 자기 자신을 검증한다. 구성 개념들이 더 개발되면서, 그것들은 구성 개념들의 두 가지 이상의 범주(예 : 자기에 대한 것과 직업의 세계에 대한 것)로 분화된다. 상담자들은 해석을 사용해서 내담자들이 이런 구성 개념들을 주제로 조직화시키는 것을 도와주어야 한다. 작업장과 관련되고 생애 공간의 다른 곳과 관련된 창의성에 대한 강조가 유용한 해석일 수 있다. 직장에서 동료들과의 협력 관계에 대한 필요성 및 그것이 어떤 부수적인 가족 가치와 관련되는지 주목하는 것도 도움이 될 수 있다. 커리어 구성의 궁극적인 결과는 내담자의 목표를 달성하는 것이어야 한다.

맥락주의자 관점에서 커리어 상담의 사정

앞선 논의에서 사정에 관한 대부분의 초점은 내담자가 이야기의 의미를 만들고 이러한 의미로부터 커리어가 핵심 부분인 중요한 정체성을 만드는 것을 도우면서 내담자의 짧은 이야기를 상담자가 해석하는 것에 있었다. 여기서의 예외는 Holland의 이론에 기초한 도구를 Savickas가 사용하는 것이었다. 포스트모던 커리어 상담자들은 내담자에게 자신의 성공 경험 목록을 작성하는 것, 자신의 사망 기사를 작성하는 것을 포함한 미래의 생애 곡선 구성하기, 가족이 어떻게 내담자의 현재 관점에 영향을 미쳤을 수 있는지를 확인하기 위한 커리어 가계도 구성하기, 내담자가 다양한 생애 사건들의 상호 연결성에 대한 그림을 포함한 시각을 구현하는 'CAREER-O-GRAM' 구성하기 같은 수많은 사정 전략을 사용한다는 것에 주목하는 것이 중요하며, 이들 중 많은 것들이 이후의 장에서 논의될 것이다.

Savickas는 다른 저자들보다 전통적인 사정 전략을 사용하는 경향이 있는 것으로 보이지만, 커리어 상담에 대한 어떤 접근에서도 공식적인 사정 장치가 반드시 쓰이는 것은 아니다. 첫째, 내담자가 자신의 이야기를 전할 때, 커리어 상담자는 내담자들이 자신의 에너지를 향하는 방식, 즉 즐거움, 고통, 기쁨 혹은 슬픔을 유발하는 그들의 의도적인 행동과 그 결과에 주의를 기울여야 한다. 개인적인 구성물은 이런 방식을 통해 정의될 수 있고 의미 있는 주제들로 조직화될 수 있다. 둘째, 내담자들이 새로운 구성물을 밝혀내고 조직화시키는 것을 돕도록 사용될 수 있는 몇 가지 사정 기법들이 발달해 왔다. 직업 카드 분류(Dolliver, 1967) 같은 카드 분류 기법은 내담자들이 직업을 3개 범주로 걸러내는 것을 돕기 위해 사용될 수 있다. 카드 분류를 하면서 내담자들은 해당 직업을 고려할 것인지, 고려하지 않을 것인지, 혹은 그들이 고려할 것인지에 대한 생각이 불분명한지에 의거해서 카드를 3개의 범주로 나누도록 요청받는다. 그다음에 내담자에게 각 범주에서 직업을 수용하고, 불확실하게 여기고, 거부한 이유를 설명하도록 요청받는다. Neimeyer(1988, 1992)가 개발한 래더링 기법(사다리 기법)이 또한 사용될 수 있다. 내담자들은 3개의 직업을 확인하고 동시에 그것과 관련된 구성물을 만들기 시작하도록 요청받는다. 이런 전략 내에서 상담자는 내담자들이 만들어내는 구성물을 기록한다. 내담자들은 직업들을 비교하고 대조하거나, 직업의 유쾌함을 추정하거나, 직업에 대해 생각할 때 나타나는 정서를 표현하도록 유도된다. 이러한 혹은 유사한 촉발은 내담자로 하여금 직업 구성 개념에 대해 생각하도록 고무시킨다. 목표는 내담자가 한 가지 직업을 선택하도록 하는 것이 아니라 어떤 직업을 선택할 때 사용할 수 있는 긍정적인 구성 개념들의 목록을 만들어내게 하는 것이다.

구성주의자적 접근은 최소한 이론 내에서는 가치로부터 자유롭다. 커리어 상담자들은 이 회기 동안 그들의 가치를 무시하고 내담자들이 커리어 기회를 구성하도록 고무시킬 생애 이야기를 만들어내는 과정에서 내담자와 함께한다. 이런 가치 판단적이지 않은 관점은 포스트모던적 사고가 소수민족 집단을 포함한 모든 집단이 사용할 수 있게 한다. 가치로부터 자유롭기 때문에 상담자는 자신만의 신념 체계에 의해 과정이 제한받지 않도록 도와주면서 내담자와 함께 작업을 할 수 있다.

해결 중심 커리어 상담

이전 부분에서 강조되었듯이 Bloch와 Richmond(2007) 및 Neimeyer(1988, 1992) 같은 많은 포스트모던 이론가들은 내담자들의 이야기를 이끌어내서 그들이 자신의 구성 개념을 확인하는 것을 돕고 그것들을 미래에 대한 계획으로 통합시키도록 돕는 것의 중요성을 강조한다. Savickas(1995, 2013) 및 Young과 그의 동료들(2002)도 역시 이러한 입장을 취한다. 이 책의 제10판에서 de Shazer(1985)의 업적에 기초한 커리어 상담에 대한 포스트모던적 접근이 제시되었다. Amundson(2003)은 유사한 상담 접근을 제시했지만, 그는 2차 질문(second-order questioning) 단계를 추가했고, 이것은 이번 판에 포함되었다. de Shazer와 Amundson에 의해 만들어진 한 가지 가정은 내담자가 받게 될 질문과 질문에 대한 대답 모두를 알고 있다는 것이다. 두 이론가 모두는 '문제'라는 단어의 사용 또한 피한다. 짧은 해결 중심 커리어 상담(brief solution-focused career counseling, BSFCC)의 순서와 내담자들에 의해 제기될 수도 있는 몇 가지 쟁점은 다음과 같다.

1. 내담자는 다루게 될 쟁점을 확인한다.

   a. 나는 커리어를 선택할 필요가 있다.

   b. 나는 내 현재 직무를 지겨워한다.

   c. 나는 더 많은 돈을 벌 필요가 있다.

   d. 내 직무는 내 가족 생활을 망치고 있다.

   e. 나는 일중독자이다.

2. 내담자는 이루어져야 할 변화(목표)를 정의하고 목표를 척도화한다.

   a. 당신의 목표는 직무를 변화시키는 것입니다. 1점부터 10점 척도상에서 당신의 목표에 도달하는 것에 얼마나 근접해 있습니까?

   b. 당신의 목표는 당신의 가족과 더 많은 시간을 보내는 것이고, 시간 사용을 변화시키려 노력해 왔습니다. 1점부터 10점 척도를 사용하여 당신의 목표에 도달하는 것이 얼마나 가까운지를 평정하십시오.

3. 내담자는 예외, 즉 그들이 유사한 문제를 해결할 수 있었던 때에 대해 탐색하도록 장려된다.

   a. 당신이 취미, 스포츠, 혹은 다른 직무같이 또 다른 행위에 몹시 개입되었던 자신을 발견한 적이 있습니까? 만일 그렇다면 그런 문제를 어떻게 해결했습니까? 당신은 현재의 딜레마를 다루는 데에 유용할 수도 있는 무엇인가를 배웠습니까?

4. 내담자는 규명된 문제를 해결하기 위해 사용될 수 있도록 과거의 성공에서 사용된 개인적인 장점과 전략을 파악한다.

   a. 당신 자신에 대해 회고해 보았을 때 당신의 장점은 무엇입니까? 그것들에 순위를 매길 수 있습니까?

   b. 이런 장점 중 어떤 것이 현재의 상황을 감당하기 위해 쓰일 수 있습니까?

   c. 당신의 목표는 당신이 즐길 직업을 선택하는 것입니다. 이 회기의 앞에서 당신은 10점 척도상에 1점으로 평정했습니다. 기본적으로 이 목표를 얻는 데에 진전은 없습니다. 우리가 다시 만나기 전까지 위의 숫자를 바꿀 수 있다고 느끼십니까? 어떤 행동을 취할 수 있습니까?

5. 후속 회기에서 상담자와 내담자는 목표를 재평정하면서 다시 논의하고, 문제해결을 향해 나아갈 계획을 세운다.

   a. 당신의 목표는 직무에서 시간을 덜 사용하고 가족과 더 많은 시간을 보내는 것입니다. 어떻게 진행됐습니까? 지난주에 당신은 시간 관리에 거의 진전이 없었다고 평가했습니다. 당신은 10점 척도에 1점을 주었습니다. 이번 주에는 자신에 대해 몇 점을 부여하시겠습니까? 그 10점 척도상에 당신은 어디에 위치합니까? 어떻게 하면 우리가 당신의 목표를 이번 주

에 10점을 향해 갈 수 있을까요(반드시 10점을 얻는 것이 아니라, 그것을 향해 갈 수 있을까요?) 당신은 과거에 사용했었던 당신의 전략 내지는 장점 중 어떤 것이라도 사용할 수 있습니까? (상담자는 직업 정보 사용, 카드 분류 사용, 직무 사이트 방문 등의 전략을 제안할 수 있다.)

6. 상담자는 내담자가 '갇혀' 있는지에 대해 이차적인 질문에 관여할 수 있다. 이런 단계 각각은 더 상세하게 짧게 논의되지만, 그러한 설명 이전에 BSFCC가 우울이나 결정 불안 같은 정신건강 문제를 다루기 위해 개발된 것은 아니라는 것에 주목해야 한다. 따라서 만일 우울, 결정 불안 혹은 다른 정신건강 문제기 커리어 상담과정에 장애가 된다면, 상담자는 진행하기에 앞서 이런 쟁점을 다뤄야 한다.

BSFCC의 과정에 대한 또 다른 모습

1. 관계 발전. 커리어 상담자는 내담자가 자신만의 해결안을 찾는 것에 대한 통제감을 취하도록 고무시키는 대신 전문가의 역할을 맡기를 회피한다. 상담자는 자신을 코치나 촉진사로 묘사할 수 있다.

2. 쟁점에 대한 내담자의 설명. 상담자는 목표를 수립하기 위한 몇 가지 대안 중에서 선택을 어려워하는 내담자를 격려할 수 있다. 상담자의 의도는 긍정적인 것(목표 달성)과 미래에 초점을 두는 것에 있다. 일부 사례에서 상담자들은 문제의 소유권을 취하는 과정에서 내담자를 지원하는 것이 중요하다. 예를 들어 경기 침체로 자신의 직무를 잃은 근로자는 경제, 기업 혹은 조합을 비난할 수 있다. 하지만 실직은 내담자의 문제이며, 타인을 비난하는 것은 그것을 해결하지 못할 것이다. 목표 혹은 원하는 결과는 de Shazer(1985)가 마법의 질문이라 부르는 것으로부터 도출될 수 있다. 이 기법은 미래와 긍정적인 결과에 초점을 둔 회기를 진행한다. 마법의 질문은 전형적으로 다음의 형태를 취한다. "만일 당신이 어느 날 아침에 일어나고 이 문제가 해결되었다면, 무엇이 바뀌게 될까요? 당신은 그 문제가 해결되었다는 것을 어떻게 알게 될까요? 당신 주변의 사람들은 그 문제가 해결되었다는 것을 어떻게 알게 될까요?" 수립된 목표는 긍정적인 것이어야 하고 내담자의 통제 내에 있는 행동을 포함해야 한다는 것에 주목하는 것이 중요하다. 예를 들어 자신의 감독자와 문제를 지닌 내담자는 매일 보게 되는 부정적이고 비판적인 사람의 감독자가 아니라 친절하고 지지적인 사람이라는 것을 찾아내기 위해 '관심을 기울일' 수도 있다. 내담자는 감독자에 대한 통제력이 없기 때문에, 그들은 자신의 사고, 정서, 행동 같은 내담자가 통제할 수 있는 요인들을 통해 결과를 재고하도록 요청받을 것이다.

3. 예외의 탐색. 예외에 대한 탐색은 사실 장점에 대한 탐색이다. 상담자는 다음의 질문 중 몇 가지로 유도할 수 있다. "어려운 결정을 내렸던 때를 생각해 보십시오. 차이점이 무엇이었습니

까(맥락, 결정의 중요성 혹은 관계된 사람)? 의사결정 과정이 무엇과 비슷했습니까? 당신이 결정을 내릴 때 어떻게 느꼈습니까? 그 과정에서 누가 도움이 되었습니까? 당신은 어떤 자원을 사용했습니까?" 상담자는 과거의 시도와 성공에 대해 강화를 준다.

4. 개인의 장점 확인. 예외를 발견한 후에, 이것에 기초해서 당신이 목표를 달성하는 것을 도와줄 어떤 개인적인 장점을 확인할 수 있는가? 과거에 힘든 결정을 내렸을 때 어떤 행동, 정서 혹은 사고가 떠올랐는가? 만일 당신이 과거에 어려운 결정을 내린 적이 전혀 없다면, 당신은 자신이 전진하도록 도와줄 어떤 개인적인 장점(인내, 정신적 강인성, 지능 등)을 지니고 있는가? 이런 부분의 과정 동안, 커리어 상담자는 장점을 밝히기 위한 지원으로서 능력에 대한 자기 추정치 같은 도구를 사용할 수도 있다. 가계도, 카드 분류, 자기 효능감을 사정하기 위한 질적 접근이 또한 이 시점에 사용될 수도 있다.

5. 계획을 세우고 목표 평정. 첫 회기의 거의 끝자락에 내담자에게 자신의 목표를 재진술하고 그것을 평정하도록 요청한다. 평정하기에는 목표 획득을 향한 움직임을 평가하는 것을 포함하며 다음과 같이 소개될 수도 있다. "당신이 진술한 목표는 최소한 주당 800달러를 지불할 직업과 당신의 가치와 흥미에 잘 들어맞는 직업을 선택하는 것입니다. 1은 목표를 향해 거의 진전이 없는 것이며 10은 당신이 선택을 했다는 것을 의미하는 1부터 10점 척도상에 당신의 목표를 획득해 가는 과정에서 지금 현재 당신이 어디에 있는지를 평정하십시오." 그리고 상담자와 내담자는 내담자가 목표 획득을 향해 나아갈 계획을 수립하고 회기는 종료된다.

6. 추후 회기. 이는 아마도 이미 만들어진 과정, 개발된 방책, 계획을 수정할 필요성에 대해 논의를 하면서 시작해야 할 것이다. 각 후속 회기에서 수립된 목표는 진행을 결정하기 위해 평정된다.

7. 이차 질문하기. 이차 질문에는 de Shazer(1985)의 연구로부터 직접 유래한 방법과 Amundson(2003)에 의해 개발된 두 가지 접근이 존재한다. 두 가지 모두 유용성을 지닌다. de Shazer의 관점에서 보면 이차 질문은 내담자로 하여금 처음에 확인된 커리어 문제가 다루어지지 않는다면 어떤 일이 일어날지에 대해 초점을 맞추도록 한다. Amundson은 자신의 일부 신념이 목표가 아닐 수도 있다고 제안하는 증거들에 대한 내담자의 이해를 촉진시키기 위해 이차 질문을 사용한다. de Shazer의 접근에서 내담자들은 다음의 질문을 받는다, "당신이 확인한 문제가 다루어지지 않을 때의 미래에 대해 추측해 보십시오." Amundson은 "당신이 작업 관련 스트레스를 다룰 수 없다는 결론에 어떻게 도달했는지에 관해 이야기해 주십시오." 같은 시작 질문을 사용할 것이다. 후자의 관점에서 내담자는 자신의 사적인 생각을 검토하도록 요청받고 그것들의 의미는 물론 어떻게 그것들이 발달했는지에 관해 심사숙고하도록 권장받는다. 한편 de Shazer는 행위 및 행위 부족의 장단점을 문제 제시와 연관시킬 때 이런 장단점에 대한 통찰을 기대한다. 이차 질문에 대한 이러한 접근 모두 훌륭하며 모형에 통합되어야 한다.

요약

두 가지 맥락주의자 이론과 적용이 논의되었다. 맥락주의자적 접근에서 강조하는 것은 개인의 자기가 외부에서 내부로 스스로 구성된다는, 즉 자기는 개인이 자신들이 조작하는 다양한 맥락과 상호작용하면서 만들어진다는 것이며, 이것은 개인이 '자신의 경험을 이해할 때' 만들어진다는 것을 의미한다. 전통적인 현대 사고가 지니는 관점은 상호작용이 발생할 방식을 정교하게 만들어 가기 위해 인지에 우선적으로 의존하면서, 개인은 자신을 내부로부터 외부를 향해 구성해 나간다는 것이다. 혼돈 이론은 종종 종잡을 수 없는 순서로 그 뿌리를 프랙털 수학과 역동연구에 둔다. 혼돈 이론에 기초를 둔 접근의 실무자들은 비록 자신의 접근이 맥락주의자들과 어느 정도 겹치지만, 커리어 상담에서 사용되는 과정이나 기법에 관한 가정을 거의 하지 않는다. BSFCC는 포스트모던 철학에 뿌리를 두지만, 상담자가 개인이 행위를 취하는 것에 대한 촉진사로서 행동하며, de Shazer와 다른 학자들에 의해 계획된 과정은 매우 선형적이다.

이 장의 퀴즈

T F **1.** 맥락주의자 커리어 상담에서 공식적인 사정은 없다.

T F **2.** 이 장에서 제시되는 커리어 발달 이론에서 가장 자주 나타나는 두 가지 주제는 자기 지식과 커리어에 관한 지식의 중요성이다.

T F **3.** 이 장에 제시된 포스트모던 커리어 상담의 두 가지 모형은 과정의 출발 지점이 내담자가 목표를 진술하게 하는 것이라는 데에 동의한다.

T F **4.** 커리어 상담에 대한 맥락주의자적 접근에서 커리어 상담자는 자신의 가치를 유보할 의무가 있다.

T F **5.** Bloch에 따르면 내담자는 프랙털로 지각될 수 있다.

T F **6.** 두 가지 직업적 선택 사이에서 자주 바뀌는 내담자는 원환체 어트랙터에 의해 제약을 받는다.

T F **7.** de Shazer는 사람들이 자신의 미래에 대해 환상을 하게끔 자극하는 방법으로 마법의 질문을 사용했다.

T F **8.** 커리어 상담에서 상담자의 역할을 고려할 때, 모든 이론에서 공통적인 주제는 내담자의 문제를 사정할 때 상담자의 중요성이다.

T F **9.** 비록 Savickas는 Super와 Holland의 개념을 포함하지만 그는 여전히 맥락주의자적 이론가로 보인다(절충적인 것과 비교해서).

T F **10.** BSFCC 모형에서 내담자는 자신의 커리어 관련 질문에 대한 대답을 안다고 가정한다.

(1) ⊥ (10) ⊥ (9) ⊢ (8) ⊣ (7) ⊥ (6) ⊢ (5) ⊢ (4) ⊥ (3) ⊢ (2) ⊢ (1)

참고문헌

Amundson, N. E. (2003). *Active engagement: Enhancing the career counseling process* (2nd ed.). Richmond, BC: Ergon Communications.

Bloch, D. P. (2005). Complexity, chaos, and nonlinear dynamics: A new perspective on career development theory. *Career Development Quarterly, 53,* 194-207.

Bloch, D. P., & Richmond, L. (2007). *Soul work: Finding the work you love, loving the work you have* (Rev.). Palo Alto, CA: Davies-Black.

Bright, J. E., & Pryor, R. G. L. (2005). The chaos theory of careers: A user's guide. *Career Development Quarterly, 53,* 291-305.

Brown, D. (2002). The role of work and cultural values in occupational choice, success, and satisfaction. *Journal of Counseling and Development, 80,* 48-56.

Burkist, D. P., Benson, T., & Sikorski, J. F. (2005). The call to teach. *The Journal of Social and Clinical Psychology, 24,* 111-122.

Cochran, I. (1997). *Career counseling: A narrative approach.* Newbury Park, CA: Sage.

de Shazer, S. (1985). *Keys to solutions in brief therapy.* New York, NY: Norton.

Dolliver, R. H. (1967). An adaptation of the Tyler vocational card sort. *Personnel and Guidance Journal, 45,* 916-920.

Duffy, R. D., Manuel, R. S., Borges, N. J., & Bott, E. M. (2011). Calling vocational development: A longitiudinal study of medical students. *Journal of Vocational Behavior, 79,* 361-366.

Hartung, P. J. (2013). The life-span, life-space theory of careers. In S. D. Brown & R. W. Lent (Eds.), *Career Development in Counseling: Putting Theory and Research to Work* (pp. 83-113). New York, NY: John Wiley & Sons.

Holland, J. L. (1997). *Making vocational choices* (3rd ed.). Englewood Cliffs, NJ: Prentice-Hall.

Krumboltz, J. D. (1979). A social learning theory of career choice. In A. M. Mitchell, G. B. Jones, & J. D. Krumboltz (Eds.), *Social learning theory and career decision making* (pp. 113-147). Cranston, RI: Carroll Press.

Krumboltz, J. D. (1996). A learning theory of career counseling. In M. Savickas & B. Walsh (Eds.), *Integrating career theory and practice* (pp. 313-360). Palo Alto, CA: CPP Books.

Krumboltz, J. D. (1998). Serendipity is not serendipitous. *Journal of Counseling Psychology, 45,* 390-392.

Krumboltz, J. D., & Leven, A. (2010). *Luck is no accident: Making the most of happenstance in your life* (2nd ed.). Ataascadaro, CA: Impact.

Krumboltz, J. D., Mitchell, A. M., & Jones, G. B. (1976). A social learning theory of career selection. *Counseling Psychologist, 6,* 71-81.

Lent, R. (2013). Social cognitive theory. In S. D. Brown & R. W. Lent (Eds.), *Career development in counseling: Putting theory and research to work* (pp. 115-146). New York, NY: John Wiley & Sons.

Lent, R. W., Brown, S. D., & Hackett, G. (1995). Toward a unifying social cognitive theory of career and academic interest, choice, and performance. *Journal of Vocational Behavior, 45,* 79-122.

Marcus, P. (1998). Classical Adlerian theory and practice. In P. Marcus & A. Rosenberg (Eds.), *Psychoanalytic versions of the human condition: Philosophies of life and their impact on practice* (pp. 318-364). New York, NY: New York University Press.

Mitchell, L. K., & Krumboltz, J. D. (1984). Social learning approach to career decisions: Krumboltz's theory. In D. Brown & Associates, *Career choice and development* (pp. 235-280). San Francisco, CA: Jossey-Bass.

Mitchell, L. K., & Krumboltz, J. D. (1990). Social learning approach to career decisions: Krumboltz's theory. In D. Brown & Associates, *Career choice and development* (2nd ed., pp. 308-337). San Francisco, CA: Jossey-Bass.

Mitchell, L. K., & Krumboltz, J. D. (1996). Krumboltz's theory of career choice and counseling. In D. Brown & Associates, *Career choice and development* (3rd ed., pp. 233-280). San Francisco, CA: Jossey-Bass.

Neimeyer, G. J. (1988). Cognitive integration and differentiation in vocational behavior. *The Counseling Psychologist, 16,* 440-475.

Neimeyer, G. J. (1992). Personal constructs in career counseling and development. *Journal of Career Development, 18,* 163-174.

Pryor, R. G., Amunson, N. E., & Bright, J. E. (2008). Probabilities and possibilities: The strategic counseling implications of the chaos theory application. *The Career Development Quarterly, 56,* 309-318.

Pryor, R. G., & Bright, J. (2008). Archetypal narratives in career counseling: A chaos theory application. *International Journal of Educational and Vocational Guidance, 8,* 71-82.

Savickas, M. L. (1995). Constructivist counseling for career indecision. *Career Development Quarterly, 43,* 363-373.

Savickas, M. L. (1997). Constructivist career counseling: Models and methods. *Advances in Personal Construct Psychology, 4,* 149-182.

Savickas, M. L. (2013). Career construction theory and practice. In S. D. Brown & R. W. Lent (Eds.), *Career development in counseling: Putting theory and research to work* (pp. 147-186). New York, NY: John Wiley & Sons.

Sharf, R. S. (2013). *Applying career development theory to counseling* (6th ed.). Pacific Grove, CA: Brooks/Cole.

Super, D. E. (1957). *The psychology of careers.* New York, NY: Harper & Row.

Super, D. E. (1990). A life-span, life-space theory of career development. In D. Brown & Associates, *Career choice and development* (2nd ed., pp. 197-261). San Francisco, CA: Jossey- Bass.

Young, R. A., Marshall, S. K., & Collin, A. (2007). Making career theories more culturally sensitive: Implications for counseling. *Journal of Career Developement Quarterly, 56,* 4-18.

Young, R. A., Valach, L., & Collin, A. (2002). A contextual explanation of career. In D. Brown & Associates, *Career choice and development* (4th ed., pp. 206-254). San Francisco, CA: Jossey-Bass.

제 7 장

커리어 상담에서 쟁점인 성:
여성, 남성, 그리고 성적 지향 소수자

>>>>>>>>>> **기억해야 할 것들**

- 여성의 커리어 발달에 부정적으로 영향을 미치는 쟁점
- 커리어 상담과 발달 과정에서 특히 성적 지향 소수자 들에 대한 사회적 지지의 중요성
- 커리어 상담과정에서 변화를 이끄는 Spokane, Luchetta와 Ricwine(2002)이 정의한 네 가지 요인
- 남성과 여성의 커리어 상담과정에서의 이론 적용

이 장은 모든 범위의 남성, 여성, 성적 지향 소수자들을 위해 커리어 상담을 제공하기를 기대 하는 커리어 상담자들을 위한 지침을 제시하기 위해 작성됐다. 성적 지향이란 (1) 이성 집 단 구성원에 대한 것이거나, (2) 동성 집단 구성원에 대한 것이거나, 혹은 (3) 비록 반드시 같은 정 도는 아니지만 동성과 이성 집단 구성원 모두에 대한 개인의 성적이고 정서적인 끌림을 말한다 (Prince, 2013). Prince는 성적인 정체성이란 것을 자신의 남성 혹은 여성으로서 내적인 식별을 통 해 자기와 성 정체성을 공개적으로 표현하는 것으로 정의한다. 여기서의 접근은 커리어 발달과 상 담과정에 영향을 미칠 수 있는 논의 중인 집단에 대한 독특한 쟁점을 확인하려는 것이 될 것이다.

커리어 발달에 대한 대부분의 이론들이 남성을 염두에 두고 개발되어 왔다고 여러 차례 강조 되어 왔고, 일부 전문가들은 따라서 여성들을 포함한 다른 집단에 사용을 제한해야 한다고 믿는 다. 앨버트 반두라(1986)의 사회인지 이론은 사회인지 커리어 이론(Lent, Brown과 Hackett, 1994; Lent, 2013)과 사회인지 이론보다는 사회 학습 이론에 기초를 둔 Krumboltz(Krumboltz, Mitchell, & Jones, 1976)의 모형의 일부 개정을 촉진시켰다. 두 이론의 맥락에 대한 강조를 고려해 볼 때, 남

성만을 염두에 두고 개발되었다는 비난은 부적절해 보인다. 제6장에 제시된 것과 같은 맥락주의자적 이론들에 대해서도 같은 얘기를 할 수 있다(Savickas, 2013). 다른 이론들이 남성, 여성, 소수집단에 해당하는 성적 지향을 지닌 사람들에 유용한가? 앞으로 보여주겠지만 그중 일부는 세심하게 그리고 어떤 내담자 집단이 접하는 쟁점에 대한 인식을 가지고 적용된다면 무척 유용하다. 차용되는 모형과 상관없이 커리어 상담자의 책임은 아마도 옹호를 통해 환경을 더 도움이 되게 조성하는 것이고 환경 맥락으로부터 내담자 자신이 필요로 하는 혜택을 끌어내는 데에 필요한 기술을 얻도록 보장해 주는 것이다.

여성

커리어 상담과정에서 함께 발생할 수 있지만 남성들에게는 여성들이 해야 할 것만큼 큰 관심사가 아닐 수 있는 그녀들에게 고유한 수많은 쟁점들(예 : 계획되거나 계획되지 않은 임신)이 존재한다. 당연히 임신을 한 친구나 아내를 둔 남성은 직무를 조절하면서 혹은 직무를 갖거나 교육 프로그램을 시작하기를 연기하면서 몸부림친다.

계획 여부와 상관없이 임신을 한 사람은 의심할 바 없이 나이 든 여성에 비해 어린 미혼 여성에게 더 큰 문제가 된다. 2011년에, 15세에서 19세 사이의 여성들이 대략 33만 명의 신생아를 출산했다. 이 출산 중에서 57%의 10대 엄마들이 흑인이거나 히스패닉이었다(Centers for Disease Control, 2012). 임신을 한 어린 여성들은 종종 학교를 떠나며 그러한 과정에서 교육과 커리어의 궤도는 낮아지게 된다. 커리어 상담자들은 사회적 지지를 제공하고, 아이를 돌볼 계획을 세우는 것을 돕고, 그다음에 오게 되는 것—아이가 태어나고 그다음에 이어 생기는 일들—을 준비하면서 임신한 여성들을 확인하고 도울 책임감을 갖는다. 임신을 한 어린 여성들을 위한 교육 및 커리어 계획은 필수적이지만, 그들은 법률 지원, 사회복지부로부터의 지원, 가족과 친구를 대할 때의 도움이 필요할 수 있다.

여성들은 또한 성역할 고정관념 때문에 자신의 커리어 기회들을 너무 이르게 제한했었을 수 있고, 그래서 종종 직업을 고르는 과정은 여성들이 선택에 앞서 자신의 대안들을 확장하는 것을 돕는 것에 집중된다. (나는 더 보상이 되는 선택을 배제하는 선택안에 터놓고 도전하면서 이를 해냈다.) 나는 언제나 여성이 마주치는 문제들에 대해 반성하고 이를 통해 이런 논의의 맥락을 만들려 노력할 것이다.

여성에 대한 억압

소수민족과 인종 집단의 여성에 대한 억압은 다음 장에서 또한 논의될 것이지만, 소수집단의 여성 및 여성에 대한 쟁점의 많은 부분이 일반적으로 유사하다. 예를 들어 여성과 커리어를 다루는 많은 문헌들은 임금, 성희롱 및 다양한 형태의 차별에서의 불공평에 초점을 둔다. 내가 제1장에서 이야기했듯이, 임금 자료를 검토하는 것과 미국 내에서 약 20%가량 여성이 남성보다 돈을 덜 받는다고 결론 내리는 것은 불가능하며, 이런 불공평의 일부는 차별의 결과이다(Heppner, 2013). 다른 요인에는 아이 양육 때문에 직무와는 상관없이 사용된 시간과 배우자가 승진할 수 있도록 승진을 희생하려는 더 큰 의지가 해당된다. 여성들이 비서, 교육, 의학 영역에서의 낮은 임금을 받는 직업에 계속해서 종사하는 것 역시 사실이다. 전통과 성역할 고정관념은 여성들이 과학, 기술, 공학, 수학(STEM : science, technology, engineering, math) 커리어와 전기 기사와 배관공 같은 고임금의 숙련직으로부터 멀어지도록 했을 수도 있다. 하지만 이런 정보만으로는 우리에게 두 가지 유형의 의무가 있다는 것을 떠올리는 것 말고는 커리어 상담자에게 특별히 도움이 되지 않는다. 커리어 상담자들의 첫 번째 임무는 우리의 내담자들이 작업 환경 내에서 앞에 놓여 있는 것을 인식하는 것을 돕고 그들이 마주할 수 있는 만일의 사태를 다루기 위한 대처 기술을 개발하도록 돕는 것이며, 두 번째 의무는 여성이든 다른 집단을 위한 것이든 상관없이, 임금의 불평등을 초래한 정책을 폐지하기 위해 조직(예 : 유리 천장), 지역사회, 가족, 그리고 작업에서 억압하는 힘을 개선하고자 우리 주장을 하는 것이다. 하지만 어떻게 해야 하는가? 어디서 시작하는가? 남성과 여성, 게이와 이성애자, 성전환자와 안정적인 성별의 개인적 기능, 그들의 소득을 감소시키는 기타 요인들 및 커리어 상담자가 취할 수 있는 사회적 행위가 발생하는 억압적인 맥락에 관해 개괄적으로 생각함으로써 시작하자.

많은 직무들이, 특히 공립학교의 직무와 노동조합에 가입된 작업 장 내의 직무들이 종종 임금, 상여금, 휴가 가능성 그리고 때때로 승진을 연공서열에 기반을 두고 있다. 후임자 우선 해고의 원칙은 노조가 형성된 산업체 내에서 종종 제기되며 융통성 없는 급여 체계는 아이 출산과 양육 때문에 늦게 일에 진입하는 여성들에게 불리하게 작용한다. 커리어 상담자들은 근무 연한보다 성취와 역량에 더 기반한 임금 척도를 갖도록 임무를 이끌어 나갈 수 있을 것이다. 교사는 특히 평가 과정과 그것이 임금과 관계되는 것을 두려워한다. 오랫동안 노동조합에 의해 보급된 연공서열 체계는 난공불락일 테지만, 노조가 노동계의 승인을 위해 영향력을 행사하는 시점에 남성과 여성은 변화를 위한 교섭을 할 수도 있다.

제1장에서 나는 유대인-프로테스탄티즘의 윤리(PWE)와 유교적 작업윤리(CWE), 유대-개신교 및 유교에 대한 Peterson과 Gonzales에 대해 이견을 제시했다. 나는 이러한 소위 작업윤리의 억압적인 양상을 개혁할 필요성에 대해 동의하지만, 나는 PWE에 동반하는 기업가적인 경제적 체계를 버리기를 주저하는데, 이는 만일 적절하게 사용된다면 우리의 세계에 존재하는 불공평을 다루는 것을 도와줄 수 있는 부를 창출하기 때문이다. 하지만 특히 여성과 관련이 될 때, 종교는 우리 사회 내에서 주요한 억압적인 힘 중 하나였으며 이것은 여전히 지속되고 있다. 이슬람, 천주교 및 보수적인 개신교의 교파들의 전통은 여성들의 억압에 중요한 영향을 미쳐 왔다. 천주교에서는 단

지 남자들만 신부가 될 수 있다. 수녀는 교회에서 부차적인 구성원이다. 일부 기독교 분파는 여성들이 전도사나 목사가 되는 것을 허용하지 않는다. 비록 이론적으로는 여성 이슬람교도들이 이맘의 역할을 하는 것이 가능하지만, 일반적이지 않다. 나는 기독교 교회의 역사를 공부했고 이슬람을 더 잘 이해하기 위해서 코란을 두 번 읽었다. 이슬람, 기독교, 유대교는 공통의 뿌리를 두고 있으며 그 뿌리는 아브라함과 사라 및 고대의 남성 지배적인 문화로 거슬러 올라간다. 여성이 남성, 주로 자신의 남편에게 굴종해야 한다고 제안하는 성경 구절과 코란의 슈라가 있다. 다른 사례로서 논쟁을 초래할 것 같은 쟁점에 대한 판결에서 한 남성의 증언에 반박하기 위한 2명의 여성을 제시한다.

코란에서 발췌(Abdullah Yusuf Ali 영어 번역; 2005)

알라는 남성과 여성 중 하나는 다른 것에 비해 더 뛰어나게 만들었고, 그리고 그들은 (여성들을 지원하기 위해) 자신의 수입에서 돈을 들이기 때문에, 남성이 여성의 보호자이자 부양자이다. 고로 여성은 당연히 순종적이다… 슈라 IV, 34구절

성경에서 발췌(새 국제 성경 판) :

사도 바울은 "하지만 나는 당신이 그리스도가 모든 사람의 우두머리이며, 남자는 여자의 우두머리라는 것을 이해하기를 바라고, 신은 그리스도의 우두머리이며…" (고린도 1서, 11 : 3)

커리어 상담자들은 이런 것들과 다른 전통을 알고 있을 필요가 있고 자기 작업장 내에서 자신에 대한 관점(직업 정체성)이 제한되어 왔거나 줄어든 여성들을 다룰 준비를 스스로 할 필요가 있다. 나는 이런 전통을 제8장에서 더 다룰 것이다.

우리들이 미국 내에서 공평성을 향해 약간의 진전이 이루어져 왔다는 것을 인식하는 동안 여성의 지위를 다루는 Heppner(2013)의 통찰력 있는 작업은 세계적인 상황을 크게 지향하고 있었다. 그녀가 개괄한 내용은 여성들이 공평성을 획득하기 위해 지속적으로 투쟁하는 것과 관련될 수 있는 세 가지 쟁점을 다루지는 않았다. 앞서 군대와 유전이 개인의 타고난 유전형 모습과 별개로 자아의 다양한 부분을 형성하는 힘으로서 고려되지 않았듯이 종교 역시 다뤄지지 않았다. 그녀의 리뷰에서, 그녀는 여성이 직무 중이나 작업장에서 접하는 문제들을 고려할 때 일반적으로 남성들에 비해 더 높은 수준의 직무 만족을 표현한다고 말하는 연구들 때문에 깜짝 놀란 것 같다. Holland(1979, 1997)는 일반적으로 직무 만족에 초점을 둔 타당도 수치가 일관적으로 남성에 비해 여성에게 높게 나타난다고 보고했다. 비록 Heppner는 여성들이 직업을 선택하고 그런 작업 활동을 할 때 접하는 문제들에 대한 장황한 설명을 하지만, 그녀가 관심을 갖는 주요 주제는 임금의 불평등에 있는 것 같았다.

커리어 대안으로서 군대를 선택할 수 있는 것은 여성에게 양날의 검이었다. 군대 내의 여성들은

전장을 제외하고는 비교적 동일선상에서 남성들과 경쟁할 수 있었다. 전투에 여성들이 참여하는 것을 금지하는 것은 2014년에 끝날 것이다. 군대에서 여성 집단에 대한 다른 쟁점은 성폭행의 발생 정도였다. 예를 들어 뉴욕타임스는 2013년 9월 11일에 미 해군에서 성폭행의 발생 빈도가 한 해 전 726건에서 1,100건이 넘는 수준으로 증가했다고 보고했다. 비록 모든 군대의 병과가 성폭행을 중단시키려는 새로운 노력에 몰두한다고 보고하지만, 대안으로 군대를 고려하고 있는 여성들은 이러한 쟁점을 인식해야 한다.

여성들이 유전적인 차이점 때문에 일의 세계에서 남성에 비해 다른 경험을 할 수 있을까? 대부분의 사회과학자들은 천성(유전)과 양육(환경)의 역할을 고려할 때, 사회적 태도, 직업 흥미, 지각된 자신감 같은 폭넓은 특질의 발달에서 전자를 능가하는 것은 후자라는 생각을 받아들이는 것 같다. Gottfredson(2002)에 따르면 인류가 자신의 환경에 의해 다루어지는 것을 수동적으로 수용하는 존재라는 생각은 틀린 것이다. 인간은 자신을 특질, 태도, 행동으로 드러내는 유전적인 성향 때문에 능동적으로 자신의 환경을 형성한다. Heppner는 다수의 사회과학자들에 동의하는 것 같다. 나는 가정과 작업장에서의 학대에서 기인한 차별과 남성 가해적인 피해를 통해 여성에게 놓인 제약들에 언제나 맞서 싸워야 한다는 Heppner의 생각에 동의한다. 하지만 나는 더 거시적인 관점을 취한다. 호모 사피엔스는 약 10만 년 전부터 살았다. 그 시간 동안 남성은 대부분의 시간에서 지배를 해왔다. 나는 아마도 아이를 임신하고 낳는 능력과 관련된 유전적인 특질 때문에 여성이 이후 10만 년 동안 노동력을 지배하는 방향으로 가고 있다고 믿는다. 나는 이후에 이런 관점을 지지할 생각이다.

내가 아는 한 비록 Gottfredson(2013)이 특질의 발달에서 유전의 중요성에 대한 강력한 사례를 만들었지만, 남성과 여성 사이의 유전적 차이가 대부분의 직업과 관련된다는 것에 대한 경험적 지지는 존재하지 않는다. 아주 흔한 Holland(1979, 1997)의 척도에 대한 연구들이 일관적으로 여성이 S, A, C에서 더 높은 점수를 보이고 남성은 R, I, E에서 더 높은 점수를 보인다는 것을 발견했다는 사실은 흥미롭다. Holland(1997)는 전통적인 남성과 여성의 활동들에 참여한 결과를 통해 이러한 차이를 일축했다. 하지만 이러한 차이가 1970년대에 처음 나타났을 때, 이구동성으로 성차별주의자들의 비난과 프로파일을 변경하고 여성에게 더 많은 직업적 대안을 제공하려는 규준 접근을 위해 SDS(자기 주도 탐색)의 채점을 개정하려는 시도가 있었다(예 : Prediger, 1981). SDS의 이러한 비판에 대해 Linda Gottfredson(1982, p. 4)은 다음과 같이 응답했다.

> 일부 사람들은 여성이 남성은 그렇지 않은 그 직무에 대해 흥미를 갖고 있거나 가져야 한다고 생각하며, 이것은 여성에게 그들이 실제보다 남성과 더 비슷하다고 말하는 것이 온당하거나 그들에게 도움이 된다는 것을 의미하는 것은 아니다.

나는 또한 SDS에 대한 비판이 도구의 자기 실행의 방향을 확인하는 것이라고 제안할 것이다.

내담자는 이전 측정에 기초해서 요약 코드를 구성하며 이것을 검사지의 상단에 입력한다. 그리고 세 자리의 Holland 코드의 모든 가능한 조합을 확인하도록 지시받으며 6개의 RIASEC 코드의 조합을 나타낸다. 다음으로 그들은 직업 탐색기(Holland & PAR Staff, 2010)를 사용해서 6개 코드 각각이 제시하는 직업을 찾도록 안내받는다. 마지막으로 내담자들이 자신의 코드와 비슷하거나 가까운 코드를 찾기 위해 직업 탐색기를 탐색할 때, 그들은 점수가 잘 맞는지에 특히 주의를 두도록 안내받는다. 이러한 연습은 수십 개의 직업 제안을 결과로 나타낼 수 있고 종종 그렇다. 육각형의 정렬에서 제안하듯이(제3장 참조), 세 문자 코드가 일관적이지 않을 때 문제가 발생한다. 이런 경우들에서 한 가지 선택안은 추가적인 탐색을 통해 가능성 있는 직업들을 찾아내기 위해 한 자리 코드를 사용하는 것이다.

　조급하게 제거되었던 커리어 선택안을 확인하는 것은 커리어 상담에서 중요한 과제이다. 또한 커리어 상담자들은 그것들의 가치를 인식하고 있고 항상 확인하고 나오며, 모든 내담자 특히 여성이 직업 획득에 대해 실재하거나 자신이 부과한 장벽을 확인하고, 그러한 장벽을 극복하도록 지원할 필요가 있다. 또한 흥미 도구에서 하나의 단일한 점수나 집합 점수를 가지고 어떤 내담자라도 커리어 경로를 정의하기 위해 사용되어서는 안 된다는 것을 유의해야 한다.

　조화를 이루지 못하는 마지막 한 가지 쟁점이 앞에서 암시된 논의에서 다루어져야 한다. Holland의 척도는 남성과 비교했을 때 여성들에 대한 직업 만족 및 그보다는 낮지만 직업 성취의 핵심 지표를 더 잘 예측하는 것으로 보인다(Holland, 1979, 1997). 여성들이 남성들에 비해 자기 인식이 더 뛰어나고 흥미검사를 통해 자기 자신을 미래에 더 잘 투영할 수 있는가? Gottfredson(2002)이 지지했던 입장이지만 일부는 그러한 여성들이 성역할 고정관념의 결과로 소수의 직업들로 제한되며(Heppner, 2013 참조), 이러한 제약이 그들이 합리적인 선택을 잘 못하게 만들 수 있다고 주장한다. 나는 1,490명의 대학생에 국한된 미국 학생들에 대한 종단연구에 기초한 Wang, Eccles 및 Kenny(2013)에 의해 제기된 또 다른 선택안을 제기하고자 한다. 첫 번째, 그들은 여성이 수학과 언어 능력에서 더 뛰어날 수 있다는 것을 발견했다. 그들은 또한 자신의 수학 능력에 자신감을 지닌 여성들이 결국 STEM 커리어로 마치게 될 가능성이 더 높다는 것을 발견했다. 중요한 것으로는 STEM 커리어를 선택할 확률은 높은 수학 능력과 중간 정도의 언어 능력을 지닌 여성에게서 증가하였다. 수학과 언어 능력이 모두 좋은 여성들은 수학 관련 커리어를 선택하는 경향이 낮은 것으로 보였고(Lubinski, Webb, Morelock, & Benbow, 2001 참조), 이는 아마도 그들은 더 폭넓은 대안을 지녔기 때문일 것이다. 이 연구 대해서 흥미로운 양상이 많이 존재하는데, 최소한 세 가지 요인, 즉 수학 자기 효능감(Hackett & Betz, 1981; Lent, 2013), 언어 능력, 수학 능력이 아직 설명되지 않은 방식으로 상호작용해서 STEM 커리어의 선택에 영향을 미친다. 이것은 다른 커리어에서도 역시 적용되는 것으로 보인다.

　장차 STEM 직업들은 남성과 여성 모두에게 고용의 주요 원천이 될 것이다. 전미 과학 및 기술연구연합(Alliance for Science and Technology Research in America, ASTRA)(Alliance for Science and Technology Research in America, 2012)은 2018년에는 71%의 STEM 직무들이 컴퓨터를 사용하는 것이 될 것이며, 이 영역 내의 가장 많은 수의 직무는 소프트웨어 공학과 컴퓨터 네트워킹일 것이라 추정한다. 이 집단에 따르면 컴퓨터 조작 직무와 묶어서 보았을 때, 전통적인 공학 직무들은 STEM 직무들의 87%를 구성할 것이다. 내담자들은 종종 가능할 것 같은 직무의 유형뿐 아니라 그런 직무들이 어디에 가장 많이 위치할 것 같은지에 대해서도 알고 싶어 한다. BLS 자료에 기초해서 ASTRA는 2018년에 구할 수 있을 것 같은 860만 개의 STEM 직무 중 115만 개가 캘리포니아에, 75만 개는 텍사스에, 48만 개는 뉴욕에, 41만 개는 플로리다에, 그리고 40만 개는 버지니아에 있을 것이라고 추정한다. 와이오밍, 사우스다코타, 버몬트, 알래스카는 STEM 직무가 가장 적을 것으로 보인다. 여성들이 이미 일부 STEM 직무들을 매력적인 것으로 보아 왔고 이런 영역 내에서 근로자의 높은 비율을 차지하고 있는 것으로 보인다. 데이터베이스 관리자의 37%가 여성이며, 생물학자의 48%가 여성이다. 회계사/회계감사관(60%), 실험실 기사(70%), 정간호사(81%)는 남성에 비해 여성들이 더 높은 비율을 차지하는 세 가지 직업이다. 비록 의사가 일반적으로 STEM 직업으로 고려되지는 않지만, 그것은 특히 여성들이 최근 8년간 의과대학 졸업반의 거의 절반을 이루고 있다는 것을 고려할 때 간과하고 있는 것으로 보인다(Barzansky & Etze, 2011).

사회학적 관점

직업 사회학자들은 오랫동안 학업 능력, 교육 수준, 가족의 지위, 직업 성공에 대한 지역사회의 변인들의 영향력을 인정해 왔다(Blau & Duncan, 1967). Johnson과 Mortimer(2002)는 사회학자로서의 특정한 시야를 통해 커리어 발달의 과정을 바라보았고 남성과 여성 모두와 함께 일하는 사람들에게 도움이 될 수 있는 몇 가지 결론을 도출했다. 미국 내에서 여성들의 교육 관련 지위를 살펴보자. 2012년도 미국 교육통계국의 *Fast Facts*란 보고서에 따르면 여성들은 남성들보다 대학 학위를 더 많이 받고 있으며, 1982년 이래로 그래 왔다. 특히 여성들은 준학사학위(2년제 대학)의 60~62%를 받으며, 학사학위의 57% 이상을, 석사학위의 58%를, 박사학위의 52%를 받는다. 다수민족 및 인종 집단 내에서 여성들은 항상 남성들보다 더 높은 학위를 받았다(교육통계국, 2012). 일반적으로 여성들은 현재 남성들보다 더 나은 교육을 받는다. 또한 아프리카계 미국인, 히스패닉, 아시아계 미국인 및 아메리카 원주민 여성들은 같은 민족과 인종 내의 남성들에 비해 높은 비율의 중등과정 이후의 학위를 받는다는 것에 주목하는 것이 중요하다. 여성들이 계속해서 학교에서 더 나은 수행을 한다는 이러한 결론과 사실은 미국 내에서 일을 하는 여성의 미래에 대한 좋은 징조이다.

　Johnson과 Mortimer(2002)는 교육 수준과 그에 따른 교육 결과가 다양한 요인들에 의해 제한될 수 있다고 제안한다. 특히 그들은 중학교와 고등학교에서의 학력별 학급 편성 프로그램이 성별, 소수집단의 지위, 부모의 사회·경제적 지위와 관련되고 장기간의 교육 획득에 구조적인 장애물로 작용할 수 있다고 제안한다. 이런 프로그램은 성별, 인종, 민족에 기초한 편향된 배치가 나타나지 않도록 지키는 것을 돕기 위해 학교 상담자에 의해 추적 관찰되어야 한다. 그들은 또한 높은 교육 수준 목표는 가족에 대한 여성의 흥미를 낮추지 않지만, 결혼과 가족에 대한 계획에 영향을 미친다는 것을 발견했다. 목표가 높을수록 결혼과 출산은 더 지연될 것이다. 마지막으로 앞서 지적한 바대로 교육에 관해서 육아의 역할에 일찍 관여하는 것은 남성과 여성 모두의 교육 수준을 제한한다. 아마도 남성에 비해 여성에 대한 제한이 더 크다고 말하는 것이 옳을 것이다. 학교 상담자들과 커리어 발달 서비스를 제공하는 데에 관여하는 다른 사람들은 계획되지 않은 임신이 중고등학생들에게 미치는 충격적인 영향을 인식해 왔다. 계획되지 않은 임신은 청소년과 노인들에게도 역시 문제가 많다. 임신 예방 프로그램에 대한 노력은 강화되어야 하며, 계획되지 않은 임신을 한 사람들은 커리어 상담 프로그램 내에 포함되어야 한다.

Johnson과 Mortimer의 2012년도 개괄 연구는 다른 흥미로운 생각 일부를 발견했는데, 이 중 한 가지는 부모의 직장이 그들의 가치와 성격에 영향을 미치며, 이것이 그들의 양육 유형에 영향을 미친다는 것이다. 부모의 직무가 아이들의 직업 발달에 영향을 미친다는 제안은 Super(1990)의 발달 이론과 Savickas(2013)의 맥락적 관점뿐 아니라 Holland(1997)의 직업 선택의 이론과 일치한다.

만일 그들의 반응을 논의할 기회를 갖는다면 성인의 고용에 대해 종종 논쟁이 되는 쟁점이 긍정적일 수 있다는 것은 놀랄 만한 것이 아니다(Johnson & Mortimer, 2002). 이런 기회는 남아와 여아들에게 모두 비전통적인 커리어를 탐색할 능력을 제공하며, 만약 그것들이 학교를 무시하거나 빨리 떠나게 유도하지 않는다면 그들의 커리어 발달에 중요한 부분이 될 수 있다. 또한 Johnson과 Mortimer(2002)가 지역사회 내의 고용 가능성이 커리어 발달에 영향을 미친다는 것을 발견했다는 것 역시 놀랍지 않다. 높은 실업을 보이는 지역 내에 있는 커리어 상담자들은 이런 쟁점들을 고려하고 이러한 지역사회 내에서 생겨날 수 있는 전반적인 문제들을 극복하는 전략을 설계할 필요가 있다. Johnson과 Mortimer의 나머지 결론은 발단 부분에 언급했던 Heppner가 도달한 결론과 매우 일치한다. 가족의 역할이 남성과 여성 모두의 커리어 발달에 영향을 끼치지만 남성보다 여성에게 더 큰 영향을 미친다. 여성들의 작업 패턴은 종종 그들의 가족 역할, 직업 획득, 소득에 묶여 있고 앞에서 언급했듯이 맞벌이 가족 내에서 여성들은 자신의 직업적 획득을 제한하는 희생을 할 가능성이 남성들에 비해 더 높다.

게이, 레즈비언, 양성애자, 성전환자

성적 지향은 커리어 발달 과정에 영향을 미칠 수 있는 많은 요인 중 한 가지이다. 발달 과정과 차별에 대해 도처에 존재하는 위협 때문에, 이성애 지향 외의 사람들은 그들의 성적 지향과 관련된 많은 커리어 쟁점들을 커리어 상담자들에게 가지고 온다. 이런 쟁점 중 한 가지는 주류 사회가 그들의 커리어 경로에 남겨놓은 장애물들로 간주할 수 있다. 또한 차별에 대처하는 것은 자존감을 낮추고 불안감을 초래할 수 있다(Elliot, 1993). 게이, 레즈비언, 양성애자, 그리고 성전환자들은 가족으로부터의 거절, 작업장에서의 소외, 이성애자 사회에서의 고립, 종교 집단에서의 거절 등을 경험할 수 있다(Fassinger, 1995; Pope, 1995; Pope et al., 2004). 비록 많은 사람들이 다양한 형태의 차별을 경험하지만, 그들은 시민권을 보호하는 연방 규제에 의해 어느 정도 보호받는다. 이런 법적 효력은 게이, 레즈비언, 양성애자들에게는 적용되지 않을 수 있다.

　Fassinger는 레즈비언들이 동성애자이기 때문에 그리고 여성이기 때문에 동시에 차별을 경험할 수 있고, 이것 때문에 심각한 정서적 문제를 갖게 된다는 것을 보았다. 더욱이 유색인종 레즈비언은 성별, 인종, 성적 지향의 차별 '3중의 장애'를 경험할 수 있다. 마지막으로 게이, 레즈비언, 양성애자들은 비전통적 흥미 패턴(Chung & Harmon, 1994)과 선택하는 직업에 대해 주류 사회가 가지는 고정관념 때문에 커리어 의사결정이 더 어려울 수 있다. 일부 성적 지향 소수자들은 실제로 이러한 고정관념 때문에 게이, 레즈비언, 양성애자들이 선택한 직업들을 피할 수 있다.

게이, 레즈비언, 양성애자, 성전환 내담자 상담하기

Chung(2003)은 게이, 레즈비언, 양성애자 및 성전환자(GLBT)인 내담자들을 상담하는 것과 관련된 문헌들을 개괄했고 양성애자와 성전환자들은 연구 문헌에서 사실상 무시되었고 레즈비언들은 실제보다 적게 집계되었다고 결론 내렸다. Pope와 그의 동료들(2004)도 유사한 결론을 도출했다. 하지만 그들은 이어서 GLBT 내담자들과 함께 작업하는 커리어 상담자들이 이성애자와는 상이한 성적 지향을 가진 사람들에 대한 자신만의 신념, 고정관념 및 편견을 탐색하는 작은 정신으로 시작해야 한다고 권장하기 시작했다. 이러한 집단을 지지하는 방식으로 작업할 수 없는 상담자들은 내담자를 다른 상담자에게 추천할 윤리적인 의무가 있다. Pope와 동료들은 또한 상담자들이 이들 집단 사람들의 정체성 발달을 이해해야 한다고 제안한다. 그들은 '커밍아웃'이 두 갈래의 과정이라고 지적하는데, 첫 번째는 개인 자신의 성적 관심을 수용하는 것이며, 두 번째는 타인에게 공식적으로 이를 밝히는 것이다. 그들은 그 과정을 GLBT 내담자의 성 정체성 발달 내에서 가장 중요한 단계라고 본다. GLBT 내담자들이 직면해야 하는 다른 쟁점은 차별과 GLBT 내담자들을 위한 독특한 사정 쟁점과 친숙해지는 것을 포함한다. 하지만 남성 동성애자 권익수호운동은 차별로부터 보호를 받기 위한 움직임을 시작했고 투쟁이 지속되고 있다. 21개 주와 더불어 컬럼비아 특별구와 푸에르토리코는 현재 공공 직업 및 사설 직업 모두에서 성적 지향의 차별을 금지하는 법을 가지고 있다. 이런 주에는 캘리포니아, 콜로라도, 코네티컷, 하와이, 일리노이, 아이오와, 메인, 메릴랜드, 매사추세츠, 미네소타, 네바다, 뉴햄프셔, 뉴저지, 뉴멕시코, 뉴욕, 오리건, 로드아일랜드, 버몬트, 워싱턴 및 위스콘신이 포함된다. 마지막으로 Pope와 동료들(2004)은 커리어 상담자들이 GLBT 내담자들의 옹호자가 되어야 할 필요가 있다고 제안한다.

커리어 상담 : 모형과 방법

우리는 커리어 발달에 대한 주요 이론 중 발달, 개인-환경 적합성, 학습 이론 기반, 포스트모던의 네 가지 범주를 살펴보았다. 각 범주나 모형에서 최소한 3개의 대표 이론이 논의되었고, 내 관점으로 보았을 때 이것은 당신이 모든 유형의 내담자들을 상담하기 위해 대략 12개의 모형이나 접근을 갖고 있다는 것을 의미한다. 내 추측은 요컨대 실제로 커리어 발달 서비스를 제공하는 이 문헌의 독자 중 순수주의자는 거의 없을 것이라는 것이다. Savickas(2013) 같은 대부분의 커리어 상담자들은 조력을 위한 자신의 접근을 개발시키기 위해 몇 가지 이론과 그것과 관련된 기법을 적용시키기 때문에 절충적인 경향이 있다. 나는 또한 내담자의 연령, 서비스를 제공받는 내담자의 속성, 제공받아야 할 사람들의 수 및 그들이 제공받게 될 맥락(대집단 대 개인)이 커리어 발달에의 접근에 대한 당신의 선택에 영향을 미칠 것이라고 믿는다.

커리어 개입을 설계하고 이행하기 위한 접근법을 선택할 때, 나는 문헌들에 대한 몇 가지 개괄에 기초한 Spokane, Luchetta 및 Richwine(2002, p. 412)의 결론이 선택의 기준으로 사용되어야 한다고 믿는다.

첫째, 접근법이 미래를 향해 나아가기 위해 필요한 사회적 지지의 발달을 감안하는가 커리어 상담의 모든 접근은 내담자와 상담자의 관계를 수립하는 것의 중요성을 지지한다. 나(Brown, 2002)는 이런 관계가 특히 내담자들이 개인주의를 지향하는 사회적 가치와 반대되게 무척 집합주의적인 문화의 내담자일 때, 궁극적인 커리어 선택에 영향을 미치는 타인을 포함할 수 있다는 것을 강조해 왔다. 나는 종종 아시아계 고등학생 집단의 커리어에 관해 집단 토론을 이끌도록 요청받은 이야기를 종종 했었다. 내가 "자기 스스로 의사결정을 내릴 것이라 기대하는 사람이 얼마나 될까요?"라고 질문했을 때, 1명이 손을 들고 12명은 가만히 있었다. 한 젊은 여성이 자신의 아버지가 이미 그녀의 커리어를 화학 기사로 선택해 주었다고 자진해서 말했다. 문화적 가치를 당신 자신의 커리어 상담 모형에 포함시킨다는 생각은 이 책에서 논의되는 어떤 모형이라도 불가능하게 하는 것은 아니다.

사회적 지지는 커리어 포부를 구성하는 데에 중요하며 사회적 편견으로 홀대받는 집단의 내담자에게는 더욱 중요할 수 있다. Fisher, Gushue 및 Cerrone(2011)은 그들의 연구에서 부모의 지지와 친구로부터의 지지가 그들이 성적 소수자 여성이라고 부르는 사람들의 커리어 포부와 정적으로 연관되어 있다는 것을 발견했다. 그들의 연구의 두 번째 견지에서, 그들은 자신의 성적 정체성에 관해 이러한 여성들이 가지는 부정적 감정이 커리어 포부와 유의미한 관련을 가지지 않는다고 결론 내렸다. 커리어 상담자가 부모와 친구를 곧장 상담 관계에 포함시킬 수 있는지의 의문은 상담자와 내담자에 의해 결정돼야 할 문제이다. 하지만 여성, 게이, 레즈비언 및 성전환자인 내담자들 같은 일부 내담자 집단은 친구, 가족, 작업 동료 등의 사람들로부터 지지를 얻기 위한 전략을 정교하게 하는 데에 도움이 필요할 수 있다.

둘째, 접근법이 사람들로 하여금 자기 자신과 그들의 작업 환경에 관한 정보를 얻을 수 있게 하는가   일부 초등학교와 많은 중학교에서, 학생들의 개인 특징에 대한 인식을 증진시키기 위해 설계된 현장학습, 스피커, 시각 보조교재, 웹사이트 방문 및 검사와 도구의 실시를 포함한 체계적인 커리어 발달 프로그램들이 제공된다. 이것은 고전적인 개인-환경 부합적 접근이다. 몇 군데에서 강조했듯이 이런 접근은 주의 깊게 설계되지 않는다면 성과 인종의 고정관념을 변하지 않게 할 수 있다. 안타깝게도 많은 학생들과 성인은 커리어 의식 수립(career-awareness-building) 활동에 노출된 적이 없다. 커리어 교육 진행 담당자가 학생들에게 학교 오는 길에 관찰한 근로자들을 설명하도록 질문하면서 시작한, 대부분 아프리카계 미국인으로 구성된 5학년 수업의 토론을 주도하는 동안 나는 플로리다의 오렌지카운티에 있는 강의실에 앉아 있었다. 학생들은 일을 하는 많은 사람들을 보았고 경찰, 우편집배원, 그리고 일부 다른 것들을 제외하고는 그들을 단지 '수리하는 사람(fix-it men)'으로 알고 있었다. 내가 확인할 수 있는 한 그들이 보았던 유일한 여성은 그들이 학교의 진입 코스에 들어갈 때 발견한 건널목 교통정리 자원봉사자였다. 또한 그들이 본 것을 설명하기 위해 언어적 기술이 극도로 제한되어 있음이 분명했다. 그들은 자신의 직업에 도구들을 사용하는 근로자들을 보고, 그들이 뜨거운 올랜도의 태양에서 일을 하는 것이 어떤 것인지와 일을 했던 시간들에 관해서 그들이 이야기하는 것을 들을 필요가 있었고, 비록 많은 근로자들이 돈에 관해 이야기하는 것을 꺼리지만 학생들은 이런 근로자들이 자신의 노동의 대가로 얼마나 임금을 받는지를 알 필요가 있다.

이러한 아이들이 필요로 하는 일종의 발달적 경험의 종류를 설계하기 위한 틀과 논리적 근거를 제공하는 것은 Super(1990)의 발달 이론이다. 확실히 Gottfredson(2002)의 제한과 타협 이론은 아이들이 성급하게 성역할 고정관념, 사회적 지위 및 기타 요인들에 기초한 생각에 기인해서 일부 직업들을 제거했을 수도 있다는 것을 인식시켜 주기 위해 프로그램에 통합되어야 한다.

접근법이 의사결정의 틀을 제공하는가   모든 커리어 발달 모형은 커리어 의사결정을 촉진시키기 위해 개발되었다. 커리어 문제해결 및 의사결정을 위한 인지정보처리 접근(Cognitive Information Processing Approach to Career Problem Solving and Decision Making)(Peterson, Sampson, Lenz, & Reardon, 2002) 같은 일부는 Gelatt와 Gelatt(2003)에 의해 제시된 창의적 의사결정 모형(Creative Decision Making Model)처럼 의사결정을 직접적으로 다룬다. Peterson과 그의 동료는 커리어 의사결정 과정에서 다섯 단계를 밝혔는데, 의사소통(communication), 분석(analysis), 종합(synthesis), 가치 평가(valuing), 이행(execution)이 그것이다. 자신의 가치를 통해 관심 있는 직업들을 우선순위화하는 것으로서 이론의 저자들이 설명하는 가치 평가 과정을 제외하고, 이 다섯 단계는 커리어 상담의 전통적인 모형과 무척 많은 부분 일치한다. 창의적 의사결정 모형은 커리어 발달에 대한 어떤 포스트모던 모형과도 합쳐질 수 있을 것이며, 그런 모형에 필요한 조화를 많은 부분 제공할 수 있을 것이다.

Super(1990)의 C-DAC 모형도 또한 청소년과 성인 모두의 의사결정에 대한 틀을 제공하기 위해서 활용될 수 있다. Super는 그의 모형을 주로 늦은 청소년기와 젊은 성인기에 있는 사람들인 탐색기 단계에 있는 사람들을 돕기 위한 목적으로 개발하였지만, 오늘날 작업장의 속성과 많은 근로자들이 생애 동안 열두 번 이상 직무를 바꿀 것이라는 사실을 고려한다면 Super의 이론은 무척 유용할 수 있다. 선택이나 강압적인 변화에 의해서 많은 사람들이 자신의 커리어 내에서 몇 번의 탐색기 활동에 관여된다. Super는 커리어 전환이 많은 사람들의 삶의 일부가 되었다는 것을 깨달았기 때문에 소순환과 대순환(제4장)의 견해 및 생애 커리어 무지개의 개념을 추가했다. 사람들이 생애주기를 거쳐가면서 다수의 자기 개념을 발달시키며 역할 현저성이 변해 간다는 그의 생각은 커리어 상담과정에서 간과되어선 안 된다. 만족스러운 커리어를 발견하는 것이 커리어 상담의 유일한 목표가 되어서는 안 된다. 개인의 삶에 대한 전반적 만족이 더 중요할 수 있고(Brown, 2002), 이것은 일반적으로 전체 생애 공간 내에서 달성된다.

커리어 발달의 탐색기 동안 무엇이 벌어지는가? Super는 성취되어야 할 주요 과제는 내담자들이 자신의 개인적 특징인 가치, 적성, 기술을 명확화하는 것을 돕고 그것들을 그들의 특성에 상응할 직업들과 짝짓는 것이라고 제안했다. 커리어 상담자들은 검사와 도구를 사용하고, 도구 실시 및 시간제 일 같은 탐색적인 작업 경험을 수립하고, 주의 깊게 선택된 직업 정보와 관찰 경험의 사용을 통해서 과정을 촉진시킬 수 있다.

Holland의 모형은 그가 자신의 RIASEC 성격 유형이 특히 작업 환경에 대한 정보와 짝지어졌을 때, 커리어 선택을 하기 위해 필수적인 정보를 반영한다고 가정한다는 점에서 다소 더 단순할 수 있다. 어떻게 Holland가 자신의 결론에 도달하게 되었는지를 결정하기 위해, 내담자들이 자기 주도 탐색을 실시하면서 거치는 과정을 검토하는 것이 합리적일 수 있다. 내담자를 위한 첫 단계는 그들이 타인들과 논의했던 직업들은 물론 상상했던 일련의 직업들을 구성하는 것이다. 다음에 내담자들은 뽑힌 각 직업의 세 문자 Holland 코드를 파악하기 위해 직업 탐색기(Holland & PAR Staff, 2010)를 사용하도록 안내받는다. 이어서 내담자들은 흥미의 한 가지 측정 방법으로 자신이 좋아하거나 그렇지 않은 활동들을 구분하도록 요청받는다. 이런 활동은 그들의 가능한 RIASEC 연관성에 기초해서 조직화된다. 다음 부분인 SDS는 내담자가 자신의 역량을 밝혀내도록 지시하는데, 이를 RIASEC 모형과 관련시킨 것에 기초해서 다시 구성된다. 어떤 의미에서는 SDS의 이 부분이 내담자가 사회인지적 커리어 이론에 핵심적인 구성 개념인 자기 효능감에 대한 추정을 하게 요구한다(Lent, 2013). 내담자에게 수많은 직업에 대해 선호-비선호에 기초해서 평정하게끔 요청한 후에(흥미의 또 다른 측정), 그들은 여섯 가지 영역에서 자신의 능력과 기술을 평정하도록 요구받는다. 이것은 자기 효능감 평정의 두 번째 과정이다. 마지막 척도는 상상 보고, 흥미 평정, 자기 효능감 평정을 통합시킨다. SDS로부터 얻은 결과가 직업 코드를 열거한 커리어 계획 지침과 연결될 때, 개인은 Holland의 결론이 옳다는 것을 보여주고 Holland 모형이 직업 구체화를 허용한다고 결론 내려야 할 것이다. 하지만 SDS와 이론이 소수집단에게 사용되면 어떠할 것인가? Holland 모형이 소수민족과 인종에 사용되기에 문화적으로 충분히 탄탄한가? 우리가 미국 내의 소수집단들을 고려했을 때, 대부분에 대해 대답은 '그렇다'이다(Day & Rounds, 1998). 미국 밖의 사람들을 고려할 때는 주의 깊게 진행하는 것이 최선이다. 여성에게 사용하는 것에 대해서는 어떠한가? Heppner의 관심사를 회상해 볼 가치가 있으며, 여성들의 선택 결정 과정에 고정관념이 개입되는 것을 방지할 커리어 상담과정에의 보호장치가 투입되어야 한다.

커리어 개입에 대한 Holland의 모형과 Super의 C-DAC 모형은 매우 전통적인(현대) 모형에 속한다. 이는 흥미검사와 적성검사에 의해 도출된 것 같은 교육과 커리어 관련 자료를 포함하는 현존하는 정보에 대한 사전 검토로 시작한다. 내담자가 여성일 때 나는 작업 경험과 가족 배경이 내담자의 사전 검토에 포함되어야 한다고 제안할 것이다. C-DAC 모형의 두 번째 단계는 내담자에 대해 심층적으로 바라보는 것이며, Hartung(2013)에 따르면 이는 상담을 위해 내담자가 어떻게 준비되었는지를 결정한다. 2단계는 준비성의 사정인 3단계와 동시에 진행되어야 한다. 그렇지 않으면, 2단계와 3단계는 내담자와는 별도로 실행되는 것으로 보인다. 어떤 경우 사정 과정의 일부가 표준화된 검사와 도구가 관여되는 심리 측정 실험실 내에서 나타난다는 것은 아마도 사실이다. 분명히 이것은 객관적 사정에 대해 거의 강조를 하지 않는 구성주의자에게는 생소할 것이다. 4단계는 실제 상담이지만, 2단계와 3단계는 상담과정의 면대면 부분 동안 진행되어야 한다.

Gottfredson(2002)과 Heppner(2013)가 모두 옳다는 가정하에, 비록 여성들이 남성에 비해 직업을 탐색하고 선택하는 것이 덜 준비되어 있다는 것을 내가 파악할 수 있다는 증거는 없지만, 여성들은 성역할 고정관념에 노출된 경험으로 선택을 제한했을 수 있다. 성역할 고정관념의 영향을 사정하는 한 가지 방식은 여성들에게 흥미와 적성을 고려하지 않고 적합한 직업들의 목록을 작성하도록 요구하는 것이다. 목록이 전통적으로 여성 지배적인 커리어들로 구성된다면, 다양한 기법을 사용해서 직업들을 심층적으로 살펴보는 것이 타당하다. 앞에서 언급했듯이 Holland는 직업 선택이 백일몽에서 시작할 수 있다고 믿는다. Mitchell과 Krumboltz(1996)는 커리어 정체감의 발달에서 모델링의 중요성을 무척 강조한다. "당신이 상상하고 원했던 직업이 있습니까?"라는 질문은 내담자의 커리어 상상의 세계의 문을 열 수 있다. 존경받는 모델의 목록을 요청하면 가치에 관한 유용한 정보를 얻을 수도 있다.

직업의 탐색과 선택에 대한 준비, 혹은 결핍은 비현실적 기대나 선택을 수반할 것이다. 이것은 비현실적인 선택 과정에 대해 조언을 하거나 비현실적 선택을 지지하면서 상담자가 보여준 실수 때문에 커리어 상담자가 신중해야 하는 영역이다. 나는 기술직 커리어를 추구해야 하는 신경외과 의사에게 강력히 경고하는 것으로부터 대학에 갈 준비가 안 되었고 미용사가 되어야 한다고 충고를 받은 어린 우등생의 경우까지, 어떻게 커리어 상담자들이 목표 달성에 실패하는지 수많은 이야기를 들었다. 하지만 비록 우리의 모든 내담자가 자신만의 선택을 하도록 격려받아야 하고 그렇게 하게끔 권한을 부여받지만, 내담자가 예를 들어 공학기술 전공으로 XYZ대학교를 다니는 학생과 비교되거나 컴퓨터 기술자가 되기 위해 필요한 기술들에 대한 자기 추정치를 발달시키는 것을 돕기 위해 학업능력적성검사(Scholastic Aptitude Test)의 규준이나 적성검사의 결과를 사용하는 것이 도움이 될 수 있다. 분명히 직업 정보는 학생들이 이러한 비교를 하는 것을 지원하는 데에 중요한 역할을 할 수 있다.

정신건강 문제는 어떠한가? 모든 이론가들은 개인적인 문제와 정신건강에 대한 사건들은 커리어 문제와 동시에 발생한다고 인식하지만, 그들은 문제를 다루기 위해 자신의 접근방식으로 전략들을 통합시키지는 않았다. 사회적 통념은 어느 정도까지는 개인적인 정신건강 문제를 우선적으로 다루고 이후 커리어에 대한 쟁점을 해결하는 것이라고 말해 왔고 여전히 그렇다. 불안과 우울 같은 요인들이 동기를 방해할 수 있기 때문에 이것은 견실한 충고이다. 사회과학의 애매한 분야에서 박사학위를 마친 내 내담자 중 한 명은 그녀의 영역에 있는 사람들을 위해 공개된 일자리가 없다는 것을 알게 된 후 심각하게 우울해졌고 상담센터에 방문할 에너지까지 바닥나 버렸다. 나는 그녀를 정신과 의사에게 소개했고 그녀는 항우울제를 처방받았다. 한 달여 후에 주목할 만한 일련의 사건이 발생했다. 학생 연구 프로그램에 있는 한 자비로운 교수가 지원금을 받고 그녀에게 일자리를 제공했다. 우울은 그 학생이 잘 기능할 수 있는 수준까지 개선되었다. 그녀가 복용했던 항우울제는 그녀의 회복을 부분적으로 담당했을 수 있다.

셋째, 접근법이 직업적 포부를 구체화시키고 인지적 암송을 하게 하는가 '구체화'는 개인의 심적인 스크린에서 '올바른' 직업 선택을 강조하는 "아, 그렇구나." 체험을 완결시키는 마법 같은 과정으로 들린다. 사실 이것은 의사결정과 이것의 이행에 영향을 미치는 개인의 특성, 직업 환경 및 추진력과 억제력을 살펴보는 탐색 과정의 결과이다. 이것은 딱 맞는 자동차를 찾아보기 위해 10여 개의 전시장을 방문하거나 특별한 경우를 위해 딱 맞는 복장을 찾아보기 위해 10여 개의 매장을 방문하는 것과 매우 비슷하다. 느리고 심지어 고통스러울 수 있다. 또한 제2안을 포함해야 하지만, 이후에는 2안보다 더 많은 것들이 필요하다.

나는 Spokane(2002)의 조건이라는 용어를 '잠재적이고 최종의 선택에 대한 인지적 암송'이라는 표현으로 약간 바꾸고 싶다. 어떤 의미에서 이것은 Holland(1997)의 백일몽과 유사하지만, 그에게 백일몽은 과정의 시작을 의미한다. Spokane에게 인지적 암송은 과정의 끝에 나타난다. 사실 그것들은 모두 아마도 옳을 것이다. 그것은 시작 시에, 과정 중간에, 그리고 최종 선택이 이뤄질 때에 나타난다. 또한 내담자가 더 생생하게 자신의 커리어를 상상할수록, 결과로 나타나는 커리어 결정이 더 낫다는 것도 아마 사실이다. 인지적 암송은 내담자를 액션의 중심으로 두고 선택하는 커리어에 대한 DVD를 보는 것과 매우 유사하다. 이런 유형의 암송은 잘 선택된 문서화된 직업 정보를 읽고, 직업체험에 참여하고, 시청각 재료를 시청하고, 고려 중인 직무에서 일을 하고 있는 사람과 대화를 나눔으로써 향상된다.

　나는 모든 내담자들이 두 번째 직업 선택인 대체직을 가져야 한다고 믿는다. 나는 대규모 공학 프로그램이 있는 대학을 다녔다. 실패와 중퇴 확률은 상당히 높았고, 나는 사람들이 다른 커리어 경로로 계획을 다시 세우고 선택하기 위해 몸부림치는 것을 보았다. 한 대학교 내의 치과학 프로그램에 있는 많은 학생들은 의사가 되려 생각하였다. 다른 대학교의 의과대학에 있는 일부 학생들은 수의사가 되기를 희망했다. 신중하게 세워진 계획조차도 엉망이 되었다. 나는 실패로 돌아간 계획에 관해 이야기하는 것이 아니다. 나는 커리어 우연성의 계획을 세우는 것에 관해 이야기하고 있는 것이다. 이것은 일차적인 목표가 선택된 이후에 발생한다. 이것은 "최악인 사례의 시나리오를 선택해 보자. 만일 당신이 미술사가로 일하지 못한다면 무엇이 벌어질까? 당신은 자동차 기술자가 될 것인가? 배관공? 교사? 당신은 무엇을 할 것인가?" 같은 곤란한 질문이 될 수 있는 것과 함께 시작한다.

접근법은 사람들이 구성적인 방식으로 전진하도록 준비시키는가　내담자를 준비시키는 것은 온라인 대학 교육 신청서를 작성하는 것을 돕는 것처럼 간단할 수 있다. 이것은 또한 준비 프로그램의 자금에 필요한 재정 자원을 찾아보거나 전환 계획을 공들여 짜는 것을 포함할 수 있다. 전통적인 커리어 상담의 역할인 일반적인 이력서 개발과 면접 기술 수립 측면뿐 아니라 우리가 직무를 찾고 있는 여성들에게 제공해야 하는 또 다른 유형의 도움이 있다. 직무 탐색 엔진인 *Monster*에 기고하고 있는 Susan Aaron은 여성 친화적인 고용주의 정확한 위치를 찾아주는 11개의 방법을 소개한다. 그녀의 제안 중 첫 번째는 여성 구직자를 미국여성중역협회(The National Association for Female Executives) 웹사이트로 안내하고, 잡지인 *Working Mothers*와 100개의 최고 기업(The 100 Best Companies)을 안내하는 것이다. 그녀는 또한 여성들이 누가 운영을 하는지를 결정하고, 그들의 프로그램과 정책을 조사하고, 성 중립적인지를 보기 위해 성 중립성에 대한 여지를 평정해야 한다고 제안한다. 그녀는 또한 직무를 탐색 중인 여성이 공격적 자세를 취하고 회사를 인터뷰해야 하고, 회사를 위해 일하는 사람들을 초대하고, 산업의 성 친화성을 평정해야 한다고 제안한다. 비록 나는 Aaron의 제안에 동의하지만, 여성들이 장래의 고용주가 성별에 기반한 차별로 인해 소송을 당한 적이 있는지를 밝히기 위해 평등고용기회위원회(Equal Economic Opportunity Commission)와 함께 회사의 역사를 또한 확인해야 할 것으로 보인다. 여성은 그리고 회사 내에서 여성의 상향 이동과 주간 탁아, 병가, 출산휴가, 배우자 지지 등과 같은 성별 친화적 부가 혜택에 관한 질문을 할 준비를 해야 한다.

케이의 사례(고등학교 상담자가 제공한 사례)

그때는 늦가을이었고, 신청 마감 기한이 곧 임박해 오고 있었기 때문에, 전제 직원이 학생들에게 교육 및 커리어 설계 서비스가 가능하다는 것과 대학, 지역 전문대학 혹은 직업기술 학교에 다닐 계획을 세운 상급생들을 위한 긴급한 사항이 있다는 몇 가지 메모를 받았다. 메모는 이미 이메일 주소가 기록되어 있는 경우 이메일을 통해 부모님께 발송되었으며 그렇지 않은 경우 일반 우편으로 발송되었다. 내가 상담 회기가 없었을 때 항상 그러하듯 내 방 문은 열려 있었다.

내담자   [안쪽을 쳐다보며, 다소 수줍게 말하면서, 그녀의 관례적인 스타일은 아니었다.] 제 엄마가 나는 몇 가지 대학 계획을 세우기 위해 선생님을 만나 볼 필요가 있다고 말했어요.

상담자   들어와서 앉으세요. 지금은 몇 분 정도 시간이 있습니다. 만약 우리가 더 많은 시간이 필요하면, 다음 회기의 계획을 잡을 수 있습니다. 당신은 대학에 대한 계획을 몇 가지 세우고 싶다고 말했는데, 당신보다는 당신 어머니가 약간 더 관심을 갖는 것처럼 들립니다.

내담자   제 생각에도 그런 것 같습니다. 엄마는 잔걱정이 많고, 항상 제가 날짜나 마감을 놓칠 거라고 걱정합니다. 하지만 전 바빴어요. 저는 공연을 이끌어 가고 있고, 우리는 2~3학년 댄스를 준비하느라 바빠요.

상담자   그 공연을 봤습니다. 당신은 그날 밤에 아주 훌륭했어요. 당신 스스로 즐기는 것처럼 보였죠.

내담자   [밝아지면서] 네, 그래요. 아주 훌륭한 배역이었고, 애플턴 선생님은 우리가 연기 기술을 키우도록 열심히 잘 도와줬어요. 전 예술적인 것들을 사랑하지만, 엄마가 원하는 대답에 대한 질문을 하는 것이 더 좋겠습니다. 선생님은 의학부 예과 학생 수가 가장 많은 대학의 목록을 갖고 계신가요? 남자 의학부 예과 학생은요?

상담자   난 오랫동안 이런 일을 해왔지만, 그런 질문은 처음 받아봅니다. 아마 당신은 왜 당신 어머니가 그런 정보를 원하는지에 대해 내가 이해하도록 도와줄 수 있을 것 같은데요?

내담자   그건 뻔합니다. 선생님, 우리 아빠를 아시죠?[매우 성공한 안과의사] [상담자는 끄덕이고, 내담자는 계속한다.]

내담자   우리 엄마는 아빠를 대학교에서 만났고, 아빠가 의과대학에 들어간 지 2년째에 결혼을 했어요. 아빠의 할아버지는 외과 의사이기 때문에, 엄마와 아빠는 결혼한 다른 많은 부부들처럼 버둥거릴 필요가 없었어요. 엄마는 이상적인 삶을 보내왔다고 말하고 저에게도 똑같은 것을 바라고, 그걸로 인해서 제가 가급적이면 방사선과나 신경외과같이 돈을 많이 벌 수 있는 전문 의과대 학생을 만나서 결혼하기를 바란다는 뜻으로 말하죠.

상담자   당신 어머니가 당신의 삶을 계획하는 것처럼 들립니다. 어머니가 또 무엇을 제안하고 있습니까?

내담자   대충 그 정도입니다. 엄마는 제가 좋은 학교에 가길 원하시고, 문제가 없을 만한 학점과 점수를 얻기를 바라시죠. 저는 가급적이면 뉴욕 근처에 있는 맘에 드는 드라마 전공이 있는 학교로 가고 싶어요.

상담자   뉴욕 시 부근에 훌륭한 드라마 전공이 있는 몇 개의 학교가 있습니다. 최고는 아마 줄리어드겠죠. 안타깝게도 올해의 지원 날짜가 지나버렸습니다. 12월 1일이었으니까요. 다른 요인은 의학부 예과에 지원 등록한 자격이 있는 남학생이 많을 것 같지 않다는 것입니다. 확실하게 하기 위해 입학 상담자에게 확인해야 할 겁니다.

　　나는 왜 당신 아버지가 당신의 미래에 대해 갖는 관심이 언급되지 않고 있는지가 궁금합니다. 이 도시의 많은 의사들은 자신의 아이들이 남자든 여자든 자신의 발자취를 따라오기를 바라고, 때로는 그래서 자신의 병원을 물려줄 수 있습니다. 아버지가 당신에게 아무것도 말한 적이 없었습니까?

내담자　우리 아빠는 무척 바쁜 사람입니다. 실제로 아빠는 집에서 많은 시간을 보내는 것 같지 않아요. 엄마는 청소부가 일을 하고, 식료품을 구입하고, 때로는 요리를 하는 것을 구경하듯이 일을 봅니다. 우리는 대부분 외식을 해요.

상담자　당신의 삶은 어머니에게 거의 지배당하고 있는 것처럼 보입니다. 어머니는 당신이 원하는 것이 무엇인지 물어본 적은 있습니까?

내담자　선생님은 우리 엄마를 모릅니다. 우리 아빠를 포함해서 엄마는 아무에게도 아무것도 물어보지 않습니다.

상담자　당신은 미래에 대한 어떤 백일몽을 가지고 있나요? 낭신이 졸업 이후에 자신의 삶을 어떻게 보내게 되는지에 관한 환상은요?

내담자　저는 브로드웨이에서 연기를 하고 싶어요. 하지만 전 충분하지 못해요.

상담자　어떻게 그걸 알게 되었죠?

내담자　애플턴 선생님이 그렇게 많은 말을 하지는 않았지만 저는 알았어요. 배역에서 다른 사람들 일부는 그가 매우 좋아하는 사람입니다.

상담자　그에게 당신의 연기 재능에 대한 의견을 직접 물어본 적이 있나요?

내담자　아뇨, 아직은요. 물어보기가 두려워요.

상담자　두렵다고요? 왜 그렇죠?

내담자　제 생각에는 제가 대답을 듣고 싶지 않은 것 같아요.

상담자　그가 당신이 매우 재능이 있지 않다는 당신의 믿음을 확인해 줄 것이 두렵나요?

내담자　그런 것 같아요.

상담자　오늘 이 과정은 마무리해야겠습니다. 나는 다음 주에 약간 빈 시간이 있습니다. 우리가 다시 대화하기를 제안하는데, 나는 당신께 당신 아버지가 당신의 미래에 대해 갖고 있는 관심에 관해 대화하기를 요청하고 싶습니다. 당신은 아버지의 반응을 얻기 위한 행동에 대해 당신의 생각을 언급하기를 바랄 수도 있습니다. 그리고 재능 있는 연기 코치가 연기 능력에 커다란 차이를 만들 수 있다는 것을 마음속에 담아두고 당신의 연기 능력에 대해 애플턴 선생님께 질문하는 것에 대해 생각해 보세요.

추후 개요 : 케이의 사례

케이의 아버지는 그녀가 자신만의 선택을 해야 한다는 생각을 지지했다. 그는 한때 그녀가 의학으로 마음을 바꾸었으면 하고 희망한 적이 있었지만, 의사가 되는 것이 그녀의 선택이 아닌 것처럼 보였다는 것을 인정했다(그는 케이가 뉴욕대학교 2학년일 때 사망했다).

　애플턴 선생은 케이의 연기 능력을 10점 척도상에 9점으로 평정했다. 그는 그가 좀처럼 (단 한 번) 학생에게 그녀가 10점이라고 말하지 않았다는 것을 인정했다.

　케이는 대부분의 지원 마감일을 놓쳤고, 유럽을 여행하는 동안 6개월간 교환 학생이 되기로 결정했다. 그녀는 뉴욕대학교, 컬럼비아, 줄리어드의 입학심사위원회에서 요구하는 자신의 이력서, 비디오테이프, 기타 상세한 서면 정보들을 준비했지만, 아버지가 사망했을 때 어머니와 함께 지내기 위해 집으로 돌아왔다. 그녀는 이

지역의 여러 연기 단체의 연극에 정기적으로 출연한다. 그녀는 결혼을 하지 않았다.

요약

여성과 남성을 위한 커리어 상담과정은 많은 유사점이 있지만 차이점이 중요하다. 임신과 같은 어떤 생물학적 쟁점은 남성에 비해 여성의 커리어 발달에 더 영향을 미치는 것으로 보인다. 아이의 출생 이후에 여성들은 여전히 아이 양육 과정의 큰 타격을 받을 가능성이 더 높고 그것은 여성들로 하여금 자신의 커리어를 중단하게끔 만들거나 그들이 엄마와 피고용인의 역할을 관리하는 스트레스를 다루는 것을 결정해야 할 수 있다.

이 책의 앞에 제시된 이론들 각각은 남성과 여성 모두의 상담에 대한 기초를 제공하기 위해 맞춰질 수 있다. 이론적 접근의 선택은 상담자의 선호도와 대상자의 연령과 문화적 배경에 따라 제공되는 전집의 크기에 의존할 것이다. 많은 여성들이 평생 성적 고정관념에 지배되어 왔기 때문에 기법들을 직업적 관점을 넓히는 커리어 상담 접근에 통합하는 것이 중요하다. 중요한 것으로는 커리어 상담자의 역할은 STEM 근로자의 요구를 충족시켜 주는 것이 아니라 여성들이 자신의 경로를 선택할 수 있게 해주고, 여성들이 자신의 삶에 접근해야 하는 방식에 관해 일부 예정된 이상을 위해 변호해 주는 것이다.

이 장의 퀴즈

T F **1.** 간호직을 제외하고 남성이 STEM 커리어를 지배한다.

T F **2.** 미국 내에서 소수집단의 SDS 사용은 연구로부터 지지되지 않았다.

T F **3.** 성희롱은 많은 작업장에서 하나의 문제이다. 하지만 군대에서는 이런 문제를 잘 처리하는 것으로 보인다.

T F **4.** C-DAC 모형은 Holland에 의해 SDS의 사용을 통해 개발되었다.

T F **5.** 아이들에게 사용하기 위한 최상의 모형을 제시한 이론가는 아마 Super이다.

T F **6.** 상담자, 부모, 친구들로부터의 사회적 지지는 커리어 상담 결과에 핵심 구성 요소로 인식되어 왔다.

T F **7.** 전통주의자들은 포스트모던주의자들에 비해 공식 사정을 더 지지할 가능성이 크다.

T F **8.** 당신이 커리어 상담의 C-DAC 모형을 따르려 한다면 다루어야 할 첫 번째 쟁점은 커리어 전환일 것이다.

T F **9.** 여성은 남성에 비해 20%를 덜 번다. 그러한 임금의 불균형은 작업장에서의 차별의 확장

을 입증하는 것이다.

T F **10.** 사회과학자들은 비록 정확하지 않을 수 있지만, 심리적 특질이 많은 부분 양육(환경)의 결과라는 생각에 어느 정도 동의한다.

(1) F (2) F (3) F (4) F (5) T (6) T (7) T (8) F (9) F (10) T

참고문헌

Aaron, S. (n.d.). 11 ways to find women-friendly employers. Retrieved from http://career-advice.monster.com/job search/company-industry-research/women-friendlyemployers/article.aspx

Alliance for Science and Technology Research in America. (2012). STEM jobs by sector: Where will the STEM jobs be by 2018? Retrieved from http://stemconnector.org

Bandura, A. (1986). *Social foundation of thought and action: A social cognitive theory.* Englewood Cliffs, NJ: Prentice Hall.

Barzansky, B., & Etze, S. I. (2011). Medical schools in the United States, 2010-2011. *Journal of the American Medical Association, 306(9),* 131-145.

Blau, P. M., & Duncan, O. D. (1967). *The American occupational structure.* New York, NY: Wiley.

Brown, D. (2002). The role of work and cultural values in occupational choice, success, and satisfaction. *Journal of Counseling and Development, 80,* 48-56.

Centers for Disease Control. (2012). About teen pregnancy. Retrieved at http://www.cdc.gov/teenpregnancy /aboutteenpreg.htm

Chung, Y. B. (2003). Career counseling with gay, lesbian, bisexual, and transgendered persons: The next decade. *Career Development Quarterly, 52,* 78-86.

Chung, Y. B., & Harmon, L. W. (1994). The career interests and career aspirations of gay men: How sex-role orientation is related. *Journal of Vocational Behavior, 45,* 223-239.

Days, S. X., & Rounds, J. (1998). Universality of the structure of vocational interests among racial and ethnic groups. *American Psychologist, 53,* 728-736.

Elliot, J. E. (1993). Career development of lesbians and gays. *Career Development Quarterly, 41,* 210-226.

Fassinger, R. E. (1995). From invisibility to integration: Lesbian identity in the workplace. *Career Development Quarterly, 44,* 148-167.

Fisher, L. D., Gushue, G. V., & Cerrone. M. T. (2011). The influence of career support and sexual identity on sexual minority women's career aspirations. *The Career Development Quarterly, 59,* 441-454.

Gelatt, H. B., & Gelatt, C. (2003). *Creative decision making* (Rev.). Boston, MA: Thomson.

Gottfredson, L. S. (1982). Magic with sex differences: Now you see them, now you don't: A comment on 'a note on Self-Directed Search validity for females'. Baltimore, MD: Center for Social Organization of Schools, Johns Hopkins University.

Gottfredson, L. S. (2002). Gottfredson's theory of circumscription, compromise, and self-creation. In D. Brown & Associates, *Career choice and development* (4th ed., pp. 85-148). San Francisco, CA: Jossey-Bass.

Hackett, G., & Betz, N. E. (1981). A self-efficacy approach to career development of women. *Journal of Vocational Behavior, 18,* 326-336.

Hartung, P. J. (2013). The life-span, life-space theory of career. In S. D. Brown & R. W. Lent (Eds.), *Career development and counseling* (2nd ed., pp. 83-114). New York, NY: John Wiley & Sons.

Heppner, M. J. (2013). Women and men and work: The long road to gender equity. In S. D. Brown & R. W. Lent (Eds.), *Career development and counseling* (2nd ed., pp. 187-214). New York, NY: John Wiley & Sons.

Holland, J. L. (1979). *The Self-Directed Search: Professional manual.* Palo Alto, CA: Consulting Psychologists Press.

Holland, J. L. (1994). *SDS—Directed Search: Assessment booklet.* Lutz, FL: PAR.

Holland J. (1997). *Making vocational choices: A theory of vocational personalities and work environments.* Odessa, FL: PAR.

Holland, J. L., & PAR Staff. (2010). *The Occupations Finder—revised edition.* Lutz, FL: PAR.

Johnson, M. K., & Mortimer, J. T. (2002). Career choice and development from a sociological perspective. In D.

Brown & Associates, *Career choice and development* (4th ed., pp. 17-84). San Francisco, CA: Jossey-Bass.

Krumboltz, J. D., Mitchell, A. M., & Jones, G. B. (1976). A social learning theory of career selection. *The Counseling Psychologist, 6*, 71-81.

Lent, R. W. (2013). Social cognitive career theory. In S. D. Brown & R. W. Lent (Eds.), *Career development and counseling: Putting theory and research to work* (pp. 115-146). New York, NY: John Wiley & Sons.

Lent, R. W., Brown, S. D., & Hackett, G. (1994). Toward a unifying social cognitive theory of career and academic interest choice and performance. *Journal of Vocational Behavior, 45*, 79-122.

Lubinski, D., Webb, R. M., Morelock, M. J., & Benbow, S. P. (2001). Top 1 in 1000: A 10-year follow up of the profoundly gifted. *Journal of Applied Psychology, 86*(4), 718-729.

Mitchell, L. K., & Krumboltz, J. D. (1996). Social learning approach to career decision making: Krumboltz's theory. In D. Brown & Associates, *Career choice and development* (2nd ed., pp. 145-196). San Francisco, CA: Jossey-Bass.

National Center for Educational Statistics. (2012). *Fast Facts*. Retrieved from http://nces.ed.gov/FastFacts/display.asp?id=72

Perry, M. (2013). Staggering college degree gap favoring women, who have earned 9 million more college degrees than men since 1982. Retrieved from http://www.aei-ideas.org/2013/01/staggering-college-degree-gap-favoring-women-who-have-earned-9-million-more-college-degrees-than-men-since-1982/

Peterson, G. W., Sampson, J. P. Jr., Lenz, J. G., & Reardon, R. C. (2002). A cognitive information processing approach to career problem solving and decision making. In D. Brown & Associates, *Career choice and development* (4th ed., pp. 312-372). San Francisco, CA: Jossey-Bass.

Pope, M. (1995). Career interventions for gay and lesbian clients: A synopsis of practice, knowledge, and research needs. *Career Development Quarterly, 44*, 191-203.

Pope, M., Barret, B., Szymanski, D., Chung, Y. B., Singaravelu, H., McLean, M., & Sambria. S. (2004). Culturally appropriate career counseling with gay and lesbian clients. *Career Development Quarterly, 53*, 158-177.

Prediger, D. (1981). Note on Self-Directed Search: Validity for females. *Vocational Guidance Quarterly, 30*, 117-129.

Prince, J. P. (2013). Career development of lesbian, gay, bisexual, and transgender individuals. In S. D. Brown & R. W. Lent (Eds.), *Career development in counseling: Putting theory and research to work* (pp. 275-297). New York, NY: John Wiley & Sons.

Savickas, M. L. (2013). Career construction theory and practice. In S. D. Brown & R. W. Lent (Eds.), *Career development in counseling: Putting theory and research to work* (pp. 147-186). New York, NY: John Wiley & Sons.

Spokane, A. R., Luchetta, E. J., & Richwine, M. H. (2002). Holland's theory of personalities. In D. Brown & Associates, *Career choice and development* (4th ed., pp. 373-427). San Francisco, CA: Jossey-Bass.

Super, D. E. (1990). A life-span, life-space approach to career development. In D. Brown & Associates, *Career choice and development* (2nd ed., pp. 197-261). San Francisco, CA: Jossey-Bass.

Wang, M. T., Eccles, J., & Kenny, S. (2013). Not lack of ability but more choice: Individual and gender differences in choice of careers in science, technology, engineering, and mathematics. *Psychological Science, 24*(5), 770-775. doi:10.1177/0956797612458937

제2부

직업 상담, 측정, 지식의 전달

제8장

다양한 문화 가치에 기반한 커리어 상담에 대한 접근과 지원

이 책은 문화적 가치와 다문화주의에 대하여 광범위하게 제시하고 있다. 특히 제2장에서는 전문적인 서비스를 제공하는 심리와 상담 분야가 어떻게 인종, 민족, 그리고 문화에서 요구하는 윤리적인 부분을 지키며 성장해 왔는지를 개괄적으로 설명한다. 각각의 이론에 대한 논의는 다양한 문화에 대한 적용 방안을 함께 제안하고 있다. Holland(1997)는 흥미도와 가치를 포함한 여섯 가지 성격 유형을 이론화하였고, 직업 적응 이론(Dawis, 2002)과 이를 적용한 O*NET은 Holland(1997)의 흥미도와 가치를 포함한 여섯 가지 성격 유형 이론을 그들의 이론과 적용의 중심 가치로 두었고, Super는 Nevill과 함께 직업 발달에 있어서의 가치뿐만 아니라 일적인 가치를 평가하기 위한 가치 척도(Super & Nevill, 1996)를 개발하였다. 아프리카계, 아시아계, 원주민 그리고 라틴계 미국인 개개인과 집단의 직업 발달에 있어서 문화적 가치가 중요한 부분임을 강조하는 제언에도 불구하고, 이미 언급된 이론 혹은 그의 적용 방안에는 문화적 가치가 제시되고 있지 않다 (Fouad & Kantamneni, 2013).

직업 발달과 상담에서 문화적 가치의 중요성을 처음 언급했던 연도에, 이에 대한 이슈를 잘 해결할 수 있다는 여러 의견을 접했지만 유용하지 않았다. 저자는 아프리카 정부의 건강관리 시스템 설계를 담당한 영어권 자문위원의 실패한 사례 보고서를 접한 적이 있다. 책임자의 이름을 기억하지 못하지만 해당 보고서의 결론에서 제안한 첫 번째 단계는 도움을 주는 사람들의 입장에서 지원이 시작되어야 함을 강조했고, 이후에 적합한 개입법을 만들 수 있다고 했다. 문화적 접근에 실패한 보고서를 접한 경험과 다문화 상담개발협회의 상담과정에서의 문화적 경쟁력의 필요성에 대한 강조는 저자를 문화적 가치의 다양성과 유사성에 대해 숙고하도록 바꿔놓았다.

1988년, 가치에 대한 학술 논문을 읽으며 인간과 일에 대한 가치에 초점을 두기 시작했다. 몇몇 저널은 서로 다른 문화에서 다양하게 나타나는 가치에 대해 논의했다. 커뮤니케이션 분야의 경우, 문화가치에 기반하여 다양하게 표현되는 대화유형에 집중하여 연구를 진행했다. 이번 장에서는 다양한 문화적 맥락에서 어떻게 효과적이고 문화적으로 깨어 있는 커리어 상담을 제공할지 그리고 어떻게 이러한 부분을 확인할 수 있는지를 목표로 설정하고 살펴보는 것에 중점을 두었다.

제1장에서 나는 커리어 개발을 전문가 영역으로 인정함으로써 패러다임에 변화를 준 Blustein과 그의 동료들(Blustein, McWhirter, & Perry, 2005)을 언급한 이유는, 이러한 접근이 유럽 중심 문화에 기반을 둔 점과 현재 이론적 모델이 인종, 문화, 민족, 그리고 성소수자에 대한 지지를 포함하지 않았기 때문이다. 이번 장에서는 2002년에 개인의 가치 이론에 기반하여 대략적으로 제안했던 부분을 보완하여 커리어 상담에 대한 다문화적 접근이 제시되었다. 이번에는 커리어 상담에 대한 보다 상세하고 해석적인 접근, 전반적인 커리어 개발의 과정에 대한 정의, 그리고 커리어에 대한 선택, 시작, 적응 혹은 개발에 대해 제안하는 데 목적을 두고 있다. Brown과 Brooks(1991)는 커리어 문제에 대한 우유부단함은 결과적으로 정보 수집력을 약하게 만들고, 선택 불안 그리고 일에 대한 불만족으로 연결된다고 하였다. 그리고 개인과 일의 부조화는 직장에서의 개인의 역할뿐만 아니라 가족 관계 혹은 휴식 등 여타의 삶의 영역에 부조화를 초래한다.

그럼에도 불구하고 우리는 다른 의견을 제시하는 이론을 제외시키는 것은 아니다. 예를 들어 저자는 내담자들이 동기 혹은 동기부족을 이해할 수 있도록 간혹 자기 효능감 평가 대한 반두라의 아이디어를 활용한다. 이러한 접근은 학생들의 커리어 개발을 돕는 과정에서 그들 스스로 커리어 상담에 접근하고 집중할 수 있도록 지원하는 과정에서 자연스럽게 나타난다.

다문화주의 상담과 논의에서는 백인 상담사들이 민족과 인종 소수자들, 장애인, 그리고 성소수자인 게이, 레즈비언, 양성애자 그리고 성전환자들의 문화를 배우고 이러한 지식을 상담에 적용할 필요성을 제시하고 있다. 예를 들어 레즈비언 상담사가 동성애는 죄라는 시각을 가진 백인 기독교인 남성을 만나는 것은 언제나 생길 수 있다. 만약 상담사가 내담자의 시각에 대해 심한 불쾌감을 느껴서 객관적인 상담을 진행할 수 없다면 다른 전문상담사에게 보낼 수 있다. 혹은 내담자의 세계관을 이해하고 함께 상담을 진행할 수 있는 관계 맺기를 형성한 후 직업적인 문제를 도와줄 수도 있다. 여기서 중요한 것은 아주 단순하다. 우리 상담사들이 다양함을 인정하듯이 인종, 민족, 혹은 세계관을 문제 삼지 않고 다문화적으로 접근하는 커리어 상담이 필요한 것이다.

이전 장에서 이미 언급했듯이 커리어 상담의 방법, 관계 맺기와 평가에 대한 접근은 이론에 기반하여 적용된다. Gysbers, Heppner와 Johnston(2003)이 개발한 목표에 대한 분류(taxonomy of tasks)는 상담 중 관계 맺기 과정과 동시에 발생한다. 이것은 문제를 명확히 제시하는 것을 포함, 상담 관계 구조화, 상담자와 내담자의 밀접한 관계 형성, 개인적이고 문맥적으로 제한된 정보를 포함한 내담자에 대한 정보 수집, 목표 설정, 개입방법 선택, 실행, 결과에 대한 평가로 구성된다. 다음에 제시되겠지만, 이번 장에서 개괄적으로 보여주는 다문화 상담 모델은 대부분 기존의 커리어 상담의 구조를 조금 변형시켜 제안한 것이다.

가치 기반의 시작

문화에는 세 가지 경향이 있다. 먼저 전체적인 시각에서는 모든 집단이 비슷한 점을 가지고 있다. 일반적인 문화 측면에서는 특별한 집단의 성향을 제공하고 특징적으로 민족과 그 집단의 일반적인 역사, 가치, 언어, 관습, 종교, 그리고 정치적 부분을 보여준다. 전 세계적으로 200개 이상의 나라와 5,000개의 언어가 있다. 이 대략적 집단은 수많은 하위집단으로 구분된다. 미국에 있는 상담사들이 미국 내 주요 문화 집단을 일반화하여 배우는 것은 가능할지 몰라도, 직업 상담사들이 전 세계 모든 나라와 하위문화를 공부하는 것은 불가능하다. 세 번째 시각은 개개인의 세계관을 반영하고 그것을 기반으로 일반적인 문화 가치와 세계관을 개인에게 적용하는 개인적인 시각이다. 이 과정을 문화 내재화(다른 문화에 유입)라고 부르며 인종과 민족 정체성 그리고 세계관 형성으로 연결된다.

개인의 세계관은 현실에 대한 인식에 기초한다(Ivey, D'Andrea, Ivey, & Simek-Morgan, 2009). 문화의 일반화에 있어서 개개인의 성향을 집단의 성향과 비슷하다고 보는 것은 지양해야 한다. 피부색, 의상, 인종, 종교적 신념, 관습 혹은 전통적인 영광 등은 개개인의 문화를 대변할 수 없다.

제6장에서 논의된 바와 같이 우리의 이론과 접근은 크게 두 가지의 철학적 기반이 있는데, 논리적 실증주의와 포스트모더니즘이 그것이다. Ivey와 그의 동료들(2009)은 다양화를 받아들인 포스트모더니즘 기반을 그들의 일반적인 다문화 상담에 적용했다(p. 7). 광범위한 관점을 가진 포스트모더니즘을 수용한 이유는 각 개인이 자기만의 독특한 세계관을 가지고 상황을 인지하기 때문이다. 놀랄 것도 없는 것이 포스트모더니즘과 연결된 관점에는, 진실에 대한 가이드가 없다. 진실에 대한 가이드가 없기 때문에 가치는 상황적인 것일 뿐 보편적인 것이 아니다. 이것은 무가치의 관점이며 심리학의 실행을 위한 철학적 기반과 같이 Prilleltensky(1997)가 포스트모더니즘을 거부하게 만든 이유이기도 하다

여기에서 주장하는 것은 커리어 상담은 생활하고 있는 사회문화 내에서 법에 저촉되지 않는 한 내담자의 문화적 가치에 주요 기반을 둔, 반드시 내담자의 세계관에 기초한 과정이어야 한다는 점

이다. 만약 이러한 지지가 커리어 상담에 포함된다면 그것 또한 내담자의 가치관에 기반한 것이어야 한다. 커리어 상담은 상담사 스스로의 가치 체계에 기반한 부분 이외에도 입법적인 부분, 위원회 그리고/혹은 조직적인 변화의 지원이 상담 목표에 영향을 미치게 된다.

가족식당에서 일하기 위해 최근에 학교를 그만둔 중국계 미국인 고등학생을 내담자로 만난 적이 있다. 그녀의 가족들은 학생의 행동이 그들의 세계관과 완전히 혼연일체된 것으로 믿었으나, 그들의 선택은 노스캐롤라이나 주의 법에 위배되었다. 커리어 상담은 가치에서 완벽하게 자유로울 수는 없다. 예를 들어 만약 문화적응이 되지 않은 아메리카 원주민 남자의 커리어 상담에서 상담사 개인의 포스트모더니즘 시각에 기반하여 내담자의 세계관과 연결된 커리어계획을 세우는 것은, 완전히 다른 세계관에서 보는 문화가 될 것이다. 유망한 고용주와 함께 내담자를 지지하는 경우에도, 고용자의 가치를 상담사 스스로 해석하는 것을 알아차리고 내담자가 자신의 가치에 기반하여 직장에 적응하도록 격려하는 것이 직장에서 의미를 찾을 수 있게 하는 방법이다. 다음은 가치 기반 접근에 있어서 기본단계이자 특수한 문화 가치를 측정하는 것에 대해 알아본다.

문화적 가치를 정체성 혹은 커리어 개발과 같은 변수 대신 쓰는 이유는 무엇인가? 첫째, 몇몇 연구자들(예 : Fouad & Kantamneni, 2013)은 문화적 가치가 흥미도와 같은 전통적인 커리어 계획보다 결정과정에 더 많은 영향을 미치는 자원이라는 결론을 내렸다. 그들은 문화적 가치가 직업 적응력과 같은 다른 주요한 커리어 개발 변수에 영향을 준다는 것을 발견했다. 그렇다면 개인의 정체성이 문화적 가치보다 중요하지 않다는 것인가? 짐작건대 포스트모더니즘 커리어 상담자들은 이러한 시각을 가지고 있을 것이다. Ivey와 그의 동료들(2009)은 다섯 가지 단계와 10가지 요소로 개인의 정체성 발달을 논의했다. 심리 상담과는 다르게 커리어 상담은 종종 짧은 상담이 필요하다. 문화적 가치가 정체성 발달보다 측정이 용이하고, 문화화 그리고 문화적응 과정을 상담사와 내담자가 더 쉽게 이해할 수 있도록 한다. 하지만 그들 또한 적합한 상담 기술, 평가도구 그리고 개입법 선택에 있어서 선입견을 가질 수 있다(Brown, 2002). 다문화 커리어 상담을 위해 어떤 것이 반드시 포함해야 할 것인가? 이것은 Gysbers와 그의 동료들(2003)이 보여준 내용과는 다른 것인가? Bingham과 Ward(2001, pp. 59-60)는 아프리카계 미국인을 위한 커리어 상담에서 나타나는 일곱 가지의 경향(단계가 아님)을 제시했다. 그들은 부가적인 지지를 포함하여 조금의 수정을 거친 내용을 제시하였고 아래 논의의 근거로 사용되고 있다. 다문화 직업 상담은 다음과 같은 요소들을 기본으로 제공해야 한다.

1. 문화 변수의 측정(측정 I)
2. 문화적으로 적합한 관계 맺기
3. 커리어 이슈의 명료화(측정 II)
4. 의사결정 촉진 과정

　5. 문화적으로 적합한 목표 설정

　6. 문화적으로 적합한 개입법 선택

　7. 사용된 개입법의 적용과 평가

　8. 지지

다양한 문화 가치에 기반한 커리어 상담

다음은 다양한 문화 가치에 기반한 커리어 상담(values-based multicultural career counseling, VBMCC)을 8단계로 설명하고 그 적용방법을 보여준다.

1단계 : 문화적 변수 측정

서론에서 언급했듯이 개인 문화에 대한 정보 없이 개인을 판단하는 것에 대한 충고가 이 책을 통해 제시되고 있다. 그러나 다음과 같은 상황을 생각해보자. 사무실에 앉아서 로렌스 사이와 약속을 잡는다. 사이(Singh)는 인도에서 아주 흔한 이름이며 미국의 스미스와 견줄 만하다. 유럽에서는 로렌스라는 이름이 주는 의미는 가족이 문화적응을 이미 끝냈거나 두 개 이상의 문화를 가졌고 문화적 가치 범주에서 적응한 적이 있다는 의미를 내포한다. 만약 당신이 문화적인 감각이 있는 사람이라면 무엇을 하겠는가? 아마도 당신의 딜레마를 로렌스에게 보여주고 다음과 같이 시작하는 것은 어떨까. "이름이 참 흥미롭습니다. 사이는 아시아에서 많이 쓰이는 이름이고 로렌스는 명확히 영어 이름입니다. 어떻게 함께 쓰이게 되었는지 얘기해 주시겠어요?"

　또 다른 방법은 당신의 사무실에 성이 호(Ho)인 학생이 그의 할머니와 함께 들어왔다. 학생의 할머니는 프레드릭 호의 직업 선택 논의에 함께 앉아 있고 싶어 했다. 당신은 두 가지 질문을 하고 싶을 것이다. 첫 번째가 "누가 직업에 대한 결정권을 가지고 있는가?"이다. 어떤 문화권에서는 가족이 자녀들의 직업 선택 결정하는데, 이 경우는 할머니가 가족의 대표자일 것이다. 그렇다면 상담의 시작은 다음과 같을 수 있다. "아시아계 미국인들의 경우 자녀들의 직업 선택에 있어서 가족이 아주 중요한 역할을 한다고 알고 있습니다. 시작하기 전에 부탁드릴 것이 프레드릭의 경우 누가 결정권을 가졌는지를 알려주시면 도움이 될 것 같습니다." 또한 상담사는 가족의 대표자로서 할머니가 직업 선택 과정에 참여하고자 하는지를 묻고, 만약 그렇다면 그 부분에 대해 찬사를 해야 할 것이다. 만약 가족이 결정권자라면 프레드릭이 스스로 직업을 선택하는 것이 더 나은 방법임을 제안하지 않는 것은 중요한 부분이다.

　문화적 연계에서 결정권의 의미는 집에서 사용하는 언어, 표현되는 관습과 전통, 친구들의 문화적 연계, 가족의 문화적 연계, 그리고 내담자가 거주하고 있는 곳의 공동체 부분 등 아주 중요한 부분이다(Garrett & Pichette, 2000; Thomason, 1995). 커리어 상담의 첫 인터뷰에서 내담자의 문화적 연계 부분에 불분명함이 존재한다면 이 변수를 명료화해야 한다.

2단계 : 대화 유형 알아차리기와 관계 맺기

지배계층 문화에 소속된 사람들은 종종 그들이 사용하는 언어적 그리고 비언어적 대화유형이 아주 좋은 것이며 선호되는 것이라고 생각한다. 이러한 생각은 교차 문화 상담에서는 받아들여지지 않는다. 다음의 사례는 원하지 않는 결과를 가져오는 잘못된 문화적 의사소통을 보여준다.

교차 문화 간 소통의 잘못된 사례 Basso(1979)는 백인 남자와 아파치 인디언 남자가 어떻게 문화적 배려가 없는 대화를 나누게 되는지 사례를 보여주었다. 백인 남자는 아파치를 반기는 표현으로 그의 등을 치며 말했다. "안녕, 친구. 기분이 어때? 기분 좋아?" 백인은 아파치를 보며 계속했다. 그들은 백인 남자 집으로 들어갔고 백인 남자는 계속해서 얘기했다. "여기 누가 있는지 보렴. 왜소한 남자야. 들어와서 앉아. 배고픈가?" 이 짧은 글 안에 여덟 가지의 잘못된 교차 문화 간 소통(cross-cultural communication)의 예제가 있다. '친구'라는 표현은 가정으로 대화에 적합하지 않다. 건강에 대해 묻는 것은 몇몇 아파치들이 병을 유발시킨다는 믿음에서 기인했을 수도 있다. 백인 남자의 초대는 우두머리의 행세를 하는 듯이 "거기 앉아."이다. 다시 말하지만 이 모습은 아파치에게 건방지게 비쳐진다. 백인 남자의 대화는 그를 바보처럼 보이게 한다. 직접적인 눈 맞춤은 아파치 문화에서 공격적으로 여겨진다. 마지막으로 공공장소에서 사람을 만지는 것은 많은 아파치에게 일상적이지 않은 행동이며, 의견을 묻지 않고 미국 원주민의 이름을 사용하는 것도 적합하지 않은 행동이다. 수다스러운 백인 남자는 그의 대화가 아파치에게 받아들여지는가를 고려하지 않았다.

앞에서 언급한 예제 속의 백인은 비언어적 행동에서 두 가지 실수(몸을 만진 것과 눈 맞춤)를 그리고 여섯 가지의 언어적인 실수를 했다. 상담을 위한 훈련에서 상담사들이 일반적으로 사용하는

	표 8.1 SOLER 접근 상담	
		비언어적인 대화 선호도
S	내담자와 정면으로 마주보기	대체적으로 괜찮음
O	열린 자세	대체적으로 괜찮음
L	앞으로 숙이기(36~42인치)	아시아계 미국인 내담자의 경우 개인적인 공간의 침해, 히스패닉계의 경우 장애물로 해석할 수도 있음
E	눈 맞춤-직접적인	미국인, 많은 히스패닉계, 대부분의 아시아계 미국인, 그리고 어느 정도의 아프리카계 미국인들의 경우 간접적인 것을 선호
R	이완	대체적으로 괜찮지만 아시아계 미국인 내담자에게는 많이 편안하지 않음
FE	얼굴 표정-미소 짓기와 고개를 끄덕이는 신호	아시아인들의 경우 미소와 고개를 끄덕이는 것이 불편 사인, 히스패닉계와 아프리카계 미국인 내담자에게 더 중요함

표현을 SOLER의 두문자(Egan, 1994)로 표시한 것이 표 8.1에 제시되고 있다. 이 두문글자는 비언어적인 부분을 대표하는 얼굴 표정(FE)을 함께 제공한다(Ivey et al., 2009; Srebalus & Brown, 2001). 표 8.1에서 본 바와 같이 비언어적 행동은 교차 문화에서 다르게 받아들여지고 적용된다.

연습문제 8.1

다음 단계로 가기 전 질문에 답하시오.

1. 손목시계 혹은 시계 없이 하루를 보내면 어떤 느낌인가?
2. 다른 사람이 당신을 위해 결정을 내린다면 어떤 기분인가?
3. 시간을 잘 지키는가?
4. 개인적인 혹은 가족들에 대한 중요한 정보 제공에 대한 요구에 대해서 얼마나 편안한가?
5. 다른 사람들을 위해 결정을 미뤄야 할 때 어떤 기분인가?
6. 얼마나 경쟁력이 있는가?
7. 미국과 전 세계가 '녹색 일자리'를 좇아가고 있는지 그리고 그러한 일이 일어났을 때 당신 스스로 이득을 취할 수 있는 돌파구를 준비하고 있는가?

대화 유형의 문화적 차이를 고려하기 전에, 소통을 통한 영향을 생각해야 하기 때문에 문화 내 하위집단의 고유의 가치를 염두에 두어야 한다. 표 8.2의 문화 가치 분류는 Kluckhorn과 Strodtbeck(1961)의 앞선 연구와 Carter(1991)의 문헌 검토를 기반으로 한다. 아래의 분류는 일반화된 문화적 가치를 제시한 것이므로 집단 구성원의 개인적 가치 체계로 해석할 수는 없다. Kluckhorn, Strodtbeck, 그리고 Carter와 다른 연구자들(예 : Ho, 1995; Sue & Sue, 2009)은 이러한 가치가 표 8.2의 집단 목록과 종종 연계되며 집단 내 가치 변화를 고려할 수 있음을 발견했다.

제3장에서 논의했듯이 문화적 가치든, 직업적 가치든 혹은 일반적 가치든, 가치는 아주 소중한 신념이다(Rokeach, 1973). 이것은 개인의 행동에 대한 스스로의 판단과 타인의 평가에 기초한 것으로 목표를 정하는 것에 주요한 정보를 제공한다. 문화는 사회적인 개인의 만족에 기반하지만 개개인이 가지고 있는 자신의 문화는 타인의 평가보다 더 중요한 신념이기도 하다. 표 8.2에는 다섯 가지의 문화적 가치를 언급하고 있다 : (1) 자기조절의 중요도, (2) 시간, (3) 활동, (4) 사회적 관계, (5) 자연스러운 관계. 집단의 힘은 개인이 자신의 생각과 느낌에 대해 알아보는 것을 주저하게 만드는 조절 가치를 제공할 만큼 강하며, 이러한 부분은 자기 개방을 약하게 만들 수도 있다.

사회적 관계의 가치는 어떤 결정에 있어서 논리를 제공하고(개인, 가족, 혹은 집단) 선호하는 의사소통 방법과도 연결되어 있기 때문에 커리어 상담에서 중요한 부분이다(Basso, 1990; Kim, Shin, & Cai, 1998). 그러나 Coon과 Kimmelmeier(2001, p. 351)의 "논쟁은 세 가지 소수자 집단

표 8.2 미국 내 주요 인종과 민족 집단의 가치 일반화

집단	자기조절의 중요도	시간	활동	사회관계	환경과의 관계
유럽계 백인	중간	미래	행동	개인적	지배
아메리카 원주민	아주 중요함	이상주의	목적을 위해 존재	방계(혈연)	조화
히스패닉계	중간	현재	존재	방계(혈연)	조화/정복
아프리카계	중간	현재	행동	방계(혈연)	혼합
아시아계	아주 중요함	과거/미래	행동	직계/방계	조화

(아프리카계 미국인, 아시아계 미국인, 라틴계 미국인) 모두를 지지한다. 집단주의 문화에서는 역사, 유산, 그리고 이 집단들의 다양성에 대하여 거의 같다고 판단하기 힘들다."라는 또 다른 관점에 나는 동의하며 이 변수들은 반드시 평가되어야 한다. 그러나 방계중심/집단적인 사회적 가치 (collateral/collective social values)를 가진 경우 직업 선택에 있어서 가족 혹은 집단의 의견을 따르고 이들의 기대를 고려할 것이다. 반대로 개인주의 사회적 가치를 지닌 이들은 스스로 결정하는 것을 선호한다. 커리어 상담사가 고려해야 할 사회적 관계에 미치는 또 다른 영향은 관계의 구조이다. 일반적으로 평등한 관계로 여겨지는 이차적 연결이 권유된다. 하지만 중국인, 아시아 원주민, 그리고 일본인을 포함한 몇몇 하위집단에 있어서 가치는 직계-방계중심 사회적 관계(liner-collateral social relationship)를 의미한다(Sue & Sue, 2009). 이 경우 사람들은 계층구조 관계에 더 편안해하며 상담사는 권위적인 위치에 있게 된다.

시간과 활동에 대한 가치는 개입법의 선택과 개인에 미치는 영향이 유사하게 나타난다. 행동 지향적(doing orientations)인 개개인은 지금 직면한 문제를 해결하기 원하는 반면, 존재 혹은 존재와 생성 지향적인 이들은 직업 선택을 위해 혹은 일시적인 해고로 인한 고용 안전에 민감하게 대응하지 않는다. 유럽적 관점을 지닌 사람들은 달력, 시계, 마감시간, 그리고 만기일을 기반으로 일할 것이다. 미래와 과거/미래를 지향하는 사람들 간의 다른 점은 결정에 있어서 가족 역사와 전통적인 문화 요소들에 집중하는 것이다. 순환적 시간을 지향하는(circular time orientations) 사람은 달력과 시계에 따르지 않는다. 대신에 1년 중의 어느 계절 혹은 달의 순환 등의 자연적 사건에 따라 시간을 계산하며 현재 지향적 사람들은 그 순간을 즐길 것이다. 예를 들면 현재 지향적 사람들은 미래를 거의 조절하지 않는다. 자연스러운 인간관계를 지향하는 가치를 지닌 경우에는 커리어 개발에 미미하게 영향을 미치지만 만약 내담자가 자연스러움을 지나치게 중요시한다면 스스로의 삶을 조절할 수 있는 능력이 미약할 것이다(Brown, 2002).

가치와 상담 기술 표 8.3은 미국의 주요 문화 집단이 선호하는 대화 유형을 보여준다. 비언어적 행

표 8.3 미국 내 주요 인종/민족 집단의 대화 유형

집단	자기 개방성	소란스러움	속도	방해	멈춤(정지)	직·간접성
백인	수용, 내용 중심	중간	중간	수용	지배	직접적, 목표 지향
아메리카 원주민	불가	약함	느림, 조절	불가	조화	간접적
히스패닉계	수용	중간	다양함	불가	조화/정복	간접적
아프리카계 미국인	수용, 표현적	중간	중간	수용	혼합	기본적으로 간접적
아시아계 미국인	불가, 약해 보이는 신호	약함	느림	불가	조화	간접적

동의 경우 그 유형이 아주 다양하다. 비언어적인 유형의 변수를 경험하게 되는 상담사는 다양한 상황에 적합한 소통방법과 상담 기술 선택에서 도전에 직면하게 되지만 이는 커리어 상담에서 중요한 부분이다. 예를 들어 기분 반영, 생각과 기분에 대한 증거 제시, 가족 구성원에 대한 개인적인 부분의 공개를 위한 질문 등의 상담 기술은 자기조절을 아주 중요하게 여기는 집단에서는 부적절하다(Ivey et al., 2009; Srebalus & Brown, 2001). 더불어 성격검사와 연계된 평가는 개인의 정보와 개인의 생각을 공개하도록 요구하는 인지적인 전략 평가를 피하는 것이 좋다. 선호하는 소통방법은 이미 언급한 바와 같이 사회적으로 평가되는 가치와 연결되어 있지만 다른 문화적 가치, 자기조절 또한 문화적 소통방법 결정에 영향을 준다. Park과 Kim(2008, p. 1)은 "아시아계 미국인이 자신의 감정조절에 강한 집착을 보이고, 유럽계 미국인의 가치에 대해서는 낮은 집착을 보이는 것은 이들이 간접 소통을 많이 사용하고 있음을 설명하는 것이다."라고 하였다.

3단계: 결정모델 선택

Gelatt과 Gelatt(2003) 그리고 Krumboltz와 Levin(2010)이 각각 펴낸 두 권의 책은 중요한 이슈를 제시했다. 커리어 상담사가 그들의 내담자에게 가르쳐야 할 결정 모델은 무엇인가?

커리어 상담사들은 논리적으로 문제를 명료화하고 그에 대한 대안을 찾고, 정보 수집과 선택을 일반적인 과학 서적에서 보여주는 결정 과정과 유사한 선형모형을 오랫동안 사용해 왔고 모델에서 제시된 방법만 옳다고 주장하고 있다. 하지만 갑작스러운 일, 행운, 그리고 예측할 수 없는 사건을 대비하기 위해서는 Krumboltz와 Levin이 주장한 커리어 상담사와 내담자들이 계획하지 않은 것에 대한 계획이 필요하거나 Gelatt과 Gelatt이 제시한 것처럼 예측할 수 없는 긍정성을 고려해야 한다. 그러나 어떻게 이것이 가능한 것인가? Gelatt과 Gelatt의 패러독스는 불확실성에 대한 긍정성을 다루거나 결정에 대한 기본 기능이나 옵션의 변화, 계약 혹은 연장이 가능할 때 결정을

하라고 제시하고 있다. 이것이 가능한 이유는 이들의 경우 포스트모더니즘 혹은 전통적인 안목에 쉽게 적용할 수 있기 때문이다. 그러나 Krumboltz와 Levin의 시각은 적용을 위한 능력이 있어야 한다. 나의 경우 목표 달성을 위해 두 모델의 긍정적인 요소를 받아들였다. 주요한 역설은 다음과 같다.

1. 내담자는 목표 설정에 있어서 집중하되 유연해야 한다. 또한 그들이 직면하게 될 장애를 알아차려야 한다.
2. 목표는 안내되어야 한다. 미래에 대한 근시적인 안목을 만드는 규칙은 변해야 한다.
3. 내담자는 목표에서 잠시 떨어져 시간을 두고 스스로의 환경을 둘러봐야 한다.
4. 우연히 혹은 운 좋게 새로운 옵션이나 기회가 제공되는 경우 내담자는 목표를 수정할 수 있도록 계획한다.
5. 만약 내담자가 미래를 생각하지 않는다면, 미래를 바라볼 수 있도록 관점을 옮기거나(목표가 어디에 있는지 알아차리는 것) 미래에 대한 두려움을 관찰하도록 한다.
6. 내담자는 이미 성취한 목표를 살펴본다. 과거의 목표와 그것을 달성했던 과정을 통해 배울 것이 있다. 과거를 두려워해서는 안 된다.
7. 내담자는 직업에 대해 알고 있는 것과 모르는 것을 명료화하고 확인한다. 반쪽짜리 지식은 충분하지 않다.
8. 유효하지 않은 정보는 무시한다. 차량 영업을 하는 사람들은 자동차 만드는 기술을 알지 못하지만 그 직업에 대한 정보는 많이 가지고 있다.
9. 내담자는 반드시 현실적이면서 동시에 긍정적이어야 한다. 현실은 마음에 달려 있다. 스스로의 관점에 대한 질문을 준비해야 한다.
10. 내담자는 그들의 신념 체계가 환상에 기반한 것인지 혹은 이성적으로 결론을 내리는지 살펴보고, 시험해 본다. 신념은 자기실현의 예언자가 되기도 함을 기억하자. 만약 스스로 실패자라고 믿는다면 어떻게 성공할 수 있겠는가?
11. 내담자 스스로 미래에 대한 세 가지 시나리오, 즉 최선, 최악, 그리고 그저 그런 정도를 자세히 적는다. 최악의 시나리오에서 걸림돌이 무엇인지 살펴본다. 만약 장애가 있다면 이것을 다루기 위한 전략을 만들고 무엇을 바꿀 수 있는지 살펴본다.
12. 긍정적이지만 불확실한 바다에서 항해를 시작하기 전에 내담자는 인종차별과 괴롭힘을 다루기 위해 스스로 강해져야 한다.

모델의 사용　이전에 논의된 바와 같이 용이한 커리어 결정에 있어 첫 단계는 누가 결정을 하느냐를 정하는 것이다. 다음 단계는 결정자가 가지고 있는 상담사에 대한 기대와 내담자와 그들 가족의 기대를 명료화한다. 만약 가족 혹은 집단이 결정의 주체라면 교육적인 기회, 금전적인 부분, 자원들 그리고 직업 기회 등 더 많은 정보를 원할 것이다. 학생의 성격 평가에 대한 도움을 청하지 않더라도 커리어 상담사는 능력, 흥미도 그리고 가치가 무엇인지 설명하도록 안내한다. 나의 경우 스스로 커리어 결정을 하는 사람들을 많이 인터뷰했는데, 이들은 결정과정에서 흥미와 적성보다 교육적성을 더 많이 고려했다. 직업적인 명망은 이런 결정을 하는 부모에게 있어서 중요하다.

커리어 상담사의 불가피한 문제 중 하나는 부모와 그들의 자녀 중, 누가 커리어 결정을 하느냐의 논쟁이다. 미국 문화에 적응이 된 개인이라면 부모가 그들의 커리어 결정을 공지할 때 저항할 것이고 학생과 부모는 각각 커리어 상담사의 자신의 지지를 요구하게 된다. 직업 선택에 있어서 부모가 연계되어 있을 경우, 만약 부모가 커리어 상담에서 존중받지 못했다고 믿게 된다면, 부모와 관계 맺는 것은 어려워지거나 불가능해질 것임을 유념해야 될 것이다.

4단계 : 커리어 이슈의 명료화(평가)

다양한 문화 가치에 기반한 커리어 상담(VBMCC) 모델에 있어서 한 가지 기대되는 것은 초기 평가에 문화적, 직업적, 그리고 생활양식의 가치 평가가 연결되는 부분이다. 하지만 커리어 상담을 시작한 몇몇 내담자는 의식주의 기본적은 욕구가 충족되어 있지 않다. 이런 경우에는 커리어 상담사는 즉각적으로 고용자의 자원을 찾고 고용 기술을 개발하여 짧은 기간 내 도움을 줄 수 있도록 연결해야 한다. 쉼터를 찾아보거나 사회적 지원 기관의 목록, 건강 지원 등의 전략이 필요하다. 전형적인 커리어 상담사가 VBMCC 모델을 사용한다면 위기 상황의 커리어 상담에서 무엇이 최선인가를 살펴보고 따르면 된다.

VBMCC 모델은 다양한 평가도구로써 능력의 명료화, 흥미도, 성격 요인, 장애, 정신적 문제, 성적 역할에서 보수적인 혹은 차별적인 경향 등을 보이는 개개인이 가지는 한계점, 종족이나 가족의 기대감, 지리적으로 소외되는 등의 사회적 맥락에서의 제약, 그 외의 것들에 대한 측정에 충분히 활용할 수 있다. 제10장은 양적인 그리고 질적인 평가도구들에 대해 자세히 제시된다. 자기 탐색 검사 혹은 스트롱 흥미검사 등의 양적인 도구들은 구조적인 유효성과 신뢰도가 높은 것으로 받아들여지고 있다. 그럼에도 불구하고 Amundson(2003)이 편집한 창의성과 흥미도 질적 검사도구의 경우 비관습적인 특성을 보이는 내담자를 위한 것이라는 점에서 받아들여지지 않는다.

패턴 분류 패턴 분류 측정 전략은 내담자 삶의 역할과 활동에 초점을 두고 시작한다. 이후의 삶이 즐거울지 아닐지를 명료하게 생각해 본다. 내담자 개인의 경험에 연계되어 있는 사람들, 긍정적이고 부정적인 혹은 다른 요소들에 대해 좋은 부분과 좋지 않은 부분을 자세히 묘사한다. Amundson은 특징적으로 각 묘사는 이야기가 완성되었을 때 차트에 기록했다. 이 단계가 끝나면 내담자는 기록된 정보와 각각의 정보가 흥미도, 가치, 그리고 개인의 취향을 얼마나 반영하는지에 대해 차트 내용을 분석한다. 주제는 반드시 행동에 기초하여 논의한다. 이 과정은 Amundson이

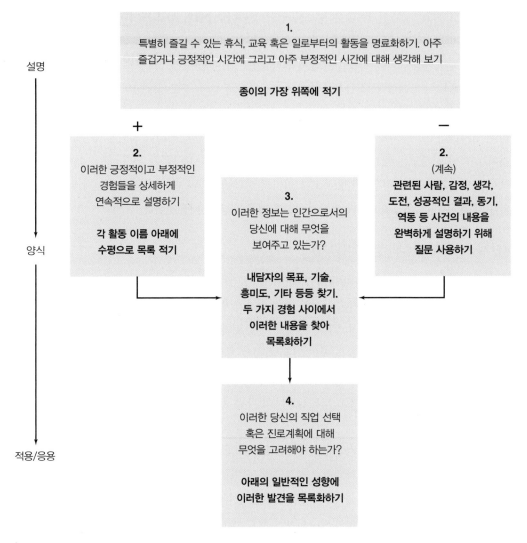

그림 8.1 문제해결 목표 : 체계적인 자기 평가

출처 : *Active Engagement : Enhancing the Career Counseling Process* by N. E. Admundson. Copyright ⓒ 2003 by Ergon Communications.

그림 8.1에서 활동의 패턴을 명료화하고, 목표에 맞게 분류하며, 과정과 중요도, 수행을 위한 개인의 경쟁력 등을 중심으로 평가하도록 하는 목표 분석과 비슷하게 제안한 것을 요점 정리하여 보여준다.

성취 분석 자료 수집   성취 분석 자료 수집을 위한 접근은 삶에서 지난 몇 주의 시간을 특정화하여 개개인의 성취도를 깊이 있게 분석하는 것이다. 이러한 패턴은 누군가가 성취하기 위해 노력하고 사용했던 능력과 기술들, 성취 과정에서의 저항과 요구사항 등의 과정에서의 상호작용, 그리고 성취가 이끌어낸 감정(높고 낮음) 등을 알아보고 성취 목표를 살펴보는 분석이다. 이러한 활동은 과정의 명료화를 위한 방법(Amundson, 2003; Amundson & Poehnell, 1996; Westwood, Amundson, & Borgen, 1994) 혹은 내담자 스스로의 더 많은 해석적인 이해를 돕기 위해 시행된다.

인생 지표　Amundson(2003)은 내담자 스스로 현재 나이로부터 은퇴시기까지의 미래를 도표화하고 인생에서 직업과 교육적인 부분에서 올라가고 내려오는 부분을 그려보는 전통적인 인생 지표의 변수를 사용했다. 결과는 롤러코스터와 비슷하게 나타날 수도 있고 혹은 주식시장 목록 보고서와 같이 개인의 삶의 묘사일 수도 있다. 인생 지표는 Borgen과 Amundson(1987)의 연구를 통해 개발되있으며 인생선상에서 특별히 높거나 낮게 감정과 환경 레벨을 측정하는 것과 같이 내담자의 상담 내용을 쉽게 요약할 수 있다.

　내담자의 문화적 가치를 아는 것은 상담에서 사용할 평가도구 결정에 도움을 준다. 문화적 가치를 이해하는 것은 내담자의 일과 생활유형 가치에 대한 감사하기로 시작한다. Kelly Crace와 저자는 중요한 인생관을 측정하고 개개인의 가장 중요한 가치를 만족시킬 인생 전반에 대한 기초 계획을 세우기 위한 인생 가치 측정(Crace & Brown, 2004)을 개발하였다. 이 평가도구의 활용을 위한 가정은 직업이 가지고 있는 모든 가치를 만족시킬 수 없으며 가족 구성원을 포함한 특별한 관계, 휴식, 그리고 시민으로서의 역할 등을 인생계획에 포함시킨다.

　평가 과정에서 고려해야 할 사항은 장애인, 성지향성, 차별, 정신건강 문제, 가족과 집단의 이슈 그리고 지리적 위치이며 이는 직업선호도와 사회경제적 위치와 연관성이 있다. 각각의 영역을 상세히 측정하고 논의하는 것은 범주를 벗어나는 것이지만, 다음의 질문들은 커리어 관련 문제 평가 과정에 반드시 내담자의 답을 기록해야 한다.

1. 당신의 문화적/민족적 배경 때문에 제한을 받은 적이 있는가? 만약 예라고 답했다면 그러한 믿음은 무엇인가? 당신이 가진 믿음으로 인하여 직업 선택에 제한을 둔 적이 있는가? 예를 들면 당신과 같은 인종적/민족적 배경을 가진 사람들은 전통적으로 가져온 직업만 선호하고 있는가?

2. 직업 선택에 있어서 성별 때문에 제한을 받은 적이 있는가? 만약 예라고 답했다면 어떻게 제한을 받았는가? 해당 부분이 결혼계획과도 연결되어 있는가? 당신이 생각하는 전통적이지 않은 직업은 무엇인가?

3. 커리어 계획에 있어 당신의 성적 지향성을 고려한 적이 있는가? 만약 예라고 답했다면 무엇인가?

4. 만성적인 정신건강 문제를 가지고 있는가? 만약 예라고 답했다면 당신의 직업에 어떻게 영향을 미쳤는가?

5. 정신 혹은 신체적 장애 판단을 받은 적이 있는가? 만약 예라고 답했다면 당신의 직업에 해당

진단이 어떻게 영향을 미쳤는가?

6. 북미 어느 곳에서나 자유롭게 직장생활을 할 수 있는가? 만약 할 수 없다면 그 이유는 무엇인가?

7. 특정 직업에서 요구하는 교육을 받지 못한 이유로 직업 선택에 제한을 받은 적이 있는가?

5~6단계 : 문화적 가치에 적합한 목표 설정과 개입법의 선택

만약 내담자가 독립적인 사회적 가치 혹은 가족 혹은 준거 집단(예 : 종족)이 있거나 방계중심 사회적 가치를 가지고 있다면, 개인에 의해 문화적으로 적합한 목표가 설정된다. 이미 제언한 바와 같이 내담자와 그의 준거 집단이 다른 사회적 가치를 가지고 있다면, 상담과정에 대한 기대와 목표 자체가 혼란스러울 수도 있다(Ma & Yeh, 2005). 이때 상담사는 혼란스러운 부분에 대해 성숙한 자세로 목표에 접근하고 이를 달성하기 위해 도와주는 사회적 가치의 번역가, 중재자 그리고 평화주의자의 역할을 하게 된다. 어떤 인도 아버지의 경우, 여행에서 자신이 며느리를 선택하고 아들에게 제안했을 때 부정적인 반응을 보인 아들의 의견은 받아들였지만, 약학보다 사회과학자로 직업을 선택한 아들의 결심에는 절연하고 대학교 학비를 지불하지 않았다.

목표 설정 과정에서 고려해야 할 두 가지 주의점 중 하나는 직업 선택에 있어서 성별이 영향을 미친다는 Gottfredson(2002)의 이론이고 다른 하나는 Fouad와 Byars-Winston(2005)의 메타분석과 연관이 있다. Gottfredson의 이론은 제4장에서 연장하여 논의되었으며 커리어 상담사가 고유한 스스로의 한계에 도전을 위한 준비와 이에 무관심한 부분만 이번 장에서 논의할 것이다. Fouad와 Byars-Winston은 메타분석 연구에서 소수인종과 민족 집단 구성원이 백인과 같은 직업을 갖고 싶어 하는 경우에도 스스로 가지고 있는 장벽으로 인해 자신의 욕구를 인지하기 어렵다. 일반적인 커리어 상담사의 전형적인 질문은 "목표 설정에 있어서 당신의 인종과 민족의 누군가를 보호하기 위해 당신의 직업을 하향하여 선택하거나 직업에 한계를 정한 적이 있는가?" 일 것이다. 그리고 대답에 따라 목표는 설정된다. Gysbers와 그의 동료들(Gysbers, 2003, pp. 354-355)은 커리어 상담 목표는 다음과 같은 특성을 지녀야 함을 제안했다.

특정적이면서 유동적이어야 함

내용을 관찰할 수 있는 결과물이어야 함

성과물을 위한 시간이 포함되어야 함(내담자의 시간에 대한 개념을 적는 것과 비슷한)

현실적이고 성취 가능해야 함

글자로 쓸 수 있음

직업 선택과 같은 목표는 직업적인 전환 그리고 삶의 기본적 욕구를 재설정한 이후 개입법을 선택한다. 예를 들어 개입법은 균형 작성지(Janis & Mann, 1977)와 같은 결정 보조구의 사용과 연계되어 있다. Amundson과 Poehnell(1996)은 결정을 위한 결정 격자무늬라는 균형 작성지와 같은 기술을 사용했다. 다른 체계적인 접근은 FOCUS-2, 인터넷 기반 시스템 등의 개인이 직업을 찾기 위한 키워드, 가치, 흥미도, 혹은 직업코드를 사용하도록 하는 O*NET(미국 노동부, 2005), 컴퓨터 지원 직업 안내 시스템(CACGS)을 사용한다. O*NET 사용자는 개인의 능력 목록에 접근하여 직업을 찾을 수도 있다. 군대직업적성검사 B 직업 탐색 프로그램(미국 국방부, 2005)은 직업 확장 선택 시스템을 완성하거나 간단하게 정보의 자원을 이용할 수도 있다.

이미 언급된 것보다 더 많은 직업카드분류와 성취모형분석(Achievement Pattern Profiler, APP)(Amundson, 2003) 등의 개인적이고 직업적인 질적 탐색 단계가 가능하다. 위에서 언급된 앱(APP)은 O*NET(미국 노동부, 2005)으로 연결되어 기술과 흥미도의 명료화에 쓰인다. 행동 시연, 해당 직종 근무자 직업흥미도 상담을 위한 과제, 직업 웹사이트 방문, 인턴십 그리고 직업의 약점과 조건, 모델의 기술 혹은 정보를 제공하는 DVD와 콤팩트디스크 그리고 다른 많은 전략들이 내담자의 목표를 성취하기 위해 사용된다. 그림이나 시간 사용에 기반한 파이차트는 내담자가 그들의 삶을 이해하도록 도와준다. 유사한 방법으로 어떤 형상 속의 가시적인 이미지들은 내담자가 스스로 가지고 있는 자원을 이해하는 것을 도와주며 그들의 기대치와 움직이는 방향은 이와 같아야 한다.

7단계 : 개입법 사용에 대한 실행과 평가

실행이란 내담자가 설정된 목표달성을 위해 명료화 전략을 실천하는 것이다. 나는 각 상담 시작 단계 이전에 이러한 부분을 준비해야 한다고 제시한 Gysbers와 그의 동료들(2003)의 의견에 동의한다. Amundson(2003)은 실천 과정의 시작을 위해 커리어 상담가는 각각의 단계가 과정에서 활동적으로 연계될 필요성을 제시했다. 또한 포스트모더니즘인 Ivey와 그의 동료들(2009) 그리고 Savickas(2013)는 모든 종류의 상담은 합작품이며 이상적으로는 가족, 친구, 집단 구성원이 함께 하는 것이라고 말했다. 실행을 위한 주요한 열쇠는 내담자가 함께 정해진 목표에 접근할 수 있다는 확신을 가지는 것이다. 커리어 상담사는 내담자 스스로의 접근을 유도함과 동시에 평가 과정에서 보인 정보를 새로운 직업이나 삶에 적용하도록 하는 기술을 교육해야 한다. 과정의 성과에 대한 후속처리와 평가는 반드시 내담자의 만족과 상담의 질 모두에 초점을 두도록 한다.

8단계 : 지원

일반적으로 지원의 목표는 직업을 구하는 것에 한계가 있거나 사회적으로 소외되어 있는 사람들의 문제를 바로잡는 것이다(Fiedler, 2000). 개인이 행동을 취하거나 조직이 움직이는 것을 포함하는 지원의 형식은 다양하다. 장애인 학생들을 위한 전환 프로그램은 내담자 개인이 직접 지원받을 내용을 준비하는 형식이며 커리어 상담사가 직접 조직, 에이전시, 혹은 사업으로 지원하는 것으로 직업체험 혹은 인턴십 프로그램 참여를 위해 사업체를 설득하는 유형도 있다. 세 번째는 직업 상담 외적인 부분에서 일어나는 것으로 직장에서 소외계층이 일에 대한 연결 혹은 승진 등이 늦거나 이것이 문제가 되는 경우로 이때 법, 정책 등을 바꾸는 것을 목표로 커리어 상담사는 움직이게 된다. 남성들이 장악한 전문 분야에 여성과 소수자를 취업시키기 위하여 견습생 프로그램에 대한 변화를 시도하는 것은 이러한 세 번째 단계를 위한 지원의 예이다.

수없이 언급했듯이 커리어 상담에서 내담자들은 커리어 계획 실행에 방해가 되는 장애들을 명료화하고 이를 위한 전략을 구체화하도록 도움을 받는다. 커리어 개발 전문가들의 서비스를 제공받는 많은 내담자 집단은 그들의 권익을 지원받게 되고, 어떤 지지는 법과 도덕적 기준에 따르게 된다. 1997년에 개정된 장애인교육법(IDEA)은 소외되는 아이들을 위한 직업 계획은 개인과 교육 계획이 상호 협력하에 이루어져야 한다고 언급하고 있다. IDEA의 이러한 실행은 직업 평가와 단기 혹은 장기적인 직업 활동을 위한 프로그램 사업과 산업분야가 변화를 위해 협력해야 함을 강조한다. 재활 상담사는 고용자와 기타의 다양한 과정에서 내담자를 지지할 수 있는 윤리 강령을 숙지하도록 한다.

장애인 집단 이외에도 새로 정착한 이민자 중 언어로 인한 소통에 어려움을 가진 경우 혹은 이성애자가 아닌 다른 성적 지향성을 가진 사람들 그리고 경제적으로 취약하고 민족과 문화적으로 소수집단에 속하는 집단에 대한 지원은 좋은 결과를 가져올 수 있다.

이런 지원은 위험을 감수하기도 한다. 인터넷상에서는 수많은 정보들이 제공된다. 예를 들어 미국 장애인 법률의 경우 장애인의 고용을 격려하고 장애인을 위한 합리적인 거주지 제공을 고용주에게 요구한다. 직업조정 네트워크(The Job Accommodation Network, http://askjan.org/media/atoz.htm)는 40개 이상의 분류에 따라 나뉜 장애인을 위한 숙박에 대한 상세한 정보를 제공한다. 1999년에 제정된 고용티켓 및 노동장려증진법(www.yourtickettowork.com/program_info)은 장애인의 일할 수 있는 기회를 향상시키기 위하여 이들을 돕는 것에 프로그램의 목표로 두고 있다. 또 다른 정보로는 고용에 있어서 나이 차별을 금지하는 것으로 1967년의 고용자 나이차별에 대한 법률(www.eeoc.gov/facts/age.html)이 있다. 이러한 웹사이트의 다양한 법률 정보 제공은 내담자의 상황에 따라 제공될 수 있으며 커리어 상담사는 지원 과정을 내담자 자원 개발의 정보로서 활용할 수 있다.

사례 E

우연과 단순한 가치 기반 다문화 직업 상담

아래의 사례는 Krumboltz의 우연성 연결 이론(Theory of Happenstance)으로 제5장에서 제시되었다. 그러나 만약 저자가 문화적 가치가 주는 영향과 문화적인 소외자라는 개념에 민감하게 대응했다면 결코 일어나지 않았을 사례다. E는 자신에 대해 알게 된 두 가지 내용을 완벽히 받아들이지 않았다.

E는 내가 감독했던, E의 부족을 위해 준비된 문화와 커리어 알아차리기 프로그램의 한 맥락인 중학생들의 아트워크 향상 봉사자로 참여했던 42세의 미국 원주민 화가다. 그는 대부분이 백인인 고등학교를 나와서 미국 줄리어드와 파리 루브르에서 공부하고 최근에 졸업했다. 미국 북쪽의 작은 도시에서 인종차별은 흔히 일어나는 일이었고 1960년대 후반까지 공공수도 시설에 백인만 혹은 인디언만 사용하는 것으로 표시를 하는 것은 문제가 되지 않았다. E를 포함한 부족의 거의 모든 성인은 인종차별 경험을 이야기했다.

공부를 마친 후 E는 자신만의 회사를 세우고 다작의 화가가 되었으며 주요 도시에서 그의 그림이 전시되었다. 그의 그림은 5천 달러 혹은 그 이상의 가격으로 판매가 되었지만 왕성한 예술 활동은 그때뿐이었으며 지금은 1년에 한 개 혹은 두 개 정도로 자신과 친구들의 술을 사기 위해 돈이 필요할 때 그림을 그린다. 오랜 세월 그는 그의 뿌리를 떠나 각기 다른 도시의 지방 예술가로 전전했다. 그때마다 명확히 설명할 수 없는 어떤 이유 때문에 부족에게 돌아오곤 했다. 공동체에서 운용되는 부족의 정착을 위한 수입은 E가 먹고 집을 구하기에 충분한 돈이었지만 그의 과도한 알코올 섭취 습관과 친구들의 요청은 그가 그림을 그리도록 했다. 어떤 이유로 그가 친구들의 술값을 지원하는지를 물어보면, 그는 짧게 대답했다. "해야 할 일을 할 뿐이다." 그의 예술 동호회 여행은 더 많이 그를 성장하도록 해주었지만, 다른 곳으로 떠나고자 하는 마음을 약화시켰다.

E는 고등학교 때 인종차별을 경험했고, 차별로부터 자유로워지기 위해 부족을 떠나서 예술 동호회를 찾았다. 그러나 친구들, 가족 그리고 평화는 그를 농촌 환경으로 돌아오게 만들었다. 정착해서 사는 것은 그의 창조성을 억눌렀다. 왜냐하면 그가 그림에 집중하고 있으면 친구들이 함께 술을 마시려고 찾아왔기 때문이다(집합문화의 가치). 또한 친구들의 노동관을 따르는 것도 압박이었다. 한 번은 그가 몇 개의 그림을 팔아서 새 트럭을 샀다. 이것은 결과적으로 그가 백인을 닮아간다는 질투를 불러일으켰다. 그는 덫에 빠진 기분이었다. 정착 생활뿐만 아니라 그의 창의성을 파괴시키는 부족 내 역할은 그를 알코올 중독에 이르게 했다. 나는 그와 닮은 '통 속의 게' 이야기를 들려주었다. 한 마리의 게가 감금에서 벗어나고 싶었지만 친구들이 당겨서 제자리로 돌아오곤 했고 모두 함께 도망갈 수 있는 때를 기다릴 것을 요구받았다. 나는 E의 문제는 스스로의 예술적 가치에 대해 만족하지 못하는 것이라고 믿었다. 만약 그가 자신의 그림에 더 만족한다면 자신에게 만족할지를 물었고, 그는 확연히 고개를 끄덕였다. 그리고 나는 그가 미국의 젊은 원주민 예술가와 함께 시간을 보낼 것을 제안했다(이것은 부족이 허락하는 활동이다). 그는 동의했다. 나는 학교 교장을 찾아가 만약 E가 학교에서 자원봉사자로 지내면서 그의 예술적 능력을 활용한다면 학생들과 E 모두에게 좋은 일이 될 것이라고 제안했다. 교장은 E의 음주습관과 지속적으로 머물 수 있는지를 생각해 보라고 했다. 이와 함께 부족의 리더에게 학교의 사회적인 역할에 대해 설명하고 E가 학생들에게 가치 있는 자산임을 얘기했다. E는 음주 시에는 학교에 오지 않는 것에 동의했고 스튜디오 같은 화랑이 제공되었다.

소수자 집단에 따른 다양한 특성

소수자 집단에 소속된 내담자를 위한 커리어 상담 제공이 아주 중요한 것임은 의심할 여지가 없다. 노동통계국의 최근자료에 의하면(Bureau of Labor Statistics, 2012, 2013) 노동자 총수의 1/3은 소수자이며 히스패닉계(14.9%), 아프리카계 미국인(11.1%), 아시아계 미국인(4.7%) 그리고 아메리카 원주민과 알래스카인(1%) 비율로 구성되어 있다. 이는 고용되지 않은 4천만 명 이상의 소수자들을 대변하고 있다. 비고용자의 총비율은 7.3%이지만 하위집단의 비고용자 비율은 다음과 같다. 백인(6.4%), 흑인(13.0 %), 히스패닉(9.3%), 그리고 아시아인(5.1%)이다. 젊은 노동자와 아메리카 원주민들의 비고용 비율은 대개 다른 비율에 비해 높고, 이 집단에 대해 커리어 상담서비스를 제공하는 상담사들은 많은 도전에 직면하게 된다.

많은 시사점을 제시하고 있는 이번 장에서는 교차 문화에 대한 직업 상담이 연관되어 있다. 따라서 몇몇 하위집단의 소수자들에게 영향이 있는 이슈들이 논의될 것이다. 이미 언급되었지만 개인의 고유한 선입견에 대해 훈련과정에서 이를 염두에 두고 발전시켜야 할 것이다. 소수자 집단에게 커리어 개발 서비스를 제공할 때 생기는 이슈를 논의하기 위해서는 Leong의 소수인종에 대한 제한 없는 직업 개발과 직업 개입(1995)이 도움이 될 것이다. Fouad와 Kantamneni(2013) 또한 소수자 집단에게 도움이 될 부분을 언급하고 있다. 더불어 주요 인종집단의 가장 핵심이 되는 부분을 살펴보자.

아프리카계 미국인

최근까지도 아프리카계 미국인들은 미국에서 가장 큰 소수자 집단이고 비록 이들 중 몇몇은 얼마 전에 미국으로 이민을 오기도 했지만, 대부분은 남부에서 노예로 지낸 역사적 배경을 지니고 있다.

역사적으로 아프리카계 미국인은 차별과 제한적인 교육 기회 때문에 고용에 있어서 불이익을 경험했다. 결과적으로 낮은 수입과 높은 비고용 비율, 그리고 경제적인 불확실성으로 인한 가족 불안정성이 높다. 최근에 교육 부분에서는 유럽계 미국인과 비교 시 아프리카계 미국인의 고등학교 졸업 비율에서(93.5% 대 87.8 %) 일정 부분 눈에 띄는 발전을 보여준다(Cataldi, Laird, & KewalRamani, 2009). Cataldi와 그의 동료는 18~24세에 중점을 두고 연구를 진행하였으며, 예상한 대로 17~19세의 일반 고등학교 졸업연령과 비교해서 이들의 졸업연령 비율이 높은 것으로 나타났다.

히스패닉계 미국인

Casas와 Arbona(1992) 그리고 Arbona(1995)는 히스패닉계에 적대적인 직업 연계 이슈를 상세히 설명했다. 대부분의 이슈는 최근 이민자에 초점을 둔 것으로 영어 능력에 한계가 있고, 교육 배경이 좋지 않으며, 문화충격과 소외감, 그리고 새로운 문화적응에 관한 것이다. 특히 히스패닉계 미국인의 중퇴율(17.3%)이 다른 소수자 집단에 비해 지극히 높다는 것에 주목해야 한다.

1995년, Arbona는 아프리카의 히스패닉계가 피부색 때문에 엄청만 차별을 경험했다고 밝혔다.

히스패닉은 다양한 인종으로 형성되었고, 유럽, 아프리카, 혹은 아시아 조상의 자손일 수도 있으며 다양한 지리적 배경을 가지고 있다(Casas & Arbona, 1992). 거대한 하위집단을 이룬 이들은 멕시코, 푸에르토리코, 중앙 및 남아메리카, 그리고 쿠바인이 포함된 집단이다. 넓고 다양한 존재의 히스패닉 하위집단들은 인구통계적, 사회정치적, 사회경제적, 그리고 사회심리적으로 등급이 매겨질 수 있다. 비록 나라별로 분산되어 있지만, 어떤 집단은 일정 지역에 집중되어 있기도 하다. 예를 들어 멕시코계 미국인은 남서부에 다수가 있고, 많은 쿠바계 미국인은 플로리다 남부에 있으며, 푸에르토리코계 미국인은 뉴욕에서 쉽게 볼 수 있다. 미국 중부에 기반을 둔 많은 이들은 뉴욕시와 LA 그리고 샌프란시스코에서 찾을 수 있다. 대부분의 도시에 많은 집단의 히스패닉계 미국인들이 있지만, 히스패닉계 내담자들은 아이오아와 같은 지방에서 찾을 수 있다. 집단 내의 다양성과 영어와 시설에 한계를 가진 많은 수의 최근 이민자들로 인해 커리어 상담사들은 어려움에 직면해 있다.

아시아계 미국인

아시아계 미국 고등학생들의 졸업률은 백인계 미국인의 비율과 거의 유사하다(93.1% 대 93.5%; Cataldi et al., 2009). 아시아계 미국인 그리고 커리어 개발에 대해 연구한 Fukuyama(1992)는 개인, 아메리카 원주민, 파키스탄, 타이, 중국인, 일본인, 필리핀인, 베트남인, 라오스인, 캄보디아인, 몽골인, 하와이인, 사오어인, 괌인, 한국인, 그리고 기타 등등 넓은 의미의 소수자 집단에 포함된다고 제시했다. 명백하게 문화적 다양성 내에 다양한 국적의 하위집단이 있다.

앞서 언급했듯이 아시아계 미국인은 유럽계 미국인과 비교하여 아주 다른 문화적 가치를 가지고 있다. 다양한 집단의 구성원이 각기 다른 경우도 있지만, 시간관념에 있어서 다른 종족에 비해 과거와 미래를 중요시한다. 어떤 구성원(예 : 중국계 미국인)은 개인의 생각보다 집단이 원하는 것을 우선시하는 혈연 중심 가치를 가지고 있다. 다른 사례로 아시아계 미국인은 직계 중심적이고 연장자 혹은 부모가 그들의 직업을 결정하는 것을 받아들인다. Mau(2004)는 다양한 민족과 인종적 배경을 가진 고등학교와 대학교 학생들이 커리어 결정에 어려움을 보여주는 두 가지 사례를 연구했다. 아시아계 미국인 대학생은 히스패닉 혹은 백인 학생들에 비해 결정을 내리는 것에 더 많은 어려움을 겪는다. 비슷하게 아시아계 미국 고등학생들은 아프리카계 미국인, 백인, 히스패닉계 학생들에 비하여 결정을 내리는 과정에서 많은 종속변수가 작용하고 결정에 더 많은 어려움을 겪는 것으로 나타났다. Mau는 사회적 관계에 있어서 개개인의 다름(개인주의 대 집합주의)과 집단의 가치에 기인하여 다르게 나타나는 것으로 보았다. 또한 히스패닉계는 아시아계 미국인 학생에 비하여 문화적응이 더 많이 이루어졌을 것이라고 가정했고, 이 부분은 백인과 아프리카계 미국인 학생들과 비슷한 부분으로 설명이 가능하다. Ma와 Yeh(2005)의 또 다른 연구에서 미국에서 태어난 중국계 미국인 청소년은 세대 간의 대립을 더 많이 경험하고, 이것은 직업 결정 과정에서 더욱 증가한다는 것을 발견했다. 연구자가 제시하지 않았지만, 이러한 현상은 문화적응의 결과이며 독립적인 결정 유형에 적용한 결과이다. 더불어 학생 중 그들의 부모와 가깝게 지낸 이들이 더 좋은 직업을 가지는 것으로 나타났다. 각각의 연구에서 보이는 발견들은 이미 언급한 다문화적 가치 상담모델을 완벽히 지지하는 것이다.

아메리카 원주민

현재 미국에는 450개 이상의 아메리카 미국인(인디언) 부족이 있다(Casas & Arbona, 1992). 놀랄 것도 없이 개인은 부족의 가치, 전통, 기대를 존중하며 사회화된다. 미국 원주민들의 시간에 대한 개념은 시계와 달력보다 자연적인 현상을 따르며 부족 내 사회적 가치에 따라 어떤 부분에서는 그들만의 특별한 소통법이 있다. 그러나 몇몇 부족은 유럽계 미국인들과 비슷한 가치를 가지고 있고 (Carter, 1991) 그들은 아마도 부족 중심의 집단주의적 가치에 동의하는 부족에 비해 개인(예 : 이들은 개개인의 집단에 반대되는 결정을 지향하는 것을 받아들인다)에 대해 다른 기대를 가지고 있을 수도 있다. 아메리카 원주민의 가치구조에 대해서는 많은 가정을 할 수 있으므로 직업 개발 전문가는 그들의 가치를 명확하게 평가할 수 있도록 해야 한다.

가난, 차별의 역사적인 패턴, 지리적인 소외, 부족한 직업 정보, 그리고 지리적 변화로 인한 가족과 부족과의 이별은 아메리카 원주민들을 위한 일자리 제공에 있어서 주요한 장애물이다. 이들은 자연적인 사건에 집중하는 것을 시스템적으로 시간을 바라보는 것에 반대되는 것처럼 생각할 수도 있다. 더 중요한 부분은 일을 하기 위한 능력과 시간 개념에 대한 부분이다. 치료자 혹은 부족 연장자들은 부족 관습에 따라 예측하기 어려운 종교적 휴일과 행사일정을 만들고, 이는 회사의 규정된 시간과 날짜를 관리하기 힘든 부분으로 근무일정에 심각한 방해가 된다.

겨우 69%의 아메리카 원주민 학생들(National Indian Education Association, 2013)이 2010년에 졸업을 했다. 미국 원주민교육협회는 정기적으로 아메리카 원주민과 알래스카 원주민들을 위한 교육의 기회가 향상되어야 함을 강조하고 있다.

종교 살펴보기

무슬림은 미디어상에서 테러와 연관되어 많은 부정적인 모습으로 보인다. 그러나 약 300만 명의 미국에 거주하는 무슬림을 포함하여 전 세계 16억 명의 무슬림은 직업과 가정이 있고 종교행사에 참여하며 휴식을 위한 활동을 즐기며 평범하게 살고 있다. 유대교(540만 명), 여호와의 증인(250만 명 이상), 모르몬교(610만 명) 그리고 많은 다른 종교적 소수자들이 미국에 있다. 각각의 집단에 대해 커리어 상담을 하는 것은 복잡한 과정이며 이 책에서 논의하고자 하는 바를 넘어선다. 제7장에서 제시된 남성과 여성에 대한 성경과 코란의 고려사항, 특히 여성은 남성을 섬겨야 한다는 부분에서 역사적으로 직업에 있어서 여성이 불리한 위치에 있었음을 보여준다. 커리어 상담사는 종교적 신념에서 일반적으로 보여주는 직업에 대한 태도와 남성과 여성의 직업 선택에 대한 부분에 익숙해야 한다. 예를 들어 무직의 무슬림 남자는 일반적인 다른 남성과 비교하여 직업을 찾아야 하는 것에 압력을 받을 것이다. 왜냐하면 코란에서 남성은 가장으로서의 의무를 져야 하기 때문이다. 이런 부분에서 나는 내담자가 스스로 직업을 찾는다는 맥락하에 가치가 직업 선택 과정에서 중요하다는 것에 스트레스를 받는다. 대다수의 무슬림에게 종교는 가족, 직업, 그리고 일상생활을 생각할 때 중심이 되지만 많은 다른 종교집단의 참여자에 비교하면 상대적으로 중요하지 않다. 독실한 종교를 가진 내담자를 이해하는 것은 직업 개발 가능성의 기본적인 요소이다.

문화적 가치에 기반한 커리어 집단 상담 지원 방법

커리어 상담은 종종 집단에게 새로운 고려 시항을 소개히는 형식으로 제공된다. 다양한 문화 가치에 기반한 커리어 상담을 집단 대상으로 활용하기 위해서는 내담자의 문화적 가치에 적합하며, 이들이 선호하는 소통 유형이 집단 역동에 영향을 줄 수 있음을 고려해야 한다. 집단상담전문가협회(The Association for Specialists in Group Work, 2012)는 집단을 대상으로 상담하는 이를 위한 인종과 민족 소수자, 게이, 레즈비언, 양성애자, 장애인 그리고 그 외의 대상자를 위한 집단 상담과 연계된 리더들을 위한 안내서인 **집단 상담사를 위한 다문화와 사회적 정의 강화**(Multicultural and Social Justice Competence Principles for Group Workers)를 개발했다. 집단의 리더는 아래에 제시되는 일반적인 지침을 숙지하여야 한다.

1. 다른 이들이 자신과 다르다는 고유한 자신의 생각을 포함하여 자각의 단계 향상
2. 함께 일하는 집단에 대한 맥락적인 지식 보유
3. 집단 상담 기술, 이론, 그리고 집단의 역동과 내담자 집단과 다른 성향과 세계관의 상호작용 이해
4. 세계관, 종교, 관습 등의 다름을 존중
5. 평가도구가 가지고 있는 선입견의 영향과 자료에 대한 이해
6. 문화적으로 적합한 소통방법의 사용, 선호하는 언어 존중, 집단 구성원이 선호하는 언어 지원
7. 억압, 차별, 그리고 선입견이 집단 구성원에게 얼마나 영향을 주는지 알아차림
8. 상담자의 커리어 상담 접근방법에 대해 집단 구성원에게 교육
9. 집단 내의 선입견, 섣부른 판단, 그리고 보수적인 태도 제거
10. 집단의 원주민 상담가 그리고 종교적 영적 리더와 함께 컨설팅하기

집단 구성원 심사과정은 집단 리더십 과정의 첫걸음이다(Jacobs, Masson, & Harvill, 2002). 잠재적인 집단 구성원들의 문화 가치를 측정하는 것은 심사과정의 한 부분이며 사회적 그리고 자기 조절 가치는 일정 부분에서 중요하다. 예를 들어 사회적 가치는 집단 리더와 다른 집단 구성원이 상호작용할 때 이들의 태도에 영향을 미친다. 방계중심 계급사회 가치를 가진 구성원은 관계에 있

어서 리더와 차별되는 모습으로 보일 수도 있지만, 독립적인 사회적 가치를 지닌 구성원은 리더와 동등한 관계를 가질 것이다. 결정 방법은 집단 구성원의 사회적 가치의 연장선에 좌우될 것이고 이 선호도는 심사과정에서 명확히 짚고 넘어가야 한다. 다시 말하면, 개인적 조절 가치를 가진 구성원은 개인적인 부분을 많이 공유해야 하는 집단에 속하지 않도록 한다.

심사과정 또한 집단 구성원이 다른 집단 구성원과의 긍정적인 상호작용에 방해가 되는 편견이 있는지를 판단할 수 있는 시간이다. 다음 질문들은 편견, 선입견 그리고 고정관념들을 찾아내기 위해 사용된다.

1. 당신과 다른 성적 취향을 가진 구성원에 대해 편안함을 느끼는가?
2. 다른 인종들과 함께 집단이 되는 것에 대해 어떻게 생각하는가? 민족적 배경 혹은 종교에 대해 다른 시각을 가진 사람들에 대해 어떻게 생각하는가?
3. 장애인과의 경험은 무엇이 있는가? 장애인 집단에 속하는 사람과 교류하는 것이 편안한가?
4. 당신이 어떤 집단에 참여하기 위해 반드시 제외해야 할 사람이 있는가?

집단의 내용은 집단 내 개인의 커리어 개발 수준과 필요성에 달려 있다. 하지만 ASGW(2012)는 집단 리더의 경우 교육자로서의 역할과 함께 문화적 해석자로서 집단 내 구성원의 상황을 서로 이해하도록 도와주어야 한다고 강조했다. 더불어 집단 내에서 일어나는 문제를 풀어나가면서 갈등을 감소시키기 위해 집단 내 다른 이들의 다름을 존중하지 못하는 사람을 집단에서 떠나보내는 것을 포함하여 강제적인 개입도 준비해야 한다.

자신만의 이론 개발하기

앞서 이 책에서는 직업의 선택과 커리어 개발 이론들을 다양하게 제시했다(제3~6장 참조). 각각의 이론에서 제시하는 단순한 치료가 직업 상담의 기본을 다지기에 명확하지 않기 때문이다. 그럼에도 불구하고 많은 이론가들은 그들의 이론을 사례 기록에 적용하도록 요구한다. 대개 어렵지 않게 적용이 가능하다(예 : Brown & Associates, 1996). 하지만 Srebalus, Maranelli, 그리고 Messing(1982)이 지적했듯이 이론 속의 예제들은 대부분 그들의 이론을 개발하고 이를 훈련시키기 위한 조건을 고려한 것이다. 또한 직업의 선택과 커리어 개발 이론이 일반 상담 이론, 성격 이론, 그리고 행동 변화 이론 등과 함께 혼합되어야 할 필요가 있다고 제안하고 있다.

대부분의 커리어 상담사들은 자신들만의 커리어 상담에 접근법을 개발해 왔다. Srebalus와 그의 동료들(1982)이 제안한 다음의 요소들은 훈련자가 커리어 상담 접근에 있어 개발해야 할 부분으로 초기 인터뷰, 내담자의 기록, 내담자의 문제와 목표 언급, 내담자 상담방법 구조화, 상담 관계 구조화, 문제가 어떻게 진단되었는가에 대한 간략한 보고, 변화를 가져오기 위한 상담 전략 개발, 그리고 상담 결과에 대한 평가이다.

대부분 상담사들의 이론적 기초는 두 가지 자원에 기반한다. 먼저 인간 기능에 대한 형식적인 이론과 비형식적인 이론(Strohmer & Newman, 1983)이다. 다양하긴 하지만 대부분의 훈련자들은 사람이 어떻게 성장하고 변화하는지에 대한 신념을 가지고 상담 프로그램에 참여한다. 이러한 훈련 프로그램은 인간 발달, 성격 형성, 학습, 상담과 치료를 통한 변화, 그리고 직업 변경과 커리어 개발을 설명하기 위해 많은 이론들을 포함한다. 잘 구조화된 훈련 프로그램에서 학생들은 그들만의 상담 모델을 만들기 위해 형식적인 이론들과 함께 그들의 개인적인 신념 시스템을 개발하고 통합하기 위한 지원을 받는다. 학생들은 상담에서 개인적인 발전을 위한 그들 스스로의 도구를 자주 남겨야 한다. 미래의 커리어 상담사로서 다음의 질문에 답을 하며 스스로 상담 모델을 만들어 갈 수 있을 것이다.

1. 인간 본성에 대한 자신의 믿음은 무엇인가? 사람들의 성장과 변화를 만들어내는 힘은 무엇인가? 그 과정을 느리게 만드는 것은 무엇인가?

2. 이전의 인간 발달 이론들을 고려할 때 정상적인 발달은 어떻게 일어나는가? 이상행동은 어떻게 바뀔 수 있는가? 정상적인 사람을 이상적으로 만드는 환경은 무엇인가?

3. 흥미와 일에 대한 가치는 어떻게 발전되는가? 바뀌는 이유는 무엇인가? 어떻게 그것을 측정할 수 있는가?

4. 이상행동을 보여주는 것은 무엇인가? 바뀌는 이유는 무엇인가? 어떻게 그것을 측정할 수 있는가?

5. 일할 때의 역할과 다른 삶에서의 역할은 어떻게 상호작용하는가? 이 요소들은 어떻게 연결되어 있는가? 삶의 역할과 충돌이 일어난다면 무슨 일이 생기는가? 어떻게 일적인 역할과 다른 역할을 화합시킬 수 있는가?

6. 내담자와 관계형성은 어떻게 하는가?

7. 상담에서 검사와 측정 결과의 정보를 어떻게 사용하는가?

8. 직업 만족도 측정은 어떻게 하는가? 어떻게 그 과정을 가능하게 할 수 있는가?

9. 동기가 없는 내담자를 어떻게 동기화하는가?

10. 다른 문화권 내담자와 커리어 상담을 하는 경우 잠재적인 문제들은 무엇인가? 만약 문제가 생긴다면 어떻게 피하거나 처리할 수 있는가?

11. 개인의 실적을 어떻게 평가할 수 있는가?

요약

제3장부터 제6장까지는 주로 커리어 선택 및 커리어 개발과 관련한 이론을 중심으로 커리어 상담

을 논의했다. 이는 두 가지 목적이 있다. (1) 우리가 커리어 상담 개발에서 실제 적용하고 있는 이론들을 보여주는 것, (2) 임상가들이 상담에 활용하거나 자신의 이론을 만들기 위해 기초가 되는 여러 가지 모델의 제시를 위한 것이 그 목적이다. 이 모든 제안의 주요한 내용은 문화적 민감성을 활용하기 위한 자기 개발이다. 이미 보여준 바와 같이 다문화 커리어 상담에 대한 아이디어는 커리어 선택과 개발 이론만큼 다양하다. 본문에서 가치 기반 접근이 제시된 것은 문화적 가치는 문제해결, 관계 맺기, 의사소통에서 강력한 영향을 미치는 개념이기 때문이다. 내담자의 본능적인 가치를 민감하게 알아차릴 수 있는 커리어 상담사는 문화적으로 둔감해서 일으키는 터무니없는 실수가 적을 것이다.

이 장의 퀴즈

T F **1.** 지원은 대부분의 커리어 상담 모델의 한 단계이다. .

T F **2.** 대부분의 유럽계 백인은 과거-미래 지향적이다.

T F **3.** 소수자 집단에 속하는 커리어 상담사들이 지배 문화에 속하는 백인들의 문화 가치를 배울 필요는 없다. 왜냐하면 스스로의 상호작용에서 그들의 가치 구조를 만들었기 때문이다.

T F **4.** 교차 문화 커리어 상담은 가치를 명료하게 하는 출발점이다.

T F **5.** 눈 맞춤은 유럽 문화에서 중요하지만 어떤 아시아계 미국인들에게는 공격적으로 보일 수도 있다.

T F **6.** 문화적응은 개개인이 그들 문화 집단의 가치를 획득하는 과정이다.

T F **7.** 커리어 상담에서 삶의 가치 평가도구의 단점은 모든 문화 가치를 측정하지 않는다는 점이다.

T F **8.** 재활 상담사를 위한 윤리 규정은 지원이 필요한 부분에 대해 무조건적인 지원이 이루어지도록 명시하고 있다.

T F **9.** 방계중심 사회적 가치를 가진 개인은 그들의 사회적 가치보다 집단이 원하는 것을 따른다.

T F **10.** 세계관 그리고 가치 체계는 같은 의미이다.

(1) F (2) F (3) F (4) F (5) T (6) T (7) T (8) T (9) T (10) F

참고문헌

Amundson, N. E. (2003). *Active engagement: Enhancing the career counseling process*. Richmond, BC: Ergon Communications.

Amundson, N. E., & Poehnell, G. (1996). *Career pathways* (2nd ed.). Richmond, BC: Ergon Communications.

Arbona, C. (1995). Theory and research on racial and ethnic minorities: Hispanic Americans. In F. T. L. Leong (Ed.), *Career development and vocational behavior of ethnic and racial minorities* (pp. 37–66). Mahwah, NJ: Erlbaum.

Association for Specialists in Group Work. (2012). Multicultural and social justice competence principles for group workers. Retrieved from http://www.asgw.org/pdf/ASGW_MC_SJ_Priniciples_Final_ASGW.pdf

Basso, K. H. (1979). *Portrait of the white man: Linguistic play and cultural symbols among the western Apache*. New York, NY: Cambridge University Press.

Basso, K. H. (1990). To give up words: Silence in western Apache culture. In D. Carbaugh (Ed.), *Cultural communication and intercultural contact* (pp. 303–327). Hillsdale, NJ: Erlbaum.

Bingham, R. P., & Ward, C. M. (2001). Career counseling with African American males and females. In W. B. Walsh, R. P. Bingham, M. T. Brown, & C. M. Ward (Eds.), *Career counseling for African Americans* (pp. 49–76). Mahwah, NJ: Erlbaum.

Blustein, D. L., McWhirter, E. H., & Perry, J. C. (2005). An emancipatory communitarian approach to vocational development theory, research, and practice. *Counseling Psychologist, 33,* 141–179.

Borgen, W. A., & Amundson, N. E. (1987). The dynamics of unemployment. *Journal of Counseling and Development, 66,* 180–184.

Brown, D. (2002). The role of work values and cultural values in occupational choice, satisfaction, and success. In D. Brown & Associates, *Career choice and development* (4th ed., pp. 465–509). San Francisco, CA: Jossey-Bass.

Brown, D., & Brooks, L. (1991). *Career counseling techniques*. Boston, MA: Allyn & Bacon.

Brown, D., & Associates. (1996). *Career choice and development* (2nd ed.). San Francisco, CA: Jossey-Bass.

Bureau of Labor Statistics. (2013). The employment situation—August 2013. Retrieved from http://www.bls.gov/news.release/pdf/empsit.pdf

Bureau of Labor Statistics. (2012). Racial and ethnic characteristics of the labor force, 2011. Retrieved from http://www.bls.gov/opub/mlr/2012/01/art3full.pdf

Carter, R. T. (1991). Cultural values: A review of empirical research and implications for counseling. *Journal of Counseling and Development, 70,* 164–173.

Casas, J. M., & Arbona, C. (1992). Hispanic career related issues and research: A diverse perspective. In D. Brown & C. W. Minor (Eds.), *Report of second Gallup survey: Focus on minorities*. Alexandria, VA: National Career Development Association.

Cataldi, E. F., Laird, J., & KewalRamani, A. (2009). *High school dropout and completion rates in the United States: 2007*. Washington, DC: National Center for Education Statistics.

Coon, H. M., & Kimmelmeier, M. (2001). Cultural orientations in the United States: (Re)examining differences among ethnic groups. *Journal of Cross-cultural Psychology, 32(3),* 348–364

Crace, R. K., & Brown, D. (2004). *Life values inventory*. Williamsburg, VA: Applied Psychology Resources.

Dawis, R. V. (2002). Person-environment correspondence theory. In D. Brown & Associates, *Career choice and development* (4th ed., pp. 427–464). San Francisco, CA: Jossey-Bass.

Egan, G. (1994). *The skilled helper* (5th ed.). Pacific Grove, CA: Brooks/Cole.

Fiedler, C. R. (2000). *Making a difference: Advocacy competencies for special educational professionals*. Boston, MA: Allyn & Bacon.

Fouad, N. A., & Byars-Winston, A. M. (2005). Cultural context of career choice. Metaanalysis of race/ethnicity differences. *Career Development Quarterly, 53,* 223–233.

Fouad, N. A., & Kantamneni, N. (2013). The role of race and ethnicity in career choice and adjustment. In. S. D. Brown & R. W. Lent (Eds.), *Career development and counseling* (2nd ed., pp. 215–243). New York, NY: John Wiley & Sons.

Fukuyama, M. A. (1992). Asian–Pacific Islanders and career development. In D. Brown & C. W. Minor (Eds.), *Report of second Gallup survey: Focus on minorities.*(pp. 27–50). Alexandria, VA: National Career Development Association.

Garrett, M. T., & Pichette. E. F. (2000). Red as an apple: Native American acculturation and counseling without reservation. *Journal of Counseling and Development, 78,* 3–13.

Gelatt, H. B., & Gelatt, C. (2003). *Creative decision making* (Rev.). Boston, MA: Thomson.

Gottfredson, L. S. (2002). Gottfredson's theory of circumscription, compromise and self-creation. In D. Brown & Associates, *Career choice and development* (4th ed., pp. 85–148). San Francisco, CA: Jossey-Bass.

Gysbers, N. C., Heppner, M. J., & Johnston, J. A. (2003). *Career counseling: Process, issues, and techniques* (2nd ed.). Boston, MA: Allyn & Bacon.

Ho, D. F. (1995). Internal culture, culturocentrism, and transcendence. *Counseling Psychologist, 23,* 4–24.

Holland, J. L. (1997). *Making vocational choices* (3rd ed.). Englewood Cliffs, NJ: Prentice-Hall.

Ivey, A. E., D'Andrea, M., Ivey, M. B., & Simek-Morgan, L. (2009). *Theories of counseling and psychotherapy: A multicultural perspective* (7th ed.). Pacific Grove, CA: Brooks/Cole.

Jacobs, E. E., Masson, R. L., & Harvill, R. L. (2002). *Group counseling strategies and skills* (4th ed.). Pacific Grove, CA: Brooks/Cole.

Janis, I. L., & Mann, L. (1977). *Decision making: A psychological analysis of conflict, choice, and commitment.* New York, NY: Free Press.

Kim, M., Shin, H., & Cai, D. (1998). Cultural influence in preferred forms of requesting and rerequesting. *Communications Monograph, 65,* 47–82.

Kluckhorn, F. R., & Strodtbeck, F. L. (1961). *Values in values orientations.* Evanston, IL: Row Paterson.

Krumboltz, J. D., & Levin, A. S. (2010). *Luck is no accident: Making the most of happenstance in your life and career.* (2nd ed.). Atascadero, CA: Impact Publishers.

Leong, F. T. L. (Ed.). (1995). *Career development and vocational behavior of ethnic minorities.* Mahwah, NJ: Erlbaum.

Ma, P. W. W., & Yeh, C. J. (2005). Factors influencing the career decision status of Chinese American youth. *Career Development Quarterly, 53,* 337–347.

Mau, W. C. L. (2004). Cultural dimensions of decision-making difficulty. *Career Development Quarterly, 53,* 67–77.

National Career Development Association. (1997). *Career counseling competencies.* Tulsa, OK: Author.

National Indian Education Association. (2013). Policy agenda for 2013. Retrieved at http://www.niea.org/news/?id=149

Park, Y. S., & Kim B. S. (2008). Asian and European American cultural values and communication styles among Asian American and European American college students. *Cultural Diversity and Ethnic Minority Psychology, 14*(1), 47–56.

Prilleltensky, I. (1997). Values, assumptions, and practices: Assessing the moral implications of psychological discourse and practice. *American Psychologist, 52,* 517–535.

Rokeach, M. (1973). *The nature of human values.* New York, NY: Free Press.

Savickas, M. L. (2013). Career construction theory and practice. In S. D. Brown & R. W. Lent (Eds.), *Career development in counseling: Putting theory and research to work* (pp. 147–186). New York, NY: John Wiley & Sons.

Srebalus, D. J., & Brown, D. (2001). *A guide to the helping professions.* Boston, MA: Allyn & Bacon.

Srebalus, D. J., Maranelli, R. P., & Messing, J. K. (1982). *Career development: Concepts and practices.* Pacific Grove, CA: Brooks/Cole.

Strohmer, D. C., & Newman, J. L. (1983). Counselor hypothesis testing strategies. *Journal of Counseling Psychology, 30,* 557–565.

Sue, D. W., & Sue, D. (2009). *Counseling the culturally different* (6th ed.). New York, NY: Wiley.

Super, D. E., & Nevill, D. D. (1986). *The Salience Inventory.* Palo Alto, CA: Consulting Psychologist Press.

Super, D. E., & Nevill, D. D. (1996) Career assessment and the values scale. *Journal of Career Assessment, 4,* 383–397.

Thomason, T. C. (1995). *Introduction to counseling American Indians.* Flagstaff, AZ: American Indian Rehabilitation and Training Center.

U.S. Department of Defense. (2005). ASVAB career exploration program. Retrieved from http://www.asvabprogram.com

U.S. Department of Labor. (2005). O*NET Online. Retrieved from http://online.onetcenter.org

Westwood, M., Amundson, N. E., & Borgen, W. A. (1994). *Starting points: Finding your route to employment.* Ottawa, Canada: Human Resources Development.

제 9 장

관심 집단 내담자를 위한 커리어 상담:
장애인, 경제 취약자, 군전역자, 고령 노동자

 **기억해야 할 것들**

- 앞서 논의된 커리어 상담 접근법과 관심 집단에 대한 활용 방법
- 특별한 관심이 필요한 집단을 위한 커리어 상담과정

- 에서 고려해야 할 이슈
- 관심 집단별로 논의되는 커리어 상담과 커리어 개발 프로그램을 위한 전략

7~8장에서는 여성, 성전환자(성소수자), 그리고 문화와 인종 소수자들에 대한 커리어 상담을 중심으로 다루었다. 현 시점에서 독자들은 커리어 개발을 돕기 위해 수많은 접근방법을 제한 없이 개발할 필요가 있는지 궁금할 수도 있다. 포스트모더니즘 관점을 가진 커리어 상담사는 이러한 관점을 제시할지도 모른다. 저자는 이에 동의하지 않지만, 그럼에도 불구하고 이번 장에서는 장애인 상담 시 고려해야 할 부분에서 이들의 관점을 지지한다. 왜냐하면 많은 부분에서 장애인 내담자들은 역사적 맥락에서 교육적인 영향과 그들의 기능에 따른 작업 환경을 다루게 되기 때문이다. 그러나 Fabian와 Perdani(2013)는 이러한 집단이 기존의 집단과는 명확히 차이가 있기 때문에 그 어떤 이론에서도 장애인의 커리어 상담과정 혹은 커리어 개발을 명확히 제시하지 못함을 지적했다.

커리어 상담 시 고려해야 할 한 부분은 용이한 상담 기술의 적용과 연결 그리고 직업 선택과 실행에서 문화적 민감성 그리고 자기 효능감을 가져야 한다는 점이다(Lent, 2013). 관심 대상 내담자를 위한 특정 지식 그리고 이에 대한 맥락적인 이해는 성공적인 상담을 위해 요구되는 부분이다. 여기서 후자가 이 장에서 언급된 내담자 집단을 다룰 때 보다 더 정확하다. 그러나 이번 장을 읽는

것만으로 커리어 상담을 원하는 내담자들의 수많은 요구를 충족시키는 커리어 상담을 제공할 수는 없다. 만약 당신이 경쟁력을 가지고자 한다면 더 많은 공부와 수련감독이 필요할 것이다. 바라건대 이번 장의 내용이 일반적이지 않은 배경을 가진 내담자 상담을 위해 연구할 수 있는 계기가 되길 바란다. 이번 장에서 논의되는 내담자 집단은 다음과 같다.

1. 신체적 그리고 정신적 장애를 지닌 장애인
2. 경제적 조건이나 다른 이유로 실직한 근로자
3. 경제적으로 취약한 노동자
4. 구직을 원하는 은퇴자, 일반 직업으로 전환하는 군인과 교도소 출소자 등을 포함한 구직이 용이하지 않은 이들
5. 개인적 만족과 재정적인 이유로 은퇴시점까지 일하고자 하는 이들과 고령 노동자들

각각의 부분에서 논의되는 주요 목표는 내담자가 주로 커리어 상담에 가지고 오는 이슈에 대한 민감성을 훈련하기 위한 것이다. 두 번째 목표는 커리어 개발 과정에 영향을 미치는 특성을 구분할 수 있는 인지능력을 독자들에게 제공하는 것이다. 신체적 한계 등과 같은 몇몇 특성들은 아주 명백하게 보이는 반면 학습장애와 정신건강과 같은 다른 부분은 아주 전문적인 관찰이 필요하다. 숙련된 상담사와 커리어 개발 전문가들조차도 모든 내담자가 비슷할 것이라고 가정할 수 있으며 이로 인해 커리어 상담의 실패와 성공을 결정하는 어떤 하위요소들을 간과하게 될 수도 있다.

장애인

세계보건기구(WHO)는 "장애는 인간이 일반적이라고 여겨지는 태도 혹은 범위 내에서 활동을 수행할 수 있는 능력이 부족하거나(수행의 결과) 어떤 제약이 있는 것이다."라고 정의를 내리고 있다. 대부분의 조직들은 비슷한 정의를 적용하고 있지만 신체적, 감각적, 인지적, 지적 결함, 정신적인 병 그리고 장기적인 몇몇 질병, 섬유근육통과 같은 장애를 일으키는 질병 등의 용어와 함께 표현하고 있다. 세계보건기구의 정의를 확대한 목록이 이곳에서는 논의될 것이다.

2012년 인구 조사에 기반한 노동통계국(Bureau of Labor Statistics, BLS; 2013)에서 발간된 보고서에 따르면 미국의 노동력 총계는 1억 3,500만 명이며 이 중 520만 명이 장애인으로 분류된다. 해당 보고서는 80%의 장애인은 일을 하고 있지 않으며 노동인구로 수치화된 경우 13%가 고용되지 않았다. 장애인의 80% 이상이 노동시장의 최저점을 나타내거나 비고용 상태이다. 장애인 집단을 주로 만나게 되는 커리어 상담사의 어려운 점이 무엇인지 생각해 보기 전에 전문용어를 명확히 하는 과정이 필요하다.

재활(rehabilitation)은 장애인이 일과 일반적인 삶을 살기 위해 준비하는 과정으로 신체적 장애,

정신적 병, 정신지체, 알코올 중독, 약물 중독, 비행과 범죄 활동에 연계된 만성적 문제 등을 포함한 많은 종류의 장애를 이겨내기 위하여 적용되는 개념으로 폭넓게 사용된다. 재활은 교육, 물리치료를 통한 신체 기능의 향상, 심리적이고 사회적인 적응의 증가, 직업 능력의 향상, 그리고/혹은 재창조적인 활동의 명료화 등의 서비스와 연계된다.

전통적으로 직업 재활은 장애인 노동자의 재취직을 위한 능력을 갖추는 것을 중심으로 프로그램 과정을 제공해 왔다. 그러나 이러한 직업 재활에 대한 개념화 태도는 불필요하게 좁다. 재활의 생산성 서비스는 건강과 심리적 이슈를 다루며 부적합한 재활 서비스를 원칙 없이 제공함으로써 일을 하고 싶어 하지 않는 내담자를 만들게 된다. 지금은 이전에 제시된 구직 능력 기술의 개발 규정 등에만 집중하여 재활 서비스 제공을 목표로 하는 프로그램은 사라지고 있다. 장애인은 재활 서비스가 적용된 일을 해본 적이 없으므로, 재활 서비스를 받은 노동력에 대한 지원은 이들의 자존감과 자기 만족감을 향상시킬 수 있다.

장애인은 종종 재활 상담사를 만나게 된다. 왜냐하면 중급 혹은 심각한 정도의 장애를 가진 경우 그들에 대한 고려사항보다 장애에 대한 전문성이 요구되기 때문이다. 그러나 학교 상담사, 대학 상담사 협회와 4년제 대학에서 일하고 있는 상담사 그리고 심리학자는 장애인에 대한 배려에 익숙하다. 학교 상담사가 장애인에 대해 익숙한 이유는 많은 수의 학생들이 특수학교에 입학하기 때문이다. 장애인교육법(IDEA)은 1975년에 기본사항이 통과했고 2004년에 개정되었다. 65만 명의 학생들이 자격이 있는 교사들로부터 장애인 통합교육의 혜택을 볼 수 있을 뿐만 아니라 16세 이상의 학생들은 중등과정 이후의 교육과정에서 그들의 직업을 준비할 수 있다. 이러한 요구에 대한 실행을 위해 학생들의 중등교육 과정의 삶으로의 전환을 지원하기 위한 과정을 공부하고 계획할 필요가 있다. 몇몇 학교 상담사들은 학생들의 개개인 교육 프로그램 전환 비율에 대한 사례가 있으며 그들의 커리어와 교육에 대한 계획과 전환 계획에 대한 책임이 있다.

학교 상담사, 재활 상담사 그리고 관련자들은 미국 장애인법(ADA)이 노동자를 보유하거나 고용하는 과정에서 장애인 내담자에게 불리한 차별을 금하고 있는 공법 101-476에 대한 인식이 필요하다. 더불어 장애인고용장려법과 고용티켓 프로그램이 유용하다. 기초기술학습이사회(SSA)의 고용티켓 프로그램은 고용티켓을 사회보장 수혜자인 장애인에게 제공함으로써 네트워크를 통해 고용 안정에 활용할 수 있다. 이 프로그램은 장애인이 연방정부에서 지원받는 건강보험 상실에 대한 두려움 없이 일할 수 있도록 만들어졌다. 사회보장제도를 지원받는 이들 중에서 일하고 싶은 이들은 SSA 지원서를 만들고 SSA에 자격이 인증되면 티켓이 주어지며 그 지역 내에 ENs에 그들의 전화번호 혹은 웹사이트 주소를 알아볼 수 있다. 같은 제정법에 대해 깊이 들어가고자 한다면, 1973년에 제정된 재활법, 공법 93-112, 그리고 95-602, 재활, 종합적인 서비스 그리고 1978년의 발달장애교육법 등을 살펴보도록 한다.

재활 서비스는 심리, 상담, 의료, 간호, 사회복지와 여타의 부분 등의 수많은 전문적인 부분을 제공한다. 커리어 상담 서비스는 대부분 장애와 그들의 일에 대해 관계가 있는 다양한 의료와 사회적 경향에 대한 준비가 되어 있는 재활 상담사에 의해 제공된다. 직업 전망서(*Occupational Outlook Handbook*)(BLS, 2012a)에 따르면 2012년, 129,800명의 재활 상담사가 미국에서 일하고 있다. 이들은 많은 국가, 주 그리고 지역 공동체 그리고 사립기관 등 주정부 차원의 사무실에서 일하고 있다. 잘 알려져 있는 재활과 관련된 기구로는 굿윌(Goodwill Industries), 유대인 직업서비스(Jewish Vocational Service), 전역자 연합부서(Department of Veterans Affairs)이다. 어떤 재활 상담사는 공립학교, 대학협의회, 그리고 중등교육 이후의 학교에서 다양한 교육 서비스와 상담을 제공하고 있다.

다른 많은 연방정부와 주정부의 프로그램과 같이, 재활 프로그램은 모든 주정부에 존재하며 연방기구에 의해 넓은 영역의 안내와 제공방법이 만들어졌고 주정부에 의해 시행되고 있다. 주정부 서비스의 기금은 연방정부 기금과 4 대 1 정도로 나누거나 혹은 연합하여 제공되고 있다. 다시 말하자면, 의회 승인에 의해 제한된 범위 내에서 주정부기금에 의해 매 20달러, 연방정부가 이에 맞추어 80달러를 제공하고 있다. 주정부가 이 기금을 활용하게 한 이후 연방정부 돈이 배정된다. 유리한 배분에도 불구하고 많은 주정부가 모든 연방정부 기금이 충분하지 않음을 제안한다. 아직 기금을 받지 않은 주정부의 경우 합리적이고 충분한 수준의 기금이 제공되기를 희망하고 있다. 결과적으로 질적인 변화와 주정부와 주정부로부터의 공공재활 서비스의 범위를 고려하게 만들었다. 하나의 사례로부터 다른 사례로 가는 것은 아주 큰 비용이 들고 어떤 간단한 사례들은 문제해결에 적은 돈이 들기도 하고 또 다른 사례들은 더 많은 시간과 비용이 요구되기도 한다. 연방정부의 연례보고서에 따르면 일반적으로 재활의 평균 나이는 40세이고 3년 동안 내담자가 평균적으로 연방정부에 내는 세금은 재활서비스 비용만큼 높다. 심각한 사례의 경우에는 경제적인 부분에서 홀로 재활 서비스가 지원될 수 있도록 되어 있다.

장애인, 비장애인 학생들은 진학을 통해 자신들의 고용을 향상시키려고 노력한다. 2000년에 9%이던 진학률에 비해, 2008년의 경우 진학을 한 11%의 학생들이 몇몇 장애를 가지고 있었다(Diamont, 2009). Diamont의 통계는 회계감사원(GAO; 2009)에 의해 2008년에 수행되었다. 회계감사원(GAO)에 따르면 장애 학생들은 시간제와 대학연합회 참석을 비장애 학생들보다 더 선호했다. 2008년의 사례보다 더 많은 수의 집중력 장애 학생들이 보충수업을 받았고 장애 학생을 위한 코디네이터 서비스와 지원 기술(컴퓨터 사용을 위한 음성인식 프로그램)은 학생들의 요구를 가능하게 만들었다.

장애인을 위한 커리어 상담

장애인에 대한 분류와 그들이 상담과 직업에서 요구하는 내용은 커리어 상담사들에게 유용할 것이다. 표 9.1(DO-IT 프로그램; 워싱턴대학교, 2013)은 장애인 노동자들과 함께 일하는 슈퍼바이저

표 9.1. 일반적으로 고려할 수 있는 장애인 내담자에게 유용한 팁

이동장애인과의 함께하기 : 상담센터와 직장에서 사용이 용이한 선반, 접근하기 쉬운 도구와 장비들, 음성 입력 소프트웨어가 설치된 컴퓨터
상호관계 : 도움을 주기 위한 행동, 일반적인 음성, 눈높이에서 말하기

언어장애인과 함께하기 : 상담도 포함하여 이메일과 문자가 가능해야 함, 그림 등을 이용한 시각적인 안내
상호관계 : 끄덕임과 짧은 대답이 가능한 질문, 언어화하여 마무리하지 않기, 시간을 가지도록 북돋워주기

시각이 약한 장애인과 함께하기 : 밝은 곳에 앉기, 대형 스크린과 큰 문자 사용 가능한 컴퓨터, 큰 사이즈의 프린트물이나 유인물
상호관계 : 읽고 이해하는 것에 충분히 시간 주기, 모든 비언어적 자료에서 피드백 찾기

신체적 건강장애인과 함께하기 : 건강문제와 그 결과에 대해 스스로 친숙해지기
상호관계 : 금지가 되지 않는 범위에서 다른 건강 정보와 따라서 오는 건강상 변화 과정을 내담자의 시각에서 바라보기

시각장애인과 함께하기 : 시각적인 것을 기술하거나 읽기, 오디오테이프나 점자도구 사용, 시각적인 내용을 음성으로 전환해서 읽어주는 프로그램이 있는 컴퓨터 사용
상호관계 : 오른쪽, 왼쪽, 3시 등의 정밀한 단어 사용, 안내견과 상호작용할 때는 허락을 받을 것, 찾거나 보는 것에 대한 언어 사용 가능

정신적 장애인과 함께하기 : 구조화가 중요함, 일관성이 있어야 함, 명확한 지시
상호관계 : 긍정적 태도, 스트레스 알아차리기, 지시와 확인, 평범한 수준의 기대

청각장애인과 함께하기 : 언제든 사용 가능한 시각 도구, 언어는 반복해서 제공, 그림이나 시각적인 도구 사용
상호관계 : 반복 확인, 가능하면 필기도구 활용, 마주보고 일반적으로 대화하되 명확하게 전달하기, 이해하지 못하거나 오해한 것을 비언어적인 부분에서 찾기, 내부적이거나 외적인 소음 조정하기

학습장애인과 함께하기 : 오락은 가급적 피하기, 녹음테이프, 가급적 촉각 등의 감각을 이용
상호관계 : 대화가 이슈가 될 때 비언어적인 대화는 경계, 대화와 확인, 특성화, 질문을 단순화하고 답을 기다려 주기, 내담자 속도에 맞추기, 일반적이지 않은 비언어적 행동에 의한 오락은 하지 말 것

를 돕기 위한 것이다. 커리어 상담과정은 장애인 내담자가 사무실에 도착하기 전에 신체적으로, 정신적으로 그리고 심리적으로 이들이 필요로 하는 부분에 부합되도록 준비되어 있어야 한다.

Zunker(2006)는 장애인 내담자를 위한 커리어 상담과정을 상세히 기술했다. 모든 내담자에게 일괄적으로 적용되는 상담 접근 과정에 대해 측정, 직업적인 노출, 선택, 직업훈련, 배치와 향후점검으로 조금 다른 순서를 제안했다. 이러한 단계는 내담자의 장애 정도에 따라 특정한 필요를 충족할 수 있어야 한다.

평가의 목표는 내담자와 상담사가 상황을 완벽히 이해하는 것을 도와준다. 표준화되어 있는 평가뿐만 아니라 비표준화되어 있는 평가도구 또한 지원에 대해 준비되지 않은 내담자의 정보를 획득하기 위해 사용된다. Schwiebert(2009)는 장애인을 위한 표준화된 규격을 포함한 평가도구에 실패한 개발자의 사례를 지적하며 장애인 내담자의 커리어를 적절히 평가하는 과정의 중요성을 강조했다. 이 경우 평가 결과는 유효성에 문제가 있을 수 있다. 하지만 Zunker(2006)는 많은 수의 평가도구가 다수의 장애인 내담자에게 적절함을 상세히 기술했다.

전통적인 평가도구는 상담사가 장애인을 상담하는 경우 유용하지만 많은 주의가 요구되고

장애가 없는 사람에 대한 경험을 장애인에게 적용하지 않아야 한다(Podmostko, Timmons, & Bremer, 2009). 더불어 장애인 내담자의 신체적, 정신적 영향은 아마도 심리평가에 부적합하거나 부정확한 결과를 보여줄 수도 있다. 장애인 상담은 흥미도, 지식, 직업관련 능력 등 다른 모든 내담자에게 하는 것과 같은 평가가 필요하다. 그러나 건강상의 이유, 중독 그리고 집과 직장 그리고 일이 끝난 이후에 요구되는 기능인 삶의 기술은 평가 과정에서 고려할 필요가 있다. 왜냐하면 평가는 커리어 상담사가 아닌 종종 전문적으로 해당 분야를 평가하는 사람에 의해 시행되기 때문이다.

Osborn과 Zunker(2012)는 몇몇 질적 평가도구가 전통적인 평가도구에 비해 장애인 평가에 더 유용할 수 있다고 제안했다. 예를 들어 내담자를 평가하는 상담사와 의사들은 장애 조건에 대한 더 나은 평가와 영향을 주기 위해 내담자 인터뷰를 제공하는 것이 유용하다. 이러한 방법은 일에 대한 예제와 시도했던 일에 대한 내용을 평가도구를 사용하는 것과 비교하여 내담자의 잠재력을 특성화하여 보여주기에 훨씬 좋을 수도 있다. 내담자가 할 수 있다는 증거와 이들의 장점과 소질을 보여주는 것은 장애인 내담자가 할 수 없는 것을 명료화하는 것보다 더 중요하다.

장애인 내담자의 직업탐색을 위한 과정은 내담자의 신체적 그리고 정신적인 능력과 부합하는 직업을 명료화하여 강조하는 것만 제외하면 비장애인의 과정과 비슷하다. 제15장에서 기술하겠지만 O*NET은 내담자의 능력과 소질에 따라 특정한 직업을 연결할 수 있도록 도와줄 때 사용될 수 있다. 몇몇 컴퓨터 기반 커리어 안내 시스템(이후 정보안내 시스템으로 기술됨)은 신체적 지원이 필요한 부분의 평가가 필요한 직업의 조건을 포함한다. 구직사이트를 방문하고 직접 직업 경험을 해보는 것은 제10장에서 논의될 것이다. 이러한 경험은 장애인 내담자와 그들의 상담자가 추측이 아닌 현실적인 부분을 다루는 것을 특성화한 것이다. 과거에 장애인 노동자는 대중의 태도와 그들 자신의 이미지 때문에 아주 제한된 영역의 일만 가능하도록 제한되었다. 따라서 장애인 노동자들에게 적합한 분야의 직업 영역이 넓혀져야 한다.

이와 관련된 내용으로 Skinner와 Schenck(1992)는 학습장애를 가진 지역 대학생들에게 특화된 서비스와 대안적인 공부법을 개발하는 것으로 이들을 돕는 것을 강조하고 있다. 2009년 GAO 연구는 일찍이 Skinner와 Schenck의 장애 학생들을 고려한 권고사항을 권장했다. 학습장애를 가진 대학생을 위한 웹사이트(www.college-scholarships.com/learning_disabilities.htm) 프로그램 목록은 이들을 지원하는 많은 대학에서 제공하고 있다.

30년 전, Mather(1994)는 시각장애가 있는 내담자에게는 많은 기술이 필요한 영역에서 일하지 않도록 할 것을 상담자에게 권고했다. 하지만 일터와 기술은 변화했고 이러한 권고사항은 더 이상 유효하지 않다. 이제는 학습장애가 있는 학생들이 일터에서 그들의 가능성을 향상시킬 수 있고, 교육의 개발을 통해 성장하며 그들 삶의 질 전체를 향상시킬 수 있는 넓은 범위의 보조기술을 사용한다. 미국의 모든 주에서 학생들을 위한 보조기술 사용을 위한 지침서를 개발하고 있으며, 이러한 지침서는 온라인에 공지된다(사우스다코타, 캘리포니아, 루이지애나 등 참조). 중요한 부분은 보조기술을 활용하는 학생들의 부모들에게 비용을 청구하지 않는 것이 중요한 부분이다.

장애인 노동자를 위한 구직활동은 비장애인 노동자를 위해 제공되는 일자리 제공보다 더 복잡하며 어떤 문제들은 쉽게 예측이 가능하다. 모든 노동자는 일에 적응해야 하며 이는 지속적으로 요구되는 과정이다. 혼란스러움은 비장애인 노동자에 비해 장애인 노동자가 일을 잘하지 못할 것이라고 믿는 노동자와 동료들의 태도에서 비롯된다. 장애인 노동자와 함께하기 위해 직업을 변형하고 연계하는 것, 그리고 이들의 출퇴근을 도와주는 부분은 일자리를 제공하는 과정에서 어려움으로 여겨지는 부분이다.

최근에 일자리가 제공된 장애인 노동자를 위한 사후관리 활동은 노동자가 직장에 적응하는 것에 집중되었으며 아마도 접근방법, 장비와 기술에 관한 부분일 것이다. 또한 동료, 슈퍼바이저 그리고 내담자 사이의 대인관계 이슈와 연관되어 있다. 문제가 일찍 명료화되고 빠르게 해결되면 어려움이 다소 줄어들고 일적인 부분에도 많은 지장을 주지 않을 것이다. 소수자 집단이 직장에 적응하기 위한 대부분의 방법은 이들이 비장애인 노동자처럼 생산적일 수 있도록 기다려 주는 것이다.

Kosciulek(2003)은 영향력 있는 커리어 상담가는 장애인 노동자가 많은 일자리와 사회에서 함께 커나갈 수 있도록 힘을 줄 수 있음을 주장했다. 그는 일반적인 커리어 상담 용어보다는 역동적이고, 창조적인 그리고 개인화 등의 용어를 커리어 상담 과정에서 사용했다. 그러나 장애인과 일하는 커리어 상담사는 결정을 할 수 있는 기회가 적고 이들의 낮은 자존감으로 인해 목록화할 수 있는 경험이 적으며 결정할 수 있는 능력이 부족하다는 한계점을 발견할 것이다. 장애인 내담자들이 잠재능력을 펼쳐나가는 것에 한계를 느끼게 되는 것은 이들이 적합한 롤 모델을 경험할 기회가 많지 않았기 때문이다. 일에 기반한 평가, 인턴십, 적절한 정보와 경험, 직업체험, 그리고 보호 작업장은 일정 부분에서 장애인의 경험 부족을 줄여줄 수도 있다.

만약 장애인의 권리가 작업공간과 사후관리에서 법률에 위반된 것이 발견된다면, 상담사는 그들의 내담자를 지지할 수 있는 준비를 해야 한다. 일찍이 1990년에 제정된 미국 장애인법(ADA)과 1988년 재활법개정법에서는 장애인의 삶에 있어서 모든 종류의 차별이 금지되고 있다.

정신장애인을 위한 커리어 상담

기술적 분류에서 정신적 문제가 있는 내담자는 장애인으로 분류되며 앞서 언급된 것처럼 이번 장에서 논의할 것이다. 많은 사례에 있어서 정신장애는 신체적인 한계를 가진 것과 같이 직업 선택에서 다양한 한계를 가진다.

일반적인 통념상 정신건강 문제와 직업 선택 문제가 함께 있을 경우 정신건강 문제는 반드시 회복 및 개선되거나 약물 복용 등과 함께 다루어져야 하는 것이 커리어 상담에서 주요한 부분이다. 합리적인 방법으로는 정신건강 문제는 최선의 선택을 하더라도 내담자의 능력에 한계를 지을 것이다. 정신건강 이슈를 직업 선택에서 먼저 다루기를 권유하지만 항상 가능하지는 않다. 취업 후 정신적인 문제가 나타나면 상황은 아주 복잡해진다. 따라서 상담은 현재의 직업에 적응하는 것과 더 적합한 직업을 선택할 수 있고 새로운 직업에 접근하도록 전환하는 계획을 세우는 것에 집중한다. 간혹 일을 그만두는 것이 문제에 대한 유일한 선택일 수도 있다.

정신장애인의 커리어 상담은 수치심과 연결되며 인종, 민족, 혹은 성 지향성 등과 혼합되어 이슈가 될 수도 있다. Caporoso와 Kiselica(2004)에 따르면 정신장애인은 장애인 내담자 집단에서 두 번째로 큰 부분을 차지하고 있다. 국립정신건강센터는 성인 네 명 중 한 명이 그들의 인생에서 정신건강 문제로 고통을 경험하는 것으로 보고 있다. 더불어 이 집단의 비고용률은 85% 정도로 높다(National Alliance on Mental Illness, 2013). Caporoso와 Kiselica는 커리어 상담사들이 정신건강 내담자들을 그들의 커리어 문제와 분리시키지 않기를 제안했다. 그들은 어떻게 내담자의 개인적인 삶과 직업이 상호작용하는지를 생각하는 것에서 시작하기를 권유하고 있다. 아주 제한적인 경우를 제외하고 정신적 장애를 일에서 분리하는 것이 가능하지 않다는 것을 첨언하고 싶다. 애틀랜타 남성이 그의 직업 선택에 있어서 일터를 집 근처의 6층 이하 빌딩으로 제한하고, 이와 함께 개인적으로 좋아하는 일이면서 급여가 좋은 영역을 원하는 것이 이러한 예이다. 결정하기 전에 숨겨진 것은 무엇인가? 그는 밀실공포증과 고소공포증 때문에 엘리베이터를 무서워한다. 꿈의 직업을 제공받은 그는 상담실을 방문했다. 그의 사무실은 40층 빌딩 중 30층에 위치하고 있다. 매일 30층의 계단을 두 번씩 오르내리는 것은 그가 일주일 내내 피곤함을 느낌에도 불구하고 선택의 여지가 없다.

정신건강 문제를 지닌 사람은 다양한 실패 경험이 있고 병이 없는 경우보다 문제가 있는 이들이 상대적으로 불리한 조건의 직업을 가지고 있다. 샬린이 그 예이다. 그녀는 대학교를 가장 명예롭게 졸업한 미국연설대회 최종 우승자였지만 조울증 환자가 되었다. 스트레스가 조증의 원인이 되었고, 조증으로 인해 우울증이 동반이환으로 나타났다. 대부분의 병적인 에피소드는 개인적으로 장기간에 걸쳐 나타나고 그녀가 일하지 않는 동안에는 심리적으로 회복된다. 그녀는 낮은 수준의 스트레스를 받는 직업이 필요하다. 그러나 이러한 직업은 그녀가 일할 수 없는 경우가 많다.

Caporoso와 Kiselica(2004)는 정신건강 문제를 가지 사람들을 위한 커리어 상담과정 개요가 다른 과정과 비슷함을 이미 논의하였다. 첫 번째 목표는 내담자의 흥미도, 능력, 그리고 가치를 정하는 것이다. 만약 내담자가 직업 경험에 제한이 있다면 짧은 기간 일을 하는 곳으로 배정될 가능성이 높다. 일의 강도와 유형에 따라 내담자의 적합도가 결정되고 직장에서는 반드시 내담자의 비밀이 유지되어야 한다. 모든 과정에서 상담자와 직업배정 전문가는 내담자를 위한 지지자가 되어야 한다. 잠재적인 고용주는 병의 내용에 대해 완벽히 알 수 있어야 하며 내담자의 강점과 약점 그리고 일터에서 적응해야 할 부분 등도 필요하다. 샬린은 상담, 운동, 그리고 다른 스트레스를 감소시킬 활동을 위한 시간을 제공받을 수 있는 짧은 시간의 일이 필요하다.

실직 노동자

노동자 실직이 처음 문제가 되기 시작한 것은 농장의 기계화가 빠르게 진행되던 시민전쟁 이후부터다. 농장의 일꾼들은 대개 제조업 등으로 도시로 이주하면서 고용되는 것이 강요되었다. 기계화와 컴퓨터 등의 기술은 광부와 제조업에 엄청난 영향을 미쳤고 실직 노동자를 양산했다. 직물공장은 지속적으로 기계화가 이루어지고, 더 심각한 문제가 나타나자 직물공장 주인들은 그들의 공장을 뉴잉글랜드에서 저렴한 노동력이 있는 남쪽으로 옮겼다. 다른 산업들 또한 같은 이유로 남쪽으로 몰렸고 러스트벨트로 잘 알려진 지역을 만들어냈다. 이것이 나라 전체를 쇠락하게 만들었다. 제조업은 1970~2010년 50% 가까이 쇠퇴했다(Perry, 2012). 수많은 노동자들은 기술 혁명과 미국 내 산업이 재배치되면서 실직했다.

제1장에서 제시하였듯이 미국을 떠나는 산업의 이동은 지금도 지속되고 있다. 이것은 제2의 구조 조정으로서 미국 시장에 일어난 첫 번째 사례는 농업과 농장이 제조업으로 옮겨진 것이다. 두 번째 산업 구조 조정은 20년대 중반에 제조업이 서비스 산업으로 옮겨가면서 변화하기 시작했다. 우리가 정보세대라고 부르는 것은 창조적인 정보소통과 연계된 직업으로 현재 노동시장 핵심부로 자리 잡고 있다. 정보세대의 직업은 종종 소프트웨어, 분석보고서, 예술, 판매와 영업 캠페인, 그리고 금융전략 등 무형에서 창조되기도 한다. 소프트웨어 엔지니어와 시스템관리자와 같은 시장 정보에서 고수익의 직업들은 아주 특성화되고 교육되어야 하는 부분으로 확대되고 있다.

버라이즌, IBM, 유나이티드 항공, 보잉, 포드 자동차 등의 회사에서 일어나는 대량해고 뉴스를 접하는 것은 이제 일상적인 일이다. Brown과 Siegel(2005)은 이러한 대량해고 발생에 대한 더 나은 이해를 위하여 두 가지 유형으로 나누어 연구하였다. 한 가지 유형은 일을 다른 회사에 맡기는 것이다. 이것은 해외업무위탁으로 알려져 있다. 또 다른 유형은 다른 회사 혹은 같은 회사를 포함하여 미국에서 다른 나라로 회사를 이전하는 것인데 해외업무위탁을 주기 전단계이다. 1995년부터 2004년까지 Brown과 Siegel은 50개 혹은 더 많은 노동자가 연계되어 있는 17,000개의 일시해고를 선언했고 180만 명의 노동자가 영향을 받았다. 이러한 일시해고의 2/3는 제조업 분야에서 발생했다. 2004년 1/4의 일시해고는 중국 혹은 멕시코 등 나라 밖으로 회사를 옮겨가는 것이었다.

Brown과 Siegel(2005)의 연구는 세계 경제의 영향에 대해 설명하면서 미국 내 노동자들의 문제를 제시하였다. 새로운 사업 모델의 적응, 파산, 그리고 합병 등과 같은 다른 변화로는 다양한 시간 동안 지속적으로 실직 노동자가 생겨나고 있다. 실직 노동자 중 몇몇은 새로운 직업을 찾기 위한 지원 서비스를 통하여 재취업의 기회가 있겠지만 대부분은 그렇지 않을 것이다. 공공 분야와 개별 고용센터는 직업을 찾지 못하는 이들에게 필요할 것이다.

실직 노동자를 위한 커리어 상담

실직 노동자를 위한 커리어 상담 제공 과정은 이미 제공된 세 가지 예외적인 모델과는 조금 다르다. 직업을 잃은 사람들은 실직으로 인하여 우울증과 낮은 자존감을 경험할 것이고 경제적인 이유로 인한 즉각적인 고용 혹은 어떤 유형은 경제적 지원이 필요할 수도 있다. 후자의 경우, 음식과 거주지를 제공하는 단순 일자리를 제공하는 것이 이들을 돕는 방법일 것이다. 우울증과 낮은 자존감이 이슈가 될 때는 내담자의 능동적인 결정이 중요하다는 것을 언급할 필요가 있다. 결과적으로 취업 가능한 직업이 요구하는 기술과 실직 상태에서 필요로 하는 부분이 맞지 않다면, 적당한 교육과 훈련 프로그램 등의 준비가 실직 노동자가 고용되기 위한 주요 방법일 수도 있다.

경제적 취약계층

Fitzgerald와 Betz(1994)는 "커리어 개발은 개인의 삶에 있어 의미 있는 용어인가?"(p. 104)라는 도발적인 질문을 했다. 이것은 비고용자, 더 이상 구직을 하지 않는 구직의욕을 상실한 노동자, 그리고 가장자리에서 비틀거리고 있는 고용에서 소외되는 노동자를 포함한 많은 사람들을 위한 질문으로 일이 심리적으로 삶의 중심은 아님을 지적하고 있다. 그러나 대개 삶에 의미를 주는 직업을 가지는 것은 어려운 일이며 위와 같은 내담자의 회피 가능성을 발견하고 이들의 커리어 개발을 의미 있는 과정으로 만드는 것이 커리어 개발 전문가에게 주어진 의무이기도 하다.

취약하다(disadvantaged)는 용어는 아주 넓게 해석될 수 있다. 사전적인 의미로는 경제적, 심리적, 신체적 혹은 사회환경적 형편이 어려운 모든 이들을 포함한다. 어떤 경우 소수집단에 속하는 많은 구성원, 장애인 노동자, 이혼하거나 아이가 있는 싱글 여성, 경제적으로 어려운 사람, 중도학습 포기자, 그리고 인구 중 다른 많은 부분들이 취약한 이들까지 의미한다.

같은 용어이지만 선입견을 가지거나 제한적으로 적용될 수 있다. 가난한 사람들은 종종 **경제적 취약자**(economically disadvantaged)와 같이 설명된다. 사회학자들은 오랫동안 이 부분에 주목해 왔고 사회적 지위 획득 이론(status attainment theory, SAT; 제5장 참조)이라는 용어로 지원을 제공해 오고 있다. SAT는 가족 경제 상황이 사회적 지위 획득을 예측할 수 있는 중요 부분임을 언급하고 있다. 사회적 지위는 일의 유형과 수입 정도와 연계된다. SAT에 따르면 경제적으로 취약한 가족은 가난에서 벗어나기 힘든 가난한 아이들을 만들게 된다. 가난한 가족 배경을 지닌 성인의 경우 질적 혹은 양적으로 제한된 교육을 받게 되고 지리상으로 분리된 위치에 사는 것 또한 이러한 위험을 높이며 이들 대부분은 도움이 필요하다. 지방의 가난함을 피해 도시로 오는 경우, 최근 이민자, 그리고 새로운 직업을 찾기 위해 구직 중인 도시의 비고용자가 경제적인 가난으로부터 스스로 벗어나는 것은 어렵다. 또한 사회보장제도 네트워크에 의존하고 있는 취업 의욕 상실 노동자들이 가난에서 벗어나기란 쉽지 않다. 이러한 집단에 대한 분류는 이 집단 모두가 이미 지속적으로 가난에 허덕이고 있을 위험성을 지니고 있음을 보여준다.

만성 빈곤자 2대째 가난한 이들로 부적합한 환경에서 성장한 집단이다.

실업자 혹은 새로운 취약계층 몇몇 실업자는 고용되지 않는 짧은 기간 저축, 무료급식, 정부지원보장 프로그램, 그리고 실업자 수당 등으로 다음 고용까지 견딜 수 있다. 구조적으로 직장이 해외로 이전되거나 기술의 발전으로 실직한 이들은 더 이상 돌아갈 직장이 없음으로 아주 위험하다. 주기적인 실업자는 만약 경기가 악화되는 경우 그들의 자원의 한계로 인해 위험한 상황에 놓일 수도 있다.

불완전 고용자 불완전 고용자란 정규직으로 채용되고 싶은 사람들이 시간제로 근무하고 있는 집단이다. 또 다른 집단은 교육 프로그램 종료 시 자신의 기대와 자격조건에 비해 낮은 수준의 직업과 적은 수입의 직장에 취업을 하게 되는 집단이다. 집에서 지내거나 30시간 미만의 일을 하고 있는 대학 졸업자가 후자에 속한다. 불완전 고용자는 일을 하고 싶어 하고 자신 혹은 가족 부양을 위해 두 가지 직업을 가질 수도 있다.

불법 이민자 많은 이들이 직업을 찾아 미국으로 오고 있다. 불법 노동자는 어떤 일이든 가능하고, 현금으로 급여가 지불되는 등 대부분 일터의 어두운 부분에 자리 잡게 되며 시민권 획득과 교육의 기회가 주어지길 바란다. 이러한 부분은 가능한 것으로 커리어 상담사의 사무실은 이들로 가득하게 될 것이다. 언어 능력, 특별히 스페인어는 반드시 구사할 수 있어야 하며 제6장에서 언급한 것과 같은 문화적 가치 이해는 성공의 선행조건이다. 평가도구와 같은 커리어 상담의 몇몇 문제로는 영어보다 다른 언어로도 가능해야 한다. 이 집단에 적용 가능한 커리어 상담과정은 이미 논의되었다.

불완전 고용자들이 경제적인 어려움으로 인해 낮은 자존감과 심각한 우울증을 겪게 된다는 사실은 그다지 놀랄 일이 아니다(Waters & Moore, 2001). 그들은 종종 교육적 기술이 부족하고 직장 적응에 실패하고, 직업훈련 기회가 없으며, 스스로 안정적인 직장을 얻을 수 없다는 확신을 불완전 고용 기간에 경험했다.

장애인은 단기, 장기를 목표로 하는 커리어 상담 프로그램 개발이 필요하다. 이미 언급한 것과 같이 상담사는 종종 내담자의 능력이 그들의 기본적인 필요성에 부합하는 결과를 주는 단기 프로그램과 연계되어야 한다. 한 번 성취감을 맛보게 되면, 내담자를 도와주기 위한 상담자의 목표는 장기간 목표를 수행하는 방향으로 변하게 된다. 경제적으로 취약한 사람들의 커리어 연결 문제는 다음과 같은 네 가지 프로그램으로 대처할 수 있다.

1. 기초 성인 교육 실시와 특정 직업훈련 두 가지 모두 미국 내 지역대학과 직업훈련학교에서 제공

2. 개별 커리어 상담

3. 능력에 맞는 취업 결정에 도움이 되는 세계 일자리 정보

4. 취업 알선

교육 수준이 낮은 사람들은 구직활동에서 쉽게 소외되는 경우가 많다. 글을 읽는 훈련, 기본적인 산수, 그리고 유창한 언어는 우리 노동시장의 모든 직업에서 기본적인 조건이다. 그러나 불법 체류자, 교통이 불편하거나 지역의 공공 운송수단이 익숙하지 않은 경우, 아이들을 돌볼 수 없는 경우 시간 배정 문제, 그리고 기타 등등의 이유로 이러한 서비스를 이용할 수 없는 사람들도 있다. 다시 말해 기본적인 교육이 될 때까지 이들이 고용될 가능성이 희박하다는 것이다.

경제적 취약계층을 위한 커리어 상담

앞서 언급한 것과 같이 실직자는 여가를 즐기는 것과 필요한 것을 구입하고자 할 때 한계를 실감하며 경제적인 박탈감을 느끼게 된다. Waters와 Moore(2001)는 고용된 사람과 실직자 사이의 심리적인 반응을 비교한 결과 임상가들에게 중요한 두 부분을 발견했다. 첫 번째는, 실직자는 높은 우울감, 낮은 자존감, 박탈감에서 기인한 부정적인 감정을 조절하기 위해 공감에 기반한 회복 전략을 많이 사용하고, 문제(실직과 경제적인 박탈감)가 생기는 것을 중재하거나 행동변화에 목표를 두는 해결 기반 접근은 사용하지 않는다. 커리어 상담사들은 실직 내담자를 다룰 때 낮은 자존감과 우울증을 다룰 수 있도록 준비되어 있어야 한다. 두 번째로는, 상담자는 내담자가 안정적인 고용을 통한 긍정적인 경험을 쌓아가면서 이를 통해 자존감을 향상시키고 우울감을 감소시키는 문제해결 중심치료 과정을 사용하도록 북돋워야 한다. Jacobs와 Blustein(2008)은 명확하지 않은 고용 간격으로 인해 불안감을 느끼는 노동자를 지원하는 커리어 상담사를 위한 또 다른 전략을 제안했다. 그들은 내담자가 현재에 집중하고, 문제가 일어날 때 스트레스를 야기하고 두려운 마음을 없애는 것을 목표로 하는 명상 기술인 마음챙김(mindfulness)을 제안했다.

경제적으로 취약한 내담자 모두가 커리어 상담을 위한 개인 상담이 요구되거나 통합적인 과정이 필요한 것은 아니다. 그러나 실직과 경제적인 결핍은 심리적 안녕에 엄청난 영향을 주는 것으로 보고되고 있으며(Waters & Moore, 2001), 커리어 상담사는 커리어 상담과정이 다른 상담 영역으로 확대될 필요성에 대해서도 고려하고 있어야 한다.

직업 세계에 대한 현실적이고 실질적인 정보는 해당 직업의 어려운 부분은 직접 보게 되는 것일 수도 있지만 동시에 잠재적인 능력을 보게 됨으로써 도움이 된다. 노동자 인터뷰, 일의 샘플, 공장 방문, 그리고 일의 상황을 종합적으로 바라보는 것은 내담자 스스로를 직업과 연결된 목표를 세

표 9.2 교육 정도에 따른 평균 수입과 비고용 정도(2010)	평균 수입(달러)	비고용률
고등학교 이하	20,070	12.4
고등학교 졸업, 대학 진학하지 않음	34,180	8.3
고등학교 졸업, 대학 진학	44,350	7.7
준학사학위	42,419	6.2
학사학위	63,430	4.5
석사학위	68,879	3.5
전문가 혹은 박사학위	87,500	2.1*

출처 : 노동통계국(BLS, 2012a). 미국 노동통계국(BLS)
* 전문적인 학위만 포함

우고 유용한 롤모델을 찾아낼 수 있도록 도와줄 수 있다.

현실적인 기술훈련은 모든 직업에서 필요로 하지만 가장 낮은 단계의 기술이다. 문제는 많은 취약계층 학생들이 직업훈련을 받는 단계까지 도달하기 전에 학교를 그만둔다는 것이다. 이러한 상황은 기술훈련, 직업훈련 서비스 혹은 지역에서 제공하는 다른 비슷한 노력에서도 나타나는 한계점이다. 많은 이들이 구직을 위해 진지한 준비가 필요하지만 훈련을 받는 곳의 상황은 비현실적인 것이 한계다.

이례적인 시기에 노동시장 진입

노동자가 일에 시작하는 일반적인 혹은 특정한 시기를 정하는 것이 점점 더 어려워지고 있음에도 불구하고 나는 그 시기가 학교 프로그램을 마쳤을 때 16~26세 정도일 것이라고 추측하고 있다. 전역 군인, 자녀 혹은 노인을 돌보기 위해 집에 있게 되는 남성 혹은 여성 등 일반적인 진입시기가 늦춰지는 이들에 대해 다음에 논의된다. 또한 자발적이고 비자발적인 직업 전환자들과 노동시장으로부터 나온 뒤 일터로 돌아가고자 하는 고령 노동자 대해서도 논의하게 될 것이다.

전역 군인

2012년, 군전역자의 실직률은 전체 실직률 7.2%에 비해 조금 낮은 6.9%였다. 대부분의 군인은 군복무를 마친 후 일반 노동시장으로 돌아간다. 군복무 후 일반인 삶으로 돌아간 개개인은 세 가지 집단으로 나눌 수 있다.

1. 20~30년 동안 군복무를 한 이들은 연금과 다른 혜택이 있다. 연금은 20년 동안 군복무를 한 이들을 대상으로 기본급의 50%를 기본으로 하여 지급된다. 은퇴 시 일시불로 받는 퇴직보상금은 만약 30년 이상 군복무를 한 경우 퇴직 시 기본급의 3/4으로 인상된다. 20년 근무한 E-8급 계급의 퇴직금은 매월 2,346달러가 지급되고 20년간 장교로 일한 O-5계급의 퇴직금은 매월 세전 4,035달러를 받게 된다(Stophlet, 2011).

2. 군복무 중 장애를 갖게 된 이들의 경우에는 군복무를 지속하면서 장애인 기초 서비스인 장애급여를 받게 된다.

3. 짧은 기간 복무 후 군을 떠난 이들(종종 3~6년 동안 사병으로 근무함)

많은 젊은이들이 자발적으로 군복무를 하는 것은 여러 가지 다른 이유가 있다. 자발적인 사병 다수는 최근 고등학교를 졸업했을 가능성이 크다. 어떤 사병들의 경우 교육이나 직업 계획이 명확하지 않고 무엇을 하고 싶은지 생각하는 동안 네 종류의 군대 중 한 곳을 선택하고 합류한다. 또 다른 부류는 시민권 획득이 불가능하거나 혹은 돈이 될 만한 기술이 부족하여 사병으로 지원하는 경우다. 기타 다른 지원자들 또한 힘든 가족 상황, 불만족스러운 삶, 혹은 연계 혹은 소속이 필요한 경우 등 개인의 문제로부터 도망치기 위한 수단으로 군에 지원한다. 몇몇은 장기간의 목표(예 : 법집행 혹은 수송기 조종사)를 가지고 있으며 사병생활은 일반인으로서 특별한 지위를 기대하거나 사병 복무 기간 이후 대학을 졸업할 수 있는 교육적인 이득을 위한 것이다.

대부분의 군대 내 직업은 일반사회와 비슷하며, 군복무 중 습득한 기술이 일반사회에서 필요한 기술인 경우 새로 구직을 할 때 쉽게 자리를 옮기는 데 비해, 다른 직업으로 옮기는 경우 조금 어려울 수도 있다. 어떤 군인들의 경우 의약, 법률, 그리고 다른 분야의 특별 훈련을 마치기도 한다. 특별한 훈련의 경우 군복무를 더 오래 지속하도록 요구된다.

다시 사병으로 복무할 수 없도록 판결을 받았거나 혹은 자격이 없는, 그리고 군복무를 한 개인의 경우 직업 전환 기술을 개발할 수 있는 기회가 없으며 이들은 커리어 상담이 필요하다. 이 집단 중 몇몇은 금방 군복무를 시작한 젊은 세대와 경쟁하기 때문에 불이익을 받고 있다고 여길 수 있다. 비슷하게, 그들은 스스로 일의 가치 그리고 직업에 대한 목표가 불명확할 수도 있다. 후자 집단의 경우 그들이 가지고 있는 기술과 태도(자기 확신과 신뢰도 등)가 고용주의 높은 기대에 비해 직업에 특화되기에 부족하지 않을 수도 있다. 그러나 지나치게 구조화된 조직과 직접적인 환경에서 살아온 결과 몇몇 군복무 사병들은 불리한 면이 있을 수 있으므로 그들 스스로 결정하는 방법을 배울 수 있도록 도와야 한다.

전역 군인을 위한 커리어 상담 Stein-McCormick, Osborn, Hayden 그리고 Van Hoose(2013)는 전역 군인 그리고 이들과 연계되어 있는 모든 이들이 반드시 읽어야 책을 출판했다. 책에서는 군복무를 마친 남성과 여성은 커리어 상담과 그들에게 이득이 되는 부분을 되짚어주는 것에 대해 언급했다. 군 상담사는 다른 커리어 상담사와 같은 도구를 사용한다. 그러나 오랫동안 내가 수집해 온 많은 양의 일화 등의 입증되지 않은 증거들에 의하면 몇몇 군 상담사들은 재입대 목적으로 군대를 은퇴한다. 군대 전문가들에 의하면 많은 사례들이 보여주듯이 재입대를 위한 매력적인 보너스가 'eupping'이라는 군대 은어로 쓰인다.

전역 군인을 상담하는 커리어 상담사는 낮은 자존감, 낮은 자기 이해, 대인관계 문제, 그리고 사회와 일터에 대한 부정적인 태도를 포함하여 일반적인 커리어 상담사들이 다루는 범위의 문제까지 준비해야 한다. 전쟁에 참여한 경험이 있는 전역 군인은 외상후장애 혹은 우울증으로 고통받을 수도 있다. 의무 군인과 전역 군인의 자살률이 상승하고 있다는 것을(미국 국립보건원, 2014) 커리어 상담사는 반드시 염두에 두고 있어야. 안정적인 직업을 가질 수 없는 전역 군인들의 경우 심리적인 문제는 더욱 악화될 것이다. 더불어 가족과의 스트레스 그리고 단순히 일반인으로 돌아왔다는 것 그 자체가 혼란스러울 수 있다.

직업 계획을 실행하기 위하여 직업훈련 혹은 상위 교육 과정을 요구받은 전역 군인들의 경우, 미국 보훈처 웹사이트 몽고메리(Montgomery GI Bill)에서 전역 군인들이 일반 노동시장에 진입하기 용이하도록 디자인된 프로그램 등의 펀드지원을 받을 수 있다.

이미 언급했듯이 Stein-McCormick과 동료들(2013)은 임상에 적용할 수 있는 많은 팁이 수록된 책을 썼다. 그러나 그들의 커리어 상담을 위한 제안은 Peterson, Sampson, Reardon, 그리고 Lenz(2002)의 인지정보처리 모형(CIP)을 너무 많이 보여주고 있음을 제5장에서 논의한 바 있다. 따라서 전역 군인 상담을 위한 실행 가능한 모델로 권유하는 것을 제외하고는 다시 논의하지는 않을 것이다.

범죄자

2008년 기준 미국에서는 160만 명의 범죄자가 감금되어 있다(Bonczar & Glaze, 2011). 커리어 상담사가 고려해야 할 부분은 510만 명의 보호감찰 중이거나 보석으로 풀려난 전과자가 사회에 존재하며(사법통계국, 2009a) 미국 성인 인구의 1/3은 범죄기록을 가지고 있다는 부분이다(전미 고용법 프로젝트, 2008). 재범자에 대한 연구를 살펴보면 이들이 만약 고용되지 못하는 경우 대다수가 빠른 시간 내에 다시 옥살이를 하게 된다.

주정부와 연방정부 기관은 재활이나 관찰보호하는 목표를 기본철학으로 다양하고 넓은 범위에 적용하고 있다. 변수의 범위는 이러한 두 영역에서 실제적으로 제공되는 서비스를 조사하는 것과 비교하여 훨씬 광범위하다. 많은 교도관들에게 재활 프로그램에 집중하는 것을 강조하는 기관들조차도 보안과 구류가 여전히 시행된다. 따라서 극소수의 수감자가 수감생활 동안 특성화된 직업훈련을 받는다고 볼 수 있다. 2007년 이후 지금까지 적용되고 언급되고 있는 캘리포니아 재활 담당 부서에서 소개된 혁신적인 프로그램은 다음에 소개될 것이다. 그러나 그 프로그램의 성공률에 대한 데이터는 아직 확인이 불가능하다.

범죄자를 위한 커리어 상담　많은 주요 범죄자들에게는 다양한 개인 상담이 효과적인 커리어 상담 이전에 필요하다. 나의 경우 개인이 법을 따르기 어려웠던 근본적인 요인이 여전히 존재할 것이라고 여긴다. 이러한 요인들은 종종 억류 경험, 적대감, 화, 짜증 등이 혼합되어 촉발된다. 미국의 주 내에 있는 범죄자 갱생 프로그램을 다시 만들기 위한 노력이 캘리포니아에서 시작되고 있다.

1. 위험도를 평가하고 재범률이 가장 높게 나타나는 범죄자를 대상으로 한다.
2. 평가에 필요한 일곱 가지 요소를 조사한다(예 : 재범률을 가장 잘 예측할 수 있는 교육, 직업, 경제적 취약성).
3. 행동 조절 프로그램 개발
4. 목표가 된 범죄자에게 필요한 인지행동 프로그램 실시
5. 범죄자가 목표에 도달하는 과정을 주기적으로 측정
6. 범죄자가 사회로 돌아가기 위한 준비
7. 지역 단체와 연합하여 범죄자의 재건
8. 후속 관리와 결과 데이터 수집

2009년, 캘리포니아의 교정보호국은 프로그램의 결과를 측정하여 주요 요소를 명료화하는 측정 모델인 COMPAS를 선보였다. 캘리포니아 모델은 지역사회에 재적응을 위하여 재범자들이 준비해야 할 모든 기본 요소가 포함되어 있는 것으로 보이지만 그저 법을 준수하고 생산적인 시민이 되도록 범죄자를 돕는 미약한 노력을 기울이는 주에는 그다지 유용하지 않다.

캘리포니아의 논리적인 모델은 상담사가 그들의 내담자를 지지하고 지역 단체와 상호협동적인 관계를 만들기 위한 능력을 갖추도록 요구하고 있다. 프로그램은 또한 상담사가 그들의 내담자들이 분노 및 충동 조절, 가족 및 부부 관계, 약물과 알코올 중독, 학교, 직업 그리고 경제적인 어려움 그리고 몇몇의 경우 성범죄 이슈 등을 조절할 수 있도록 도울 수 있는 기술이 있어야 한다고 요구한다. 안타깝게도 감시 및 가석방 사무사관은 대부분 일이 너무 많거나 종종 제한적이고 피상적인 것만 제공한다. 전환기의 어려움을 지원할 수 있는 자원은 극소수이며 질적으로 제한되고 반대하는 이들의 압력을 뛰어넘기가 어렵다.

고령 노동자

Maxicycle은 Super(1990)의 커리어 발달 모형(제4장)에서 대체로 60세부터 일이 줄어들기 시작하며 이후 일로부터 자유로워진다고 하였다. 그의 모형은 60세를 고령 노동자와 청년 노동자의 경계선이라고 제시하고 있다. 그러나 평균적인 생애주기에서 60세 남성은 앞으로 18년을 더 살 것이라

고 나타나며 같은 나이의 여성은 25년을 더 살 것이라고 내다보고 있다. 중요한 부분은 60세의 많은 이들이 그들의 직업경력에서 가장 좋은 시기에 머무르고 있고 스스로를 고령 노동자라고 생각하지 않는다는 점이다.

고용법에서의 연령차별은 1967년부터 금지되었으며 40세 이상의 고령 노동자들에 대한 차별을 1986년에 금지할 것으로 개정되었다. 이것은 주정부의 법에 따르면 40세 혹은 그 이상의 나이가 된 사람은 고령 노동자로 분류된다는 것이다. 나이는 보는 사람의 생각에 따라 다를 것이다. 이 책에서는 이 부분을 논의하기 위해, Super(1990)의 생각인 60세를 고령 노동자로 적용한다. 고령 노동자가 그들의 황금 같은 시간을 골프를 치거나, 낚시, 여행 그리고/혹은 손주들을 돌보는 것으로 시간을 보내는 것은 고지식한 것만큼이나 잘못된 일이다. 수많은 설문조사와 논의에 의하면(예 : Bureau of Labor Statistics, 2009) 60세 이상의 고령 인구는 거의 동시에 노동시장에서 정리되는 것만큼 고령 노동자들 사이의 비고용을 양산했지만 고령 노동자의 비율이 다른 노동자의 평균보다 낮다. 2007년에 시작된 경기침체는 많은 노동자들이 은퇴 후 계획을 위한 자금을 감소시켰다. 증권시장이 회복되었음에도 불구하고 몇몇 고령 노동자는 전반적인 경제 상황을 믿지 못하고 일을 계속하길 원한다. 고령 노동자가 직업시장에 다시 뛰어들고 일을 하려고 시도하는 것을 알고 있는 것은 매우 중요하다. 그들 중 많은 이가 은퇴는 불만족스러운 경험임을 발견한다. 오늘날처럼 경제적으로 흔들리지 않음에도 1/3은 은퇴 후 1년 이내에 다시 일을 시작한다(Brown, 1995). 새로운 일을 하는 고령 노동자들 그리고 은퇴가 실수였다고 생각하는 집단을 다루는 커리어 상담사들이 많은 일을 하게 될 것이다.

1950년 이후 평균 은퇴 나이는 67세에서 62세까지 감소했지만, 미래에는 많은 고령 노동자들이 62세 이후까지 노동시장에 남을 것이다. 사회보장과 의료 혜택의 변화는 그들의 경제적인 안녕을 도모하기 위해 더 많은 이들이 일터에 남을 것을 의무적으로 만들었다. 다른 고령 노동자들은 65세 이후 만약 그들이 사회보장계좌를 이용하지 않는다면 얼마를 버느냐에 상관없이 세금적인 부분과 사회적 보장의 변화로 혜택을 볼 것이다. 고령 노동자들을 일터에 남게 만드는 또 다른 변화는 미래에는 67세 혹은 그보다 더 나이가 든 경우에만 완전한 사회보장 혜택을 받을 수 있다는 것이다. 이러한 부분은 전통적인 은퇴 나이를 넘어서는 것이다.

그러나 노동시장에 남고자 하는 결심은 경제적인 이유만은 아니다. 젊은 노동자와 같이 그들 자신 그리고 주변인의 삶의 질 향상에 대한 바람, 다른 노동자와의 유대 관계, 사회적 지위, 사회적인 명성을 획득하고자 하는 욕구, 자신의 가치에 대한 감각 유지, 그리고 단순히 무엇인가를 하고 싶은 것 등의 이유로 고령 노동자들은 직업을 가지고 싶어 한다.

고령 노동자를 위한 커리어 상담

고령 노동자의 경력 변화 과정 혹은 노동시장 재진입은 개인 상담뿐만 아니라 책으로도 출판되어 논의되고 있다. 본질적인 경력(quintessential career)은 성숙한 고령 노동자를 위한 다양한 예제를 다루고 있다.

고령 노동자가 경험하는 문제 중 하나는 나이차별이다(Cahill & Salamone, 1987). 미국 은퇴자 협의회(AARP)는 직장에서 일어나는 나이차별 증가에 대한 두 가지 연구를 지원했다. 첫 번째 조사는 갤럽이 1,300명의 40세 이상의 노동자를 대상으로 설문조사를 실시했다. 이 중 6%가 직접적으로 나이차별을 경험한 것으로 조사되었다(미국 은퇴자협의회, 1989). 두 번째 연구에서 Bendick, Jackson 그리고 Romero(1993)는 32세와 57세인 두 명의 가상 노동자의 이상적인 이력서를 무작위로 선택한 775개의 대기업과 고용 단체에 보냈다. 결과는 직업에 대해 이상적인 자격을 지녔음에도 고령의 노동자는 다른 젊은 집단에 비해 거의 1/4 정도가 다소 유쾌하지 않은 답변을 받았다. 이 연구는 나이를 강조하지 않는 구직 전략과 지원자가 젊어야 한다고 강조하는 것에 대해 고령자가 구직 시 그들의 경험과 연륜의 중요성을 강조하는 것이 뛰어난 전략이 될 수 있음을 결론으로 제시했다. Kratz(2013, p. 1)는 AARP 연구의 결과를 다음과 같이 강조했다. "50세 이상 노동자의 절반은 일터와 구직 시 나이차별을 경험하거나 목격한 적이 있다."

비록 두 연구가 나이차별이 존재한다는 것에 대한 결정적인 증거를 제공하지는 못했지만, 고용자가 나이가 많은 노동자에게 다소 긍정적이지 않은 반응을 보인다는 오랜 기간의 신념을 지지하고 있다. 주정부와 연방정부 법정에서는 나이차별이 필요한 영역에 대해 늘어나는 고령 노동자들이 차별의 필요성을 받아들이지 않는 경향이 있음을 지적했다. 1982년에는 11,397명이 고용연령차별에 반대했다. 2008년 이러한 사례는 24,582까지 증가했으며(평등고용추진위원회, 2010), 이는 일터에서 나이차별이 불법이라는 것을 알아차리는 것이 증가했기 때문일 것이다.

커리어 개발 전문가는 노동자들이 반드시 다음의 미신을 다룰 수 있도록 준비시켜야 한다(미국 은퇴자협의회, 1993; Brown, 1995).

1. 고령 노동자는 더 많은 건강 문제를 가지고 있으며 결근율이 높다
2. 고령 노동자는 유연하지 못하다.
3. 고령 노동자는 젊은이들보다 생산적이지 않다.
4. 고령 노동자는 대우를 받지 못하는 직업으로 인해 더 불행할 것이다.
5. 고령 노동자는 젊은 슈퍼바이저를 위해 일하는 것을 좋아하지 않을 것이다.
6. 고령 노동자는 힘과 배우는 능력이 약할 것이다.

이러한 여섯 가지 신념은 사실상 편견이다. 고령 노동자가 인생에서 본다면 건강상 문제가 일어날 수 있는 시기에 있는 것은 사실이다. 이러한 이유로 Brown(1995)은 직업을 전환하고자 하는 고령 노동자들에게 (1) 몸무게를 조절하여 그들의 외모를 향상시킬 것, (2) 상하체 운동을 포함한 운동 프로그램에 참여할 것, (3) 신체검사를 받고 직업 인터뷰에서 이러한 문제가 있을 시 결과를 제

출할 것, (4) 새로운 직업을 위한 보험비용을 절감이 가능하다면 이전 고용으로부터의 건강보험을 활용할 것을 제안했다. 고령 노동자 집단은 그들이 우울증을 제외한 모든 정신건강 문제에서 가장 낮은 발병률을 보이고 있다는 것과 정신건강 문제와 연결된 비용이 젊은 노동자들에 비해 적게 든다는 것을 알아야 한다. 고령 노동자는 의지하는 경향 때문에 종종 결근을 하는 젊은 노동자에 비해 출근율이 높다.

앞서 본 다른 잘못된 개념들과 함께 유감스러운 진실은 많은 고령 노동자들이 내재화되었다고 여기는 것이다. 그러므로 고령 노동자를 도와주기 위한 커리어 상담사들의 첫 번째 목표는 그들 스스로에 대한 신념을 명료화하고 제거하는 것이다. 고지식한 생각들을 유념하고, 고령 노동자들은 다음과 같은 부분을 알아둘 필요가 있다(미국 은퇴자협의회, 1993; Brown, 1995).

1. 나이가 들면서 개인의 기질은 더욱 고착화된다. 젊어서 유연한 사람이었다면 나이가 들어서는 더욱 유연한 사람이 된다. 이러한 기질은 젊어서 일을 잘했던 사람뿐만 아니라 일을 잘하지 못했던 사람 또한 나이가 들면서 과거 성향이 더욱 두드러진다는 것을 말한다.
2. 고령 노동자들은 젊은 노동자들만큼 생산적이고 어떤 경우에는 더 생산적이다.
3. 직업에서 요구하는 것에 비해 능력이 월등한 고령 노동자는 불행할 수도 있다. 그러나 사회보장제도 혹은 연금 등의 정기적인 수입이 있는 고령 노동자의 경우 능력에 적합한 직업보다 시간 활용이 유연한 것에 더 의미를 둘 수도 있다.
4. 슈퍼비전의 관계는 슈퍼바이저의 나이가 아닌 성격이 중요한 역할을 한다.
5. 뇌세포는 나이가 들면 파괴된다는 연구가 있다. 그러나 만약 고령 노동자가 알츠하이머 혹은 치매에 걸리지 않았다면, 그동안 성공하기 위한 전략을 향상시켜 왔던 경험 때문에 젊은 노동자들만큼 배울 수 있다.
6. 힘은 적어도 어떤 지점까지는 나이 때문이라기보다 부족한 운동으로 기능이 더 저하된다. 그러나 노동시장의 몇몇 직업은 많은 힘을 요구하기도 하지만 힘이 있고 없고가 제한요소는 아니다.
7. 시각과 청각 등이 쇠퇴될지라도 대안적인 도구들로 대체하여 중요한 수행을 할 수도 있지만 몇몇 직업에는 해당되지 않는다.

직업 선택 시 다른 삶의 역할을 고려하는 것에 예외가 가능한 것, 특히 휴식이 더 중요한 것 등 고령 노동자는 직업을 바꾸거나 혹은 노동시장에 재진입 과정에서 젊은 노동자와 비교해서 조금 다른 부분이 있다(Brown, 1995). 많은 고령 노동자들은 직업을 선택하기 위해 수년간 구직을 하지 않았을 수도 있으므로 고용되기 위한 능력을 개발하기 위한 지속적인 지원이 요구된다. 예를 들어 고령 노동자는 기술과 여러 가지 직업에서 필요로 하는 유연한 성격을 향상시킨다면 쉽게 접근이 가능할 것이다. 그들은 또한 고령 노동자들에 대한 잘못된 인식에 대응할 수 있도록 도와주는 인터뷰 기술을 향상시켜야 한다. AARP는 고령 구직자 지원을 아주 적극적으로 제공하고(Stern, 1993), 자료 개발뿐만 아니라 고용되는 기술을 개발하기 위한 워크숍을 지원한다. 대부분의 주요한 서적은 고령자에게 유용한 구직 과정의 모든 측면을 제공한다.

연습문제 9.1

내담자 집단이 커리어 상담에 가져올 이슈의 명료화 작업

1. 신체적 그리고 정신적 장애를 지닌 장애인
2. 현재 일을 하고 있거나 일하기를 원하는 여성
3. 경제적 조건이나 다른 이유로 인한 실직 근로자
4. 경제적으로 취약한 노동자(예 : 노동 빈민)
5. 일터로 돌아가는 은퇴자와 일반 직업으로 전환하는 군인 등을 포함한 구직 지연자
6. 전과자
7. 현재 직업 재평가 후 자발적으로 직업을 바꾸고자 하는 이를 포함한 중년의 직업 전환자
8. 개인적 만족과 재정적인 이유로 은퇴까지 일하기를 원하는 이들을 포함한 고령 노동자
9. 게이, 레즈비언, 양성애자 그리고 성전환자(성소수자) 내담자

요약

이번 장은 일반적인 커리어 개발 패턴이 적용되지 않는 몇몇 집단에 집중했다. 개개인이 다른 이유를 제공함과 동시에 어떻게 커리어 개발 전문가가 이들을 지원할 수 있는지를 다루었다.

신체적 혹은 다른 장애조건을 지닌 내담자는 일이 요구하는 신체적 혹은 정신적 목표를 그들이 수행할 수 없기 때문에 몇몇 직업은 부적합할 수도 있다. 재활 서비스는 특정한 신체적 움직임을 요구하지 않는 다른 활동과 연계된 직업과 다른 직업을 준비할 수 있도록 지원한다. 경제적으로 취약한 내담자는 그들이 경험한 제약사항을 다루기 위한 다른 대안 서비스나 훈련에 참여하게 된다.

이번 장에서 고려한 마지막 집단은 일반적인 은퇴 나이가 되었거나 혹은 근접한 이들이지만 자발적으로 혹은 강압적인 이유에서 지속적으로 일을 하고자 하는 이들이다.

커리어를 개발하고자 노력하는 모든 사람은 개인 성격과 그 사람들이 가지고 있는 모든 배경의 상호작용에 집중하고 주의를 기울일 때 가장 효과적인 도움을 제공할 수 있다.

이 장의 퀴즈

T F **1.** 고용법의 나이차별에 따르면 55세는 노인으로 분류된다.

T F **2.** 남성에 비해 여성의 수입이 적은 세 가지 요인은 남성이 기본적이 직업 선택, 노동시장에서의 차별, 그리고 가족을 위한 구직에 대한 높은 열망이다.

T F **3.** 군전역자는 무경험자에 비해 낮은 비고용률을 보여준다.

T F **4.** 현재 미국의 노동혁명을 최고로 잘 설명한 등급은 제조업 분야이다.

T F **5.** 두 번째로 규모가 큰 장애인 집단은 정신적인 병이 있는 사람들이다.

T F **6.** 문제해결 접근에서 본다면 재정적인 박탈의 스트레스와 스트레스 관리 시스템 모두는 구직을 위한 동기화의 자원이다.

T F **7.** 고등학교 중퇴자는 연간 평균 2천만 원을 벌 수 있을 것으로 기대되고 그들의 낮은 임금으로 인해 경제가 좋지 않은 상황에서 직장을 잃을 확률이 적다.

T F **8.** 상담 제공자들을 위한 캘리포니아에서 개발된 논리 모델은 태도와 행동의 변화에 접근하기 위한 인지행동치료에 기반한다.

T F **9.** 캘리포니아 논리 모델의 재발 비율이 가장 낮은 이유는 성공 가능성이 크기 때문이다.

T F **10.** 20년 복무 후 군을 떠난 사람들은 기본금의 거의 50%를 연금으로 받을 수 있다.

T (01) Ⅎ (6) Ⅼ (8) Ⅼ (7) Ⅎ (9) Ⅼ (5) Ⅎ (4) Ⅎ (3) Ⅎ (2) Ⅎ (1)

참고문헌

American Association of Retired Persons. (1989). *Work and retirement: Employees over 40 and their views.* Washington, DC: Author.

American Association of Retired Persons. (1993). *America's changing work force: Statistics in brief.* Washington, DC: Author.

Bejian, D. V., & Salamone, P. R. (1995). Understanding midlife renewal: Implications for counseling. *Career Development Quarterly, 44,* 52–63.

Bendick, M., Jr., Jackson, C. W., & Romero, J. H. (1993). *Employment discrimination against older workers: An experimental study.* Washington, DC: Fair Employment Council of Greater Washington.

Bonczar, T. P., & Glaze, L. E. (2011). Bureau of Justice statistics: Probation and parole in the United States. Retrieved from http://www.bjs.gov/index.cfm?ty=pbdetail&iid=2239

Brown, D. (1995). *How to choose a career upon retirement.* Lincolnwood, IL: VGM Books.

Brown, S. P., & Siegel, L. B. (2005, August 1). Mass layoff data indicate outsourcing and offshoring work. *Monthly Labor Review.* Retrieved from http://business.highbeam.com/4857/article-1G1-139172113/mass-layoff-data-indicate-outsourcing-and-offshoring

Bureau of Justice Statistics. (2009). Prisoners in 2008. Retrieved from http://bjs.ojp.usdoj.gov/index.cfm?ty=pbdetail&iid=1763

Bureau of Labor Statistics. (2012a). Unemployment situation of veterans summary. Retrieved from http://www.bls.gov/news.release/vet.nr0.htm

Bureau of Labor Statistics. (2012b). *Occupational Outlook Handbook.* Washington, DC: U.S. Department of Labor.

Bureau of Labor Statistics. (2013). Labor force statistics from the current population survey. Retrieved from http://www.bls.gov/cps/

Bureau of Labor Statistics. (2014). Median income by educational attainment. Retrieved from http://www.bls.gov/emp/ep_chart_001.htm

Cahill, M., & Salomone, P. R. (1987). Career counseling for worklife extension: Integrating the older worker into the labor force. *Career Development Quarterly, 35,* 188–196.

California Department of Corrections and Rehabilitation. (2009). COMPAS Assessment Tool Launched—Evidence-based rehabilitation for offender success. Retrieved from http://www.cdcr.ca.gov/rehabilitation/docs/FS_COMPAS_Final_4-15-09.pdf

Caporoso, R. A., & Kiselica, M. S. (2004). Career counseling with clients who have a severe mental illness. *Career Development Quarterly, 52,* 235–245.

Davenport, D. W. (1984). Outplacement counseling: Whither the counselor. *Vocational Guidance Quarterly, 32,* 185–191.

Deming, A. L., & Gulliver, K. (1981). Career planning in prison: Ex-inmates help inmates. *Vocational Guidance Quarterly, 30,* 78–83.

Diamont, M. (2009, October 30). Disability accommodations vary widely at nations colleges. *Disability Scoop.* Retrieved from http://www.disabilityscoop.com/2009/10/30/disabilities:college/5988/

DO-IT, University of Washington. (2013). Strategies for working with people who have disabilities. Retrieved from http://www.washington.edu/doit/CareerN/strat_work.html

Downing, N. E., & Rush, K. L. (1985). From passive acceptance to active commitment: A model of feminist identity development for women. *The Counseling Psychologist, 13,* 695–709.

Duggan, M. H., & Jurgens, J. C. (2007). *Career interventions and techniques: A complete guide for human service professionals.* Boston, MA: Pearson.

Equal Employment Opportunity Commission. (2009). Catholic charities settles EEOC age discrimination suit. Retrieved from http://www.eeoc.gov/eeoc/newsroom/release/6-18-09b.cfm

Equal Employment Opportunity Commission. (2010). EEOC complaints remain flat, but more suits filed. Retrieved from http://www.arkansasbusiness.com/article.aspx?aID=119503.54928.131647

Fabian, E. S., & Perdani, R. (2013). The career development of youth and young adults with disabilities. In S. D. Brown & R. W. Lent (Eds.), *Career development and counseling* (2nd ed., pp. 357–384). New York, NY: John Wiley & Sons.

Farmer, H. S. (1985). Model of career and achievement motivation for women and men. *Journal of Counseling Psychology, 32,* 363–389.

Fitzgerald, L. F., & Betz, N. (1994). Career development in a cultural context. In M. L. Savickas & R. W. Lent (Eds.), *Convergence in career development theories* (pp. 103–118). Palo Alto, CA: CPP Books.

GAO. (2009, October). Education needs a coordinated approach to improve its assistance to schools in supporting students. *GAO Highlights.* Retrieved from http://www.gao.gov/new.items/d1033.pdf

Guidubaldi, J., Perry, J. D., & Walker, M. (1989). Assessment strategies for students with disabilities. *Journal of Counseling and Development, 68,* 160–165.

Haverkamp, B. E., & Moore, D. (1993). The career-personal dichotomy: Perceptual reality, practical illusion, and workplace integration. *Career Development Quarterly, 42,* 154–160.

Jacobs, S. J., & Blustein, D. L. (2008). Mindfulness as a coping mechanism for employment uncertainty. *Career Development Quarterly, 57,* 174–180.

Kosciulek, J. F. (2003). An empowerment approach to career counseling for people with disabilities. In N. C. Gysbers, M. J. Heppner, & J. A. Johnston (Eds.), *Career counseling: Process, techniques, and issues* (2nd ed., pp. 139–153). Boston, MA: Allyn & Bacon.

Kratz, S. (2013). AARP study finds age discrimination rampant in New York for workers over 50. Retrieved from http://states.aarp.org/aarp-finds-age-discrimination-rampant-in-new-york-city-for-50/

Lent, R. W. (2013). Social cognitive career theory. In S. D. Brown & R. W. Lent (Eds.), *Career development and counseling* (pp. 115–146). New York, NY: John Wiley & Sons.

Lent, R. W., Brown, S. D., & Hackett, G. (2002). Social cognitive career theory. In D. Brown & Associates, *Career choice and development* (4th ed., pp. 255–312). San Francisco, CA: Jossey-Bass.

Mather, J. (1994). Computers, automation, and the employment of the blind and visually impaired. *Journal of Visual Impairment and Blindness, 88,* 544–549.

National Alliance on Mental Illness. (2013). The high cost of cutting mental health services. Retrieved from http://nami.org/Template.cfm?section=State_Advocacy

National Employment Law Project. (2008). Employment rights of people with criminal records. Retrieved from http://www.nelp.org/content/content_issues/category/employment_rights_of_workers_with_criminal_records

National Institutes of Health. (2014). Suicide in the military: Army-NIH funded study points to risk and protective factors. Retrieved from http://www.nih.gov/news/health/mar2014/nimh-03.htm

Osborn, D., & Zunker, V. G. (2012). *Using assessment results in career counseling* (8th ed.). Monterey, CA: Brooks/ Cole.

Perry, M. J. (2012, March 22). Manufacturing's declining share of GDP is a global phenomenon, and it's something to celebrate. *U.S. Chamber of Commerce Foundation*. Retrieved from http://emerging.uschamber.com/blog/2012/03/manufacturing%E2%80%99s-declining-share-gdp

Peterson, G. W., Sampson, J. P. Jr., Reardon, R. C., & Lenz, J. G. (2002). A cognitive information processing approach. In D. Brown & Associates, *Career choice and development* (4th ed., pp. 312–373). San Francisco, CA: Jossey-Bass.

Podmostko, M., Timmons, J., & Bremer, C. D. (2009). Assessing youth and adults with education and career challenges. In E. A. Whitfield, R. W. Feller, & C. Wood (Eds.), *A counselor's guide to career assessment instruments* (pp. 69–80). Broken Arrow, OK: National Career Development Association.

Schwiebert, V. L. (2009). Selecting a career assessment instrument. In E. A. Whitfield, R. W. Feller, & C. Wood (Eds.), *A counselor's guide to career assessment instruments* (5th ed., pp. 27–34). Broken Arrow, OK: National Career Development Association.

Skinner, M. E., & Schenck, S. J. (1992). Counseling the college bound student with a learning disability. *School Counselor, 39,* 369–376.

Stein-McCormick, C., Osborn, D. S., Hayden, S. C. W., & Van Hoose, D. (2013). *Career development for veterans.* Broken Arrow, OK: National Career Development Association.

Stern, L. (1993). Modern maturity report: How to find a job. *Modern Maturity, 36,* 24–43.

Stophlet, C. (2011, June 7). Retire young: Enlist in the military and stay in the military. *Yahoo! Voices.* Retrieved from http://voices.yahoo.com/retire-young-enlist-military-stay-the-8549791.html?cat=3

Super, D. E. (1990). A life-span, life-space approach to career development. In D. Brown & Associates, *Career choice and development* (2nd ed., pp. 197–261). San Francisco, CA: Jossey-Bass.

Thomas, K. R., & Berven, N. L. (1984). Providing career counseling for individuals with handicapping conditions. In N. C. Gysbers et al. (Eds.), *Designing careers.* (pp. 403–432) San Francisco, CA: Jossey-Bass.

U.S. Army. (2010). Army suicides increasing. Washington, DC: McGlacty News Bureau. Found in *Wilmington Star-News,* p. 9A.

Waters, L. E., & Moore, K. A. (2001). Coping with economic deprivation during unemployment. *Journal of Economic Psychology, 22,* 461–483.

Zunker, V. G. (2006). *Using assessment results in career counseling* (7th ed.). Monterey, CA: Brooks/Cole.

제 10 장

커리어 상담의 평가와 개발

 **기억해야 할 것들**

- 양적, 질적 측정 기술을 포함한 커리어 평가 과정에서의 중요한 접근법
- 심리검사 평가로 접근할 때는 반드시 적용되어야 하는 기준
- 심리검사 결과 해석 사용 전략
- 심리검사에서 모더니즘과 포스트모더니즘의 차이점

어떤 유형의 심리검사는 커리어 개발과 커리어 상담과정에 반드시 포함되어야 한다. 커리어 상담을 위한 심리검사는 도구와 검사의 표준 배터리 실시에 의해 자기 평가 기술, 흥미도, 그리고 가치를 측정할 수 있다. 심리검사 기술과 도구는 필지검사와 활동, 컴퓨터 기반 테스트 그리고 자기 평가 온라인 검사가 있다. 심리검사 후 결과는 자기 해석, 상담사 해석, 혹은 컴퓨터 프로그램에 의한 해석을 이용한다. 사실상 헤아릴 수 없을 만큼의 무한대의 심리검사도구가 있다. 커리어 상담을 위한 심리검사도구 안내서(A Counselor's Guide to Career Assessment Instruments; Whitfield, Feller, & Wood, 2009)에는 60개 이상의 심리검사도구에 대한 전문가의 의견을 포함하고 있고 검토되지 않은 거의 200개 이상의 검사도구가 목록으로 정리되어 있다. 최근 Wood와 Hays(2013)는 이러한 부분에 대한 매뉴얼을 만들었다. 포스트모더니즘 상담사의 경우, 어떤 심리검사는 테스트 혹은 도구를 포함하지 않을 수도 있다. 이들에게는 직업 가계도 혹은 카드 분류의 질적인 도구가 적합할 것이다.

18세에 첫 직업을 찾는 여성을 위한 검사과정과 고령자가 보조적인 수입을 위해 시간제 직업을 찾기 위한 상담을 지원하는 심리검사과정은 아마도 대조적일 것이다. 젊은 노동자를 위해 개발되어 사용하고 있는 검사도구는 수많은 직업을 경험하고, 아이들을 양육하고, 그리고 시민클럽과 교회에서 자원봉사자로 일해 온 성숙한 고령의 여성을 위해 거의 사용되지 않는다. 이런 경우 당신은 그녀의 흥미도를 보기 위해서 삶의 경험과 그녀의 능력을 발휘한 이전 직업을 탐색하는 것이 좋을 것이다.

그녀가 일하기 원하는 시간과 보조적으로 원하는 수입은 검사에 중요한 부분이다. 이전에 흥미도와 가치도구로 사용된 전통적인 도구는 18세 내담자의 직업심리검사 과정에 더 적합하다. 다양한 과제 문제 영역에서의 과제 수행, 선호하거나 선호하지 않는 가치, 흥미도 그리고 능력까지도 제공하는 단서가 될 수 있다. 주요한 부분은 하나의 심리검사 전략이 모든 내담자에게 적합하지는 않다는 것이다.

직업 개발의 첫 번째 모델(Parsons, 1909)은 자기 이해 증진과 직업 선택의 편견에서 개인적인 분석이 중요함을 강조했다. 커리어 상담사는 여전히 자기 이해와 직업에 대한 지식이라는 생각에 갇혀 있다. 그러나 오늘날의 커리어 상담사들은 결정과정의 변수로 개인적 요소, 생활유형의 고려, 그리고 영적인 이슈(Andersen & Vanderhey, 2006)를 포함한 결정에 의미를 두고 더 많은 탐색을 한다. 다음 부분은 커리어 상담과정의 몇몇 평가 요소를 정의할 것이다.

개인 심리적 특성

심리적 특성을 명료화하기 위한 많은 작업들은 대부분의 연구자가 특질이라고 부르는 것이 무엇인지에 집중해 왔다. 이러한 다수의 것은 이번 부분에서 논의하고 있다.

소질

소질은 개인이 직업적 의무를 적절하게 수행하기 위해 배우고 목표를 세우는 특정 능력과 재능으로 정의된다. 최근 연구는 직업에서 성공하기 위한 단계를 구성하는 특정 심리 요소를 요구하는 것을 소질로 제안했다. 이것은 안정성, 통합성, 그리고 독립성으로 잠재성 혹은 능력이다. 그러나 O*NET 개발자들은 52가지의 재능을 명료화하였다(미국 노동부, 1998). O*NET 개발자 팀은 아홉 가지 재능을 정의하였고 소질에 대한 부분은 다음과 같다.

언어 능력	사무 지각	산술 추리
운동 협응	계산	손가락 기민성
공간 능력	손재주	형태 지각

모든 기술이 직업에서 습득되거나 수행되기 위한 기술로 요구되는 것은 아니다.

재능 탐색기(Harrington & Harrington, 2006)는 능력을 분석하기 위해 세 가지 유형의 자기 평가 능력을 사용한다. 재능 프로파일러는 O*NET 자원 센터에서 사용 가능하다. 그것은 전통적인 지필 실험이다. 능력의 자기 평가 또한 유용하며 심리검사 자원으로 고려되고 있다(Melvin & Hale, 2013).

흥미도

개개인의 직업 적합도를 결정하기 위해 많이 쓰이는 정보 유형은 좋아함 혹은 선호 혹은 어떤 부분을 다르게 언급, 자신들이 즐겨하는 것들을 측정하는 흥미도이다. 반세기보다 훨씬 이전에 Super(1957)는 네 가지 유형의 흥미도를 다양한 평가방법과 함께 설명했다.

흥미 표현 : 언어로 언급 혹은 흥미를 주장
흥미 유지 : 흥미는 행동과 참여로 나타남
흥미 목록 : 좋아하고 좋아하지 않는 것을 고려한 질문에 대한 반응을 기반으로 흥미도 평가
흥미 검사 : 조절 가능한 상태에서 흥미도 나타냄

Super의 분류학에서 본 것과 같이 흥미는 많은 방법으로 측정이 가능하다. 정신분석도구 사용 중 흥미도가 가장 흔하게 사용되는 것이지만, 흥미도에 대한 언급 혹은 표현은 흥미도 목록에서와 같이 직업 선택, 만족, 그리고 성취도 같은 유효한 예측 변수이다(Whitney, 1969). 그러나 경험에 한계를 가지고 있는 개인이 커리어를 결정할 때, 흥미도가 언급되거나 평가되는 경우 직업 예측 정도를 감소시킬 행동을 할 가능성이 있다. 더불어 흥미도 검사는 개인이 좋아하거나 선호하는 것 그리고 선호하지 않는 것이 무엇인지 정량화할 수 있는 것을 목표로 하고 있다.

성격

Myers-Briggs 유형검사(MBTI)는 대학 직업 센터에서 가장 많이 쓰이는 성격검사로 나타난다(Melvin & Hale, 2013). Holland(1997)와 Super(1990) 모두 성격은 직업 선택과 커리어 개발에 있어서 아주 중요한 요소임을 분명히 했다. 그러나 Holland는 흥미검사가 성격검사라고 주장했지만, 그의 주장은 커리어 개발 영역 이외의 분야에서는 받아들여지지 않았고 흥미검사로 분류되었다. 왜냐하면 그들은 좋아하는 것과 선호도를 검사하기 때문이다(Whitfield, Feller & Wood, 2009; Wood & Hays, 2013). 성격은 개인의 신념, 관점, 정서, 그리고 태도를 종합적으로 정의한 것이고 개인의 행동까지도 포함하고 있다. 역사적으로 직업 선택에서 성격의 역할은 흥미도 다음으로 여겨졌지만, 그러나 이것은 대학 캠퍼스의 경우엔 아마도 다를 것이다(Melvin & Hale, 2013). MBTI

는 직업 선택에서 성격 측정의 사용을 부활시켰다. 수많은 사람들이 그들의 직업 선택과 개발의 편의를 위하여 MBTI를 사용하고 있다. 성격 유형 검사와 같은 MBTI에 대한 관심은 MBTI 기술적인 안내서에 첨부되어 제공되는 이 검사와 함께 직업 데이터를 수집할 수 있는 것으로 인해 더욱 활성화되었다(Myers & McCaulley, 1998). MBTI는 네 가지의 상반된 척도를 제공한다.

외향적 _____ 내향적

감각적 _____ 직관적

생각 _____ 느낌

판단 _____ 인식

MBTI 성격분석 결과는 외향적 대 내향적, 감각적 대 직관적, 생각 대 느낌, 판단 대 인식 점수에서 가장 높은 것으로 구성된다. 각각의 개인은 16가지의 성격 유형 중 ENFP 혹은 ISTJ와 같이 분류된다. 각각의 성격 유형은 직업적 환경을 위한 선호도를 포함한 확실한 선호도를 가지고 있다. 예를 들어 Myers와 McCaulley(1998) 설문조사에 참여한 전문직에 종사하는 이들 중 거의 반 이상은 NF 성격 분석에 속한다. 이러한 것은 이들이 선호하는 방법의 데이터는 직관 대 오감, 혹은 감각, 그리고 그들의 기분에 기반한 정보사용 방법 선호도(그들의 생각과는 반대되는 것 같은, 생각 사례와 같은)를 의미한다.

가치

가치에 대한 가장 일반적인 정의는 Rokeach(1973, 1979) 세미나에서 발표한 것으로 스스로의 행동 그리고 타인의 행동을 판단하는 것에 기준을 제공하고 개인의 행동에 대한 안내가 필요함을 인식하는 것이다. 욕구 특히 생리적인 욕구는 그들이 만족하면 더 이상 행동에 대한 동기가 없으므로 일시적이다. 가치는 상황에 따라 기능하고 일시적이지 않다. 가치는 표준과 같이 따르는 것이므로 흥미와는 다르다. 비록 흥미가 표준을 따르지 않지만, 그것은 시간과 상황에서 비교적 안정적이다. Super(1990), Srebalus, Brown(2001), 그리고 Leong(1991)은 커리어 개발, 커리어 선택, 그리고 직업 만족의 다양한 양상의 결정에 있어서 가치는 중요한 것임을 주장했고 이는 넓은 영역에서 지지를 받고 있다.

평가와 직업 상담

평가는 긴 커리어 상담과정의 통합적인 부분이다. 종종 상담도구는 커리어 상담과정 중에 상담사가 내담자에게 직접 실행한다. 어떤 상담센터의 경우 테스트와 검사는 테스트 센터의 임상심리 전문가에 의해 실행된다. 몇몇 공공학교는 흥미도 검사를 실행하고 중학교는 적성검사를, 그리고 자기탐색을 위해 고등학교에서도 계속 진행된다.

지난 수십 년간 대부분의 평가 프로그램은 자기 주도 탐색과 Myers–Briggs 유형검사와 같은 전통적인 평가도구의 실행, 채점, 그리고 해석과 연관되어 있었다. 1972년, Goldman은(전통적인) 시험과 상담의 혼합이 실패했음을 주장하였고 유용한 성장과 개발을 위한 다른 접근을 찾기 시작해야 함을 제시했다. 오늘날 Savickas(2013)와 같은 포스트모더니즘의 환경 테스트와 검사의 사용은 마치 Goldman의 비판을 받고 있는 것처럼 보인다.

Goldman(1972, 1982)은 직업적 성공과 만족을 예측하기 위해 시험과 도구들의 사용에 대한 관심을 고무시켰다. 포스트모더니즘 실행가들은 전통적인 도구들이 개인의 맥락과 상호작용하는 것을 아주 무시했다는 것을 지적했다. 더불어 그들은 흥미도 혹은 성격 유형이 유효하다는 생각에 질문을 던졌다. 스트롱 흥미검사와 MBTI와 같은 많은 검사도구의 예측 유효성은 종속변수가 직업 만족 혹은 직업 선택인 경우 비교적 낮다. 그렇다면 이러한 검사들을 버려야 하는가?

명확히 말하자면 전통적이고 비전통적인 평가 과정의 사용에 반대하고 논쟁하는 것은 이론적이고 철학적인 부분이다. Peterson과 Gonzalez(2005)는 위법 행위를 정정하기 위해 내담자의 삶의 맥락에서 가치에 기반한 흥미와 같은 포스트모더니즘 접근으로 돌아서기를 제안했다. 그들은 커리어 상담사가 포스트모더니즘 접근과 같이 축적되는 적성을 평가할 수 있는 능력과 같은 자기 평가 기술의 개발을 강조해야만 한다고 했다. 이와 달리 Hansen(2013)은 특정한 상황에서 전통적인 흥미도 검사의 사용은 자기 이해에 대한 향상을 가져오고 직업 선택에 대한 안내가 될 수도 있다고 주장했다. 이러한 이슈의 요점은 그럼에도 불구하고 평가도구를 이용하는 이유는 무엇일까? 무엇이 결과에 대한 희망인가? Peterson과 Gonzalez는 자기 평가 기술이 향상되어야만 한다고 제안했다. Hansen은 제안하기를 평가는 결정에 있어서 부분적인 안내를 제공해야만 한다고 말했다.

대부분의 커리어 상담사들은 커리어 상담과정의 한 부분으로 이성적인 자기 평가 능력이 향상되어야 한다는 것과 결정과정에 있어서 그 지식을 사용해야 한다는 것에 동의한다. Krumboltz(2010; 제5장)는 구직의 기회를 증가시키기 위해 내담자의 환경에 대한 지속적인 조사

표 10.1 커리어 평가의 기대 결과

1. 직업 선택을 위한 준비 향상
2. 현명한 결정을 할 수 있는 확신(자기 효능) 향상
3. 자기 알아차림 향상(흥미도, 가치, 능력 등)
4. 미래의 방향 찾기 개발
5. 내담자의 결정 접근 평가, 필요한 경우, 결정 불안과 같은 결정 이슈 진단
6. 내담자의 커리어 상담과정과 커리어 상담사의 효과성 평가

가 필요함을 제시했고 더불어 저자의 경우 내담자가 가지고 있는 상황에서 장점을 제안한 이후 자기 평가 스킬에 대한 필요성을 명확히 하는 것을 권유한다. 어찌 보면 평가에 접근하는 것은 자기 평가 기술의 아주 높은 단계라고 할 수 있을 것이다. 커리어 평가 과정의 결과는 무엇인가? 내담자는 그 과정에서 필요한 것이 무엇인가? 표 10.1은 이러한 결과가 자기 평가 기술을 배우는 것 혹은 결정과정 안내를 위한 데이터 사용하는 것보다 더 확장되어야만 한다고 제시하고 있다.

평가 과정에서 복합적인 평가 전략이 필요하다면 결과에 대한 기대는 분명하다. 그러나 편협하고 기계적이고 그리고 환원주의적 전통적인 평가를 주장하는 임상가와 이론가는 질적 평가(Peterson & Gonzalez, 2005)를 그 대안으로 주장해 왔다. 다음에 보여주는 평가를 위한 객관적인 (양적인) 접근은 질적 평가 접근과 대조된다.

임상적, 양적, 그리고 질적 평가에 대한 접근

임상 평가는 커리어 상담사가 훈련을 통해 얻어낸 정보와 명료화, 진단, 혹은 내담자의 행동과 문제의 예측을 적용할 때마다 존재한다(Gregory, 2006). 커리어 상담사는 다양한 유형의 질적 그리고 양적 검사실행과 해석을 포함한 그들이 수행한 상담과정을 연계한다. 임상적인 판단(예 : 내담자가 우울하다는 느낌)은 종종 평가를 확신하기 위해 추가적인 평가가 정기적으로 필요하다. 재빠른 커리어 상담사는 그들의 가정을 확인하기 위해 그들의 내담자와 나누기도 한다. 판단이 확인되면 내담자의 행동 변화 과정에 사용된다(Gregory, 2006). 임상 평가는 다른 유형의 평가와 함께 사용하기 위한 최선의 부가물이다.

양적 평가

낙제학생방지법(NCLB), 대학입학자격시험(SAT), 혹은 다른 비슷한 시험과 같이 공립 혹은 사립 학교 과정에서 경험한 통제에 의한 반응을 보는 성취도 시험같은 양적 평가는 내담자들에게 가장 익숙한 도구이다. 많은 내담자는 흥미도, 가치 혹은 성격을 측정하는 검사도구들을 완성할 것이다. 이것들 또한 양적인 평가도구이다. SAT와 같은 시험은 지능시험을 간혹 요구하기도 하며 최고의 평가나 긍정적인 수행을 당연한 것으로 여긴다. 반면에 검사는 전형적인 수행능력을 보게 된다. 그러나 각 시험과 검사는 시행과 채점 과정이 표준화되어 있다. 특히 시험은 시간제한이 있는 반면 흥미도 검사와 같은 심리평가는 시간제한이 없다.

지필검사를 포함한 대부분의 시험과 심리검사는 일반적으로 컴퓨터 알고리즘을 사용하여 분석하고 채점한다. Sampson(1990, 2001)과 Sampson, Carr, Lunsden, Smission, Dozier(2009)는 시험에 있어서 컴퓨터 적용과 연결되어 있는 수많은 심리평가 경향을 구분하였다. 이 중에 가장 핵심은 임상가들에 의한 해석을 지원하기 위한 컴퓨터 기반 해석의 사용, 적성시험이 직업 혹은 교육적인 배정의 결정을 위한 기반과 같이 사용되는 경우 성적을 잘라내기 위한 컴퓨터, 그리고 해석 과정에서 귀납적이고 언어적인 장애물을 감소시키기 위한 컴퓨터 조절 디지털 기술의 사용이다. Sampson 또한 점자 키보드와 같은 적응적인 도구는 장애인이 시험과 연결된 지원을 위해 몇몇 사항들이 사용 가능함을 기술했다.

객관적 접근과 대조적인 질적 평가의 접근은 다소 덜 엄격한 매개변수와 연결되어 있다. 예를 들자면, 방향에 대한 표준화가 되어 있지 않을 것이고 '채점'은 더욱 주관적일 것이다. 실제로 채점 자체가 없는 경우도 있다. 이런 도구들의 결과는 분석되지 않으며 규범적인 것과 반대로 표의적으로 해석된다. Goldman(1990)은 내담자가 질적 평가보다 표준화 혹은 객관적인 시험과 검사도구에 더욱 자발적으로 참여하는 경향이 있다는 것을 지적한 바 있다. 그 이유는 객관적 접근은 내담자가 어디에서 혹은 어떻게 검사도구가 시행되고 채점되는지에 대해 조금 알려주기 때문이다. Goldman은 카드 종류, 가치 명료화 연습, 작업 예제의 사용과 같은 조건, 그리고 관찰과 같은 많은 질적 평가도구를 명료화하였다. Peterson과 Gonzalez(2005)는 이러한 목록을 위해 직업에 대한 생각과 생활의 주제에 대한 자료를 수집하여 첨부하였다.

Goldman(1990)에 명료화한 몇몇 '질적' 도구는 평가를 위하여 객관적인 접근을 개발할 수 있다. 행동심리학자들은 아주 세련된 관찰 시스템을 개발하였을 뿐만 아니라 어떤 시험과 도구들에도 표준화할 수 있는 관찰자 간의 신뢰도 절차를 만들었다.

커리어 상담과 발달의 역사를 통하여 객관적이거나 표준화된 시험이 강조되어 왔다(Brown, 1990). 그러나 직업의 그늘과 같이 커리어 상담의 질적 방법 평가에 대하여 이전에 쓰인(예 : Williamson, 1939) 자료들은 개인의 잠재적인 흥미, 적성, 특정 직업을 돕기 위하여 사용되었다. 근래에 들어서는 무엇이 다른지를 알기 위해 더 많은 질적 평가 접근이 이루어지기도 한다. 역할극, 자기 효능 평가 그리고 인지 평가는 내담자에게 모두 유용한 전략이다. 비록 이 장의 후반에 제시한 모든 것은 질적 평가도구이지만 자기 효능 평가는 양적 평가도 가능하다.

평가는 학습 영역에서 많은 양상들과 함께 아주 중요하다. 이번 장 초반에 언급한 것과 같이, 그야말로 수백 가지의 양적 · 질적 평가 접근이 이번 장에 포함될 것이다. 무엇이 포함될 것인가? 아주 소수의 유용한 대부분의 질적 평가도구가 이번 장에서 논의되며, 커리어 개발 프로그램과 상담에서 검사도구의 사용에 대한 저자의 생각을 기반으로 대부분 선택되었다. 검사도구들은 Kapes 와 Whitfield(2002), Whitfield, Feller와 Wood(2009) 그리고 Wood와 Hays(2013)를 거치면서 많은 단계를 통하여 검토를 했고 이에 기반을 두어 선택되었다. 이들 편집자들은 흥미도, 적성, 커리어 개발과 가치 측정을 위한 다양한 검사도구의 기술적이고 실용적인 가치에 대한 검토를 전문적으로 한다. 이 목록 어디에도 언급되지 않았지만 논의된 몇몇 검사도구들은 커리어에 있어서 우유부단한 결정장애문제를 해결하는 데 유용한 도구들이다.

질적 평가와 구성주의 이론

제3장과 제6장은 직업 선택 이론에 집중하고 포스트모더니즘과 논리 실증주의, 두 가지 주요 철학을 기반해서 개발했다. 이러한 철학적 입장에 기반한 이론들은 커리어 상담 접근에 기반한 것과는 방법적 접근에서 중요한 차이를 보인다. 이러한 두 가지 관점의 다른 점은 심리 평가 영역이다. Holland(1997)와 같은 논리실증주의는 흥미도와 성격검사와 같은 전통적인 평가도구에 의지하고 있는 반면에 Young, Valach와 Collin(1996) 그리고 Savickas(2013)의 구성주의 접근은 그렇지 않다. 포스트모더니즘 철학에 기반한 커리어 상담사는 인간 스스로의 유일한 현실을 각자 구성한다고 믿는다. 그들은 개인의 관념을 끌어내기 위해 고안된 심리검사를 사용한다. Thorgren과 Feit(2001)는 논리실증주의는 무엇이 옳은가를 찾는 반면에, 포스트모더니즘은 그 의미를 찾는다고 지적했다. 게다가 Brott(2001)는 포스트모더니즘이 흥미도 검사를 사용하는 경우, 내담자가 직업을 이해하는 것(의미를 만드는 것)을 돕기 위해 어떻게 그들이 현재의 위치를 이해하는지를 설명하고 그 관점을 미래에 두는 것으로 확장한다.

항목배열기법 혹은 렙테스트와 같은 몇몇 포스트모더니즘의 심리검사 접근법은 아주 복잡하고 커리어 상담에서 사용하기 전에 집중적으로 훈련을 받아야 한다. 그러나 많은 포스트모더니즘 심리검사 전략은 대부분 사용이 쉬운 편이다. Career-O-Gram, 역할극, 카드 분류, 그리고 가계도를 포함한 몇몇 전략은 이번 부분에서 논의된다. 양적 그리고 질적인 측정 모두가 가능한 자기 효능감 측정은 다음에 논의된다.

Career-O-Gram Career-O-Gram 검사는 가족 관계를 시각적으로 묘사하여 보여주기 때문에 가족 상담에 주로 쓰인다(Prosek, 2013). Thorgren과 Feit(2001)에 의한 적용은 커리어 상담사가 내담자의 가장 최초의 직업 욕구를 구체화할 때 그리고 내담자가 추구하거나 혹은 그것을 버리게 북돋우는 요소들을 요구할 때 시작된다. 다음의 질문은 심리검사 과정에서 제시될 수 있다.

- 첫 번째 직업 목표는 무엇이었는가?
- 이러한 목표가 드러난 것은 몇 살이었는가?
- 이러한 직업의 양상이 가장 잘 나타난 것은 무엇이었는가? 가장 적게 나타난 것은 무엇이었는가?
- 이 직업에 종사했다면 어떠했겠는가?
- 당신 문화에 있는 다른 사람들도 비슷한 선택을 했는가?
- 남성과 여성의 적합한 직업에 대하여 어떤 메시지를 받았는가?
- 직업을 결정할 때 당신은 얼마나 확신하는가?
- 만약 기본적인 선택이 변한다면 어떤 요소들이 변화하고 당신의 현재 위치는 어떻게 변하겠

는가?

- 당신의 삶에서 영향력 있는 인간관계는 무엇인가?
- 이러한 관계는 당신의 선택에 어떤 영향을 주는가?
- 각각의 선택을 하게 만든 일은 무엇인가?
- 직업 선택에 대한 가족의 역할은 무엇인가?

시작과 결과, 각각의 목표가 명료화되기 위해서 초기의 목표는 사각형(□)으로, 다음 목표는 삼각형(▼) 등의 상징으로 묘사되어야 한다. 경제적인 요소를 위한 달러 표시($), 긍정적인 대인관계를 위한 상향 화살표(↑), 부정적인 대인관계를 위한 하향 화살표(↓), 과정에서 부모의 개입을 위한 하트(♥)의 예제와 같이, 각각의 선택에 영향을 준 맥락적인 요소들을 상징화하여 묘사할 수 있어야 한다. 결과는 내담자의 삶을 통해 직업 선택에 영향을 준 요소들이 상징 묘사로 개발 과정을 보여줘야 한다. 삶에 있어서 중요한 사건, 예를 들어 약물사용, 기대하지 않은 임신, 병, 이혼, 혹은 아이들을 기르거나 돌보는 일들 또한 Career-O-Gram에 그려진다. Career-O-Gram은 상담자와 내담자 사이의 언어적 상호작용으로부터 내담자의 직업 선택 과정 결과의 상징적 그림이다. Career-O-Gram에서 기대할 수 있는 결과는 심리검사에서 보여주는 직업 선택 과정에 영향을 준 맥락적 요소들에 대한 이해를 높이는 부분이다. Brott(2001)는 내담자가 가지게 되는 Career-O-Gram의 효과로 내담자 스스로 삶에 대한 안내를 구축하는 과정에서 지금까지 예상치 못한 것을 발견하게 되는 것이라고 하였다.

역할극 역할극은 개입법과 심리검사 전략으로 모두 사용될 수 있다. 비록 지금 논의되는 것이 대부분 심리검사에 집중되어 있지만, 역할극을 개입법과 같이 사용할 수 있는 짧은 안내를 제공한다. 역할극은 무엇이 어떻게 수행되는가를 증명하기 위한, 사회적 위치에서 행동이 이루어지는 과정이다. 예를 들자면 커리어 상담 내담자가 "지난 직업 인터뷰가 엉망이었다."고 보고한다. 상담사는 인터뷰가 엉망이었던 이유를 파악하기 위해 내담자에게 지난 인터뷰에서 무슨 일이 있었는지를 말로 표현하기를 요청한다. 언어적 보고는 깨우치게 되는 것이지만 사회적 기술이 연결된 상황은 정확하게 설명되지 않는다.

역할극은 언어적 표현과 상호작용하여 나타난다. 커리어 상담사는 내담자가 여전히 인터뷰하는 것이 어려운지를 물어보고 만약 내담자가 인터뷰를 다시 할 것에 동의하면, 직업 인터뷰에서 실제로 어떻게 행동했는지를 직접 표현하기를 요청한다. 그리고 역할극은 시작된다.

역할극을 하는 동안 상담사는 내담자를 관찰하고 장점과 단점에 대한 심리적 노트를 만든다. 역할극이 끝나면 상담사의 관찰을 내담자와 나누거나 혹은 만약 상담사가 검사를 공개하지 않기를 원한다면 상담자는 역할 전환에 참여하게 될 수도 있다. 역할 전환에서 상담사는 내담자의 역할을, 내담자는 직업 인터뷰를 하는 입장이 되어 보고 새로운 역할극이 진행된다. 한 번 진행이 끝나면, 상담사는 내담자의 행동이 잘 묘사되었는지 아닌지를 내담자에게 물어본다. 만약 내담자가 그렇다고 하면 역할 전환 동안 내담자 자신의 행동을 평가하도록 요청한다. 그 이후 상담사는 추가적인 평가를 제공하고 상담사와 내담자는 인터뷰에서의 장점과 단점을 목록으로 만든다. 이후 개입을 하고 원하는 행동의 모델을 자세히 제공하고 행동 예행연습을 통해 연습하고 피드백을 준다. 역할극은 직업 인터뷰, 전화 연결, 그리고 고용자와 고용주의 상호작용과 같은 넓고 광범위한 영역에서 내담자의 사회적 기술을 측정하기 위해 사용된다(예 : 일어날 것을 요청).

카드 분류 카드 분류는 전형적으로 가치, 흥미도, 직업기술, 그리고 선호하는 삶의 유형을 포함하는 다양한 변수를 측정하기 위해 사용된다. 잠재적인 선택을 위해 내담자는 3×5인치 카드 3~5개를 분류하도록 요청받는다. 다음은 삶의 유형 변수에 대한 잠재적인 요소의 예제다.

1. 발레
2. 교향곡
3. 극장
4. 통근 거리의 스키 타기
5. 일을 위한 짧은 통근
6. 아이들 수준이 높은 학교
7. 주변 골프 코스
8. 내담자를 위한 교육적 기회
9. 따뜻한 날씨
10. 추운 날씨
11 중간 정도의 날씨(사계절)
12. 부모님 집과 가까움
13. 아이들을 위한 교내 스포츠 프로그램
14. 대도시와 가까움
15. 주변의 수상 레크리에이션

내담자는 이러한 15가지 카드종류를 '중요하지 않음', '조금 중요함', 혹은 '아주 중요함'으로 나누고 상담자와 선택에 대한 이유를 논의한다. Tyler(1961), Dolliver(1967), 그리고 Dewey(1974)는 흥미도 측정을 위한 카드 분류 사용에 있어서 선구자이다. 가장 최근에는 Knowdell(1998)이 직업가치카드종류도구(Career Values Card Sort Kit)를 개발했다.

가계도 가계도는 가족 상담을 위해 개발되었다. McGoldrick과 Gerson(1985)은 가족가 함께 유용하게 쓸 수 있도록 책으로 출판했다. 같은 책의 세 번째 개정판은 다른 제목과 저자(McGoldrick, Shellenberger, & Perry, 2008)이지만 여전히 가족에게 집중하였다. 그러나 가족을 위한 가계도 작업의 일반화는 비교적 단순하다. 커리어 상담에서 가계도는 내담자의 직계가족 혹은 대가족, 다시 말하자면 부모, 조부모, 숙모, 삼촌 그리고 내담자의 직업과 연계된 태도와 영향력을 지닌 다른 친척들이 연계된 가족 관계도를 창조적인 그림으로 활용할 수 있다. 만약 바르게 사용한다면 가계도는 자기 스스로 한계를 주는 고지식한 유형, 다양한 직업 선택의 결과에 대한 기대, 그리고 직업 가치와 흥미의 개발의 자원으로 평가될 수 있다(Brown & Brooks, 1991; Okiishi, 1987).

커리어 상담에서 이러한 도구를 사용하는 것은 어떤 면에서 더 한계가 있기 때문에, 전체적인 가계도의 구성은 시간이 오래 걸리지만 단축된 버전도 개발되었다. 가계도는 전형적으로 가족 구성원을 혈통중심으로 정리한 목록이며, 조부모 목록이 첫 번째 줄에 부모와 부모의 형제자매가 두 번째 줄에, 영향력이 있는 사촌들이 세 번째 줄에, 그리고 본인의 형제자매가 네 번째 줄에 놓인다. 이러한 구조는 그림 10.1에서 볼 수 있다. 가족이 아니지만 내담자의 '커리어 생각'에 아주 큰 영향을 주는 개인, 교사, 이전 고용주, 그리고 기타 등을 가계도에 덧붙일 수 있다(Gibson, 2005; Malott & Magnuson, 2004).

한 번 가계도 차트가 정리되면 각각의 직업(주부를 포함)이 목록화된다. 이후 내담자에게 그들의 직업에 대하여 어떻게 느끼는지, 내담자가 기대하는 가치는 무엇인지, 그리고 차트에 있는 각각의 사람, 긍정적이든 혹은 부정적이든 영향을 준다고 믿는지 보고하기를 요청한다.

다른 질적 측정 도구 이전에 질적 측정의 수나 유형은 거의 논의되지 않았다. 구명밧줄과 묘비명은 내담자들이 그들의 미래를 예측하는 것과 원하는 결과가 그들의 삶 주변에서 나타날 수 있도록 도와주기 위해 사용된다. Super의 1990년 작업에서 보여준(제4장 참조) 삶의 공간을 만드는 역할 목록은 내담자들이 미래의 삶을 예측하고 시간 사용에 균형을 가지도록 도와준다.

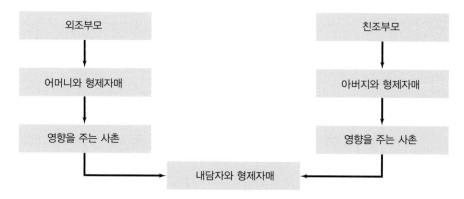

그림 10.1 직업 가계도 구조

Michel(2013)의 가능한 자아 적합성이라고 명명되는 기술은 삶의 유형에 대안적인 계획을 만들기 위해 내담자를 도와줄 때 유용하다. 중요한 것은 질적 평가는 창조적인 상담사와 그들의 내담자가 상담과정에서 고안해낼 수 있다는 점이다.

질적 심리검사를 위한 지원 질적인 도구를 사용하기 위한 경험적인 지원은 많지 않다. 카드 종류(예 : Gysbers & Moore, 1987) 그리고 역할극(예 : Brown & Brooks, 1991) 사용을 위한 지원이 방대하게 이뤄지고 있다. 그러나 질적 심리평가 전략은 넓게 사용되며 내담자의 다양한 관점을 다룰 때 필요한 많은 데이터를 제공할 수 있고, 모든 커리어 상담사의 레퍼토리에 반드시 포함되어야 한다.

질적이고 객관적인 심리 측정 도구

비록 대부분이 객관적인 것 혹은 질적인 평가만 사용하지만 어떤 심리평가도구는 질적이거나 혹은 객관적인 도구 모두 지원한다. 첫 번째 심리평가 전략인 자기 효능감 심리평가는 다른 기능을 함께 지원할 수도 있다.

자기 효능감 측정 자기 효능감은 어떤 단계의 목표를 수행할 수 있는 개인의 능력을 고려한 판단이다(Bandura, 1977, 1986)(제5장 참조). 자기 효능감 인지는 행동을 중재한다. 개인은 수행 가능한지 판단한 다음 자신들의 능력을 벗어난다고 믿으면 어떤 일에 참여하는 것 대신에 목표나 행동을 피하게 된다(Bandura, 1986). Betz와 Hackett(1981, 1986)은 직업 결정의 자기 효능감에 대한 기대는 중요하다고 가장 먼저 강조했으며, 반두라의 작업(1977, 1986)에서 상세화되고, 이러한 구성은 직업 결정 모델에 주요한 기본이 되었다. 자기 효능감은 전통적으로 첫 단계에서 측정되고 수행할 목표를 명료화한다(예 : 대수학을 성공적으로 완성). 두 번째로, 내담자에게 목표의 어려움 정도와 그리고 그 목표를 수행할 수 있는 확신을 평가하도록 요청한다. 그리고 세 번째로, 상황에 연계된 그들의 수행을 평가한다(Bandura, 1986). 다음의 대화는 어떻게 자기 효능감이 커리어 상담에서 평가되는지 보여주는 예이다.

상담사 : 우리는 엔지니어가 당신 직업으로 가능하다고 논의했어요. 1에서 10점 척도 중에서 10은 아주 어려운 것이라면 엔지니어의 어려움은 얼마 정도로 줄 수 있나요?

내담자 : 10, 아주 명확히 10이죠.

상담사 : 그러면 엔지니어 수업에서 적어도 2.5의 학점을 득점할 수 있다고 얼마나 확신하나요? 다시 1에서 10점 척도를 사용하죠, 1은 '아주 확신하지 않는다'이고 10은 '아주 확신한다'입니다.

내담자 : 그러면 아마도 7, 저는 수학과 과학을 아주 잘하거든요.

상담사 : 알겠습니다. 그러면 한 번 더 점수를 매겨봅시다. 우리가 엔지니어와 관련 있는 엔지니어 기술, 건축, 산업 관련 등 여러 가지 선택권을 논의했습니다. 1에서 10점 척도를 사용하면 당신이 이러한 분야에 대한 공부를 완료할 수 있다는 확신으로 얼마나 점수를 주겠습니까?

내담자 : 엔지니어 기술은 10, 명확하게 말하면 건축은 5 혹은 6. 필요한 부분을 할 수 있을지에 대해 확신할 수가 없습니다. 산업 관련 부분은 아마도 9 혹은 10.

자기 효능감 점수는 내담자가 직업에 대한 정보 찾기, 고용주와의 인터뷰 마치기, 혹은 커리어 상담을 성공적으로 완료하기 능에서 그들 스스로의 능력에 대한 관점을 평가하는 기본으로 사용될 수 있다.

지난 수십 년 동안 가장 흥미로운 심리검사의 경향 중 하나는 질적인 자기 효능감 측정 없이 양적인 자기 효능감 측정만 해온 것이다. 더불어 자기 효능감 측정에 대한 생각은 흥미도 측정과 통합되어 있다. Betz(2000)는 일반적인 자기 효능감 심리검사의 주요한 부분의 개요를 서술했다. 첫째, 자기 효능감 심리검사는 특정 행동 영역에 중점을 두어야 한다. 이미 언급된 바와 같이 이러한 부분에 중심을 두는 이유는 자기 효능감은 개인이 특정 목표를 수행할 수 있다는 것에 대한 판단이라는 Bandura(1986)의 정의에 기반한다. 그러므로 Betz가 명명한 직업 자기 효능감은 복합적인 행위의 수행 전체이지 어떤 특정 목표를 수행하는 하나가 아니라는 것 때문에 잘못된 것이다. 심리검사 과정은 각각의 특정한 영역에서의 행동이지 직업 전체에 집중하는 것은 아니다(Betz, 2000).

소프트웨어 패키지 사용 등 어떤 영역의 행동은 이후에 명료화된다. 자기 효능감 검사의 두 번째 단계는 심리검사 측정을 만드는 것이다. Betz(2000)는 대부분의 자기 효능감 측정에서 그녀가 사용한 점수 1부터 10까지 확신감 영역을 사용한다. 그림 10.2에서 볼 수 있는 이러한 척도는 학생들에게 그들이 어떤 목표를 수행할 수 있는지에 대한 확신을 1부터 10까지 범위에서 표시하라고 요청한다.

Betz와 Hackett(1981)는 대학생들의 교육적 요구와 20가지의 직업에 대한 의무를 수행하는 것에 대한 확신을 측정하도록 고안된 직업적 자기 효능감 척도(Occupational Self-Efficacy Scale)를 사용하여 자기 효능감에 대한 관념을 연구했다. 수학 자기 효능감 혹은 Holland 유형(RIASEC)과 관련 있는 목표 수행에 대한 학생들의 확신이 널리 연구되었다. 기술확신검사(Skills Confidence Inventory; Betz, Borgen, & Harmon, 2005)는 Holland 유형의 다양한 직업을 고려하여 개개인의 자기 효능감 기대를 평가하여 사용했다. 그러나 Betz에 따르면 아주 광범위하게 사용하고 연구하는 검사도구는 커리어 결정 자기 효능감 척도다.

다음은 직무 수행에 대한 내용입니다. 당신이 얼마나 확신하는지에 따라 제공된 척도에 동그라미로 표시해 주세요. 직무 수행 목표에 아주 불확신하는 경우 (1), 직무 수행 목표에 아주 확신하는 경우 (5)에 표시하세요.

---

1. 중고등학교 교사 : 중학생 혹은 고등학생에게 특별 교과목을 가르친다.

1	2	3	4	5
아주 불확신함		어느 정도 확신함		아주 확신함

2. 심리학자 : 인간 행동에 대한 데이터 수집, 해석, 그리고 과학적 적용

1	2	3	4	5
아주 불확신함		어느 정도 확신함		아주 확신함

3. 약사 : 약의 조제와 혼합, 건강수칙과 공공을 위한 약에 대해 조언을 주는 것

1	2	3	4	5
아주 불확신함		어느 정도 확신함		아주 확신함

4. 치과 위생사 : 치과진료제공, 치아관리교육, 엑스레이 촬영, 치과의사 보조

1	2	3	4	5
아주 불확신함		어느 정도 확신함		아주 확신함

5. 구매자, 도소매업 : 공장 혹은 도매업자로부터 물품구매 그리고 대중에게 판매

1	2	3	4	5
아주 불확신함		어느 정도 확신함		아주 확신함

6. 판매관리 : 직접적인 직원 그리고 판매직원 교육 그리고 판매 프로그램을 개발하고 조정

1	2	3	4	5
아주 불확신함		어느 정도 확신함		아주 확신함

7. 초등학교 교사 : 초등학교 학생 교육, 여러 가지 과목 교육 그리고 다양한 활동 관리

1	2	3	4	5
아주 불확신함		어느 정도 확신함		아주 확신함

8. 주식과 채권 판매원 : 주식과 채권을 사거나 판매 시 정보와 조언 제공

1	2	3	4	5
아주 불확신함		어느 정도 확신함		아주 확신함

그림 10.2 자기 효능감 측정 : 직무 수행 확신성

출처 : *Career Self-Efficiency Expectations and Perceived Range of Career Options in Community College Students* (pp. 96–98), by H. L. Rotberg, 1984. Unpublished doctoral dissertation, University of North Carolina at Chapel Hill. Reprinted with permission.

9. 편집자 : 배치, 조건, 준비, 받아들이거나 거절, 그리고 공공을 위한 교육

1	2	3	4	5
아주 불확신함		어느 정도 확신함		아주 확신함

10. 등록된 간호사 : 병과 상처를 위해 간호 행정, 그리고 기술 사용, 경험, 그리고 교육

1	2	3	4	5
아주 불확신함		어느 정도 확신함		아주 확신함

11. 엔지니어 : 건설공사의 문제해결, 화학물질 사용, 기계 디자인 등을 위한 적용 가능한 건축, 수학, 물리학, 화하 사용

1	2	3	4	5
아주 불확신함		어느 정도 확신함		아주 확신함

12. 인사 관련 : 그들 혹은 고용주의 이익을 위해, 그리고 일을 수행할 수 있는 사람을 고용하거나 배정

1	2	3	4	5
아주 불확신함		어느 정도 확신함		아주 확신함

13. 실험실 기술자 : 생물 재료의 실험 분석에 있어서 다른 건강 전문가들과 함께 일함

1	2	3	4	5
아주 불확신함		어느 정도 확신함		아주 확신함

14. 디자이너 : 새로운 타입의 원본 디자인의 옷, 가죽, 그리고 섬유의 스타일 창조

1	2	3	4	5
아주 불확신함		어느 정도 확신함		아주 확신함

15. 도서관 사서 : 도서관에 수집된 책과 다른 자재 관리, 그리고 사람들이 도서관 자재 이용 지원

1	2	3	4	5
아주 불확신함		어느 정도 확신함		아주 확신함

그림 10.2 자기 효능감 측정 : 직무 수행 확신성(계속)

자기 효능감 측정을 위한 지원　커리어 상담과정에서 자기 효능감 측정이 필요한 이유는 많다(다양한 재검토를 위해 Lent, 2013 참조). 이전에 언급된 Betz와 Hackett의 1981년 연구에 따르면 전통적으로 남성과 여성 직업에 대한 자기 효능감에 있어서 남녀 간에 큰 차이가 있음을 발견했다. 비슷한 맥락으로 Rotberg, Brown, 그리고 Ware(1987)는 직업적 자기 효능감은 직업 영역에서 보이는 것과 연관성이 있다. 직업에 있어서 우유부단함의 감소는 자기 효능감을 향상시키는 상담 개입의 중요성을 강조하였고(예 : Luzzo & Taylor, 1994) 연구자들은 흥미도와 자기 효능감의 관계를

연구하기 시작했다. Betz와 Borgen(2000)은 그들에 대한 많은 현실적인 지지를 얻어내기 위해 흥미도와 자기 효능감 심리검사 데이터를 제공하는 것을 포함시켰다(예 : Donnay & Borgen, 1999). 일반적으로 자기 효능감 데이터를 흥미도와 함께 제공하는 것은 심리검사 하나만을 사용하는 것보다 더 나은 직업 선택을 가능하게 한다. 현재는 Strong 흥미검사를 사용하기 위한 기술에 대한 확신도 검사(Skills Confidence Inventory; Betz, Borgen, & Harmon, 1996), Kuder 직업 흥미도 검사(Kuder Occupational Interest Survey)와 함께 사용되는 Kuder 목표 자기 효능감 척도(Kuder Task Self-Efficacy Scale; Lucas, Wanberg, & Zytowski, 1997), 두 개의 자기 효능감의 측정이 사용 가능하다.

일의 가치에 대한 네 가지 측정 도구 욕구와 가치는 논의할 때 혼란을 주거나 혹은 다름을 쉽게 말하기가 어렵다. 단순히 말하면 가치와 흥미가 분리되어 수행된다고 할지라도 어떤 경우 같은 의미이다(Rokeach, 1979). 몇몇 필요성은 개인의 심리적인 기능으로부터 연결되어 가정하게 되고(예 : 공기와 물에 대한 필요성), 그 욕구가 충족되지 않는다면 우리는 죽게 된다. 심리적인 필요성은 개인의 기능에서 나오고 그 만약이 충족되지 않는다면 개인의 발달은 멈추게 된다(Rokeach, 1973, 1979). 그러나 가치는 욕구 밖에서 배우게 되고 성장하며 인간 동기화의 기본적 자원으로 가정된다. 아마도 긍정적 혹은 부정적인 부분 모두에서 균형을 지니고 있다. 개개인은 긍정적인 균형 가치를 추구하거나 그것을 향해 움직이고 부정적인 균형을 잡고 있는 가치로부터 벗어나게 되는 것으로 가정할 수 있다(Rokeach, 1973, 1979). 흥미는 전형적으로 가치보다 덜 기본적이고 가치에 포함되지 않는 것으로 보인다(Holland, 1985; Rokeach, 1979). 다음에 설명되고 있는 네 가지 직업에 대한 가치검사는 내담자의 탐사를 위한 영역을 명료화하는 것을 도와줄 수 있다.

Super의 직업 가치 측정-SWI-R 개정

Donald E. Super, Donald G. Zytowski

> **목적** : 직업군에 대한 내담자의 선호도 측정. 12가지 일에 대한 가치 점수 : (1) 성취도, (2) 동료, (3) 창조성, (4) 수입, (5) 독립성, (6) 생활 유형, (7) 정신적 도전, (8) 명망, (9) 안정성, (10) 슈퍼비전, (11) 다양성, (12) 일터
>
> **대상인구** : 중학생부터 성인까지
>
> **발행일** : SWI-R Technical Manual, 2006.
>
> **발행처** : Kuder, Inc.

직업 중요도 탐색과 직업 중요도 분석

DOLETA

> **목적** : 직업 중요도 탐색(WIL)은 지필 측정이다. 직업 중요도 분석(WIP)은 같은 도구의 컴퓨터 버

전이다. 각각의 검사는 여섯 가지 일의 가치를 측정한다. (1) 성취도, (2) 독립성, (3) 인식, (4) 관계, (5) 지원, (6) 일의 조건. 자기 검사와 자기 측정인 WIL은 이러한 가치들에 대한 접근을 위해서 색깔이 있는 종류의 카드를 사용한다. 일의 가치는 O*NET Interest Profiler로부터 흥미도 정보를 혼합할 수 있고 O*NET 직업 결합 목록을 사용한다 : 흥미도와 일의 가치. 이 문서는 Holland 유형과 연결하고 이에 따라 직업을 분류하였고, 연장하여 준비하는 것이 요구되며(아주 적은, 적은, 주간, 그리고 고려할 만한) 그리고 일의 가치와 연결된다. 예를 들어 현실적인 것은 직업 영역 1(조금 준비), 현실적, 그리고 성취도로 명명된다. 이러한 분류는 숲 관리자와 공무원과 반도체 프로세서를 포함한다.

대상인구 : 고등학생부터 성인까지

발행일 : Work Importance Locator, 2001 ; Work Importance Profiler, 2002.

발행처 : 미국 노동부(www.onetcenter.org/WIP/html).

참고 : 직업 중요도 탐색은 현재 O*NET 개발자들에 의해 개정되고 있다. 따라서 언제 이 도구가 완성될지 정확한 날짜는 없다.

삶의 가치 측정(LVI)

R. Kelly Crace, Duane Brown

목적 : 직업군에 대한 내담자의 선호도 측정. 13가지 일에 대한 가치 점수 : (1) 소속감, (2) 타인에 대한 고려, (3) 창조성, (4) 호황, (5) 의존할 수 있는 능력, (6) 건강과 활동, (7) 과학적인 이해, (8) 사생활, (9) 영적인 영역, (10) 집단 혹은 가족에 대한 충실도, (11) 성취도, (12) 환경에 대한 고려 (13) 겸손

대상인구 : 9학년 이상(중학교 3학년)

발행일 : Technical Manual, 1996 ; revised, 2002.

발행처 : Applied Psychology Resources, Williamsburg, VA.

커리어 방향 선정과 평가 설문지

R. R. Knap, L. J. Knap-Lee

목적 : 직업 가치를 측정하기 위함. 8가지 양분된 가치군에 대한 보고 : (1) 조사 대 받아들임, (2) 실행 대 걱정하지 않음, (3) 독립 대 순응, (4) 리더 대 지지, (5) 순종 대 유연함, (6) 인식 대 사생활, (7) 미학적 대 현실적, (8) 사회적 대 유보적

대상인구 : 중학생부터 성인까지

발행일 : Technical Manual, 1996.

발행처 : EDITS, San Diego, CA.

직업 가치검사 지원 O*NET은 두 가지 가치 도구의 혼합으로 커리어 개발과 커리어 선택 과정의 중심이 되는 개념으로서 가치의 인식으로 향하는 중요한 단계이다. 1999년에 온라인에 만들어진

(Rounds & Lin, 2013) WIL과 WIP는 Dawis와 Lofquist(1984)에 의해 진행되었다. 그러나 1985년 가장 일찍 진행된 연구는 가치의 중요성에 중심을 두었다. Cochran(1983)은 고등학교 학생들에게 질문했다. (1) 10개의 직업에 대한 리스트를 만들고 순서 매기기, (2) 가치를 담은 직업 구성(예 : 높은 임금)의 목록을 연구하고 순서 매기기. 그는 학생들의 커리어에 대한 선택에서 보이는 그들의 내재된 가치는 그들이 커리어 가치의 순서에 명시한 것과 상호 연결되어 있지 않다는 결론을 내렸다. Pryor와 Taylor(1980) 또한 가치와 흥미도 검사 모두 사용하는 것이 좋은지 아닌지를 알기 위한 노력으로 고등학교 학생들을 연구했다. 결론은 상담사가 모두 사용할지를 판단해야 한다는 것이다. 그들의 발견은 가치와 흥미는 두 가지의 구성이라는 Knapp과 Knapp(1979)의 연구를 지지하는 것이며, Rounds와 Lin(2013)의 의문에 대한 결론이다. 그러나 다음에 우리가 살펴볼 흥미도 검사는 커리어 상담의 도구로 가장 널리 사용된다. 이것은 아마도 가치를 검사하는 도구는 흥미도 검사를 사용하는 연구자들로부터 많은 관심을 받지 못하기 때문일 수도 있다.

흥미도 검사   매년 흥미도 검사는 헤아릴 수도 없이 시행된다. 이들은 척도의 바탕인 이론적 혹은 실제적인 부분을 고려하지 않고 어떤 특정한 직업과 관련하여 좋아하거나 선호하는 것을 측정하는 것을 당연하게 여겼다.

흥미도 검사의 점수가 획득되면, 그들은 참고문헌 혹은 규정 집단들의 다른 것들과 비교할 것이고 다른 실험에서의 흥미도 단계 혹은 원점수 해석 등의 어떤 명확한 기준과 비교한다(Blocher, 1987). 전형적으로 인식을 향상시키기 위해 커리어 개발 프로그램에 사용되는 검사는 규범적이거나 혹은 원점수 접근 모두 사용한다. 예를 들면 개개인의 점수 혹은 스트롱 흥미검사 도구는 일련의 표준 집단을 관리적인, 기술적인 그리고 전문적인 직업에서 성공한 노동자로 구성한다. 그러나 흥미도 검사 점수는 다른 참고서적 혹은 사회규범과 비교할 수도 있고, 다른 시험검사의 흥미도 등급 혹은 원점수와 같은 해석에 따라 정확히 비교하여 채점할 수 있다. 그러나 자기 주도 탐색 (Holland, 1994)에서의 원점수는 흥미 있는 직업에 대한 분석 척도를 구성하기 위해 사용한다. 점수에 대한 표준적인 접근 그리고 해석은 많은 논의가 되어 온 원점수 접근에 대한 것이 우세하다. 논리적 실증주의 관점의 커리어 상담사들은 만약 표준 집단이 내담자의 묘사에 적합하지 않은 경우 위험할 수 있다는 것을 인정하는 규칙이나 참고 집단을 비교하는 것을 선호한다. 포스트모더니즘 관점의 상담사는 자기 이해에 중점을 두고 강조하기 때문에 원점수 접근에 대한 논쟁이 더 심하다.

직업 선호 체계(COPS)

R. R. Knapp, L. Knapp, L. Knapp-Lee

목적 : COPS는 다음과 같은 영역에서 직업활동을 위한 선호도를 알기 위해 고안됨 : (1) 과학적 전문

가, (2) 과학 기술, (3) 기계 전문가, (4) 기계 기술, (5) 소비 경제학, (6) 야외, (7) 사업 전문가, (8) 사업 기술, (9) 사무직, (10) 소통, (11) 예술 기술, (12) 서비스 전문가, (13) 서비스 기술

대상인구 : 중학교 상급생부터 대학생까지 : 중학교 상급생을 포함한 규준 집단, 고등학생, 대학생

발행일 : COPS System Technical Manual, 2001.

발행처 : EDITS, San Diego, CA.

자기 주도 탐색(SDS−R; 4th ed.)

J. Holland

목적 : SDS는 Holland의 유형을 측성하기 위해 자기 측정, 자기 채점, 그리고 자기 해석 도구를 개발하였다 : 현실적, 조사적, 미학적, 사회적, 쾌락적, 관습적. 형식에 따라 조사는 두 가지 혹은 세 가지 단어로 개개인이 흥미를 느끼는 직업 탐색을 활용하여 개개인의 프로파일을 조사한다.

대상인구 : 중학교 상급생부터 성인까지 : 원점수가 보고됨. 도구는 고등학생부터 대학생 그리고 성인까지 사용하도록 개발됨

발행일 : Form R, 1994; Form E, 1996; Form CP, 1991; Manual, 1991; Occupations Finder, 1994.

발행처 : Psychological Assessment Resources, Lutz, FL.

커리어 결정(CDM) 시스템 개정

A. O'Shea, R. Feller

목적 : CDM은 Holland 이론의 직업 선택에 기반하고 개인의 유형을 분석하여 여섯 가지 점수로 나타낸다. (1) 기술(현실적인), (2) 과학(조사), (3) 예술(미학), (4) 사업(진취적인), (5) 사무직(관습적인), (6) 사회적(사회적인). 2개 혹은 3개의 가장 높은 흥미도 점수의 원점수는 탐구를 위해 커리어 집단을 명료화하기 위해 측정한다. 능력의 자기 측정, 일의 가치, 미래 계획, 그리고 학교 과목 선호는 커리어 결정 시스템에 전반적으로 포함된다.

대상인구 : 고등학교 신입생부터 성인까지 : 전체 고등학교 신입생을 포함한 규준 집단 그리고 고등학교 상급생

발행일 : Self-scored and machine-scored versions, 2000; User's Guide, 2000; Technical Manual, 2000; College Finder, 2000.

발행처 : Pearson Assessments, Bloomington, MN.

Strong 흥미검사와 기술 확신도 검사(SII)

E. K. Strong Jr.

목적 : SII는 본래 관리, 기술, 그리고 전문적인 직업에서 직업 선택을 명확하게 하고자 하는 사람들을 돕기 위해 개발되었다. 현재는 직업을 전환하려는 사람뿐만 아니라 첫 직업 선택을 지원하기 위

한 성인 상담센터, 그리고 경제, 산업 분야에서 광범위하게 사용된다. SII는 기본적인 흥미도 척도, 일반적인 흥미도 척도, 그리고 일반적인 직업 주제뿐만 아니라 관리자 목록과 특별한 척도(예 : 외향적-내향적) 등의 풍부한 자료를 제공한다. 23개의 기본적인 흥미도 척도와 6개의 직업 주제는 Holland의 여섯 가지 유형(RIASEC)으로 구성되었고, 207개의 직업 흥미도 척도(OIS)는 이러한 내용을 보고한다. 결과는 흥미도와 신뢰도로 분류되어 제공한다.

대상인구 : 청소년 후기 그리고 성인, OIS 적용 집단은 성공적이고 만족하는 사람으로부터 그려냈다. GOT는 6개의 Holland 유형의 남성과 여성을 혼합한 것이며 다양한 교육 단계에서 나왔다.

발행일 : Latest revision form, 2004; Manual, User's Guide, 2005.

발행처 : Consulting Psychologists Press and Davies-Black Publishing, Mountain View, CA.

Kuder 직업 흥미도 검사(KOIS) Form DD

G. Frederick Kuder, D. G. Zytowski

목적 : DD의 목적은 104개의 직업 척도, 39개의 과목 척도, 10개의 직업 흥미 평가 데이터를 제공하기 위한 것이고 교육과 직업 계획, 성공적인 노동자 혹은 대학원생을 기반으로 한 규칙을 사용하기 위한 것이다.

대상인구 : 고등학생부터 성인까지. 기준은 남성과 여성을 위한 직업과 교육 척도로 제공

발행일 : Latest revision inventory, 2005; Manual, 2005.

발행처 : Kuder, Adel, IA.

비언어 직업 흥미검사(RFVII; 2nd ed.)

R. L. Becker

목적 : RFVII 개정은 특별한 보호가 필요한 학생들의 흥미와 인지와 학습장애 성인들에 대한 결정을 돕기 위한 것을 목적으로 하고 있다. 모두 11개 영역에 척도 점수를 보여준다. (1) 자동차, (2) 건축업, (3) 사무직, (4) 동물 보호, (5) 음식 서비스, (6) 환자간호, (7) 원예, (8) 가정관리사, (9) 개인 서비스, (10) 세탁, (11) 자재 관리.

대상인구 : 13세에서 60세의 인지와 학습장애자. 규칙은 인지와 학습장애와 같은 사람들에게 적용되는 내용, 보호소 워크숍 참여 성인들과 환경적으로 취약한 성인들

발행일 : Inventory, 2000; Manual, 2000; hand-scoring only.

발행처 : Elbern Publications, Columbus, OH.

참고 : 읽기능력에 의존하지 않는 검사도구의 다른 예를 들면 비언어적 직업 흥미검사 두 번째 판과 Geist 그림 흥미검사 개정판이 있다.

발행처 : Elbern Publications, Columbus, OH.

Campbell 흥미와 기술 조사(CISS)

D. P. Campbell

목적 : CISS는 직업 흥미도와 자기 평가 기술을 평가하기 위해 개발되었다. 검사도구는 흥미와 기술 점수를 7개의 원검사, 29개의 흥미와 기술 척도 그리고 3개의 특별 척도로 보여준다. 원검사는 (1) 영향성, (2) 구성, (3) 도움, (4) 창조성, (5) 분석, (6) 생산, (7) 도전성. 기본적인 흥미와 기술 척도는 원척도의 하위척도이다. 특별 척도는 학업 집중력, 외향성, 그리고 다양성을 포함한다.

대상인구 : 15세 이상

발행일 : 1992.

발행처 : Pearson Assessments, Bloomington, MN.

Ashland 흥미도 평가(AIA)

D. N. Jackson, C. W. Marshall

목적 : AIA는 144개의 일과 연계된 아이템과 12개의 흥미 영역의 성적을 보여준다. (1) 예술과 공예, (2) 개인 서비스, (3) 음식 서비스, (4) 사무직, (5) 판매, (6) 일반 서비스, (7) 안전 서비스, (8) 의료 서비스, (9) 기계, (10) 건설, (11) 식물 혹은 동물 서비스, (12) 운송. 이것은 3개의 읽기 단계가 있으며 다른 대부분의 도구에 비해 아주 많은 유형을 보여준다. 지금 시점에서 캐나다인의 규범을 사용하고 있고 미국 사용서를 사용할 때는 매우 주의를 기울여서 평가해야 한다.

대상인구 : 장애, 발달장애, 영어 사용의 한계, 교육의 한계, 뇌 병변, 만성적인 감정적 혹은 정신적인 조건. 또한 고등학교 졸업을 원하지 않는 학생들에게 유용하다. 이 검사도구는 수작업으로 채점할 수 있고 발행자가 채점하여 우편으로 받아볼 수도 있으며 혹은 검사 시행, 채점, 그리고 해석적인 보고서를 제공하는 소프트웨어를 사용자가 구입할 수 있다.

발행일 : All materials, 1997.

발행처 : Sigma Assessment Systems, Inc., Port Huron, MI.

O*NET 흥미도 분석

미국 노동부

목적 : 가장 새로운 흥미도 검사는 미국 노동부가 개인이 O*NET 데이터베이스에 접근하는 것을 돕기 위해 개발한 흥미도 분석(Interest Profiler, IP)이다. IP의 질문은 좋아함(Like ; L), 좋아하지 않음(Dislike ; D), 불확실함(Uncertain ; ?) 양식과 그리고 Holland 유형의 채점(RIASEC) 양식을 적용하고 있다. 검사도구는 자기 측정과 자기 채점 그리고 O*NET을 거쳐 O*NET의 직업별 흥미도 분석 중요 목록에 연결되어 있다. 이 책에 있는 직업은 Holland에 의해 구성되고 많은 준비가 요구되었다. Holland 유형은 네 가지 준비 단계로 나누어진다 : (1) 아주 조금 혹은 아님, (2) 약간, (3) 중간, (4) 고려할 만함. 한 번의 통고가 중요하다. 중요 목록에 있는 몇몇 직업은 Holland 유형의 두 번째 단어를 단계별 준비를 고려하여 많은 수의 직업 목록으로 연장한 것으로 정리되었다. IP는 종이와 컴퓨

터 버전으로 2002에 출판되었다.

대상인구 : 고등학생부터 성인

발행일 : 2001.

발행처 : 미국 노동부(www.onetcenter.org).

흥미도 검사에 대한 지원 *Career Development Quarterly*에 출판되고 있는 매년 검토되는 커리어 개발문서에서 보여주듯이 흥미도 검사를 사용하는 것에 대한 연구와 저널에서의 의견은 방대하다. 연구 발표되는 목록의 커리어 심리검사에 대한 저널에서 흥미도 검사는 가장 많은 연구 주제로 사용된다. 일반적으로 흥미도 검사로 사용하는 것은 장기예측 타당도인 Holy Grail 심리검사 연구이다. 1975년 그리고 2005년 107명의 고등학교 1학년생에 대한 Kuder 직업 흥미도 검사의 결과를 보고한 바 있는 Rottinghaus, Coon, Gaffey, 그리고 Zytowski(2007)는 전반적으로 안정되고 그리고 1975년의 점수는 2005년 직업과 맞아떨어진다.

놀랄 것도 아닌 것이 스트롱 흥미검사(SII)와 자기 주도 탐색(SDS)은 매년 가장 많이 연구되는 심리검사도구이다. SII는 가장 오래전에(아마도 매우 인기 있는) 출판되었던 심리검사도구이고, SDS는 가장 인기 있는 도구이다.

Hansen과 Swanson(1983)은 대학교 과정의 예측과 같은 SII의 유효성을 연구했다. 결론에서 비록 여성보다 남성에게 다소 낮지만 이러한 목적으로 그것은 유효하다. Johnson과 Hoese(1988) 또한 SII를 연구했고 이 연구에서의 많은 대학생들은 다양한 개인과 커리어 개발 문제를 가지고 있었기 때문에 하나의 커리어 계획 검사도구로 사용하지 않아야 한다는 것으로 결론지었다. SII는 커리어 계획 검사도구로 홀로 쓰일 수 있도록 개발되지는 않았다. 그리고 Britt(1985) 또한 SII를 연구했고 여성에게 비전통적인 선택권을 제안하는 정도가 무엇인지에 대해 논의하였다. SII와 더불어 추가적인 검사도구 연구는 Kuder 직업 흥미도 검사(Kuder Occupational Interest Survey, KOIS), 커리어심리검사(Career Assessment Inventory, CAI), Harrington-O'Shea 커리어 결정 시스템(Harrington-O'Shea Career Decision-Making Systems, CDM), 자기 주도 탐색(Self-Directed Search, SDS), 비성차별 직업카드분류(Nonsexist Vocational Card Sort, NSVCS), 그리고 Occ-U-Sort. SII는 46개의 비전통적인 직업을 제시한 반면에, Occ-U-Sort는 382개의 직업을, SDS 직업 검색기는 327개, CDM은 164개의 직업, KOIS는 65개의 직업, CAI는 50개의 직업, 그리고 NSVCS는 41개의 직업을 제시했다.

다른 비교연구에서 SII는 여대생의 흥미도 검사와 표현을 위해 직업카드분류(Vocational Card Sort, VCS)와 비교되었다. Slaney와 Slaney(1986)는 42%의 흥미도 검사와 표현이 맞지 않는 것을 발견했다.

그들은 VCS에 의해 측정된 흥미도는 SII에 의해 측정된 흥미도보다 더 많은 흥미도와 관련된 표현들이 결여되어 있다는 것을 발견했고, VCS는 적어도 몇몇 집단에서 흥미도 검사의 의미가 우세한 것으로 보고했다.

자기 주도 탐색(SDS) 같은 흥미도 검사는 확장되어서 탐색되고 있다. 예를 들어 Gottfredson과 Holland(1975)는 SDS의 예측 타당도를 연구했고 남성과 여성 모두의 직업 선택에 있어서 적당히 효과적인 예측이 가능한 것을 발견했다. 그러나 SDS의 부분에서는 직업 선택을 표현하기 위한 요청에서 직업 선택의 최선의 예측변수임을 증명했다.

Jones, Gorman, 그리고 Schroeder(1989)는 비교연구에서 대학과정 선택에 어려움을 겪는 대학생들을 돕기 위한 The Career Key(CK)와 함께 SDS의 유용성을 탐구하였다. 학생들은 SDS보다 CK를 더 긍정적으로 평가했고, SDS 검사를 받는 것보다 시험을 위해 직업 자원 탐색에 더 많은 시간을 보냈다. 결과적으로 Gault와 Meyers(1987)는 SDS와 직업 흥미, 경험, 그리고 기술 평가(Vocational Interest, Experience, and Skills Assessment, VIESA)를 대학생과 성인인구를 가장 잘 도와줄 수 있는 도구를 결정하기 위해 비교했다. 이 연구에서 SDS는 더 긍정적이고 더 효과적인 것으로 평가되었다.

30년 넘게 특히 여성에 대한 원점수 사용에 대한 유효성이 논의되어 왔다(예 : Holland, Gottfredson, & Gottfredson, 1975; Prediger, 1981). 1981년, Prediger는 SDS의 여성에 대한 유효성에 대해 의문을 가졌다. 그의 메타분석 연구에서 제안되었듯이 직업 영역에서 여성을 위해 직업을 제한하는 경우 표준적인 점수를 엄격히 사용하는 것 대신에 원점수 사용을 제안했고 그리고 표준점수는 다소 구성도가 낮다는 것을 보고했다. Prediger의 논쟁에서 가장 중요한 부분은 구성도 대 예측 타당도의 가치에 관련하여 기초한 부분이다. Holland(1982)는 그의 회신에서 예측 타당도의 중요도를 주장했고 "예측 타당도의 중요성은 Prediger에 의해 후퇴되었다."(p. 197)고 했다.

20세기 초기 SDS에 대한 논쟁은 문화적인 소수자에 대한 유용성에 집중되는 것으로 옮겨갔다. 많은 연구들이 RIASEC 모형의 타당도에 집중하였고, 아마도 일반적으로 검사도구와 Holland 모형의 구성 타당도를 언급하는 것이 나을 것이다. Gupta, Tracey와 Gore(2008)에 의한 결론에서 다섯 가지 집단 연구 중에서 Holland 모형의 적합도는 다르지 않았다. 많은 최근의 연구들은 Holland의 이론(1997) 측정에서 검사의 문화적인 타당도에 집중하고 있고 일정 부분에서 결과를 얻어내고 있다. 이 연구에서 많이 사용된 접근(예 : Rounds & Tracey, 1996)은 SDS 혹은 SII가 비유럽인 샘플을 위해 검사를 시행하고 해당 데이터가 미국 샘플 데이터 분류인 고전적인 여섯 가지 성향을 보여주는지 아닌지를 분석하였다. Leong과 Hartung(2000)은 이런 많은 연구를 요약하고 찾아낸 문화 간 다름에 대한 대부분의 예제를 제안했다. Hansen, Scullard, 그리고 Haviland(2000)는 아메리카 원주민 대학생과 SII의 구성 타당도를 시험했다. 그들은 그들의 샘플 중 여학생의 분포도가 남학생 샘플 점수의 여섯 가지 유형보다 더 가깝게 비슷한 것을 찾아냈다. Leung과 Hou(2001)는 SDS의 구성 타당도를 홍콩대학교 학생들을 대상으로 하여 검사의 점수와 학업 선택

기록, 대학과정, 그리고 직업의 상호작용을 연구하는 것으로 조사하였다. 연구자들은 SDS 점수와 기준 사이의 상호작용이 일반적으로 미국 학생들의 결과보다 홍콩 학생들이 낮게 나온 것을 발견 했지만 그들의 데이터는 어떤 부분에서 SDS 동시 타당도를 보여주었다. Tang(2001)은 SII를 중국 대학생을 대상으로 연구하였고 비슷한 결과를 얻었다.

연습문제 10.1

자기 주도 탐색 혹은 Holland 유형의 지필검사와 Holland 유형의 보고인 O*NET 흥미도 분석 완료와 이후 자신의 결과와 비교하시오.

1. 검사가 같은 분석결과를 나타냈는가?
2. 어느 것이 더 용이한가? 채점? 해석?
3. 어떤 검사도구가 직업 목록에 가장 유용한가?

아마도 가장 안전한 결론은 흥미도 검사에 대한 문화 간 연구 결과들에 주의가 요구되는 것이며, 각각의 연구 데이터와 흥미로운 질문들이 Soh와 Leong(2001)에 의해 제시되었다. 다른 문화권에서 온 사람들은 미국의 주류 문화를 누려 왔던 이들보다 자신들에 대해 가지고 있는 정체성 점수와 직업에 대한 태도가 같은가? 그들은 그렇지 않다는 몇몇 제한적인 증거를 제공했다. 만약 미래에 연구를 지원한다면 이 검사를 사용하는 것이 유효하다.

SII 그리고 SDS만이 연구자들의 주의를 끄는 검사도구는 아니다. 예로 Harrington-O'Shea 검사는 고등학생들이 대학교 과정을 선택하는 것에 대한 장기연구에서 보통의 예측 타당도를 보여준다(Brown, Ware, & Brown, 1985). 다시 말하자면, 연구는 이 검사의 사용이 계속된다는 것을 의미한다.

성격검사도구　성격검사가 몇몇 커리어 상담사의 흥미를 자극하는 이유는 아마도 많은 이상적인 행동 측정을 위한 개발이 많이 가능해졌기 때문일 것이다. 그러나 다른 선택을 위하여 커리어 상담을 위한 심리검사도구 안내서(Wood & Hays, 2013)를 찾아볼 수 있다. 9개의 다른 성격검사를 검토한 것을 책 한 권에서 볼 수 있다.

Myers-Briggs 유형 검사(MBTI)

I. Briggs Myers, K. C. Briggs

　　목적 : MBTI는 Jung이 제시한 성격 유형을 측정하기 위해 네 가지 상반된 척도를 점수로 제공한다. (1) 외향적-내향적, (2) 감각적-직관적, (3) 생각-느낌, (4) 판단-인식. 개요는 각각의 척도 중 개인

의 가장 높은 점수를 기반으로 구성된다(예 : ENTJ). 해석적인 개요는 만약 MBTI와 함께 스트롱 흥미검사와 기술 확신도 검사를 연결하여 검사했다면 가능하다.

대상인구 : 고등학생부터 성인까지. 규정은 중학생, 고등학생, 그리고 대학생과 다양한 성인집단에 적용. 또한 이번 장에서 이미 언급한 16가지 유형 목록을 볼 수 있다.

발행일 : Standard Form (6), 1977; Revised Form (F), 1985; Abbreviated Form(AV), 1985; Manual, 1998.

발행처 : Consulting Psychologists Press and DavisBlack Publishing, Mountain View, CA.

16PF 개인 직업 개발 개요(16PFQ)

*R. Cattell*과 동료들

목적 : 해석적인 개요(Personal Career Development Profile, PCDP)는 개인 성격 해석과 그것의 직업 선택 그리고 발달의 잠재적인 영향을 제공한다. 개요는 16PF 질문에 의한 16가지 성격 요소를 측정하고 해석하여 직업적 방향을 컴퓨터 영상으로 보여준다.

대상인구 : 고등학생부터 성인까지. 규정은 고등학생, 대학생 그리고 일반 성인까지

발행일 : 16PFQ, 1993; 16PF Manual, 1994.

발행처 : IPAT, Savoy, IL.

성격검사를 위한 지원 Willis와 Ham(1988)은 MBTI를 검토하고 사용함에 있어서 세 가지를 제안했다. (1) 커리어 정보를 구성하기 위하여 내담자가 인지 구조화할 수 있도록 돕기, (2) 일에 대한 적응 상담, (3) 자기 실행 검사도구처럼 사용. 그들은 또한 주의점을 제공했다. 예를 들자면 MBTI는 통합적인 성격 테스트가 아니며, 척도로부터 얻은 정도의 사용에 있어서 과한 평가를 하게 되는 실수를 할 수 있다는 것을 제안했다. 그럼에도 불구하고 MBTI 안내서 목록 데이터는 180개의 직업보다 더 많은 것을 보여주고 있다. 아마도 이러한 표에 대한 가장 충격적인 것은 대부분의 유형을 대부분의 직업에서 발견하게 된다는 것이다.

Wholeben(1988)은 16PF로부터 나온 PCDP를 언급했다. "고등학교 교과내용에서 커리어를 알아차리기 위해서 그리고 성인의 직업 탐색을 위한 도구로 완벽하다."(p. 241) 그러나 구성 혹은 예측 타당도 정보가 거의 없으며 사용하는 것에 많은 주의가 필요하다.

MBTI는 비록 다른 성격검사와 잘 맞지는 않지만 커리어 상담에서 사용이 증가할 것으로 보인다.

다양한 적성검사 배터리 현실적으로 미래의 활동을 예측하기 위해 이전에 무엇을 배웠는지를 측정한다. 불행히도 모든 사람이 같은 수준의 지식과 기술을 획득할 수는 없다. 그럼에도 불구하고 한 부분의 잠재력이 발견된다면, 검사는 내담자가 직업 계획을 세우는 것을 시도하거나 스스로 알

아차리는 것을 격려하는 방법으로 지원하게 된다.

변별적성검사(DAT)

G. K. Bennett, H. G. Seashore, A. G. Wesman

목적 : DAT는 직업/교육 계획 과정에서 잠재적으로 유용한 데이터를 보여준다. DAT의 하위 테스트는 (1) 언어 능력, (2) 수리 능력, (3) 요약 추론, (4) 사무 속도와 정확도, (5) 기계적 유추, (6) 공간 관계, (7) 어휘력, (8) 사용할 수 있는 언어이다.

대상인구 : 중학교 1학년부터 성인까지. 중학교 1학년부터 고등학교 3학년까지 규정

발행일 : Latest edition of all documents, 1991.

발행처 : The Psychological Corporation, San Antonio, TX.

군대직업적성검사(ASVAB)

Department of Defence

목적 : 이 시험은 군복무를 계획 중인 상담사와 학생을 위해 유용한 데이터를 제공한다. 또한 지원자의 군복무 적합도를 결정하기 위하여 군 인사과에서 사용된다. ASVAB는 7개의 복합적인 성적으로 보여준다. (1) 학업 능력, (2) 수학, (3) 언어, (4) 기계와 공예, (5) 사업과 사무, (6) 전기와 전자, (7) 건강, 사회, 그리고 기술. 또한 10개의 하위검사 성적도 반영된다. (1) 일반 과학, (2) 일반상식, (3) 단락 이해력, (4) 연산력, (5) 산술추리, (6) 수학 지식, (7) 차량 및 정보에 관한 지식, (8) 기술이해, (9) 전기 정보, (10) 코딩 속도

대상인구 : 고등학교(1학년부터 3학년) 그리고 성인, 목표 집단에 적용 가능

발행일 : Counselor's Manual, 1995; ASVAB Test Manual, 2000; Student Workbook, 2005.

발행처 : U.S. Military Entrance Processing Command, North Chicago, IL.

O*NET 능력분석

U.S. Department of Labor

목적 : 능력분석(AP)은 그들의 장점에 적합할 뿐만 아니라 훈련과 연계되기 원하는 영역에 대한 개개인의 직업 명료화를 도와주기 위해 고안되었다. 이 도구는 다음과 같은 부분을 측정한다. (1) 언어 능력, (2) 산술 추리, (3) 계산, (4) 공간 능력, (5) 형태지각, (6) 사무 지각, (7) 운동 협응, (8) 손가락 기민성, (9) 손재주. 만약 지필시험이라면 (10) 건설, (11) 식물 혹은 동물 서비스, (12) 운송이 포함된다. 이것은 3개 부분을 모두 검사하는 경우 2~3시간 정도 시행시간이 걸린다. AP의 결과는 컴퓨터 영상, O*NET 연결과 데이터를 포함한 고객화된 점수 보고서를 제공한다. 미국 노동부는 AP 정보는 다른 O*NET 도구와 연결되어 쓸 수 있음을 안내하고 있다. AP는 다운받고 지원 자료와 함께 프린트할 수 있다(www.onetcenter.org/AP.html)

대상인구 : 고등학생부터 성인까지

발행일 : 2002.

발행처 : U.S. Department of Labor. Available online through the O*NET Center Website(www. onetcenter.org).

다양한 적성검사 배터리를 위한 지원　모든 적성검사의 사용을 위한 지원은 적성검사의 차이점 (Differential Aptitude Test, DAT)을 논의한 Anastasi와 Urbina(1997) 그리고 Gregory(2006)에 의 해 가장 잘 요약되었을 것이다. 그들의 DAT의 예측 타당도를 위한 지원을 관찰한 결과 고등학교, 학습 그리고/혹은 직업훈련 프로그램에서 성공적인 조건일 때 일반적으로 높았으며 특정 직업의 성공 예측에 사용할 때는 아주 높지는 않았다. Ghiselli(1973)가 1965년 이전에 연구한 것을 검토 했고 시험점수와 교육 수행 사이의 평균적인 상관관계는 .30이고 직업적 유능성은 .20이라고 결론 내렸다. 그럼에도 불구하고 Hogan, DeSoto, 그리고 Solano(1977)는 평균적인 상관관계를 조금 가 치가 있고 그리고 직업 수행을 위한 타당도 계수의 경우 .60에 도달했다고 밝혔다. 커리어 상담사 는 검사의 예측 타당도가 일반적으로 적용되었는지 아닌지, 그리고 기준집단이 일을 하고 있는 내 담자가 포함되어 있는 것을 포함하여 충분히 대표할 수 있는지 아닌지 연구의 타당도를 주의 깊게 살펴보아야 한다. 만약 타당도 계수가 .60에 도달했을지라도 그리고 직업, 혹은 학습 습관, 동기, 가족의 지원, 그리고 개인의 환경 적합도 등의 다른 변수의 혼합이 개인이 성공하기 위한 적성보 다 더 중요한 것이라는 것을 항상 마음에 새겨두어야 한다.

진단을 위한 검사도구　수많은 도구가 커리어 개발의 '문제들'을 측정하기 위해 개발되었다. 이러 한 검사도구들은 종종 연구에 사용될 뿐만 아니라 커리어 개발 혹은 직업 선택 과정을 지연시키거 나 한계를 만드는 문제 결정에 신뢰도가 있다.

직업결정척도(CDS)

S. H. Osipow

목적 : CDS는 직업 결정에 실패한 이들을 고려한 정보를 해석적으로 제공한다. 이 검사는 (1) 확실 성, (2) 우유부단 척도의 성적을 보여준다. 이 척도는 우유부단함의 평가뿐만 아니라 우유분단함의 내력까지 고려한 데이터를 제공한다.

대상인구 : 고등학생부터 성인까지. 적용집단은 고등학생부터 성인, 대학생, 평생교육원 학생, 그리 고 재입학 성인까지 사용 가능

발행일 : Most recent edition, 1987.

발행처 : Psychological Assessment Resources, Lutz, FL.

나의 직업 상태

J. L. Holland, D. C. Daiger, P. G. Power

> **목적** : 나의 직업 상태는 직업적 명료화가 부족한 것을 명료화하는 것을 주요 목적으로 개발되었을 뿐만 아니라 직업 선택의 개인적인 장애 혹은 정보와 환경의 열악함에 대한 정보를 제공한다. 3개의 척도첨수(직업적 명료화, 직업적 정보, 장애)가 이러한 영역을 고려하여 증거로 제공된다.
>
> **대상인구** : 고등학생부터 성인까지. 적용 집단은 고등학생부터 성인까지 만들어짐
>
> **발행일** : All information, 1980.
>
> **발행처** : Psychological Assessment Resources, Lutz, FL.

커리어 신념 검사

J. D. Krumboltz

> **목적** : 이 검사도구는 개개인의 문제가 있는 스스로의 관념과 세계관을 명료화하는 것을 지원한다.
>
> **대상인구** : 고등학생부터 성인까지
>
> **발행일** : All documents, 1988.
>
> **발행처** : Consulting Psychologists Press, Palo Alto, CA.

커리어 사고검사

J. P. Sampson Jr., G. W. Peterson, J. G. Lenz, R. Reardon, D. E. Saunders

> **목적** : 이 검사는 커리어 문제해결과 결정에 잘 기능하지 못하는 생각을 명료화하여 의미를 커리어 상담사에게 제공한다. 이 도구는 커리어 결정과 문제해결 영역에서 부기능적 생각과 문제해결의 하나의 일반적인 점수를 보여준다. 이 도구는 또한 (1) 결정에 대한 혼란, (2) 불안이 일어남, (3) 외적인 혼란의 구성척도로 나타난다. 이 도구는 대부분의 학생들이 7분에서 15분 사이에 종료할 수 있다. 이 검사는 사용 시 고려할 부분에서 다뤄야 할 부분을 명료화하여 지침서에 보여준다.
>
> **대상인구** : 고등학생, 대학생, 성인
>
> **발행일** : 1994; latest revision, 1996.
>
> **발행처** : Psychological Assessment Resources, Lutz, FL.

진단을 위한 검사도구 지원　이미 언급한 진단을 위한 검사도구들은 (1) 커리어 개발검사와 같은 일반적인 개발 측정을 위해 사용될 수 있는 것, (2) 커리어 결정 척도와 같은 비정상적인 몇몇 개발양상의 진단에 사용되는 것 2개 영역으로 나뉜다. 비록 최근 연구자들이 결정에 어려움을 진단하는 것에 집중되어 있음에도 불구하고 심리학자와 상담사는 이 두 가지 영역 모두를 일반적으로 고려한다.

　진단을 위한 검사도구는 저자와 다른 이들이 도구 사용이 정당함을 지원하기 위한 현장에서의

사용할 수 있는 필요성과 관련 있는 표준을 만들어내는 것에 실패했기 때문에 연구 이외의 다른 목적으로 사용되지 않아야 한다. 이러한 권고는 직업결정척도(Career Decision Scale, CDS)와 커리어 사고검사(Career Thoughts Inventory, CTI)에 대한 것이다. 수많은 연구들(Fuqua, Blum, & Hartman, 1988; Hartman, Fuqua, & Blum, 1984; Hartman, Fuqua, & Hartman, 1983)이 CDS가 전통적인 커리어 상담 전략으로 도움을 별로 받지 못하는 내담자에게 검사와 직업 정보 제공과 같은 선행적인 스크리닝 도구로 사용될 때 유용하다는 것을 증명했다. 그리고 결정에 어려움을 겪는 우유부단한 내담자는 주로 전통적인 전략을 사용할 것이라는 것이 반드시 언급되어야 한다. 다른 연구들(Fuqua, Blum, Newman, & Seaworth, 1988; Larsen, Heppner, Harm, & Dugan, 1988; Vondracek, Hostetler, Schulenberg, & Shimiza, 1990)뿐만 아니라 몇몇 선행 연구에서 결정을 내리지 못하는 것과 우유부단함의 이면에는 불안 그리고 통제성과 같은 다른 성격 변수와 상호작용한다. CTI의 경우, Feller와 Daly(2009)는 내담자의 역기능적인 생각을 살펴보고 이를 활용하는 모델을 커리어 상담사에게 제시했다. 그러나 CTI는 아마도 신뢰도 이슈 때문에 고등학생에게 사용하는 것을 제한해 온 것에 유의해야 한다.

다양한 목적의 시험과 검사도구 대부분의 시험과 검사도구들은 하나의 구성(예 : 직업 흥미도) 혹은 구성의 범위(예 : 적성도)를 측정하도록 고안된다. 그러나 소수의 시험과 검사도구들은 하나 이상의 구성을 측정하도록 개발되었다(예 : 흥미도와 적성). 잠재적으로 유용한 것 소수의 것들은 다음에 제시된다.

직업 적성 설문조사와 흥미도 계획(OASIS)

R. M. Parker

> **목적** : OASIS는 직업 계획과 연계되는 고등학생들을 돕기 위해 개발했다. 이 도구는 12개의 흥미도 척도 성적을 보여준다. (1) 미학, (2) 과학적, (3) 자연적, (4) 보호, (5) 기계적, (6) 산업적, (7) 상세한 사업, (8) 판매, (9) 숙박, (10) 인도주의적, (11) 영향력, (12) 신체적인 수행. 이것은 또한 다섯 가지 적성을 측정하여 제공한다. (1) 일반 능력, (2) 지각 능력, (3) 공간적인 적성, (4) 숫자적인 적성, (5) 언어적 적성
>
> **대상인구** : 중학교 1학년부터 고등학교 3학년까지 : 초등학교 1학년부터 고등학교 3학년까지의 집단에 적용 가능
>
> **발행일** : All documents, 2001.
>
> **발행처** : PRO-ED, Austin, TX.

McCarron–Dial 시스템(MDS)

L. T. McCarron, J. G. Dial

목적 : MDS는 특수교육과 재활 집단에 사용되기 위해 개발되었다. 다섯 가지 영역을 보여준다. (1) 언어-공간-인지, (2) 감각, (3) 운동, (4), 감정, (5) 통합적 치료. MDS의 기본적인 목적은 훈련 후에 내담자가 어떻게 기능할 것인가를 예측하는 것, 그리고 검사도구가 상담과 활동 영역에서 사용될 수 있다는 것이다. 배터리에 포함되는 직접적인 하위검사는 Peabody 그림 어휘력 검사, Bender 시각운동 형태검사, 행동평가검사, 정서관찰척도, 촉각시지각 변별검사, McCarron 신경근발달검사이다.

대상인구 : 학습장애, 정서불안, 인지장애, 뇌성마비, 뇌손상, 혹은 사회적으로 취약한 청소년이나 성인. 적용은 목표 집단별로 가능

발행일 : User's Manual, 1986.

발행처 : McCarron–Dial Systems, Dallas, TX.

PESCO 2001/온라인

C. Loch, C. Kass, J. Kass

목적 : PESCO 는 채점 과정에서 스크리닝 검사로 사용된다. (1) 읽기, (2) 수학, (3) 언어 교육 정도, (4) 일반적인 언어 능력, (5) 수리 능력, (6) 문서 만들기 (7) 손가락 기술, (8) 눈-손-발 협응, (9) 색 구분, (10) 운동 협응, (11) 직업적 흥미, (12) 학습 유형, (13) 직업 기질, (14) 일적인 윤리, (15) 일에 대한 태도. 수학, 논리, 그리고 언어기술 측정을 위한 13개의 시간제한이 있는 것과 네 가지의 시간 제한이 없는 단계가 있으며 다른 변수를 측정하기 위한 11개의 시간제한이 없는 하위검사가 배터리에 포함되어 있다.

대상인구 : 중학교 1학년부터 고등학교 3학년까지, 고용자, 자활 보호 대상자, 장애인 내담자, 직업 교육학교 학생들

발행일 : 2001.

발행처 : PESCO International, Pleasantville, NY(http://www.kazette.com/pesco2001.htm).

다양한 목적의 시험과 검사도구들의 지원　다양한 목적의 검사도구들은 특정 인구에 사용하기 위한 목적으로 개발되어 왔다. 시험 매뉴얼은 그 검사도구가 내담자에게 적합한지 아닌지를 그리고 검사도구의 심리검사 성격의 용도가 옳은지 아닌지를 논의해야 한다.

심리검사도구 선택

커리어 상담사는 수많은 시험과 검사도구들 그리고 질적인 측정 전략들 중에서 선택을 하게 된다. Schwiebert(2009)는 적합한 심리검사도구 선택을 위한 단계적인 단계를 만들었다. 시작은 첫째, 사용자와 기술 매뉴얼, 검사도구 사용 목적과 함께 내담자의 필요성이 고려되어야 한다. 심리검사

의 내담자의 필요성과 목적은 조정하고, 검사도구의 기술적인 성향은 반드시 살펴봐야 한다. 신뢰도와 타당도 이슈 그리고 표준집단의 묘사는 특별한 경우에 주목된다. 미국상담학회와 미국심리학회(2010)에 의해 개발된 윤리적인 고려점(2005)은 이러한 부분을 반드시 안내해야 한다. 수많은 검토는 미국 연구와 상담학회 웹사이트에 올려져 있다(http://aarc-counseling.org/test-reviews). 모든 유형의 심리검사도구의 윤리적인 책임은 선택과정에서 안내되어야만 한다. 특별히 상담사는 사용할 심리검사도구 선택에 경쟁력이 있어야 한다. 내담자의 안녕은 심리검사도구 선택 전략에 있어서 가장 고려되어야 하는 부분이다. 그리고 문화와 성별 이슈는 반드시 내담자와 함께 사용할 심리검사 접근에 중요한 부분으로 주의를 기울여야 한다. 다음 부분에서는 몇몇 추가적인 안내와 특정한 용어들이 언급된다.

기술적인 자격

신뢰도, 타당도, 그리고 규범집단(표준화)에 대한 묘사는 시험과 검사도구들의 선택에 가장 중요하다. 어떤 경우 신뢰도의 정확성(검사-재검사 대 내적 일관성)은 시험과 검사도구에 의해 결정되지만 검사-재검사 신뢰도는 일반적으로 커리어 계획에 중요도 성향을 검사할 때 선호한다.

비록 각각의 중요성 단계가 시험 목적에 따라 결정된다고 할지라도 단계 예측 타당도와 구성 타당도 모두 커리어 상담사들이 고려해야 할 부분이다. 만약 시험이 스크리닝 혹은 배치의 목적으로 사용된다면 예측 타당도가 가장 중요하다. 자기 알아차림을 증진하는 것이 시험의 목적이라면 구성 타당도가 특별히 더 중요하다. 예를 들어 자기탐색검사는 각자의 이론적인 유형을 측정하기 위해 Holland(1994)에 의해 개발되었다. 이러한 유형과 설명은 학생과 성인들이 그들 자신을 볼 때 중요한 양상이 되었고 Holland 유형 측정을 목적으로 하는 어떤 도구이든지 구성 타당도를 지녀야 한다. 이러한 검사들은 예측 타당도 또한 있어야 하지만 구성 타당도가 첫 번째 고려사항이다.

성별과 문화적 편견

성별과 문화적 편견은 다양한 상담문헌에서 거론되고 있다. 30년 넘게 Tittle과 Zytowski(1980)는 흥미도 측정에 있어서 성별에 대한 완전한 논의를 제공했다. 더 최근에는 Evans(2013), Mehrens(2002), 그리고 Peterson과 Gonzalez(2005)가 시험과 심리검사에 문화 간 이슈를 논의하였다. 이러한 논의의 중심에는 "커리어 상담사에 의해서 사용되는 시험은 이를 사용하거나 결정하는 사람 혹은 시험을 보는 사람 모두 잘못된 정보를 만들어내는가?" 라는 질문이 있다(Sundberg & Gonzales, 1981, p. 482).

시험과 검사도구는 어느 정도 편견이 존재한다는 것은 타당성이 있지만, 대부분의 상담사들은 비편견적인 유형으로 이러한 제품들을 사용하기 위해 시도한다. 물론 편견을 고려하여 심리검사를 사용하는 것에 반대하는, 특히 고용과정에서 수많은 법적 금지가 있다. 고용평등법(Title VII of the Civil Rights Act of 1964)과 그것이 지속적으로 개정(Anastasi & Urbina, 1997)되면서 예측 타당도를 엄격히 포함하지 않은 검사도구 사용을 금지하고 있다. 시험의 사용에 있어서 이러한 것을 고려한 전문적이고 윤리적인 기준이 개발되고 발간되었으며 편견이 있는 심리검사를 실제에 사용하는 것을 금지하고 있다.

명백한 진실은 커리어 개발 종사자는 적합하게 개발되지 않은 시험과 도구 사용은 피해야 한다는 것이다. 그러나 시험지 개발에 보호장치를 만들고 법적으로 부적절한 사용을 금지하는 것조차도 소수자에 연계되는 경우와 같은 특수한 상황에서 시험과 검사도구 사용은 미묘한 편견이 형성되어 존재한다. 다음의 집중적으로 고려되는 부분들은 편견을 최소화하고 싶을 때 심리검사과정에서 반드시 언급되어야 한다.

시험 혹은 검사   심리검사도구 내용의 타당도는 문화적으로 소외된 소수자, 여성, 그리고 내담자를 측정할 때 주요 고려점이다. 왜냐하면 "당신은 미술관에 가는 것과 조용히 집에서 글을 읽는 것 중 어느 것에 더 흥미를 느끼십니까?"라는 질문은 미술관에 가거나 조용히 책을 읽은 경험이 없는 대부분의 내담자에게는 맞지 않다. 비슷하게 "작은 엔진을 고치기보다는 단어 맞추기 퍼즐을 완성하겠습니까?"라는 질문은 작은 엔진을 고치는 기회가 거의 없었던 많은 여성에게 불리하고, 신문을 보지 않아서 단어 맞추기 퍼즐을 하지 못한 사람들에게도 맞지 않다.

시험과 검사도구의 내용뿐만 아니라 도구를 이용하게 되는 사람들의 지식 수준도 주의 깊게 살펴보는 것은 아마도 미묘한 편견을 피하는 방법일 것이다.

시험 과정   Anastasi와 Urbina(1997)는 이전에 심리검사 경험이 부족한 경우, 잘하고 싶은 동기 혹은 자신을 묘사한 그림을 제시하는 것이 부족한 경우, 그리고 시험을 시행하기 위한 관계 맺기가 어려울 경우, 특별히 문화적으로 다른 경우 등 심리검사과정에서 편견을 구성하는 수많은 요소를 지적했다. 그러나 Anastasi와 Urbina는 심리검사에서 가장 중요하게 생각되어야 하는 부분은 결과에 대한 해석이라고 했다. 해석 과정은 이번 장의 후반부에서 자세하게 논의된다.

예측의 차이   SAT와 다른 학업적성시험과 같은 시험에 대한 소수자들의 합법적인 항의 중에 하나는 백인, 중산층 학생을 선호한다는 편견이다. 이러한 이슈는 다음 질문에 따라 답할 수 있다. 이 시험은 학년과 차이와 같은 범위에 대한 예측이 가능한가? 만약 그렇다면 편견이 있는 것이므로 소수자 내담자에게는 사용되지 않아야 한다.

규정(표준화)의 편견   미국 국방부의 군대직업적성검사 중 흥미도 검색(Interest Finder, IF)은 남성과 여성을 위한 규정을 포함하고 있다. 이러한 규정이 유용하기 위해서는 그들은 남성과 여성의 예제를 묘사해서 포함해야만 한다. 그렇지 않은 경우(IF와 같은 사례), 시험과 검사도구는 사용되지 않아야 한다.

언어 심리검사에 있어서 수많은 편견 이슈는 하나의 단어로 요약된다 : 언어! 영어가 아닌 다른 언어를 제1언어로 사용하는 내담자의 심리검사는 제1언어로 시행된 검사만큼 효율적이지 않으며 채점이 불가능하다. 같은 이슈가 커리어 상담사가 흥미도와 성격 변수와 같은 영역에서 특정 수행을 측정하기 위하여 검사를 사용할 때 나타난다. 특정 흥미도와 성격 변수들의 언어적 표현과 문맥의 의미가 영어를 모국어로 사용하는 내담자와는 다르게 이해된다. 그러나 사회경제적인 취약자나 미국 문화의 비주류로 성장한 개인들 또한 편견이 있는 결과를 나타낼 수 있는 언어적인 결함을 지니고 있다. 많은 소수집단이 문화적으로 밀폐된 지역에 살고 있다. 대부분의 시간에 스페인어를 쓰고 있는 히스패닉은 외딴지역인 애리조나, 뉴멕시코, 그리고 다코타 남부에 살고 있는 원주민과 같이 심리검사과정의 이득에서 다소 희생될 수 있다. 제4장에서 언급했듯이 커리어 상담사는 아메리카 원주민과 아시아계 미국인들의 높은 정보 공개가 요구되는 어떤 기술을 사용하는 경우 자기조절(self-control)에 대한 고려 때문에 특별히 주의할 필요가 있다. 만약 질문이 너무 개인적이라면 이런 집단을 소외시키는 과정이 될 수도 있다.

심리검사 해석 과정에서는 수많은 언어적 편견이 나타나며, 내담자가 검사 결과를 이해하는 것이 불가능할 수도 있다. 심리검사 과정에서 영어를 제2언어로 사용하는 내담자인 경우 혹은 다른 어떤 이유로든 불이익이 생길 수 있는 기회가 적어도 두 번은 생길 수 있음을 기억해야 한다. 첫 번째는 심리검사과정 그 자체이며, 두 번째는 해석 과정이다. 이러한 이유로 많은 커리어 상담사는 질적 심리검사를 더 선호하게 되었다. 그러나 질적 심리검사조차도 주관적인 편견이 있다. 예를 들어 직업명 혹은 가치가 있는 카드를 포함하는 카드 종류를 사용하거나 혹은 노출에 민감한 내담자에게 가계도를 요청하는 것은 가족에 대하여 편향된 정보를 내놓을 수 있게 만든다. 핵심은 단순하다. 소수자와 언어적 한계를 지닌 내담자 혹은 자기 노출을 꺼리는 내담자에 대한 심리검사를 시행하는 경우 많은 주의를 기울이는 훈련이 필요하다는 점이다.

문화적 편견과 관련하여 적어도 하나의 이슈는 나타난다. 인터넷 기반 심리검사와 컴퓨터 지원 직업 안내 시스템(CACGS)을 통한 심리검사 제공을 사용하는 경우 많은 저자(예 : Oliver & Zack, 1999; Robinson, Meyer, Prince, McLean, & Low, 2000)가 문화 혹은 다른 이슈로 인터넷 기반 심리검사를 비판해 왔다. 컴퓨터 기반 심리검사 서비스의 타당도와 유효성에 대한 일반적인 생각은 컴퓨터와 인터넷에 대한 경험이 약할 수도 있고, 그것이 심리검사과정에 중요한 역할을 할 수도 있다. Soh와 Leong(2001)은 다른 문화권에서 온 사람들은 문화적 경험에 기반하여 명료화된 결과를 다르게 생각할 수도 있다고 하였다. 더불어 비슷한 유형의 폴란드 분석 수행에서 실제의 해석을 다르게 한 싱가포르와 미국에서 온 학생들이 그들은 선행 연구에서 나타났다. 따라서 컴퓨터 기반 심리검사에 존재하는 문화적 편견은 광범위한 탐색이 필요하다.

검사에 포함된 질문이 백인 중산층을 겨냥할 때 그것은 의심할 여지 없이 문화적 편견이다 (Fouad, 1993; Lonner, 1988). 언어 사용 그리고 시험을 보는 동기에 대하여 가정하는 경우를 포함하여 셀 수 없이 많은 문화편견이 있다. 규정된 집단을 사용하는 것은 소수자 집단에서 문제가 될 수도 있기 때문에 적합하지 않다(Lonner, 1988; Peterson & Gonzalez, 2005). 더불어 사회적인 성별의 역할 때문에, 과거의 경험 때문에 부정적으로 상호작용하는 것으로 여성의 경험 밖에서 선택된 아이템의 경우 그 검사 혹은 검사도구는 성에 대한 편견이 있다.

다른 이슈

시험과 도구 이용에 필요한 시간, 비용, 읽기단계, 컴퓨터에 입력 능력 혹은 수작업 채점 그리고 시험과 검사도구를 선택할 때 고려되는 요소 모두는 상담사의 취향이다.

시험과 검사 결과 해석

시험의 선택과 시행만큼 시험결과의 해석은 심리검사과정에서 가장 중요한 단계 중 하나다 (Whiston & Rose, 2013). 질적 심리검사도구는 해석에서 다섯 가지 접근을 사용할 수 있다. (1) 컴퓨터 해석(예 : SII), (2) 출판사가 제시한 자기 해석 자료 사용(예 : SDS), (3) 내담자가 주도하는 상호작용적인 접근, (4) 상담자가 이끄는 상호작용적인 접근, (5) 네 가지 접근의 혼합. Goodyear(1990)는 상담자 중심 그리고 내담자 중심 해석적 접근들을 검토했고 정보를 얻는 양에는 다름이 없다는 것을 발견했다. 그러나 내담자는 상담자가 이끄는 것을 선호하는 것으로 나타났다. Hanson, Claiborn, 그리고 Kerr(2001)는 같은 이슈를 연구했고 결과는 Goodyear의 것을 반복했다.

해석의 첫 단계는 상담사가 모든 종류의 검사도구에 친밀해지는 것이다(Andersen & Vanderhey, 2006; Whiston & Rose, 2013). 이것은 기술과 상담사의 안내서를 재검토하는 것과 연계되어 있지만 아마도 가장 적합한 초기 접근은 시험과 검사를 직접 받고 해석해 보는 것이다. 만약 가능하다면 이러한 친밀화 과정에서 규칙을 검토하고, 문화 혹은 성별 이슈 혹은 발생할 수 있는 한계를 명료화하고 그리고 사용된 통계적인 개념을 검토하는 것이 연계되어야 한다.

두 번째 단계는 내담자와의 만남을 위해 주요한 검사와 검사 결과를 검토하는 것이다. 만약 한 개 이상의 심리검사가 시행되었다면 각 도구의 결과는 점검, 비교 그리고 대조되어야 한다. 상담사는 결과의 증거에 대한 의도와 같은 해석과정에서 일어날 수 있는 이슈들을 반드시 예측해야 한다.

검사와 검사 결과 해석의 세 번째 단계는 내담자가 연계되는 것을 고려해야 한다. 만약 언어적 한계점이 있다면 내담자의 언어를 유창하게 구사하는 사람이 연계되어야 하는가? 내담자의 가치는 무엇인가? 선호하는 언어적 혹은 비언어적 소통 유형은 무엇인가? 누가 결과를 받아 보는가? 만약 가족 혹은 집단이 연계되었다면 그들은 직업 계획을 위한 결과의 실행에 대하여 갈등하는가? 상담사가 반드시 참석하고 그 결과를 해석해야 하는가 혹은 내담자가 결과를 해석할 것인가? 이러한 질문은 만약 상담사가 개인 혹은 내담자의 문화적 맥락에 친숙하다면 대답할 수 있다.

질문에 대한 명확한 답이 결정되면 심리검사 결과 해석을 위한 계획은 짜여진다. Prince와 Heiser(2000)는 그들의 시험 해석이라는 훌륭한 저서에서 세 가지 인기 있는 흥미도 검사도구, 즉 Campbell 흥미와 기술 조사(Campbell Interest and Skills Survey), Strong 흥미검사(Strong Interest Inventory), 자기 주도 탐색(Self-Directed Search) 해석을 위한 특별한 안내서를 제공했다.

1. 개인 혹인 가족 이슈, 병력 등의 일상적이지 않은 요소들이 내담자가 시험을 시행하는 동안 영향을 미치지 않았는지 확인

2. 검사 과정에서 내담자가 동기화되어 있는지 볼 수 있다면 확인. 언어 혹은 평가에 대한 확신이 수행에 영향을 주었는가?

3. 해석되는 검사도구의 개요를 제공. 이것의 목적은 무엇인가?

4. 척도에 대한 짧은 안내와 무엇을 의미하는 것인지 제공

5. 이해했는지 확인

6. 점수가 어떻게 제공되는지(예 : 백분율) 설명하고 점수 제공

7. 결과에 동의하는지 확인

8. 점수를 해석하거나 혹은 그들 스스로 해석하는 것을 허용

9. 혼동과 만족의 원인, 가장 많이 혹은 적게 좋아하는 과목, 그리고 능력에 대한 정보와 같은 질적인 인터뷰 중에 얻어낸 정보와 평가 결과 비교하기

10. 필요한 것은 중재

   a. 낮은 흥미검사도구 : 이것은 경험의 결과인가? 계획이 미흡한가? 훈련 혹은 직업에 대한 정보? 차별에 대한 두려움에 기인한 보호장치? 직업에 대한 성별 혹은 인종에 대한 고지식함? 낮은 자존감 같은 개인적 이슈? 직업 정보 사용, 노동자 인터뷰, 직업체험, 성별을 뒤집거나 인종에 대해 고지식한 유형, 계획 기술을 발전시키고 개인 상담을 포함한 해결책이다.

   b. 너무 많은 기회 : 몇몇 SDS 분석은 50개 이상의 직업적 기회를 결과로 보여준다. 이것은 내담자의 다양한 가능성인가? 내담자는 SII(Prince & Heiser, 2000)에 '좋아하지 않음'을 선택하는 것을 주저하는가? 옵션 제거의 추가적인 의미와 같은 가치의 사용 그리고 직업보다 개인 역할에 흥미를 느끼고 만족할 수 있다는 삶의 기술에 대한 논의는 해결책에 포함된다.

   c. 가족 혹은 집단의 갈등 : 문화적응 문제인가? 이것은 기술이나 능력에 잘못된 이해로 직업

혹은 훈련 프로그램이 필요한 것인가? 기치, 중재, 그리고 직업에 있어서 성공을 위해 기술과 능력을 고려한 O*NET과 같은 정보 사용을 포함한 해결책이다.

d. 나쁜 소식 : 적성검사는 내담자의 기대보다 낮은 점수를 보여주며 흥미도 검사 분석은 선호하는 직업에 부합하지 않을 수도 있다. 다른 흥미도의 측정에 대한 설명(예 : 상태 혹은 목록), 그들의 타당도 그리고 검사 오류의 설명은 자구책에 포함된다. 또한 각각의 직업은 많은 영역의 사람들과 연계하기에 충분히 넓다는 Super의 생각이 고려될 수도 있다. 근로자와의 인터뷰 그리고 직업체험이 도움이 될 수도 있다. 결과적으로 Tinsley와 Bradley(1988)는 검사와 검사도구의 결과는 '세상의 끝'과 같은 시각은 아니라고 제안했다. 많은 경우에 동기는 적성을 뛰어넘고 그리고 흥미도 검사는 직업적 성공과 연계된 변수를 예측하지 못한다.

11. 결과의 요약을 포함한 해석 그리고 내담자가 미래에 사용할 수 있는 권고사항을 자기 해석 자료로 제공하는 것으로 완료한다.

요약

심리검사는 커리어 상담에 있어서 근본적인 요소이며 다른 커리어 개발 활동은 자기 이해를 증진하는 것에 목적을 둔다.

그러나 이와는 다르게 커리어 개발과 연결된 어떤 활동들은 주의 깊은 훈련과 슈퍼비전을 통해 전문가적인 높은 단계를 요구하는 테스트를 사용하는 것이 적합하다. 이 경우 어떤 목적으로든 훈련되지 않은 이들이 테스트와 도구를 사용하는 것은 적합하지 않다. 이번 장에서는 심리검사 논의에 대한 질적 그리고 양적인 두 가지의 접근이 있었으며, 두 가지 모두 커리어 상담사에게 중요하며 오랫동안 사용되고 있다. 질적인 심리검사과정의 효과적인 사용을 위해서는 이 작업을 위한 미미한 안내서만 있는 이유로 높은 임상기술이 요구된다. 그러나 질적 그리고 양적 접근 모두 상담사는 만약 적합하게 사용해 오고 있다면 인종, 민족, 성별 그리고 사회경제적인 위치에 대해 세심한 접근이 요구된다.

더불어 만약 이러한 접근이 어떤 집단을 위한 상담과정에 효과적으로 사용된다면, 높은 수준의 상담 기술은 테스트를 실시하고 검사와 도구를 해석하기 위한 선이수 과정이 될 것이다.

이 장의 퀴즈

T F **1.** 포스트모던 커리어 상담사들의 영향으로 흥미검사와 측정은 2000년 이후 감소했다.

T F **2.** 측정 과정에서 컴퓨터는 아주 유용한 도구이지만 득점과 같은 용도가 목표 내로 한정된다.

T F **3.** 자기 효능 측정은 양적 혹은 질적인 측정 모두 적용 가능한 측정법이다.

T F **4.** 가계도의 근본적인 사용은 세대 간 연구이다.

T F **5.** 현상에 기반을 둔 포스트모던 커리어 상담사는 질적 측정인 임상 측정을 선호한다.

T F **6.** 일반적으로 심리 테스트는 타당성 예측과는 아주 다른 구성 타당도에 대해 연구하는 것을 선호한다.

T F **7.** Harrington-O'Shea 커리어 결정 시스템의 직접적인 자기 탐구와 흥미도 분석은 모두 Holland의 이론에 기반하여 측정된다.

T F **8.** O*NET 능력분석은 실제로 적성검사이다.

T F **9.** 평가도구에 있어서 문화적 편견은 주로 규범을 배우는 과정으로 인한 것이 주요 요인이다.

T F **10.** 불행히도 언어적으로 취약하거나 글을 읽을 수 없는 내담자에게 가능한 흥미도 검사는 없다.

(1) F (2) F (3) T (4) F (5) F (6) F (7) T (8) T (9) F (10) F

참고문헌

American Counseling Association. (2005). *ACA code of ethics and standards of practice.* Alexandria, VA: Author.

American Psychological Association. (2005). *Ethical principles of psychologists and code of conduct.* Washington, DC: Author.

Anastasi, A., & Urbina, G. (1997). *Psychological testing* (7th ed.). New York, NY: Macmillan.

Andersen, P., & Vanderhey, M. (2006) *Career counseling and development in a global economy.* Boston, MA: Houghton Mifflin.

Association for Assessment in Counseling. (2003). *The Responsibilities of users of standardized tests* (3rd ed.). Alexandria, VA: Author.

Bandura, A. (1977). Toward a unifying theory of behavior change. *Psychological Review, 89,* 191–215.

Bandura, A. (1986). *Social foundations of thought and action: A social–cognitive theory.* Englewood Cliffs, NJ: Prentice Hall.

Betz, N. E. (2000). Self-efficacy theory as a basis of career assessment. *Journal of Career Assessment, 8,* 205–222.

Betz, N. E., & Borgen, F. H. (2000). The future of career assessment: Integrating interests with self-efficacy and personal styles. *Journal of Career Assessment, 8,* 329–338.

Betz, N. E., Borgen, F. H., & Harmon, L. (2005). *Skills confidence inventory applications and technical guide* (2nd ed.). Palo Alto, CA: Consulting Psychologists Press.

Betz, N. E., & Hackett, G. (1981). The relationship of career-related self-efficacy expectations to perceived career options in college women and men. *Journal of Counseling Psychology, 28,* 399–410.

Betz, N. E., & Hackett, G. (1986). Applications of self-efficacy theory to understanding career choice behavior. *Journal of Social and Clinical Psychology, 4,* 279–289.

Betz, N. E., & Taylor, K. M. (2001). *Career decision self-efficacy scale: Technical manual.* Worthington, OH: Author.

Brott, P. E. (2001). A storied approach: A postmodern perspective for career counseling. *Career Development Quarterly, 49,* 304–313.

Brown, D. (1990). Trait and factor theory. In D. Brown & Associates, *Career choice and development* (2nd ed., pp. 13–36). San Francisco, CA: Jossey-Bass.

Brown, D., & Brooks, L. (1991). *Career counseling techniques.* Boston, MA: Allyn & Bacon.

Brown, D., Ware, W. B., & Brown, S. T. (1985). A predictive validation of the career decision–making inventory. *Measurement and Evaluation in Counseling and Development, 18,* 81–85.

Chope, R. C. (2008). Practice and research in career counseling and development. *The Career Development*

Quarterly, 57, 98–173.

Cochran, L. (1983). Implicit versus explicit importance of career values in making a career decision. *Journal of Counseling Psychology, 30,* 188–193.

Crites, J. O. (1969). *Vocational psychology.* New York, NY: McGraw-Hill.

Dewey, C. R. (1974). Exploring interests: The nonsexist card sort. *Personnel and Guidance Journal, 52,* 348–351.

Dolliver, R. H. (1967). An adaptation of the Tyler Vocational Card Sort. *Personnel and Guidance Journal, 45,* 916–920.

Donnay, D. A., & Borgen, F. H. (1999). The incremental validity of vocational self-efficacy: An examination of interest, efficacy, and occupation. *Journal of Counseling Psychology, 46,* 432–447.

Evans, K. M. (2013). Multicultural considerations on career assessment. In C. Wood & D. G. Hays (Eds.), *A counselor's guide to career assessment instruments* (6th ed., pp. 49–62). Broken Arrow, OK: National Career Development Association.

Feller, R. W., & Daly, J. (2009). Career thoughts inventory review. In C. Wood & D. G. Hays (Eds.), *A counselor's guide to career assessment instruments* (5th ed., pp. 352–355). Broken Arrow, OK: National Career Development Association.

Fouad, N. A. (1993). Cross-cultural vocational assessment. *Vocational Guidance Quarterly, 42,* 4–13.

Fuqua, D. R., Blum, C. R., & Hartman, B. W. (1988). Empirical support for the diagnosis of career indecision. *Vocational Guidance Quarterly, 36,* 363–373.

Fuqua, D. R., Blum, C. R., Newman, J. L., & Seaworth, T. B. (1988). *Journal of Counseling, 35,* 154–158.

Galassi, M. D., Jones, L. K., & Britt, M. N. (1985). Nontraditional career options for women: An evaluation of career guidance instruments. *Vocational Guidance Quarterly, 34,* 124–130.

Gault, F. M., & Myers, H. H. (1987). A comparison of two career-planning inventories. *Career Development Quarterly, 35,* 332–336.

Ghiselli, E. E. (1973). The validity of aptitude tests in personnel selection. *Personnel Psychology, 26,* 461–477.

Gibson, D. M. (2005). The use of genograms in career counseling with elementary, middle, and high school students. *Career Development Quarterly, 53,* 178–186.

Goldman, L. (1972). Tests and counseling: The marriage that failed. *Measurement and Evaluation in Guidance, 4,* 213–220.

Goldman, L. (1982). Assessment in counseling: A better way. *Measurement and Evaluation in Guidance, 4,* 213–220.

Goldman, L. (1990). Qualitative assessment. *The Counseling Psychologist, 18,* 205–213.

Goodyear, R. K. (1990). Research on the effects of test interpretation: A review. *The Counseling Psychologist, 18,* 240–257.

Gottfredson, G. D., & Holland, J. L. (1975). Vocational choices of men and women: A comparison of predictors from the Self-Directed Search. *Journal of Applied Psychology, 22,* 28–34.

Gregory, R. J. (2006). *Psychological testing: History, principles, and applications* (5th ed.). Boston, MA: Allyn & Bacon.

Gupta, S., Tracey, T. J. G., & Gore, P. A. (2008). Structural examination of RIASEC scales in high school students: Variations across ethnicity and methods. *Journal of Vocational Behavior, 72,* 1–13.

Gysbers, N. C., & Moore, E. J. (1987). *Career counseling: Skills and techniques for practitioners.* Englewood Cliffs, NJ: Prentice Hall.

Hansen, J. C. (2013). Nature, importance, and assessment of interests. In S. D. Brown & R. W. Lent (Eds.), *Career development in counseling: Putting theory and research to work* (pp. 387–416). New York, NY: John Wiley & Sons.

Hansen, J. C., Scullard, M. G., & Haviland, M. G. (2000). The interest structure of Native American college students. *Journal of Career Assessment, 8,* 159–172.

Hansen, J. C., & Swanson, J. L. (1983). Stability of interests and predictive and concurrent validity of the 1981 Strong–Campbell Interest Inventory for college majors. *Journal of Counseling Psychology, 30,* 194–201.

Hanson, W. E., Claiborn, C. D., & Kerr, B. (2001). Differential effects of two approaches to test interpretation: A field study. In C. E. Hill (Ed.), *Helping skills: The empirical foundation.* Washington, DC: American Psychological Association.

Harrington, J. C., & Harrington, T. F. (2006). *Ability explorer* (2nd ed.). Indianapolis, IN: JIST Publishing Inc.

Hartman, B. W., Fuqua, D. R., & Blum, C. R. (1984). A path-analytic model of indecision. *Vocational Guidance Quarterly, 33,* 231–240.

Hartman, B. W., Fuqua, D. R., & Hartman, P. T. (1983). The predictive potential of the Career Decision Scale in identifying chronic career indecision. *Vocational Guidance Quarterly, 32,* 103–108.

Hogan, R., DeSoto, C. B., & Solano, C. (1977). Traits, tests, and personality research. *American Psychologist, 32,* 255–264.

Holland, J. L. (1982). The SDS helps both females and males: A comment. *Vocational Guidance Quarterly, 30,* 195–197.

Holland, J. L. (1985). *Making vocational choices: A theory of vocational personalities and work environments* (2nd ed.). Englewood Cliffs, NJ: Prentice Hall.

Holland, J. L. (1994). *Manual—Self-Directed Search.* Odessa, FL: Psychological Assessment Resources.

Holland, J. L. (1997). *Making vocational choices: A theory of vocational personalities and work environments* (3rd ed.). Odessa, FL: Psychological Association Resources.

Holland, J. L., Gottfredson, G. D., & Baker, H. G. (1990). Validity of vocational aspirations and interest inventories, extended, replicated, and reinterpreted. *Journal of Counseling Psychology, 37,* 337–342.

Holland, J. L., Gottfredson, G. D., & Gottfredson, L. S. (1975). Read our reports and examine the data: A response to Prediger and Cole. *Journal of Vocational Behavior, 7,* 253–259.

Johnson, R. W., & Hoese, J. C. (1988). Career planning concerns of SCII clients. *Journal of Career Development, 36,* 251–258.

Jones, L. K., Gorman, S., & Schroeder, C. G. (1989). A comparison of the SDS and career key among undecided college students. *Career Development Quarterly, 37,* 334–344.

Kapes, J. T., & Whitfield, E. A. (Eds.). (2002). *A counselor's guide to career assessment instruments* (4th ed.). Tulsa, OK: National Career Development Association.

Knapp, R. R., & Knapp, L. (1979). Relationship of work values to occupational activity interests. *Measurement and Evaluation in Guidance, 12,* 71–76.

Knowdell, R. L. (1998). Career values card sort kit. San Jose, CA: Career Research and Testing.

Krumboltz, J. D. (2010). The happenstance learning theory. *Journal of Career Assessment, 17,* 135–154.

Larsen, L. M., Heppner, P. P., Harm, T., & Dugan, K. (1988). Investigating multiple subtypes of career indecision through cluster analysis. *Journal of Counseling Psychology, 35,* 439–446.

Leong, F. T. L. (1991). Career development attributes and occupational values of Asian American and white college students. *Career Development Quarterly, 39,* 221–230.

Leong, F. T. L., & Hartung, P. J. (2000). Crosscultural career assessment: Review and prospects for the new millennium. *Journal of Career Assessment, 8,* 391–402.

Leung, S. A., & Hou, Z. (2001). Concurrent validity of the 1994 Self-Directed Search for Chinese high school students in Hong Kong. *Journal of Career Assessment, 8,* 282–296.

Lofquist, L. H., & Dawis, R. V. (1991). *Essentials of person environment correspondence counseling.* Minneapolis, MN: University of Minnesota Press.

Lonner, W. J. (1988). Issues in testing and assessment in cross-cultural counseling. *The Counseling Psychologist, 18,* 599–614.

Lucas, J. L., Wanberg, C. R., & Zytowski, D. G. (1997). Development of a career self-efficacy scale. *Journal of Vocational Behavior, 50,* 437–459.

Luzzo, D. A., & Taylor, M. (1994). Effects of verbal persuasion on the career self-efficacy of college freshmen. *California Journal of Counseling and Development, 14,* 31–34.

Malott, K. M., & Magnuson, S. (2004). Using genograms to facilitate undergraduate students' career development: A group model. *Career Development Quarterly, 53,* 353–362.

McGoldrick, M., & Gerson, R. (1985). *Genograms in family assessment.* New York, NY: Norton.

McGoldrick, M., Shellenberger, S. & Perry, S. (2008). *Genograms: Assessment and intervention.* New York, NY: Norton.

Mehrens, W. A. (2002). Selecting a career assessment instrument. In J. T. Kapes & E. A. Whitfield (Eds.), *A counselor's guide to career assessment instruments* (4th ed., pp. 27–34). Tulsa, OK: National Career Development Association.

Melvin, B., & Hale, R. (2013). The legacy of skills and abilities assessment in career development: Where we've been and where we're going. Retrieved from http://www .career.fsu.edu/techcenter/NCDA/2013/1-1/NCDA 2013Roundtable1-1%20Skill%20and%20Ability%20 AssessmentPPT.pdf

Michel, R. E. (2013). Possible selves mapping. In C. Wood & D. G. Hays (Eds.), *A counselor's guide to career assessment instruments* (6th ed., pp. 459–464). Broken Arrow, OK: National Career Development Association.

Myers, I.B., & McCaulley, D. (1998). *BTI manual* (3rd ed.). Palo Alto, CA: Consulting Psychologist Press.

Noeth, R. J. (1983). The effects of enhancing expressed vocational choice with career development measures to predict occupational field. *Journal of Vocational Behavior, 22,* 365–375.

Okiishi, R. W. (1987). The genogram as a tool in career counseling. *Journal of Counseling and Development, 66,* 139–143.

Oliver, L. W., & Zack, J. S. (1999). Career assessment on the Internet. *Journal of Career Assessment, 7,* 323–336.

Parsons, F. (1909). *Choosing a vocation.* Boston, MA: Houghton Mifflin.

Patton, W., & McIlven, P. (2009). Practice and research in career counseling and development—2008. *Career Development Quarterly, 58,* 116–161.

Peterson, N., & Gonzalez, R. C. (2005). *The role of work in people's lives: Applied career counseling and vocational psychology.* Pacific Grove, CA: Brooks/Cole.

Prediger, D. J. (1981). A note on Self-Directed Search validity for females. *Vocational Guidance Quarterly, 30,* 117–129.

Prediger, D. J. (2001). Assessment in career counseling. In G. R. Walz & J. C. Bleuer (Eds.), *Assessment: Issues and challenges for the millennium* (pp. 329–334). Greensboro, NC: ERIC-CASS.

Prince, J. P., & Heiser, L. J. (2000). *Essentials of career interest assessment.* New York, NY: Wiley.

Prosek, E. A. (2013). Career genogram. In C. Wood & D. G. Hays (Eds.), *A counselor's guide to career assessment instruments* (6th ed., pp. 459–464). Broken Arrow, OK: National Career Development Association.

Pryor, R. G. L., & Taylor, N. B. (1980). On combining scores from interest and value measures for counseling. *Vocational Guidance Quarterly, 34,* 178–187.

Robinson, N. K., Meyer, D., Prince, J. P., McClean, C., & Low, R. (2000). Mining the Internet for career information: A model approach for college students. *Journal of Career Assessment, 8,* 37–54.

Rokeach, M. (1973). *The nature of human values.* New York, NY: Free Press.

Rokeach, M. (1979). *Understanding human values: Individual and societal.* New York, NY: Free Press.

Rotberg, H. L. (1984). *Career self-efficacy expectations and perceived range of career options in community college students* (Unpublished doctoral dissertation). University of North Carolina, Chapel Hill, NC.

Rotberg, H. L., Brown, D., & Ware, W. B. (1987). Career self-efficacy expectations and perceived range of career options in community college students. *Journal of Counseling Psychology, 34,* 164–170.

Rottinghaus, R. J., Coon, K. L., Gaffey, A. B., & Zytowski, D. G. (2007). Thirty-year stability and predictive validity of vocational interests. *Journal of Career Assessment, 15,* 5–22.

Rounds J., & Lin, J. (2013). Nature, importance, and the assessment of needs and values. In S. D. Brown & R. W. Lent (Eds.), *Career choice and development* (2nd ed., pp. 417–480). New York, NY: John Wiley & Sons.

Rounds, J., & Tracey, T. J. (1996). Cross-cultural structural equivalence of the RIASEC models and measures. *Journal of Counseling Psychology, 43,* 310–329.

Sampson, J. P. Jr. (1990). Computer-assisted testing and the goals of counseling psychology. *The Counseling Psychologist, 18,* 227–234.

Sampson, J. P., Jr. (2001). Using the Internet to enhance test interpretation. In G. R. Walz & J. C. Bleuer (Eds.), *Assessment: Issues and challenges for the millennium* (pp. 189–202). Greensboro, NC: ERIC-CASS.

Sampson, J. P., Jr., Carr, D. L., Lunsden, J. A., Smission, C. & Dozier, C. (2009). Computer-assisted career assessment: State of the art. In E. A. Whitfield, R. W. Fellar, & C. Wood (Eds.), *A counselor's guide to career assessment instruments* (5th ed., pp. 43–60). Broken Arrow, OK: National Career Development Association.

Savickas, M. L. (2013). Career construction theory and practice. In S. D. Brown & R. W. Lent (Eds.), *Career development in counseling: Putting theory and research to work* (pp. 147–186). New York, NY: John Wiley & Sons.

Schwiebert, V. L. (2009). Selecting a career assessment instrument. In E. A. Whitfield, R. W. Feller, & C. Wood (Eds.), *A counselor's guide to career assessment instruments* (5th ed., pp. 27–34). Broken Arrow, OK: National Career Development Association.

Slaney, R. B., & Slaney, F. M. (1986). Relationship of expressed and inventoried vocational interests of female career counseling clients. *Career Development Quarterly, 35,* 24–33.

Soh, S., & Leong, F. T. L. (2001). Cross-cultural validity of Holland's theory in Singapore: Beyond structural validity of RIASEC. *Journal of Career Assessment, 9,* 115–134.

Srebalus, D. J., & Brown, D. (2001). *A guide to the helping professions.* Boston, MA: Allyn & Bacon.

Sundberg, N. D., & Gonzales, L. R. (1981). Crosscultural and cross-ethnic assessment: Overview and issues. In P. McReynolds (Ed.), *Advances in psychological assessment* (Vol. 5, pp. 475–491). San Francisco, CA: Jossey-Bass.

Super, D. E. (1957). *The psychology of careers*. New York, NY: HarperCollins.

Super, D. E. (1990). A life-span approach to career development. In D. Brown & Associates, *Career choice and development* (2nd ed., pp. 107–261). San Francisco, CA: Jossey-Bass.

Tang, M. (2001). Investigation of the structure of vocational interests of Chinese college students. *Journal of Career Assessment, 9,* 365–379.

Taylor, K. M., & Betz, N. E. (1983). Application of self-efficacy theory to the treatment of career indecision. *Journal of Vocational Behavior, 22,* 63–81.

Thorgren, J. M., & Feit, S. S. (2001). The Career-O-Gram: A postmodern career intervention. *Career Development Quarterly, 49,* 291–303.

Tittle, C. K., & Zytowski, D. G. (Eds.). (1980). *Sex-fair interest measurement: Research and complications*. Washington, DC: Institute of Education, U.S. Government Printing Office.

Tyler, L. E. (1961). Research explorations in the realm of choice. *Journal of Counseling Psychology, 8,* 195–202.

Tyler, L. E. (1978). *Individuality*. San Francisco, CA: Jossey-Bass.

U.S. Department of Labor. (1998). *The occupational information network*. Retrieved from http://www.doleta.gov/programs/onet

Vondracek, F. W., Hostetler, M., Schulenberg, J. E., & Shimiza, K. (1990). Dimensions of career indecision. *Journal of Counseling Psychology, 37,* 98–106.

Whiston, S. C., & Rose, C. S. (2013). Test Administration, interpretation, and communication. In C. Wood, & D. G. Hays (Eds.), *A counselor's guide to career assessment instruments* (6th ed., pp. 101–111). Broken Arrow, OK: National Career Development Association.

Whitfield, E. A., Feller, R. W., & Wood, C. (Eds.). (2009). *A counselor's guide to career assessment instruments* (5th ed.). Broken Arrow, OK: National Career Development Association.

Whitney, D. R. (1969). Predicting from expressed choice. *Personnel and Guidance Journal, 48,* 279–286.

Wholeben, B. E. (1988). Sixteen PF personal career development profiles: Review. In J. T. Kapes & M. M. Mastie (Eds.), *A counselor's guide to career assessment instruments* (2nd ed., pp. 238–242). Alexandria, VA: National Career Development Association.

Williamson, E. G. (1939). *How to counsel students*. New York, NY: McGraw-Hill.

Willis, C. G., & Ham, T. L. (1988). Myers–Briggs Type Indicator: Review. In J. T. Kapes & M. M. Mastie (Eds.), *A counselor's guide to career assessment instruments* (2nd ed., pp. 228–233). Alexandria, VA: National Career Development Association.

Wilson, R. F., Tang, M., & Wilson, C. (2013). Selecting career assessment instruments. In C. Wood & D. G. Hays (Eds.), *A counselor's guide to career assessment instruments* (6th ed., pp. 85–100). Broken Arrow, OK: National Career Development Association.

Wood, C. & Hays, D. G. (Eds.). (2013). *A counselor's guide to career assessment instruments* (6th ed.). Broken Arrow, OK: National Career Development Association.

Young, R. A., Valach, L., & Collin, A. (1996). A contextual explanation of career. In D. Brown & Associates, *Career choice and development* (pp. 477–513). San Francisco, CA: Jossey-Bass.

제 11 장

유용한 커리어 개발을 위한 지식의 활용

 **기억해야 할 것들**

- 직업 정보의 주요 유형과 정보를 찾을 수 있는 곳
- O*NET의 잠재적인 사용법
- 선택방법과 개인과 집단의 교육적 직업 정보 활용

내가 직업 정보의 제목을 직업 정보 교실에서 소개했을 때 학생들 반응은 한숨소리와 침묵뿐이었다. 그들은 좋은 이론만큼 현실적인 것이 없으며 직업 정보만큼 지루한 것이 없다는 것을 알고 있었다. 아마도 학생들이 옳을 수도 있겠지만 내가 그들에게 "얼마나 많은 직업에 대해 자세히 설명할 수 있나요?"라고 물었을 때, 그들의 직업에 대한 정보는 한정되어 있었다. 사실 대부분의 학생은 미국에 있는 1,000개 이상의 직업 구조 중 6개 이하의 직업에 대하여 준비하고 그 직무를 설명할 수 있으며, 그들이 설명할 수 있는 직업은 대부분 대학생 수준에서 요구되는 직업이다. 미국에 존재하는 직업 중 거의 22%가 대학 졸업장을 요구한다. 효과적인 커리어 개발을 위해서 커리어 상담사들은 내담자들이 1,000개의 직업 중에 선택할 수 있도록 반드시 도와야만 하고, 그들을 위해 준비하고 선택을 실행할 수 있는 방법을 찾아야 한다. 그러나 직업 정보는 개인의 선택을 용이하게 하는 것보다 더 광범위하다. 그것은 또한 어린이, 청소년, 그리고 성인의 커리어 개발을 가능하게 하는 개인적인 도구이다. 후자를 먼저 논의하자. 직업 정보는 이용하는 것이 중요하고 몇몇은 다음과 같이 나이별로 분류될 수 있다.

아동

- 다양한 직업 구조에 대해 알아가기
- 부모님의 직업과 지역사회 그리고 그 너머에 있는 노동자들의 모습에 대해 알아가기
- 인종 그리고 성역할의 고정관념과 장애인에 대한 사람들의 고정관념 깨뜨리기
- 교육과 직업 사이의 연결에 대해 공감력 향상
- 직업생활 유형의 관계에 대한 깨달음 향상

청소년

- 직업과 연결되어 있는 것과 같은 개인의 정체성에 민감하게 집중
- 고등학교를 마치고, 중등교육과정과 훈련 프로그램 지원 동기를 부여
- 노동자를 연결하고 관찰하면서 현실적 평가를 시작
- 삶의 유형 계획에 대한 기본 정보 제공
- 고정관념 없애기
- 사적인 부분과 공적인 부분뿐만 아니라 군복무까지 직업 기회 비교

성인

- 현재 직업 수행을 향상시킬 훈련기회에 대한 정보 제공
- 비슷한 직업에 종사하는 다른 이들과 본인의 수입을 평가하는 것을 가능하게 하는 정보 제공
- 다른 직업을 지원하고 인터뷰할 수 있도록 하는 고용 기술을 향상
- 장애인, 고령자, 여성, 혹은 소수자인 노동자들의 권리와 그런 권리가 축소될 때 어떻게 불만을 표현하는지에 대한 정보를 제공

은퇴자

- 만약 다시 일을 시작하고자 한다면, 시간제 혹은 종일 근무의 기회 명료화
- 그들이 가지고 있는 기술을 노동자 혹은 자원봉사자처럼 사용하는 것을 지원
- 지속적으로 삶의 모습에 대해 계획하는 것을 지원

반복하자면 직업과 교육에 대한 정보는 종합적인 커리어 발달 프로그램에서는 기본적인 구성요소로 그리고 커리어 상담에서는 도구와 같은 역할을 한다. 직업 구조의 복잡성은 믿기 어려울 정도다. 정보는 직업 구조의 이해뿐만 아니라 내담자 자신과 사회의 이익을 위한 태도를 협상하는 것으로 내담자를 돕기 위해 사용된다. 이번 장의 많은 부분은 정부가 제공하는 온라인과 컴퓨터에 기

반한 자료들을 다룰 것이다. 이번 장에서는 또한 컴퓨터 지원 직업 안내 시스템(CACGS)을 다루고, 대부분 직업과 교육 정보뿐만 아니라 결정에 도움이 되는 자료를 제공한다. CACGS를 사용하는 심리검사의 논의는 다음 장에서 이뤄질 것이다.

직업과 노동시장 정보

직업 정보는 일과 연계된 교육, 직업 그리고 사회심리적 부분을 포함한다. 이러한 유형의 정보는 대부분 정부 차원에서 정부기관이 만들어낸다. 예를 들어 미국 내 특정 지역에서의 비고용률은 일반적으로 개인 내담자가 흥미를 느끼게 되며, 그 이유로는 그들의 직업 검색이 어려울 수도 있고 쉬울 수도 있기 때문이다. 다른 면에서는 미국 의회, 미국 고용안전위원회, 미국연방준비제도 그리고 다른 기관의 관리부서는 전체 비고용률에 관심이 있다. 그 이유는 (1) 훈련과 재훈련 프로그램을 위한 기금에 대한 권한 부여를 증가시킬 것인지 감소시킬지의 필요성을 나타낸다, (2) 고용배치 서비스를 증가시킬 것인지 혹은 감소시킬지에 대한 요구를 제한한다, (3) 국가의 경제 경향이 긍정적인지 혹은 부정적인지에 대한 신호이기 때문이다.

노동시장 정보는 직업구조와 그것을 만들어내는 경향에 대한 데이터를 포함한다. 예를 들어 미국 국가조사국은 다양한 직업의 고용자에 대한 많은 정보를 모으고 알린다. 노동부의 통계, 노동청의 위치, 고용에 대한 정보 수집, 문을 닫은 공장 그리고 해고 등의 자료를 수집하고 이것은 개인의 직업에 대한 미래예측을 위한 데이터뿐만 아니라 전체적인 직업 구조로도 사용된다. 노동시장에서 고용되는 사람들의 성향인 인구통계학을 고려한 예측을 포함한 것이다(예 : 노동시장의 여성). 미국 국방부, 상무부, 내무부, 건설부, 재무부 또한 노동시장 정보를 수집하고 알린다.

직업과 노동시장의 통계에 차이점이 있는 것은 정보가 확실히 다른 모습으로 나타나게 만든다. 역사적으로 특정 직업에 대한 정보는 직업 분석 기술을 사용하여 생성된다. 직업 분석은 직업을 가지고 있는 노동자의 일적인 행위, 기계와 도구는 그들이 일을 수행하기 위해 요구되고 일에 쓰이는 자원, 만들어내는 생산품, 작업환경의 성격, 그리고 노동자의 기질(적성, 능력, 성격)이 직업을 수행하기 위해 요구되는 것을 알아내기 위해 관찰하는 것이다. 미국의 첫 번째 직업의 통합적인 데이터베이스인 **직업명 사전(DOT)**은 1939년에 출판되었다. DOT에 대한 정보는 알려져 있는 직업 분석과 같은 관찰 전략을 사용하여 개발되었지만 DOT를 재구성한 O*NET의 구조는 직장에 있는 노동자들이 작업을 수행할 수 있는 환경, 직업을 수행할 수 있는 능력, 그리고 작업 환경의 모습을 평가하기 위한 부분을 O*NET 시스템에 포함할 것을 요구했다.

정보의 두 가지 중요한 자원

직업과 노동력 정보는 전형적으로 서로 혼합되어 만들어지고 제공된다. 직업과 노동력 정보 데이터에서 가장 중요한 것은 온라인과 인쇄물 모두 제공되어야 한다는 것이다. O*NET과 직업 전망서(OOH)는 다음에 논의될 것이다.

직업정보네트워크(O*NET)

미국 노동부가 출판하는 **직업명 사전(DOT)**은 가장 최근판이 1991년이다. 이후 다시 출판되지 않았는데, 이유는 해고되어 그들의 기술을 사용할 수 있는 다른 직업으로 배정되는 노동자를 도와주기 위한 적합한 기초 정보를 제공하는 것에 실패했기 때문이다. 위의 사전을 정정한 직업정보네트워크(O*NET)는 정부기관, 사립 혹은 공공기관 그리고 일반 대중이 접근할 수 있다.

O*NET을 위해 적용된 내용 모델은 그림 11.1에서 볼 수 있다. 그것은 몇몇 같은 유형의 데이터를 포함하여 이전의 **직업명 사전**에서 찾을 수 있다(예 : 일반적인 지식 그리고 직업 수행을 위한 교육). O*NET에 있는 몇몇 데이터는 직업 전망서(예 : 직업 전망, 임금 정보)와 직업 탐색 안내서에서 찾을 수 있다. O*NET에서는 거의 906개의 직업을 고려한 데이터를 찾을 수 있다.

정의 O*NET의 내용 모델은 여섯 가지 영역의 정보로 구성된다.

1. 노동자 성향 : 동기에 영향을 주는 개인의 인내 성향 그리고 직업 수행 능력. 세 가지 유형의

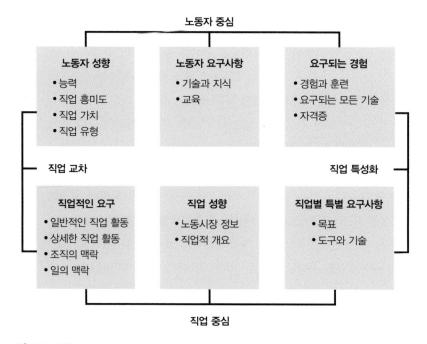

그림 11.1 O*NET 모델

출처 : *Prototype Development of the O*Net : The Occupational Information Network,* by J. Nottingham and J. Gulec, undated. Raleigh, NC : North Carolina Occupational Analysis Field Center. U.S. Department of Labor.

노동자 성향이 O*NET에 포함된다.

    a. 능력 : 적성과 같이 직업 수행을 위해 필요한 성향

    b. 직업 가치와 흥미도 : 가치는 자율성과 같은 직업적 강요에 어떤 유형을 위한 선호도, 흥미도는 좋아하고 선호하는 것

    c. 직업 유형 : 전형적인 수행에 영향을 주는 것뿐만 아니라 개개인의 작업 수행과 그에 대한 적응 성향

2. **노동지 요구사항** : 직업 활동 범위에서 직업수행에 영향을 미치는 개개인의 속성

    a. 기본 기술 : 새로운 지식을 획득하기 용이한 읽기와 같은 기술

    b. 다기능적 기술 : 다양한 직업 활동 범위에서 노동자가 해결할 수 있는 문제 그리고 사회적 기술과 같은 기술

    c. 지식 : 수많은 직업 활동에서 주요 고객과 개인적인 서비스 등의 주요 과정에 대한 정보

    d. 교육 : 직업에 진입하기 위해 요구되는 정규 교육의 양과 유형(학과와 특별한 과목)

3. **요구되는 경험** : 다양한 유형의 직업에서 선행 경험, 특별한 직업 준비, 직업훈련, 그리고 허가증과 자격증 요구

    a. 훈련 : 직업 수행에 필요한 가장 높은 단계의 훈련(교육, 위의 부분과 연결됨)

    b. 경험 : 직업에 사용한 총시간

    c. 자격증 : 직업을 수행하기 위한 특별한 자격증

4. **직업적인 요구** : 직업 영역에서 개개인을 위해 만들어진 직업 요청

    a. 일반적인 직업 활동 : 주요 직업 활동 다음에서 외부기관 사람들과의 소통과 같은 직업 활동과 비슷한 분류

    b. 조직의 맥락 : 산업 유형, 조직의 구조, 실제적인 인력자원, 조직의 문화, 조직의 목표, 그리고 일적인 수행에 있어서 조직이 노동자에게 기대하는 역할

    c. 일의 맥락 : 특정 직업을 수행하는 신체적, 구조적, 그리고 대인관계 환경

5. **직업별 특별 요구사항**

    a. 직업적 지식 : 직업을 수행하기 위한 특별한 지식

    b. 직업기술 : 직업을 수행하기 위해 필요한 특별한 기술

    c. 목표 : 노동자가 직업에서 수행하는 특별한 목표

    d. 의무 : 직업과 연계된 일반적인 책임감

    e. 기계, 도구, 장치 : 일을 할 때 사용하는 특별한 기계, 도구, 그리고 장치

6. **직업 성향**

    a. 노동시장 정보 : 직업 수행 맥락에서 노동시장에 대한 정보

    b. 직업적 개요 : 많은 수의 직업 공석은 성장과 노동자의 재배치를 만드는 것을 예측

c. 임금 : 수입 그리고 보상 시스템

O*NET 사용하기 O*NET 데이터베이스는 인쇄용으로 개발되지는 않았지만 온라인 심리검사도구 세 가지는 O*NET을 연결하여 사용하는 경우 인쇄하여 미국 정부간행물판매국에서 판매가 가능하다. 능력분석, 흥미도 분석, 그리고 지역에 따른 직업 중요도가 있다. 커리어를 알려주기 위한 모든 시스템은 학교, O*NET 웹사이트에서 다운받을 수 있으며(http://onet.center.org/using.html), 재활 상담사들은 커리어 탐색도구 O*NET 데이터베이스를 사용하고, 사업장과 산업에서 인적자원관리자는 훈련 프로그램을 만들고 직업 안내를 개발하기 위해 사용한다.

학생과 성인들은 특정 직업에서 요구하는 사항과 다양한 직업에서 노동자들의 가장 중요한 성향을 포함한 요약된 보고서를 보게 될 것이다. 사용자가 그들의 흥미와 기술에 적합한 직업을 배정받으면 관련된 직업을 찾고 탐색할 수 있다. 더불어 다른 분류 시스템과 직업 정보의 다른 자원과 연결되어 있다.

O*NET의 데이터베이스 접근은 사용자의 필요성에 달려 있다. 이미 언급했듯이 O*NET에서 직업에 대한 상세한 안내를 보고자 하는 고용자는 특정 직업을 수행하기 위한 특별한 직업기술을 다루는 데이터베이스의 한 부분을 간단히 접근할 수 있다. 반면에 고등학생 혹은 대학생은 흥미 있는 직업을 검색하거나 일의 가치를 측정하는 O*NET 흥미도 직업 중요도 분석을 컴퓨터를 통해 완료할 수 있다. 사용자는 또한 자기 주도 탐색인 Holland 유형검사와 같은 다른 검사를 사용할 수 있고, 흥미도 기빈 김색에서 3개의 단어 코드를 조합하여 결과를 볼 수 있다. 먼저 웹사이트(http://online.onetcenter.org/explore/interests/)에 접속해서 여섯 가지 Holland 코드 중 아무것이나 누른다. 두 번째 페이지에서는 사용자들이 그들의 세 가지 단어 코드를 입력하는 것이 가능하다.

'Go' 버튼을 누르면 Holland 코드와 관련이 있는 직업 목록을 보여주며 수요가 많은 것이 강조된다. Holland 코드 정보를 입력한 이후 일을 하는 것에 필요한 능력 그리고 요구되는 훈련 수준을 포함한 Holland 코드와 관련이 있는 직업에 대한 추가적인 정보가 나타난다.

O*NET 사용을 위해 거의 마지막에 가능한 것으로, 재활 상담사가 내담자의 신체적인 조건을 주의 깊게 평가하는 것이 끝나면 그들은 신체적 성향을 기반으로 직업 옵션을 검색한다. 교육정책 입안자는 그들의 기관에 직업 기준을 마련하기 위해 O*NET이 포함한 지식과 기술을 볼 것이고, 사업장 대표는 고성능 노동시장에 대한 조직적 맥락에서의 정보를 알아내려고 할 것이다.

직업 전망서

직업 전망서(*Occupational Outlook Handbook*, OOH)는 인쇄물과 온라인 모두 가능하며 미래의 직업적 분류군과 개인의 직업, 직업 수행 의무에 대한 짧은 안내, 일의 조건, 평균 급여 데이터, 그리고 어떻게 목록에 있는 직업을 준비할지에 대한 정보를 제공한다. 신입부터 은퇴가 가까운 노동자

를 위한 평균 급여인 급여 정보는 초보 수준의 노동자에게는 별로 유용하지 않지만 직업을 바꾸고
자 하는 성인에게는 아주 흥미 있고 유용하다.

연습문제 11.1 O*NET 사용법

다음은 O*NET 사용을 위한 접속법과 사용법을 제공한다. 하나는 O*NET 개발자 중 한 명인 Janet Wall의 권유를 크
게 반영하고 있다. O*NET 방문자는 다음 각 권고단계를 따른다.

1. 웹사이트(http://online.onetcenter.org)에 집속
2. O*NET SOC 혹은 키워드 검색상자에 '전기 엔지니어' 코드 입력
3. 직업 목록은 받음, 수요가 많은 직업 중 하나를 클릭
4. 당신이 선택한 직업에 대해 제공한 정보를 검토
5. 얼마나 직업을 잘 이해했는지에 대한 정보를 도움이 된 것을 1에서 10까지의 척도로 점수를 줌

군대에 대한 정보 직업으로 군대를 고려하는 내담자를 위한 아주 유용한 정보 제공은 O*NET
혹은 OOH가 아니다. OOH는 일반적인 군대 서비스뿐만 아니라 급여에 대한 정보도 담고 있지
만 군대에 대한 직업적인 특정한 정보 그리고 일반 노동인구를 대상으로 하는 부분은 미약하다.
O*NET은 군복무에서 일반 기업으로 전환하는 사람을 돕기에는 유용하지만 군대에 대한 탐색을
시작하는 사람들에게는 그렇게 유용하지는 않다. 그럼에도 불구하고 각 군대서는 군복무 서비스
에 안내서와 책자를 출판하고 특정 부분에 군복무 경력의 기회를 웹사이트에 공지한다. 더불어 국
방부는 웹사이트를 개발하고(http://www.military.com/join-armed-forces/military-jobs) 네 가지
군대 유형의 가능한 직업을 볼 수 있도록 제공하고 있다. 이러한 자원은 각 군대에 관심이 있는 일
반인을 위한 특정한 직군의 직업 정보를 제공한다. 군채용과 재향군인은 군과 관련한 직업에 대한
정보의 유용한 자원이다.

국방부는 또한 다른 많은 웹사이트를 운영하고 있다. 그들의 온라인 정보는 지역 모병사령부
거점에 연락해서 인쇄물로도 제공받을 수 있다.

1. 군 교육 온라인 : 군대와 연관성이 있는 대학 목록
2. 근래에 군대는 복무 중인 사람과 군사무관을 목록화하는 것처럼 전체적인 군생활에 대해 제
   공한다. 이 웹사이트는 네 가지 군대 유형, 군복무 중에 배울 수 있는 몇몇 기술에 대한 설명,
   그리고 일반 직업으로 전환하는 것에 대한 정보가 연결되어 있다. 또한 군대직업적성검사
   (ASVAB)에 대해 설명하고 채용에서의 ASVAB 사용방법, 어떻게 방문자가 ASVAB를 행하고
   그리고 채용에 연결되는지가 포함되어 있다.
3. 군 상담은 군대 내 직업과 연결된 많은 웹사이트에 대한 안내를 포함한다.

컴퓨터 지원 직업 안내 시스템　컴퓨터 지원 직업 안내 시스템(CACGS)은 수동적이고 상호작용적인 기술 소프트웨어 프로그램 방법을 사용할 뿐만 아니라 직업에 대한 시청각 교재를 연결하여 유용한 정보를 제공하는 방법 모두를 사용한다. CACGS는 전형적으로 설치하거나 유지하는 비용이 비싸고—특히 자연스럽게 적합한 것—학습자는 사용하기 전에 특별한 훈련을 받아야 한다. 그러나 CACGS는 대부분의 자료의 유형과 비교하여 가장 많은 이점이 있다. 이러한 시스템은 보통 심리평가, 직업 탐색, 그리고 직업 정보와 같은 몇 가지 구성요소와 협력하게 되고 그리고 자연스럽게 개인과 상호작용한다.

주정부 시스템　주정부 온라인 시스템은 주정부의 직업과 관련한 주요 단체의 나머지 부분이다. 이 네트워크는 주정부 단계에서 교육적이고 직업적인 정보를 개인에게 제공하는 것으로는 처음이었다. California.org는 직업검색 그리고 구직자를 돕기 위한 직업공지 사이트를 고안했다. 캘리포니아는 또한 일반인 직업 계획 웹사이트를 제공한다(California Career Center). 다른 주정부에서도 비슷한 서비스를 제공하며 종종 금융 계획 사이트 또한 제공한다(예 : College Foundation of North Carolina, CFNC).

다른 유형의 직업 정보

직업 정보는 다른 아주 방대하고 다양한 자원들에서 찾을 수 있으며 몇몇 부분은 나음에 논의한다.

모의실험　모의실험은 내담자가 노동자의 역할을 추측해 보고 단순한 역할극 연습을 하는 것으로 비행기 기장 혹은 우주비행사의 훈련에서 쓰는 것과 같이 아주 수준 높은 프로그램이다. 단순한 역할극 그리고 높은 수준의 컴퓨터 기반 훈련지원 사이의 중간 정도 수준은 도시 그리고 병원과 같이 다소 복잡한 일에 대한 모의실험이며 많은 공립학교 커리어 개발 프로그램으로 사용된다. 1989년, CD-ROM 기술을 사용하는 SimCity와 같은 컴퓨터 게임이 생산되었고 지금은 온라인에서 사용할 수 있다. 2013년 버전은 질문을 제기했다. "어떤 기술이 당신의 도시를 움직일 것인가? 모의실험은 내담자를 활동적인 분위기에 놓이게 하고 적합한 큰 규모의 집단을 개발할 수 있다. 어떤 모의실험은 직업에 대하여 가르치는 것보다 결정하는 것을 가르치는 것이 더 유용함에 주목할 가치가 있다.

　초등학교 교사들은 교실 학습활동을 증가시키기 위해 모의실험을 자주 사용한다. 예를 들어 학생들은 종이, 크레용, 연필, 혹은 마커와 같은 일반적으로 사용하는 것을 공급하는 '가게'를 열거나 혹은 교실은 학생들이 저축에 대한 이자, 대출 그리고 다른 금융 교환 등을 결정하는 동안 학생들 각각은 작은 돈은 저축계좌에 입금하고 유지하는 은행을 개설했다.

고등학교 직업교육 교실은 특정한 직업을 연장해서 가르치기 위하여 모의실험을 광범위하게 실시한다. 무역산업부는 건설 기술 학생들에게 집 짓기와 연계한 학급 프로젝트를 배정하고 다음 해 프로젝트에서 공급된 재료를 판매하도록 한다. 건설과정에서 학생들은 적합한 슈퍼비전과 함께 목수, 전기기사, 미장이, 배관공, 도장공, 석공, 그리고 기타 등등의 일을 한다.

게임 게임은 나이와 관계없이 사용할 수 있고, 비싸지 않으며 그리고 저장하고 보관하기 쉽다. Miller와 Knippers(1992), 그리고 Sandler(1990)는 고등학교 학생에게 직업 정보를 제공하기 위해 Holland 유형을 인기 있는 TV 퀴즈쇼 '제퍼디'를 통해 보여주는 것을 처음 고안하고, 이를 상업화하였다. 그들은 '제퍼디'를 다섯 가지 영역 Holland 유형, Holland II, 자기인지, 직업 정보, 포푸리(Potpourri)로 개발했다. 다양한 어려운 질문을 적었고, 어느 팀이 가장 많은 정보를 획득하는지를 결정하기 위해 학급을 팀으로 나누었다.

전문가와의 인터뷰 신뢰할 만한 직업 정보를 제공하기 위한 논리적인 다음 단계는 그 분야 전문가의 도움을 요청하는 것이다. 전문가와의 인터뷰는 모든 커리어 개발 과정에서 앞선 수준을 알게 되는 것에서 적합한 경험으로 여겨진다. 개개인이 관련 분야의 발전 수준에 적응하는 가치 있는 경험을 하게 된다. 커리어 개발에서 인터뷰는 깨닫고 탐색하는 데 유용하며, 학생 집단에 가장 좋을 수 있다. 성인은 아마도 개인 인터뷰에서 효과를 얻게 될 것이다.

어떤 경우에 노동자는 그들의 일터를 떠날 수 있고, 학교 혹은 훈련 센터로 와서 그들의 직업을 논의할 수 있다. 그럼에도 불구하고 이런 경험은 작업 환경에서 배울 수 있는 기회를 빼앗기는 것이 될 수 있다.

직접적인 관찰 일하고 있는 사람을 관찰하는 것은 오프라인 인터뷰로 선호되지만 이러한 특별한 경험은 준비비용이 필요하다. 특히 이런 경험을 마련할 때의 비용이 고려된다. 초등학교, 중학교, 고등학교가 연계되어 있는 사례들은 일반적으로 운송수단과 슈퍼비전이 제공되어야 하고 만약 그렇다면 비용이 증가하기 시작한다. 직접적인 관찰을 통하여 정보를 제공할 때 종종 제기되는 다른 문제는 잠재적으로 많은 영역의 직업을 관찰하는 것이 부족하다는 점이다.

직업체험 개개인의 체험을 위한 직업 방문은 학생들에게 직업에 대한 흥미를 살펴볼 수 있는 최고의 기회를 제공한다. 가끔 이러한 방문은 하루 종일 걸린다. 만약 시간이 허락된다면 학생들은 한 명 이상의 노동자를 관찰할 수도 있다. 직업체험은 직업의 다양한 측면을 보게 만들고 직업에 대해 질문이 생길 수도 있을 것이다.

많은 고등학교와 몇몇 중학교는 성촉절을 그들의 직업체험일로 적용한다. 일반적으로 상담사와 선생님은 많은 집단의 학생들을 직접 노동자를 관찰할 수 있는 장소로 버스를 타고 이동한다.

학생들은 그들이 방문한 일터의 분위기를 교실에서 그들이 경험한 것을 논의할 수 있도록 준비한다. 관찰을 위한 팁도 주어진다. 병원, 정부기관, 그리고 대기업은 방문이 선호되는 곳인데, 그 이유는 다양한 노동자들을 고용하기 때문이다. 사업과 산업에 접근이 힘든 지방학교 학생들은 병원, 병원청사, 본교 본사에서 직업을 관찰한다. 직업체험 경험은 학생들이 배운 것이 무엇인지 설명하고 질문을 할 수 있는 기회를 가진 것에 대한 짧은 나누기가 후작업으로 진행되어야 한다. 이상적으로는 그들이 관찰한 직업 중 흥미를 느낀 것에 대한 추가적인 정보 자원 또한 주어져야 한다.

Heppner(1981)는 일일외부연수경험을 위해 졸업생과 연계하거나 대학생들을 위한 체험지원방법을 제시했다. Sampson(1980)은 비슷한 접근방법으로 지역 졸업생의 활용을 보고했다. Tomlinson과 DiLeo(1980)는 과학 분야 직업을 고려하는 여대생을 지원하기 위한 세미나의 한 부분에 지역 일터에 대한 현장체험을 설명했다. 결론적으로 직업체험은 미국 밖에서 사용된다. Herr와 Watts(1988)는 체험은 영국에서 학생들이 직업에 대해 배우기 위해 사용한 것이라고 설명했다.

직업의 날　대부분의 학교에서 직업의 날에는 선택된 직업의 대표자를 직접 만날 수 있는 기회가 주어진다. 직업의 날 프로그램은 학생과 부모를 대상으로 일의 특정 영역에 대한 정확한 정보가 제공되도록 세워진다. 만약 적합하게 구성되면 그들이 흥미 있다고 표현했던 영역에 대한 이해를 확장할 수 있도록 도와준다. 또한 흥미 있는 직업을 가진 한 명을 만나서 추가적인 정보를 얻을 수도 있다.

날짜기 지정되면 그다음에 고려되는 질문은 프로그램 진행을 위한 최적의 날짜이다. 아침인지 오후인지는 지역상황, 일반적인 학교 시간표, 그리고 프로그램의 목표 자체를 최대로 보여주는 시간대를 선택하게 된다. 만약 학교가 부모들의 활동을 바라고 있다면 많은 부모가 참석할 수 있는 밤 시간대 프로그램을 고려해야 한다.

직업의 날 프로그램은 어떤 경우에 비판을 받고 있는데, 그 이유는 포함된 직업이 학생들의 흥미를 대표할 수 없다는 것이다. 이러한 것을 예방할 수 있는 한 가지 방법은 프로그램에 참여하는 학생들에게 프로그램 계획을 시작할 때 설문조사를 하는 것이다. 학생들에게 직업의 날 프로그램에 포함되어 있는 직업목록에서 그들이 가장 좋아하는 것을 묻는다. 가끔은 학생들이 3~5개의 선호하는 직업을 지적할 수 있는 체크리스트를 사용한다. 학생들이 학교에서 혹은 지리적으로 가장 일반적인 직업목록으로부터 들어간 직업의 설문조사에 의해 목록은 편집될 수 있다. 학생들이 만든 모든 직업목록을 하루 수업에 모두 포함하는 것은 거의 불가능하다. 그럼에도 불구하고 체크리스트의 기록은 학생 흥미도가 하나 혹은 더 많은 집단을 위한 계획에 충분한 영역임을 보여준다. 어떤 경우에는 학생 반응보다는 폭넓은 집단의 특화된 흥미를 만날 수도 있다. 예를 들자면 만약 목수 일, 석공 일, 그리고 건설업에 대해 극소수만 흥미를 느낀다면, 건설업에 종사하는 노동자는 단지 1회기에만 나올 것이다. 학생 흥미가 너무 적어서 직업을 요청할 수 없을 때는 그 학생의 요청은 다른 방법으로 원하는 정보를 얻을 수 있도록 개인적으로 도울 수 있다.

학생 흥미도가 검사되고 기록되면 포함된 직업은 명료화된다. 모든 노력은 학생 흥미도의 전체 범위를 커버할 수 있도록 만들어져야만 한다. 각 직업에 대한 연설자를 확보하는 것은 어려우며 시간이 걸린다. 대학의 구성원, 지역 서비스 클럽의 구성원, 고용주들 그리고 연합 구성원들은 특정 직업을 대표하는 개인을 제안할 수 있다. 연설자는 아주 흥미가 있는 학생들에게 그들의 직업을 보여줄 수 있는 사람을 찾아야 한다. 최근 변화가 있었던 특정 영역에서는 경력기간이 중요한 고려점은 아니다. 연설자는 도구 사용법, 요구되는 교육, 일의 조건, 그리고 급여 등 참가자의 기대를 고려한 적합한 자료를 먼저 제공해야 한다.

직업의 날은 기본적으로 활동을 배우는 것이기 때문에 학생들을 위해 많은 준비를 해야 한다. 그들에게는 적합한 질문을 위한 더 나은 상태로 만들어줄, 흥미가 있는 직업에 대한 풍부한 자료가 직업의 날 프로그램 전에 제공된다. 학생 집단이 미리 질문을 준비하고 프로그램의 효과를 증가시킬 다른 준비 단계를 마무리할 수 있도록 격려한다.

프로그램 개최 후 빠른 시일 내에 모든 참가자를 대상으로 다음 해에도 사용 가능한 프로그램인지 아닌지, 그리고 만약 가능하다면 효과를 향상시키기 위해 어떻게 수정해야 하는지 평가되어야 한다. 이상적으로 평가는 학생, 직원들, 그리고 직업대표자들로 부터의 반응을 포함해야 한다. 대부분의 학교는 학생들과 연설자로부터의 반응을 수집하기 위해 짧은 평가 용지를 사용한다.

후속조치는 학생의 준비만큼이나 중대하다. 모든 학교 상황에서 후속조치를 위한 많은 기회가 존재한다. 이것은 명료화되고 알아차릴 수 있어야 한다. 몇몇 교실의 경우, 프로그램의 주제를 토론하기 위해 학생들 스스로 자연스럽게 등록한다. 영어수업과 같은 다른 수업은 숙제 내기, 편지 준비, 역할극 인터뷰 그리고 비슷한 활동을 통하여 학생의 생각과 반응을 자극하도록 활용한다. 잠정적인 진로 선택 논의, 사업장 방문 마련, 산업 혹은 상위 학교들, 혹은 진로 계획을 발전시킬 수 있도록 학생을 도울 수 있는 자세한 활동 등 상담사는 인터뷰한 학생이 더 자세한 정보를 얻도록 돕기 위한 후속조치를 해야 한다.

직업 컨퍼런스 만약 학교 시간표에 방해되는 것을 피하고 싶다면 여러 가지 직업 컨퍼런스 정규 학교달력의 범위 내에 배치할 수 있다. 직업 컨퍼런스는 기본적으로 짧고, 직업 대표자들이 특정한 영역에 흥미를 가지는 학생 집단과 함께하는 직업의 날 프로그램보다 국한된다. 이러한 연속적인 것은 종종 고려할 수 있는 기간을 연장하기도 하며, 직업의 날 프로그램과 같은 범위를 제공하여 길게 이어질 수 있다.

연속적인 직업 컨퍼런스를 조직화하고 개발하는 것은 직업의 날 프로그램을 위해 설명하는 것과 같은 단계이다. 두 가지 활동의 주요한 차이점은 직업의 날 프로그램은 하루 동안 모든 프로그램을 실행하는 것인 반면에 직업 컨퍼런스는 하나 혹은 두 개를 하루에 진행하고, 한 달 혹은 기간을 넘어서기도 하며, 포함된 직업의 수에 달려 있다.

직업체험 프로그램   탐색적인 직업체험 프로그램은 학생들이 다양한 유형의 직업, 일 설치, 작업에 쓰이는 도구와 장치, 배정된 노동자에 대한 요구들, 그리고 비슷한 요소들을 학생들이 이해하는 것을 돕는 데 목적을 두고 있다. 일반적으로 직업체험 프로그램은 시간엄수, 의존성, 슈퍼비전 수용, 대인관계, 모든 직업 상황에 적용할 수 있는 비슷한 경향을 포함한 직업 근본을 제한하지 않는, 학생들의 태도와 기술의 개발을 지원하기 위해 만들어진다.

다른 직업체험 프로그램의 예제는 대학 수준의 협력 프로그램이다. 전형적으로 이것은 종일 수업과 일의 수행 기간을 대안하도록 연계되어 있다. 이런 종류의 경험은 대개 준비 프로그램 후반기에 있으며 직업의 내부적인 부분에 대한 탐색보다는 직업관련 기술을 향상시키고 개발하기 위해 만들어진다. 그렇기는 하지만 그것은 개인이 이전의 선택 적합성을 확인하기 위하여 혹은 재배치 계획의 과정 시작을 위해 일과 의미 있는 접촉을 제공한다.

취업박람회   취업박람회는 대학, 지역대학, 그리고 직업기술 프로그램의 커리어 개발 프로그램의 한 부분이다. 4년제 대학은 단과대학별로 취업박람회를 개최하고(예 : 비즈니스, 교육, 교양과목), 그리고 지역대학과 직업기술대학교는 아마도 그들의 직업 프로그램을 위한 노력에 집중할 것이다. 취업박람회는 기관이 제공하는 다양한 프로그램을 졸업자를 고용하는 것에 흥미가 있는 고용주를 초대하는 이슈에서 시작된다. 고용주 목록이 만들이지면 취업박람회 참여를 확인하고 학생들은 알려진 날짜, 시간, 그리고 취업박람회장 위치, 이름 그리고 고용주의 소속을 확인하고, 만약 제공했다면 고용주가 구하고자 하는 직업유형(예 : 회계 혹은 전기전자)을 제공받는다. 취업박람회에 대한 공지는 일반적으로 취업박람회에서 중점적으로 제공하고자 하는 학생을 위한 참여 이력서와 인터뷰 기술 워크숍을 초대장에 포함한다.

취업박람회는 잠재적인 고용인의 목록을 확인할 수 있는 기회를 고용주에게 제공한다. 비록 어떤 고용은 취업박람회에서 일어나지만 일반적으로는 기관 혹은 사업장에서의 인터뷰가 잠재적인 고용이며 직업은 몇몇 경우에 따라 제공된다. 취업박람회는 학생들이 이력서를 발전시키고 실제 고용주와의 인터뷰 스킬을 연습할 수 있는 기회를 제공한다.

어린이를 위한 자료   대부분의 자료는 청소년과 성인에게 유용한 것을 안내한다. 그럼에도 제1장 커리어 개발은 평생교육 과정 그리고 이후에 많은 지역 학교들이 초등학교와 중학교에 커리어 개발 프로그램을 가지고 있다. 다행히도 많은 훌륭한 인쇄물 그리고 인쇄되지 않은 자료들이 이러한 프로그램을 지원하는 것이 가능하다. 이들 중 몇몇 개는 표 11.1에서 찾을 수 있다. 어린이들은 노동자와의 인터뷰, 직접적인 관찰, 그리고 이번 장 다음 부분에 많은 접근이 기술된다.

표 11.1 어린이를 위한 직업 정보	
자료	**~ 로부터 가능함**
초등학생 수준의 직업 자원 Resources http://www.nd.gov/cte/crn/docs/ElementaryCareerCurriculum.pdf Kids.USA.gov	미국 정부 교육부의 다코타 북부
NASA Kids 아이들을 좋아하는 사람을 위한 직업	미국 정부 NASA 노동통계국

교육 정보

오늘날에는 교육이나 훈련이 필요한 특정 직업에 대한 자격 종류를 포함하여 많은 직업 정보가 제공된다. 대부분의 직업 자료가 직업에 대한 진입과 그 이전에 준비가 필요한 것을 논의하고 있지만 특정 학교 혹은 기관에 대한 준비는 명료화하지는 않았다. 주정부 교육기관들이 만든 몇몇 웹사이트는 훈련 기회에 대한 특별한 정보를 제공하고 있다. 안타깝게도 고등학생들과 같은 특정 내담자는 처음 직업교육에 접근하고 2학년 학기 말까지 직업교육에 대해 상담을 하지 않는다. 커리어 상담사는 두 가지 집단 모두를 위해 2년, 4년제 대학, 종합대학, 기술과 무역학교, 그리고 견습생 프로그램에 대한 정보를 제공할 수 있는 준비를 해야 한다.

교육기관   인터넷이 검색도구로써 중요하게 사용된 이후에도, 많은 커리어 상담센터는 졸업생들이 가장 자주 참석하는 대학에 대한 몇몇 기본 정보와 함께 미국 내 단과대학과 종합대학들의 목록을 포함한 대학의 달력과 안내책자를 지속적으로 복사한다. 대체적으로 이것은 더 이상 필요하지는 않다. 야후 웹사이트(http://dir.yahoo.com/education/)는 대학들의 예전방식의 안내책자를 대신하며 주요한 부분을 제공한다. 이 웹사이트에는 성인과 평생교육목록, 단과대학과 종합대학, 지역사회대학, 그리고 특별한 주의 기술학교에 대해 정보를 담고 있다. 공공 그리고 사립학교 모두 목록에 있으며 각 학교의 위치가 링크되어 제공된다. 이러한 안내는 캐나다, 영국, 인도, 호주에 있는 학교를 모두 포함할 뿐만 아니라 미국과 다른 나라에 있는 최고의 대학 목록과 대학 검색팁, 그리고 많은 다른 유용한 정보를 제공한다.

야후 검색 목록이 가장 종합적인 정보 제공이 가능하지만 다른 것들도 활용 가능하다. 많은 2년제와 4년제 단과대학과 종합대학들의 다음의 정보센터에서 접근 가능하다. Universities Worldwide는 204개 나라, 9,110개의 대학과 연결되어 있고, 미국 대학 연합 검색(The American Association of Community Colleges College Finder) 정보와 같이 My Road by College Board는 또 다른 유용한 웹사이트이다.

견습 기간   견습이란 노동자들이 직업에 대한 고급 기술에 대하여 실습과 이론을 배우는 직업과 교실이 연결된 직업훈련 종합과정이다(미국 노동부, 2013). 특정한 견습직에 대한 인쇄자료는 거의 찾아보기 힘들지만, 다양한 노동부의 웹사이트에 방대한 양의 정보가 있다. 견습직에 대한 가장 유용한 정보는 각 주 단위의 원스톱 직업센터 웹사이트의 견습 교육과 훈련신청(Training and Registered Apprenticeships)이라는 제목으로 제공되고 있다. 견습 프로그램에 대한 일반적인 정보는 미국 노동부의 견습직 부서에서 얻을 수 있다. 지역과 지방 사무실에 대한 정보 또한 그곳에서 찾을 수 있다. 노동부를 포함한 주정부가 대행사로서 견습직과 관련한 정보를 공지할 수도 있다.

고등학교 졸업생을 위한 기획 프로그램 직업 정보 사례와 같이 학생들은 훈련기관과 직접적으로 연락하도록 북돋워주는 것이 좋다. 많은 고등학교는 조직적인 프로그램 혹은 졸업생과의 특별한 만남 혹은 비슷한 제목으로 명명한 특별한 날이 있다. 이런 프로그램들은 앞서 언급한 직업의 날과 비슷한 것으로 연설자들은 교육기관에서 나온 것만 다르다. 역사적으로 이런 프로그램은 고등학교와 대학의 직원들이 고등학교 졸업생을 대상으로 교육기관의 대표적인 졸업생 교육계획을 논의할 기회가 필요한 것을 알고 만든 것이다. 왜냐하면 각각의 학교는 학생들의 미래 계획에 지속적인 교육을 포함하지 않고 오직 방과 후 교실 프로그램으로 고려되는 몇몇 학생집단을 지원하고 있다. 이러한 프로그램은 부모들이 자녀들과 함께 참여하는 것을 허용하며, 그 프로그램의 형식은 직업의 날 프로그램과 유사해야 한다.

중등과정 이후의 기회 회기에서 일반적으로 고려될 수 있는 또 다른 어려움은 기술학교와 대학 내 기관에 제공되고 있는 프로그램에 대해 완전히 인지하고 있지 않은 대표들이거나 혹은 학생들의 생활과 같은 다른 요소들의 특성이다. 대표자들에 대한 학생들의 질문은 모든 범위의 서비스와 학생들이 기관에서 경험하는 것을 완전히 커버할 수 있다. 몇 년 전에 졸업한 졸업생 대표는 학생들의 질문에 적합한 답을 할 수 없을 것이다. 코디네이터는 웹사이트에 접근을 안내하거나 유사한 다른 특별한 기관과 얘기를 나누는 것으로 회기 이후에 학생들을 도울 수 있도록 준비해야 한다.

많은 학교들이 특정한 이득이 있는 중등과정 이후 기획 프로그램의 버전을 변형하여 개발하고 있다. 최근 고등학교를 졸업한 경우 요청되거나 혹은 지역대학은 방학 혹은 휴가 동안 지역사회로 돌아갔을 때 학생들과의 논의가 진행된다. 이러한 접근은 다음과 같은 도움을 준다. (1) 이전 학생은 청취자의 입장을 알고 있기 때문에 이들의 개인적인 흥미를 북돋울 수 있다, (2) 학생들과 가장 가까운 세대이기 때문에 그들의 경험은 받아들여진다, (3) 최근 졸업자들이 고려하고 경험한 문제들은 학생들에게 의미가 있다.

요약

많은 양의 직업과 교육 정보는 두려움을 줄 수 있다. 다행히 컴퓨터 소프트웨어와 온라인 시스템의 개발은 많은 양의 정보를 검색하고 저장할 수 있게 했다. 그럼에도 불구하고 기술은 이것을 사용할 수 있는 기술과 컴퓨터에 대한 지식 수준의 부족으로 인해 학생들에게 추가적인 고려점을 만들었다. 관심 있는 학생들은 OOH와 O*NET 시스템을 익히는 것이 가능하다. 왜냐하면 이것은 공짜이고, 지속적으로 업데이트되며 그리고 사용자에게 친숙하기 때문이다. 비록 기술이 정보를 전파할 수 있는 엄청난 영향력이 있다고 할지라도 그것은 인쇄된 문서와 같은 전통적인 사료 자원, 그리고 노동자와의 직접적인 연결, 그리고 교육기관과 같은 중요성을 명심해야 해야 한다. 커리어 상담사는 오래된 질문에 답하기를 강요당한다. "어떤 정보가 지금 이 시점에서 내담자의 개발에 요구되고 그리고 그것을 가장 잘 전달하기 위한 매체는 무엇인가?"

이 장의 퀴즈

T F **1.** 미국의 첫 번째 종합적인 직업분류 시스템은 **직업명 사전(DOT)**이 출판되었다.

T F **2.** 현재 종합적인 직업분류 시스템 O*NET이 나온 것은 DOT의 심리검사 구성에 대한 고려 때문이다.

T F **3.** O*NET의 심리검사 구성은 사용자가 자신의 가치, 흥미도 그리고 적성을 온라인으로 평가할 수 있다.

T F **4.** O*NET과 OOH 모두 직업적 성장에 대한 예측을 내용에 담고 있다.

T F **5.** O*NET과 OOH는 모두 오프라인 인쇄물 시스템으로 고안되었다.

T F **6.** 직업 수행을 위해 필요한 지식과 능력은 OOH에서 찾을 수 있다.

T F **7.** O*NET은 2,000개 이상의 직업을 고려한 정보로 구성된다.

T F **8.** 구글 검색 엔진은 중등학교 이후의 교육기관 목록을 종합적으로 웹사이트에서 보여준다.

T F **9.** 중등학교 이후의 훈련 프로그램의 다양한 유형에서 견습생에 대한 정보를 찾기가 가장 어렵다.

T F **10.** 18세 청소년이 군복무에 대한 정보를 검색하려면 OOH를 사용하여 탐색 과정을 시작하는 것이 권유된다.

(1) T (2) F (3) T (4) T (5) F (6) F (7) F (8) F (9) T (10) F

참고문헌

Heppner, M. J. (1981). Alumni sharing knowledge (ASK): High quality, cost-effective career resources. *Journal of College Student Personnel, 22,* 173–174.

Herr, E. L., & Watts, A. G. (1988). Work shadowing and work-related learning. *Career Development Quarterly, 37,* 78–86.

Holland, J. L. (1997). *Making vocational choices: A theory of vocational personalities and work environments* (3rd ed.). Odessa, FL: Psychological Association Resources.

Miller, M. J., & Knippers, J. A. (1992). *Jeopardy:* A career information game for school counselors. *Career Development Quarterly, 41,* 55–61.

Sampson, J. P., Jr. (1980). Using college alumni as resource persons for providing occupational information. *Journal of College Student Personnel, 21,* 172.

Sandler, S. B. (1990). *Jeopardy!* The counselor as a classroom teacher. *School Counselor, 38,* 65–66.

Tomlinson, E., & DiLeo, J. C. (1980). Broadening horizons: Careers for women in science. *Journal of College Student Personnel, 21,* 570–571.

U.S. Department of Labor. (2013). Hiring issues: Apprenticeship programs. Retrieved from http://www.dol.gov/compliance/topics/hiring-apprenticeship.htm

제 12 장

온라인과 오프라인 커리어 상담센터 :
기획과 실행

 **기억해야 할 것들**

- 인터넷에서 가능한 정보와 서비스
- 원스톱 커리어 상담센터의 서비스 제공
- 커리어 상담센터 설립 단계

- 상황에 대한 조건과 커리어 센터의 고안
- 커리어 상담센터 코디네이터의 기술 경쟁력의 필요성
- 커리어 상담의 연결고리로서 인터넷 사용

과거의 커리어 탐색센터(career exploration center, CEC)는 이제 커리어 상담센터(Career Centers, CC; Schutt, 2008)로 명명된다. 바뀐 이유는 무엇일까? 커리어 탐색센터와 관련하여 내포하고 있는 것은 인쇄물, 시청각 기구, 그리고 다른 정보 자원들을 보관하고 있다는 것이다. 현재의 센터는 사람들이 다양한 서비스, 사용자의 필요성, 가치, 흥미 그리고 능력에 대한 훈련과 교육 정보, 직업 정보, 군복무 기회에 대한 정보, 구인에 대한 정보, 구직 전략에 대한 정보, 그리고 최종적으로 취업 등의 정보가 필요할 때 찾아갈 수 있는 곳이다.

1994년, 미국 연방정부노동부(DOLETA)는 지금의 원스톱 커리어 상담센터(One-Stop Career Centers)를 개발하면서 몇몇 경우 접근이 어렵고 서비스가 중복된다는 비판에 반응을 보였다. 이러한 센터는 미국 고용서비스(USES) 사무실 그리고 다른 구직자들을 지원하는 기관을 통해 지금은 나라 전체에 배치되어 있다(Ettinger, 2008b). 온라인도 가능하다. 이름에서 보듯이 원스톱 커리어 상담센터는 모든 범위의 온라인 자원과 구직자를 직접 만나는 서비스를 제공하기 위해 만들어졌다. 이 센터는 가능한 훈련, 커리어 상담, 직업목록, 배정 서비스, 그리고 다른 많은 서비스를 권하고 제공한다. 또한 직업 성명, 교육 정보 목록, 펀드와 훈련 프로그램 자원에 대한 데이터 직업 전망 등 넓은 범위의 정보를 제공한다.

원스톱 커리어 상담센터의 온라인 요소에 접근하기 위해 필요한 자원은 무엇인가? 단지 컴퓨터와 인터넷 연결이 필요하다. 그럼에도 불구하고 오프라인 커리어 상담센터는 대학 사회, 직업훈련학교, 4년제 기관, 미국 고용안정처, 도서관, 그리고 사업 분야에서 만들어 운영해 왔다.

모든 온라인 커리어 상담센터가 원스톱 커리어 상담센터에서 가능한 것만큼 종합적인 것은 아니다. 캐나다의 WORKink(http://www.workink.com/province_template.php?id=11152&pid &pr=11152)가 장애인을 위한 고용에 집중하는 것은 온라인 검색센터가 무엇에 더 집중해야 하는지를 보여주는 예이다.

연습문제 12.1

미국의 원스톱 커리어 상담센터와 같은 가상 커리어 상담센터를 찾는다면 캐나다의 WORKink, 주요 대학, 그리고 'is it'에 접속하면 된다. O*NET, 급여 웹사이트, 견습사원 웹사이트, 금융 목적 사이트 혹은 학생들을 돕기 위해 그들 스스로가 개발한 자원들이 어떻게 온라인에서 사용되는가? 온라인 센터는 오프라인 센터와 같이 자원을 통해 내담자가 보다 현명한 선택을 할 수 있도록 지원을 해야 한다.

커리어 상담센터 설립

원스톱 커리어 상담센터는 노동통계국, O*NET 직업분석과 심리검사도구, 노동통계국으로부터의 데이터, 네 가지 군복무 서비스에 대한 국방부 정보, USES 직업 공개 목록과 군과 일반인 사이의 직업, 그리고 경제 분야 출판을 포함한 다른 문서로부터의 자원들을 포함한다. 커리어 상담사는 커리어 상담센터를 설립하기 위하여 이러한 방대한 자료와 자원의 활용을 잘할 수 있어야 한다. 그럼에도 불구하고 고등학교, 2년제 교육기관, 대학, 그리고 다른 기관들은 자원에 한계를 가지고 있고 그들의 발전에 대한 접근은 더 많이 국한되어 있다.

온라인 자원과 전통적인 방법의 정보전달이 통합되어 사용되고 발전하기 위해 고려해야 할 요소들은 무엇인가?

커리어 상담센터 장소와 디자인을 위한 기본 조건

커리어 상담센터를 만드는 계획에 적어도 내담자 지원, 접근성, 매력도, 용이한 조작, 반응성, 적합성(Osborn, Dikel, & Sampson, 2011; Schnell & Schaefer, 1999)의 여섯 가지 요소가 고려되어야 한다.

1. **접근성** : 비록 커리어 상담센터의 접근성에 대한 많은 일반적인 질문이 있을지라도, 장애인을 위한 접근성에 대한 이슈는 윤리적인 부분과 법적인 부분 모두에서 제기되고 있다. 미국 장애인법은 모든 기관이 움직임, 청각, 시각장애인을 포함한 장애인이 접근 가능해야 함을 규정하고 있다. Schutt(2008)와 Ettinger(2008a)는 이런 집단을 위해 고려해야 할 부분을 목록으로 만들었다. 몇몇 고려점은 다음과 같다.

시각장애인

　시각의 정확도가 떨어지는 경우 빛이 잘 들어오는 장소

　촉각을 이용한 방향, 안내핀, 그리고 엘리베이터

　가까운 자막 영상

　대안적인 자판과 마우스의 사용(예 : 음성 활성화)

　그림의 음성 버전

청각장애인

　해당 공간의 위험을 알려주는 종과 사이렌의 대안 장치인 불빛

　청각장애인이 사용 가능한 전기전자 통신기구(TDD)

이동장애인

　휠체어가 들어갈 수 있는 입구, 안내 데스크, 전화 그리고 화장실

　쉽게 접근 가능한 건물

다른 일반적인 접근성 이슈는 가까운 주차장 그리고 커리어 상담 사무실과 입구의 거리 그리고 내담자의 교통 활용도이다. 공립학교에서는 센터의 주요 복도로부터의 접근성이 이러한 일반적인 의미가 된다. 대학 캠퍼스의 커리어 상담센터와 사업장의 커리어 상담센터는 캠퍼스의 중간에 위치한 건물과 가까워야 한다. 지역사회 센터는 자동차로 쉽게 접근할 수 있어야 하고 적당하게 주차가 가능해야 한다.

2. **매력도** : 센터는 밝아야 하고 사람을 끌어들이는 이미지여야 한다. 입구에는 포스터, 시청각 초대, 그리고 편안한 가구로 커리어 상담센터의 외관을 향상시켜야 한다.

3. **용이한 조작** : 다양한 장소에서 쉽게 조작하고, 서류철 사용, 자료의 저장과 전시, 자료를 확인할 수 있는 정책, 그리고 CC의 사용자에게 지원을 제공할 수 있어야 한다. 후자를 고려하는 경우 직원들은 항상 복잡한 기계, 그리고 컴퓨터 소프트웨어 패키지 사용을 설명하고 보여줄 수 있어야 한다. 컴퓨터와 온라인에 저장되어 있는 많은 데이터와 심리검사도구, 저장, 정리 그리고 자료의 제공은 말할 필요도 없다.

4. **반응성** : CC는 일반적으로 그것이 원스톱 커리어 상담센터, 학교, 대학교, 혹은 사업장이냐

아니냐에 관계없이 내담자 집단이 필요한 것을 지원하기 위하여 필요한 자료와 기계를 디자인하고 비축한다. 내담자의 욕구를 명료화하고 프로그램으로 만들면 센터는 즉각적인 반응을 하는 것이다. 그럼에도 불구하고 필요성은 변한다. 집단 혹은 개개인은 확보하지 못한 정보를 요구하기 위하여 찾아온다. 센터는 개인과 집단의 이유가 있는 요구에 행동할 수 있어야 한다.

5. **다양한 반영** : 이 책은 백인과 중산층을 강조하는 것보다 개인의 독특한 욕구를 언급했다. CC는 개인이 특별한 직업 혹은 교육 기회를 볼 수 있는 자료를 보유하고 있어야 한다. 자료에서 스스로 찾아본다는 것은 자료가 내담자의 독특한 욕구를 언급하고 적합한 그림과 예제를 포함하고 있어야 한다는 의미다. 모든 센터의 자료는 여성, 소수인종과 민족 구성원, 장애인, 게이, 레즈비언 그리고 양성애자를 다루는 내용을 자료에 담아야 한다.

CC의 혁신　대부분의 커리어 상담사는 몇몇 유형의 CC인 직장에 들어갈 것이다. Schnell(2008)과 Schaefer(1999), 그리고 Osborn과 동료들(2011)은 CC를 고치기 위한 몇몇 유용한 안내서의 개요를 만들었다. CC의 발전 혹은 혁신의 첫 번째 단계는 기술과 그것의 적용 정보 제공, 시험과 심리검사 그리고 웹 기반 커리어 상담을 이해하는 코디네이터를 선택하는 것이다.

기초적인 기술 경쟁력

상담사를 위한 성장의 필요성 그리고 다른 기술적인 경쟁력에 대한 응답으로 상담사 교육과 슈퍼비전(ACES)은 상담사 교육을 받는 학생들이 그들이 공부하는 프로그램을 완료하는 시점에서 필요한 최소한의 기술적 경쟁력 목록을 만들었다(Association of Counselor Education and Supervision, 1999). ACES가 만든 목록에 있는 몇몇 경쟁력은 비교적 낮은 수준이고(예 : 이메일 사용 그리고 지원 목록에 참여하기), 몇몇은 유효기간이 지났으므로 논의되지 않을 것이다. 그럼에도 CC의 코디네이터는 일반적으로 높은 수준의 기술이 필요하고 그것을 커리어 개발에 적용한다. 다음은 ACES 목록을 저자가 개정한 것이다.

1. 웹페이지를 개발하기 위한 소프트웨어 사용
2. 봉사활동과 교육 프로그램을 제공하기 위하여 웹 기반 시스템 사용
3. CC에서 사용할 수 있는 웹 기반 커리어 결정 프로그램과 심리검사 패키지를 명료화하고 평가하기
4. 직업에 대한 정보, 고용 기회, 교육과 훈련 기회, 경제적인 지원/장학금, 급여 데이터, 그리고 사회적 · 개인적 정보를 포함한 직업과 관련된 정보를 인터넷을 통해 내담자가 찾을 수 있도록 돕기

5. 내담자가 온라인 이력서를 준비하고 공지하는 것과 온라인 직업 인터뷰를 수행하도록 돕기

6. 인터넷상의 커리어 상담 서비스와 관련 있는 법 규준과 윤리적 규범 적용

7. 구직을 지원하는 사회적인 지원 집단 고안

8. 웹 기반 커리어 상담 프로그램을 윤리적이고 합법적으로 만들고 제공

9. 웹 기반 커리어 상담센터의 질적인 부분 평가

10. 인터넷 기반 직업목록과 직업배치 프로그램의 효능성 평가

기술적인 요소인 코디네이터가 배치되면 CC의 발전은 진행된다. 이곳에 있는 많은 단계의 목록들은 시실싱 동시에 진행된다. 코디네이터는 처음부터 CEO, 차관, 대표, 혹은 조직의 주요직을 지원하기 위하여 반드시 CC가 있는 곳에 배치되어야 한다. 리더를 지원해야 하는 많은 이유가 있지만 가장 기본적인 것은 예산이다. 행정직은 전형적으로 조직의 예산을 준비하고 재정하는 것이 중요한 직무이고, 비록 그들이 프로그램 코디네이터를 투입하는 것을 요청할 것이지만 만약 CC가 중요하게 여겨지지 않는다면 행정적인 지원이 없어져 쇠약해질 것이다.

운영위원회를 설립하는 것을 포함하여 또 다른 개발과정 단계로는 내담자 집단에게 제공될 프로그램을 만들 수 있고 목표를 지원할 수 있다. 운영위원회 구성원은 CC 운영을 안내할 정책 개발을 도울 수 있다. 운영위원회는 만약 기관과 지역사회의 대표자로 구성된다면 또한 내담자의 요구를 명료화하고 CC를 알릴 수 있다. 결국 운영위원회는 CC를 평가하기 위한 계획을 고안할 때 유용할 것이다. CC의 목표는 계획을 평가하는 것부터 시작되어 지원되어야 한다(예 : 우리의 목표에 도달할 것인지 아닌지). 예를 들어 센터에서 제공하는 활동과 연관될 수많은 사람들이 하나의 목표를 지니는 것은 아주 합리적이다. 그럼에도 불구하고 이 목표가 더 중요한 질문에 답할 수 있어야 한다. "CC는 어떻게 학생들의 욕구에 부합할 것인가?" 효과는 아마도 활동에 대한 만족, 새로운 지식에 대한 점수 혹은 기술 획득, 혹은 커리어 결정 혹은 구직에 도달하기 위한 과정 평가에 의해 측정될 것이다.

자료 수집을 위한 조건

궁극적으로 내담자에게 가능한 자원들은 반드시 수집되고 조직화되어야 한다. 몇몇 요소는 센터를 위한 자원을 모으는 것으로 반드시 고려되어야 하며, 유용하고 무료 온라인 자료를 포함하는 것이어야 한다. 그럼에도 불구하고 더 중요한 다른 것들에 대한 조건은 선택 과정에서 반드시 적용되어야 한다.

1. **자료를 주로 사용하는 집단** : 직업재활센터의 성인들보다 자신에 대한 개념과 직업에 대한 탐색을 시작하는 중학생들은 다른 자료들을 사용할 것이다. 차이가 아주 크지 않다고 하더라

도 집단에 적합하거나 혹은 집단을 지원하기 위한 자료여야 한다.

2. **사회의 분위기** : 학교 혹은 기관 등 사회에 대한 지식커리어자원센터를 사용할 집단에 대한 추가적인 정보를 제공한다. 미국인들의 높은 유연성으로 그들이 지역사회에 남을 가능성이 감소할지라도 지역사회 내 직업의 다양성과 범위는 학생들과 그들의 부모에게 커리어 영역에 대한 평가와 고려점을 제공할 것이다. 만약 학생들이 한 가지 산업만 있는 안정적인 지역사회에서 자란다면 많은 산업과 공장 그리고 인구가 자주 바뀌는 도시에서 성장하는 이들에 비해 넓은 범위의 직업 선택에 더 어려움을 겪게 될 것이다. 지역사회 내의 사회경제적인 범위와 지역사회에 대한 태도를 확장하여 교육 성취와 개인의 발전을 장려하는 것이 고려되어야 한다.

3. **자료를 사용할 직원** : 자료를 지원자 혹은 교사가 사용하는 것과 상담사가 사용하는 것은 다르다. 시스템에 대한 어떤 이해를 미리 하게 되는 O*NET 같은 패키지를 사용한다. 시험과 다른 심리검사도구들은 숙고하여 윤리적으로 사용되어야 한다. 어떤 윤리적인 표준을 만들고 유지하는가는 코디네이터의 책임이다.

4. **자료가 어떻게 쓰일 것인가** : 자료가 어떻게 쓰일 것인가의 질문은 누가 커리어 자원센터를 이용할 것인지에 대한 것과 아주 가깝게 연결되어 있다. 커리어 자료를 직업 계획을 고려한 개인 상담에만 활용하고 온라인 자료와 웹에 기반한 도구를 찾아서 자료를 한 장만 프린트하는 것도 가능하다. 그럼에도 불구하고 만약 자료가 소규모 집단을 교육하기 위한 목적으로 교실에서 사용된다면 자료의 범위는 모든 집단이 필요한 만큼 복사하는 것이 불편할 수도 있다.

5. **보조적인 지역 자원** : 거의 모든 지역사회는 젊은이와 성인이 일할 수 있는 기관이 있고 그들의 문제와 연계된 직업 자료 또한 보유하고 있을 것이다. 지역 공공도서관은 이런 유형의 자료를 배치하고 있다. 자료를 가지고 있는 다른 지역 자원은 아마도 4-H 클럽*, 청소년 센터, YMCA, YWCA, 그리고 교회 혹은 젊은이 혹은 성인 프로그램을 시행하는 다른 집단일 것이다.

6. **커리어 상담센터 결정적인 자원** : Schutt와 Finkle(2008)은 커리어 상담센터를 위한 핵심적인 자원 목록을 개발했다. 지필검사와 컴퓨터 지원 측정 프로그램과 같은 심리검사도구를 포함한다.

온라인 시스템 시작 단계

Osborn과 동료들(2011)은 커리어 상담센터의 온라인 모형에 협력할 수 있는 수많은 유용한 웹사

---

* head, hands, heart, health를 모토로 하는 미국 농촌청년교육기관의 한 단위

표 12.1 O*NET 내용(또한 대부분의 원스톱 커리어 상담센터에서 가능함)

직업 정보
900개 이상의 직업 안내가 O*NET 데이터베이스에서 가능함
급여 정보
직업 전망

직업 심리검사도구
가치
흥미
능력과 적성

구직에 활용하는 도구
구인공고를 찾을 수 있는 도구
직업 개요 정보
이력서 향상을 위한 소프트웨어와 교육
자기소개서 향상을 위한 소프트웨어와 교육
구직 신청 교육
인터뷰 요령과 교육
재향군인 같은 특수 집단을 위한 요령

고용 시험과 검사에 대한 준비
교육과 훈련 정보
온라인 과정

교육과 훈련기관 목록
인턴십
견습생

직업과 연관된 합법적인 안내와 정보
구직을 위한 도구
구인공지와 구인의 적합성에 대한 기민성
사용할 수 있는 검사도구 혹은 검사의 결과 검색
직업 개요 정보
이력서 향상을 위한 소프트웨어와 교육
자기소개서 향상을 위한 소프트웨어와 교육
구직 신청 교육
인터뷰 요령과 교육
재향군인, 장애인, 고령자 같은 특수 집단을 위한 요령(예 :
군인에서 민간인으로 전환시 적합한 기술 개발)

고용 시험과 검사에 대한 준비
교육과 훈련 정보
온라인 과정
교육과 훈련기관 목록
인턴십
견습

이트를 식별했다. 어떤 수준의 프로그램 개발을 시작하기 전에 가능한 자원을 조사하고 지역 수준에서 사용할 수 있도록 확장하기 위하여 가장 적합하며 디자인을 위한 시작과 같은 설문조사로부터 얻은 정보를 사용한다. 표 12.1은 O*NET을 통해 가능한 광범위한 서비스 목록이고, 대부분은 주정부 수준의 원스톱 커리어 상담센터이다. 미국 고용서비스의 주정부 수준의 기관은 특정 주정부(예 : 플로리다 주)의 고용자와 구직의 기회를 공지한다. 그들은 또한 실직수당을 위한 자격을 결정하는 실직보험 프로그램 관리와 더불어 이런 사무실은 실직자의 사무실로서 종종 제공되기도 한다.

O*NET의 경우 컴퓨터와 인터넷이 연결되어 있는 사람은 누구든 표 12.1에 있는 프로그램 목록에 접근할 수 있다.

직업 수행을 향상시키기 위한 팁

지역 커리어 상담센터는 대학교, 지역사회대학, 직업기술학교, 그리고 사업장 등 다양한 기관에서 찾을 수 있다. 비록 많은 대학과 4년제 대학들의 센터가 졸업생을 위한 것이지만 그들은 전형적으로 그들이 소재하고 있는 지역 학생과 고용자들을 목표로 하고 있다. 사업장에 있는 센터는 회사 내의 구인만 목록화하고 회사 밖에서는 내부에서 찾을 수 없는 경우만 광고를 낸다. 이러한 행동

표 12.2 몇몇 지역 커리어 상담센터에서 가능한 추가적인 서비스

커리어 상담사와의 실시간(동시) 대화
커리어 상담사와의 비동기 대화
온라인 회의는 다양한 구직의 측면을 커버
구직을 지원하기 위한 사회적 네트워크 프로그램
온라인 동영상
지역 고용주와 구직자를 위한 직업공지
프린트 자료
면대면 커리어 상담
실시간 세미나
취직 설명회
모의 인터뷰
취업 홍보에 들름
O*NET의 심리검사 찾기
인턴십 배정 프로그램

은 '숨어 있는 노동시장' 이라는 용어로 부르고 있다.

이러한 관점에서 커리어 상담센터에서 제공하는 중요한 서비스가 논의되었다. 표 12.2에서는 어떤 지역에 있는 커리어 상담센터 사용자를 위한 몇몇 다른 서비스가 목록화되어 있다. 다양한 커리어 상담센터는 그것을 사용하는 다양한 사용자와 관련 있는 필요성에 부합하기 위하여 만들어졌기 때문에 통합적인 서비스 목록이 존재하지 않는다고 하는 것이 아마도 맞을 것이다.

자기 주도적 온라인 제공에서 이득을 얻을 수 있는 이는 누구인가

Sampson(1997a, 1997b, 1997c) 그리고 Osborn 그리고 동료들(2011)은 이러한 질문에 대답을 시도했고 다음과 같은 온라인 커리어 상담센터의 잠재적인 사용자를 위한 안내서를 제공했다.

1. 사용자는 커리어 상담센터의 시스템을 사용하기 위하여 언어적 능력이 필요하다. 읽기 능력이 낮은 사용자는 반드시 이러한 시스템 사용에서 제외되거나 상담사 혹은 전문 보조원과 함께 사용해야 한다.

2. 자기 효능감이 낮거나 혹은 불안정한 목표를 가진 학생은 이러한 시스템을 사용하기 적합하지 않고 전통적인 커리어 상담 혹은 Sampson이 명명한 '지원하에 사용(supported use)'이 필요할 것이다. 온라인 기반 도구를 지원하에 사용한다는 의미는 내담자가 전문가 혹은 준전문가의 지원과 함께 사용한다는 것이다.

3. 연계되는 것에 대한 더 많은 정보를 얻는 것을 고려하지 않는 내담자들은 온라인 기반 도구 사용에 적합하지 않으며 전통적인 커리어 상담 혹은 지원하에 온라인 기반 도구를 사용해야 한다.

4. 낮은 자존감 혹은 직업과 자신에 대해 부정적으로 생각하는 학생(내담자)은 온라인 기반 도구로부터 거의 이득을 보기 어렵다. 이러한 개인은 온라인 기반 도구에서 받은 정보를 왜곡할 수 있으므로 시스템을 사용하기에 앞서 반드시 이러한 문제를 해결해야 한다.

5. 불안과 우울증은 효과적인 결정을 내리는 데 어려움이 있고 이러한 이슈를 지닌 내담자들이 온라인 기반 도구에 접근하는 것에 앞서 설명이 필요하다.

6. 웹 기반 도구에 대한 부족한 정보 혹은 잘못된 개념은 효과적인 사용을 방해한다. 비록 이런 문제들은 짧은 개입으로 다룰 수 있지만, 결과에 기반하여 그들의 잠재력을 과하게 평가하거나 혹은 저평가하는 사람 혹은 컴퓨터 사용하기를 좋아하지 않는 사람들에게 웹 기반 도구를 사용하게 하는 것은 적합하지 않다.

7. 기술에 노출되는 것에 제한이 있거나 직업 선택이나 선택 시 역할의 혼란(기혼자)은 웹 기반 도구에만 의존해서는 안 된다. 상담사의 지원은 이런 내담자를 위해 필요하다. Sampson(1997b)은 직관적으로 결정하는 유형(반성작용의 반대)과 사회적이거나 쾌락적인 Holland 흥미도 유형을 나타내는 이들의 웹 기반 도구의 사용에 이의를 제기했다. 그럼에도 불구하고 이러한 사람들이 웹 기반 서비스로부터 이익이 없다는 데이터는 존재하지 않는다.

Sampson은 커리어 상담센터가 자기 주도적 경험에서 이득을 얻는 사람 그리고 아닌 사람을 알아내기 위해 온라인 기반 도구의 잠재적인 사용자를 위한 스크리닝 과정을 만드는 것이 필요하다고 강조했다. 이러한 스크리닝이 완료되면, 내담자를 돕기 위한 다양한 각본이 스크리닝 과정의 결론을 기반으로 만들어진다. Sampson(1997a, 1997b,1997c) 그리고 Osborn과 동료들(2011)의 권유사항에는 이러한 각본을 집단으로 나누어 다음과 같이 요약할 수 있다.

집단 A는 웹 기반 프로그램을 독립적으로 사용할 수 있는 사람을 세 가지 유형으로 분류했다. 컴퓨터를 잘 다루며 (1) 2개 혹은 3개 정도의 직업에 대한 급여 혹은 직업의 의무 등 거의 단순한 질문, (2) 온라인 기반 도구 사용을 위해 동기화되어 있고 부정적인 생각, 불안, 우울, 결정불안, 그리고 역할의 혼란으로부터 자유롭고, (3) 시스템 사용을 위한 읽기가 가능하다. 집단 B는 웹 기반 프로그램을 독립적으로 사용할 수 있는 사람이며 컴퓨터를 잘 사용하지 못하는 집단 A의 모든 구성원과 같은 시스템 성향에서 제외된 사람을 포함한다. 집단 C는 독립적으로 사용하는 것이 준비되지 않은 사람뿐만 아니라 선행적인 상담 개입 없이 지원과 함께 웹 기반 서비스를 사용할 수 있는 사람, 두 가지 유형으로 분류된다. (1) 읽기 능력이 부족하거나 경제적인 제약이 있고 (2) 다양한 잠재력을 지닌 사람이다. 마지막으로, 집단 D는 독립적으로 사용하는 것이 준비되지 않았고 웹 기반 도구 사용을 위해 먼저 상담개입이 필요한 사람들을 세 가지로 분류하였다. (1) 낮은 자존감과 부정적인 생각이 있는 개인, (2) 결정불안이 있는 개인, (3) 심하게 불안하거나 우울한 개인이 이에 속하며 이러한 집단은 커리어 상담을 먼저 받아야 한다.

직업을 제공하기 위하여 인터넷 사용하기
상담과 심리검사

종종 커리어 상담센터는 커리어 상담 서비스를 포함한다. 반드시 답을 해야 하는 질문은 "상담 서비스를 온라인을 통해 제공할 것인가?"이다. 인터넷 기반 커리어 상담은 지방에서 종종 나타나는 사례로 특별히 통학이 힘든 학생들 그리고 장애가 있는 학생들에게 도움이 된다. 마지막 분석 결과는, 두 가지 주요한 요소가 웹 기반 상담이 제공될 것인가 혹은 아닌가 하는 결정이 될 것이다. 학생을 만날 필요성이 있다면 상담사는 그 과정에 대해 편안함을 느낄 수 있어야 한다.

인터넷을 상담 도구와 같이 사용할 계획이 있는 커리어 상담사는 그들에게 가능한 많은 옵션이 있다. 그들 내담자에게 상호 반응하기 위해 이메일을 사용한다. 이메일 메시지는 커리어 상담사가 해고되거나 직업을 바꾸는 것과 같은 이슈가 있는 내담자를 지원하고 격려하도록 할 수 있다. 이메일은 또한 커리어 상담사가 과제를 성공적으로 완성하는 것과 같이 과정의 측면에 대한 내담자의 요청에 피드백을 할 수 있게 한다(예 : 노동자의 진상조사 인터뷰).

커리어 상담사는 내담자와 함께 대화방에서 소통할 수 있다. 대화방에서 대화는 대화 유형의 어떤 정도를 위한 조건들, 개인 혹은 집단회기, 상담사와 내담자가 같은 시간에 온라인상에 있다는 의미인 동시적인 회기를 하는 동안 즉각적인 상호작용이 가능하다. 비동시에 존재하는 대화방은 간단히 말하자면 모든 사람이 같은 시간대에 가상 대화에 연결되지 않는다는 것을 의미한다. 그렇기는 하지만 커리어 상담사는 질문을 올리고 숙제를 내고, 그리고 비동시적 대화방을 통하여 다른 유형의 과정을 수행할 수 있다. 비동시적 대화는 거의 없으며, 이메일을 통해서 이득을 볼 수 있다.

동시에 사용하는 대화방은 일반적으로 상담사가 질문이나 대화를 이끌어 간다. 대화방에 있는 다른 이들은 무슨 지원인지 반응을 입력한다. 대화방은 그 회기에 많은 사람들이 참여하는 것을 허락할 수 있는 확실한 이득이 있다. 예를 들어 종종 내담자가 문제를 어떻게 다루는지를 배우기 위하여 같은 생각이 있는 사람들과 상호작용하는 것은 유용하다. 커리어 상담사는 구직을 위한 지원집단을 만들고 참석자는 동시적 혹은 비동시적으로 참석할 수 있다. 만약 동시적인 대화방을 사용한다면, 정규적인 미팅이 계획되어야 하고 그리고 내담자는 단순히 로그인을 함으로써 참석할 수 있다. 대화방과 날짜를 정하는 것은 어려울 수도 있다. 그렇다 할지라도 날짜와 거리는 종종 온라인에서 상호작용할 때 더 쉽게 접근할 수 있다.

대화방을 통한 상담 서비스 제공의 약점은 상담회기 동안 상담사와 내담자가 시각적 혹은 청각적으로 연결되지 않는다는 점이다.

웹카메라의 개발은 상담자와 내담자 모두 카메라가 있는 컴퓨터를 가지고 있는 한 면대면 상담을 가능하게 만들었다. 이러한 과정은 전통적인 면대면 상담과 연계된 측면의 많은 부분과 비슷하게 되었고 인터넷 기반 커리어 상담 제공을 선호하는 분위기를 만들었다. 미국 국가자격상담사협회(National Board for Certified Counselors)는 1997년 윤리적 기준은 만들었고 2001년, 2007년 온라인 상담을 제공하는 전문가를 안내하기 위해 업데이트했다(Haberstroh, Parr, Bradley, Morgan-Fleming, & Gee, 2008). 미국상담협회(American Counseling Association, 2005)는 같은 목적으로 최근 윤리적인 부분에서 언급된 성공사례와 몇 가지 안내를 포함했다.

1. 미성년자에게 서비스를 제공하는 경우 부모의 허락을 얻어야 한다.
2. 내담자로부터 얻은 모든 정보는 안전한 장소에 보관한다. 만약 내담자의 기밀보호에 대한 추가적인 보호가 가능하다면 암호화 시스템은 반드시 사용해야 한다.
3. 인터넷을 통한 질적인 서비스의 제공은 개인 면대면 상담에서 제공되는 질적인 부분과 같다고 확신해야 한다.
4. 정보가 유출되는 경우 내담자의 허락을 받아야 한다.
5. 기술적인 어려움은 시간이 지날수록 서비스를 방해한다는 것을 내담자가 깨닫도록 해야 한다.
6. 대화방 소통과 같은 경우에 비언어적인 단서가 불가능하면 소통에 실수가 발생할 수 있음을 내담자에게 알려야 한다.
7. 서비스가 제공되는 동안 서비스 제공자를 제시간에 접촉할 수 있는지 아닌지를 알아내야 한다.
8. 면허허가 부서와 전문적인 협회의 웹사이트 주소를 내담자에게 제공하는 것은, 필요한 경우 윤리적 이슈에 대한 불평이 사라지게 할 것이다.
9. 온라인 상담이 부적합하거나 비생산적이더라도 내담자의 사건 현장에서 제공한 자원의 목록은 가지고 있어야 한다.
10. 상담과정에 영향을 주는 문화적 혹은 언어적 차이를 논의해야 한다.

온라인 커리어 상담 심리검사도구(O*NET 외의 다른 것)

이미 언급한 것처럼 심리검사는 커리어 상담의 통합적인 부분이고 온라인 상담을 사용하기로 결정한 전문가는 인터넷을 통해 접근할 수 있는 자료를 명료화해야 한다. 검사가 끝나면 결과에 대한 자세한 해석을 프린트하여 개인적으로 받아볼 수 있다. 몇몇 검사와 웹사이트는 다음과 같다.

Strong 흥미검사(https://www.cpp.com/products/strong/index.aspx)
Myers-Briggs 유형검사(http://www.myersbriggsreports.com)
자기 주도 탐색(http://www.self-directed-search.com/)
Career Key(http://www.careerkey.org/)
Kuder 커리어 계획 시스템(http://www.kuder.com/)

온라인 상담의 부가물로서의 웹사이트 만들기 간단한 인터넷 검색을 통해 커리어 상담센터에 기대하는 것은 이들의 활동을 공람하는 것, 온라인 심리서비스 제공을 통한 이력서와 인터뷰 기술 등학생과 일반 구직자들의 구직활동을 위한 전략을 향상, 학생과 졸업생 그리고 이들을 위한 구인정보 연결, 그리고 주변 캠퍼스의 서비스 제공에 대한 공지 등이다. 웹사이트는 직업과 교육 정보,심리검사도구 그리고 구직 등의 유용한 웹사이트 주소를 제공한다. 커리어 상담센터 웹사이트를다른 웹사이트에 연결하기 전에 다음의 질문에 답을 해보는 주의 깊은 평가가 필요하다.

- 웹사이트가 마지막으로 업로드된 것은 언제인가? 이러한 정보는 일반적으로 웹사이트에 나타난다. 유용한 사이트는 정기적으로 관리를 한다.
- 웹사이트를 누가 개발하고 유지하는가? 이 사람 혹은 기관은 질문에 대한 답을 듣기 위해 이메일을 통해 접촉이 가능한가?
- 웹사이트 정보의 자원에 대한 평판은 좋은가? 예를 들어 전문적인 저널 혹은 정부기관의 출판물에 발췌되었는가?
- 자료의 읽기 수준은 내담자에게 적합한가?
- 웹사이트의 자료는 쉽게 접근이 가능한가? 예를 들어 웹사이트로 돌아가기 위한 아이콘은 작동하는가?

요약

온라인, 오프라인 그리고 두 가지를 혼합한 유형의 세 가지 커리어 상담센터가 이번 장에서 논의되었다. 커리어 상담센터가 효율적으로 설치되었다면, 커리어 상담센터는 커리어 상담을 제공하는 커리어 개발 프로그램, 심리검사 서비스, 커리어 그리고 교육 정보, 고용능력 기술개발 기회의중심이 되고 다른 서비스의 중심이 된다. 이러한 제공에서 초점을 두어야 하는 것은 인터넷 연결이 가능한 경우 많은 온라인 커리어 상담센터가 증가할 것이라는 점이다. 어떻게 보면 가장 논란이 될 수도 있으면서 많은 연구가 이루어지지 않은 커리어 상담센터 유형이 온라인 상담이다. 온라인 상담의 불확실한 효과는 서비스를 제공하는 많은 기관을 단념시키지만, 많은 인터넷 사용자로 인해 온라인 상담은 성장할 것이다.

이 장의 퀴즈

T F **1.** 온라인 정보의 양과 질이 급속히 증가함으로써 미래의 커리어 상담은 컴퓨터를 통해 이루어질 것이다.

T F **2.** 원스톱 커리어 상담센터는 노동부의 많은 데이터를 단순화하고 반복되는 것은 제거하는

것을 가능하게 했다.

T F **3.** 커리어 상담을 온라인으로 사용할 수 있도록 제공하는 것은 몇몇 윤리적 이슈가 제기 된다.

T F **4.** 온라인 기반 커리어 심리검사도구는 컴퓨터 기반의 검사와 조금 다르다.

T F **5.** 이메일을 사용한 온라인 상담은 대화방을 동시 사용하는 것과 거의 유사하다.

T F **6.** 원스톱 커리어 상담센터의 약점은 구직자 개인이 가지고 있는 소소한 기능적 부분을 직 업 연결에서 다루지 못한 점이다.

T F **7.** 상담교육과 슈퍼비전에서는 커리어 상담센터 고디네이터의 사력을 평가하기 위한 안내 서를 개발했다.

T F **8.** 인터넷 기반 평가도구 설치를 위한 합리적인 방법은 연구자가 모든 집단에게 이득이 있 다는 것을 증명하는 것이다.

T F **9.** 인터넷 기반 평가도구는 교육 수준에 상관없이 모든 성인에게 가능하다.

T F **10.** 온라인 구직 정보를 활용하지 않는 것이 좋은 경우가 있음에도 이러한 부분을 고려한 안 내를 제공하는 내용은 거의 없다.

(1)T (2)T (3)F (4)T (5)T (6)F (7)F (8)F (9)T (10)T

참고문헌

American Counseling Association. (2005). *Code of ethics and ethical standards.* Alexandria, VA: Author.

Association of Counselor Education and Supervision. (1999). Technical competencies for counselor education students: Recommended guidelines for program development. Alexandria, VA: Author.

Ettinger, J. (2008a). Serving diverse populations. In D. A. Schutt Jr. (Ed.), *How to plan and develop a career center* (2nd ed., pp. 105–118). New York, NY: Ferguson.

Ettinger, J. (2008b). One-stop career centers for adults. In D. A. Schutt Jr. (Ed.), *How to plan and develop a career center* (2nd ed., pp. 135–144). New York, NY: Ferguson.

Haberstroh, S., Parr, G., Bradley, L., Morgan-Fleming, B., & Gee, R. (2008). Facilitating online counseling: Perspectives from counselors in training. *Journal of Counseling and Development, 87,* 381–390.

Osborn, D. S., Dikel, M. R., & Sampson J. P., Jr. (2011). *The Internet: A tool for career planning* (3rd ed.). Broken Arrow, OK: National Career development Association.

Sampson, J. P., Jr. (1997a, January). Ethical delivery of computer-assisted career guidance services: Supported vs. stand-alone system use. Paper presented at the *National Career Development Association Convention,* Daytona Beach, FL.

Sampson, J. P. Jr. (1997b, April). Helping clients get the most from computer-assisted career guidance systems. Paper presented at the *Australian Association of Career Counselors Seventh National/International Conference,* Brisbane, Australia.

Sampson, J. P. Jr. (1997c, October). Enhancing the use of career information with computer-assisted career guidance systems. Paper presented at the symposium *The Present and Future of Computer-Assisted Career Guidance Systems in Japan,* Tokyo, Japan.

Schnell, A., & Schaefer, K. (1999). Adult career centers: An overview. In D. Schutt & Associates (Eds.), *How to plan and develop a career center* (pp. 109–130). New York, NY: Ferguson.

Schutt, D. A. Jr. (2008). Developing your facilities. In D. A. Schutt Jr. (Ed.), *How to plan and develop a career center* (2nd ed., pp 18–37). New York, NY: Ferguson.

Schutt, D. A. Jr., & Finkle, J. (2008). Critical center resources. In D. A. Schutt Jr. (Ed.), *How to plan and develop a career center* (2nd ed., pp. 53–71). New York, NY: Ferguson.

제3부

실행 촉진하기

제 13 장

직업 준비하기

- 고용에 필요한 교육과 훈련을 받을 수 있는 대안
- 고등학교 중퇴자 문제의 규모와 중퇴자를 위한 지원과 훈련 자원
- 중등과정 이후의 교육에 대한 재정 지원의 주요 자원과 그것이 자리를 잡을 수 있는 방법

교육 수준과 생애 수입 사이에 정적 관계가 있다는 것은 널리 알려진 사실이다. 확실히 NFL(미국프로풋볼리그)의 선수가 자신의 부러진 팔을 치료했던 정형외과 의사보다 더 많이 벌고, 록스타는 보통 사람보다 더 많은 돈을 번다. 교육의 성취가 학위취득을 통해 고용이나 월급의 보장과 연결되지 않는 것이 현실이다. 대학 학위자들이 종종 자기 능력 이하의 일을 하는데, 이는 쉽게 말해서 그들이 이룬 교육적 성취를 통해서 기대한 것보다 더 적은 돈을 번다는 것을 의미한다. 더욱이 많은 대학 졸업자들은 직업을 갖지 못하기도 한다. 대학을 졸업하는 많은 사람들이 시원찮은 직업 선택을 하고, 졸업 이후 일할 기회도 거의 제공받지 못한다.

직업을 준비하는 것은 개인의 재능에 맞는 직업을 선택하는 것부터 시작하는데, 그 이후에는 그 직업을 위한 가장 최선의 교육이나 훈련을 받는다. 고용에 이르는 두 단계의 길은 직업 획득 기술의 개발을 필요로 하는데, 이런 기술에는 찾아내기, 접촉, 인터뷰 그리고 최고의 제안을 위한 협상이 있다. 직업 선택은 시작이고, 직업을 받아들이는 것은 중간 지점이다. 한 사람의 기술을 계속 향상시키는 것과 생애에 걸쳐 탐색하는 것은 그 과정을 완성한다. 교육은 종종 가난에서 벗어

나는 길로 알려져 있지만, 학교가 가난한 사람들을 옳은 길로 가도록 하는지에 대한 의문은 증가하고 있다. 어떤 이들은 교육기관들, 특히 12년 동안 지내는 공립교육기관이 사회에 거의 기여하지 못하는 2류 기관으로 빠르게 바뀌고 있다고 믿는다. 그들은 국가교육평가 프로그램(National Educational Assessment Program) 자료를 언급하는데, 이는 미국 학생들을 다른 선진국 학생과 비교한 것으로, 미국 학생들은 지원하는 표준화된 검사 결과를 통해서 이루어진다. 핵심 포인트는 전형적인 미국 학생들이 다른 나라의 학생보다 성취도가 떨어진다는 점이지만, 그것이 전부는 아니다. 나와 Trusty(Brown & Trusty, 2005)는 자료를 다시 확인하고, 다른 결론에 도달했다. 우리의 학교들은 가난한 백인과 소수민족 학생들을 가장 많이 낙제시키고 있다. 만약 그렇다면 소외된 집단들이 경제적 평등을 얻도록 돕는 우리의 목적은 아무리 해도 어렵다는 점에 이르게 된다.

커리어 상담자로서 당신에게는 두 가지 해야 할 과제가 있다. 첫째, 당신은 내담자가 유용한 교육 기회들에 익숙해지고 나서, 고급 직업을 갖도록 그들을 준비시키기 위해 시스템과 협상하는 법을 그들에게 가르쳐라. 둘째, 청소년과 성인을 위한 더 나은 학교, 대학, 훈련 프로그램을 지원하라. 이 장의 정보는 당신이 이러한 과제들을 수행할 필요가 있다는 지식으로 가는 길에서 당신을 준비시킬 것이다.

훈련 시간

훈련 시간은 두 가지 유형으로 구분할 수 있다. 하나는 일반적 교육이고, 다른 하나는 특정 직업 준비이다. 첫 번째 것은 모든 종류의 일반적인 학문 준비를 포함하는데, 이는 추리와 적응력, 의사 결정 기술, 방향을 이해하고 따르는 능력, 타인과 협력해서 작업하는 능력을 개발시킨다. 그것은 또한 수학, 언어 사용, 읽기와 쓰기 같은 기본적인 교육 기술의 개발을 포함한다. 이러한 기술의 습득은 늦어도 유치원 첫날에 시작하고, 대부분은 초기 몇 달 동안 시작한다. 나는 일반적 교육 조건에 외국어 기술을 더하려고 한다. 전 세계 직업시장은 근로자들이 그들이 채용되는 나라의 언어를 읽고, 쓰고, 말하는 능력을 필요로 한다. 이미 미국의 많은 직업은 스페인어 능력을 필요로 하는데, 그 이유는 그 비즈니스의 근로자와 고객이 히스패닉이고 영어 능력이 제한적이기 때문이다. 많은 일반적 교육이 교실 밖에서 얻어지고 학교 커리큘럼을 보충하지만 대부분은 학교에서 학습된다.

특정 직업 준비는 특정 직업과 상황에서 필요로 하는 기법, 지식, 기술을 배우는 방향으로 지향된 훈련이다. 일반적으로 잠정적인 커리어 결정이 이루어진 후, 그 사람은 구체적 직업 준비를 고려하게 되고, 그 사람은 그 결정을 시행할 어떤 기술과 직업을 습득해야 한다는 것을 인식한다(보통은 계획하는 동안).

모든 직업은 이러한 두 가지 유형의 준비의 조합을 필요로 한다. 공립 또는 사립 중등학교에 빠짐없이 출석하는 것은 전형적으로 한 학생의 일반적 교육 수준을 강화한다. 그러나 특정 직업 준비는 종종 일반 교육 과정의 밖에서 얻어지고, 직업 커리큘럼을 따르기로 선택하는 사람들에게는 예외일 수 있다. 이러한 학생들에게 직업 준비는 고등학교 프로그램에 포함된다. 다른 학생들은 졸업 전에 학교를 떠나고, 지역대학, 직업기술학교, 아니면 현장 연수(on-the-job training, OJT) 교육생으로 훈련 프로그램에 들어갈 수 있다. OJT는 전형적으로 어떤 형태의 중등교육도 따르지 않기로 선택하는 졸업자와 고교 중퇴자가 활용할 수 있다. 많은 고교 졸업자들은 중등교육 과정을 선택하는데, 이는 대학학위, 졸업 프로그램 또는 어떤 전문적 교육의 형태를 포함하거나 포함하지 않을 수도 있다.

고등학교를 졸업하지 않기로 결정하는 학생들은 실업 기간의 가능성이 증가하고, 그들이 고용될 때 낮은 임금을 받을 가능성이 커짐을 주목하는 것은 중요하다. 통계치들이 가리키는 바에 따르면, 전체 수업일 동안 시간당 학교를 그만두는 학생은 857명이다. 전체 학생의 1/4 그리고 소수민족 학생 10명 중 4명은 고등학교를 졸업하지 않는다(Krache, 2012). 학생들이 졸업하기 전에 학교를 떠나도록 영향을 주는 요인들은 다양하며, 6학년 정도의 빠른 시기에 시작하는 잘 개발된 커리어 개발 프로그램은 자퇴율을 낮출 수 있다. 잘 설계된 프로그램들은 "내가 이런 걸 왜 배워야 하지?"라는 의문에 답할 수 있는데, 학생들이 학교에 있는 동안에 이런 질문에 대한 답을 얻을 수 있어야 한다.

고등학교와 직업 준비

졸업 후 노동시장에 들어가도록 고등학생을 준비시키는 것은 미국의 오랜 고민이었다. 몇몇 유럽 국가들과는 달리 미국 학생들은 시험 점수와 학점에 기초해서 대학과 비대학 옵션으로 나뉘지 않는다. 미국의 접근은 조급하게 교육과 커리어 옵션을 실행하지 않는 장점이 있는 반면 약점은 학생들이 자신의 중등학교를 마칠 때, 많은 이들이 직업으로의 이행을 하는 데 어려움을 겪는다는 점이다. 하나의 법률 제정 노력이었던, 1994년의 학교-일 이행지원정책(School-to-Work Opportunities Act, STWOA)은 이 고민거리를 다루기 위해 개발되었다. 이 제정법은 학문과 직업 규준에 기초한 교육 프로그램을 개발하고, 경험, 멘토링, 그리고 인턴직을 포함해서 직업 관련 학습을 하도록 모든 학생들에게 기회를 제공하고, 직장과 학교 사이의 관련 활동들을 제공하기 위해 학교에 자금을 제공한다. STWOA는 다른 몇 개의 법률에 의해 보완되었는데, 2004년의 장애인교육법(IDEA), Goals 2000, 미국교육법, 2001년의 낙제학생방지법, 그리고 1994년의 국가직무능력표준법과 같은 개정법들을 포함한다. 이러한 법률과 관련하여 몇 가지 영향이 있다.

1. 학교-일 이행(School-to-work, STW) 활동들은 유치원 때부터 시작할 수 있다.

2. 장애 학생들은 개별화된 교육 프로그램의 일부로서 STW 이행 계획을 세워야 한다(IEP).

3. 다른 주체들과 학교 활동들을 합동으로 하는 것이 필요하다.

4. 직업 기반 학습이 그 프로그램의 일부여야 한다.

5. 고용주들이 그 프로그램의 설계와 실행에 포함되어야 한다.

6. 커리어 탐색과 상담은 그 프로그램의 통합적 부분이며, 그 프로그램에 포함된 학생들은 늦어도 11학년까지는 커리어 전공을 선택해야 한다.

노스캐롤라이나에서 중학생들은 네 가지 옵션 중 하나를 선택하기 위한 4년 과정 공부를 계획하는데, 대학이나 대학교, 기술 커리어나 대학(tech-prep)을 포함하는 중등교육, 직업교육, 또는 비졸업이 그 네 가지이다. 직업교육 프로그램이 모든 고등학교에 포함되어 있지 않음에도 불구하고, 그러한 프로그램들이 그 지역에 있는 특성화된 학교들에 제공될 수 있다. 직업교육에 더해서 어떤 학교들은 노동 인구에 포함되도록 고교 졸업자를 준비시키는 다양한 직업체험 프로그램을 제공한다. 학교-일 이행 계획은 이러한 접근들을 대신하기 위해 의도되지 않았으며, 이러한 접근들은 다음 부분에서 더 자세히 논의된다. 그러나 STW는 학교들이 종종 무시하는 문제, 학교-일 이행을 다루기 위해 의도된 것이다.

직업교육

직업교육 프로그램은 공시적으로는 제2차 세계대전 중 미국에서 만들어졌고, 그 이후 지속적인 지원을 받아왔다. 그러한 프로그램들은 미용기술과 건축기술부터 인쇄기술, 자동차 정비까지 다양한 직업에 대한 구체적인 직업 준비를 제공한다. 많은 직업교육 프로그램들은 엄격한 직업 프로그램의 이수를 필요로 하고, 그래서 주로 상대적으로 학업 능력이 높은 학생들에게 열려 있다. 그러나 어떤 학교들은 상대적으로 학업 능력이 낮은 학생들을 수용하는 신발 수선과 같은 직업교육 프로그램을 제공한다. 종종 높은 수준의 학업 적성을 필요로 하는 직업교육 프로그램에 대한 등록은 아주 경쟁이 심하다. 그 결과 그 프로그램에 들어가려는 많은 학생들이 들어가지 못한다.

직업체험 프로그램

많은 중등학교들은 그들의 커리큘럼 속에 학생들이 어떤 고용 환경에서의 경험을 그 교실에서의 공부와 결합시키는 기회들을 포함하고 있다. 이러한 기회들은 학교마다 조금씩 다르고, 여러 가지 이름으로 알려져 있다. 협력적 직업 경험, 유통 교육, 사무실 실습, 직무 경험, 그리고 다각적인 훈련이 바로 그런 이름들이다. 이러한 프로그램들은 보통 그 학교의 직업 커리큘럼으로 통합된다. 이러한 프로그램의 일반적 목적은, 선택된 학생들을 그들이 고등학교를 마치는 동안 직업에 준비시키는 것이다. 직업체험 프로그램에 대한 성공적 참여는 고등학교 졸업으로 이어지는데, 선택된 직업에서 전일제로 고용되기 위한 신뢰롭고, 근본적이며 일반적인 교육과 준비이다.

기능상, 직업 연구 프로그램은 전통적인 고등학교 교육 절차에서 출발한다. 종종 그 집단의 학생들은 광범위한 다양한 직업에 포함된다. 사실 이런 유형의 프로그램을 위해 사용되는 타이틀 중 하나(다각적 협력교육)는 다양한 직업체험을 강조한다. 그 프로그램들은 고등학교 코디네이터와 지역 고용주 사이의 협력을 필요로 하는데, 이들은 직업 유능감을 얻는 데 있어 학생들을 돕기 위해 교육과 감독 책임을 나눈다. 일반적으로 이것은 직업교육을 위한 학교-커뮤니티 프로그램으로 훈련과 교육 자원, 시설, 그리고 지역학교와 커뮤니티 둘 다의 직원들을 활용한다. 그 프로그램은 다음의 목표들을 성취할 수 있을 것으로 기대된다.

1. 학생은 능력과 흥미와 일치하는 직업 목표를 성취한다.
2. 학생은 선택된 직업에서의 노동자 또는 인턴으로서 전일제 고용을 위해 필요한 기술들을 개발한다.
3. 학생은 직업의 수행을 위해 필요한 관련 기술 정보를 습득한다.
4. 학생은 직업 분야에서 적응, 성공, 향상을 강화하는 적절한 태도와 개인적 특징을 개발한다.
5. 학생은 학교와 경제적·사회적·가정적 삶과의 관계에서 점점 더 성숙해진다.

구체적 목표들은 (1) 학생이 숙달할 필요가 있는 직업기술, (2) 지능과 판단력을 가지고 그 일을 수행하기 위해 얻어야 하는 지식, (3) 그 직업과 커뮤니티에 잘 적응하기 위해 개발되어야 하는 개인적·사회적 특질들의 관점으로 고려될 수 있다. 직무기술에 대한 설명은 실제 고용 조건하에서 고용주에 의해 제공된다. 학생들은 보통 주당 최소 15시간을 일하고, 대부분은 정규적인 수업일 동안 배정된다.

전형적인 프로그램은 학생이 1학년 또는 마지막 학년에 반만 수업에 참여하고, 수업시간의 나머지는 할당된 고용 직업에서 일하도록 허용한다. 몇 개의 대도시 시스템에서 학생은 학교에서 일주일을 보내고, 다음 주는 직장에서 보내는데, 다른 학생과 반대 스케줄로 번갈아 나오게 된다. 하지만 가장 일반적인 경우는 학생이 아침에 학교에 오고, 오후에는 직장에 가 있는 것이다. 그 학생은 그 할당된 직장의 고용주에 의해 감독받지만, 학교 스태프는 학교와 고용주 사이의 연락 담당자가 되고, 학생과 고용주 모두와 밀접한 접촉을 유지한다. 학생은 그 학교의 직업교육 커리큘럼의 일부로서 할당된 직업에 대한 학교 학점을 받는다.

모든 참여자들은 관련된 연구 수업이나 아니면 모든 수업일 동안 최고 1개의 정규 수업을 위해 직접 만나는 수업에 등록한다. 그 수업들은 그 프로그램을 담당하고 있는 학교 스태프가 가르친다. 교육의 대부분은 기술적인 부분이고, 그 학생의 할당된 직업과 직접적인 관계를 갖는다. 그 과정들은 학생에게 그들의 직업에서 도움이 되는 정보를 제공한다. 그 학생들이 보통은 다양한 직업에 포함되기 때문에 유사하지만 다양한 훈련 계획을 갖고 있고, 그래서 수업은 반드시 개인에 근거해서 제공되는데, 특별한 교육 재료들을 사용한다.

처음 시작하는 근로자를 위한 일반적 정보가 수업 프로그램에 포함된다. 보통 다뤄지는 주제들은 고용주-직원 관계, 사회보장제도 제공, 자산 관리, 소득세 문제, 성격과 직업, 그리고 노동 조직에 대한 것이다. 어떤 학교들은 그 프로그램을 배치하고, 그래서 매일 일반적으로 단일 기간 관련된 교육과 취업에 대해 다른 기간의 특성화되거나 또는 개별화된 교육을 포함한다.

이러한 프로그램의 직업 경험은 완전히 현실과 유사한데, 그 이유는 그것은 보수를 포함해서 보통 직무의 모든 특징을 갖기 때문이다. 그 학생은 모든 노동자가 직면하는 동일한 상황을 직면할 기회를 갖는데, 적응을 도와줄 코디네이터가 있거나 그 위치에서 직면되는 문제를 해결하는 이점을 갖는다.

학생들의 취업이 완벽하게 그들의 커리어 목표와 일치하지 않을 수도 있지만, 심지어 이런 상황에서도 그 학생들은 몇 가지 측면에서 이득이 된다. 그들에게는 직업 상황과 그에 대한 그들의 책임에 대한 통찰을 얻을 기회가 제공된다. 그들은 고용주, 직장 동료, 봉사받는 대중에 적응하기를 배우고, 직업 상황의 전반적인 요구에 적응하기를 배운다. 그들은 또한 시간 엄수, 협력, 책임, 승진의 길, 그리고 단순한 직업기술을 넘어서는 유사한 요인들의 중요성을 배운다. 참여자들이 그들의 학교 과정을 마치고 나면 직업체험에 배치되었던 회사에 전일제 고용이 되는 것은 흔히 있는 일이지만, 학교 이후의 고용이 반드시 기대대로 되는 것은 아니다. 참여자들은 이후에 부가적인 이점을 얻는데, 그 이유는 전일제 직업을 찾을 때 이력서에 실질적인 경험들을 쓸 수 있기 때문이다.

한편 직업체험 프로그램은 또한 일부 단점들도 있다. 학생의 최대 흥미를 지원하는 취업 사이트를 얻는 것이 항상 가능하지는 않다는 점이다. 어떤 고용주들은 모든 학생을 훈련시키는 것에 흥미를 가져야 함에도 불구하고 값싼 노동자를 얻는 것에 대해서만 주로 고민한다. 유사하게 학생들은 직업 준비보다 재정적 이득을 위한 프로그램에 주로 들어갈 수 있다. 어떤 프로그램들은 원조를 가장 필요로 하는 학생들이 참여하기에 부적합한 엄격한 허가 조건을 갖는다. 영역 감독에 소모되는 시간 때문에 고용주와의 회의, 그리고 학생 노동자의 관찰로 인해 영역 감독에 소모되는 시간 때문에 프로그램 코디네이터들은 효율적으로 제한된 학생들만을 다룰 수 있고, 결론적으로 그 프로그램은 고등학교에서 대학에 진학하지 않는 학생들의 욕구에 부합하는 것처럼 다양하지 못하다.

완전하게 좀처럼 사용되지 않음에도 불구하고, 직업체험 프로그램은 고교 후 고용을 위해 현실적으로 그들 자신을 준비하도록 학생들을 도움으로써 학생과 지역사회 모두에 대한 봉사를 제공하도록 대부분의 중등학교에 기회를 제공한다. 코디네이터와 학교 상담자 간의 밀접한 협력은 그 프로그램 안에서 더 효율적인 선택과 취업, 그리고 학생, 학교와 지역사회에 더 만족스러운 결과들을 가져온다.

커리어 개발 프로그램 옹호자들은 직업체험 프로그램을 효과적인 커리어 교육을 위해 기본적인 것으로 고려할 만한 학교-지역사회 협력의 예시로 지적한다. 그들이 제안하는 바에 따르면 모든 학생은 직업경험 취업을 해야 하는데, 9학년에 탐색적 프로그램을 시작하고, 12학년에는 직업기술 개발을 하는 것을 말한다. 초기의 취업은 보수가 없을 수 있다. 몇 년간의 학교 생활을 확장하고, 다양하게 할당된 직업을 포함하는 취업은 학생들에게 잘 활용되는 기술뿐 아니라 직장에 대한 더 나은 이해를 제공할 것이다. 또한 학교와 비즈니스 커뮤니티가 상호 이득이 될 협력적 관계가 될 가능성이 있어 보인다. 텍사스에 있는 The Crowley Independent School District of Crowley(www.crowley.k12.tx.us)는 원예학, 과학과 기술, 비즈니스 교육, 컴퓨터/기술 교육, 가족과 소비자 과학, 그리고 미용학을 포함해서 많은 커리어 프로그램과 협력 교육 프로그램을 제공한다.

아카데미

학생들을 노동시장을 위해 준비시키는 가장 새로운 접근 중 하나는 아카데미인데, 이는 비즈니스와 산업계의 계획에 대한 반응으로 개발되었다. 많은 직업교육 프로그램처럼, 아카데미는 특정 직업에서 일할 수 있게 학생들을 준비시키기 위해서 설계된 프로그램이다. 가장 잘 알려진 아카데미 중 하나는 시스코 시스템즈에서 개발했는데, 이는 컴퓨터와 전화 시스템을 하나로 묶는 라우터라는 기계 장치의 주요 제조회사이다. 이 성공한 기업이 발견한 것은 그들의 장비를 수리할 수 있는 기술자들이 부족했다는 점이다. 기술자의 부족 때문에 시스코 시스템즈의 간부들은 기술자를 훈련시키기 위한 고등학교 커리큘럼과, 그 프로그램의 졸업자들이 회사가 필요로 하는 과제들을 수행하기 위해 훈련받도록 하는 자격시험을 만들었다.

건강과학 아카데미(health science academies)가 개발되었는데, 이는 특정 직업 준비를 제공하고, 학생들에게 직업교육의 원조하에서 전형적으로 다양한 건강과학 직업들을 소개한다. 이 아카데미를 수료한, 학생들은 응급구조대원(Emergency Medical Technician) 시험을 치를 자격이 생기는데, 많은 사람들이 이 자격을 성공적으로 통과한다. 그러나 다른 많은 사람들은 건강과학에서의 다른 커리어를 이끄는 중등 훈련을 추구하기로 결정한다. 시스코 아카데미와 건강과학 아카데미 모두 다 학교와 직업 프로그램을 연결하고, 학생들에게 중등 수준에서 교육을 지속하기로 선택하거나 바로 일을 시작하는 것과 같은 대안들을 제공한다.

학위를 필요로 하지 않는 교외 프로그램

도입부에서 지적했듯이 미국의 학교들은 학생들이 졸업할 때까지 모든 학생을 유지하는 데 어려움이 따른다. 미국 교육부(2013)에 따르면 20% 정도가 졸업에 실패하는데, 그것은 정부의 통계에 따라 달라졌다. 보통 고등학교 중퇴자로 언급된 집단은 보다 적절하게는 '쫓겨난 사람(pushout)'

또는 '잃어버린 사람(lostout)'이라는 이름이 붙을 수도 있다. 어떤 사람들은 학교 프로그램이 제공하는 것이 아무것도 없다고 결론 내리고, 법적으로 성인인 나이에 도달하거나 도달이 임박했을 때 자발적으로 떠난다. 가난, 부모의 좌절, 가족 없음, 임신, 개인적 적응이나 행동 문제, 중독 등의 어려운 문제에 직면하는 학생들은 그들이 직면하는 문제들을 극복하기 위해서 학교로부터의 충분한 도움을 받지 못한다. 몇몇 분명한 예외들이 있지만, 졸업 전에 떠나는 사람들 대부분은 직무를 찾고, 얻고, 유지하는 데 있어서 큰 문제들에 직면하기가 쉽다. 중퇴자들은 주의 깊게 개발된 커리어 계획을 가진 채로 학교를 떠나지 않는다. 그 결과 그들은 어떠한 구체적인 직업 준비도 하지 않고 오로지 약간의 일반 교육만을 받은 상태에서 직업을 찾는다. 직업에 대한 생소함은 그들로 하여금 직업을 찾는 법, 어떤 직무가 그들의 자격에 맞을지, 그리고 그러한 직무들이 어디에 있는지에 대해서 무지하도록 만든다. 주고용 안정기관에서의 길을 찾는 사람들은 필요로 하는 서비스를 제공할 수 있는 다른 지역기관에 위탁하거나 또는 숙련되지 않은 말단 노동자를 찾는 고용주들에게 위탁함으로써 도움을 받을 수 있다. 일반적으로 고등학교를 마치지 않는다면 두 가지 가능성이 이 집단에게 유용하다. 현장 연수 또는 직업훈련협력법(Job Training Partnership Act)과 같은 프로그램을 통한 기술 습득이 그것이다.

현장 연수

몇몇 고용 상황들은 전제 조건처럼 특수한 교육 준비나 구체적인 직업 경험을 필요로 하지 않는다. 그러한 조선이 필요 없는 일은 보통 그 일이 시험 기간 동안 쉽게 배울 수 있는 것이거나 최소한의 일반 교육 정도로도 그 노동자를 준비시키기 위해서 충분하다는 점을 의미한다. 여러 다양한 이유로 그 고용주가 미숙한 노동자를 선호할 수 있는데, 그런 이유들로는 부가적인 혜택을 적게 주거나 또는 거의 줄 필요가 없이 훈련시킬 수 있고, 법적 처벌의 두려움 없이 나가도록 놔둘 수 있기 때문이다.

대부분은 직무 수행의 기본이 상대적으로 짧은 시간 동안 학습될 수 있을 때 고용주들이 현장 연수를 제공한다. 그러나 예외도 있다. 그 직무가 숙련된 노동자로 구성된 팀이나 팀원에 의해 수행될 때, 새로운 고용인들이 도와주는 사람으로 팀에 할당될 수 있는데, 이는 그들이 특정한 기간 숙련된 실무자들을 관찰하고 도와줌으로써 그 직무의 복잡한 특징들을 배우는 역할이다. 어떤 고용주들은 초보자를 여러 팀에 순환시킬 수 있는데, 그러면 그들은 그 일의 각기 다른 측면들에 포함된 몇 개의 팀과 일정 기간 보낼 수 있고, 그래서 특정 직무에 배정되기 전에 몇 개의 단계에 익숙해지게 된다.

1994년 STWOA에 의해 개정된 직업훈련협력법

제2차 세계대전 이후로 미국은 경제의 어떤 영역에서 필요로 하는 노동자들을 훈련시키거나 유지시키기 위한 시스템을 개발하려고 시도해 왔다. 인적방어훈련법(Manpower Defense Training Act)은 전쟁 동안 이 목적에 기여하였는데, 빠르게 확장되는 방어와 전쟁 관련 사업의 위치를 채우기 위해 노동자들을 훈련시킨다. 이것은 인력개발 및 훈련에 관한 법(Manpower Development and Training Act, MDTA)에 뒤이어 제정되었는데, 이는 노동자들에게 새로이 확대되는 산업에 필요한 기술을 제공했다. 훈련은 실직하거나 능력 이하의 일을 하는 사람들을 목표로 하였다. 다음으로 포괄적 고용 및 훈련에 관한 법(Comprehensive Employment and Training Act, CETA)은 분산 프로그램을 제공하기 위해 제정되었는데, 주정부와 지방정부는 지방의 조건들과, 장래의 고용주들의 요구뿐 아니라 실업 상태 또는 능력 이하의 일을 하는 노동자의 요구를 충족시키기 위한 훈련 프로그램들을 개발할 수 있었다. CETA는 1982년에 직업훈련협력법(Job Training Partnership Act, JTPA)으로 대체되었다. 100만 명 이상의 사람들이 매년 JTPA의 원조하에서 훈련을 받는다.

JTPA는 주 수준의 공무원들에게 '서비스 실시 지역'을 지정하는 권한을 부여하는데, 이는 인접한 군 또는 '노동시장'을 이루는 다른 정치적 구성 단위들로 구성된 지리적 지역이다. 모든 서비스 실시 지역 내에 민간기업협의회가 만들어지고, 이는 주로 그 지역 내의 비즈니스나 산업의 대표자들로 구성되어 있는데, 그 지역 내의 직업훈련에 대한 행정상의 실수와 정책 유도에 대한 책임을 진다. 민간기업협의회와 지방정부 공무원들은 지역의 계획과 그 행정부에 동의해야 한다. 이 지역 계획은 주지사의 승인을 받아야 한다. 그 법은 서비스 실시 지역에 사용 가능한 펀드의 70%가 훈련에 사용될 것을 요구한다. 모든 주는 주지사의 사무실을 통해서 서비스 실시 지역의 프로그램을 모니터링해야 한다.

JTPA를 설립한 제정법은 경제적으로 빈곤한 젊은 층과 성인들을 목표로 하는 훈련 활동에 권한을 부여하는데, 그들이 보조금을 받지 않는 고용을 위해 준비하도록 만든다. 프로그램에는 현장 연수, 교실 훈련, 보충 교육, 기본 기술 훈련, 직무 탐색 원조 등이 포함될 수 있다. 최소한 펀드의 40%가 16세에서 21세의 빈곤한 청년들을 위해 사용되어야 한다. 참여자의 90%는 경제적으로 빈곤해야 한다. 나머지 10%는 노동시장에서 식별 가능한 약점이 있어야 하고, 장애가 있는 사람, 전과자, 생계 수단을 잃은 주부, 노인 계층, 10대인 부모 등을 포함할 수 있다.

JTPA는 또한 국가 실시 프로그램에 권위를 부여했는데, 이는 지역에서 고용 가능성이 적은 폐쇄된 공장의 노동자, 범죄자, 베트남 전쟁의 참전군인, 장애가 있는 참전군인, 그리고 장기 실업 상태의 사람들을 포함해서 실직자와 주부를 돕기 위한 것이었다. 제공되는 서비스는 직무 탐색 원조, 재훈련, 사전 해고 원조, 그리고 재배치를 포함할 수 있다. 현재 이러한 많은 서비스들이 원스톱 커리어 상담센터를 통해서 제공된다.

1994년의 학교-일 이행 정책은 공립학교와 비즈니스 조직 사이의 파트너십을 촉진하기 위해 시작되었다. 그것은 전형적으로 비즈니스와 학교의 대표자들로 주로 구성된 위원회나 협의회에 의해 운영되고, 학교와 직업교육을 통합하려는 시도들을 한다. Hollenbeck(1997)의 보고에 따르면, STWOA의 의도는 교육 개선을 촉진하는 것이었고, 고등학교 학생들의 진로 준비를 강화하는 것이었다. 그는 또한 그 프로그램이 주요한 목적과는 동떨어진 채로 쇠퇴했음을 제안하는데, 이는 Kash(2009)의 지적이기도 했다. Kash는 '학교-일 이행' 프로그램의 많은 문제들은 고등학교 학생들과 일하는 비즈니스계의 망설임에서 나온다는 것을 제안한다. 그녀는 또한 이러한 프로그램들이 효율적일 수 있다고 단언하고, 그녀의 단언에 대한 일화적인 지원을 보여준다.

Job Corps

Job Corps(http://jobcorps.doleta.gov)는 기회평등법/기회균등법의 처리 결과로서 처음으로 1964년에 설립되었는데, 미국 전역에 120개 넘는 센터에서 운영하는 무료 상시 프로그램이다. 원래는 고등학교 중퇴자를 돕기 위한 의도였지만, 현재는 16~24세의 개인들을 돕는데, 만약 장애가 있다면 나이 제한은 없다. 프로그램은 다음의 서비스를 제공한다.

- 학생의 자기 존중감을 높이기 위한 집중적 상담
- 의료 서비스
- 보충교육
- 구체적이며 실질적인 직업교육
- 등록자가 직무를 얻고 유지하도록 도울 목적으로 사회적 기술 개발
- 고등학교 졸업장 또는 고교 졸업 학력 인정서를 획득하기 위한 교육 경험
- 시민권 훈련

앞에서 언급한 나이 제한 이외에 이 프로그램에 등록하기 위한 자격은 다음의 기준에 기초한다.

- 미국 시민이나 법적으로 승인된 체류자일 것
- 저수입자일 것
- 부가적인 학교 또는 직업교육이나 집중적 커리어 상담을 필요로 하거나, 또는 노숙자이거나 가출자이거나 학교 중퇴자인 경우
- 미성년자라면 부모의 동의가 있는 경우
- 약물을 하지 않고, 약물 사용 방침에 동의하는 경우
- 만약 지원자가 부모라면, 보육 계획이 있는 경우
- 면대면 법원 감독 경험이나 법원 부과 벌금이 없는 경우

이 프로그램 센터들은 그들이 제공하는 서비스의 유형에서 다양하다. 어떤 센터들은 법적 이민

자를 돕기 위해서 제2언어 프로그램으로 영어를 제공하고, 다른 센터들은 학교와 직장에서 성공하기 위해 필요한 언어기술을 개발해 주며, 다른 센터들은 가족들에게 생활 지원 기술을 제공하고, 다른 센터들은 이전에 언급된 바와 같이 시스코 아카데미와 같은 특정 직업 준비를 제공한다.

고교 졸업장이 필요하거나 선호되는 교실 밖

초기에 지적한 대로 고등학교 졸업자들은 어떤 상황에서 직업체험 프로그램에 접근할 수 있었을지 모른다. 그들에게는 또한 사회·경제적 배경과 장애를 초래할 상태에 따라서 이미 논의된 어떤 정부 훈련 프로그램이 가능하다. 덧붙여서 초기 학교 탈락자들보다 고등학교 졸업자들을 위해 더 가능성 있는 옵션인 다른 유형의 훈련 상황이 최소한 2개는 있다. 인턴 프로그램과 군대는 다양한 직업훈련을 제공한다.

인턴 프로그램

새로운 노동자들에게 지식과 기술을 전달하기 위한 인턴 제도의 활용은 최소한 중세까지 거슬러간다. 숙련된 장인들로 구성된 다양한 길드는 공예를 숙련하기 위해 고용된 젊은 노동자들의 정기적인 연습을 개발시켰다. 계약 동안 종종 7년 정도 젊은 노동자는 장인에게 봉사하거나 그를 위해 일을 했다. 그 대신에 장인은 보통 인턴생을 위한 음식과 숙소를 제공했고, 그들에게 공예 기술과 비법을 가르쳤다. 고용계약서를 성공적으로 완수하면, 모든 노동자는 숙련공 또는 독립적 공예가로 길드에 받아들여졌다. 그의 공예 능력이 자라고 확장됨에 따라 마스터가 되고, 직무 기술을 배우는 인턴생을 두게 되었다(www.doleta.gov/atels_bat). 인턴 프로그램은 초기에 주로 백인들에게 제공되었고, 이 과정에서 소수민족과 여성을 목표로 한 어떤 차별도 없었다.

국가 인턴 프로그램(National Apprenticeship Program)은 노동과 관리 조직의 지원으로 1937년에 의회에서 만들어졌다. 피츠제랄드법(Fitzgerald Act)은 인턴생들을 고용하고 훈련시키는 데 있어 산업을 리드할 기준을 설정하고, 인턴생을 훈련시키기 위한 계획을 진행하기 위해 관리와 노동을 함께 가져오고, 필요한 국가적 위원회를 지정하고, 동의되는 표준과 절차에 대한 일반적 수용을 촉진할 권한을 노동부 장관에게 부여하였다. 지금은 인턴훈련국(Bureau of Apprenticeship and Training, BAT)으로 알려진 단체는 그 프로그램을 시행하기 위해 만들어졌다. 관리, 노동, 정부를 대표하는 위원회인 연방인턴위원회는 표준과 정책들을 개발하기 위해 지정되었다.

BAT의 기본적 주의는 고용자와 직원은 공동으로 그들의 상호 만족을 위해 인턴생의 고용과 훈련을 위한 프로그램을 개발해야 한다는 것이었다. 인턴생 프로그램들이 다양한 업계에 존재하기 때문에, 연방인턴위원회에 의해 추천되는 규준들은 아주 일반적이고, 그래서 다양한 계통의 고용주와 직원 집단들이 그 훈련 프로그램을 위한 세부사항들을 협력해서 진행하도록 허용한다. BAT

의 준비하에, 인턴은 최소한 16세이고(대부분의 프로그램은 18세를 원함), 주 인턴위원회에 등록된 문서로 된 동의서를 갖고 일하는(또는 주 위원회가 없다면 BAT에 등록된) 사람이다. 그 규제는 그 사람을 위해 꽤 연속적인 구체적 고용 기간을 제공하고, 관련된 교실 수업 최소 연 144시간 보충되는 직업체험의 승인 스케줄에 대한 참여를 제공한다. 그 부서는 인턴 프로그램이 기능하는 확실한 기본적 표준을 제공하였다.

1. 인턴이 가능한 직업은 보통 배우기 위해 1~6년의 고용 기간을 필요로 한다. 대부분은 4년 정도를 지속한다.
2. 고용은 학습될 직업 과정의 스케줄로 준비되어야 하고, 그래서 인턴은 그 직업의 모든 단계에서의 경험을 얻는다. 이것은 훈련 동안 하나나 또는 소수의 특정 과제만을 할당되는 것을 막고, 그 일의 모든 측면에서 기술과 지식의 개발을 보장하기 위해 의도된다.
3. 점차적으로 증가하는 임금표는 인턴생을 위해 만들어져야 하는데, 정규직의 절반 정도로 시작한다.
4. 관련된 교실 수업은 최소한 매년 144시간이 되어야 한다.
5. 모든 인턴생의 고용과 훈련 학기와 조건을 포함해서 문서로 된 동의서는 주 인턴위원회에 등록된다.
6. 주 인턴위원회는 지역 인턴 제도에 대한 리뷰를 제공한다.
7. 프로그램은 고용주와 직원이 함께 만든다.
8. 적절한 관리 감독과 기록이 모든 프로그램에 필요하다.
9. 인턴 제도에 지원하는 완전하고 타당한 기회가 제공되는데, 자격에 근거해서 차별 없이 선발이 이루어진다.
10. 인턴 과정의 기간별 평가가 만들어지는데, 직무 수행과 관련된 교육 모두에서 만들어진다.
11. 성공적인 완수의 승인이 제공된다.

인턴 프로그램들은 쉽게 확인 가능한 여러 장점이 있다.

1. 인턴 프로그램은 현재와 미래의 욕구를 충족하기 위해 다방면의 장인들을 훈련시킬 가장 효율적인 방식을 제공한다.
2. 인턴 프로그램은 숙련된 장인의 적절한 공급을 보장한다.
3. 인턴 프로그램은 그 업계의 여러 측면에서 숙련되어 있고, 지역사회에서 유능한 장인들의 공급을 보장한다.
4. 인턴 프로그램은 숙련된 손과 마음만이 만들 수 있는 양질의 제품과 서비스를 대중 소비자

에게 제공한다.

5. 인턴 프로그램은 개별 노동자의 생산성을 높인다.

6. 인턴 프로그램은 개별 노동자에게 더 높은 안정감을 준다.

7. 인턴 프로그램은 고용주-직원 관계를 향상시킨다.

8. 인턴 프로그램은 폐쇄적인 감독 활동을 제거한다. 왜냐하면 그 장인은 스스로 계획, 상상력, 그리고 일을 계획하고 수행하는 능력을 사용하도록 훈련되기 때문이다.

9. 인턴 프로그램은 미래 감독의 자원을 제공한다.

10. 인턴 프로그램은 변화하는 환경을 충족하기 위해 필요한 다재다능함을 제공한다.

11. 인턴 프로그램은 그 분야로 유능한 젊은이들을 끌어모은다.

12. 인턴 프로그램은 일반적으로 그 분야에서의 기술 수준을 높여준다.

주 노동부는 주 수준에서 인턴위원회를 설립하도록 요청받았다. 이러한 위원회들은 연방과 지역 수준 사이의 연락 단체로 기능하고, 주 기관과 고용주와 직원 집단들 사이에서의 협력을 촉진하려는 의도를 갖는다. 잘 구성되면 이러한 집단들에는 적절한 주 기관들로부터의 대표뿐 아니라 동등한 수의 고용주와 직원 대표들도 포함한다. 연방위원회에 의해 추천되는 기준을 사용하는 주 조직은 인턴생을 고용하고 훈련시키는 데 있어 기업들이 따라야 할 주 표준과 절차를 설정한다. 그 부서에 의해 설립되고 승인된 이후, 주 위원회는 국가 인턴 프로그램의 일부가 되었다.

몇몇 분야에서 국가의 고용주 집단과 국가 업체 연합들은 인턴위원회를 지정한다. 이러한 위원회들은 국가적 인턴 표준을 개발하고, 그 적용된 표준과 일치하게 훈련 프로그램의 개발을 독려하기 위해서 관리자-노동자 집단이 공동으로 만난다. 이러한 조직들은 특정 분야에서 성장하고, 특정 분야 내의 프로그램들과 관련이 있다. 그러므로 그것들은 BAT와는 독립적이다. 실제로 국가위원회와 연방부서 사이에 밀접한 관계가 있어 왔는데, 정보와 자문을 공유하면서 각각 다른 쪽을 돕는다.

연방과 주 조직 모두는 주로 표준의 설립과 개발에 관심이 있다. 인턴생의 실질적 고용과 훈련은 지역 수준에서 나타난다. 지역 집단의 구성원인 고용주들과 그 프로그램에 가입하는 다른 고용주들은 특정 분야의 모든 인턴생의 고용과 훈련 표준을 개발하기 위한 지역공동인턴위원회를 설립한다.

나이, 교육, 적성, 임금, 근무 시간, 인턴 학기, 직무 과정의 스케줄, 그리고 필요한 수업 시간수와 같은 고용 자격은 보통 지역 규준에서 자세히 설명되어 있다. 또한 직장과 학교에서 인턴생을 감독하는 협의와 기법을 실행하고 등록하기 위한 절차들이 포함된다. 교실 수업은 지역과 주 직업학교에서 제공한다. 지역위원회는 종종 적절한 교육 프로그램을 개발하는 데 고문 집단의 역할을 한다.

가입 조건은 주과 국가 수준에서 설정된 일반 규준에 따라 지역 인턴위원회에 의해 설정된다. 사업별로, 그리고 심지어 지리적 지역 사이의 특정 사업 내에서도 다양한 것들이 발견될 수 있다. 지원자의 수는 보통 공석의 수를 훨씬 넘는다. 예를 들어 건설 분야에서 지원자들은 보통 8 : 1 정도로 공석을 넘는다.

거의 3만 5,000개의 프로그램이 1,000개 이상의 직업에서 인턴 제도로 등록되어 있다(미국노동부, 2013). 표 13.1은 부분적인 인턴 직업 목록을 제공한다. 포괄적이지는 않지만, 이 리스트는 포함될 수 있는 가능한 프로그램을 보여준다. Lerman(2009)의 추정에 의하면, 현재 거의 100만 명의 사람들이 등록된 또는 미등록된 모든 종류의 인턴 프로그램에 포함되어 있다. 그는 노동자 연합, 비즈니스, 지역 전문대학에 의한 공동의 노력을 통해 인턴 프로그램 수의 확대를 제안하는데, 다음 10년간 성장률이 높을 것으로 예측된 직업들에 초점을 맞추는 것이다(예 : 등록된 실무 간호사). Lerman은 그러한 확대를 시행하는 것이 사우스캐롤라이나와 같은 점을 지적하지만, 일반적으로 그 사례보다 높은 수준의 공동작업의 형태를 띨 것이라는 점을 인정한다.

인턴 제도에 대한 정보는 몇 가지 자료에서 얻을 수 있다. 아마도 가장 쉽게 정보를 찾는 방법은 원스톱 커리어 상담센터 웹사이트로 가서, Education 1 Training 버튼을 클릭하는 것인데, 이는 등록된 인턴 프로그램을 포함해서 다양한 교육 옵션들을 만들도록 도와줄 것이다. 인턴 제도에 관심 있는 학생과 노동자들은 또한 지역연합과 원스톱 커리어 상담센터 그리고(또는) 미국 노동부의 고용훈련국(Employment and Training Administration, ETA)의 웹사이트, 또는 그들의 주의 노동부서 웹사이트에서 도움을 받을 수 있다.

군대 훈련

많은 특수 직업들이 실제로 군대 내에 존재하지만 어떤 군대 훈련과 경험이 직접적으로 사회에서 적용 가능한지를 보면, 군대 내 직업들은 민간 영역에서 그에 상응하는 직업들이 존재한다. 대략 군대에서의 4,100개의 직업적 전문 분야 중에, 2,600개는 민간 영역에서도 동일하다. 민간 영역에 그에 상응하는 직업이 없는 분야들은 주로 전투 관련 분야이다.

2개의 군대 프로그램 중 하나는 특히 관심을 가진 사람들에게 중요할 수 있다. 하나는 대학 수준의 훈련을 받는 군사전문학교에서 장교직과 학위를 얻거나 아니면 민간 대학이나 대학교에서 4년간의 ROTC(Reserve Officers' Training Corps) 프로그램을 마칠 수 있다. 두 번째 대안은 매치 세이빙 프로그램으로, 사병이 제대 후에 대학교육을 위해서 군대로부터 부가적인 1+1 보조금의 보충을 통해 확보되는 급료를 지정할 수 있다.

병적 기간은 육군은 2년, 해군은 3년, 다른 분야는 4년 정도로 짧을 수 있다. 해안경비대를 제외한 모든 분야에서 6년이 최장 기간이며, 그 이유는 최대 한계가 4년이기 때문이다. 급료와 보조금은 분야를 통틀어 같다. 고등학교 졸업은 모든 지원자들에게 선호되고, 모든 해안경비대와 다른

표 13.1 인턴 직업 목록

1. 항공엔진 정비사	39. 단열공
2. 자동차 차체 수리공	40. 법률 비서
3. 자동차 정비사	41. 경량철골공
4. 제빵사	42. 경량철골 관리자
5. 생의학 장비 기술자	43. 기계 수리공
6. (나무) 보트 건조사	44. 기계 제작 기술자
7. 보일러 제작자	45. 정비기사
8. 보일러 관리자	46. 정비공(보수업자)
9. 도살업자	47. 의학 연구소 기술자
10. 벽돌공	48. (방앗간) 제분사
11. 가구공	49. 광차 수리공
12. (철노) 차량 수리공	50. 광부 I
13. 목수	51. 모형 제작자
14. 시멘트공	52. 거푸집 제작자
15. 식자공/조판공	53. 사무기기 관리자
16. (사무직) 컴퓨터 주변기기 운전자	54. 옵셋 인쇄공
17. 건설기계공	55. 장식용 철제 작업자
18. 요리사	56. 도장공
19. (주조) 심형제작공	57. (전반적) 모형 제작자
20. 미용사	58. (목공) 모형 제작자
21. 낙농기구 정비공	59. (가스관) 배관공
22. 치기공사	60. (수도관) 배관공
23. 건축 제도사	61. 발전소 정비공
24. 기계 제도사	62. 정밀렌즈 기공사
25. 시추기 운전자	63. (비즈니스) 프로그래머
26. 전기기사	64. (공학, 과학) 프로그래머
27. 전기 수리공	65. 냉동 기술자
28. 전자 정비공	66. 판금공
29. 전자 기술자	67. 선박부품 설비자
30. 응급구조원	68. (주문 제작) 제화공
31. 환경-조절 시스템 설비자	69. 정치기관 기사
32. 농기구 정비공 I	70. 건축 철근공
33. 소방관	71. TV와 라디오 수리공
34. 소방의료원	72. 도구 제작자
35. 가구 마감사	73. 연장 및 금형 제작자
36. 유리공	74. 정수처리장 조작원
37. 제철 기술자	75. 용접기사
38. 기계 정비공	76. 용접기계공

출처 : 미국 노동부

서비스 분야들에서의 일부 훈련 프로그램을 위해서 필요하다. 특정 직업의 특수 직업훈련을 원하는 일부 고등학교 3학년생들은 지연-입대 프로그램에 참여함으로써 이것을 확인할 수 있는데, 이 프로그램은 고등학교를 졸업할 때까지 현역 입대가 지연되는 프로그램이다.

전형적으로 새로운 지원병들은 6~10주 동안 무기, 군법, 훈련 등에 대한 현장 훈련과 교실 수업이 포함된 엄격한 신체 훈련으로 구성되는 기본 훈련 프로그램을 이수한다. 기본 훈련을 끝낸 후, 지원자는 선택 직업을 위한 특정 훈련 프로그램에 들어간다. 이것은 보통 교실 기반 프로그램이지만, 교실과 현장 경험을 조합하거나, 또는 심지어는 주로 실용적 훈련일 수도 있다. 군 인턴 제도에 대한 정보를 위해서 http://militarycareers.about.com/od/Educational-Opportunities/p/United -Services-Military-Apprenticeship-Program-Usmap.htm에 있는 미군 인턴 프로그램(United States Military Apprenticeship Program)을 참고하라. 대부분의 군 직업들은 전투에 포함되는 이들을 제외하고 인턴 옵션들이 있다.

직무 지향 훈련에 덧붙여서 군 서비스는 몇 가지 다른 교육적 장점을 제공한다. 이런 것들로는 공인된 학교에서의 근무 시간 외 공부를 위한 수업료 지원(90%까지), CLEP나 SAT와 같은 대학 점수를 위한 시험의 지불금, 독자적인 공부 과정, 그리고 유사한 프로그램들을 포함한다. 군 분야들과 군사전문학교에 대한 정보는 수신자 부담 전화번호와 인터넷을 통해, 그리고 전국에 있는 모집 사무소에서 쉽게 얻을 수 있다(제11장 참조).

중등학교 : 졸업 학위 또는 증명서

우리가 현재의 노동인구를 볼 때, 직무의 복잡성이 증가했고 직무 준비 시간이 더 길어졌다는 점은 분명하다. 노동인구에 있는 직무의 1/4만이 그 일을 하기 위해서 대학교육을 필요로 하지만, 고급 중등교육에 대한 요구는 분명하다. 지역 전문대학과 사립/공립 직업기술학교들은 많은 21세기의 직무들을 수행하는 데 필요한 훈련을 제공하고 있다. 이러한 프로그램 중 일부는 8주 정도로 짧은 데 반해, 다른 것들은 2학년까지 구성된다. 이러한 프로그램의 마지막에, 졸업생들은 전형적으로 공부 프로그램의 완료를 증명하는 증명서를 받거나, 2년간의 공부 프로그램의 완료를 의미하는 준학사를 받는다.

직업·기술학교

중등교육에 대한 늘어나는 요구의 한 가지 결과는 특정 직업 준비에 대해 주의가 늘어나는 것이다. 가령 2007년에 시작해서 현재까지 어느 정도 지속되고 있는 경제 침체 동안, 높은 실업률과 일반적 경제 불확실성이 있고, 직업 학교 입학이 급증하게 된다. 이 중 일부는 고용이나 심지어 고용을 위한 기회를 보장할지도 모르는 원조에 대한 탐색이다. 많은 주에서 지역 전문대학 프로그램의 확장 또는 공적 지원을 받는 기술학교의 설립은 특수화된 교육에 대한 주요한 욕구들을 충족시켜 왔다. 하지만 그러한 학교들의 확장이 미국의 주별로 동일하지는 않았다. 어떤 주들은 공공 영역 직업학교를 설립했고, 다른 주들은 학생 집단에게 직업훈련을 제공하기 위해 준비가 된 지역 중등학교, 대학교, 또는 다른 기관들과 계약을 통해 특수화된 중등 공공교육의 프로그램들을 설립했다. 이러한 빠른 변화들을 만드는 추동력의 일부는 의회에 의해 제정된 직업교육법으로부터 나왔으며, 이는 직업교육을 확장하고 재정립하였다.

직업학교 특히 사립학교에 대한 정확하고 쓸모 있는 정보를 얻는 것은 종종 등급이 인정되는 공립기관에 대한 유사한 정보를 찾는 것보다 훨씬 더 어렵다. 제11장에서 언급된 주 정보 시스템 중 일부는 어느 정도는 이 문제를 편하게 해준 사립학교 웹사이트에 대한 링크를 포함한다. 불운하게도 모든 주의 커리어 정보시스템이 민간사업과 기술기관에 대한 현재의 자료를 포함하지 않는다. 그러나 민간과 공공 직업훈련 프로그램 모두에 대한 정보는 또한 온라인에서 찾을 수 있다.

지역 전문대학과 단기(2년제)대학

지역 전문대학과 단기대학은 21세기까지 오랫동안 존재해 왔다. 어떤 주들(예 : 캘리포니아와 플로리다)은 지역 전문대학을 주 전체 교육 프로그램의 필수적인 부분으로 포함시켜 왔으며, 이는 각 주의 4년제 기관의 프로그램과 함께 지역 전문대학에 의해 제공되는 2년제 프로그램을 동시에 시작함으로써 가능했고, 그래서 학교를 옮기는 학생들은 자연스럽게 그렇게 할 수 있고, 전일제에 2년을 더해서 자신의 공부 프로그램을 끝낼 수 있다.

원래 2년제 기관들은 대학이나 대학교의 하향식 정책과 지리적으로 원격지에 있는 학생들을 돕는 수단으로 개발되었다. 최근에 집에서 생활하면서 4년제 기관에 참석하는 것보다 더 적은 학비를 지불하면서 제한된 재정을 가진 학생들이 그들의 교육을 끝마치도록 해주는 수단으로써, 지역 전문대학이 개발되고 커리큘럼이 확장되었다. 지역 전문대학이 또한 주정부의 돈을 절약할 수 있는 것은 정교한 기관이나 최상위 교수진이 필요하지 않기 때문이다.

지역 전문대학이나 2년제 대학을 무엇이라 불렀든 간에, 이러한 학교들은 다음의 대안을 포함하는 전일제와 시간제 프로그램을 제공한다.

1. 대학입학시험을 보기 위해 4년제 기관으로 옮길 계획을 하는 학생들을 위한 전통적인 대학 관련 프로그램
2. 2년이나 그보다 짧은 커리큘럼의 이수로 고용 상태가 되려는 학생들을 준비시키기 위한 기술 전문 프로그램
3. 재훈련 또는 이후의 교육을 위해 지역에서 필요로 하는 다양한 짧은 과정
4. 성인들에게 읽기와 쓰기, 그리고 수학(math) 능력을 증가시키기 위한 기회를 제공하는 성인용 기본 교육 프로그램

네 가지 유형의 프로그램 가운데 가장 큰 확장은 보다 복잡해지는 노동시장에서의 직업으로서 기술 전문 영역에서 나타났다. 커리큘럼에서 직업적으로 지향된 부분의 이러한 성장은 대학입학

시험 수준의 기관들에서 제공되는 프로그램에 흥미를 보이지 않는 학생들의 교육 계획에서 이러한 기관들의 중요성을 증가시킬 것이다.

지역 전문대학의 가장 큰 장점 중 하나는 그 대학들이 지역의 욕구와 흥미에 유연하게 반응할 수 있다는 점이다. 2년제 프로그램과 2년 이상의 기술 전문 프로그램들은 종종 제대로 이수할 경우 전문대학 학위를 수여한다. 보통 이 시간보다 더 적은 시간에 이수되는 프로그램들은 성공적으로 이수할 경우 자격증이 부여된다.

모든 지역 전문대학 프로그램들에 대한 입학 허가는, 그 프로그램들이 편입학으로 연결되든, 아니면 곧바로 직업으로 연결되든 간에, 그 요구와 그 요구를 부합하는 데 필요한 자원들에 따라서 변한다. 입학 허가 조건은 보통 4년제 학교보다 2년제 학교가 덜 까다롭다. 하지만 편입학 프로그램을 제공하는 학교들은 그 학교의 졸업생들이 편입학하는 학교들이 사용하는 것과 동일한 입학 조건들을 요구할 수 있다. 기술 전문 프로그램은 기술 또는 경험 중심의 입학 조건을 요구하는 경향이 더 많을 수 있고, 입학 허가를 위한 전제조건으로서 특별한 학교 기록을 명시하지 않을 수 있다. 그러나 그들은 수학과 읽기 쓰기 능력을 측정하는 입학시험에서 어느 정도의 점수를 필요로 할 수 있다. 전문 프로그램과 성인 교육 프로그램은 종종 그 학교가 돕는 지역의 완전히 개방된 입학 계획을 운영한다.

모든 학교에 대한 가장 신뢰로운 정보원은 학교 그 자체인데, 직접 방문, 웹사이트, 카탈로그를 포함한다. 대부분의 주 커리어 정보 시스템의 데이터가 최소한 매년 개정되기 때문에, 이러한 재료들은 기관 인쇄물보다 더 최신일 수 있다.

전문대학과 대학교

하버드대학교는 미국에서 처음으로 문을 연 사립대학이고, 채플힐에 있는 노스캐롤라이나대학교는 학생들을 입학시킨 첫 공립대학이다. 조지아대학교는 노스캐롤라이나대학교 이전에 논의되었지만, 몇 달 후 그 문을 열었다. 현재 수많은 대학과 대학교들은 다양한 학문적 가능성을 제공하고, 그것은 입학 조건을 충족하는 학생들에게 열려 있다. 옵션의 풍부함 때문에 고등학교에서 막 졸업할 학생들과 학위를 따기 위해 학교로 되돌아가기로 결정한 성인들은 어리둥절해질 수 있다. 이러한 학교 중 일부는 아주 경쟁적이고, 학문적으로 매우 재능이 인정된 이들에게만 열려 있다. 다른 학교들은 열린 입학 정책을 적용하는데, 인디애나 주처럼 주가 지원하는 대학교들은 공인된 인디애나의 고등학교에서 졸업하는 모든 학생들의 입학을 허락하는 법을 필요로 한다.

프로그램의 범위는 특정 커리어를 위해 학생들을 준비시키는 것에서부터(예 : 공학), 보다 일반적인 공부 과정을 제공하는 것까지 다양하다(예 : 영어, 보통은 대학의 교양과목의 지원하에). 기관들이 제공하는 과정뿐 아니라 기관 자체도 다양하기 때문에, 대학을 선택하는 것은 학생들과 성인들이 직면하는 주요한 삶의 결정 중 하나가 된다. 틀림없이 대학의 선택과 관련된 많은 결정들은 자연스럽게 만들어진다. 말하자면 그런 결정은 지리적으로나 재정적인 점을 고려해서 만들어진다. 소수의 학생들은 일부의 일류 미국 대학에 내야 하는 연 4만 5,000달러의 비용을 댈 여유가 있다. 다른 이들은 다양한 개인적 고민 때문에 그들의 즉각적인 지리적 위치 밖의 옵션들을 추구할 수 없다. 하지만 재정적, 또는 지리적 제약에 직면한 학생들은 대학이나 대학교를 선택할 때, 그들의 옵션들을 주의 깊게 고려할 필요가 있다. 이 부분의 나머지에서, 이 의사결정 과정의 일부 염려들이 다뤄진다.

입학 허가 조건

학생들의 숫자에 대한 제한 또는 교실이나 기숙사의 수와 같은 사용 시설 때문에 입학이 제한되는 것은 종종 지원자 사이의 경쟁을 불러일으킨다. 만약 어떤 학교가 일반적으로 호의적인 명성을 갖고 있다면 그 경쟁이 심해지고 그 학교의 명성이 높아진다. 불행히도 많은 장래의 지원자들과 그 부모들은 입학이 어렵기 때문에 자연스럽게 교육 프로그램의 질도 좋다고 가정한다. 이것은 어느 정도는 맞는 말일 수 있지만, 종종 학생들이 덜 엄격한 입학허가정책을 갖는 공공 또는 사립기관들 근처에서 동등한 학문적 기회를 찾는 경우들이 있다.

입학 기준에 기초해서 일반화하는 것은 위험하다. 다양한 기관이 각기 다른 이유들로 인해 입학 정책들을 반대 반향으로 바꾸고 있다. 초기에 언급된 것처럼, 입학 제한이 있는 것이 단지 소수가 낫다는 학교의 철학 때문이거나 학교가 공간적 제약 문제를 가진다는 것을 의미할 수 있다. 다른 기관들은 그 반대로 바꾸는데, 고교 졸업장이나 다른 기본 자격을 가진 누구나가 입학할 수 있는 열린 입학 허가 정책을 적용해 왔다. 몇몇 예에서 졸업 전에 고등학교를 떠난 학생들은 중요한 고용 경험, 시험 결과, 또는 GED의 이수에 의해서 입학에 대한 자격을 얻을 수 있다.

오랫동안 대부분의 기관들은 지원자들에게 보통의 활용 자료(졸업한 고등학교나 사립학교 과정의 성적증명서, 학점, 그리고 반 순위)를 입학 허가 검사 자료로 뒷받침할지를 물어왔다. 전문대학과 대학교들은 많은 이유 때문에 시험 점수를 필요로 한다. 대부분의 큰 학교들은 폭넓은 지역의 학생들을 뽑는데, 종종 전국 또는 세계 각지에서 오기도 한다. 그러한 폭넓은 지역에 있는 고등학교의 학문 기준은 상당한 차이가 있을 수 있다. 결과적으로 고등학교 학점은 비교하기가 어렵고, 시험 점수가 그 학생의 잠재력에 대한 가치 있는 정보원이 된다. 몇몇 학교들은 특정 유형의 학생들을 뽑으려 할 수도 있다. 예를 들어 쓰기 능력의 개발에 초점을 두고, 그래서 훌륭한 언어기술을 가진 학생들을 확인하지 못해 안달이 날 수 있다. 이 학교들은 또한 그 학생이 쓴 글을 요청할 수도 있다. 종종 입학 제한이 있는 학교들은 가장 재능 있는 학생에게만 우선권을 준다. 이 학교들은 종종 대학입학시험이 그들이 입학시키고 싶은 학생들을 선택하는 데 도움이 되는 정보들을 제공한다고 믿는다. 마지막으로, 많은 학교들은 능력에 대해서 숙고하여 부분적으로 그들의 재정적 원조 프로그램에 의존하고, 그래서 장학금 지원자들은 이 목적 때문에 시험 점수를 제출하도록 요청받는다.

대부분의 학위 인정 학교들은 지원자들이 그들의 지원 서류와 함께 대학입학시험위원회(CEEB)의 대학입학자격시험(SAT) 또는 대학입학학력고사(ACT)에서 얻은 점수를 제출하도록 요구한다. 대부분의 학교들은 그들이 필요로 하는 시험을 명시하지만, 많은 기관들이 이제는 뭐든 받아들인다. 이러한 시험들은 널리 사용되고 있고, 미국 고등학교에서 일반적으로 사용되어서, 그들은 여기에 아무런 특별한 논의를 필요로 하지 않는다. SAT 점수를 사용하는 일부 대학과 대학교들은 또한 지원자들에게 그들이 공부할 계획을 세우는 분야와 관련한 주제 영역에서 성취도 시험에 대한 점수를 제출하도록 요청할 수 있다.

대학수준시험 프로그램(CLEP)은 많은 대학과 대학교들이 한 지원자가 발전 지속과 학점을 위해서 자격이 있는지를 결정하기 위해 사용하는 한 가지 기법이다. 그 프로그램은 묘사된 것보다 더 어려운 성취도 검사들로 구성되어 있다. 이 프로그램의 기본 가정은 지원자는 많은 방식으로 초보 수준의 대학 과정에서 배운 지식이나 능력을 얻을 수 있다는 점이다. 현재 많은 고등학교들이 높은 동기를 가진 학생들을 위한 고급 학문을 제공한다. 일부 학생들은 흥미나 다른 이유들 때문에 자기교수(self-teaching) 프로젝트를 시작한다. 개인교습은 고등학교에서 보통 성취되는 수준 이상으로 다른 학생들을 밀어붙일지 모른다. 그리고 일부 학생들은 여행, 고용, 또는 다른 학교 밖 활동을 통해서 이러한 기술들을 얻을 수도 있다. 적절하게 문서화가 된다면 많은 대학들이 발전 순위에 대한 요구를 기꺼이 인식할 것이라고 추측하면서, CEEB는 CLEP를 만들었다. 이 프로그램은 학생이 상급 기술이 개발될 수 있는 적절한 수준으로 올라가고, 건너뛴 과정에 대한 학섬을 얻는 것을 가능하게 한다. CEEB는 최소한 2개의 독립적인 연구를 보고하는데, CLEP의 이수 과정에 승인된 학생들은 필수 과정을 이수한 학생들 이상으로 고급 과정에서 성취한다는 점이다.

입학 허가 과정에서의 정원 할당 입학 허가 과정의 가장 논란이 많은 측면 중 하나는 다양한 학생 수와 신체적 · 인종적 할당량에 도달하는 것과 관련이 있다. 일부 학교들은 이 목적을 달성하기 위해 소수집단, 남성, 여성에 대한 우대를 제공해 왔지만, 학교는 그럴 때마다 위험에 처한다. 2003년 6월 23일에, 미국 대법원은 법대 학생 단체의 다양성 증가에 목표를 둔 미묘한 정책들이 받아들여졌다는 판결을 내렸다(Grutter v. University of Michigan Law School). 같은 해에 또한 미시간대학교의 차별 철폐 계획을 폐지시켰는데, 이는 대학생 입학 허가 과정에서 소수집단에 대한 가산점을 주는 너무 기계적인 제도였다(Gratz v. Bollinger). 미시간대학교는 입학 허가제를 만들었는데, 완전한 SAT 점수는 12점이 주어졌고, 소수집단에 속한 이들에게는 20점이 주어졌다. 150점이 어떤 학생이든 획득할 수 있는 최대점이었다. 법원이 그루터 대 미시간대학교 로스쿨 소송에서 했던 것처럼 판결한 이유가 분명치 않음에도 불구하고, 법원은 학부생 입학 허가 정책을 최소한 할당제와 유사한 것으로 보는 것 같고, 이는 법원이 수많은 환경에서 금지해 왔던 것이다(예 : Bakke v. University California Board of Regents, 1976). 1996년, 캘리포니아는 법률 209(Proposition 209)를 통과시켰는데, 이는 대학 입학 허가 과정에서 인종, 성별, 또는 민족의 사용을 금지시킨 것이다.

재정 원조

더 상급 교육의 비용이 고정적으로 증가함에 따라, 많은 학생들과 그 가족들은 유용한 재정 지원의 자원과 범위에 대한 정확한 정보를 필요로 한다. 연방 재정과 주 재정 프로그램의 빈번한 변화는 연방과 주 지원에 포함된 특정 프로그램들뿐 아니라 모든 다른 원조 프로그램들에도 영향을 준다. 결과적으로 재정 지원을 위해 필요한 기본적 자료는 그 정보에 대한 광범위한 출판물을 가능케 할 만큼 충분히 유용하지 않다. 심지어 기관의 재정적 지원 사무실은 종종 다음 해의 지원에 대한 질문들에 답하는 데 어려움에 직면한다.

개별 주와 국가 전체의 재정 지원에 대한 정보는 대부분의 학교 웹사이트와 인터넷에 있다. 예를 들어 Fastweb(http://www.fastweb.com)은 포괄적인 데이터베이스로, 장학금, 조합 장학금, 그리고 정부 보조금에 대한 정보를 제공한다. '연방정부가 보조하는 정부 보조금과 융자에 대한 정보'와 같은 키워드 검색을 사용하면 많은 유용한 정보를 확인할 수 있다.

재정 지원제(Financial Aid Form)는 CEEB가 관리하는 프로그램이다. 이 서비스는 대학과 대학교에 대한 재정 지원을 위한 가족 재정 정보를 제공하는 지원자의 진행을 단순화하기 위해 설계되었다. 그것은 부모비밀보장진술서(Parents' Confidential Statement)를 제공하는데, 이는 지원자의 부모가 그 가족의 재정 상태에 대한 기술을 작성하는 것이다. 이 리포트가 분석되고, 그 서식과 분석의 복사본이 그 지원자가 지정한 학교들로 인계된다. 비교할 만한 서식인 가족재정진술서(FFS)는 ACT가 제공한다. 이러한 서식들은 대학과 대학교의 재정 지원 담당자뿐 아니라 장학금 프로그램 스폰서에 의해서도 사용되고, 모두가 온라인에서도 사용 가능하다. 연방 융자에 지원하는 학생들은 연방 학생 지원을 위한 무료 지원서(FAFSA)를 작성해야 한다. 온라인 지원서는 https://fafsa.ed.gov에서 찾을 수 있다.

연습문제 13.1

다음의 재정 지원 웹사이트를 방문하고, 그것들을 다음의 항목에 따라 평가하라.

1. FinAid!(http://www.finaid.org)
2. Student Aid on the Web(http://studentaid.ed.gov)

	나쁨	보통	좋음
1. 웹사이트의 디자인	1	2	3
2. 탐색 용이성	1	2	3
3. 정보의 유익함	1	2	3

대학을 선택할 때 고려할 요인

학교 관리자, 교사, 상담자들은 대학 준비에 대한 정확하고 유용한 정보에 대한 더 큰 요구를 기대할 수 있다. 불가피하게 관심이 있는 학생과 부모들은 중등학교가 대학을 준비하고 입학 허가를 얻는 데 있어 졸업자를 도와줄 노력을 해주기를 기대한다. 그러한 지원은 보통 유용한 기관에 대한 대규모 정보를 개발하고, 이전 과정에서의 스태프를 포함할 뿐 아니라 늘어난 기간에 대한 계획을 필요로 한다.

상위 교육기관들의 크기, 종류, 목적이 거의 무한할 만큼 다양하기 때문에 사람만큼이나 그 기관들에서도 다양한 차이들을 찾을 수 있다. 그래서 어떤 특정 학교들은 어떤 학생들의 특정 욕구를 다른 학교들보다 더 잘 맞출 수 있다고 결론지을 수 있다. 만약 적절한 매칭 과정이 나타나려면 정확한 정보가 필수적이다. 많은 고등학교 학생들은 마치 완벽한 친구처럼 어떤 대학이 정확하게 그들의 욕구와 성격에 딱 맞는다고 가정한다. 이러한 로맨틱한 개념은 이 나이 또래 집단에서 일반적이다. 실제로 몇몇 대학이나 대학교들은 대부분의 개인들에게 비슷하게 맞을 것이다.

학생들이 결정하도록 돕기   몇 개의 학교를 두고 하는 학생의 마지막 선택이 많은 요인들에 따라 달라짐에도 불구하고, 세부적으로 고려할 학교의 숫자를 줄이기 위한 기준으로 몇몇 일반적인 특징들이 사용될 수 있다.

1. 프로그램의 유형과 호환 가능성 : 대학은 학생이 계획과 기대와 맞춰서 공부할 의도를 가지는 전공을 제공하는가?
2. 학교 환경 : 지리적 위치와 커뮤니티의 크기는 학생의 욕구에 부합해야 한다.
3. 입학 허가 조건 : 학생은 그 기관의 요구에 부합할 수 있을까, 그리고 그 요구들은 바람직한 엄격함의 수준을 반영할까?
4. 학교 규모 : 많은 학생들이 작거나, 중간이거나, 큰 것과 같은 일반적 특성에 대한 선호를 갖

는다.

5. 학교의 유형 : 학교가 세금에 의해 지원되거나, 교회의 지원을 받거나, 독립적일 수 있다. 각 유형은 그 학생이 바라는 특정 장점들을 제공할 수 있다.

6. 학생의 신체적 유형 : 성, 지리적 거리, 문화적 동질성, 그리고 경쟁성의 정도와 같은 요인들이 고려될 필요가 있다.

7. 비용과 재정적 지원 : 비용에 있어서는 사립기관에서 비용이 덜 드는 공립학교들까지 다양하다. 하지만 재정적 지원이 이러한 차이 중 일부의 균형을 맞추는 데 도움이 될 수도 있다.

8. 학생 활동, 사회적·문화적 생활 : 만약 학생이 희망한다면 대학 생활이 다른 측면들이 가능한가?

9. 캠퍼스 시설 : 시설들이 바람직한 프로그램과 교육 경험을 제공하기에 적합한가?

대학에 입학 허가 받기 : 지원 전략

학교 상담자들과 다른 이들은 입학 가능성을 높임으로써 선호하는 기관에 대한 입학 허가를 얻기 위한 많은 계획들을 조언해 왔다. 1순위는 선호하는 대학들로, 이는 전형적으로 경쟁이 필요하지만 그 학생이 우수한 자격을 갖추더라도 입학 허가 가능성이 낮을 수 있다. 상담자의 도움으로 유망한 지원자는 주의 깊게 자신의 등급, SAT 또는 ACT 점수, 그리고 다른 특징들을 그 학교의 입학 허가 프로필과 비교한다. 입학 허가 프로필은 대학 측에 의해 게시되거나 대학 안내 책자에 나올 수 있다. 이런 과정으로 비교한 이후, 1개 이상의 1순위 대학들이 선택되고 지원서가 신청된다. 2순위 학교들은 지원자의 입학을 허가할 가능성이 있는 대학들이고, 3순위 학교들은 거의 모든 조건하에서 그 학생의 입학을 허가할 대학들이다. 3순위의 대학들은 '안전권 학교'라 부른다.

승인

우리는 조절과 통제가 분명한 세상에서 많은 시간을 보내고 있다. 예를 들면 속도 제한, 건축 허가, 사회보장번호, 소비자 보호기관 등이 있다. 우리는 때때로 오랫동안 전해져 내려온 매수자 위험 부담 원칙을 잊는다. 시간, 노력, 돈과 같은 관점에서 대학 교육에 대한 전념이 너무 크기 때문에 학생과 부모 모두가 자신의 투자가 정상적이고 실제 가치를 만들 것이라고 확신할 필요가 있다. 승인은 잠재적인 대학 교육의 구매자가 그 구매의 질에 대해서 일정한 확신을 가질 수 있는 하나의 수단이다.

　대학과 대학교의 승인은 보통 2개의 다른 유형의 조직에 의해 이루어진다. 일부 학문 영역에서, 프로그램들은 졸업자의 유형에 기초해서 적절한 전문적 조직에 의해 이루어진 주체들에 의해 평가된다. 미국심리학회는 심리학자들을 훈련시키는 프로그램을 승인하고, 상담 관련 프로그램의 승인위원회(CACREP)는 상담자 교육 프로그램들을 승인한다. 주체를 승인하는 두 번째 유형은 전체적으로 기관들을 승인하는 것에 초점을 맞추는 교육기관들의 연계이다. 대학과 중등학교의 북중부협회는 이러한 협회 예시이다.

많은 유망한 학생들이나 그 부모들은 대학이나 대학교, 또는 그 학교 내의 특정 학과나 영역의 순위에 대한 의문을 제기한다. 그러한 순위들이 그 승인 주체들에 의해 만들어진 것이 아님을 그들에게 확신시키는 것은 종종 어렵다. 일반적으로 승인 집단들은 단순히 어떠한 최소한의 기준들에 부합하는 학교들을 목록으로 작성한다. 때때로 이 목록은 그 프로그램의 범위, 포함된 영역들, 또는 유사한 요인들과 관련한 적절한 범주로 배치되지만, 질적인 순서로 이루어진 순위 리스트는 좀처럼 만들어지지 않는다. 학교에 있는 다양한 프로그램, 심지어 아주 전문화된 영역과 학과도 질적인 차원에서 순위를 매기는 것이 불가능하다.

순위에 대한 대중의 신념은 주로 두 가지 원천에서 나온다. 많은 충성스러운 졸업생들은 모교를 '국내 최고', '이러이러한 분야에서 최고' 또는 '최고로 인정받는'과 같은 것으로 기억한다. 물론 그러한 평가는 주관적이고 비교 준거에 기초한 것도 아니다. 둘째로, *U.S. News and World Report*와 같은 유명한 잡지들, 신문과 일요일판 신문들은 다양한 주제 영역이나 학교의 유형에 따라 기관들을 종종 평가하는 이른바 전문가 패널이나 한 사람의 판단에 기초한 특집 기사들을 낸다. 출판된 평가서들은 지식이 많은 사람에 의해 만들어질 수 있는데, 이들은 많은 학교들과 광범위하게 관계를 맺고 있음에도 불구하고 이러한 보고서들은 본질적으로 주관적이고, 정확한 순위를 정당화할 만한 유형과 범위에 대한 정교한 조사에 근거해서 이루어지지도 않는다.

필요한 교육 지속하기

오늘날의 역동적인 직장에서 직무들이 변화하는 속도 때문에, 직업을 위한 준비는 대부분의 노동자의 삶에서 지속된다. 오래됐지만 여전히 도움이 되는 조사에서, 고용된 성인들로 이루어진 전국 표본은 다음과 같은 질문을 받았다. "다음 해 동안에 당신의 소득 수준을 유지하거나 증가시키기 위해 공식적 훈련이나 교육이 더 필요할 것이라고 생각합니까?" 56%가 '그렇다'고 응답했다. 예상했던 대로 자신의 소득을 유지하거나 높이기 위해서 더 많은 훈련이 필요할 것으로 기대한 노동자들의 비율은 18~25세 집단에서 가장 높았고(83%가 그렇다고 응답) 66세 이상의 집단에서 가장 낮았다(17%가 그렇다고 응답). 또한 백인보다 더 많은 아프리카계 미국인들(66% 대 51%)은 자신의 수입을 유지하거나 향상시키려 한다면 수년간 부가적인 훈련이 필요하다고 응답하였다. 이러한 노동자들은 자신이 필요로 하는 훈련을 어디에서 받으리라 기대했는지를 질문 받았을 때, 30% 이상이 4년제 대학, 23%가 고용주가 제공한 과정들, 13%가 지역대학, 그리고 동일한 비율의 노동자들은 실업학교나 기술학교에 등록할 것을 예상했다. 이미 고용된 상태의 성인 중 더 작은 비율이 성인 교육 과정, 현재 직업의 직업협회나 노동조합이 제공하는 특별 과정, 또는 공공 직무훈련 프로그램의 형태를 띠는 훈련 활동을 하리라 기대했다(Hoyt & Lester, 1995; NCDA, 1999).

아마도 인용되는 조사 결과들에 대해서 유일하게 놀라운 점은 그 비율들이 낮다는 점일 것이다. 오로지 최소한의 기술을 필요로 하는 직무들을 제외하고서도, 거의 모든 노동자들이 현재 직무를 유지한다고 하더라도 교육을 지속하는 것은 삶의 현실이다. 지금 기업에 있든지 아니면 전적으로 변화하는 고용주와 함께 있든지 간에 직무 변화는 반드시 부가적인 훈련을 포함한다. NCDA 갤럽 투표에서 조사된 노동자의 25% 이상이 자발적으로 직무를 바꾸거나, 그것들을 바꾸도록 강요당할 것으로 예상하고 있다(Hoyt & Lester, 1995; NCDA, 1999). 이 수치가 부가적인 변화를 만들거나, 현 직장 내에서 더 큰 책임을 지는 직무로 승진되는 사람들의 수를 설명하지는 않는다. 또한, 이러한 수치들은 컴퓨터 하드웨어 또는 소프트웨어 패키지, 새로운 회계 시스템, 새로운 생산 전략 등에서의 변화가 나타날 때, 노동자가 필요로 하는 지속적 교육을 설명하지 않는다. 나는 그 제시된 질문이 다음과 같았다면 훨씬 더 비율이 높아졌을 거라고 의심한다. "만족스러운 수준에서 당신의 직무를 수행하는 능력을 유지하기 위해 또는 당신의 현 직무 상태의 변화 때문에 추가적인 훈련에 포함되리라고 기대합니까?"

많은 사람들이 전문가 집단에 소속되는데, 이는 온라인, 워크숍과 확장된 훈련 회기들에서 지속적인 교육 기회를 제공한다. 미래를 내다보는 기업들은 또한 정기적으로 지속적인 교육을 제공하고, 일부 노동조합들은 또한 그들의 구성원들에게 교육 기회를 제공하는 것에 관련되어 있다. 반면에, 현재의 기술을 개선하고, 직무가 진화함에 따라 필요하게 될 새로운 기술을 배울 정기적인 기회를 갖지 못하는 노동자들은 구닥다리가 될 위험에 처해 있다. 이 집단에 대한 유일한 옵션은 그들의 영역에서의 리더와 교육자들과 정기적으로 협의하고, 조언과 목표를 위한 직업 전망서와 같은 출판물을 참고하는 것이다.

요약

학생들과 성인들은 그들이 커리어 선택을 하게 되면, 그들에게 열린 다양한 교육 옵션들을 갖게 된다. 이러한 옵션 가운데 선택하는 것은 사실 커리어 자체를 선택하는 것만큼이나 혼란스러울 수 있다. 선택되는 최종 옵션은 다양한 요인들에 따라 달라지는데, 이를테면 선택된 커리어, 학생의 희망, 교육에 자금을 대는 학생의 능력, 개인의 학교 성적 등이다. 성급하게 선택된 프로그램은 개인적 불만족과 심지어 커리어 계획의 변화를 이끌 수 있다. 그래서 그것은 교육 정보와 완전히 병행하고, 교육 탐색을 촉진하는 데 필요한 기술을 개발하기 위해 커리어 상담자들에게 지워진 의무가 되는데, 그 이유는 커리어와 교육 선택들이 불가분하게 관련되어 있기 때문이다.

이 장의 퀴즈

T F 1. 만약 이 장에서 제시되는 중퇴자 수치가 정확하다면 미국에서 매일 대략 300명의 학생들

이 고등학교를 중퇴한다.

T F 2. 대도시의 고등학교들은 중퇴 문제에 가장 영향을 미치는 것처럼 보인다.

T F 3. 고등학교 중퇴에서 노동력으로 가는 것을 가장 지향하는 프로그램은 학교-일 이행이다.

T F 4. 대학과 대학교들의 입학 허가 기준은 상대적으로 엘리트 기관의 기준을 제외하고는 동일하다.

T F 5. 지역 전문대학은 개방적 입학 허가 정책을 갖고 있는데, 이는 지원하는 모든 학생들이 입학 허가될 수 있고, 전형적으로 그들이 선택하는 공부의 프로그램들에 들어갈 수 있다는 의미를 지닌다.

T F 6. 고등학교 수학과 과학 과정은 대부분의 과학 관련 커리어의 특정 직업 준비의 일부분이 된다.

T F 7. 고등학교의 직업교육은 상대적으로 새로운 혁신이며, 대공황 시기에 시작되었다.

T F 8. 정부에 등록되지 않은 인턴 프로그램의 사람들을 설명하는 것이 어려움에도 불구하고, 어떤 유형의 인턴생 수는 대략 100만 명 정도 되는 것처럼 보인다.

T F 9. 미국 노동부는 인턴제가 가능한 직업을 대략 1,000개 정도로 보았다.

T F 10. 남부 대학과 학교 연합과 같은 지역대학 인정기관들은 지역 내의 대학과 대학교의 전반적인 질에 순위를 매긴다.

(1) T (2) T (3) F (4) F (5) F (6) F (7) F (8) T (9) T (10) F

참고문헌

Brown, D., & Trusty, J. (2005). *Designing and leading comprehensive school counseling programs*. Belmont, CA: Brooks/Cole.

Hollenbeck, K. M. (1997). School to work: Promise and effectiveness. Retrieved from http://research.upjohn.org/cgi/viewcontent.cgi?article=1057&context=empl_research

Hoyt, K. B., & Lester, J. N. (1995). *Learning to work: The NCDA Gallup survey*. Alexandria, VA: National Career Development Association.

Kash, K. K. (2009, summer). School-to-work programs effectiveness. *Online Journal of Workforce Education and Development*, Volume III, Issue 4. Retrieved from http://opensiuc.lib.siu.edu/cgi/viewcontent.cgi?article=1060&context=ojwed

Krache, D. (2012, June 20). By the numbers: High school dropouts. *CNN*. Retrieved from http://schoolsofthought.blogs.cnn.com/2012/06/20/by-the-numbers-high-school-dropouts/

Lerman, R. L. (2009). Training tomorrow's workforce: Community colleges and apprenticeships as collaborative routes to rewarding careers. *Center for American Progress*. Retrieved from http://www.gatesfoundation.org/united-states/Documents/community-colleges-apprenticeships.pdf

National Career Development Association. (1999). National survey of working America. Retrieved from http://www.ncda.org

U.S. Department of Education, Institute of Education Sciences, National Center for Education Statistics. (2013). Public school graduates and dropouts from the common core of data: School year 2009-10. Retrieved from http://nces.ed.gov/pubsearch/pubsinfo.asp?pubid=2013309rev

제14장

디지털 시대에 글로벌 직업 촉진하기

 **기억해야 할 것들**

- 직무 탐색 과정에서 인터넷의 사용
- 구직자가 필요로 하는 기술
- 구직자에게 유용한 직업 소개 서비스 유형
- 교육기관이 사용하는 직업 소개에 대한 접근

2013년 11월, 2,200만 명의 미국인들이 실업 상태이거나 자기 능력 이하의 일을 하고 있었다. 자기 능력 이하의 일(Underemployed)을 하는 노동자들은 시간제로 고용되어 있고, 전일제 고용을 찾고 있는 사람들이다. 전일제로 고용되었지만, 직무를 바꾸고 싶어 하는 수백만의 노동자들이 또한 있을 것이다. 그 결과 구직자들은 실업률이 1932년 16%에서 1940년의 14.5%까지 지속되었던 대공황 이후로 가장 어려운 고용 상황에 직면하고 있다(History.com, 2013). 운 좋게도 오늘날의 구직자는 1930년대까지 꿈꾸지 못했던 유용하고 다양한 자원들을 갖고 있다. 예를 들어 미국고용안정센터(United States Employment Security Agency)는 1933년에 비로소 시작되었다 (Guzda, 1983).

불운하게도 미국에서의 일자리 창출은 직업에 대한 요구에 맞춰 이뤄지지 않았다. 일부 다른 국가들, 특히 중국과 인도에서 고용 성장은 미국에서의 고용 성장을 앞지를 수 있는데, 그 이유는 부분적으로 더 낮은 인건비가 미국 · 유럽과 성공적으로 경쟁하게끔 만들어주기 때문이다. 진지한 구직자들은 현재도 그렇고 향후에도 점점 더 외국에서의 구직을 고려할 것이다. 하지만 중퇴자,

고교와 대학 졸업자, 참전군인, 난민, 그리고 다른 사람들을 포함한 구직자들은 우선 미국의 고용 현장을 봐야 한다. 목표로 하는 지역이 있음에도 불구하고, 구직자들은 전통적인 구직 기술에서 현대적인 것까지 다양한 기술들을 필요로 하는데, 예를 들면 커리어 원스톱과 몬스터 같은 웹사이트에서 직원 모집을 확인하는 것, 소프트웨어와 웹사이트를 사용하는 것, 인터넷에 이력서를 올리고 지원서를 쓰는 것, 그리고 만약 적당한 일자리를 찾는다면 스카이프와 다른 소프트웨어 프로그램을 가지고 가상의 직무 인터뷰를 하는 것이 있다. 또한 문화적 역량과 이해가 상이한 국가에서 안정적인 고용 성공을 희망하는 노동자들이 주목받아야 한다. 이 장은 직무 탐색을 다루는 것으로 시작해서, 직무 탐색에서의 다른 기관들과 취업 서비스를 사용하는 데 초점을 맞춘다.

구직

구직 과정은 구직자에게는 불안으로 가득 찬 과정이다. 첫 직장이든 아니면 새로운 직장이든 관계없이 말이다. 직업을 얻는 것은 경제적 안정성을 줄 뿐 아니라, 어느 정도는 개인의 가치를 입증하는 것이다. 경제 침체, 기술의 발전, 또는 다른 이유들 때문에 이미 자신의 자기존중감에 상처를 입었을 것이다. 구직 과정의 성공은 심지어 그들에게 더 중요할 수 있다. 사회적 지원은 구직자가 경험하는 불안의 일부를 상쇄시킬 수 있고, 그렇게 하는 것이 성공을 위한 잠재력을 증가시킬 수 있다. 중요한 점은 구직을 촉진하는 커리어 개발 전문가들은 구직자의 심리적 이슈들과 정서적 상태를 다루어야 한다는 점이다(Brewington, Nassar-McMillan, Flowers, & Furr, 2004; Subich, 1994).

구직 기술

오늘날의 노동시장에서 필요한 구직 기술을 개발하는 과제는 꽤 벅찬 일이다. 그것은 종종 다양한 유형의 기술의 사용을 필요로 하고, 그래서 특히 기술의 발달에 뒤쳐져 있는 나이 든 노동자들에게는 두려운 일이 될 수 있다. 역사적으로 구직자들은 자습서(self-help book)에 의존해 왔고, 고등학교, 대학, 그리고 커리어 개발 프로그램의 일부처럼 직장에서 이러한 기술들을 개발하기 위해 집단 모임에 참석해 왔다. 다행히 원스톱 커리어 센터의 웹사이트, 버지니아 커리어 뷰(Virginia Career View)와 같은 주 단위의 노동부 사이트, 그리고 수많은 등록된 사이트들은 구직자들이 필요로 하는 기술을 얻는 데 도움이 될 수 있는 교육과 조언을 세공한다. Margaret Riley Dikel이 운영하는 라일리 가이드(Riley Guide) 사이트는 구직 기술 향상을 위한 10여 개 이상의 섹션들로 이루어져 있는데, 이는 인터넷을 사용하는 것부터 시작해서 구직자들이 '소액' 사기를 피하는 것까지 구성되어 있다. 일부 사이트들(또는 그 안의 게시판들)은 또한 북남미, 서유럽, 동유럽, 영국령, 스칸디나비아, 아시아와 환태평양 국가들, 그리고 호주까지도 포함한 일자리 공지를 올린다. 몬스터는 또한 라일리에서 찾을 수 있는 동일한 유형의 팁과 출판물 중 많은 것을 제공하고 지역별 직업을 제공하는 데, 50개국 이상의 직무 리스트를 제공한다.

모든 구직자를 위한 의문들은 다음과 같다. 구직에서 성공하기 위해 내가 필요로 하는 기술을 개발하기 위한 최선의 수단은 무엇일까? 내가 자조 가이드를 사용해야 할까? 인터넷 출판물과 팁들은? 클래스 또는 소집단은? Eden과 Avarim(1993)이 실시한 20년 전 연구는 오늘날의 부분적 해답을 제공한다. 일부 구직자들은 더 많은 자기 지향적 활동들을 필요로 한다. 그들은 8주 프로그램을 설계하였는데, 이는 구직자의 자기 효능감과 직무 탐색 활동을 증가시키는 인지적 전략들을 활용하였다. 그들은 그들의 개입이 시작 시에 낮은 자기 효능감을 가졌던 사람들에게 더 도움이 되었고, 이 집단에 대해서 재고용이 극적으로 증가했다는 점을 발견하였다. Platt, Husband, Hermalin, Cater와 Metzger(1993)는 또한 메타돈 유지법을 사용 중인 약물 남용자의 재고용을 증가시키기 위한 시도로 인지행동적 접근을 사용했다. 그들이 발견한 바에 따르면 치료집단에 속한 아프리카계 미국인 내담자들은 통제집단보다 고용되기가 훨씬 더 쉬웠지만, 그들은 실험집단과 통제집단의 백인 내담자의 고용에서는 아무런 유의미한 차이를 찾지 못했다.

이러한 두 연구가 보여주는 것은, 집단 개입들은 직업 능력 기술의 개발에서 유용할 수 있다는 점이다. 2개의 다른 관찰이 이러한 연구의 결과에 기초해서 만들어질 수 있다. 첫째, 그 처치들은 포함된 모든 집단들에 동등하게 적용하지 않았는데, 이는 내담자들의 욕구에 사용되는 개입의 유형들을 맞추는 필요성을 제안한다. 둘째로, Platt과 동료들(1993)의 연구에서, 실험집단 사람들의 15%만이 1년 후에 일자리를 얻었다. 이것이 제안하는 바는, 직업 능력 기술 훈련은 약물 남용이나 직무에 대한 부적절한 준비와 같은 고용에 대한 다른 장애물을 극복할 수 없다는 점이다. 당연히 Eck(1993)는 일자리를 얻는 구직자의 능력과 그들의 교육 정도가 그 일자리를 수행하도록 준비시키는 정도 사이에 있는 직접적인 관계를 발견하였다. 이 발견의 응용점은 분명하다. 오늘날의 구직자들은 일자리를 찾아야 하고, 지원서나 이력서를 제출하기 전에 스스로 자격을 갖추어야 한다.

결과적으로, 취업 능력 기술 훈련과 첫 고용과 재고용은 사회적 지지와 같은 다른 변인에 의해 완화될 수 있다. Rife와 Belcher(1993)는 자신의 구직 활동에서 가장 큰 정도의 사회적 지지를 받았던 노동자들은 직무 탐색에 더 많은 시간을 보냈고, 이러한 지지가 없었던 사람보다 더 많은 고용주 접촉을 가졌음을 발견했다. 이 연구에서 실직한 친구들이 오히려 취업한 친구와 친척들보다 더 나은 지지의 근원이 되는 것으로 판별되었다. 이 연구는 이 부분에서 이후에 기술된 잡클럽(job club)과 같은 집단 지향적 활동들에 대한 직접적인 지지를 제공한다. 만약 페이스북, 트위터 그리고 다른 종류의 소셜 미디어가 직업기술 능력과 구인에 대한 사회적 지지와 팁들을 제공하기 위해 사용된다면 그 직무 탐색에서 주요한 역할을 할 수 있다.

학교-일 이행 지원 정책, 장애인교육법, 그리고 직업훈련협력법을 포함하는 법률 제정에는 다음 커리어로 이행하는 활동에 대한 지원을 포함하는데, 이는 개인이 일자리를 찾고 얻는 것을 돕고 가르치는 것을 포함한다. 직업훈련협력법 프로그램들은 학교 중퇴자, 생계수단을 잃은 전업주부, 실직자 등을 포함한 사회적으로 혜택 받지 못한 개인들에 대한 도움을 제공하는 위치에 있다. 중고등 기관의 커리어 상담가들은 또한 자신의 교육 프로그램을 이수한 학생들에게 도움을 주는 위치에 있다. 지역사회 기관들은 종종 지지 집단을 후원하거나 또는 직접적으로 도움을 필요로 하고 원하는 지역사회 다른 구성원에게 이러한 지원을 제공하는 프로그램을 경영한다.

고교 수준에서 직무 탐색 기술에 대한 영역은 몇 개의 과정들이 포함되거나 또한 선택 강좌로 이루어질 수 있다. 수업시간 동안이나 그 이외의 시간 동안 직업의 날이나 공개 취업 설명회와 같은 특별한 활동들이 또한 유용하다. 그 내용은 보통 간단한 교재나 워크북이나 매뉴얼에 기반을 두고 있다. 이러한 목적에 유용한 자료들의 예에는 Bloch(2000), Wegman, Chapman과 Johnson(1989), Farr(2011)의 것이 있다. 텍사스 노동자(Texas Workforce), 청년 정보와 봉사(Youth Information and Services) 또는 노스캐롤라이나 커리어 자원 네트워크(North Carolina Career Resource Network)와 같은 주 정보 웹사이트들은 고교생들이 사용할 수 있는 자료들을 포함한다는 것을 아는 것은 가치가 있다. 대학 수준의 학생들과 성인의 소규모 집단들과 클래스에서 사용될 수 있는 광범위한 자료들이 유용하다. 이러한 자료들 대부분은 자조를 위해 설계되지만, 쉽게 집단 활동에 적용될 수 있다.

직무 탐색 과정 중에 있는 사람을 실제로 돕기 위해 JTPA와 지역 집단들에서 사용되는 하나의 접근은 잡클럽이다(Azrin & Besadel, 1979; Hansen, 2010; Murray, 1993). 이러한 저자들은 지원과 격려를 제공할 뿐 아니라 역할극을 통해 그들의 면접 기술을 개선시키고, 집단 노력을 통해서 목적을 명확히 하고 선명하게 하고, 가능한 선례가 나타나듯이 다른 구성원과 팁을 공유하고, 자녀 돌봄, 이동, 그리고 다른 것과 같은 문제들에 대한 집단 해결책을 찾도록 구성원들에게 도움이 되는 집단의 형태를 제안한다. 트위터와 페이스북과 같은 소셜 미디어는 이러한 유형의 활동들에 도움이 될 수 있다.

잡클럽은 그 안의 구성원들이 공통적인 문제들에 직면하는 지지 집단일 때, 장점이 분명해진다. 구성원들은 직무 탐색에서 빈번하게 실패를 일으키는 문제를 해결하고, 네트워킹을 통해서 가능한 정보에 대한 접근을 증가시키고 구직 기술을 수립하기 위해 함께 작업한다. 그 접근은 분명히 흔히 말하는 사회적으로 혜택 받지 못한 집단뿐 아니라 실직자, 구조적으로 실직된 사람, 노동시장에 늦게 진입한 사람에게도 적설하다.

지역 노동시장 정보는 특히 잡클럽에 유용한데, 그 이유는 구성원들이 보통은 즉각적인 지리적 지역 내에서 일을 찾기 때문이다. 일부 지역사회들은 지원 면접 역할극, 빈 일자리를 구성원에게 알려주기, 그리고 고용주들이 지원자들을 선별할 때 그들의 기대에 부합하도록 교육시키기를 통해서 잡클럽 활동에 현실성을 더할 수 있는 지역 고용주의 대표자들로 구성된 자문단을 구성해 왔다. 구성원들을 모집 중인 잡클럽, 성공과 실패를 위한 팁을 퍼뜨리는 것, 그리고 사회적 지지를 제공하는 것, 그리고 개인화된 구직 팁들을 포스팅하는 것을 위해서 페이스북, 트위터, 그리고 개인 블로그가 잠재적으로 유용한 것처럼 보인다. 트위터 구직 가이드(Whitcomb, Bryan, & Dib, 2010)는 구직에서 트위터를 사용하기 위한 팁들을 제공한다. 또한 구직에 있어 소셜 미디어를 사용하는 인터넷상의 많은 사이트들이 있다.

장애 혹은 범죄 경력이 있는 구직자

일반적인 관점에서 고려할 때 정신적 · 신체적 장애를 가진 사람들을 직무에 배치하는 과정은 기본적으로 장애가 없는 사람들과 동일하다(Hall & Parker, 2010). 심각한 지적장애나 발달장애 내담자들이 경쟁직 일에서 제한된 잠재력만을 가질 때, 두 가지 대안이 존재한다. 하나는 버몬트와 같은 주들이 이러한 워크숍들을 없애면서도 다양한 생산물을 만들기 위해 다른 사업과 하도급을 주는 워크숍들을 개발하는 것이다. Taylor(2002)와 다른 학자들의 비판에 따르면 그들은 장애를 가진 근로자들이 쉼터 워크숍에서 상시고용으로 옮겨가는 비율이 적고(3.5%), 쉼터 워크숍을 거친 사람들이 돈을 덜 받는다는 결론을 내렸다.

장애를 가진 내담자를 돕는 두 번째 대안은 현장 훈련, 직무 코칭, 취업 알선, 그리고 직업 적응을 결정하는 장기 후속 조치를 포함해서 지원이 있는 직업 프로그램을 통해서 직무 기술을 개발하는 것이다. 두 가지 유형 프로그램에서 의학적/정신운동 기술, 지적/학문 능력, 흥미, 대인관계 기술, 그리고 작업기술에 대한 광범위한 평가가 수행되어야 한다(Kanchier, 1990). 그 뒤를 이어 훈련, 코칭, 상담, 관찰, 그리고 평가가 이루어진다. 지원되는 직업 프로그램의 교육생들은 전형적으로 레스토랑, 모텔, 병원, 또는 유사한 상황에서 일한다(Lam, 1986). Lam이 또한 발견한 것은 지원되는 직업 프로그램은 지적장애 내담자를 돕는 보다 비용 효율적인 수단인 데 반해, 쉼터 워크숍은 중등도부터 중도 지적장애 내담자들에게 더 비용 효율적일 수 있다는 것이다.

장애를 가진 내담자들이 경쟁적 채용의 가능성이 있을 때 신체적 · 정신적 장애를 가진 사람에게 흔히 있는 일이지만 상담, 훈련, 고정관념을 극복하기 위한 고용주와의 작업과 같은 부가적인 지원이 필요하다(Caporoso & Kiselica, 2004; Hall & Parker, 2010; Jones, Ulicny, Czyzewski & Plante, 1987). 충격적인 발견에서 Hall과 Parker는 장애를 가진 내담자들은 원스톱 커리어 상담센터 상담자들이 자신의 문제를 이해하지 못했고, 아주 도움이 되지도 않았고, 도와주는 방식에 있어 너무 자주 '도서관 모형'을 사용했다고 느꼈는데, 이 모형에서 간단한 오리엔테이션 후에 내담자들이 독립적으로 일하도록 기대되었다.

앞 장에서 나는 과거에는 법을 어겼지만 지금은 노동시장 안에 있는 사람들이 직무 탐색의 수많은 장애물들에 직면한다는 점을 명확하게 하려고 애썼다. 범죄 경력 낙인이 소수집단의 사람들에게는 더 좋지 않다는 점과 약물 남용과 성범죄자로 확신되는 범죄자들이 다른 범죄자보다 직업을 찾는 데 더 어려운 시간을 보낼 수 있다는 점을 제외하고, 나는 이 시점에서 그러한 이슈들을 반복하지는 않을 것이다(Thompson & Cummings, 2010).

직무 탐색의 실행

전형적인 직무 탐색은 세 단계를 따른다. 자기(self)와 기술에 대한 목록을 만들고, 직무시장을 확인하고 조사하고, 마지막으로 이력서 준비, 편지 쓰기와 인터뷰와 같은 채용 가능 기술을 개발함으로써 커리어 목표를 성취하는데, 몬스터 사이트는 다수의 직무 탐색을 제안하는 것 같다. 여기에서 고려할 만한 세부사항들이 있다.

1단계 : 자기와 타인의 목록 만들기

첫 단계는 기본적으로 목록 만들기의 하나인데, 말하자면 판매를 위해 가진 것을 설정하는 것과 같다. 만약 상담자가 커리어 상담과정에서 내담자와 작업해 왔다면 이 단계는 이미 밝혀지고 명확해진 상태다. 만약 상담자 또는 보조 전문가가 직무 탐색 단계에서 시작한다면 그 내담자가 철저하고 정확한 자기 지식을 갖고 개인의 강점과 약점을 확인할 수 있도록 되돌아보는 작업이 필요하다. 예를 들어, 난민 출신의 주부는 집안일에서 사용되었던 기술들을 무시하거나 간과할 수 있는데, 그 이유는 그 기술들로 어떤 돈도 벌어본 적이 없기 때문이다.

자기 지식을 명확히 하는 데 투여되는 기간은 일자리 제의를 받아들일지를 결정하기 위해서 단기와 장기 목표를 고려해서 이루어져야 한다. 종종 이 단계에서 계속 지연됨에도 불구하고, 구직자가 고용주에게 제공해야 하는 것과 관련해서 개인적 특징과 지금까지 쌓아온 경력을 목록화할 작업 도구로 기본적인 이력서가 준비될 수 있다. Zunker(2006)가 제안하는 바에 따르면, 내담자들은 직무 기술을 분류하고 평가하기 위해 자기 추정을 사용할 수 있고, 그리고 나서 그들이 가장 준비가 잘된 지위를 추정하기 위해 이러한 평가를 사용할 수 있다. 잠깐 이전 장들로 되돌아가기 위해 제10장에서 밝힌 다양한 평가와 자기 평정 척도들이 또한 이 목적을 위해 사용될 수 있다.

2단계 : 직무시장을 확인하고 조사하기

두 번째 단계는 우선 개인의 직무시장을 확인하는 것인데, 지리적인 지역을 중심으로 확인하고, 그다음으로 그 구체적인 영역 내에서 정보 소스들을 확인하는 것이다. 보통 개인의 노동시장 영역은 교통수단, 그 직장까지 기꺼이 출퇴근할 수 있는 시간과 거리, 지리적·개인적 요인, 또는 가족 장애가 있는지와 같은 개인적 요인들의 관점에서 묘사되어야 한다.

사람들은 다음으로 가능한 일자리에 대한 정보를 얻기 위한 소스들을 확인해야 하는데, 이런 소스들은 종종 간과된다. 그러한 소스 중 하나는 바로 '숨겨진 직무시장(hidden job market)'인데, 이는 거의 어느 곳에나 있고 숨겨져 있지 않다. 대기업의 많은 일자리들은 내부에서 채워지지 않을 때까지는 보통 소스를 통해서 알려지지는 않고, 그래서 어느 정도는 '숨겨져' 있다. 어떤 기업에서 승진, 은퇴, 개편, 또는 확장을 통해서 만들어지는 결원은 네크워킹 전략을 통해 구직자에게 알려지게 되는데, 예를 들면 그 기업에서 일하는 사람들과의 대화를 통해서 알려진다. 아마도 구직자를 위한 가장 기본적인 질문은 "당신이 일하고 싶어 하는 기업들 내부에서 벌어지고 있는 일을 얼마나 잘 알고 있나요?"일 것이다.

정보의 두 번째 소스는 숨겨진 시장과 밀접하게 관련되어 있고, 어떤 직무가 구해지는 지역의 인적 지인 네트워크로 구성된다. 내담자를 위한 잠재적 장소인 기업에서 고용되는 사람들은 그들의 기업에서 숨겨진 직무시장의 상태를 알 수도 있다. 그들은 또한 어떤 트렌드가 그들의 산업에 영향을 주기 시작하는지, 그리고 경쟁하는 기업들이 어떻게 대응할 계획을 세우는지에 대해서 또한 알 수도 있다. 이 장의 처음 부분에 언급했고, 1979년에 Azrin과 Besadel이 처음 말한 잡클럽은 여전히 그 국가의 많은 지역에서 활동한다. 이러한 클럽들은 전통적으로 직무 탐색에서 네트워킹의 중요성을 강조해 왔다. Silliker(1993)가 발견한 바에 따르면, Holland의 흥미 유형 중 사무형, 진취형, 또는 현실형의 직업이었던 50세 이상의 실직자들은 새로운 직업을 주로 친척과 친구들과의 네트워킹을 통해서 찾았다. 사회형, 예술형, 그리고 탐구형 직업의 사람들은 에이전시를 통하여 직업을 찾거나, 또는 컨설팅 신문 광고를 통한 경우가 많았다. 관련 연구에서 Ports(1993)는 1970년대 초기에 구직 경향성을 연구했고, 직무를 찾아내는 수단으로써 노동자들이 점점 더 많이 신문을 사용했음을 발견했다. 신문을 더 많이 사용하게 되는 이러한 경향성이 계속되었지만, 신문이 여전히 가치 있는 직무 리스트의 소스라는 점은 의심스럽다.

Susan Heathfield(2013)는 HumanResources.com에서 새로운 노동자를 채용하고 있는 인사 담당자를 위한 조언을 썼는데, 그 안에는 구직자를 위한 팁이 거의 포함되어 있지 않다. 그녀는 다음과 같이 가장 일반적이고 효과적인 채용 전략을 밝히고 있다.

1. 현재의 노동자로부터 위탁을 받으라. 당신은 당신의 기술을 네트워킹하고 광고하고 있는가?
2. 소셜 네트워킹에 방문하고 참여하라. 당신의 페이스북 페이지는 전문적으로 보이는가? 그 사이트에서 모든 부정적인 정보를 지우라. 트위터를 하는가?
3. 효과적인 기업 웹사이트를 설계하라. 당신이 일하고 싶은 기업들에 대한 최신 포스팅을 알기 위해 잠재적인 고용주의 웹사이트를 체크하는가?
4. 공개 취직 설명회에 참석하라. 당신의 캘린더에 표시된 공개 취업 설명회에 참석하고 있는가?
5. 구인란의 빈자리를 포스팅하라. 당신은 최근에 몬스터를 방문한 적이 있는가?

Heathfield가 제안했듯이, 인터넷은 또한 구직 리스트에 대한 현대적이고 전통적인 자원들에 접근함으로써 빈자리를 알 수 있는 수단으로 사용될 수 있다. 예를 들어, 웹사이트를 운영하고 있는 신문과 대부분의 주요 신문들은 그들의 분류된 광고란에 일자리 목록을 올린다. 덧붙여, (1) 장애인을 위한 직무 정보가 나온 Recruit Ability, (2) 대학생을 위한 직무에 대한 정보가 되는 라일리 가이드, (3) 신문에 나온 일자리 정보가 있는 CareerPath, (4) 히스패닉계의 일자리에 대한 정보가 있는 IHispano, (5) 재향 군인의 일자리를 위한 정보가 있는 Veteran Employment 등 5개의 웹사이트가 몇몇 유형의 구직자에게 유용할 수 있다.

3단계 : 취직 능력 기술 개발하기

직무 탐색에서의 세 번째 과정은 자기 자신을 미래의 고용주에게 팔고 이 단계를 완수하기 위해 필요한 취직 능력 기술을 빛낼 전략을 개발하는 것이다. 적절한 전략은 많은 요인들에 따라 달라지고, 기본적으로 고용주가 만든 규칙에 따라 개발되어야 한다. 미래에 원하는 지위를 확인한 후에, 이력서를 포함해서 적절하게 잘 작성된 편지를 **구인 광고를 확인**한 후 고용주에게 보내야 한다. 만약 광고가 지원자들에게 약속을 위해 전화나 이메일을 요청한다면, 전화 매너나 교정을 본 이메일이 아주 중요해진다. 그때의 목적은 면접기회를 얻는 것이다. 장기적인 목적은 일자리 제안을 이끌도록 면접을 끝마치는 것이다.

구직 구직자들은 일자리에 대해서 설명하고 있는 광고에서 그 일자리에 대한 정보 부족 때문에 도움을 필요로 할 수 있고, 그들은 거의 확실히 지원서, 이력서, 그리고 면접을 위한 기술을 준비하는 데 도움을 필요로 할 것이다. 조사와 구직자의 경험 둘 다 이 과정을 더 성공적으로 만드는 법에 대한 일부 부가적인 단서들을 제공한다.

Yates(1987)는 구직자들에게 그들이 구직 동안 필요로 했던 정보와 기술을 평가하도록 요청했다. 그녀는 일반적으로 구직자들 사이에서 자기 평가 기술, 의사결정 기술, 구직 지식과 기술들이 가장 중요한 것으로 고려된 데 반해 직업과 교육 정보는 덜 중요한 것임을 발견하였다. 그들의 자기 평정에 따라 구직자가 가장 필요로 하는 열 가지는 다음과 같다. (1) 자기 자신을 판매하기, (2) 전형적인 면접 준비하기, (3) 이력서 쓰기, (4) 자기 평가 기술, (5) 임금 정보, (6) 일이 구해질 때까지의 예산, (7) 면접자가 제기할 수 있는 법적·불법적 질문, (8) 커리어 의사결정 과정 이해하기, (9) 과거 일에서 얻은 기술들을 새로운 직업에 활용하는 법, (10) 다양한 직무의 초보 필요 조건에 대한 정보 등이다. 이러한 기술들은 여전히 필요하다. 현재 구직자들에게 필요한 것에는 십중팔구 기계 기술이 포함된다. 2012년에, Jobmagic, Jindrich Liskajan의 설립자와 CEO는 페이스북, 구글, 트위터, 링크드인 같은 소셜 미디어 플랫폼을 컨설팅함으로써 한 직무를 찾을 가능성을 증가시키는 아이디어를 홍보하였다.

연습문제 14.1

소셜 미디어 웹사이트 중 한 곳에 포스팅하거나 몬스터나 링크드인과 같은 사이트에 당신의 증명서를 올리고, 그 결과를 기록하고, 그것들을 당신의 클래스와 공유해 보라.

면접 많은 구직자들, 특히 처음 직업을 구하는 사람들은 면접이 복장의 적절성과 개인적 차림새에 의해 얼마나 영향을 받는지를 알지 못할 수 있다. 시선 접촉이나 적절한 문법과 자기 표현, 균형 잡힘, 자세, 평정, 그리고 그 사람이 일에 줄 수 있는 것과 기대하는 것을 설명하는 능력과 같은 것도 마찬가지다. 역할 연기와 연습 면접은 이러한 기술들을 연습할 수 있는 가장 일반적인 기법이다. 이전에 목록으로 만든 자원들 중 많은 것들은 면접에서 나오기 쉬운 표본 질문들이다.

Riggio와 Throckmorton(1987)은 모의 취업 면접 동안 실시되는 구술 의사소통 실수의 본질을 조사하였고, 가장 일반적인 문제는 충분한 정보를 제공하는 데 실패한 응답들임을 발견하였다(고 딕으로 된 부분이 나의 반응이다). **가능한 원인 : 그 회사에 대한 충분치 않은 조사 또는 새로운 직업에서 사용될 수 있는 자신의 기술 확인하기.** 확인된 다른 실수로는 질문에 답을 하는 데 있어서의 문제가 있는데 다른 고용주 또는 그들의 교육의 질에 대해서 불평하고, 면접자에게 결코 부정적인 정보를 주지 않는다. **가능한 원인 : 주의를 두는 힘든 질문들, 좋지 않은 기록, 또는 기관의 부풀린 관점에 대해서 답하는 연습 실패)**, 부정적인 개인적 정보를 제공하고(**절대 이것을 하지 마라**), 자신의 커리어에 대한 강조가 부족하고, 임금에 대해서 너무 많은 강조를 하고, 기술을 소통하는 능력이 부족하고, 좋지 않은 문법을 쓴다. 종종 구두 의사소통 문제들에는 너무 길거나, 너무 애매하거나, 또는 자살 사고와 같은 기괴한 답들이 포함되어 있다(**가능한 원인 : 기술 체크 리스트가 없음 또는 너무 적은 준비나 연습**). Riggio와 Throckmorton은 또한 면접 기술에 대한 40분간의 교육을 받은 학생들이 교육을 받지 않았던 사람들보다 구두 의사소통에서 더 낫지 않았음을 발견했다(**피상적 준비로는 충분치 않다**). 면접을 잘 보기 위해서는 많은 준비가 필요하다. 개인적인 질문과 일 관련 질문에 대답하는 법을 배우는 데 소모되는 시간은 더 풍부한 보상을 보장할 수 있다.

이력서 이력서와 자기소개서 준비에 대한 일부 경험적 가이드라인이 있다. Helwig(1985)는 50개 기업 71명의 채용담당자들에 대한 조사를 통해서 그들은 분량이 한 페이지이고, 명확하게 이름이 붙어 있고, 왼쪽 면에 주제를 붙이고, 직업 경험을 묘사하기 위해 행위 동사를 사용하고, 깔끔해 보이는 이력서에 대한 분명한 선호를 보였음을 발견하였다. 데이터 프레젠테이션의 순서가 있듯이, 깔끔함, 적절한 영어의 사용, 그리고 옳은 철자법은 또한 기업 채용 담당자에게 중요하다는 것이 발견되었다(Stephens, Watt, & Hobbs, 1979). 이러한 가이드라인들은 변하지 않았다.

Ryland와 Rosen(1987)은 230명의 개별 전문가들은 표준 연대기적 방식과 비교해서(그림 14.1b) 기능적 이력서 방식(그림 14.1a)을 선호했음을 발견하였다. Ryland와 Rosen은 또한 기능적 이력서는 특히 숙련된 커리어에 지원할 때 도움이 된다는 점을 발견하였다. Stephens와 동료들(1979)에 따르면, 개별 매니저들은 우선 교육 정도를 보고 싶어 하고, 둘째로 직업 경험을 보고 싶어 하는데 반해, 그들은 개인 데이터의 제시에 대한 엇갈린 견해들을 갖는 것 같다. 이력서는 어떻게 구성되어야 할까? 이력서에 포함되는 가장 중요한 항목으로 평가되는 것은 현재 주소, 과거 직업 경력, 대학에서의 전공, 직업 목표, 본적, 이전 직업에서의 재직 기간, 출석한 대학이나 학교, 그리고 특정 신체적 한계였다. 덜 중요한 항목들은 종교 선호, 인종, 부모에 대한 자료, 고교 기록, 사진, 성, 배우자의 교육, 배우자의 직업, 그리고 자녀 수였다.

몬스터와 같은 웹사이트에 올리는 이력서들은 전통적인 이력서와는 다소 다르게 준비되어야 한다. 전통적 이력서와 전자 이력서 사이의 가장 분명한 차이는 형식이다. 전통적 이력서는 전형적으로, 볼드, 이탤릭, 그리고 강조된 단어나 주제들을 포함한다(그림 14.1a와 14.1b). 이러한 서식설정 특징 중 그 어느 것도 전자적으로 올리는 이력서에서는 수용되지 않는다. 그림 14.2에서 보듯이, 특수한 요인들에 주의를 두도록 하기 위한 별표(또는 선)와 칸들을 나타내기 위해 대문자가 사용될 수 있다. 전자 이력서와 전통적 이력서 사이의 다른 주요한 차이점은 키워드를 위한 칸의 추가이다. 구직자는 자신의 기술, 직무 자격, 또는 과거 경험을 강조하는 키워드를 제공하도록 요청받는다. 이러한 키워드는 중요한데, 그 이유는 사용된 검색엔진이 텍스트 기반이기 때문이다. 고용주들은 이력서들이 있는 데이터베이스를 탐색하는데, 다른 유형의 정보를 위해 인터넷을 탐색하는 사람들에 의해 사용되는 것처럼 키워드 방법을 사용한다. 전형적으로 이러한 온라인 사이트들에 이력서를 올리는 것에 대한 비용은 없다. 하지만 예외가 종종 있다.

마지막으로, 이력서 지원, 면접 준비, 자기소개서 작성을 도와주는 것은 인터넷만큼이나 밀접하다. 원스톱 커리어 상담센터의 웹사이트는 이력서를 준비하고 더 개선시키기 위한 다수의 팁과 가이드라인을 제공한다. 라일리 가이드와 시러큐스대학에 있는 것과 같은 커리어 센터는 대학생들과 이러한 영역에서 팁을 얻고 싶은 사람들에게 특히 도움이 되는 정보를 제공한다. 하나의 직무에 대해 임금이 제공될 때, 임금을 협상하는 법뿐 아니라 임금에 대해 더 많이 알고 싶은 사람들은 몬스터 임금이나 원스톱 커리어 상담센터의 웹사이트를 방문해야 하는데, 이 웹사이트들에서는 800개의 직무에 대한 임금 정보를 제공한다.

Jane E. Taylor
105 Oakdale Road
Columbus, Ohio 45710
614-554-3934

직무 목표

대형 제약회사의 판매담당자

판매

붐비는 근린상가에서 상품을 판매했었고, 주식 구매의 주문을 처리했었고, 3개의 각기 다른 성공적 판매직원으로 훈련 받았다.

경영

대형 할인체인점의 매장관리자를 도왔는데, 재고를 유지하고, 판매직원을 감독하고, 재고물품을 정리하고, 새로운 제품의 전시를 고안하고, 고객의 재방문과 불만을 다루었다.

아마추어 사진사 클럽을 창립했는데, 1년간 103명의 멤버를 모집했다. 전국 사진사들의 조직을 위한 대회를 조직했고, 30명의 예술가를 포함한 사진쇼를 조직하고 수행하였다.

관리

사무실 가구와 물품의 생산자들에 대한 직무를 평가했고, 직급배치 시스템을 확정했고, 임금조사 데이터를 수집했고, 가산점 증가와 적응을 결정하고 정당화했고, 직무기술서를 승인했고, 임금 수준을 결정했고, 직원들을 상담했다.

직무를 연구했고, 직위를 범주화했고, 퇴직자 면접을 수행했고, 연례 직원태도 조사와 연금관리 프로그램을 도왔다.

교육과 경력

1980년~현재	APEX OFFICE FURNITURE AND SUPPLY COMPANY 임금과 연봉 전문가
1976~1980	Apex Office Furniture and Supply-인사직원
1974~1976	$-Mart Department Stores-매장 보조관리자
1971~1973	ABC Drugstores-판매직원(하계)
1970~1974	Florida State University에서 경영학 학사

흥미

테니스와 사진

요청 시 활용 가능한 추천인   **타지역 근무 의도**

그림 14.1a 기능적 이력서 방식

30 Northwest Street
Elizabeth City, NC 27909
(732) 466-1234
GretchenJH@gmail.com

교육 배경

2010~2012	Yadkin Carolina Community College, Yadkin City, NC	
	예술 준학사	
2009~2010	Elizabeth City State, Elizabeth City, NC	
2005~2009	Elizabeth City High School, Elizabeth City, NC	
	졸업장	

학교 수상 경력

2010	President's List	Yadkin Community College
2009~2010	우등생 명단 (2회)	Elizabeth City State College
2005~2009	A/B 우등생 명단	Elizabeth City High School

직업 경력

2012~현재	Sweet Dreams	매니저
2012~현재	Century 21 Action	사무실 관리
2009~2010	Work Study	이벤트 계획과 조직화
2008	Island Delight	여름 예비 스태프
2006~2007	McDonald's	여름과 방과후

기술

사무 소프트웨어 기술(MS Word, PowerPoint, Excel)
서류 정리와 조직화
접수 담당 및 예약 담당자

요청에 대해 제공되는 참고문헌

그림 14.1b 연대기적 이력서 방식

직업 소개 서비스

빈틈없는 구직자들은 자신에게 유용한 자원들을 이용한다. 만약 고용을 위한 탐색의 일부로 사용되다면, 직업 소개 센터들은 매우 귀중한 도구일 수 있다. 많은 다른 커리어 개발 자원들처럼 소개 서비스들은 다양한 형태를 띠는데, 몬스터 같은 가상 소개 서비스부터 오프라인 공공 또는 사설 서비스와 미국 노동부 고용국 사무실과 같은 공공 서비스들까지 있다. 대학과 대학들, 전문대학, 공공학교, 그리고 다른 공공기관들은 또한 졸업생들뿐 아니라 4학년 학생들에게 취업 알선 서비스를 제공한다.

아마도 구직자에게 제공되는 취업 알선 서비스 중 가장 드문 것은 재취업 주선일 것이다. 그 명칭이 보여주듯이, 취업 알선 서비스는 기업 외부의 근로자들에게 제공된다. 재취업 알선 기업들은

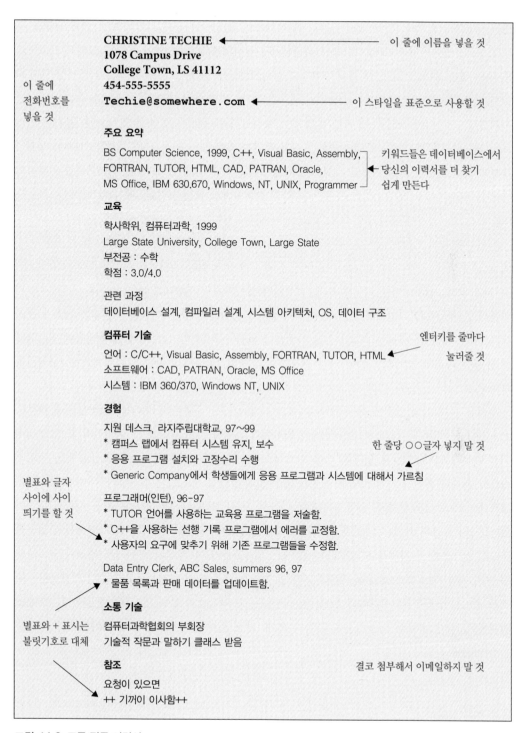

그림 14.2 표준 평문 이력서

출처 : From "Résumés, Applications, and Cover Letters," by O. Crosby, 1999, *Occupational Outlook Quarterly* (Summer), p. 11. U.S. Bureau of Labor Statistics.

난민 노동자들을 돕고 그 과정에서 돈을 벌 기회를 본 기업가에 의해 시작되었다. 이런 장면을 상상해 보라. 당신은 주당 노동시간을 거의 채웠고, 당신과 다른 사람들이 큰 회의실에서 보고하기로 되어 있는 발표가 있다. 그 회의실에 들어갈 때 당신은 그 일이 단계적으로 중단될 것이며, 오늘이 일을 하는 당신의 마지막 날이라는 말을 듣는다. 그 회사의 대변인은 재취업 주선 상담사를 소개한다. 그 사람은 당신에게 자신의 업무는 당신이 다음 직업으로 옮길 때 당신을 돕는 것이라고 말해준다. 이것이 모든 재취업 주선 일이 시작되는 방식은 아니며, 드문 사건도 아니다. 재취업 주선과 취업 알선은 커리어 개발 과정의 중요한 요소들이다. 조지 클루니가 재취업 알선 상담자로 나오는 2009년 영화 '인 디 에어'는 비록 희화한 것일지라도 재취업 알선 전문가의 세계를 조금 보여준다.

매년 기관들과 연방/주정부는 취업을 하려는 사람들을 돕는 무료 서비스를 제공하는 고등학교, 대학, 공공 취업 알선 사무실들을 지원하기 위해 수천만 달러를 쓴다. 고용주들은 사설 직업소개소, 헤드헌터, 그리고 다른 이들이 노동자를 배치하는 과정이 가능하도록 많은 돈을 지불한다. 기업은 또한 새로운 커리어를 찾기 위해 직업이 없어진 사람들을 돕는 재취업 주선 회사들에게 많은 돈을 쓴다. 개인들도 또한 그들의 직업 탐색을 도와줄 사설 취업 알선 기업들에 많은 돈을 쓴다. 취업 알선 과정에 들어가는 돈의 양은 정부, 기업, 개인, 그리고 기관들이 취업에 두는 중요성을 보여준다.

수많은 돈이 직업 알선에 쓰이는 이유는 아주 명확하다. 대부분의 사람들은 삶의 현재 기준을 유지하거나 희망하는 삶의 양시를 향하여 움직이기 위해서 일이 필요하다. 사람들은 또한 심리적 이유 때문에 일하는데, 그 일부는 다음 단락에서 논의된다. 기관들(특히 대학, 전문대학, 직업기술대학)은 이타적이고 자기 고양적 이유들 때문에 직업 알선 서비스에 투자한다. 이타적 이유들은 교육에서 다음 삶의 단계로 넘어가는 것은 기관들, 특히 교육기관들에게 의무라는 지각과 관련이 있다. 자기 고양적 동기는 이러한 기관들이 학생들에 대한 그들의 서비스, 특히 삶에서의 성공과 관련된 서비스에 근거해서 평가된다는 점이다. 기업들은 또한 자신의 직무에서 해고된 근로자들을 돕기 위한 사설 재취업 주선 기관과 계약을 맺을 이유가 있다. 사설 재취업 주선 기관들은, '원조가 없어진' 근로자들이 새로운 일을 얻는다면, 종종 퇴직금과 특별 연장급여를 줄이고, 소송을 방지하고, 실업 급여를 위한 지불을 없앨 수 있다. 재취업 주선 회사들은 또한 기업들이 자기의 공공 이미지를 직원을 배려하는 기관으로 유지하도록 돕고, 기업이 가질 수 있는 죄책감을 줄일 수 있도록 돕는다.

공공 고용 서비스

모든 주는 고용안정기관(SESA)을 두고 있다. 일부 주에서는 잡 서비스(Job Service)라고 한다. 다른 주에서는 고용 서비스(Employment Service)라고도 한다. 이러한 주정부 운영 서비스들은 미국 고용서비스청(USES)이 만든 일반적 체계, 규제, 그리고 운영 절차들 내에서 운용된다.

미국에서의 공공 고용 서비스는 150년 이상의 역사를 갖고 있다. 뉴욕 시는 1834년 서비스를 조직했고, 샌프란시스코는 20세기로 바뀌기 전에 프로그램들을 만들었다. 오하이오는 1890년에, 몬태나는 1895년, 뉴욕은 1896년, 네브래스카는 1897년, 일리노이와 미주리는 1899년에 시작되었다. 연방정부는 이민자들이 직업을 찾도록 돕기 위해서, 미국고용서비스청의 설립과 함께 등장했다. 제1차 세계대전 동안, 이 기관의 업무는 직업을 찾는 모든 실업자들을 돕고 고용주가 필요로 하는 근로자를 찾도록 돕게끔 바뀌었다. 전쟁 후에 많은 지역 사무소들이 폐쇄되었고, 그 기관은 1930년대 대공황의 여파로 연방 시스템을 재건할 때까지 상대적으로 소극적으로 활동했다. 이러한 주 사무실들은 제2차 세계대전 동안 국영화되었고, 1946년에 주정부의 통제를 받는 것으로 돌아갔다. 그 사무실들은 여전히 직업을 잃은 사람들이 가장 많이 이용하고 있다(Ports, 1993).

모든 주 고용안정기관이 주에서 운영되기 때문에, 구조와 운영 절차에 있어서 주마다 다르다. 하지만 전반적으로 주 고용안정기관들은 차이점보다 유사한 점이 더 많고, 대부분은 유사한 서비스를 제공한다. 대부분의 주들은 모든 대도시 지역에 지역 사무소를 열었고, 편의를 위해서 인구가 더 적은 지역에 서비스하는 지역 사무소를 위치시켰다. 이러한 사무소들은 보통 다음의 서비스를 제공한다.

1. **취업 알선** : 지원자들은 유망한 기업들에게 등록되고, 분류되고, 선발되고, 보내진다. 기업의 지원자 추천 요청이 들어오면 지원자들의 자격이 고용주의 요구 조건과 비교되고, 그래서 위탁이 이루어질 수 있다.

2. **상담** : 이전 재직 기록이 없거나, 또는 부적합한 경험을 가진 지원자들에게는 적성검사와 상담을 통한 지원이 제공되고, 그러면 적합한 분류와 위탁이 이루어질 수 있다.

3. **재향 군인에 대한 서비스** : 모든 사무소는 직업을 찾는 재향 군인에 대한 특별한 도움을 제공하도록 되어 있다.

4. **장애 지원자에 대한 서비스** : 모든 사무소는 또한 장애가 있는 구직자에 대한 취업 지원의 책임이 있다.

5. **노동시장 정보의 수집** : 지역의 고용 상황의 변화와 동향이 정기적으로 평가된다. 주와 연방 수준에서 이러한 정보를 모으는 것은 직장을 찾는 사람들에게 유용한 서비스를 늘려줄 수 있고, 국가의 현 고용에 대한 그림을 제공한다.

6. **지역 기관들과의 협력** : 지역 사무소는 대중에게 계속 알리도록 돕고, 지원자들과 가능한 고용주들을 모으고, 지역 고용 상황과의 밀접한 접촉을 유지한다. 그 사무소들은 원스톱 커리어 상담센터들과 연계되어 있는데, 이는 실업자를 돕는 정부기관이다.

앞서 말한 서비스들에 더해서, 주 고용안정기관은 실업수당 지급대상 자격을 얻은 실업 근로자의 등록과 처리를 다룬다. 그 사무소들은 또한 비어 있는 일자리에 대한 컴퓨터 리스트를 가진 주 수준의 직업 소개 은행의 활동에 협력한다. 그러한 지역 공공고용기관들에 부여된 구체적인 책임 때문에, 그 사무소들은 구직자들에게 많은 서비스와 이점을 제공한다. 주의 다른 지역 사무소의 연락 담당자들은 전국적인 수준과 주 수준의 고용 정보를 노동자들에게 제공한다. 지역 사무소의 서비스는 직업을 구하는 지원자들에게 무료인데, 이때 지원자들은 고용주의 욕구와 지원자의 능력을 매치하는 것에 관심이 있는 전문적인 스태프의 서비스를 받는다.

개별 구직자와 실업 근로자들에게 직접적인 서비스를 제공하는 것과 비교해서 주 고용안정기관은 커리어 리소스 센터를 담당하는 사람들과 상담자가 활용할 수 있는 주요한 정보원이다. 그 사무소들은 지역 노동시장 정보를 위한 기본 수집 단위이기 때문에, 주 고용안정기관 구성원들은 보통 다른 기관들보다 지역 일자리 조건과 동향에 대해서 더 많이 알고 있다. 지역 자료는 주 수준에서 수집되고, 전국 수준에서도 수집된다. 주 고용안정기관은 또한 이러한 더 광범위한 수준에서 고용 상황에 대한 최신의 자료에 접근할 수 있다. 대부분의 주 사무소들은 직업 고용 조사의 일부로 정기적으로 노동시장 정보 보고서를 발표하며, 현재의 지역 노동시장 정보는 온라인에서 활용 가능하다.

연습문제 14.2

이 부분의 나머지를 읽기 전에 온라인에서 고용기관들을 찾아서 다음의 질문들에 답하라.

1. 얼마나 많은 사립기관들이 흥미를 가진 지역 내에 있는가? _____
2. 그것들이 교육과 같은 전문화된 분야를 보여주는가? _____
3. 리스트에 있는 기관들에 의해 청구되는 요금의 지표들이 있을까? _____ 만약에 그렇다면 누가 그 요금을 지불하는가? _____
4. 파트타임 또는 임시 근로자를 제공하는 것과 관련된 고용기관들이 있을까? _____
5. 지역 공공 고용 사무소는 전화번호부에 있을까? _____

사설 고용기관

아마도 모든 대도시 지역은 몇 개의 사설 고용기관들이 있을 것이다. 지역 인력시장에 대한 웹사이트의 빠른 조사(예 : 아이오와의 디모인)는 보통 대부분의 사람들이 기대하는 것보다 더 많은 목록들을 보여준다. 그것들이 많은 다른 목적을 갖고 있기 때문에, 단순한 분류 시스템을 제공하는 것은 어렵다. 일부는 정기적이고, 영리적 기업이다. 일부는 일반 대중을 위해 일하고, 일부는 고객들을 특정 직업 집단으로 제한한다. 일부는 주로 구직자를 위해 일하고, 일부는 고용주를 위해 일한다. 일부는 오로지 정규직 전일제 자리만 목록에 올리고, 일부는 단기적이며, 일시적인 일자리만을 다룬다.

영리적 직업 소개 조직들은 유명 연예인을 대표하는 에이전트와 유사한 역할을 한다. 그 에이전시는 구직자들이 만족스러운 일자리를 찾는 것을 돕기 위해 계약을 하는데, 그 사람이 그 일자리를 받아들일 때, 수수료가 그 서비스에 부과된다는 것에 대해서 받아들이는 것이다. 어떤 기업들은 가능성 있는 근로자를 가려서 기업의 인사과에 지우는 부담을 줄이기 위해 영리적 에이전시들과 계약을 맺는다. 이런 합의가 존재할 때 고용주는 종종 사설 에이전시에게 수수료를 지불한다. 다른 비즈니스 집단과 함께하므로 서비스의 질이 폭넓다.

30년 전에, Lilley(1978)는 비윤리적 사설 취업알선기관들과 관련되어 나타나는 문제들을 기술했고, 1980년대와 1990년대에 수천 건의 고소가 이러한 기관 일부에 제기되었다. 불경기 동안 직업을 간절히 원하는 사람들이 기꺼이 기회를 가질 때 소송들이 생기는 것은 분명하다. 하지만 모든 또는 대부분의 기관들이 사기를 치는 것처럼 기술하는 것은 불공평할 수 있다.

수수료는 차등해서 매겨질 수 있는데 보다 높은 임금을 받는 자리는 확실히 더 높은 수수료를 받는다. 경험적으로 보면, 대부분의 수수료는 개인이 한 자리를 받아들이는 당시의 최소한 한 달 월급과 비슷하다. 그래서 정확한 수수료가 사전에 결정되어야 한다. 특별한 목적의 취업알선기관들은 특수 직업 또는 전문적 집단으로 의뢰인들을 제한할 수 있다. 예를 들어 어떤 기관들은 전문 또는 준전문 수준에 있는 기술직만을 다룬다. 다른 기관들은 교사, 학교 관리자, 그리고 관련 직업과 같이 교육직만을 다룰 수도 있다. 이러한 유형의 취업기관과 밀접하게 관련된 것은 조합 직업소개소인데, 이는 조직 또는 전문적으로 등록된 구성원만을 다루는데, 예를 들면 사적인 사례는 일부 도시 지역에 있는 간호사들이 있다.

소수의 취업알선기관들은 자신들의 활동을 스카우트 또는 헤드헌팅으로 불리는 것을 제안한다. 이러한 기업들은 더 관습적인 직업이 아니라 특정 직업을 위한 사람을 찾는 조직들에 의해 고용된다. 채워지는 자리는 보통 최고-수준의 경영자 또는 일부 특히 민감한 자리인데, 그러한 자리에 적격한 자격을 갖춘 사람들이 후보자로 발견되는 것을 기피하는 이유는 그 정보가 자신의 현재 자리에 가질 수 있는 영향력 때문이다.

중고등학교 취업 지원 서비스

개인이 가장 취업 지원을 필요로 하는 때는 준비 프로그램을 졸업할 때이다. 논리적으로 사람들이 취업 지원 서비스가 자동적으로 공공교육 시스템의 일부가 되는 것을 기대할 수 있지만 항상 그렇지는 않다. 공립학교가 직업을 얻는 졸업생 수에 의해서 평가되지 않기 때문에 직업 소개를 덜 하지만 그래도 많은 학교가 직업 소개 서비스를 제공한다.

공립학교들은 직업 알선 서비스를 조직하는 데 유용한 몇 가지 대안이 있는데, 학교가 지역 공공 고용안정 서비스에 모든 책임을 주는 것부터 그 학교 자체가 스스로 책임을 지는 것까지 다양하다. 지역 학교들의 취업 욕구에 부합하기 위해 지역 공공 고용기관을 활용하는 것과 관련된 주요한 논쟁은 보통 다음과 같다.

1. 지역 사무소를 포함한 주 고용 서비스는 취업 알선 서비스에 유일하게 세워져 있는데, 훈련받은 스태프, 고용주와의 밀접한 접촉, 그리고 노동시장에 대한 현재 정확한 지역 정보를 갖춘다.
2. 2개의 유사한 체계를 작동시키는 것은 비경제적이다.
3. 학교 내에서 상충되는 취업 알선 서비스를 개발하는 것은 대중 사이에서 악감정을 일으키는데, 그들은 중복을 반대할 것이다.
4. 주 고용 서비스는 근로자들이 새로운 직업을 얻기 위해 가는 곳이며, 그래서 이 시설은 처음으로 직업을 찾는 사람들에게만 유용할 수도 있다.

앞의 사항들에도 불구하고, 학교 내의 취업 알선 서비스에 대한 강한 논쟁이 있을 수 있다. 이 입장에 대한 옹호자들은 보통 다음과 같이 주장한다.

1. 우리의 교육기관들은 개인의 적응에 책임을 진다. 교실에서 직업까지의 변화는 적응 과정의 일부이다.
2. 최선의 취업 알선은 모든 개인의 이전 경험과 능력들이 고려될 때 만들어진다. 교육기관은 이 정보를 알 수 있는 최고의 위치에 있다.
3. 만약 학교가 직업교육을 제공한다면, 그것은 논리적으로 전체 과정의 일부로서 취업 알선을 포함해야 한다.

학교 기반 취업 알선 활동들에서 특히 중요시되는 것은 학생들이 시간제로 방학에 하는 일자리를 얻는 기회이다. 방과 후 근무, 주말 근무, 또는 방학 중 근무를 하는 10대들과 청년들은 근로자와 일의 관계에 대한 보다 현실적인 이해뿐 아니라 소중한 경험을 얻을 수 있다. 이러한 경험은 학생들의 커리어 계획에 도움이 될 수 있다. 종종 시간제 취업 알선은 학생에게 커리어 분야와 직업적 관계를 갖는 탐색 경험을 주도록 조정될 수 있다. 심지어 이것이 가능하지 않을 때, 그 학생은 감독 스타일에 익숙해지는 것처럼 직업체험에서 이뤄지는 다양한 방식의 이익을 기대할 수 있다.

고등학교 학생들과 최근 졸업생들이 직업을 얻는 데 실패하는 이유 중 일부는 꽤 쉽게 바꿀 수 없는 문제들을 포함하는데, 예를 들면 만족스럽지 못한 외모, 일의 본질에 대한 비현실적 태도와 비현실적 임금 요구, 불충분한 훈련, 자격이 없음에도 불구하고 원하는 자리를 기대함, 성급함, 입사 조건에 기꺼이 적응하려 하지 않음, 직무 의무에 대한 자신의 개념 고집, 그리고 노동시장 현실에 대한 평범한 무지함이다. 이러한 문제들은 훈련과 실무의 효과적인 조합에 의해 감소되거나 심지어 제거될 수 있다.

학교 내에서의 취업 알선 서비스를 제공하는 데 있어서의 또 다른 논쟁은 공공 펀드를 받는 학교들이 학생들이 적합한 직업을 찾도록 도와줄 의무가 있다는 기본적인 철학적 가정이다. 미국 공립학교들이 비난받는 이유는 학생들이 학문적 영역에서 능력 이하의 성적을 낸다는 지각 때문이다. 교육에서 직장으로 도약할 준비가 되지 않은 학생들은 다른 점에서도 학습 부진 상태이다. 성인 세계로의 적절한 이행 없이 학교를 떠나서 어쩔 줄 모르는 학생들은 경제적·심리적으로 당황하고, 부모에게 의존하는 시간이 더 길어지고, 머물 것인지 또는 학교를 떠날 것인지를 고려하고 있는 학생들에게 부적합한 모델을 제공한다.

학생들에게 취업 알선 서비스를 제공하기로 투표하는 학교의 영역들에는 (1) 분산된 시스템, (2) 중앙화된 프로그램, (3) 지역 고용안정기관과의 협력 프로그램을 만드는 등 유용한 3개의 주요 대안이 있다. 분산 계획은 가장 낮은 기능 수준인 고등학교에서의 취업 알선에 대한 책임을 진다. 이 접근의 장점은 학생들이 이미 그들을 잘 알고 있는 스태프들과 친밀한 환경에 있고, 그래서 취업 알선 서비스를 필요로 하는 학생들을 밝히는 데 들어가는 지연이 거의 없다는 점이다. 분산 시스템의 단점 또한 명확하다. (1) 그 프로그램은 적은 수의 학생만이 혜택을 받고, 고용주들이 추천을 요청할 때 최선의 지원자들을 제공하지 못할 수도 있다. (2) 고용주와의 접촉을 갖고 추후 접촉을 수행하는 데 시간이 거의 없을 수 있다. (3) 시스템 내의 학교들 사이의 경쟁과 노력이 중복될 수 있다. (4) 고용주들은 어떤 학교에 접촉할지 불확실하거나 작업 지시를 하기 위해 몇 번의 통화를 해야 할 수 있다.

분산화된 취업 알선 프로그램에서 취업을 희망하는 학생과 구인 알림을 보낼 수 있는 고용주에 대한 적절한 정보를 만드는 학교 지역에 하나의 사무소가 만들어진다. 이 접근의 장점은 편리함과 효율성과 더 나은 직원 채용의 가능성, 일관된 정책, 더 나은 커뮤니티 관계이다. 학생 기록에 사용되는 이 시스템의 한 가지 단점은 취업 스태프에 의해 쉽게 이용 가능한 것이 아니라는 점이다. 이 문제점은 기록의 컴퓨터화와 데이터의 전기적 전달에 의해 해결되었다. 하지만 학교에서 취업 알선 서비스를 멀리 위치시키는 것은 학생들이 그것에 접근하는 것을 어렵게 만들 수 있다. 이런 문제는 이메일을 사용하고, 또한 학교 지역 내에서의 구직자의 이력서를 유지하는 일자리 웹사이트를 통해 인터넷으로 연결함으로써 해결될 수 있다. 지역사회의 기업들은 또한 일자리를 웹사이트에 포스팅하도록 요청받을 수 있다.

학교 취업 서비스와 지역 공공 고용 서비스 둘 다를 포함한 협력 프로그램은 취업 알선 문제를 해결하는 데 최선의 접근을 제공할 수도 있다. 학교와 고용기관들은 졸업자와 중퇴자의 욕구를 충족시키기 위해 함께 작업할 연락 담당 스태프와 약속을 잡아야 할 것이다.

많은 대학과 대학교들이 재학생과 졸업생을 위한 취업 알선 사무소를 운용한다. 전형적으로 이러한 사무소들은 교육기관에 의해 제공되는 서비스의 일부로 운영되고, 수수료가 아예 없거나 낮은 등록 수수료를 받는다.

많은 대학의 취업 알선 사무소들은 데이트 주선 회사와 비슷한 방식으로 취업 활동을 하는데, 그 주요 목적은 두 사람, 즉 학생과 고용주 대표의 접촉을 촉진하는 것이다. 이러한 상황에서 그 기관은 캠퍼스에 고용주 대표를 초대하는 것과 면접 스케줄을 잡는 것에 주의를 둠으로써 시간이 허용하는 한 많은 학생들이 그 대표자와 만날 기회를 가질 수 있다. 학생 기록은 교무과장에 의해 관리 및 유지되고, 학생들 또한 접근 가능하고 유망한 기업 고용주들에게 제공될 수 있다. 게다가 취업 알선 직원들은 이력서와 함께 파일을 보관하지만, 학생 파일들은 오로지 등록 카드만을 포함할 가능성이 더 크다. 학생들이 등록할 때, 그들은 보통 그들의 등록 카드에 선호하는 기업이나 분야 유형, 지리적 선호, 그리고 직업 목표들을 밝히도록 요구받을 것이다. 통보 시스템은 보통은 이메일인데, 학생들의 선호와 관련되는 기업의 대표자들이 캠퍼스에 있고 학생들이 면접을 컴퓨터로 신청할 수 있을 때 학생들에게 알림을 보내준다. 면접자들에게는 면접이 열리는 방의 위치와 캠퍼스 도착 즈음 또는 그 이전에 학생 목록이 함께 제공된다. 취업 알선 스태프들은 기업 대표자를 위한 리셉션이나 다른 공공 관련 활동들을 열 수 있다. 그들은 또한 떠오르는 문제를 다루는 것이 가능하고, 만약 데이터가 온라인 조사의 일부로 수집되지 않는다면 면접자로부터 평가도구를 나눠주고 수집하는 것이 가능하다.

온라인 취업 알선 센터

취업 알선 분야에 있어 가장 최근의 혁신은 온라인 또는 가상 취업 알선 센터이다. 다른 센터들에서 흔히 있듯이, 이러한 것 중 일부는 사적으로 활용되고, 그들의 서비스에 대한 수수료를 받는다. 다른 센터들, 특히 정부기관에 의해 활용되는 센터들은 고용주와 구직자 모두에게 무료이다. 사립 취업 알선 센터와 공공 취업 알선 센터는 각각 구직자와 고용주에 의해 이력서와 일자리 공시를 허용한다. 그 센터들은 또한 유망한 근로자를 찾기 위해 고용주가 이력서 조사를 하도록 허용하고, 그들의 웹사이트와 일자리가 공지된 기업 웹사이트 사이의 링크를 만들고, 이메일 주소를 제공하고, 그래서 근로자가 고용주에게 직접 접촉하고, 이력서에 대한 정보가 정확한가를 확인하기 위한 이력서 심사와, 사용자들이 문제가 생길 때 도움을 제공할 사용자 지원 서비스에 접촉할 수 있다. 이러한 사립 취업 알선 센터들에 의해 부과되는 수수료는 천차만별이고, 어떤 경우에는 자신의 이력서를 온라인에 올리기를 원하는 구직자에게 아무런 수수료가 부과되지 않는다. 사립과 공공 온라인 취업 알선 서비스의 일부 사례들이 초기에 목록이 제공되었지만, 가장 오래되고 방대한 것 중 하나는 몬스터이다.

인터넷 구직은 주요한 장점을 갖는데, 바로 효율성이다. PC에 앉아서 취업 알선 웹사이트에 온라인으로 연결되면 구직자들은 전 세계 수천 개의 구인광고를 볼 수 있고, 의자를 벗어나지 않고서 광대한 지리적 영역에 이력서를 올릴 수 있다. 구직에 대한 이러한 접근은 구직과 관련된 비용을 낮추는 장점을 갖는데, 이동비용이 제거될 뿐 아니라 온라인에 올라가는 이력서들은 개발과 인쇄비용이 들지 않기 때문이다. 하지만 이런 비용들은 취업 알선 기관에 의해 부과되는 수수료와 비교 검토되어야 한다. 온라인 취업 알선 센터들이 빠르게 확장되면서 미래의 구직자들은 이러한 서비스를 알아야 하고 취업을 하려는 계획에, 그러한 서비스가 포함될 것이라는 기대를 갖는 것은 타당해 보인다.

온라인 서비스를 이용하는 구직자들은 많은 사례들에서 직무에 대한 동일한 데이터베이스를 탐색할지도 모른다. 주 수준 웹사이트와 같은 정부 지원 서비스를 제외하고, 모든 주의 구인 목록은 원스톱 커리어 센터 웹사이트에 가면 찾을 수 있는데, 이는 그 홈페이지의 주 박스를 찾아서 흥미를 가진 주로 스크롤을 내리면 된다.

재취업 주선 서비스

재취업 주선 분야는 월스트리트 저널에 따르면, 40억 달러의 가치를 지닌 산업 분야이다(Dvorak & Lublin, 2009). 재취업 주선 서비스는 많은 기능들을 수행하는데, 기술 진보, 기업 합병, 국외기업 재배치, 비용 감소에 의해 경쟁력 증가의 필요성, 저성과 근로자 해고, 또는 많은 다른 이유 때문에 직무가 없어진 근로자들에 대한 지원을 제공하는 것을 포함한다. 재취업 주선 서비스는 시간 외 수당 불가능 근로자(exempt employee)에게 가장 자주 제공되지만, 그들은 또한 시간 외 수당 제공자(nonexempt employee)와 시간제 근로자에게도 가끔씩 제공된다. Dvorak과 Lublin이 보고한 바에 따르면, 2009년의 보고서에 앞서 2년간 미국 고용주의 2/3 이상이 근로자당 평균 3,589달러의 비용에 재취업 주선 서비스의 일부 형태를 제공하였다. 직급별로 들어간 평균 비용은 경영진당 7,518달러였고, 관리자당 3,793달러, 정규직원당 2,615달러, 시급 직원당 1,472달러였다.

재취업 주선을 위한 지원 자원은 전형적으로 Drake Beam Morin(DBM Career Services)이나 Right Management와 같은 외부 컨설팅 회사에 의해 제공된다. 몇 개의 예에서 재취업 주선 서비스는 내부 커리어 개발 프로그램의 확장으로 제공된다. 제공되는 서비스들은 근로자가 계약이 끝나는 날에 시작되는데, 보통은 이력서 개발, 면접 기술, 근무지 배치 전략, 지지적 상담을 포함한다. 워크숍 회기들은 온라인이나 또는 계약서상의 장소에서 이루어질 수 있다. 재취업 주선 회사인 RiseSmart Inc.는 어떤 현장 서비스도 제공하지 않는다. 그들의 전체 재취업 주선 프로그램은 온라인이나 전화로 제공되고 근로자마다 당연히 2,500달러 정도 더 저렴하다. 재취업 주선 계약 기간이 종종 더 짧고, 때로는 단지 한 달 동안 지속되지만 지원은 1년도 가능하다.

Morin과 York(1982)가 제안한 바에 따르면, 포괄적인 재취업 주선 상담 서비스는 근로자의 좌절, 우울, 분노의 감정을 분산시키는 것, 계속 직무 탐색을 하고 직무 탐색 계획과 그것을 수행할 기술을 개발하는 계약을 성취하는 것, 그리고 근로자들이 직무 탐색을 하는 노력을 계속하는 것에 목적을 둬야 한다. Brammer와 Humberger(1984)는 유사한 설명을 제공했지만, 그들은 커리어 목표를 이루기 위한 전제조건으로서 근로자들이 자기 평가 전략들을 하도록 돕는 것에 Morin과 York(1982)보다 더 많은 강조를 했다.

Butterfield와 Borgen가 실시한 재취업 주선 상담과정에서 중요 사건에 대한 2005년의 질적 연구는 그들이 경험한 재취업 알선 과정이 갖는 유익함에서 고객 관점과 관련한 정보를 만들어냈다. 기술 개발 활동들의 87%는 도움이 되는 것으로 보였다. 평가 활동들은 도움이 되지 않은 것보다 도움이 되는 것으로 판단될 가능성이 더 컸다. 참조 재료의 제공과 그 프로그램의 전체적 설계를 다루는 사건들에 대한 참여자들의 보고는 도움이 되는 것에서부터 도움이 되지 않는 것 사이에서 평정되었다. 재취업 주선 과정의 강도는 한 상담자가 재취업 주선을 위해 후보자마다 30~65시간을 쓸 수도 있다는 Brammer와 Humberger(1984)의 연구에 나타난다. 그 상담자는 재취업 주선의 과정에 그 후보자를 적응시키는 데 5시간을 쓰고, 흥미, 가치, 태도에 대한 자기 평가를 수행하도록 돕는 데 20시간을 쓰고, 직무 탐색 캠페인을 시작하고 직무 선택을 돕는 데 40시간 이상을 쓸 수 있다. Brammer와 Humberger가 주목하는 것은 후보자 스스로 이러한 동일한 활동들에 310시간을 쓸 수도 있다는 점이다. Dvorak과 Lublin(2009)이 발견한 정보가 제안하는 바는 Brammer와 Humberger가 보고한 정보가 이러한 프로그램 상담자들에 의해 사용되는 시간의 양을 과대평가한 것일 수 있다는 점이다.

마지막으로, 재취업 주신 시비스를 제공하는 것은 어떤 일자리에 대한 보장이 아니라 그저 새로운 자리를 찾도록 돕는 지원에 대한 보장이다. 문구류(만약 사용된다면), 사무 지원, 직업 정보, 메시지 서비스, 그리고 다른 유사한 서비스들을 포함해 완전한 지원 시스템의 활용 가능성과 그 인력의 우수함은 재취업 주선 기관들이 선택될 때 포함되는 가장 중요한 특징인 것으로 보인다. 완전한 지원 서비스를 하고 질 좋은 경험을 제공하는 것은 이러한 프로그램의 성공에서 주요한 요인이다.

요약

취업 알선은 전통적으로 커리어 상담이나 직업 훈련 과정의 정점으로 봤다. 비록 이것이 여전히 어느 정도는 사실임에도 불구하고, 많은 사람들이 취업 알선 서비스를 필요로 하는데, 그 이유는 그들이 일자리를 잃었기 때문이다. 몇몇 예시에서 이러한 사람들은 어떤 유형의 커리어 계획을 세울 수 있는데, 다른 상황에서 그들은 우선적으로 가능한 일자리를 얻는 것에 대해 더 관심을 갖는다. 직무 탐색을 경험하는 이유들에 상관없이, 오늘날의 구직자들은 성공하려면 특정 기술들에 적절하게 준비해야 하는 것은 분명하다. 인사부서의 사람들은 어떤 유형의 면접 행동에 대한 편향과 이력서와 관련해서 확고한 선호를 갖고 있다. 구직자들이 유용한 직업을 찾는 기술을 갖고 적절한 자기소개서를 쓰고 매력적인 이력서를 작성하고 제대로 면접을 하지 않는다면 그들은 직무 탐색에서 심각하게 제한된다. 운 좋게도, 커리어 개발 전문가들은 그들이 구직 기술을 개발하는 데 도움이 될 필요가 있는 도구를 갖고 있고, 이 분야에서 효율적인 것으로 증명해 왔다.

몇 가지 다양한 형태의 취업 알선 활동들은 문자 그대로 많은 사람들이 첫 직장에 들어갈 때, 또는 예전 직장의 대체 자리를 찾는 노동자에게 필요하다는 점은 분명하다. 고등학교와 중등 과정 후 기관 내 시간제 취업 사무소들은 학생들에게 일자리를 제공할 뿐 아니라 그들의 커리어 개발도 촉진한다. 사설 취업 알선 기관들은 특별한 취업 알선 시비스를 세공할 수 있고, 재취업 주선 활동들은 대체된 근로자를 재배치하는 데 도움이 될 수 있다. 고등학교, 직업기술학교, 대학, 기타 다른 곳에 있는 취업 알선 사무소들은 학생들이 중요한 첫 번째 직장을 찾도록 도와줄 수 있다. 이러한 취업 알선 기관들은 독립적으로 활동하지만, 동일한 목적을 갖고 있으며, 일자리가 없는 것에 대한 불안을 많은 부분 해소할 수 있다.

이 장의 퀴즈

T F **1.** 잡클럽은 주로 실직한 사람들이 실업의 스트레스를 다루도록 돕는 데 목적을 둔다.

T F **2.** 인사부서 사무원 가운데 선호되는 이력서는 연대기적 스타일을 사용하는 것처럼 보인다.

T F **3.** 저자는 페이스북과 트위터가 구직에 유용한 도구일 수 있다고 제안한다.

T F **4.** 사람들이 직업을 얻도록 돕는 사설기업들은 법집행관에 의해 주의 깊게 감시되고, 그래서 구직자들은 부도덕한 행동에 대해서 염려할 필요가 없다.

T F **5.** 주 고용기관들은 또한 실업보험의 적용을 다룬다.

T F **6.** 아마도 빈자리는 원스톱 커리어 상담센터의 웹사이트에서 발견될 수 있을 것이다.

T F **7.** 주 고용기관들은 구직자들에게 커리어 상담을 제외한 거의 모든 서비스를 제공한다.

T F **8.** 기업들은 다양한 이유들로 그들의 근로자들이 직업을 찾게 도와줄 재취업 주선기업을 고용하는데, 그러한 이유들은 이타적이거나 재정적인 것이다.

T F **9.** '숨겨진 인력시장'은 정부가 만들 일자리를 정의하기 위해 만들어진 말인데, 그 이유는 그것들이 보통의 채널로 광고되지 않기 때문이다.

T F **10.** 사설 취업 알선 기관들의 수수료는 종종 고용주가 지불한다.

(1) F (2) F (3) T (4) F (5) T (6) T (7) F (8) T (9) F (10) T

참고문헌

Atkins, C. P., & Kent, R. L. (1988). What do recruiters consider important during the employment interview? *Journal of Employment Counseling, 25,* 98-103.

Azrin, N. H., & Besadel, V. B. (1979). *Job club counselor's manual: A behavioral approach to vocational counseling.* Baltimore, MD: University Park Press.

Bloch, D. (2000). *The job winning resume* (3rd ed.). Lincolnwood, IL: VGM Books.

Brammer, L. M., & Humberger, F. E. (1984). *Outplacement and inplacement counseling.* Englewood Cliffs, NJ: Prentice-Hall.

Brewington, J. O., Nassar-McMillan, S. C., Flowers, C. P., & Furr, S. R. (2004). A preliminary investigation of factors associated with job loss grief. *Career Development Quarterly, 53,* 78-83.

Butterfield, L. D., & Borgen, W. A. (2005). Outplacement counseling from the client's perspective. *Career Development Quarterly, 53,* 306-316.

Caporoso, R. A., & Kiselica, M. S. (2004). Career counseling with clients with severe mental illness. *Career Development Quarterly, 52,* 235-245.

Dvorak, P., & Lublin, J. S. (2009, August 20). Outplacement firms struggle to do job. *Wall Street Journal.* Retrieved from http://online.wsj.com/article/SB125069793645343423.html#articleTabs%3Darticle

Eck, A. (1993, October). Job-related education and training: Their impact on earnings. *Monthly Labor Review,* 21-38.

Eden, D., & Avarim, A. (1993). Self-efficacy training to speed reemployment: Helping people to help themselves. *Journal of Applied Psychology, 78,* 352-360.

Eisenstadt, S. (1995, October 24). Information highway offers new route to jobs. *The News and Observer,* Raleigh, NC.

Farr, J. M. (2011). *Getting the job you really want* (6th ed.). Indianapolis, IN: JIST.

Guzda, H. P. (1983). The U.S. employment service at 50: It too had to wait its turn. *Monthly Labor Review,* 12-19. Retrieved from http://www.bls.gov/opub/mlr/1983/06/art2full.pdf

Hall, J. P., & Parker, K. (2010). Stuck in a loop: Individual and system barriers for job seekers with disabilities. *Career Development Quarterly, 58,* 246-256.

Hansen, K. (2010). For networking and support, join or start a job club. Retrieved at http://www.quintcareers.com/job_club.html

Heathfield, S. (2013). Recruitment. Retrieved at http://humanresources.about.com/od/glossaryr/g/recruitment.htm

Helwig, A. A. (1985). Corporate recruits preferences for three résumé styles. *Vocational Guidance Quarterly, 34,* 99-105.

Helwig, A. A. (1987). Information required for job hunting: 1121 counselors respond. *Journal of Employment Counseling, 24,* 184-190.

History.com. (2013). Unemployment statistics during the great depression. Retrieved at http://www.u-s-history.com/pages/h1528.html

Jones, M. L., Ulicny, G. R., Czyzewski, M. J., & Plante, T. G. (1987). Employment in care-giving jobs for mentally disabled young adults: A feasibility study. *Journal of Employment Counseling, 24,* 122-129.

Kanchier, C. (1990). Career education for adults with mental disabilities. *Journal of Employment Counseling, 27,* 23-36.

Lam, C. S. (1986). Comparison of sheltered and supported work programs: A pilot study. *Rehabilitation Counseling Bulletin, 30,* 66-82.

Lilley, W. (1978). Job hunters, beware. *Canadian Business, 51,* 36-37, 99-100.

Liskajan, J. (2012, January 1). What job seekers need to know about today's digital market. *Mashable.* Retrieved from http://mashable.com/2012/01/01/digital-market-job-seeker/

Morin, W. J., & York, L. (1982). *Outplacement techniques: A positive approach to terminating employees.* New York, NY: AMACON.

Murray, N. (1993, Spring). Bridge for the X's: A new career services model. *Journal of Career Planning and Employment, 3,* 28-35.

Platt, J. J., Husband, S. D., Hermalin, J., Cater, J., & Metzger, D. (1993). A cognitive problem solving employment readiness intervention for methadone clients. *Journal of Cognitive Psychotherapy: An International Quarterly, 7,* 21-33.

Ports, M. H. (1993, October). Trends in job search methods. *Monthly Labor Review,* 63-67.

Rife, J. C., & Belcher, J. R. (1993). Social support and job search intensity among older unemployed workers. Implications for employment counselors. *Journal of Employment Counseling, 30,* 98-107.

Riggio, R. E., & Throckmorton, B. (1987). Effects of prior training and verbal errors on students' performance in job interviews. *Journal of Employment Counseling, 29,* 10-16.

Ryland, E. K., & Rosen, B. (1987). Personnel professionals' reactions to chronological and functional résumé formats. *Career Development Quarterly, 35,* 228-238.

Silliker, S. A. (1993). The role of social contacts in the successful job search. *Journal of Employment Counseling, 30,* 25-34.

Stephens, D. B., Watt, J. T., & Hobbs, W. S. (1979). Getting through the resume preparation image: Some empirically based guidelines for resume format. *Vocational Guidance Quarterly, 28,* 25-34.

Subich, L. (1994). Annual review: Practice and research in career counseling and development. *Career Development Quarterly, 43,* 114-151.

Taylor, S. (2002). Disabled workers deserve real choices, real jobs. *The Center for an Accessible Society.* Retrieved from http://www.accessiblesociety.org/topics/economics-employment/shelteredwksps.html

Thompson, M. N., & Cummings, D. L. (2010). Enhancing the career development of individuals with criminal records. *Career Development Quarterly, 58,* 209-218.

Wegman, L., Chapman, I., & Johnson, T. (1989). *Work in the new economy.* Indianapolis, IN: JIST.

Whitcomb, S. B., Bryan, C., & Dib, D. (2010). *The Twitter job search guide.* Indianapolis, IN: JIST Publishing.

Yates, C. J. (1987). Job hunters' perspective on their needs during the job search process. *Journal of Employment Counseling, 24,* 155-165.

Zunker, V. G. (2006). *Career counseling: Applied concepts of life planning* (5th ed.). Monterey, CA: Brooks/Cole.

제4부

민간과 공공부문의
커리어 개발 프로그램 관리

전국에서 공통으로 활용할 수 있는 유치원에서 고등학교까지의 포괄적인 커리어 개발 프로그램을 설계하고 이행하기

>>>>>>>> **기억해야 할 것들**

- ASCA 모형의 구성 요소
- 계획과 실행 과정 프로그램의 단계
- 유치원에서 12학년까지 커리어 개발 개입을 조직화하

- 는 최소한 1개의 도식
- 커리어 개발 콘텐츠를 제공하기 위해 사용되는 주요 기법

커리어 개발 과정에서 중요한 시기들이 여러 번 존재한다. 하지만 만약 우리가 인생의 전반적인 발달을 위한 기초를 개발하려 한다면, 학생들이 학교에 있는 동안을 이용해야 한다. 다행스럽게 전미학교상담사협회(ASCA)(2003, 2008, 2004)는 ASCA 전국 모형인 학교 상담 프로그램을 위한 개입틀(Framework for School Counseling Programs, ANM)을 출판해서 이 영역에서 선도적인 역할을 하고 있다. ANM은 커리어, 학문적 그리고 개인적, 사회적 발달의 중요성을 강조하는 발달적 틀이다. 그것은 또한 포괄적인 커리어 개발 프로그램을 개발하기 위한 윤곽, 그러한 프로그램으로부터 나와야 하는 역량, 그리고 다른 가치 있는 정보를 제공한다. 이 장에서는 ANM에 기반해서 유치원에서 12학년까지의 커리어 개발 프로그램을 설계하고 시행하는 기초가 제시된다. 이 장의 의도는 커리어 개발이 독립된 것이 아니라 학교 상담 프로그램을 위한 보다 큰 틀의 일부임을 보여주려는 것이다.

역사적 배경

커리어 개발은 일생의 과정이고(Ginzberg, Ginsburg, Axelrad, & Herma, 1951; Super, 1957), 이 과정의 중요한 측면들은 취학 기간에 나타난다. 지난 40여 년간 수많은 교육 정책들은 초등 · 중등 · 고등학교에서의 커리어 개발을 촉진하는 데 목표를 두었다. 이러한 프로그램 중 가장 야망을 가지고 진행했던 것은 닉슨 정부 동안 교육부 장관 시드니 마랜드의 지휘 아래 실시되고 개발된 커리어 교육운동이었다. K. B. Hoyt(2005)를 포함해서 많은 유명한 상담 교육자들이 이 운동에 포함되었는데, 아동과 청소년들이 그들의 커리어 시야를 넓히고, 의사결정 기술을 배우고, 직업기술을 얻고, 일반적으로 그들 자신에 대한 평가를 하는 데 도움이 되는 폭넓은 프로그램들이 구축되었다.

Hoyt(1977)는 커리어 교육을 다음과 같이 정의하였다.

커리어 교육은 미국의 교육에 다시 초점을 맞추려는 목표를 둔 활동인데, 모든 사람의 일이 의미 있고, 생산적이고, 만족스러운 부분으로 만드는 데 필요한 지식, 기술, 태도를 획득하고 이용하도록 도와주는 방식으로 보다 넓은 커뮤니티 행동이다(p. 5).

Marland(1974)는 오하이오주립대학교에 있는 직업교육 연구 센터에 의해 밝혀진 커리어 교육의 8개 요소를 기술한다.

1. 커리어 인식 : 전체 커리어 스펙트럼에 대한 지식
2. 자기 인식 : 자기를 구성하는 요소들에 대한 지식
3. 감상, 태도 : 생애 역할, 사회 및 경제와 관련한 자기와 타인을 향한 느낌들
4. 의사결정 기술 : 결정을 내리기 위해서 정보를 합리적 과정에 적용하는 것
5. 경제적 인식 : 생산, 분배, 소비에서 과정의 지각
6. 기술 인식과 시작 능력 : 인간이 자신의 행동을 확장하는 방식의 기술들
7. 고용 가능성 기술 : 취업 알선에 적합한 사회적 기술과 의사소통 기술들
8. 교육적 인식 : 교육과 생애 역할 사이의 관계에 대한 지각(pp. 100-102)

코네티컷, 미시시피, 텍사스 같은 몇몇 주에서, 교원단체와 주 수준의 학교 상담자 연합(플로리다 SCA 참조)은 그 모형을 적용해서 자기의 주 내에 있는 학교를 위한 표준으로 만들었다.

간략한 역사

1980년대 중반 즈음, 1970년대의 커리어 교육운동의 잔재들이 기본으로 돌아가자는 교육운동으로 인해 미국 학교에서 없어졌다. 기본으로 돌아가자는 운동의 옹호자들은 특히 초등학교에서의

커리어 교육 프로그램에 비판적이었는데, 이 프로그램은 근로자들에 대한 아동들의 주의에 초점을 두었고 실천적 접근을 통해 도구를 활용하는 기술을 개발하고 직장으로 견학을 가기도 했는데 이러한 활동들이 핵심 과목들로부터 시간을 뺏었기 때문이다. 하지만 초등학교에서 커리어 교육의 실패가 오로지 기본으로 돌아가자는 운동의 탓으로만 돌릴 수는 없다. 많은 실수들이 그러한 프로그램의 설계와 이행 과정에서 만들어졌는데, 다음과 같은 것들이 있다. (1) 외부의 자금이 철수하고 나면, 내부의 재정적 지원을 제공하기 위한 그 어떤 계획도 없이 학교 지역 외부의 돈에 의해 프로그램이 지원받았다. (2) 프로그램은 이미 과부하된 집단인 교사들의 업무량을 증가시켰다. (3) 커리어 교육이라는 용어는 많은 중년 부모들이 갖고 있는 직업교육과 부정적으로 연합되었는데, 이들은 자녀들이 대학 준비 커리큘럼에서 배제될 수 있다고 생각했다. (4) 교육자, 부모, 기업 간의 정치적 지원이 주의 깊게 이루어지지 않았다.

하지만 커리어 교육, 특히 교육과 커리어가 연결되어야 한다는 아이디어는 많은 사람들이 믿는 것보다 더 인정받게 되었다. 1989년에 미국직업정보조정위원회(NOICC)(1989a, 1989b, 1989c, 1989d)는 4번의 확장 출판물을 출간하였는데, 이는 학교와 다른 기관에서의 커리어 개발 프로그램이 어떻게 실행될 수 있는지에 대해 개관하는 내용이었다. 이 출판물들은 1996년 출판된 단일 출판물로 통합되었다(Kobylarz, 1996). 1994년, 학교-일 이행 지원 정책(STWOA)이 의회에서 통과되었다. 이 법은 공립학교에 자극을 주었는데, 이는 모두를 위한 도전적인 교육 프로그램을 개발하고, 학교 과목 문제를 직업으로 관련시키고, 학생들이 자신의 흥미를 찾도록 돕고, 학생들이 교육과 커리어 계획을 만들도록 촉진하기 위한 것이었다. STW와 학교 개선 운동의 결과물 중 하나는 노스캐롤라이나의 고등학교에서 졸업을 희망한 학생들을 위한 4개의 공부 코스를 채택한 것이었는데, 이는 각각 (1) 직업반, (2) 진로반, (3) 기술자율학습반, (4) 대입 준비반이었다. 학생들이 고등학교 동안 공부 과정을 바꿀 수 있지만, 졸업하기 위해서 4개 중 하나의 커리큘럼을 마쳐야 했다.

보다 최근에 또 다른 전문가 조직인 전미학교상담사협회(ASCA)는 학교 상담 프로그램을 위한 전국 기준을 출판하였는데(Campbell & Dahir, 1997), 이는 학교 상담 프로그램의 맥락에서 청소년의 커리어 개발 유능감을 개발하는 일의 중요성을 강조하였다. 그 전국 표준은 세 가지 영역(학문, 커리어, 개인/사회 개발)에 포함되는 9개의 기준을 발표했다. 커리어 개발을 위한 기준들은 세 가지 주요 포인트를 포함한다. (1) 학생들은 자기에 대한 지식과 관련해서 직업의 세계를 탐색하기 위해 필요한 기술들을 개발해야 하고, 커리어 선택을 하기 위해 이 정보를 사용해야 한다. (2) 학생들은 미래의 커리어 선택과 만족을 성취하기 위해 전략들을 사용할 것이다. (3) 학생들은 개인적 특질, 교육, 그리고 직업 세계의 관계에 대해 이해할 것이다. 그 기준들은 학교 상담 프로그램들이 개발되었다면, 그 기준에 부합하게 해주는 특정 능력들을 밝히게 된다.

학교 상담 프로그램을 위한 전국 기준(Campbell & Dahir, 1997) 출판물은 더 중요한 출판물의 전

주곡이었는데, 이는 유치원에서 12학년까지의 커리어 개발 프로그램들인 ASCA 전국 모형에 깊은 영향을 준 것 같다. 2003년, 2005년과 2008년에 개정 출판되었다. 학교 상담 프로그램의 틀은 전국 기준을 포함하고, 많은 다른 구성요소 가운데 포괄적인 학교 상담 프로그램을 성취하기 위한 과정을 기술한다.

ASCA 모형과 커리어 개발

ANM은 'ASCA가 우수하고 효과적인 학교 상담 프로그램의 기본적 요소들이라고 믿는 것'(American School Counselor Association, 2003, p. 3)과 포괄적인 학교 상담 프로그램에서 사용되는 활용 기제들에 대한 간략한 서술을 포함한다. 그 프로그램의 근거로서 작용해야 하는 학생을 위한 기준들이 출판되었고(2004), 그 모형은 계속 진화해 왔다.

그림 15.1에서 볼 수 있듯이, ANM은 네 가지 구성요소를 포함하는데, 기초, 전달 체계, 책임/의무, 관리 체계이다. 프로그램의 기초는 전달과 관리 체계의 기반으로 작용한다. 그 모형의 화살표가 보여주듯이, 포괄적 학교 상담 프로그램의 기초는 신념의 진술에 기초해야 하고, 강령, 그리고 학교, 커리어, 교육 개발을 위한 전국적 표준에 기초해야 한다. 커리어 개발 표준이 완전히 원판은 아니다. Campbell과 Dahir(1997)는 커리어 개발 표준들이 다른 원천뿐 아니라 NOICC(1989a, 1989b, 1989c, 1989d)에도 그 뿌리를 두고 있음을 보고하였다.

ASCA 모형에서의 전달 체계는 학교 상담자들이 학생과 다른 사람들에게 서비스를 전달하기 위해 사용하는 전략들을 포함한다. 전달 체계 내의 요소들은 직접적으로 포괄적 안내 프로그램 모형에서 활용되었다(Gysbers & Henderson, 2000). 안내 커리큘럼은 교실 안내, 구조화된 집단 활동, 부모 교육, 그리고 교사들이 가르치는 교실 단위를 포함한다. 이러한 것들은 커리어 개발 프로그램의 전달에서 사용되는 주요 전략들로 개별 계획은 제외된다. 개별 학생 계획은 기본적으로 조언 과정이며, 이는 학생들의 장기와 단기 교육과 커리어 계획에 조언하고 그것을 개발시키는 기초로서 도움이 되기 위해 필요한 평가를 포함한다.

반응적 서비스는 교사와 부모 상담, 위탁, 상담, 위기에 대한 반응, 그리고 동료 촉진 활동들을 포함한다. 커리어 상담은 정보의 제공처럼 이 지시문의 영향을 받는다. 체계 지원은 학교 내외의 다른 이해 당사자와의 공동 작업, 학교 상담 프로그램의 관리, 그리고 전문적 개발을 포함한다. Employment Security와 같은 기관과 기업과의 공동 작업은 인턴십과 취업 알선의 개발을 촉진한다.

그 프로그램의 세 번째 구성 요소인 책임은 전달 체계와 인원의 효율성에 대한 평가와 그 프로그램의 효율성을 지지하는 결과 보고의 형태로 자료의 보급으로 구성된다. 낙제학생방지법(No Child Left Behind, NCLB, 2002)과 '장애인교육법(2004)은 바람직한 결과를 만들기 위해 사용되

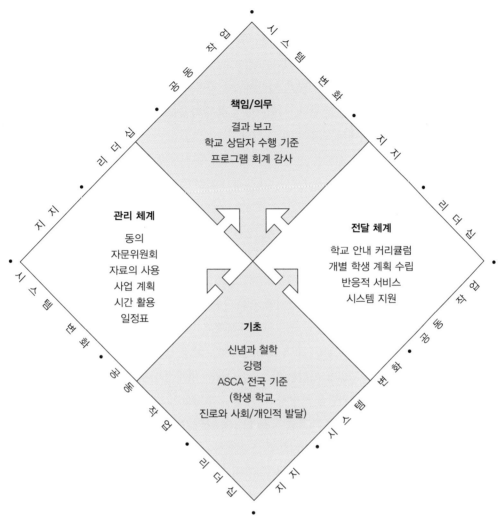

그림 15.1 ASCA 전국 모형 도식

출처 : Reprinted with permission American School Counselor Association, www.schoolcounselor.org.

는 전략들의 효율성을 보이기 위해서 증거 기반 개입을 하도록 공립학교에서 활동하는 전문가들을 자극하였다. ANM은 이 관점을 받아들였고, 증거 기반 접근을 결정하기 위한 기준들을 수립하기 위한 위원회를 구성하였다(Carey, Dimmitt, Hatch, Lapan, & Whiston, 2008).

초기에 Whiston과 Sexton(1998)은 증거 기반 실제 장면을 확인하려는 시도로 연구 문헌을 리뷰했다. 그들은 안내 커리큘럼과 관련된 12개의 연구, 개별 계획 수립 서비스와 관련된 10개의 연구, 반응적 서비스와 관련된 25개의 연구, 시스템 지원과 관련된 3개 연구에 초점을 맞췄다. 총 50개 연구를 기반으로 한 그들의 결론은 다음과 같다.

1. 우리는 안내 커리큘럼 활동들이 학생 성취에 긍정적으로 영향을 미친다고 결론내릴 수 없다.
2. 이러한 보고(연구)들의 결과들이 가리키는 바는, 개인 계획 수립 개입들은 학생들의 커리어 계획에 긍정적인 영향력을 미칠 수 있다는 점이다.
3. 반응적 서비스와 관련 : 집단 상담은 일반적으로 가족과 어려움을 경험하는 학생들과 초등학교 학생들에게 효과적인 것 같다. 사회기술 훈련은 학생들에게 도움이 될 수 있고, 또래 상담은 또한 수많은 영역에서 도움이 될 수 있다.
4. 시스템 지원 관련 : 표본 제한은 전형적 학생들과의 학교 상담 활동의 효율성에 대한 일반적 결론을 도출하는 우리의 능력을 제한한다(pp. 423-424).

네 번째 구성요소인, 관리 시스템은 언제, 왜, 그리고 누구의 권위로 다양한 그 프로그램들이 시행되는지를 포함한다. 학교 상담 프로그램의 시기(언제)는 행사와 행동 계획의 일정표를 포함하고, 그 이유(왜)는 취해지는 행동들이 적절함을 제안하는 자료에 기초하며, 권위 이슈는 학교 리더들과 그 프로그램의 자문위원회 사이의 합의에 의해 다뤄진다.

앞에서 지적한 바와 같이, 학교 상담 프로그램의 내용은 처음에 학교 상담 프로그램을 위한 전국 기준에서 1997년에 설명되었다(Campbell & Dahir, 1997). 학교 상담 프로그램을 위한 9개의 기준은 3개의 내용 영역과 관련이 있다. 이러한 기준들은 ANM 내에 포함된다. 그 리스트는 학교 상담 프로그램에 의해 개발된 학생 역량을 포함하고, 사실 그 역량들이 개발되었던 지표들을 포함했다. 커리어 개발 영역의 기준들과 역량 지표들이 표 15.1에 나와 있다. 이 표는 ASCA의 수정 버전인데, 이는 그 프로그램의 한 측면(안내 커리큘럼)을 계획하기 위해 사용될 수 있다.

프로그램 계획자는 역량 개발을 고려해서 두 가지 결정을 내린다. 첫째는 발달적 관점의 것이다. 어느 나이에 역량이 개발되어야 할까? 둘째 이슈는 역량을 개발하기 위해 필요한 활동과 재료들을 포함한다. 이전에 지적된 것처럼 안내 커리큘럼은 교실 안내, 구조화된 집단 활동, 부모 교육, 그리고 교사들이 가르치는 교실로 구성한다. 안내 커리큘럼을 계획하는 학교 상담자들은 제공될 활동들의 본질과 그 역량이 개발될 학년 수준을 고려해야 한다.

ANM의 목록에 있는 역량들이 학년 수준에 따라 나빠지지 않음을 주목하는 것은 가치가 있다. 그래서 각 학년 수준에서 개발되어야 할 역량들은 기획위원회에 의해 결정되어야 한다. 많은 역량들이 그 커리큘럼의 몇몇 시점에서 다뤄질 것처럼 보인다. 예를 들면 역량 C : A1.1은 '커리어 정보를 찾아내고, 평가하고, 해석하는 기술 개발'인데, 이는 다음과 같이 다뤄질 수 있다.

4학년 : 비전통적 커리어에 대한 단위의 일부로 학생은 비전통적 커리어에 진입했던 근로자를 인터뷰한다.

7학년 : 자기 탐색 단위의 일부로, 직업 전망서(온라인 또는 인쇄물 버전)를 사용해서 그들의

	학년 수준	날짜	활동	재료	책임자

표 15.1 ASCA 전국 기준 : 수정 안내 커리큘럼

커리어 개발 영역

기준 A : 학생들은 자기에 대한 지식과 관련해서 직업 세계를 조사하고 잘 아는 진로를 결정하는 기술을 획득할 것이다.

역량 A : 1 : 직업 인식 개발

C : A1.1 직업 정보를 찾아내고, 평가하고, 해석하는 기술 개발

C : A1.2 다양한 전통적/비선동적 직업에 대해 배우기

C : A1.3 개인적 능력, 기술, 흥미, 동기에 대한 인식 개발

C : A1.4 팀에서 협력적으로 상호작용하고 작업하는 법 배우기

C : A1.5 선택하는 법 배우기

C : A1.6 목표를 설정하는 법 배우기

C : A1.7 계획 수립의 중요성 이해하기

C : A1.8 흥미 영역들에 대한 역량을 추구하고 개발하기

C : A1.9 취미와 직업 흥미 개발하기

C : A1.10 일과 여가시간 사이의 균형

역량 A : 2 : 고용 준비성 개발

C : A2.1 팀에서 작업하기, 문제해결, 조직에서의 기술과 같은 고용 가능성 기술 획득

C : A2.2 직업 준비 기술을 고용 기회를 찾는 데 적용

C : A2.3 변화하는 직장에 대한 지식 입증

C : A2.4 고용주와 근로자의 권리와 책임에 대해 배우기

C : A2.5 직장에서의 개별 독특성 존중하기를 배우기

C : A2.6 이력서 쓰는 법 배우기

C : A2.7 일과 학습을 향한 긍정적 태도 만들기

C : A2.8 직장에서의 책임, 의존성, 꼼꼼함, 진실성, 노력의 중요성 이해

C : A2.9 시간과 과제 관리 기술 사용

기준 B : 학생들은 미래 직업 목표에 성공과 만족을 성취할 전략들을 채용할 것이다.

역량 B : 1 : 직업 정보 획득

C : B1.1 의사결정 기술을 직업 계획, 과정 선택, 직업 전환에 적용

C : B1.2 개인 기술, 흥미, 능력을 확인하고 그것들을 현재의 직업 선택과 관련짓기

C : B1.3 직업 계획 과정의 지식 입증

C : B1.4 직업들이 분류될 수 있는 다양한 방식 알기

C : B1.5 직업 정보를 얻기 위해서 연구와 정보 자원 활용

C : B1.6 직업 계획 정보에 접근하기 위해 인터넷 사용 배우기

(계속)

표 15.1 ASCA 전국 기준 : 수정 안내 커리큘럼(계속)					
	학년 수준	날짜	활동	재료	책임자

C : B1.7 전통적/비전통적 대안들, 그리고 그것들이 직업 선택과 어떤 관련이 있는지 기술하기

C : B1.8 변화하는 경제적 · 사회적 요구들이 고용 추세와 미래 훈련에 어떻게 영향을 줄지 이해하기

역량 B : 2 : 직업 목표 확인

C : B2.1 직업 목표를 성취하기 위해 필요한 교육과 훈련에 대한 관심 보여주기

C : B2.2 직업 목표를 지원하기 위한 교육 계획을 평가하고 변환하기

C : B2.3 인턴십, 멘토링, 섀도잉, 그리고 다른 직업체험에서 취직 능력과 직업 준비성 기술 활용

C : B2.4 직업 흥미와 관계가 있는 교과과정 선택

C : B2.5 직업 계획 포트폴리오 유지

기준 C : 학생들은 개별 자질, 교육, 훈련, 그리고 일의 세계 사이의 관계를 이해할 것이다.

역량 C : 1 : 직업 목표를 성취하기 위한 지식 획득

C : C1.1 교육 성취와 직업 성공 사이의 관계 이해

C : C1.2 직업이 어떻게 개인의 성공과 만족을 성취하는 데 도움이 될 수 있는지 설명

C : C1.3 직업 선택과 성공에 영향을 주는 개인 선호도와 흥미 확인

C : C1.4 변화하는 직장은 평생 새로운 기술의 학습과 획득을 필요로 함을 이해

C : C1.5 생활방식에 대한 직업의 효과 기술하기

C : C1.6 직업 선택에서 가치와 접근의 중요성 이해

C : C1.7 직업은 개인의 중요하고 만족스러운 표현 수단임을 이해

역량 C : 2 : 기술을 직업 목표를 성취하기 위해 적용

C : C2.1 흥미, 능력, 성취가 개인적, 사회적, 교육적, 그리고 직업의 목표들을 성취하는 것과 어떻게 관련이 있는지 보여주기

C : C2.2 동료와 성인과의 갈등 관리 기술을 활용하는 법 배우기

C : C2.3 팀 구성원으로서 타인과 협력적으로 일하기 배우기

C : C2.4 인턴십, 섀도잉, 그리고 멘토링 경험과 같은 직업 기반 학습 상황들에서의 학문적, 고용 준비성 적용

출처 : Reprinted with permission American School Counselor Association, www.schoolcounselor.org.

Holland 코드와 관련된 3개의 직업을 밝혀내고, 간단한 직업에 대한 설명과 임금 정보를 작성한다.

11학년 : 온라인 데이터 소스를 이용해서 학생들은 직무, 그에 대한 설명, 가능한 지리적 위치, 그리고 중등 교육 계획 또는 졸업 후 기대되는 직업들과 관련된 초기임금을 밝힌다.

요약하면 ANM은 4개의 구성요소, 4개의 주제, 4개의 전달 전략, 그리고 몇 개의 책임 측정치와 접근들을 포함한다. 이러한 구성요소, 주제, 전달 전략, 책임 접근들은 포괄적인 학교 상담 프로그램을 설계하고 이행하기 위해 사용될 수 있는 통합 모형으로 작용한다. ASCA는 또한 프로그램 개발이 일어나야 하는 과정을 제공한다.

프로그램 개발의 과정

포괄적 프로그램의 계획 수립은 다음의 단계들을 포함한다. (1) 행정 지원 획득, (2) 전제 조건 설정, (3) 계획위원회 구성, (4) 역량들이 개발될 필요가 있는지를 결정하기 위한 요구 평가 수행, (5) 역량들을 개발하기 위한 프로그램 계획 수립, (6) 프로그램의 이행 (7) 책임 시스템 수립(전미학교상담사협회, 2003).

행정 지원 획득

ANM이 지역 프로그램의 개발이나 혁신을 위한 가이드로서 작용하도록 개발되었음에도 불구하고, 그 모형은 개별 학교들에 동등하게 잘 적용된다. 어떠한 경우에도 최고위 경영자 또는 건물 수준의 장은 만약 그것이 성공하기를 원한다면 커리어 개발 프로그램을 지원하는 데 동의해야 한다. 만약 프로그램 개발 전체 지역의 목표라면, 학교 교육위원회로부터의 지원이 있어야 한다. 이것은 특히 새로운 자금이 그 프로그램을 지원하기 위해 할당될 때 중요해진다.

커리어 개발 프로그램의 변화를 위해 행정 지원을 얻는 것이 기본임에도 불구하고 교사, 부모, 커뮤니티 기관, 그리고 기업을 포함해서 다른 이해 당사자들 가운데서 지원을 얻는 것이 또한 필수적이다(Brown, Pryzwansky, & Schulte, 2010). 성공적인 커리어 개발 프로그램들은 모든 종류의 집단을 포함하고, 그 착수 단계에서 지원이 중요하다.

전제 조건 설정

성공하기 위해서 프로그램은 스태프, 예산, 시설, 재료와 물자, 그리고 그 프로그램을 운용하는 적절한 기술을 가져야 한다. 큰 노력이 그 프로그램의 설계에 주어지기 전에, 학교 상담자들은 그 프로그램에서 필요한 모든 요소들의 비용을 추정해야 한다. 이 비용은 행정 지원을 얻는 과정 동안 최고위 경영자들에게 제시되어야 한다. 거기에 포함된 학교 상담자들은 또한 경비에 대한 근거를 제시해야 한다. 만약 개별 학교나 지역의 전반적인 목표의 차원에서 타당하고 적절하다면, 커리어 개발 서비스를 제공하는 아이디어에 대한 지원이 아마도 곧 있을 것이다(Brown & Trusty, 2005a).

이러한 전반적인 목표 중 일부는 다음과 같은 것들을 포함할 수도 있다.

- 중퇴 비율 감소
- 학생 성취도의 증가
- 백인과 소수민족 학생들 사이에서 성취도 차이의 감소
- 중등 과정 후 입학 증가

커리어 개발 프로그램 이행의 결과로 가능한 것 이상을 약속하지 않는 것이 중요하지만 여기에서 나온 변인들은 잘 설계된 프로그램에 의해 영향받을 수 있다는 일부 증거가 있다(Brown & Trusty, 2005b).

계획위원회 구성

그 프로그램의 개발을 위한 지원을 얻고 전제 조건들이 설정된 이후에, ASCA는 다음 단계로 계획위원회의 구성을 추천한다. 이 위원회는 수많은 책임을 지는데, 이를테면 강령의 기술, 그 프로그램 철학의 초안 작성, 요구 평가 수행, 요구 평가에 기반해서 개발된 역량 선별, 그리고 프로그램 계획 수립 등이다.

계획위원회는 행정 직원, 교사 인력, 학교 상담자, 부모, 기업 공동체의 구성원, 그리고 최소한 1명의 학생 대표자들을 포함해야 한다. 그 위원회에 의해 수행될 일부 과제들은 다음 단락에 세부적으로 기술된다.

강령과 철학은 필수이다. 강령은 커리어 개발 프로그램이 수반하는 것을 반영하고, 철학은 그 프로그램에 대해서 대중에게 보내는 짧은 편지이다(2000). 예를 들어 강령은 그 프로그램이 모든 학생들을 위한 커리어 선택과 커리어 이행을 촉진하려는 기본 목표를 가지는 학교 상담 프로그램의 통합적 부분임을 나타낼 수 있다. "모든 학생을 위한 커리어 선택과 그 이행을 촉진한다."는 철학의 진술은 그 프로그램이 내세우는 가치들을 보여준다. 그것은 다음과 같은 점을 포함할 수 있다.

- 모든 학생을 돕고, 그들의 교육과 커리어 개발을 발전시키는 데 전념한다.
- 지식이 풍부한 전문가, 상담자, 교사들이 직원이어야 한다.
- 직업으로의 전환을 촉진한다.
- 유치원에서 12학년까지 조직된 프로그램의 중요 부분으로 작용한다.
- 학교 상담 프로그램, 학교, 그리고 공동체의 통합적 일부가 된다.

● 그 학교 지역의 교육 사명을 발전시키는 데 전념한다.

철학은 서술이나 항목별 정리가 된 형태로 제시될 수 있다. 목적은 그 프로그램의 이해 당사자들에게 영향을 미치고, 계획 과정에서 가이드로서 사용하는 것이다.

요구 평가의 수행

웨스트버지니아, 인디애나폴리스 외곽, 인디애나, 시카고 빈민지역, 일리노이와 채플힐, 노스캐롤라이나에 위치한 학군에는 다양한 유형의 학생들이 있고, 그래서 다양한 유형의 커리어 개발 프로그램들을 필요로 한다. 웨스트버지니아의 많은 학생들은 바로 군대나 일반 직장으로 가고, 시카고 빈민지역 학생들 역시 마찬가지이다. 하지만 웨스트버지니아의 학생들은 적당한 직업을 찾기 위해서 그 주나 또는 주 밖에서 다른 지리적 영역으로 옮겨갈 것이다. 만약 빈민지역의 학생들이 소수민족 학생들이라면, 그들은 다양한 정도의 차별과 직면하게 될 가능성이 크다. 채플힐과 인디애나폴리스 외곽 학교 지역들로부터의 많은 학생들이 일종의 고등교육 기관들에 다닐 확률이 높다. 그러므로 그들의 초기 커리어 결정 과정은 다소 오래 걸릴 것이다. 하지만 이러한 모든 학생들은 그들의 교육 계획 과정에 커리어 계획을 포함시킬 필요가 있다. 어떤 종류의 프로그램이 이러한 학교 지역의 학생들을 가장 잘 도울지를 결정하기 위해서, 학생들의 특징과 그들의 가족에 대한 온전한 이해를 하는 것이 반드시 필요하다. 이 프로파일을 개발하는 과정을 보통 **요구 평가**라 부른다.

학생들의 요구에 대한 자료는 다양한 자원을 통해서 활용 가능한데, 예를 들면 공동체에 대한 지리적 자료, 성취도 검사의 결과, 탈락률에 대한 정보, 졸업생과 중퇴자에 대한 추후 연구, 그리고 학생, 교사, 기업 리더, 그리고 부모들에 대한 직접적인 조사 연구를 포함한다. 요구 평가를 통해서 답을 낼 수 있는 질문들에는 다음과 같은 것이 있다. (1) 학생들의 요구가 커리어 개발 프로그램과 관련이 있을 때 그 요구들은 무엇인가? (2) 밝혀지는 요구들에 부합하는 최선의 접근은 무엇인가(Brown & Trusty, 2005a)? 그림 15.2에서 볼 수 있듯이 요구 평가 도구들로부터의 자료가 다른 자원들뿐 아니라 졸업생과 기업 리더들로부터 수집된 정보와 조합될 때, 계획 수립자들은 실시될 필요가 있는 프로그램을 짐작할 수 있다.

*NCDG Handbook*에서 제안하듯이 요구 평가는 운영위원회에 의해 이루어질 수 있다(Kobylarz, 1996). 하지만 요구 평가는 학교 상담자, 학교 상담 서비스의 지역 감독자, 또는 직업교육 부서의 대표에 의해 이루어질 가능성이 더 크다. 운영위원회는 전형적으로 요구들이 밝혀지고 최고위급 경영 지원을 얻은 후에 자리를 잡는다. 커리어 개발 프로그램을 위한 요구가 문서화된 이후로, 2개의 행동이 가능하다. 하나는 그 프로그램에 찬성하는 자문위원회를 임명하는 것이다. 다른 하나는 그 요구 평가를 수행한 사람들이 학교 운영자들과 학교교육위원회의 승인을 얻기 위해 학생들의 요구에 대해서 모인 데이터를 사용하도록 하는 것이다. 전체 계획 과정을 시작하기 전에 그 과정이

	중요도의 단계		
	보통	중간	높음
자기 지식 : 학생들이 개발			
긍정적 자기 개념의 중요성에 대한 지식	1	2	3
타인과 긍정적으로 상호작용하는 기술	1	2	3
지속적인 정서적 성장을 위한 요구의 인식	1	2	3
교육과 직업 탐색 : 학생들이 개발			
교육적 성취의 중요성에 대한 인식	1	2	3
일과 배움 사이의 관계의 인식	1	2	3
직업 정보를 이해하고 활용하는 기술	1	2	3
개인적 책임과 좋은 직업 습관의 중요성에 대한 인식	1	2	3
직업이 사회의 요구와 기능과 어떻게 관계를 맺는지에 대한 인식	1	2	3
직업 계획 : 학생들이 개발			
의사결정하는 법 이해	1	2	3
생애 역할 간의 상호 관계에 대한 인식	1	2	3
노동인구에서 남성과 여성의 변화하는 역할에 대한 인식	1	2	3
직업 계획 과정에 대한 인식	1	2	3

그림 15.2 요구 평가 조사지－초등학교

출처 : *National Career Development Guidelines : K-dult Handbook* by L. Kobylarz, 1996 (p.A.3). Stillwater, OK : Career Development Training Institute. Used by permission.

어떻게 추구되는지에 관계없이 그 프로그램에 대한 행정적인 보증이 있어야 한다.

목표와 목적의 기록과 성공의 기준 설정

지역 프로그램을 위한 운영위원회가 목표를 설정해야 하지만 학교별로 특정 프로그램 목표들이 수립되어야 한다. 목표는 보통 "학생들은 자신에게 유용한 유형의 커리어에 대한 지식을 증가시킬 것이다."라는 꽤나 광범위한 용어나 예시로 진술된다. 개괄적인 목표에 대한 진술은 그들의 행동 목표들로 세분화되고, 시간 순서가 정해진다.

행동 목표들은 누가 그것들을 성취할까, 그들이 무엇을 성취하고, 그것들이 어느 정도나 성취될까, 그것들이 언제 성취될까, 그것들이 어떤 수단을 통해 성취될까 등 4개의 구성요소를 포함한다(Burns, 1972; Morris, Fitz-Gibbon, & Lindheim, 1987). 다음은 앞서 언급한 목표를 위해 쓰일 수 있는 행동 목표들의 예시이다.

목표 : 학생들은 자신에게 유용한 커리어에 대한 지식을 증가시킬 것이다.

유치원 : 유치원 졸업 즈음, 학생들은 부모의 직업을 알아낼 수 있을 것이고, 부모의 직업에 대해서 부모와 인터뷰를 하도록 한 과제물 덕분에 그 직업들에서 수행하는 최소한 3개의 의무를 알게 된다.

1학년 : 1학년이 끝날 즈음, 모든 학생들은 커뮤니티 자원봉사자가 포함되는 연설 프로그램 덕분에 3명의 커뮤니티 자원봉사자와 의무 세 가지를 알게 된다.

2학년 : 2학년이 끝날 즈음, 모든 학생들은 그들이 수행하는 두 가지 과제로 지역에서 일하는 3명의 근로자를 찾게 되고, '우리 지역 일꾼'이라는 제목의 수업 결과로 그들의 일에 대한 읽을거리를 어떻게 사용할지를 알게 된다.

3학년 : 3학년이 끝날 즈음, 모든 학생들은 그 주에 고용된 5명의 근로자를 찾아서 그들의 주요한 책임을 알아내고, 주청사 현장 학습과 추후 활동의 결과로 그들의 일에 대해서 수학을 활용하는 방식 두 가지를 말할 수 있게 된다.

4학년 : 4학년이 끝날 즈음, 모든 학생들은 사우스이스트에서 독특한 5명의 근로자를 찾아서 그들의 주요한 직무 책임을 기술하고, 교실 밖 과제인 '우리 지역의 근로자들'을 완성하는 결과로 그들의 직업에 대해서 최소한 2개의 학교 과목에서 배운 정보를 활용하는 법을 말할 수 있게 된다.

5학년 : 5학년 말 즈음, 모든 학생들은 사우스이스트 외곽에 직업을 가진 미국 근로자 10명, 그리고 그들이 수행하는 주요 의무들, 그리고 그들이 미국의 직업에 대해 에세이를 쓴 결과로 직업에 대해서 학교의 정보를 활용하는 방식을 알게 될 것이고, 이 목적과 과제를 위해 만들어진 워크스테이션에서 자료를 본다.

6학년 : 학생들은 북반구와 전 세계의 직업에 대해서 배운다. 학생들은 '만약 내가 뭐든 될 수 있다면'이라는 영어 에세이를 마친다. 상담자가 진행하는 월례 세미나는 국제적 직업을 대표하는 연사를 특별히 초청할 것이다.

7학년 : 학생들은 흥미 목록을 완성하고, 그러고 나서 흥미의 근원과 어떻게 흥미들이 직업 의사결정에 영향을 미치는지를 논의하기 위해 상담자 진행 집단에 참석한다.

8학년 : 학생들은 의사결정에 초점을 맞추는 직업을 선택하고 직업 결정을 위해 자기에 대한 자료와 함께 직업 정보를 사용하면서 9주간의 교실 수업을 끝마친다. 마지막 경험은 학생들이 흥미를 갖는 3개의 직업을 선택하고, 그러한 직업에 진입할 자신의 능력을 고려한 자기 분석을 하고 가장 바람직한 직업에 이르는 교육 과정을 계획하는 것이다. 8학년 말 즈음, 학생들은 미래에 그들이 흥미가 생길지 모르는 3개의 직업을 밝히고, 그러한 직업에 진입하기 위해서 어떤 학문적 기술이 필요한지를 결정하고, 그들의 적성과 학문적 수행이 그들을 어떻게 준비시킬지 또는 그러한 직업에 진입하는 데 어떤 장애물이 발생할지를 분석한다.

표 15.2 ASCA 기준 : 커리어 개발 영역, 기준 A, 역량 A1 그리고 지표들

역량 A1 : 직업 인식력 개발

C : A1.1 직업 정보를 찾아서, 평가하고 해석하는 기술 개발

C : A1.2 전통적/비전통적 직업들에 대해 배우기

C : A1.3 개인 능력, 기술, 흥미, 동기에 대한 인식 개발하기

C : A1.4 팀으로 상호작용하고 협력해서 작업하는 법 배우기

C : A1.5 의사결정하는 법 배우기

C : A1.6 목표 설정하는 법 배우기

C : A1.7 계획의 중요성 이해

C : A1.8 흥미 영역의 역량 추구와 개발

C : A1.9 취미와 직업 흥미 개발

C : A1.10 일과 여가시간 사이의 균형

출처 : Reprinted with permission American School Counselor Association, www.schoolcounselor.org.

9~12학년(고등학교) : 모든 학생이 대안적 선택과 함께 예비 직업 선택을 할 것이고, 직업 세미나, 개인 계획 수립 회기, 독서치료, 직업체험, 직업의 날 참석, 흥미와 적성검사 등과 같은 상담자 지향 활동들의 결과로써 그러한 직업을 위한 교육 계획을 세울 것이다.

목표를 쓰는 또 다른 접근법은 ASCA(2003, 2004) 모형에 있는 역량들과 그 목표들을 연결짓는 것이다. 표 15.2는 ASCA 커리어 개발 기준과 역량들의 하위 항목들을 제시하고 있다.

표 15.2에서 볼 수 있듯이 역량은 관찰 가능한 행동 용어로 쓰이지 않아서, 평가 과정을 복잡하게 만든다. 그러므로 그것들을 다시 쓰는 것이 필요하고, 그렇게 해야 그것들이 평가 과정에 적절하게 잘 들어맞게 된다. 역량은 표 15.3에 제시되는데, 이는 그 역량이 행동적 용어로 어떻게 쓰일 수 있는지뿐만 아니라 그 역량이 어떻게 개발될 수 있는지를 제안한다. 표에서와 같은 다시 쓰기는 또한 그 역량이 언제 개발될 것인가와 같은 계획의 기본적인 부분을 포함한다. 이러한 목표들이 중학교 커리어 개발에 사용됨에도 불구하고, 동일한 목표와 계획들이 초등학교와 고등학교 활동들을 위해 개발될 수도 있다. 표 15.3에 있는 정보는 안내 커리큘럼 계획의 한 단계이다.

커리어 개발 프로그램 설계

행정 지원을 얻고, 전제 조건을 준비하고, 계획위원회를 구성하고, 학생 요구를 평가하고, 목표를 설정하는 것은 계획 과정에서 가장 중요한 국면을 위한 단계, 즉 그 프로그램의 실질적인 설계 단계이다. 이 시점에서 몇몇 질문들에 답을 해볼 필요가 있다. 아마도 이러한 것 중 가장 중요한 것은 ASCA 모형에서 전달 체계 중 어떤 것이 학생들이 중요한 역량을 개발하도록 돕기 위해 사용될

표 15.3 ASCA 기준 : 커리어 개발 영역, 기준 A, 역량 A1, 개정된 지표들

역량 A1 : 중학교 커리어 개발에서 직업 인식력 개발

C : A1.1 모든 학생들은 자신의 Holland 코드와 관련된 직업에 대한 정보원 3개를 밝혀내고, 그 직업을 기술하는 정보를 활용할 것이다.

C : A1.2 모든 학생들은 25% 이하의 남성 또는 여성을 포함하는 3개의 직업을 밝혀내고, 이러한 직업들은 단일 페이지 리포트로 남성 또는 여성에게 비전통적인지를 말해줄 것이다.

C : A1.3 SDS 검사 결과와 기술과 능력에 대한 자기 분석으로, 모든 학생들은 자신의 Holland 코드와, 그들이 자신의 현재 직업 선택과 관련되어 있는 가장 중요한 능력과 기술들을 알게 될 것이다.

C : A1.4 직업 정보를 찾기 위해 인터넷을 사용하는 것에 대한 1시간짜리 비구조화된 협동 프로젝트 후에, 3개 집단의 학생들은 그 연습을 위한 구조화된 척도를 사용해서 다른 집단 구성원의 협력 행동의 질에 대한 익명 평가를 세성할 것이다.

C : A1.5 대차대조표 위에 있는 도입 이후에 학생들은 매트릭스를 구성할 것인데, 이는 가능한 직업 선택으로 고려하는 2개의 직업을 밝히는 것이고, 그 선택의 타당성을 검증하기 위해 사용될 수 있는 기준을 만들고, 예비적 선택을 하기 위해 대차대조표를 적용하는 것이다.

C : A1.6 학생들은 자신들의 행동의 일부 측면에 대한 1주 목표를 설정하고, 그 주말에 목적이 성취되었는지를 평정할 것이다. 이 절차는 또한 2주와 3주 목표를 위해 사용될 수 있다.

C : A1.7 소집단 학생들은 작은 학교 기반 비즈니스를 만들 것이다. 어떤 집단에는 계획 수립 지침이 주어질 것이고, 다른 집단은 주어지지 않을 것이다. 그 진척은 1시간 정도의 심사숙고 후에 판단된다.

C : A1.8 Holland 코드에 기초해서 하나의 직업을 밝혀낸 이후에, 학생들은 그 선택된 직업의 수행에 필요한 능력을 밝히고 그 능력을 개발하기 위한 계획을 세우기 위해서 O*NET을 활용할 것이다.

C : A1.9 병원까지의 현장학습의 결과로서 학생들은 흥미가 있는 새로운 하나의 직업과 그 직업인이 즐길 수 있는 2개의 레저 옵션을 밝혀낼 것이다.

C : A1.10 부모 또는 보호자, 또는 다른 사람 중 하나를 따라 하는 결과로서, 학생들은 (1) 그 사람이 자신의 시간을 어떻게 사용할지, (2) 그 직업의 필요 조건이 가족과 여가활동에 얼마나 방해가 될지를 밝혀낼 것이다.

출처 : Reprinted with permission American School Counselor Association, www.schoolcounselor.org.

까에 대한 것이다. 안내 커리큘럼은 만약 그 프로그램이 모든 학생들을 돕는 것, 즉 ANM을 뒷받침하는 가치라면 역량들의 개발에서 주요한 측면이어야 한다(전미학교상담사협회, 2003, 2005). 이것은 일련의 하위 질문들을 유도하는데, 그중 첫 번째는 안내 커리큘럼과 관련되어 있다.

1. 어떤 기회들이 교실에서의 커리어 개발에 유용하거나, 아니면 어떤 기회들이 교실에서의 커리어 개발을 위해 유용해질 수 있을까?

2. 어떤 기회들에서 커리어 개발 자료가 기존의 것으로 합쳐질까?

3. 어떤 유형의 소집단 활동들이 제공될 수 있을까?

4. 안내 커리큘럼의 부모 측면은 어떻게 효율적으로 설계되고 실시될 수 있을까?

5. 소수민족과 빈곤층 부모들이 어떻게 그 프로그램에 포함될 수 있을까?

6. 안내 커리큘럼을 지원하기 위해 어떤 자료들이 필요할까?

7. 인터넷과 같은 기술이 어떻게 안내 커리큘럼으로 실시되기 위해 사용될 수 있을까?

8. 커리어 센터 스태프는 어떻게 안내 커리큘럼 내로 포함될 수 있을까?

9. 안내 커리큘럼의 모든 측면이 어떻게 평가될 수 있을까?

몇 가지 질문은 개인 학생 계획 수립과 관련되어 있다.

1. 학생들이 학교교육 과정의 어떤 지점에서 커리큘럼을 선택해야 할까? 이 과정에 어떤 활동들이 선행되어야 할까?

2. 부모들은 이 과정에 어떻게 포함될 수 있을까?

3. 개인과 집단 교육적, 진로 계획 노력들을 지원하기 위해 어떤 평가들이 포함될까?

4. 모든 학생들이 필요로 하는 교육과 커리어 계획을 제공하기 위한 최선의 접근은 무엇일까(예 : 교사 조언자, 상담자, 동료)?

5. 각기 다른 유형의 평가와 계획 수립 활동을 필요로 하는 특별한 요구가 있는 학생들이 있는가?

6. 소수민족과 제2언어로서의 영어를 쓰는 학생을 위해 어떤 유형의 시설이 필요할까?

즉시 대응 서비스를 계획하는 동안 다음의 질문들이 고려되어야 한다.

1. 자문 서비스는 어떻게 교사와 그 프로그램에 포함된 다른 사람들에게 제공될 수 있을까?

2. 진로 상담을 필요로 하는 학생들은 어떻게 확인될 수 있을까?

3. 장애우, 소수민족 학생, 영어가 제2언어인 학생들에게 어떤 유형의 진로 상담이 필요할까?

몇 가지 질문은 체계 지원을 계획할 때 나타나기 쉽다.

1. 예산은 어느 정도인가?

2. 프로그램 이행을 준비하기 위해 어떤 유형의 전문적 개발 과정이 필요할까?

3. 학교 상담 스태프가 어떻게 자문과 공동 작업으로 학교의 활동을 지원할 수 있을까?

4. 지역사회 자원들로 상담자를 익숙하게 하기 위해 어떤 유형의 지역사회 봉사활동이 필요할까?

5. 그 프로그램은 어떻게 관리될까?

6. 스태프는 어떻게 배정될까?

마지막으로, 학교 상담 프로그램의 일부로 커리어 개발 프로그램에 대한 전반적 계획은 프로그램 조직화의 이슈를 다루어야 하는데, 이는 그 프로그램을 위한 이벤트 캘린더, 의무, 스태프 수행 평가, 프로그램의 전반적 접근, 그리고 그 프로그램의 평가를 개발하는 것이다.

이슈 다루기 : 프로그램 실행

예산

현재의 경제 침체가 얼마나 오랫동안 학교의 예산 부족에 영향을 줄지 불확실하지만 확실한 것은 커리어 개발 프로그램에 투여되는 돈은 가용한 프로그램을 최대한 활용하게 해줄 재료, 검사와 평가 도구, 스태프와 학교 가외 활동을 제공하기 위해 필요한 모든 자원들에 사용되지 못한다. 학교 상담자들은 인터넷에서 그들에게 유용한 정보를 이용하는 법을 배울 필요가 있다. 다음에 나오는 것은 일부 비용 절감을 위한 제안들이다.

- 지역 군대 모집관이 모든 2학년을 위해서 '당신의 흥미 찾기'와 군대직업적성검사를 실시하고, 채점하고, 해석하게 한다.
- 8학년 학생들을 컴퓨터실로 데려가서(컴퓨터는 인터넷에 연결) 흥미 프로파일러(http://www.onetcenter.gov)에 접속한다. 학생들은 그 점수들이 해석된 후에, 이후 회기들에서 흥미 직업들을 탐색하기 위해 IP 점수를 활용할 수 있게 한다.
- 대부분의 졸업생들이 참여하는 4년제 대학, 지역대학, 기술학교의 웹사이트 주소를 모아서 올리게 한다.
- 늦어도 8학년까지는 잠재적 중퇴자들을 목표로 원스톱 커리어 상담센터 오리엔테이션 회기들을 계속 유지하도록 한다. 이러한 회기들은 직접 직업으로 이어질 수 있게 졸업생들의 2학년 후반에 시작해야 한다.
- 초등 · 중등 · 고등학생들을 위한 주 노동부나 주 직업정보조정위원회가 인터넷에 공유한 대학 예산수립 같은 자료와 실무 정보에 대한 링크를 탐색한다.
- 커리어에 대한 더 많은 정보를 자신의 커리큘럼으로 통합하려는 데 흥미를 갖는 교사들을 위해서 **직업 전망서**(*Occupational Outlook Handbook* 온라인판)와 O*NET의 오리엔테이션 회기를 갖는다.
- 이것은 1명의 상담자의 임금과 부가 혜택의 33~50% 정도의 비용 절감을 가져올 것이다. 가능하다면 제2장에서 설명되었던 글로벌 커리어 개발 촉진사(GCDF)를 스태프로 고용하라.

관리 시스템 선택

커리어 개발 프로그램이 학교 상담 프로그램의 통합적 부분이기 때문에, 지역과 건물 수준에서 학교상담 프로그램의 조정자는 보통 그 프로그램의 커리어 개발 측면을 조정할 것이다. 커리어자원센터 조정자, 특수아동을 위한 학교-일 이행 감독자, 그리고 직업교육 대표자와 같은 사람들이 대개는 전반적인 학교 상담 프로그램 조직과 커리어 개발 부분에 포함될 것이다. 누가 경영팀에 포함되어 있든 간에 문제를 관리하는 전반적인 접근은 협동적 접근이어야 한다.

Johnson, Johnson과 Downs(2005)가 보여준 바에 의하면, 프로그램 조정자의 역할은 프로그램 스태프가 만드는 계획을 리뷰하고, 그러한 계획과 관련 있는 활동들을 모니터하고, 결과 보고서를 감사하고, 스태프와 함께 성과물을 입증하고, 스태프 개발을 촉진하고, 관리자와 스태프가 함께 동의 과정에 참여하는 것이다. Brown과 Trusty(2005a)가 제안한 바에 따르면, 프로그램 조정자는 또한 갈등을 해결하고, 문제해결을 촉진하고, 그 프로그램 내외의 협력관계를 이루고, 홍보 정도를 조정하고, 결과 보고서를 유포하고, 필요할 때 프로그램을 지지할 준비가 되어야 한다.

지도 커리큘럼을 계획하고 실행하기

지도 커리큘럼의 목적은 기본적인 정보를 교육이나 심리교육 모형으로서 가장 잘 기술될 수 있는 것을 사용해서 학생들에게 제공하는 것이다. 이 점에 대한 논의가 ANM에서 밝혀진 커리어 개발 역량을 학생들이 개발하는 데 도움을 주는 것에 초점을 맞춰 왔음에도 불구하고(전미학교상담사협회, 2008a, 2008b), 포괄적인 커리어 개발 프로그램은 학업과 개인 사회적 역량을 개발하는 데 목적을 두고 있는데, 이는 이러한 역량과 교육, 커리어, 개인 기능 사이의 분명한 관련성 때문이다. 표 15.4에 있듯이 역량 A1이 개발되었다. 하나의 직업을 선택하고, 준비하고, 진입하고, 성공하게 되는 데서 성공을 위해 필요치 않은 지표들은 무엇인가? 물론 변인 A : A1.1에서 A : A1.5까지 나온 것처럼, 성공적인 근로자는 믿을 만한 학업적 자기 개념을 개발했어야 한다.

이제 표 15.5를 생각해 보자. 하나 이상의 역량과 그 역량의 개발된 지표들은 개인과 사회적 기능, 그리고 직업적 성공에서 기본이 된다. 자기 지식의 중요성은 이 책의 제14장에서 얼마나 자주 표현되었을까? 자기 지식 없이 커리어 결정을 하는 것은 불가능하다는 것을 독자들에게 알리기에 충분할 만큼 자주 표현되었다. 지도 커리큘럼에 포함되는 반과 소집단은 그것들이 포함된 분야에 상관없이, 다양한 역량에 초점을 두는 방식으로 계획되어야 한다.

학교 상담 프로그램은 그 프로그램의 커리어 개발 측면에 초점이 되어야 하는 역량들을 제안한다. 지도 커리큘럼 클래스와 소집단 활동은 최소한 그러한 역량의 일부를 목표로 하도록 선택되었다. 표 15.6은 유치원에서 12학년까지 지도 커리큘럼을 계획할 때 도움이 될 수 있다.

표 15.6의 자료에서 두 가지가 분명해야 한다. 첫째, 유치원에서 12학년까지 지도 커리큘럼의 개발은 필요하지만 힘든 과제이다. 둘째, 그것이 완료되자마자 그 표는 학교 상담 프로그램을 위한 캘린더를 개발하기 위해 필요한 정보를 제공하는데, 이것이 이 표가 갖는 실제 이점이다. 단위와 소집단을 실시하는 사람들의 이름을 그 표에 더함으로써 책임이 고정되고, 그래서 다른 중요한 과제가 완료되었다.

표 15.4 ASCA 기준 : 학업 영역, 기준 A, 역량 A1, 그리고 지표들

기준 A : 학생들은 학교에서 그리고 생애주기별로 효율적인 학습에 공헌하는 태도, 지식, 기술을 획득할 것이다.

역량 A1 : 학업적 자기 개념 향상

A : A1.1 학습자로서 역량과 확신을 분명히 표현

A : A1.2 학습에 긍정적 흥미를 보임

A : A1.3 일과 성취를 자랑

A : A1.4 실수를 학습 과정에 기본적인 것으로 받아들임

A : A1.5 성공적인 학습을 이끄는 태도와 행동을 밝힘

출처 : Reprinted with permission American School Counselor Association, www.schoolcounselor.org.

표 15.5 ASCA 개인적 사회적 영역, 기준 A, 역량 A1, 그리고 지표들

기준 A : 학생들이 자기와 타인을 이해하고 존중하도록 도와줄 지식, 태도, 대인관계 기술을 획득할 것이다.

역량 A1 : 자기 지식 획득

PS : A1.1 유일하고 가치 있는 사람으로서 자기를 향한 긍정적 태도 개발

PS : A1.2 가치, 태도, 신념을 밝힘

PS : A1.3 목표 설정 과정을 배움

PS : A1.4 변화가 성장의 일부분임을 이해

PS : A1.5 감정들을 밝히고 표현

PS : A1.6 적절한 행동과 부적절한 행동 사이를 구별

PS : A1.7 개인적 경계, 권리, 사생활 요구 인식

PS : A1.8 자기 통제의 요구와 그것을 수련하는 법 이해

PS : A1.9 집단으로 협력 행동 보여주기

PS : A1.10 개인적 강점과 자산 밝히기

PS : A1.11 변화하는 개인과 사회적 역할을 밝히고 논의

PS : A1.12 변화하는 가정 역할을 밝히고 인식

출처 : Reprinted with permission American School Counselor Association, www.schoolcounselor.org.

개인별 학생 계획 수립하기

개인별 학생 계획(individual student planning, ISP)이란 명칭이 어느 정도는 부적절한 것일 수 있다. 왜냐하면 이 서비스는 개인과 집단 교육과 커리어 계획 활동을 포함하기 때문이다. Brown과 Trusty(2005a)가 언급한 ISP에 대한 한 가지 우려점은 그것이 일상적으로 간과되는 것으로 보일 수 있고, 학생들의 고통을 일으킨다는 점이다. 이러한 연구자들은 학사학위를 마무리하는 데 영향을 주는 요인들이 주제였던 Adelman(1999)과 Trusty와 Niles(2004)의 연구를 지적한다. 남성은 여성보다 학위를 받을 가능성이 더 적고, 백인과 아시아계 미국 학생들은 아프리카계 미국인과 아메

표 15.6 유치원에서 12학년까지 지도 커리큘럼 계획표

학년과 월	ANM 역량	목표	활동	필요한 재료	평가 전략
2학년 10월	PS : A1, C : A1-자기 지식	모든 학생들은 자신이 잘하는 세 가지 기술을 밝혀내고 하나를 개발시킬 것이다.	4회기 교실 지도	빨간색과 초록색 크레용과 종이	학생 목록은 역량에 대해서 수집되고 평가될 것이다.
8학년 4월	A : B2, C : A1 – 목표 설정	학생들은 단기와 장기 목표를 설정하는 능력을 보여줄 것이다.	목표 설정에 대한 40분짜리 6회 교실 지도 회기	없음	학생 소집단은 그동안 작성해 온 단기와 장기 목표를 평가하도록 요청받을 것이다.
11학년 9월	C : C2, PS : B1- 갈등 관리	학생들은 하나의 갈등 관리 모형인 윈-윈의 활용을 보여줄 것이다.	3회 교실 지도 회기	없음	소집단은 그 모형의 역할극 응용에 근거한 피드백을 평가하고 제공할 것이다.

출처 : Reprinted with permission American School Counselor Association, www.schoolcounselor.org.

리카 원주민들보다 학위를 받을 가능성이 더 높다. 이것은 남성과 소수집단에 대한 주의 깊은 계획 수립의 필요성을 보여준다. Brown과 Trusty(2005a)가 인용한 연구가 또한 결론 내린 바에 따르면, 상급학교 수준의 수학과 과학 과정을 마치는 것은 학사학위를 마치는 데 주요한 요인이었다. 그러므로 이러한 분야에서 상위 과정을 마치시 않은 학생들을 격려하는 것은 ISP에 앞서 우선시되어야 한다. 그렇다면 남은 질문은 이것이다. ISP는 어떻게 구성되고 실시되어야 하는가?

2002년에 미육군 모병사령부와 ASCA가 합동으로 출판한 삶을 계획하기(*Planning for Life*)는 ISP의 설계에 대한 일부 답들을 제공했다. 이 출판물은 미국의 모범적인 커리어 계획 프로그램을 포함하였다. 저자들이 제안한 바에 따르면, 모든 학생은 개인별 커리어 계획(individualized career plan, ICP)을 가져야 하는데, 여기에는 커리어와 교육 목표, 평가 자료, 레저와 과외 활동, 시간제 일, 지역사회 서비스 활동, 그리고 커리어와 교육 계획 수립에 유용할 수 있는 다른 정보들을 포함한다. 그림 15.3의 문서는 ICP의 기초로 사용될 수 있다.

연습문제 15.1

Science Pioneers에 있는 STEM Career 웹사이트(http://www.sciencepioneers.org/students/stem-websites)로 가서 유용한 사이트들을 탐색하라. 당신이 관찰한 결과로 그 페이지에 대해서 어떻게 평정하겠는가(나쁨/보통/좋음)? 당신의 반 친구 중 최소한 1명과 당신의 반응에 대해서 논의하라.

이 활동은 스태프가 학생이 진로 지도와 상담의 성취 정도를 모니터하고 강화하는 데 도움이 되고, 교육과 진로 계획을 개발하는 데 지원하는 기법을 제안한다.

설명

1. 개인 진로 계획이 고등학교 경험을 통해 모든 학생들에게 유지되는 것이 추천된다.

2. 학생이 배정되는 상담자나 상담자들은 그 학생이 계획을 개발하고, 리뷰하고, 개선하고, 이행하도록 그 학생과 회의에 책임을 질 것이다.

3. 제품 평가가 끝나면서 그 기준의 학생 획득에 대한 개인 프로파일이 계획에 덧붙여질 것이다.

이름 _____
　　　　　　성　　　　　　　　　　　　　이름　　　　　　　　　　　　중간이름

학교 _____

1. 나의 흥미는 다음과 같다.

　　　9학년　　　　　　　　10학년　　　　　　　　11학년　　　　　　　　12학년
　　　_____　　　　　_____　　　　　_____　　　　　_____
　　　_____　　　　　_____　　　　　_____　　　　　_____
　　　_____　　　　　_____　　　　　_____　　　　　_____

2. 나의 능력과 기술은 다음과 같다.

　　　9학년　　　　　　　　10학년　　　　　　　　11학년　　　　　　　　12학년
　　　_____　　　　　_____　　　　　_____　　　　　_____
　　　_____　　　　　_____　　　　　_____　　　　　_____
　　　_____　　　　　_____　　　　　_____　　　　　_____

3. 나의 취미와 레크리에이션/여가활동은 다음과 같다.

　　　9학년　　　　　　　　10학년　　　　　　　　11학년　　　　　　　　12학년
　　　_____　　　　　_____　　　　　_____　　　　　_____
　　　_____　　　　　_____　　　　　_____　　　　　_____
　　　_____　　　　　_____　　　　　_____　　　　　_____

4. 내가 최선을 다하는 학과목은 다음과 같다.

　　　9학년　　　　　　　　10학년　　　　　　　　11학년　　　　　　　　12학년
　　　_____　　　　　_____　　　　　_____　　　　　_____
　　　_____　　　　　_____　　　　　_____　　　　　_____
　　　_____　　　　　_____　　　　　_____　　　　　_____

그림 15.3 개인 진로 계획서 : 고등학교 수준

5. 나는 다음 직업군에 있는 진로들을 탐색해 봤다.

9학년	10학년	11학년	12학년
_____	_____	_____	_____
_____	_____	_____	_____
_____	_____	_____	_____

6. 나는 다음의 직무나 직업 과제에 대해 일부 경험이 있거나 또는 시간제로 일했다.

9학년	10학년	11학년	12학년
_____	_____	_____	_____
_____	_____	_____	_____
_____	_____	_____	_____

7. 나의 잠정적인 진로 목표는 다음과 같다.

9학년	10학년	11학년	12학년
_____	_____	_____	_____
_____	_____	_____	_____
_____	_____	_____	_____

8. 나는 고등학교에서 공부하기 위해서 다음의 커리큘럼을 선택했다. 과정들은 나의 학교 연구 계획에서 과정들을 볼 수 있는데, 이는 나의 누적된 기록 일부이다.

(20) 학점 수료 _____

(22) 학점 수료 _____

기타 _____

9. 나는 다음의 프로그램, 학교, 또는 대학에서 고등학교 이후의 훈련을 하기로 계획한다.

_____

_____

_____

_____

또는

나는 다음의 직업(기업, 산업) 중 하나에서 일자리를 얻기로 계획한다.

_____

_____

_____

그림 15.3 개인 진로 계획서 : 고등학교 수준(계속)

10. 나는 지역 학생 진로 개발 기준에 명시된 지표들을 얻었다. 만약 아니라면 나는 얻지 못한 모든 지표를 강화하기 위해 할 수 있는 활동들을 결정하기 위해 나의 상담자와 만났을 것이다. 또한 매년 지표의 획득을 요약하는 개별 프로파일을 첨부하라.

역량	9학년	10학년	11학년	12학년
긍정적 자기 개념의 영향력 이해	___	___	___	___
타인과 긍정적으로 상호작용하는 기술	___	___	___	___
교육 성취와 진로 계획 사이의 관계 이해	___	___	___	___
일과 학습을 향한 긍정적 태도의 필요성 이해	___	___	___	___
진로 정보를 찾고, 평가하고, 해석하는 기술	___	___	___	___
직업을 구하고, 얻고, 유지하고, 바꿀 준비를 하는 기술	___	___	___	___
사회적 요구와 기능들이 일의 본질과 구조에 어떻게 영향을 끼치는지를 이해	___	___	___	___
의사결정 기술	___	___	___	___
생애 역할의 상호 관계 이해	___	___	___	___
남성/여성 역할에서 지속적인 변화를 이해	___	___	___	___
진로 계획 기술	___	___	___	___

(맨 위 헤더 위에 "학년" 표기)

서명 :

학생_____

부모_____

상담자_____

그림 15.3 개인 진로 계획서 : 고등학교 수준(계속)

ISP 서비스를 개발하기 위한 일반적 지침들에 덧붙여서, **삶을 계획하기**는 널리 퍼져 있는 단일 학교 프로그램들에 대한 설명을 포함한다. 그 보고서에서 설명된 프로그램이 오리건 주 힐스버러에서 실시되는데 다음과 같은 특징들을 갖는다.

유치원~12학년 : 유치원처럼 이른 시기에 교육과 진로 계획에 대한 아이디어들이 강조된다. 이 활동은 최고학년 때에 학교-일 이행에 초점을 맞추는 활동에 이르게 된다.

평가 : SDS 검사를 9학년에 모두가 실시한다.

기술 : 그 지역은 웹사이트에 대한 검색 가능한 데이터베이스를 개발했는데, 이는 교사들이 자기 반에서 사용될 수 있는 것들을 찾도록 해준다. 그들은 또한 학생들에게 직업과 교육 정보를

제공하기 위해 오리건 기반 커리어 정보 시스템(CIS)을 활용했다.

직원 채용 : 부모 자원봉사자들이 학생들을 훈련시키고 조언자로서 봉사하기 위해 모집되었고, 이 담당 사례에 할당되었다. ICP는 커리어 연구 센터에 위치해 있는데, 매년 개정되고 업데이트된다. 또한 학생들은 매년 1회씩 자신의 상담자와 만난다.

시설 : 조언 활동은 커리어 자원 센터에서 다른 활동들처럼 이루어졌다.

기타 : 직장 방문, 직업체험, 그리고 연사 초청들이 이루어졌다.

조지아 주의 페어번에 있는 베어크리크중학교도 그 중 하나였다. 이 학교의 프로그램은 3개의 질문으로 조직되었다.

6학년 : 나는 누구인가?

7학년 : 나는 어디로 가고 있는가?

8학년 : 나는 어떻게 거기로 가고 있는가?

베어크리크중학교의 프로그램과 관련한 흥미로운 몇 가지 사항이 있다.

조직 : 프로그램은 커리어 센터 조정자에 의해 만들어진다.

채용 : 커리어 센터 조정지는 학교 상담자들의 지원과 함께 개념들을 교육 과정에 통합시키기 위해 교사들과 함께 작업한다.

평가 : 커리어 의사결정 검사가 8학년에게 실시되고, 다른 비공식 도구들이 적성과 능력을 평가하기 위해 사용된다.

기술 : 조지아 커리어 정보 시스템이 교육과 진로 정보의 원천이다.

시설 : 커리어 자원 센터가 대부분의 활동에 활용된다.

문서 보존 : 그림 15.3에 있는 것과 비슷한 포트폴리오 시스템이 사용된다.

기타 : 학생들은 직업체험에 참여할 수 있다.

예외 없이 그 어떠한 초등학교 ISP도 삶을 계획하기에 포함되지 않았다. 하지만 아마도 학생들은 3학년 말쯤에 중학교 진학을 준비할 목표 설정과 계획 활동을 해야 한다. 이런 활동에는 중학교 방문, '중학생'의 삶에 대한 중학생 세미나, 학부모 예비 모임 등이 포함되어야 한다. 그들은 또한 교육과 직업을 연결하고, 체계적인 의사결정 기술을 개발하고, 자기 자각을 촉진하고, 인종과 성 관련 고정관념을 최소화하는 활동들을 경험해야 한다. 노스캐롤라이나 주 더럼에 있는 E. K. Powe 초등학교는 이러한 많은 활동들을 한데 묶은 4학년과 5학년을 위한 연례 직업의 날을 후원한다.

이 부분에서 설명된 ISP 프로그램은 더 포괄적인 커리어 개발 프로그램으로 완전히 통합되고, 그것은 그것들이 왜 미군/ASCA 프로젝트에 선택되었는지에 대한 이유가 되며, 이 프로젝트는 모범 프로그램을 밝히고 커리어와 교육 프로그램 계획을 촉진하는 것에 목적을 두고 있다. 이른바 일부 커리어 개발 프로그램의 경우처럼, 어디에서 하나의 요소가 시작하고 다른 것이 중단될지를 말하기는 어렵다.

평가

평가는 ISP 프로그램의 중요한 부분이다. 오리건 주 힐스버러의 지역 ISP 개발자들은 그곳의 유일한 공식 평가로서 중학교에 흥미검사를 활용했다. 베어크리크중학교의 ISP에 있는 커리어 개발 전문가들이 보여준 바에 따르면, 그들은 다른 평가를 사용했지만 어떤 것인지 구체적이지는 않았다. Brown과 Trusty(2005a)가 제안한 바에 따르면, 성취도 자료는 개인별 계획 과정을 확인하기 위해 필요하다. 기술과 능력에 대해서 상담자가 구성한 자기 예측치는 상업적으로 더 비싼 비용으로 만들어진 예측치를 대체하기 위해 사용될 수 있다. O*NET 시스템에서 기술과 능력에 대한 자기 예측치는 또한 기술과 능력에 대한 저렴한 측정치로 사용될 수 있다. Holland 유형을 측정하지만 유명하지 않은 자기 추정 척도들은 저렴한 예산 때문에 그 도구의 구매가 불가능할 때 유용할 수 있다. 학생과 친한 교사들은 대인관계 기술과 의사결정 양식과 능력에 대한 평가를 얻기 위해 조사 대상이 될 수 있다. 마지막으로, 자신의 목적을 성취하는 데 개인들이 마주하는 장애물과 관련한 추정치는 계획하는 사람에게 실제 세상의 이슈들에 대한 그 학생의 지각에 대한 통찰을 줄 수 있고, 목표로 가는 길에 있을 장애물을 줄이거나 제거하기 위한 주장 행동을 위해서 그것들을 목표로 할 수 있다.

최종 결과물

ISP는 늦어도 8학년에는 시작해야 하고, 학생들이 고등학교에서 졸업하거나 졸업 전에 학교를 떠날 때 끝나야 한다. 모든 계획 회기들은 최신 포트폴리오와 일어난 사건들과 만들어진 결정의 기록들과 함께 끝내야 한다(그림 15.3 참조). 졸업 이전에 학교를 떠날 것으로 예상되는 학생들은 다른 교육기관이나 직업으로의 전환 계획을 가져야 한다. 전환 계획 속에는 떠나도록 만든 이슈들이 해결되면 학교로 되돌아오는 것을 포함할 수 있다. 다른 곳에서 지적되었듯이 특수교육 학생들은 그 계획을 성과물로 바꾸기 위해 필요한 상세한 전략 목록들과 그들의 ISP 속에 전환 계획을 가져야 한다. 졸업할 계획을 세우는 학생들은 또한 그들이 중등 과정 이후의 교육에 등록하든 아니면 직접 근로자가 되든 전환 계획을 필요로 한다. 그 학생이 자신이 선택한 것들 중 하나의 대안에 받아들여졌을 때, 많은 고등학교 상담자들이 학생의 전환 계획을 완전한 것으로 생각하는 것은 불행한 사실이다. 이 계획이 부적절한 이유는 대학에 가기로 계획한 일부 학생들은 결코 대학에 가지 않고, 일부는 돈을 벌거나 가족 문제를 해결하기 위해 몇 년 동안 등록을 연기하고, 훨씬 더 많은 수는 졸업 이전에 중퇴하기 때문이다. 장기적인 대응책이 없다면('만일 그러면 어쩌지' 계획), 이 학생들은 예비적 대안으로 정해놓은 직업에 대한 탐색을 시작해야 한다. ANM에 있는 역량들(전미학교상담사협회, 2003, 2005, 2008a, 2008b)은 고등학교 졸업 후 바로 직업을 가질 학생들을 위한 것만은 아니다. 그 역량들은 단지 고등학교에 입학하는 모든 학생들을 위한 유용한 기술들이다.

즉각적인 서비스를 계획하고 실행하기

즉각적인 서비스에는 자문, 개인과 소집단 상담, 위기 상담과 위기에 대한 대응, 위탁, 그리고 동료 촉진이 포함된다. 이러한 즉각적인 서비스 중에서 커리어 개발 프로그램의 계획에서 가장 큰 주의를 필요로 하는 두 가지는 자문과 개인 및 집단 상담이다. 여기에서 제안하는 것은 대부분의 경우에 공동 작업에는 우호적이지만 자문에 대한 아이디어는 포기된다는 점이다. 자문은 의뢰인과 컨설턴트가 의뢰인의 문제를 밝히고, 목표를 세우고, 개입을 설계하는 동등한 관계를 포함한다. 그 개입의 실행은 의뢰인의 몫으로 남겨지는데, 대개는 교사이다. 공동 작업은 하나의 예외로 동일한 과정을 따른다. 공동 작업에서 공동 작업자는 그 개입의 실행에 대한 공동 책임을 공유한다(Brown et al., 2010). 공동 작업 접근에서 커리어 개발 전문가들은 커리어 개발 개입들을 설계하고 실행하는 책임을 공유한다. 이것이 의미하는 바는, 상담자와 교사들이 학교에서 직업으로 전환하는 데 교실 작업을 설계하고 실시하기 위해 함께 작업할 것이라는 점이다. 유사하게, 그들은 중학교 직업의 날이나 직업체험의 날을 설계하는 데 포함되는 책임을 나눌 수 있다. 예를 들어 상담자, 직업교육 교사, 그리고 기업의 대리자는 노스캐롤라이나 주의 롤리에 있는 애선스드라이브고등학교에서 매년 성촉절(2월 2일)에 직업체험의 날을 설계하고 실시하기 위해 공동 작업을 한다.

만약 커리어 개발 프로그램의 ISP 부분이 적절하게 수행된다면, 모든 학생들이 커리어 상담을 필요로 하지는 않을 것이다. 하지만 일부 학생들은 결정 불안을 가지게 되고, 이 문제를 극복하기 위해서 커리어 상담을 필요로 한다. 재능이 있는 학생들은 그들에게 여지가 있는 많은 옵션들을 가질 수 있고, 그래서 감당할 수 있는 몇 개로 선택들을 좁히기 위해 커리어 상담이 필요하다. 장애가 있는 학생들은 미국 장애인법의 보호 아래에서 고용주가 필요로 하는 대안과 시설을 확인하기 위해서 재활 상담자로부터의 특수 서비스를 필요로 할 수 있다. 일부 고등학교들은 그 주의 재활 상담분과가 고용한 관계자로 전일제 또는 시간제 재활 상담자를 둔다.

커리어 상담을 필요로 하는 학생들을 확인하는 것은 조언자들이 그 서비스로부터 이득을 얻을 학생들을 인식하는 것을 훈련함으로써 시작해야 하는데, 특히 결정 불안과 우유부단한 학생들이다. 결정 불안을 경험하는 학생들은 세 가지 증상 중 하나를 보일 수 있는데, 회피, 충동적인(성급한) 의사결정, 또는 의존적 의사결정이다. 의존적 의사결정자는 집단적 사회 가치를 가지고 직업 선택 과정에서 부모의 의견에 따르는 소수집단의 구성원과 혼동되는 것은 아니다. 독립적인 사회 가치를 갖고 있지만 그렇게 할 수 없기 때문에 자신만의 의사결정을 해야 한다고 믿는 학생들은 결정 불안을 가진 것으로 분류되어야 한다. 상담자가 자기를 위해서 결정을 내려주기를 원할지 모르는 이러한 학생들은 반복해서 질문을 할 수 있다. "당신은 내가 뭘 해야 한다고 생각하나요?" 그들은 1명 이상의 자신의 친구가 그걸 선택했기 때문에 직업을 선택할 수도 있다. 어떤 직업을 선택하는 문제가 생기거나 계획 수립 회기 동안 보여줄 수 없을 때 의사결정을 회피하는 학생들은 불편해질 수 있다. 충동적인 의사결정자는 부주의해 보이는데, 그 이유는 그들이 그 과정에서 거의 생각을 하지 않기 때문이다. 자신의 흥미와 관련된 직업 목록이 제시될 때, 그들은 아주 빠르게 선택할 수 있지만, 그 선택에 대한 적절한 이유를 제시하지 못할 것이다.

커리어 상담자들은 결정 불안이 선택을 하는 학생의 능력에 대한 비이성적인 사고("내가 그걸 엉망으로 만들게 될 거야.") 또는 완벽한 결정을 내려야 하는 요구("난 완벽한 선택을 해야만 해.")에 의해 만들어진다는 점을 떠올려야 한다. 제3장에서 설명한 커리어 상담에 대한 인지행동 접근은 아마도 결정 불안을 다룰 때 선호되는 접근일 것이다. 이 접근을 사용해서 커리어 상담자는 불안을 촉발시키는 비합리적 사고를 밝히고, 생각 멈추기(thought stopping), 자기 암시 바꾸기(altering self-talk), 이완 전략과 같은 기법(예 : 호흡하기와 깊은 근육 이완)을 사용하는 것은 불안을 감소시킨다.

커리어 상담에서 해결되어야 할 이슈는 결정 불안일 수 있지만, 더 구체적으로는 미결정으로 분류된다. 너무 적은 정보 때문에 커리어 미결정이 나타나고, 이는 더 많은 개인적 또는 직업 정보를 제공함으로써 해결될 수 있다. 다음에 나오는 점수는 상담 단서로서 커리어 미결정의 결정 불안을 구별하는 데 도움이 될 것이다.

1. 당신이 실제로 커리어를 선택하는 것에 대해서 생각할 때, 1에서 10까지의 점수 중에 당신의 불안을 평정하라. 10은 매우 높은 것이고, 1은 매우 낮은 것이다.
2. 만약 당신이 유용한 대안에 대한 정보와 그 직업들이 당신의 흥미와 능력과 어떻게 대응되는지에 대한 정보를 갖고 있다면, 10은 매우 높고 1은 매우 낮은 것을 의미하는 1에서 10까지의 평정척도를 사용해서 커리어 선택 능력을 평정하라.

결정 불안을 가진 학생들은 상대적으로 문항 1에 대해서는 높은 평정을 하고 문항 2에 대해서는 낮은 평정을 하기가 쉽다. 커리어 미결정을 보이는 학생들은 문항 1에는 높은 평정을 할 수 있고, 또한 문항 2에도 높은 평정을 하기 쉽다. 차이점은 우유부단한 학생들, 즉 결정 불안을 가진 사람들은 결정을 내리는 자신의 능력을 의심하지만 미결정인 학생들은 그렇지 않다는 점이다.

다른 학생들이 커리어 상담을 필요로 할 수 있는데, 이를테면 생활양식 문제가 있는 학생, 소수민족 학생, 게이나 레즈비언 학생 등이다. 예를 들어 대부분이 백인인 학교에서 자신의 학교생활 대부분을 보낸 아프리카계 미국 학생들은 자신이 받아들여진 다른 학교보다 덜 유명하면서 전통적인 아프리카계 미국 대학에 다니는 것의 장단점을 탐색하기를 원했다. 그 부분에 대한 그의 경험 때문에 그는 미국 문화에서 아프리카계 미국인이 되는 것의 의미를 생각하고, 이 점을 인식하게 되면서 문제가 되고 있었다. 게이와 레즈비언, 그리고 '동성애자임을 밝히'지 않은 학생들은 '안전한' 커리어를 찾는 데 도움을 구할 것이다. 안전한 커리어는 종종 성적 소수자들을 보호하는 시민권리법이 있는 주들에 위치해 있다. 그것들은 또한 차별금지정책을 채택한 기업에 있을 수 있다. 여학생들은 가정주부가 되려는 계획에 대한 선택의 영향력을 탐색하기를 원할 수 있다. 이 앞부분에서 밝혀진 것과 같은 이러한 이슈들과 다른 이슈들이 나타날 때 커리어 상담은 필요해진다.

평가와 책임을 계획하고 실행하기 : 일반적으로 고려할 사항

평가는 학생의 개발과 행동에 대한 커리어 개발 프로그램의 영향력이 가늠되는 과정이고, 그래서 책임 있는 노력에 있어 핵심 요인이 되는 과정이다. 책임의 과정은 그 프로그램의 이해 당사자에게 결과 보고를 계속 배포하고, 평가를 통해 개발되는 자료가 커리어 개발 프로그램의 개선에 사용될 때 완전해진다(전미학교상담사협회, 2003, 2008a, 2008b). 전반적인 책임 노력은 역동적이고 계속 진행된다. 평가와 책임 과정에 유용한 일부 도구들은 그림 15.4, 15.5 그리고 15.6에 있다.

커리어 개발 프로그램을 평가할 때 추구될 수 있는 두 가지의 일반적인 전략들이 있다. 그중 하나는 그 프로그램의 전반적 영향력을 보는 것이다. 예를 들어 Baker와 Popowicz(1983)는 18개의 커리어 개발 프로그램에 대한 메타분석을 실시하였는데, 이 연구가 제안하는 바에 따르면, 일반적으로 말해서 커리어 개발 프로그램은 효과적일 수 있다. 고등학생을 위한 전국 커리어 상담과 지도 지침의 개발자들(Kobylarz, 1996)이 내린 결론에 따르면, 이러한 프로그램들은 몇 가지 긍정적인 결과를 보여주는데 Campbell, Connell, Boyle과 Bhaerman(1983), Crites(1987), Herr(1982), Spokane과 Oliver(1983)에 따르면 그 프로그램들은 학생, 부모, 그리고 그들의 학교에도 도움이 될 수 있다.

하지만 전체 프로그램의 영향력에 대한 평가는 힘든 과제이고, 프로그램 개선을 위해 필요한 자료를 제공하지 않을 수도 있다. Brown과 Trusty(2005a)가 또한 주목한 것은, 전체 프로그램이 연구나 평가의 목표일 때, 프로그램의 어떤 측면이 실제로 관찰된 결과를 만들어낼지를 설정하는 것은 어렵다. 그들이 권고한 바에 따르면, 학교 상담자들은 개인 계획, 커리어 상담, 그리고 평가와 같이 이미 사용된 실시 전략들의 효과를 달성하기 위한 평가 노력에 착수한다. 그 프로그램의 어떤 측면들을 평가하기 위해 사용될 수 있는 3개의 표본 평가를 그림 15.4, 15.5, 15.6에서 볼 수 있다. 하지만 만약 증거 기반 실행이 만들어지는 것이라면, 목표, 개입의 본질, 개입의 맥락, 그리고 다른 변인들에 근거한 정교한 연구 방법론이 필요할 것이다. 이러한 전략들은 제19장에서 상세히 다뤄질 것이다.

우리가 완료한 것에서 나의 전반적 목표는 당신이 직업을 선택할 때 당신의 교육이 미래에 얼마나 중요한지에 대해서 배울 수 있게 돕는 것이었다. '예, 아니요, 잘 모름'에 체크해서 다음의 지식들을 얻었는지를 평정해 보라.

예 아니요 잘 모름

____ ____ ____ 1. 만약 내가 지역대학이나 대학에 가고 싶을 때 수학이 중요한 이유를 이해한다.(C : C1.1)

____ ____ ____ 2. 나는 일하는 성인들이 왜 계속 배워야 하는지를 알았다.(C : C1.4)

____ ____ ____ 3. 나는 모든 사람이 새로운 기술을 배울 때 실수한다는 것을 배웠다.(A : A1.4)

____ ____ ____ 4. 인내(그것과 함께 있는 것)는 학생들이 어려운 것을 배울 때 중요한 태도이다.(A : A1.5)

____ ____ ____ 5. 나는 시간을 계획하는 법을 배웠고 그래서 학업을 할 수 있고 즐길 수도 있다.(A :C1.1)

그림 15.4 교실 지도 평가서(초등학교)

이 집단의 목적은 당신이 진로 역량을 개발하도록 돕는 것이었다. 그러한 것에는 다음과 같은 것이 있다.

C : A1.5   의사결정을 내리는 법 배우기
C : A1.6   목표 설정하는 법 배우기
C : A1.7   계획의 중요성 이해하기

당신이 이 집단에 참여한 결과와 그 집단에 대한 전반적 만족도로서 당신이 이러한 역량을 얻은 확신 정도를 평정해 보라. 1점은 당신이 그 기술이나 지식을 가지고 있다고 거의 확신하지 못하는 것을 의미하고, 10점은 당신이 그 기술과 지식을 갖고 있다고 아주 높게 확신하는 것을 의미하는데, 1점에서 10점까지 척도를 사용해서, 각 영역에 대한 당신의 확신을 평정해 보라.

평정 :

____ 1. 나는 나의 진로 선택을 위해 체계적 의사결정 모형을 사용할 수 있다.
____ 2. 나는 획득 가능한 단기 목표를 설정할 수 있다.
____ 3. 나는 획득 가능한 장기 목표를 설정할 수 있다.
____ 4. 계획이 진로 선택과 관계가 있듯이, 나는 계획 수립의 중요성을 이해한다.

그 집단에 대한 나의 전반적 만족도는 다음과 같다(하나를 골라라).
____ 1. 만족한다.
____ 2. 다소 만족한다.
____ 3. 불만족한다.

그림 15.5 집단 평가서(중학교)

만족   어느 정도 만족   불만족

___   ___   ___   1. 그 회기를 실행한 사람은 내가 계획 수립의 중요성을 이해하도록 도와주었다.(C : A1.7)

___   ___   ___   2. 나는 계획 수립 회기에서 의사결정 과정에 적극적으로 개입하였다.(C : A1.5)

___   ___   ___   3. 나는 교육 계획 수립 과정과 중요한 결정 내리는 법에 대한 지식을 얻었다.(C : B1.1, C : B1.3)

___   ___   ___   4. 나는 흥미와 능력과 같은 나의 특징이 과정 선택에서 어떻게 고려되어야 하는지에 대해서 생각하도록 권장되었다.(C : B1.1)

___   ___   ___   5. 그 회기는 나의 개인적 특징, 과정 선택, 그리고 나의 미래 직업 간의 관계를 명확히 하는 데 도움이 됐다.(C : B1.20)

그 집단에 대한 나의 전반적인 만족도는(하나를 골라라)?

___ 1. 만족한다.

___ 2. 다소 만족한다.

___ 3. 불만족한다.

그림 15.6 개인 학생 계획 수립 회기 평가서(고등학교)

프로그램 계획 수립 팁 : 초등학교

초등학교 커리어 개발 프로그램은 미래를 위한 계획 수립이 시작되는 지점이다(Stevenson, 2010). 그것은 아마도 사회적 연구나 다른 교육 과정 영역에서 사용한 유사한 주제를 중심으로 만들어져야 할 것이다. 예를 들어 일부 주들은 가정과 이웃과 함께 시작해서 지역사회, 주, 국가, 그리고 전 세계로 확장하는 지리적 주제와 관련된 프로그램을 구성한다. 이런 유형의 프로그램은 다음과 같이 나타날 수 있다.

유치원   학교와 가정의 근로자들

1학년   지역사회에서 도와주는 사람들

2학년   우리 동네의 근로자들

3학년   우리 주의 근로자들

4학년   나라의 근로자들

5학년   전 세계의 근로자들

교실 지도는 이러한 주제들을 중심으로 만들어질 수 있고 강사에 의해 강화될 수도 있는데, 그 외에도 학생들이 근로자들을 보도록 해주는 도보 또는 차량 현장학습, 학생들이 모자를 쓰고 근로자들이 할 일을 말해주는 '근로자의 모자'를 활용하는 역할극 연습, 다양한 분야의 근로자들이 사용하는 도구가 포함되는 연습, 소방관, 공공안전 공무원, 환경미화원 방문 등이 있다.

여기에서 서술된 프로그램은 학교와 가정에 있는 근로자들로 시작한다. 교사, 경영관리자, 관리인, 공원 관리인, 이사보좌관, 보좌관, 학교 간호사, 사회복지사, 학교 심리학자, 카페 직원, 그리고 아마도 지역 행정 전문가들이 실시하는 프레젠테이션은 학생들에게 일에 대한 흥미로운 통찰, 직업 고정관념 형성, 일과 교육의 관계, 그리고 적절하게 신택되고 목적에 맞춰진 도구의 활용 예시를 보여준다.

현장학습은 학생들에게 다양한 직업의 근무 조건에 대한 통찰을 제공하지만 그 활동은 비싸고 다소 시간 소모적이다. 가능하면, 현장학습은 다양한 직업의 일터를 포함해야 한다. 많은 근로자를 고용하는 병원, 은행, 우체국, 학교 관리 사무실, 정부 사무실, 그리고 기업은 이상적인 장소이다. 학생들은 그들이 방문 때 보게 될 직업에 목표를 두고, 어떤 것을 물어볼지를 알고, 안전한 쟁점을 이해할 필요가 있다. 학생들이 그 직업과 그들의 흥미에 대해서 배운 것을 확인하기 위한 추후 조사도 실행해야 한다.

학교는 또한 더 나이 많은 학생을 위한 유익한 교육 도구로 도움이 될 수 있다. 상담자들은 학교에서의 모든 보조원직을 확인할 수 있고, 4학년 또는 5학년 학생들이 직업 지원서를 작성하고, 이력서를 쓰고, 보조직을 위해 면접을 하도록 할 수 있다. 고용되는 사람들은 그러한 직책의 일부 의무들을 맡을 수 있다. 학생들이 1~2주 정도 보조원으로 일해본 후, 그들은 다른 보조직으로 순환될 수 있다. 주기적으로 학생들은 그들이 하고 있는 일, 그 일에서 필요로 하는 교육, 그리고 그들 자신에 대해서 배워야 한다. 학생들을 보조직에 둘 때 유일하게 주의할 점은 그들을 심판하는 일이다. 예를 들어 카페 직원 보조는 화상을 입거나 날카로운 연장에 상해를 입을 수 있는 활동에 참여하지 않도록 해야 한다.

일부 상담자들은 직업에 대해서 아이들을 가르치는 수단으로서 기업을 설립하고 경영하는 데 참여시켜 왔다. 처음에 사탕이나 학교 물품을 파는 기업은 학생들이 계획, 자본 조달, 예산 수립, 인사 선발과 평가, 마케팅, 그리고 재고 관리 등 기업을 설립하고 경영하는 데 필요한 활동을 하도록 가르친다. 이러한 활동 전체는 그것과 관련된 다수의 직업들을 갖고 있고, 학생들에게는 기업을 경영하는 체험을 통해 이러한 직업들을 소개할 수 있다.

적절하게 계획이 이루어진다면 직업의 날은 학생들에게 흥미로운 커리어 관련 경험을 제공할 수 있다. 직업의 날을 기획하는 과정은 학생들이 탐색하기 원하는 직업들을 찾아내도록 돕고, 목표 학년을 위한 직업 목록을 엮는 것으로 시작한다. 그 후에 그러한 직업의 근로자들이 학교에 와서 학생들과 만날 수 있도록 초청된다. 직업의 날 전에 학생들은 정보 수집 전략들에 지향되어야 하는데, 예를 들면 근로자의 직무, 필요한 교육, 작업 조건, 근로 시간, 임금과 같이 그 직업에 대해 다양하게 물어볼 질문들이 있다. 직업의 날 동안에 학생들은 30분 정도 3~4명 정도의 근로자와 소집단으로 만난다. 직업의 날에 대한 추후 조사는 학생들이 그 근로자들로부터 무엇을 배웠는지 그리고 다양한 직무에서 그들의 흥미가 올라갔는지 떨어졌는지를 토론하도록 하는 것을 포함한다. 학생들은 또한 그 프로그램에 참여한 근로자들에게 감사장을 써줘야 한다(McHale, 2010).

아마도 초등학교 커리어 개발 프로그램을 실행하기 위해 가장 중요한 팁은 그것이 재미있어야 한다는 점일 것이다. 게임, 재미있는 강사, 그리고 직업을 탐색하는 목표를 둔 박물관과 동물원 현장학습은 그 프로그램을 위한 분위기를 만들 수 있다. 덧붙여서 직업 고정관념이 그 프로그램에서 다뤄져야 하며, 교육과 직업 간의 관계에 대해서 학생들이 배우고 학생 자신과 직업에 대한 지식을 얻는 데 도움이 되도록 모든 노력이 투입되어야 한다.

프로그램 계획 수립 팁 : 중학교

대부분의 중학생들은 직업 선택 과정을 시작한다. Jessell과 Boyer(1989)는 5,464명의 7~8학년 학생들을 대상으로 조사해서, 6%는 자신의 미래 커리어에 최소한의 생각도 하지 않았음을 발견하였다. 흥미롭게도 학생들의 94%는 고등학교를 마칠 것으로 예상했다. 고등학교 중퇴율에 대한 추정치가 다양하긴 하지만 고등학교 졸업자의 비율이 1991년 74%에서 최근에는 78%까지 증가하였다(미국교육통계센터, 2012).

초등학교에서 주요한 목표는 흥미로운 형태로 직업 정보를 제공하고 학생들이 가지고 있는 직업 고정관념에 도전함으로써 자신의 선택에 대한 자각을 증가시키는 것이다. 이 목표가 여전히 중학교 수준에서 여전히 중요하지만 그들의 자기 자각을 높여서 목표 설정을 강화하는 것, 계획 수립, 그리고 의사결정 능력이 중요해진다. 자기 자각을 성취하고 촉진하기 위해서 평가도구들이 사용될 수 있지만, 학생들은 또한 자기 평가 연습도 해야 한다. 학생들이 특질 검사를 완료하기 전에 흥미와 적성을 스스로 추정하고 그러한 자기 추정치를 실제 검사 결과와 비교하도록 함으로써 자기 평가 기술들이 강화될 수 있다.

초등학교의 사례처럼 직업의 탐색과 같은 구조화된 주제가 선택되어야 한다. 학생들에게 유용한 많은 정보들이 Holland(1997) 이론을 중심으로 조직화되어 있기 때문에, 그의 RIASEC 모형이 그 주제로 사용될 수 있다. 현실형, 탐구형, 예술형, 사회형, 진취형, 사무형 직업들을 측정하는 많은 흥미검사 중 하나를 했던 학생들은 그러한 직업들과 자신의 흥미를 관련지을 수 있을 것이다. 하지만 학생들이 그 직업들에 흥미를 보이고 이러한 것들을 위한 교육과 관련짓고 직업을 수행하기 위해 필요한 기술과 능력의 관점에서 생각하는 것은 또한 중요하다.

생활양식 계획 수립은 중학교 때 시작하고, 경제적 자각을 다루는 것에는 그 프로그램 안에 포함되어야 한다. 유용한 하나의 연습으로는 학생들에게 임금을 할당하고 그들이 어떤 생활양식을 선택하도록 하는 것이 있다. 예를 들어 학생들은 각각 2만 5,000달러, 3만 5,000달러, 4만 5,000달러를 버는 집단에 배치될 수 있다. 그 후에 지역의 여러 자원을 활용해서, 그들은 그들이 살 곳(예 : 아파트, 주택, 또는 집), 그들이 운전할 차량, 그들이 참여할 여가활동을 결정해 본다. 이 연습은 그들이 총소득이 아니라 세금공제 수입, 공공요금, 자동차와 주택 보유자 보험, 일하러 갈 때의 교통수단 등을 탐색하도록 요청한다. 이런 유형의 정보는 부모, 친척, 친구로부터 얻을 수 있다. 모든 집단이 자신의 작업을 끝낸 후에, 각 집단은 다른 집단에 결정한 것을 보고한다. 이 연습의 마지막에 학생들은 그들이 고려하고 있는 직업들을 조사하는데, 그러한 직업을 가진 사람들이 벌어들이는 임금을 결정하기 위해 인터넷 기반 정보를 사용한다.

FOCUS-2 같은 컴퓨터 지원 직업 안내 시스템(CACGS)은 중학교 수준에서 커리어 개발 과정을 강화하기 위해 사용될 수 있다. Luzzo와 Pierce(1996)가 발견한 바에 따르면, 학생들이 커리어 탐색에 FOCUS-2를 사용했을 때 그들의 커리어 성숙도는 증가하였다.

소집단 절차들은 중학교와 고등학교의 커리어 개발을 촉진하는 잘 알려진 수단이다. 하지만 중학교의 구조 때문에 집단들은 이 수준에서 조직하기가 더 쉽다.

집단 커리어 개발 활동들은 아주 다양할 수 있다. 예를 들어 보험 판매원 또는 장거리 트럭 운전사와 같은 직업의 대표자들이 그 직업에 흥미를 보이는 학생들과 함께 자기 직업의 특징, 필요한 훈련, 고용 필요 조건, 생활양식의 장점과 단점 등을 토론할 수 있도록, 매월 목표 커리어 패널(Reynolds, 2013)을 초대하는 것이 가능하다. 탐색 목적을 위해 집단이 또한 구성될 수 있는데, 커리어 의사결정 과정에 초점을 맞추거나 병원, 산업 현장 등을 탐색하는 현장학습을 위해서도 가능하다. Hutchison(2013)은 STEM(science, technology, engineering, medical) 직업과 관련해서, 커리어 계획에서 그러한 직업을 고려하도록 여중생, 여고생을 격려하는 활동들을 할 것을 제안한다.

커리어 개발 활동에 초점을 맞추는 중퇴 예방 집단은 점점 더 인기가 많아지고 있다. *Dropping Out or Hanging In*(Brown, 1998)은 학생들이 중퇴 예방 집단에서 사용할 수 있는 매뉴얼로, 여기서 학생들은 먼저 일련의 자기 자각 활동들을 하게 된다. 그 이후에 의사결정 기술을 가르치기 위해 설계된 활동들을 하고, 그러고 나서 학생들은 커리어, 교육, 다른 삶의 목표 설정 때에 그들의 기술을 사용하는 연습을 하도록 격려된다. 이러한 소집단의 마지막은 학생들이 학교를 중퇴하더라도 실수했음을 깨닫게 되면, 학교에 '다시 들어가도록' 준비시키고 있다.

이 책을 통하여 강조된 것처럼, 다른 생애 역할로 커리어 계획을 통합하는 것을 포함하는 보다 포괄적인 커리어 경험을 위한 지원이 증가하고 있다. Brown(1980)은 그가 '생애 계획 수립 집단'이라 부르는 것을 설명하였는데, 일곱 가지의 구성요소로 이루어진다. (1) 인간 행동의 이해, (2) 승리자로 자기를 개념화함, (3) 계획 수립에서 상상의 중요성, (4) 상상과 현실을 맞춤, (5) 목표 설정, (6) 단기 계획 수립, (7) 장기 계획 수립이 그것이다.

Amatea, Clark와 Cross(1984)는 생활양식이라 불리는 2주짜리 고등학교 과정을 평가하였는데, 이 과정의 목표는 (1) 다양한 생애 역할에 대한 가치와 선호도에 대한 학생의 자각 증가시키기, (2) 다양한 생활양식과 관련된 비용과 편익에 대한 학생의 자각 증가시키기, (3) 학생들이 생애 역할 우선권을 정할 수 있도록 도와주기이다. 그들이 발견한 바에 따르면, 그들의 과정은 커리어 선택에 대한 학생들의 결정성을 증가시키는 것 같았다. 또한 발견한 바에 따르면, 그 집단 회기의 마지막에 남성과 여성은 가족 역할을 향한 자신의 태도를 바꾸지 않았다.

집단 활동에 학생들을 포함하기 이전에 학생의 목표, 동기의 정도, 그들이 다른 집단 구성원과 공동으로 작업할 정도를 확인하기 위해서 스크리닝 면접이 이루어져야 한다. 동기화되지 않은 학생들과 잠재적인 훈육 문제는 상담자가 그 문제들이 그 집단 장면에서 수정될 수 있다고 느끼지 않는다면, 오히려 집단으로부터 방해를 받을 수 있다.

진로 수업

일부 중학교는 9~18주짜리 '진로 수업'을 운영하고 있다. 이러한 과정들은 한꺼번에 9학년에서 배웠지만, 고등학교와 중학교가 재편성되면서 7학년이나 8학년 때에 배우게 된다.

진로를 위해 만들어진 학급은 다른 짧은 반보다 그 주제에 대해서 더 많이 생각하도록 해준다. 그럼에도 불구하고 만약 일의 세계에 대한 익숙해짐을 목표로 (교과서적인 방식으로) 교과서적으로 접근된다면 모든 과정이 그 학생에게 무의미하지는 않다. 그런 과정의 목적은 일의 세계에 학생의 성숙도와 접근성 수준에 적절하게 개념들이 발달해서 자기 실현을 최대화하는 것이어야 한다.

직업이나 진로 관련해서 만들어지는 과정이 갖는 한 가지 장점은, 그것이 전체 학교상담 프로그램에 밀접하게 관련이 있을 수 있고 적절하게 인력이 제공될 수 있다는 점이다. 일부 학교에서 그 과정은 다수의 상담 인력이 맡게 되고, 학업 준비는 교과 영역의 교사들보다 그러한 과정을 가르치는 데 더 적절할 수 있다. 심지어 이 방식이 그 상담자에게 학생과 접촉할 수 있게 해줌에도 불구하고, 또한 개인 상담과 다른 활동에 사용할 시간을 줄인다.

상담자가 가르치는 정규 과정은 등록한 학생들의 개별 요구를 충족시킬 최선의 기회를 제공할 수 있다. 학생들이 어떤 단계에 속하든 간에 학급 활동을 개인 상담과 관련짓는 것과 집단 절차와 개인 상담 모두를 기초로 한 접근을 개발하는 것이 가능해야 한다. 이 이원적 접근이 준비될 때, 학생들은 최대의 유익을 얻을 기회를 갖는다.

의도적으로 조직된 과정을 채택하면, 학교 교사들은 커리어 개발 과정에서 학생들을 돕기 위한 책임을 가졌다고 생각할 수도 있다. 이럴 때 그 과정은 1회성 노력에 그치고 커리어 선택과 개발을 초기에 시작하고 삶 전반에 걸쳐서 계속된다는 기본적 이치가 무시된다. 2년제와 4년제 대학은 종종 이 관점을 채택하고 삶과 커리어 계획 수립 또는 커리어 탐색이라는 선택적 과정을 제공한다. 그 과정이 등록하는 사람들에게 유용하지만 모든 학생들의 요구에 부합할 수는 없다.

부모 포함

제2장을 시작할 때 의사결정자를 확인하는 이슈가 논의되었다. 독립적 사회 가치를 가지는 부모들이 의사결정 과정에 포함되지 않을지라도, 그들은 그 과정에 포함되어야 한다(Young, 1994). 집합적 사회 가치를 가진 부모들은 자신의 아이들과 함께 진로 선택-결정 과정에 포함되리라 기대한다. 중학교에서 부모들은 교육 계획 수립에 포함되어야 하고, 교육과 진로 사이의 관계에 대해서 알아야 한다. '커리어 개발을 위한 부모의 지침'처럼 부모들이 자녀들의 커리어 계획 수립에 포함되도록 도움이 될 만한 웹사이트들이 있다. 대학 입학을 앞둔 학생의 부모들은 종종 커리어 개발을 다루면서, 동시에 흥미를 가진 대하이 개발한 웹사이트를 이용할 수 있다. 미국 맹인재단이 만든 '커리어 연결'은 특히 시각장애가 있는 학생들의 부모에게 유용할 수 있다. 커리어 연결은 부모들의 컴퓨터로 다운로드될 수 있다. 초등학교와 중학교 학생들의 부모들은 아동과 학생들을 위한 미국 정부의 웹사이트(http://bensguide.gpo.gov/subject.html)에 접속하기를 바라는데, 이는 과학 분야에서 군대까지 풍부한 정보를 포함하고 있다.

부모 개입의 가장 어려운 부분은 부모들이 가난하거나, 영어를 못하거나, 잘 개발된 기술을 알지 못할 때이다. 이러한 일부 부모들은 부모 개입을 격려하지 않는 문화의 출신이다. 또 다른 부모들은 학교에서 부정적인 경험을 했었고, 그래서 학교 관계자와의 접촉을 피한다. 또 다른 부모들은 보육과 이동 문제도 갖고 있다. 여기에서 제안하는 것은 지역사회 센터와 교회에서 부모를 위한 회기들을 갖고, 간식과 함께 아이돌봄 서비스를 제공하는 등 커리어 개발은 지역사회에서 실시되어야 한다는 점이다. 그 정보는 참여자의 언어뿐 아니라 영어로도 제공되어야 한다.

프로그램 계획 수립 팁 : 고등학교

이전의 두 부분에서 제공한 많은 제안들은 고등학교 장면에도 적용될 수 있다. 하지만 이 수준에 있는 학생들은 다음 교육 수준 또는 일의 세계로 전환하기 위한 준비를 하고 있어야 한다. 현명한 직업 선택을 위해서, 학생들이 첫 직업과 관련이 있는 지식, 기술, 흥미, 가치에 대해서 현명한 결정을 하도록 해줄 면밀한 커리어 탐색 경험을 필요로 한다. 직업체험, 인턴십, 시간제 일자리, 그리고 근로자와의 인터뷰를 통해서 이러한 것들을 얻을 수 있다. 직업으로 직접 뛰어들 학생들은 고용 능력 기술들을 필요로 하는데, 예를 들면 인터넷에 있는 일자리를 찾고 지원하는 것, 지원서를 쓰는 것, 이력서를 쓰는 것, 면접, 고용주에게 편지를 쓰는 것 등이다. 이러한 기술들은 소집단이나 교실 장면에서 배울 수 있다.

장애 고등학생을 목표로 하기

고등학교 커리어 개발 프로그램은 특히 장애 학생에게 주의를 기울여야 한다. 미국 중등교육과 전환 센터는 기본 도구 : 공정노동기준법에 따른 종합적인 현장학습 프로그램 실행 지침서를 만들었는데, 이는 장애 학생을 위한 성공적인 전환 프로그램의 구성요소를 밝히고 있다. 이러한 요소들로는 커리어 탐색, 커리어 평가, 직업 관련 훈련, 그리고 협동 직업 경험이 포함된다. Grayson(1999)은 그러한 2개의 전환 프로그램을 설명하였다. 첫 번째 프로그램은 '학교-일 이행 지원(supported school to work, SSW)'인데, 이는 직업 입문에 있어 유급 경험과 학업적인 유연한 프로그램을 제공하고, 이 모든 것이 전환 서비스 감독자 또는 고용 조정자에 의해 감독된다. 두 번째 접근법인 조정 고용은 직무를 개발하고, 학생들을 배치하고, 직무 코치로 돕는 고용 조정자를 포함한다. SSW 접근은 직업교육자들과 친밀하게 작업하는 데 반해, 조정 고용 접근은 현장 연수를 포함한다. 두 접근은 또한 자기 옹호 기술, 고용 능력 기술, 그리고 사회적 기술을 개발하기 위해 작용한다.

Conway(2003/2004)가 제안하는 바에 따르면, 장애 학생들이 더 고급 교육을 받도록 하기 위해서 더 큰 강조가 또한 필요하다. 그에 따르면, 고등학교의 장애 학생에게 직업 진입 시의 필요 조건에 대해서 조심스럽게 조언함으로써 준비를 시키고 자기 주장을 격려하고, 그들이 학업 성취를 지원하는 기술에 접근하도록 도와주는 노력이 필요하다. 대학과 대학교들은 장애 학생들이 성공하도록 돕고자 한다면 고등학교에서 시작된 노력을 지속시켜 줘야 한다.

Biller와 Horn(1991)이 제안한 바에 따르면, 커리어 개발 전문가들은 학습장애가 있는 학생들에게 도움이 되고자 한다면, 그들의 노력을 특별하게 조정해야 한다. Biller와 Horn은 상담자들에게 학습장애가 있는 학생은 자신의 친구가 커리어 계획 수립을 하는 것처럼 스스로 준비하지 못할 가능성과 낮은 읽기 수준 때문에, 인쇄된 자료의 정보를 이해하고 컴퓨터 스크린에 있는 설명들을 읽고 평가도구를 완료하는 데 더 많은 어려움을 가질 수 있을 가능성을 고려하도록 충고한다. 나른 연구에서 Humes(1992)가 발견하고 제안한 바에 따르면, 학습장애가 있는 학생들은 다른 학생과는 다소 다른 커리어 흥미를 갖고, 상담자들은 그러한 흥미와 관련된 커리어를 탐색하도록 그들을 돕기 위해 준비할 필요가 있다.

Roessler, Johnson과 Schrimmer(1988)는 장애 학생들을 위한 커리어 개발을 위해서 포괄적인 프로그램을 수행하는 데 몇 가지 어려움을 밝히는데, '평가, 계획 수립, 커리큘럼 재료, 일반화와 유지(학교에서 지역사회로), 체계 몰입'이 있다(p. 24). 전국커리어개발지침(Kobylarz, 1996; 미국직업정보조정위원회, 1989b)에서 기술된 과정은 계획과 학교 체계 몰입 장애물을 극복하기 위한 지침으로 완전하게 적용된다면 이용할 수 있다. 장애 학생의 직업 잠재력을 평가하기 위한 측정치들이 꾸준히 개선되고 있고, Roessler와 그의 동료들(1988)은 장애 학생의 평가에서 사용될 수 있는 도구들을 타당화하였다. Roessler 등이 또한 결론 내린 바에 따르면, 생활 중심적 커리어 교육 커리큘럼 재료들은 이 분야에서 나타난 이전의 부족함을 해결해줄 수 있다.

보다 최근에 Wojcieszek-Arjomand와 Gosselin(2011)은 장애 학생들이 대학으로의 전환 계획을 세우도록 돕기 위해 설계된 단계적 모형을 제시하였다. 그 모형에 포함된 단계들에는 (1) 커리어 또는 교육의 꿈 설계하기, (2) 목표 설정, (3) 목표를 성취하기 위해 필요한 자원 밝히기, (4) 학생이 성공하도록 해줄 자원과 잠재적인 대학 선택하기, (5) 입학 허가, 재정적 지원 등을 위한 행동 일자 설정하기, (6) 조사를 계속하고, 지원서를 제출할 목록 좁히기, (7) 계획 실행하기 등이다. 이 계획은 다른 학생들에게 사용한 접근들과 거의 다르지 않은데, 하나의 주요한 예외가 있다. 그것은 바로 장애 학생들에게 성공하기 위해 필요한 서비스를 제공할 수 있는 대학들을 밝히는 것이다.

소수민족 학생을 목표로 하기

소수민족 학생들을 위한 커리어 개발 프로그램은 경제적 평등을 촉진하기 위한 모든 노력의 주춧돌이다. 백인과 소수민족 학생들의 소득과 이율 사이의 불일치는 그 학생들이 장애를 가졌는지에 관계없이 노동력으로 진입되는 시기에 시작되어 시간과 경험에 따라 더 커진다(Cameto, Marder, Wagner, & Cardosa, 2003). 소수민족 학생들을 위한 일부 프로그램들은 백인 학생들을 위한 것과 비슷하지만 소수민족 학생들의 노력 강도는 더 커야 한다. 유타 주에 있는 화이트호스고등학교의 Grover(1999)가 설명한 것처럼, 다른 프로그램은 아주 다르다. 나바호족 보호구역에 위치한 이 학교에는 특별한 학생들이 다니는데, 55%는 노숙자로 분류되고, 93%는 무료 점심 또는 할인된 점심을 받을 자격이 되며, 14%는 특수교육을 받고, 많은 학생들이 일과시간표의 30% 정도는 결석을 한다. 그 프로그램의 모든 학생들은 기술 관련 능력 개발에 초점을 맞추고 있고, 직업 선택을 하고 4학년 언어 수업의 일부로서 직업체험에 1주일간 참여해야 한다. 부모들은 연 2회 학부모 회의에 참석한다. 그 프로그램에는 300명의 학생이 소속되어 있고, 265대의 컴퓨터가 활용가능하다. 그 프로그램의 일부 졸업생들은 전형적으로 대학 학위를 필요로 하는 일자리에 고용되었다. Karunanayake와 Nauta(2004)의 연구가 제안하는 바에 따르면, 소수민족 학생을 위한 모든 프로그램은 동일 인종 역할 모델을 포함시켜야 한다. 그들의 연구에서 소수민족 학생들은 백인 학생들처럼 많은 영향력 있는 모델을 확인했고, 리스트에 있는 대부분의 모델은 동일한 인종의 사람들이었다.

다재다능한 학생을 목표로 하기

상담자들이 지속적으로 재능이 있는 학생들 또는 Pask-McCartney와 Salamone(1988)이 말하는 다재다능한 학생들의 요구를 과소평가하는 것은 어쩌면 당연할 것이다. 왜냐하면 그들은 선택할 만한 아주 많은 길을 갖고 있기 때문이다. 하지만 다양한 커리어가 가능한 것이 일종의 저주인 것 또한 사실이다. Post-Kammer와 Perrone(1983)의 보고에 따르면, 연구에서 재능 있는 학생들의 30%가 고등학교를 졸업할 때 커리어 결정 준비가 되어 있지 않다고 느꼈다. Borman, Nash와 Colson(1978)의 보고가 그들의 프로그램에서 재능 있는 학생들이 검사 요소를 좋아하지 않았다고 제안하지만 아마도 이러한 학생들이 필요로 하는 프로그램은 재능이 덜한 학생들이 필요로 하는 것과 다르지 않은 것이 사실 같다. 이러한 학생들이 너무 다양한 검사를 받았기 때문에 그들은 공식적인 평가 과정에서 멀어져 있을 수 있다.

Gassin, Kelly와 Feldhusen(1993)은 재능이 있는 학생들을 위한 커리어 개발 프로그램 만들기에 앞서 함축성을 갖는 연구를 진행하였는데, 그 연구에서 중학교의 재능 있는 남학생과 여학생들이 커리어 선택의 확실성에서 아무런 차이도 나지 않음을 발견하였다. 하지만 그들이 성숙해 감에 따라 여학생들은 계속해서 그들의 커리어 선택에 대해서 확신이 떨어졌는데, 그 이유는 아마도 그들의 역할을 인생의 계획 속에서 배우자와 엄마로 고려하기 시작했기 때문일 것이다. 흥미롭게도 여학생들은 고등학교 동안 남학생들보다 커리어 계획 수립에 더 많이 몰두해 있었다. 이 연구가 제안하는 바에 따르면, 여학생들을 위해서는 불확실성을 이끄는 요인들을 밝히는 데 초점을 두고 그들이 그러한 요인들을 다루도록 돕는 것에 초점을 둘 필요가 있지만, 남학생들의 경우는 커리어 계획 수립을 하도록 돕는 것에 초점을 맞출 필요가 있다.

프로그램에 지역사회 자원 포함시키기

지역사회 자원의 활용은 모든 교육 수준에서 중요하지만 고등학교 수준에서 그것들을 활용하는 것은 또한 중요하다. 기업은 고급 직업체험, 인턴십, 그리고 시간제와 전일제 고용을 제공할 수 있다. 공공 그리고 사설 직업 알선 기관들은 커리어 상담과 직업 소개 서비스를 제공할 수 있다. 지역사회 자원들은 적절하게 사용된다면, 고등학교 커리어 개발 프로그램에 중요한 차원들을 더할 수 있다.

대부분의 사례에서 지역기업과 산업체들은 이미 학교와 밀접한 관계를 맺고 있다. 그들은 지역학교의 학생들에게 지속적인 흥미를 갖고 있는데, 이는 종종 그 기업들의 주요한 근로자 공급원이며, 특히 고교 졸업 후 훈련을 필요로 하지 않는 일자리를 위한 자원이다. 이 자연스러운 관계 때문에 그들은 보통 그러한 학생의 자질을 향상시키기 위해 가능한 모든 방식으로 협력하는 것에 흥미를 갖는다. 그 학교는 지역기업과 산업체의 대표자에게 자격을 제공하는데, 그들의 활동 분야에 대해서 학생들에게 알릴 수 있다. 지역 전문가 집단은 또한 학생들에게 흥미를 가질 동일한 서비스를 제공하고 싶어 할지 모른다.

지역 서비스 클럽은 그 구성원들이 지역기업, 산업체, 전문직 사람들로, 또한 그 학교 또는 커리어 정보와 관계를 맺는 데 문제가 있는 특정 학생들에게 지원을 제공하고 싶어 한다. 그러한 클럽은 직업의 날 컨퍼런스나 지역사회 직업 조사를 조직화하는 데 도움이 될 수 있다. 구성원들은 종종 그 분야에 대해서 학생들과 커리어 기회를 이야기하도록 격려된다.

지역노동조합 대표자들이나 공무원들은 훈련 조건, 인턴 프로그램, 고용 기회, 구성원 자격, 그리고 혜택들에 대한 정보를 제공할 수 있다. 지역, 주, 또는 국가 수준에서 그 지역사회에 있는 정부 사무실들은 종종 학생들을 돕기 위해 정보를 제공할 수 있다. 정부 서비스 기회들과 조건은 그러한 대리인들이 다룰 수 있는 분야이다. 지역 확대 사무소와 고용 서비스 같은 기관들은 그들이 하는 일의 성격 때문에 이미 커리어 정보 활동에 포함되어 있다.

모든 지역사회는 커리어 정보 활동에 포함되는 일부 사회적 기관들을 포함한다. 보이스카우트, 걸스카우트, YMCA, YWCA, 4-H 클럽* 등 청소년에 주로 초점을 맞추는 서비스를 하는 기관들이 특히 포함되기가 쉽다. 이러한 많은 단체들은 학교 같은 동일한 환경에 있는 청소년들을 돕는다. 그 단체들이 제공할 수 있는 특수한 커리어 정보 프로젝트는 학교에 대한 실질적인 지원이 될 수 있다. 그 단체들은 또한 학교의 커리어 정보 프로그램 관련해서 도움이 될 만한 특수 분야의 정보에 접근할 수 있다.

많은 교회들은 청소년을 위한 특수한 활동 프로그램을 구성한다. 종종 이러한 프로그램들은 포함된 또래들의 걱정과 문제에 초점을 맞춘다. 10대들을 위해서 이것은 반드시 커리어 관련 문제들을 포함한다. 대부분의 교회는 젊은 집단 구성원들에게 특별한 의미를 가질 수 있는 교회 관련 대학이나 다른 교육기관들을 지원하거나 운영 중에 있다. 많은 교회가 청소년들을 위한 여름캠프 프로그램을 운영하고, 그래서 청소년과 접촉할 수 있는 부가적인 수단을 제공하고 있다.

지역 도서관과의 협력은 청소년에게 도움이 되는 특별한 서비스의 개발뿐 아니라 커리어 정보 자료에 대한 포괄적인 수집을 가능하게 할 수 있다.

많은 자원들은 우리가 걱정해 왔던 범주 중 하나 이상에 영향을 미쳤다. 이러한 것들은 여러 가지 측면에서 가장 중요할 수 있다. 상담자들과 교사들은 가능한 한 많은 학교와 지역사회 자원들과 접촉할 수 있는 네트워크를 만드는 것이 유익하다는 것을 알게 되고, 그래서 그러한 접촉 전부는 새로운 자원에 대한 정보를 제공할 수 있다.

요약

ASCA 전국 모형(ANM)은 커리어 개발을 포괄적인 모형 안에 통합시킨다. ANM을 따라갈 때 이 장에서 설명된 접근은 역량 기반이며, 이는 어떤 주요한 학업, 커리어, 개인의 사회적 역량들을 개발하는 것을 목적으로 한다. 어떤 한 프로그램이 ANM의 목록에 있는 역량 전부를 목적으로 가지지 못할 수도 있다. 그보다 프로그램 계획자들은 학생들의 요구에 대한 평가에 기초해서 역량 개발을 목적으로 선택해야 한다.

모든 학생의 요구에 부합하는 커리어 개발 프로그램을 계획하는 과정은 그 프로그램이 실행되는 지점에서만 시작하는 힘든 것이다. 그 프로그램을 개선하기 위해 사용된 결과들을 근거로 해서 평가 자료가 수집되고 전파되어야 한다. 바라건대 그 프로그램의 주요 요소는 소수집단 학생들과 장애 학생들의 커리어 개발을 개선하는 것이 될 것이다. 커리어 개발 전문가들은 이러한 학생들을

---

* head, hands, heart, health를 모토로 하는 미국 농촌청년교육기관의 한 단위

포함한 모든 학생들의 경제적이고 사회적인 지위를 개선하는 유일한 기회를 갖는다.

이 장의 퀴즈

T F **1.** 커리어 상담은 ANM의 기초 구성요소 중 하나이다.

T F **2.** 커리어 개발 콘텐츠를 교실로 포함시키려고 교사 자문을 하는 학교 상담자는 즉각적 대응 서비스를 한다.

T F **3.** 아마 학생들이 획득할 것으로 기대되는 역량들이 개발 관점에서 나오지만, 그 역량들은 학년이나 나이로 배열되지는 않는다.

T F **4.** ASCA 모형에서 나타나는 문제 중 하나는 학생들이 기능하는 맥락이 고려되지 않는다는 점이다.

T F **5.** ASCA 모형의 책임 부분은 낙제학생방지법과 맥을 같이한다.

T F **6.** 질적 연구 설계는 교육의 증거 기반 실무에 대한 국가적 접근과 일치하지 않는다.

T F **7.** 개발되어야 할 학생 역량들이 그 모형 안에서 설명되기 때문에 요구 평가는 목표를 성취하기 전에 무시될 수 있다.

T F **8.** 목적과 목표들은 기본적으로 동일한 개념(수행 결과물)에 대한 2개의 단어이다.

T F **9.** 행동 목표들은 학습 지도 활동에 포함되는 학생들이 아니라, 커리어 상담과 소집단 활동에 오는 학생들을 위해 만들어진다.

T F **10.** 궁극적으로 ASNM 계획은 누가 포함될지, 어떤 활동들이 사용될지, 그 활동들이 언제 실행될지, 행동의 결과물이 무엇일지를 반영한다.

(1) F (2) T (3) T (4) F (5) T (6) F (7) F (8) F (9) F (10) T

참고문헌

Adelman, C. (1999). Answers in the tool box: Academic intensity, attendance patterns, and bachelor's degree attainment. *Department of Education*. Retrieved from http://www2.ed.gov/pubs/Toolbox/index.html

Amatea, E. S., Clark, J. E., & Cross, E. G. (1984). Lifestyles: Evaluating a life role planning program for high school students. *Vocational Guidance Quarterly, 32,* 249–259.

American School Counselor Association. (2003). *ASCA national model: A framework for school counseling programs.* Alexandria, VA: Author.

American School Counselor Association. (2004). *ASCA national model: A framework for school counseling programs* (Rev). Alexandria, VA: Author.

American School Counselor Association. (2008a). *ASCA national model: A framework for school counseling programs* (Rev 1). Alexandria, VA: Author.

American School Counselor Association. (2008b). *ASCA national model: A framework for school counseling programs* (Rev 2). Alexandria, VA: Author.

Baker, S. B., & Popowicz, C. L. (1983). Metaanalysis as a strategy for evaluating effects of career education interventions. *Vocational Guidance Quarterly, 31,* 178–186.

Biller, E. F., & Horn, E. E. (1991). A career guidance model for adolescents with learning disabilities. *School Counselor, 38,* 279–286.

Borman, G., Nash, W., & Colson, S. (1978). Career guidance for gifted and talented students. *Vocational Guidance Quarterly, 27,* 72–76.

Brown, D. (1980). A life-planning workshop for high school students. *Vocational Guidance Quarterly, 29,* 77–83.

Brown, D. (1998). *Dropping out or hanging in* (2nd ed.). Lincolnwood, IL: National Textbook Center.

Brown, D., Pryzwansky, W. B., & Schulte, A. (2010). *Psychological consultation: Introduction to theory and practice* (7th ed.). Boston, MA: Allyn & Bacon.

Brown, D., & Trusty, J. (2005a). *Organizing and leading comprehensive school counseling programs.* Pacific Grove, CA: Brooks/Cole.

Brown, D., & Trusty, J. (2005b). School counselors and comprehensive school counseling programs: Are school counselors practicing more than they can deliver? *Professional School Counseling, 19,* 1–8.

Burck, H. D. (1978). Evaluating programs: Models and strategies. In L. Goldman (Ed.), *Research methods for counselors: Practical approaches in field settings* (pp. 177–197). New York, NY: Wiley.

Burns, R. W. (1972). *New approaches to behavioral objectives.* Dubuque, IA: Wm. C. Brown.

Cameto, R., Marder, C., Wagner, M., & Cardosa, D. (2003). *Youth employment.* Minneapolis, MN: National Center on Secondary Education and Transition.

Campbell, C. A., & Dahir, C. A. (1997). *The national standards for school counseling programs.* Alexandria, VA: American School Counselors Association.

Campbell, R. E., Connell, J. G., Boyle, K. K., & Bhaerman, R. D. (1983). *Enhancing career development: Recommendations for action.* Columbus, OH: NCRVE, Ohio State University.

Carey, J. C., Dimmitt, C., Hatch, T. A., Lapan, R. T., & Whiston, S. (2008). Report of the national panel for evidence-based school counseling: Outcome research coding protocol and evaluation of student success skills and second step. *Professional School Counseling, 11,* 197–206.

Conway, M. A. (2003/2004). Improving post secondary education success and results for youth with disabilities. *Impact, 16,* 8–9.

Crites, J. O. (1987). *Evaluation of career guidance programs: Models, methods, and microcomputers.* Columbus, OH: NCRVE, Ohio State University.

Gassin, E. A., Kelly, R. R., & Feldhusen, J. F. (1993). Sex differences in the career development of gifted students. *School Counselor, 41,* 90–95.

Ginzberg, E., Ginsburg, S. W., Axelrad, S., & Herma, J. L. (1951). *Occupational choice: An approach to a general theory.* New York, NY: Columbia University Press.

Grayson, T. E. (1999). Including all learners: Models for success. *Impact, 12,* 4–5.

Grover, L. (1999). School-to-careers on a Navajo reservation. *Impact, 12,* 13.

Gysbers, N. C., & Henderson, P. (2000). *Developing and managing your school guidance program* (3rd ed.). Alexandria, VA: American Counseling Association.

Herr, E. L. (1982). The effects of guidance and counseling: Three domains. In E. L. Herr & N. M. Pirson (Eds.), *Foundations of policy in guidance and counseling* (pp. 22–64). Alexandria, VA: American Association of Counseling and Development (formerly American Personnel and Guidance Association).

Holland, J. L. (1997). *Vocational choices: A theory of vocational personalities and work environment* (3rd ed.). Odessa, FL: PAR.

Hoyt, K. B. (1977). *A primer for career education.* Washington, DC: U.S. Government Printing Office (ERIC Document Reproduction Service No. 145 252).

Hoyt, K. B. (2005). *Career education: History and future.* Tulsa, OK: National Career Development Association.

Humes, C. W. (1992). Career planning implications for learning disabled students using the MBTI and SDS. *School Counselor, 39,* 362–368.

Hutchison, A. (2013, August 1). Expanding your horizons—An engaging opportunity for middle and high school girls in STEM career exploration. *Career Convergence.* Retrieved from http://www.ncda.org/aws/NCDA/pt/sd/news_article/78851/_PARENT/layout_details_cc/false

IDEA. (2004). Individuals with Disabilities Education Act. Retrieved from http://www.copyright.gov/legislation/pl108-446.pdf

Jessell, J., & Boyer, M. (1989). *Career expectations among Indiana junior high and middle school students: A second survey.* Terre Haute, IN: Indiana State University.

Johnson, S., Johnson, C., & Downs, L. (2005). *Building results-based student support programs.* Boston, MA: Houghton-Mifflin.

Karunanayake, D., & Nauta, M. N. (2004). The relationship between race and students' identified career models and perceived role model influence. *Career Development Quarterly, 52,* 225–234.

Kobylarz, L. (1996). *National career development guidelines: K–adult handbook.* Stillwater, OK: Career Development Training Institute.

Luzzo, D. A., & Pierce, G. (1996). The effects of DISCOVER on the career maturity of middle school students. *Career Development Quarterly, 45,* 170–172.

Marland, S. P., Jr. (1974). *Career education.* New York, NY: McGraw-Hill.

McHale, J. (2010). Tips for career day success. *ASCA School Counselor, 48,* 10–13.

Morris, L. L., Fitz-Gibbon, C. T., & Lindheim, E. (1987). *How to measure performance and use tests.* Beverly Hills, CA: Sage.

National Center for Education Statistics. (2012). Digest of education statistics: 2012. *National Center for Education Statistics.* Retrieved from https://nces.ed.gov/programs/digest/d12/

National Center on Secondary Education and Transition. (2005). *Essential tools: Handbook for implementing a comprehensive work-based learning program according to the Fair Labor Standards Act.* Minneapolis, MN: Author.

National Consortium of State Guidance Leaders. (2000). *A state guidance leadership implementation and resource guide.* Columbus, OH: Center on Education and Training for Employment.

National Occupational Information Coordinating Committee. (1989a). *The national career development guidelines: Local handbook for elementary schools.* Washington, DC: Author.

National Occupational Information Coordinating Committee. (1989b). *The national career development guidelines: Local handbook for high schools.* Washington, DC: Author.

National Occupational Information Coordinating Committee. (1989c). *The national career development guidelines: Local handbook for middle/junior schools.* Washington, DC: Author.

National Occupational Information Coordinating Committee. (1989d). *The national career development guidelines: Local handbook for postsecondary institutions.* Washington, DC: Author.

No Child Left Behind PL 107-110. (2002). Retrieved from http://www.wrightslaw.com/nclb/law/nclb.107-110.pdf

Pask-McCartney, C., & Salamone, P. (1988). Difficult cases in career counseling III: The multi-potentialed client. *Career Development Quarterly, 36,* 231–240.

Post-Kammer, P., & Perrone, P. (1983). Career perceptions of talented individuals. *Vocational Guidance Quarterly, 37,* 22–30.

Reynolds, A. (2013, August 1). Targeted career panels. *Career Convergence.* Retrieved from http://www.ncda.org/aws/NCDA/pt/sd/news_article/78854/_PARENT/layout_details_cc/false

Roessler, R. T., Johnson, J., & Schrimmer, L. (1988). Implementing career education: Barriers and potential solutions. *Career Development Quarterly, 37,* 22–30.

Spokane, A. R., & Oliver, L. W. (1983). The outcomes of vocational interventions. In W. B. Walsh & S. H. Osipow (Eds.), *Handbook of vocational psychology.* Hillsdale, NJ: Erlbaum.

Stevenson, D. (2010). Future planning. *ASCA School Counselor, 48,* 20–29.

Super, D. E. (1957). *The psychology of career.* New York, NY: Harper & Row.

Trusty, J., & Niles, S. G. (2004). Realized potential or lost talent: High school variables and bachelor's degree completion. *Career Development Quarterly, 53,* 2–15.

U.S. Army/American School Counselor Association. (2002). *Planning for life: Developing and recognizing exemplary career planning programs.* Alexandria, VA: ASCA.

Whiston, S. C., & Sexton, T. L. (1998). A review of school counseling outcome research: Implications for best practice. *Journal of Counseling and Development 74,* 412–426.

Wojcieszek-Arjomand, K., & Gosselin, M. H. (2011, February 1). Preparing students with disabilities for transition to college: A framework based on the PATH model. *Career Convergence.* Retrieved from http://www.ncda.org/aws/NCDA/pt/sd/news_article/39434/_PARENT/layout_details_cc/false

Young, R. A. (1994). Helping adolescents with career development: The active role of parents. *Career Development Quarterly, 42,* 198–203.

제 16 장

중등 과정 후
교육기관의 커리어 개발

>>>>>>>>>>>> **기억해야 할 것들**

- 대학 입학 자격을 획득한 후 졸업생이 불완전 취업에 대해서 할 수 있는 일
- 중등 과정 후 기관의 커리어 개발 프로그램의 설계/재설계 단계
- 중등 과정 후 기관의 커리어 프로그램의 이행에서 사용될 수 있는 최소한 2개의 자기 주도적이고 간단하며, 사례 관리된 활동
- 프로그램 평가의 주요 목적

노동통계국의 보고서에 따르면, 2012년의 대학 졸업생의 실업률은 6.3%였는데, 2011년의 8.3%, 2010년의 9.4%에서 감소하고 있다. Spreen(2013)은 최근 졸업생에 초점을 두고 대학 졸업생의 고용에 대한 또 다른 관점을 제공하였다. 2012년 인구조사국이 실시한 총인구조사를 근거로 해서 2011년 졸업생의 실업률은 12.6%로 보고되었다. Kingkade(2013)는 흥미롭고 충격적인 또 다른 통계치를 보고한다. 대학비용생산성센터의 자료를 사용해서 그가 보고한 바에 따르면, 대학 졸업생의 거의 절반이 대학학위를 필요로 하지 않는 직무에서 일한다. 졸업생들이 하는 많은 직무들은 심지어는 고등학교학위도 필요가 없다. 대학 졸업생들의 이렇게 역사적으로 높은 실업과 불완전 고용률은 대학교육의 가치에 대한 질문을 야기했는데, 이는 또한 다른 역사적 사실과 관련이 있다. 4년제 학위를 얻는 데 드는 비용은 또한 국립과 사립대학들 모두에서 사상 최고이다. 조지타운대학교 교육과 노동 센터의 자료에 근거해서 Forbes(2013)는 일반적인 대학입학에 대한 Kingkade(2013)가 제기한 우려를 반복하였지만, 그들이 가장 최악의 대학 전공 10가지로 정한 것에 초점을 맞추었다. 6개 이상의 온라인 잡지와 블로그들은 대학 전공에 대한 기사들을 공유하

였는데, 대부분은 고고학, 철학, 역사학과 같은 전공의 가치에 초점을 두었다.

대학과 공부의 주요 분야를 선택하는 유일한 면이 바로 경제적인 문제이다. 하지만 소수의 대학 졸업생들만이 고등학교 중퇴자가 채울 수 있는 직무에서 일할 것으로 기대할 가능성이 큰 것 같다. 나는 커리어 개발 스태프가 다뤄야 하는 이슈 중 하나에 초점을 맞췄던 Forbes 블로그에 달린 논평을 봤다. 다른 말로 바꾸면, 그가 제안한 것은 전공의 선택과 관련해서 대학의 지도 집단 구성원의 조언은 종종 '네가 사랑하는 전공'만큼이나 단순했다는 점이다. 대학 지도 시스템은 면밀한 검토가 필요하다. 나는 중간 규모의 지역대학의 지도 시스템에 대한 평가를 수행했고, 수많은 문제들을 찾아냈는데, 이는 많은 학생들이 그들의 조언자(또는 교수)를 그들의 교육 과정에서 다른 것들만큼 도움이 되는 것으로 보지 않았다는 점이다.

보다 상위 교육의 수준에 있는 모든 학생들은 강한 커리어 개발 프로그램의 서비스를 필요로 한다. 중등 과정 이후의 수준에서 커리어 서비스는 특히 지역대학 직업 프로그램, 직업기술학교, 그리고 기술 지향 4년제 대학과 대학교들로 들어가는 학생들에게 중요하다. 이러한 일부 기관에 들어가는 학생들은 대학 입학 허가 이전에 전공을 선택했어야 했거나, 아니면 전공이 선택되기 전이면서 그들의 교육이 시작된 후에 아주 짧은 시간을 가져야 할지 모른다. 이 전공들은 직접적으로 어떤 직업을 갖게 만들고, 그래서 전공의 선택은 자연스럽게 커리어 선택이라 볼 수 있다. 빈약한 커리어 개발 프로그램이 있던 고등학교를 다녔던 학생들은 이러한 선택을 하는 데 있어 명백히 불리한 입장이다.

제레미는 이례적인 학생을 대표할지 모르지만, 그의 사례는 모범적이다. 성적으로 인해 퇴학당한 이후 그는 먹고살기 위해 다양한 건축 관련 일을 했고, 안경사가 되기 위해 1년짜리 과정을 이수했지만, 그 직업이 너무 지루해서 거절했고, 그가 재미있어 했던 전기기사 인턴 자리를 얻었다. 첫 대학 입학부터 직업 만족까지 얼마나 시간이 걸렸을까? 7년이다! 잃어버린 시간과 임금은 오로지 상실의 일부분일 뿐이다. 좌절과 자기 의심의 시간은 제레미가 이 기간에 지불했던 값의 일부분이었다. 제레미는 가족의 지원을 받지 않았고, 그의 직업 선택의 핵심은 몇 개의 바람직하지 않은 대안 중에서 선택해야 했다는 점이었다. 교육을 받는 것은 중요하다. 만족스러운 직업을 위해 당신을 준비시키는 교육을 받는 것은 훨씬 더 중요하다.

Creager(2011)의 2010년 커리어 개발 문헌에 대한 리뷰가 대학생의 커리어 선택과 의사결정 과정을 다루는 몇 가지 연구를 발견했지만, 1990년대에 시작되었던 직업 정보의 활용과 커리어 계획에 초점을 둔 갤럽/NCDA 조사가 갱신되지 않은 것은 불운한 일이다. 대부분의 연구들은 부모 관여, 성 문제와 같은 쟁점들과 운동선수와 같은 일부 하위집단에 초점을 맞췄다. Linnemeyer와 Brown(2010)이 발견한 바에 따르면, 학생 운동선수들은 자신들의 역할 때문에 선택에 제한되는 것처럼 보였고, 그래서 그들은 커리어 개발 스태프가 목표로 해야 하는 집단일 수 있다.

중등 과정 이후 기관들의 커리어 프로그램은 학생의 돈과 시간의 투자 가치가 있고, 우선은 어떤 영역에 초점을 맞출 필요가 있다. 고등학교를 졸업하는 학생의 절반 이상이 일부 중등 과정 이후 교육기관에 다니는데, 4년제 대학, 지역대학, 또는 직업기술학교를 포함한다. 대학교육을 마치려는 주요한 이유 중 하나는 커리어를 위해 훈련하는 것이지만, 1995년에 오로지 대학 졸업생의 54%만이, 현재의 커리어가 의도적인 계획을 따른 결과로 보고하였다. 대학을 마치지 않거나 2년제 기관에 다녔던 성인 중에 35% 정도는 현재 커리어를 위해 의도적인 계획을 따랐다. 일부 중등 과정 이후 교육에 참여한 사람 중 대략 1/4 정도는 한 번도 직업 정보를 활용하지 않았다(Hoyt & Lester, 1995). Hatcher와 Crook(1988)의 초기 연구를 더해서 이 연구가 제안하는 바에 따르면, 학생들의 커리어 개발의 어떤 측면들은 다뤄지지 않고 있다. 그들은 소규모 교양대학의 졸업생들에게서 자신의 직무에서 어떤 놀라운 일들을 경험했는지를 조사하였다. 그들이 발견한 바에 따르면 학생들은 그들이 기대한 것보다 더 좋은 근로자였고, 그들은 기대보다 더 많이 부족한 업무 수행에 대해서 비난받는 것으로 스스로를 지각했고, 일을 잘하는 것에 대한 조직의 요구가 그들이 예상한 것보다 더 컸다. 그들이 또한 발견한 바에 따르면, 일과 관련한 기대가 현실과 일치하지 않았을 때, 특히 그것이 부정적인 현실이었다면, 학생들은 그들의 현재 직업을 떠날 의도를 표현했다. "왜 지금의 대학생들은 일을 찾지 못할까"라는 제목의 도발적인 글에서, Cummins(2013)가 보고한 바에 따르면, 관리자들은 대학생들이 그 일을 하기 위해 필요한 '딱딱한 기술(hard skill)'을 가졌다고 지각했지만, 흔히 인턴십에서 개발되는 것 같은 필요한 '부드러운 기술(soft skill)'은 부족했다. 중요한 점은 관리자의 지각과 비교해 볼 때 학생들은 이끌고, 설득적으로 글을 쓰고, 권위적으로 소통하고, 프로젝트를 완성하기 위해 팀과 공동으로 작업하는 그들의 능력을 과대평가하는 경향이 있었다. 이러한 지각의 차이를 좁히기 위한 프로그램의 개발을 위해서 이 연구가 의미하는 바는 분명하다.

중등 과정 이후의 교육을 추구하는 모든 학생들이 커리어를 준비하려는 단 하나의 목적을 위해 그렇게 하지 않지만, 많은 사람들은 이것이 그들의 교육 경험의 부산물이 되기를 기대한다. 이러한 학생들의 커리어 개발 요구들이 충족되는 것은 중요하다. Healy와 Reilly(1989)는 10개의 캘리포니아 지역대학들에 등록된 직업기술 학생들의 커리어 개발 요구들이 충족되고 있었는지를 확인하기 위해 시도하였다. 더 나이가 많은 학생들이 보여준 바에 따르면, 그들은 목표를 설정하고, 커리어 계획을 확신하게 되고, 커리어 관련 목표를 탐색하고, 커리어 목적과 관련 있는 과정을 선택하고, 취직 능력 기술을 개발하고, 더 어린 학생들보다 직무를 구할 필요성이 더 적었다. 하지만 연구된 모든 나이 집단들의 25~50%는 이러한 요구를 주요한 걱정거리로 평가하였다. 그들은 또한 중요한 요구로서 그들의 흥미와 능력에 대해서 더 많이 알고 있다고 평가하였다. 연구자들이 보고한 바에 따르면, 더 나이 든 학생들이 커리어 개발 활동에 대한 더 적은 요구를 갖는다는 발견이 뜻밖의 결과는 아니었다. 하지만 추측하기로는, 더 어린 응답자들은 대학 졸업생이 마주하는 문제들에 대한 촉진이 부족하기 때문에 커리어 개발 활동들에 대한 그들의 요구를 더 높게 평정하지 않았을 것으로 보인다.

대학 졸업생의 64%는 그들이 다시 그 과정을 시작할 수 있었다면 더 많은 커리어 정보를 얻으려고 했을 것이다. 이런 이유는 대학을 졸업하거나 대학을 다닌 성인들의 54%만이 그들의 기술이 현재의 직무에서 완전히 유용하다고 믿기 때문이다. 무엇보다 이 집단의 대략 6%는 1993년 NCDA 조사 이후 3년 안에 그들의 일자리에서 밀려나갈 것으로 예상하였다(Hoyt & Lester, 1995).

학생

지역대학과 대학생들에 대한 정형화된 이미지를 보면, 그들은 18~22세이고 그들의 첫 중등 과정 교육 경험을 하고 있다는 점이다. 하지만 현재의 프로파일은 많이 다르다(MarketingCharts, 2012; National Center for Education Statistics, 2012). 학생 인구의 절반 이상은 25세 이상이고, 여성이 남성보다 수가 많고, 거의 모든 학생의 절반이 지역대학 프로그램에 등록되어 있다. 대학생들의 다양성은 우리 사회의 다양성을 점점 더 반영한다. 모든 인종 집단을 대표하는 소수집단들은 대부분의 지역과 4년제 대학의 등록자 중에서 상당한 부분을 차지한다. 미국 장애인법은 그것을 의무화시켜 왔기 때문에 모든 교육기관은 장애의 본질에 관계없이 사람들에게 접촉 기회를 제공한다. 이것은 시력장애와 같은 신체장애를 가진 학생들과 난독증과 같은 학습장애를 가진 학생들이 스스로 대학교육을 활용하는 것을 가능하게 했다. 중등 과정 이후의 기관의 캠퍼스에 있는 2개의 다른 집단인 게이와 레즈비언은 또한 모든 학생들의 요구를 충족시키려는 커리어 개발 전문가들에게 도전을 제공한다.

일부 연구자들이 보여왔던 것은 중등교육 이후의 기관들에 등록된 많은 학생들은 전문화된 커리어 개발 서비스를 필요로 한다는 점이다. 예를 들어 Leong(1993)이 제안했고 앞의 장에서도 보였던 바에 따르면, 아시아계 학생들의 대인관계 스타일, 문화적 가치, 태도, 그리고 신념을 수용하기 위해 커리어 상담의 내용과 과정 모두가 바뀌어야 한다. 제6장에서 비교 문화 상담의 이슈가 다루어졌다. Padula(1994)와 Luzzo(1995) 둘 다 대학 여성의 특수한 요구를 다뤘는데, Padula는 커리어에 재진입하는 여성에 초점을 더 맞췄고, Luzzo는 커리어 성숙도에서의 성차에 더 초점을 맞추었다. Padula의 문헌 리뷰처럼, Luzzo의 연구는 여성의 커리어 선택을 다루는 문헌에서 반복되는 주제를 밝혀냈는데, 이는 커리어와 다른 생애 역할 사이의 갈등이다(제7장 참조). Luzzo의 리뷰 이후로 미국 가정의 재형성 문제와 더불어, 가족과 교육 사이의 역할 갈등은 더 이상 단일 성 관련 이슈가 아니다. Belz(1993)는 게이와 레즈비언 학생과 작업하는 상담자들은 커리어 개발 문제와 함께 공존하는 그들의 동성애 정체성을 다뤄야 할 것임을 보여준다. 이 이슈는 제7장에서 다뤄졌다. 학생 운동선수들(Linnemeyer & Brown, 2010)은 학교와 커리어 목표를 동시에 설정하지 못했기 때문에 특별한 주의를 필요로 하는 집단이다(Petrie & Russell, 1995). 특수한 요구에 대한 이 설명은 오늘날의 캠퍼스에 있는 모든 학생 집단들로 확장될 수 있다.

커리어 개발 프로그램들은 모든 학생들에게 조정되어야 한다고 결론짓기는 쉬울 수 있으며, 이 결론은 실제의 사실보다 더 많은 것을 포함한다. 하지만 학생들은 공통의 욕구를 갖고 있고, 학생들에게 유용한 커리어 개발 서비스들은 다음의 것들 일부 또는 전부를 포함해야 한다.

1. 커리어와 자기 자각 활동
2. 흥미, 가치, 목적, 결정에 대한 탐색
3. 노동시장의 현실과 미래 동향
4. 커리어에 대한 실용적이고 정확한 정보
5. 위험 감수, 이력서 개발, 면접 등과 같은 특별한 요구를 다루는 워크숍
6. 학생들이 그들이 학교의 성취를 계획하는 데 필요한 지원을 얻는 것을 가능하게 하는 학교 조언 시스템

대학과 대학교들이 이러한 우려를 어떻게 다루고 있는지를 보기 위해, 몇 가지 지역대학과 대학교의 웹사이트를 방문해 보라. 이를테면 오하이오주립대학교에 있는 'Buckeye Careers'나 세인트피터즈버그(플로리다) 지역대학 커리어 센터이다. 조언 프로그램에 대한 정보는 분리해서 목록화시킬 수 있는데, 그 이유는 그것이 종종 학문적 프로그램을 확장한 것처럼 보이기 때문이다.

기관

세 가지 유형의 기관(직업기술학교, 지역대학, 4년제 대학)이 여기에서의 관심사이다. 이 중 첫 번째인 직업기술학교는 고등학교 직업교육 프로그램의 확장으로, 반숙련 기술부터 전문적인 것까지의 다양한 범위의 커리어에서 훈련하는 기술들을 제공한다(예 : 난방과 에어컨 장비 설비와 유지, 유자격 간호사, 등록 간호사, 입안자). 이러한 프로그램의 직업적 본질 때문에 학생들은 종종 진입의 시기에 공부의 한 분야를 선택하고 마칠 때까지 그것을 추구한다. 많은 예에서 초기에 의사결정을 하도록 요구하는 것은 실수를 초래한다.

지역대학은 편입학 프로그램과 함께 종종 직업기술 요소를 갖춘다. 많은 주에서 대학 편입학 프로그램은 대학과 대학교에 있는 프로그램과 조정되고 그래서 '2학년이 편입'하듯이 4년제 기관들로 편입하는 학생들도 존재한다. 학생들은 재정적 이유(집에서 생활하며 돈을 절약할 수 있다), 학업적 결손을 만회하기 위한 보충학습에 대한 요구, 그리고 고교 이후의 공부가 실제로 그들이 추구하고 싶어 하는 것인지를 탐색하기를 원하기 때문에, 그리고 다양한 다른 이유들 때문에 지역

대학을 선택한다. 학업에서 어려움을 겪었던 학생들은 또한 지역대학 과정에서 그들의 역량을 보여줌으로써 4년제 대학에 등록할 자격을 회복할 수 있다. 지역대학의 놀라운 점은 그들의 개방적 입학 허가 정책인데, 학생들이 자신의 학업 역량 수준에서 시작하고 그들의 교육을 발전시켜 나가는 것이 가능하다. 이 개방적 정책은 이 기관에 제공되는 모든 프로그램으로 확장되지는 않는다. 간호, 회계 등의 프로그램뿐 아니라 직업기술 프로그램들은 이전에 진입하기 위해 충족되어야 하는 기준들을 달성하였다.

　4년제 대학과 대학교들은 직업기술학교와 지역대학만큼 다양하다. 하버드, 스탠퍼드, 예일, 윌리엄스, 브라운 같은 일류 대학들은 전형적으로 90%가 넘는 입학 거부 비율을 보여주고, 그래서 수백 명 그리고 어떤 경우에는 수천 명의 자격을 갖춘 지원자들이 되돌아가는 데 반해, 일부 다른 대학들은 그들의 등록자 수를 유지하기 위해 최소한의 자격을 갖춘 많은 수의 지원자들을 끌어들일 수 있다. 어떤 대학들은 대개 여성으로 구성되어 있지만, 또 다른 대학들은 대부분 남성으로 구성되어 있다. 하워드대학교 같이 뚜렷한 아프리카계의 미국 대학들은, 아프리카계 미국 학생들에게 양질의 교육을 앞장서서 제공해 왔지만, 갤러뎃대학교는 청력에 손상을 입은 학생들에게 초점을 맞췄다. 등록 학생 수는 수백에서 5만 명 이상이며, 그 비용은 연 8,000달러에서 연 6만 달러 이상까지 다양할 수 있다. 그 커리큘럼이 다양한 것이 그리 놀라운 일은 아니다. 일부 대학들은 교양과목 준비를 강조하는데, 이는 예술, 과학, 인문학에 초점을 두는 데 반해, 다른 학교들은 공학과 같은 기술 분야 또는 교육 분야의 커리어를 준비하는 사람들에게 초점을 맞춘다.

　자원, 철학, 임무, 학생의 신체적 특징, 제공되는 커리큘럼, 위치와 다른 다양한 요인이 커리어 개발 프로그램에 영향을 준다. 교양대학에서의 커리어 개발 전문가들은 학생들이 그들의 전공과 거의 관련성이 없는 것처럼 보이는 커리어를 선택하는 것을 돕도록 준비되어야 한다. 로스쿨은 역사적으로 영문학과 역사와 정치과학 전공들에 특별우대를 해왔고, 모든 다른 것들(학점과 로스쿨 입학시험 점수)은 동등하게 대해 왔다. 일부 로스쿨은 지금 컴퓨터과학이나 공학 전공과 같은 기술 분야 학생들을 등록시키기 위해 많은 노력을 기울이는 것이 사실이다. 심리학 전공은 다양한 관련 분야의 기술을 사용할 수 있을지 모르지만, 그들은 인사사무관, 사회복지사, 연구자들이 그들의 일에서 심리학 원리들을 뽑아내는 것을 알 필요가 있다.

커리어 개발 프로그램

커리어 개발 전문가들이 중등 과정 이후의 기관들을 위한 프로그램을 계획하면서, 많은 이슈들은 그들에게 나타난다. 그러한 이슈 중에는 이러한 철학적 이슈들이 있다. ⑴ 상담 아니면 취업 알선을 강조할지, ⑵ 내담자들만 혼자서 정보를 모으기 위해 보낼지, ⑶ 학생들 훈련의 '직업적' 측면에 초점을 맞추도록 할지, ⑷ 커리어 계획 과정에서 부모와 같은 중요한 타인을 포함시킬지, ⑸

커리어 계획 과정에서 위험 감수 아니면 안전함을 강조할지가 바로 그러한 이슈들이다. 이러한 이 슈와 다른 것들을 다루는 것은 주의 깊은 계획을 필요로 한다.

중등 과정 이후의 기관을 위한 전국커리어개발지침(Kobylarz, 1996)은 초등·중등·고등학교에 서 프로그램을 만들고 개선하기 위해서 제15장에서 개관된 과정과 유사한 포괄적 프로그램을 개 발하기 위한 과정을 보여준다. 첫 출판물(1989)인 전국커리어개발지침 : 중등 과정 이후의 기관을 위 한 지역 핸드북은 청년과 성인을 위한 두 가지의 역량을 보여준다. 그 지침의 1996년판(Kobylarz, 1996)은 청년과 성인의 역량을 단일 역량으로 통합하였다. 성인에 대한 1989년과 1996년의 역량 조합은 표 16.1에 나와 있다. 표에서 볼 수 있듯이, 그 지침이 강조하는 것은 싱인들이 다음과 같 은 것을 할 필요가 있다는 것이다. (1) 긍정적 자기상 밝혀내기, (2) 커리어 정보를 밝혀낼 수 있고 잘 아는 커리어 결정을 위해서 그 정보를 사용할 수 있고, (3) 생애 학습을 하는 것, (4) 그들의 커 리어 전환을 준비하고, (5) 커리어와 다른 생애 역할들의 상호작용을 이해하고, (6) 우리 사회에 서 남성과 여성의 변화하는 역할을 이해하고, (7) 사회의 요구와 직업의 세계 사이에 존재하는 상 호 관계를 이해하는 것이 그것이다. 그 목록에 나는 여덟 번째와 아홉 번째 역량을 추가할 것이다. (8) 글로벌 경제의 본질과 직무에 대한 그 영향력의 본질을 이해하는 것과 (9) 직업 정보, 자기 평

표 16.1 성인 역량과 지표	
역량	**표본 지표 : 성인들은 다음과 같은 것을 할 것이다.**
1. 잠재력과 선호도의 관점에서 자기에 대한 긍정적 관점을 유지하는 것과 직업의 세계로의 전환 가능성에 대한 자기 평가를 유지하는 것	1. 일, 배움, 레저와 관련해서 성취할 것을 밝히고, 자기 지각에 대한 그것들의 영향력 진술하기
2. 자학적 행동을 평가하고 커리어 결정에 대한 그것의 영향력을 줄이는 능력	2. 나이와 함께 나타나는 신체적 변화를 이해하고, 이러한 것들을 수용하기 위해 직업 수행 조정하기
3. 교육과 훈련 상황에 진입하고, 적응하고 수행을 유지하기 위한 기술	3. 사전학습 경험을 문서화하고, 교육기관의 증명을 얻기 위해 그 경험에 대한 정보를 활용하는 법 알기
4. 커리어 기회를 찾아내고, 평가하고, 그 정보를 해석하는 기술	4. 하나의 직업에서 사용되는 기술들이 다른 직업에서 어떻게 사용될 수 있을지 평가하기
5. 직무를 찾고, 얻고, 유지하고, 발전시키기 위해 필요한 기술	5. 밝혀진 커리어 목표에 적합한 이력서 개발하기
6. 교육과 커리어 목표에 대한 의사결정 기술	6. 승진, 관리 스타일, 직업 환경, 이득, 그리고 고용의 다른 조건들의 차원에서 커리어 기회를 평가하는 기술 개발하기
7. 개인과 가족 생활에 대한 커리어의 영향력 이해하기	7. 가족과 레저 역할이 어떻게 영향을 미칠지, 그리고 커리어 역할과 결정에 의해 어떻게 영향을 받을지 기술하기
8. 커리어 변화를 이루는 기술	8. 커리어 전환(예 : 현재 직위, 직무 변화, 또는 직업 변화에 대한 재평가)은 커리어 개발의 일반적 측면임을 받아들이기
9. 은퇴 계획을 위한 기술	9. 은퇴 계획의 중요성을 인식하고, 은퇴 계획 과정에 조기에 전념하기
10. 사회의 요구와 기능이 직업의 본질과 구조에 어떻게 영향을 미치는지 이해하기	10. 근로자들에게 영향을 미치는 경제 동향 인식하기
11. 남성과 여성 역할에서 지속적인 변화 이해하기	11. 남성과 여성이 하는 직업과 가족 역할에서의 변화를 밝히기

가 기회, 직무를 발견하고 획득하는 데 필요한 기술적 역량들이다.

커리어 상담센터

커리어 상담센터(CC) 그리고, 종종 의료 센터처럼 특정 집단을 돕기 위한 위성 프로그램은 커리어 서비스 프로그램이 열리는 중심이 될 수 있다. 커리어 학급, 이력서 개발에서 워드 템플릿과 같은 주제에 대한 온라인 회의, 소셜 미디어 지지 집단, 원거리 커리어 상담, 지역사회의 학점인정과 비학점 인정 인턴십 프로그램, 그리고 교수와 학생 조언 세미나는 또한 그 프로그램에 포함될 수 있다.

프로그램 개발

플로리다주립대학교의 커리어 자원 센터의 스태프는 대학 캠퍼스와 다른 곳에서 커리어 프로그램의 설계와 이행에 대한 생각에서 제일 앞서 있었다. 최근에 Sampson(2008)(그가 Reardon, Lenz 등과 함께한 작업에서 만든 것)은 커리어 프로그램 설계하고 실행하기 : 효과적인 실제를 위한 핸드북 (*Designing and Implementing Career Programs : A Handbook for Effective Practice*)을 출판하였는데, 내가 믿기로 이는 중등 과정 이후의 수준에서 잘 설계된 프로그램을 만들고 싶은 전문가들에게 유용한 최고의 자료 중 하나이다. Sampson이 제안하는 커리어 프로그램 설계 과정은 다음 8단계를 포함한다. (1) 현재 커리어 자원, 서비스 도구, 그리고 서비스를 평가한다. (2) 개선된 커리어 자원, 서비스 도구, 그리고 서비스를 선별하고, 적용하고, 개정하고, 개발한다. (3) 개선된 커리어 자원, 서비스 도구, 서비스를 기존 프로그램에 통합한다. (4) 스태프가 새로운 서비스 도구와 접근을 활용하도록 훈련시킨다. (5) 새로운 프로그램의 예비 시험을 수행한다. (6) 적용 가능하다면, 모든 커리어 센터와 학교의 스태프를 훈련시킨다. (7) 프로그램을 실행한다. (8) 진행 중인 평가를 수행하고, 계속 지속한다.

그 과정의 매 단계의 마지막에 Sampson(2008)은 반복적으로 강조했던 것을 중요사항인 '이해당사자와 소통하기'(pp. 52–53)를 끼워 넣는데, 관리자로부터 사무직원까지 모두가 프로그램의 설계나 재설계 과정을 잘 알고 있을 뿐 아니라 거기에 완전히 포함되는 것이 중요하다.

인터넷 : 커리어 계획을 위한 도구(Internet : A Tool for Career Planning)(Osborn, Dikel, Sampson, & Harris-Bowlsbey, 2011)는 기관에서 인터넷 기반 커리어 서비스를 개선하고 싶어 하는 전문가들에게 귀중한 자료이다. 이 지침에 목록화된 링크들은 2013년에 업데이트되었다.

최종 커리어 개발 계획은 프로그램의 결과로 개발될 역량뿐 아니라, 그 프로그램의 목적에 대한 진술을 포함할 것으로 기대된다(표 16.1 참조). 초등 · 중등 · 고등학교처럼, 구체적인 활동, 그 활동을 실시할 스태프, 그리고 실시를 위한 시간표와 함께 그 프로그램에 사용될 과정(예 : 상담, 취업 알선 등)은 그 계획 속에 포함되어야 한다(Kobylarz, 1996; NOICC, 1989).

요구 평가를 수행하는 것은 스태프가 새로운 프로그램 설계나 기존 프로그램의 재설계를 준비

표 16.2 지표를 선별하고, 업무 수행 요구 평가의 기준 만들기

요구평가 : 2학년 중 6%는 그들의 교육과 커리어 계획 사이의 관계에 대해서 잘 모른다.

역량 3 개발	교육과 직업 준비를 커리어 기회와 연결시키는 능력		
지표	포함된 과정	활동	기준
1. 교육 및 훈련 대안들과 선택된 공부 분야나 훈련직 평가	정보	조언은 입학 때 시작	2학년 말에 100%
2. 공부 분야와 관련이 있는 특정 직업의 필요 조건에 대한 교육이나 훈련을 밝히는 것	교실 수업	커리어에 대해서 필요한 반 (클래스)	100%가 적절한 직업을 선택할 것이다.
3. 교육 목적 성취를 위한 행동 계획 개발	교실 수업	커리어에 대해서 필요한 반, 상담	100%가 행동 계획을 개발할 것이다.
4. 목표			
5. 밝혀진 커리어 목적을 성취하기 위한 장기와 단기 계획 개발	교실 수업, 상담 정보	필요한 반, 상담 · 조언	100%가 단기와 장기 계획을 개발할 것이다.
역량 6 개발	교육과 커리어 목적에 대한 의사결정 기술		
지표	포함된 과정	활동	기준
1. 교육과 커리어 목표에 대한 결정을 위한 개인적 기준 만들기	교실 수업	커리어에 대해서 필요한 반 (클래스)	100%가 기준을 충족할 것이다.
2. 효율적인 커리어와 교육을 결정하고 실행하기	교실 수업, 정보 상담	커리어 자원 센터 조언, 커리어 상담, 필요한 반	100%가 완료할 것이다.

하는 첫 단계이다. Evans(1985)는 중등 과정 이후의 교육기관에서의 요구 평가에 대한 두 가지 일반적 접근을 비교하였는데, 그것은 면접과 질문지이다. 이러한 일반적인 범주 내에서, Evans는 또한 발달 이론에 근거를 두는 질문지와 면접이 경험적으로 추출된 요구 평가 접근보다 뛰어난지를 파악하려고 시도하였다. 그녀의 결론에 따르면, 질문지는 요구에 대한 수집과 상정의 보다 효율적인 수단을 제공했지만, 면접은 개인의 관심사에 대한 더 많은 통찰을 제공한 더 풍부한 데이터베이스를 만들었다. 하지만 모든 접근에 대한 자료는 요구에 대한 동일한 영역들을 제안했는데, 학업 수행, 커리어와 라이프스타일 문제, 그리고 개인적 정체성 관련 이슈들이었다. 요구들이 밝혀진 후 지표들이 선택되고, 수행 기준들이 만들어져야 한다. 이 과정은 표 16.1에 나온다.

커리어 개발 프로그램에서 개발될 실제 역량, 사용될 과정, 특정한 활동들은 그 학교 자체의 전반적인 철학과 특성에 따라 달라진다. 직업기술학교의 학생들은 특정 직업 준비를 바로 시작하기 때문에, 교육과 직업 준비를 커리어 기회와 연결시키고(표 16.2의 역량 3) 교육 커리어 목적에 대한 의사결정 기술을 사용하는(표 16.2의 역량 6) 능력은 훈련 프로그램을 시작하기 전, 초기에 개

표 16.3 커리어 개발에 이르는 과정/접근

봉사활동
1. 세대별 커리어 세미나
2. 연락을 취하기 위한 세대별 비공식 자유 토론
3. 특수 집단을 위해 설계되었으며 그들의 회의에서 실시되는 활동들(예 : 국제학생들)
4. 졸업생이나 나이가 더 많은 학생들을 활용한 멘토링 프로그램
5. 커리어 개발 세미나처럼 부모 포함
6. 인터넷 기반 서비스, 이를테면 동시 채팅 커리어 상담과 같은 인터넷 기반 서비스와 원거리 커리어 상담을 위한 스카이프 같은 프로그램의 활용
7. 커리어 개발 역량을 개발하는 온라인 회의

교실 수업
1. 학점을 위해 필요한 수업
2. 학점을 위한 대안적 수업
3. 비학점인정, 단기 수업
4. 취직 능력 기술 훈련 수업
5. 커리어를 다루는 정규 수업 단위

상담
1. 개인 커리어 상담
2. 집단 커리어 상담
3. 취직 능력 기술 집단
4. 집단 상담 활동과 같이 졸업생을 위한 특별 프로그램
5. 소셜 미디어를 활용한 구직과 같은 웹 기반 지지 집단

평가
1. 커리어/의사결정에 초점을 맞추기 위해 진입 시에 주어지는 스크리닝 검사
2. 커리어 상담의 일부로 상담/커리어 계획과 취업 알선 센터에서 학생들에게 제공되는 진행 중인 평가
3. 컴퓨터 지원 서비스
4. 자기 주도적 평가(예 : SDS)
5. 요구 평가

6. MBTI 같은 웹 기반 평가

정보
1. 오리엔테이션 회기/정보
2. 웹 기반 카탈로그
3. 정보 조언하기/커리어
4. 커리어 정보 센터
5. 학생 신문의 기사
6. 교육 프로그램을 커리어 기회와 관련시키는 무료 유인물
7. 졸업생 뉴스레터

취업 알선
1. 학생들을 위한 정규직 취업 알선 활동
2. 고용주와 근로자를 연결시키는 취직설명회

현장 실습
1. 인턴십 프로그램
2. 시간제 일을 위한 취업 알선
3. 협동적 교육/직업 프로그램
4. 직업-공부 프로그램

자문
1. 교육-커리어 연결을 알 수 있도록 학교 조언자와 함께, 일부 학생들의 요구
2. 지원을 제공하기 위해 기숙사 도우미와 감독자와 함께
3. 더 많은 커리어 정보를 수업으로 도입하고 싶어 하는 강사와 함께
4. 커리어 관련 활동을 제안하기 위해 클럽/사회활동 조언자와 함께

위탁
1. 커리어 정보를 위해 그 지역의 근로자들에게
2. 커리어 관련 결정을 막는 개인 문제를 도와줄 정신건강 전문가에게

발되어야 하는 점은 중요하다. 프로그램의 지향, 처음 하는 조언, 그리고 아마도 검사도구들은 이러한 역량들을 개발하는 것에 따라 달라질지도 모른다. 표 16.3은 중등 과정 이후의 커리어 개발 지침에서 밝혀진 과정들과 함께 사용될 수 있는 일부 제안된 활동들을 포함한다(Kobylarz, 1996; NOICC, 1989). Sampson(2008)은 세 가지 넓은 범주로 커리어 서비스를 분류하는데, 자조, 간단한 스태프 지원, 그리고 관리된 개별 사례이다. 자조 서비스의 예시는 자가 실시되는 평가일 수 있는데, 이들 중 일부는 앞 장에서 논의되었다. 간단한 스태프 지원 서비스는 워크숍, 단기 집단 상담, 그리고 커리어 과정의 대부분을 포함한다. 개인 상담과 장기 집단 상담은 관리된 개별 사례 접

근의 예시들이다. 이러한 활동과 다른 활동들이 간단하고 사례 관리된 개입에 대한 내용으로 이 장의 뒤에서 논의될 것이다.

Sampson, Peterson, Reardon, 그리고 Lenz(2000)와 Sampson(2008)은 제4장에서 논의된 인지정보처리 모형(CIP)(Peterson, Sampson, Lenz, & Reardon, 2002)을 제안했다. 그들이 제안한 바에 따르면, 커리어 서비스의 실시는 그 내담자가 커리어 의사결정을 하려는 준비성을 평가하는 것으로 시작해야 하고, 그래서 그 의사결정 과정을 촉진하거나 지원하려는 전문가의 필요에 의해서 어떤 추정치가 만들어질 수 있다. 그들이 또한 보여주는 바에 따르면, 준비성 평가에는 두 가지 수준이 있는데, 개입 계획 평가와 프로그램 계획을 위한 총평가이다. 총평가는 프로그램 개발에 앞서 시행되는데, 그 이유는 그것이 도움을 받아야 할 집단에 대한 정보를 만들기 때문이다. 개입 평가는 개인에 대한 개입의 선택 이전에 이루어진다.

Sampson과 동료들(2000)이 만든 준비성 평가 모형은 커리어 사고검사(CTI)(Sampson, Peterson, Lenz, Reardon, & Saunders, 1996)를 사용한 개인 평가에 초점을 맞추는데, 이는 두 가지 요인인 역량(capability)과 복잡성(complexity)을 측정한다. 의사결정을 하는 역량은 의사결정에 대한 전념과 그 결정을 하기 위해 필요한 기술 둘 다 포함한다. 복잡성은 가족 이슈, 경제적 문제, 그리고 의사결정 과정에 영향을 줄 수 있는 다른 환경적 요인들과 같은 요인들을 말한다. CTI 자료를 활용해서, 세 가지 행동 과정 중 하나에 대해서 내담자와 상담자가 결정을 내리는데, 그 세 가지 행동과정에는 (1) 사서나 도우미의 도움과 같은 간단한 지원 서비스와 자조, (2) 커리어 과정 또는 단기 집단 상담 (3) 평가, 커리어 상담, 의사결정 훈련과 같은 일련의 개입들을 포함할 수 있는 폭넓은 서비스가 포함된다.

CIP 계획 모형은 전체 프로그램을 계획하기 위한 근거로 사용할 수 있다. 그것은 도움받을 전체 집단에게 CTI를 실시하고, 그 평가에 근거해서 피드백을 제공하고, 커리어 개발 프로그램에 참여하고 싶어 하는 사람들을 위한 적절한 개입을 개발하는 것을 필요로 한다. 이러한 방식으로 개념화해 보면, CTI는 전통적인 요구 평가를 대체하는 것처럼 보이지만, Sampson의 모형은 요구 평가를 포함하고 있다.

커리어 프로그램 활동에 대한 깊은 통찰

커리어 개입들이 적절하게 실행된다면 효율적일 수 있지만, 2013년에 Sampson, McClain, Musch와 Reardon은 중요한 이슈를 제기하였다. 바로 커리어 개발 개입들로부터 이득을 얻기 위해서 학생과 성인의 준비성에 영향을 미치는 요인들이다. 그들의 결론에 따르면 낮은 준비성은 그 개입에서 이른 불참이나 불완전한 의사결정을 초래한다. 그들이 제안한 바에 따르면 읽고 쓰는 능력, 학습장애, 낮은 자기 자각, 그리고 이전 커리어 서비스에 대한 부정적 경험들과 같은 변인들은 이러한 문제를 안고 있는 개인들에 대한 커리어 개입의 효율성을 제한시킬 수 있다.

다른 전문가들이 제안한 바에 따르면, 사용되는 개입의 본질은 그 효율성에서 주요한 요인일 수 있다. 특히 간단한 개입의 사용에 대한 의문이 많이 나타났다(Sampson, 2008; Sampson et al., 2000). 간단한 개입이 무엇일까? 이 맥락에서 그것은 학생마다 상대적으로 스태프가 적은 시간을 사용하는 것을 말하며, 학생들의 관점에서 사용하는 전체 시간수를 의미하지는 않는다. Goodson(1982)이 발견한 바에 따르면, 워크숍과 세미나와 같이 상대적으로 단기적인 개입들은 조사된 캠퍼스의 87%에서 유용했다. Pickering과 Vacc(1984)의 보고에 따르면, 커리어 관련 개입들에 대한 문헌의 리뷰 이후에, 가장 공통적으로 연구된 영역들은 6회기나 그 이하의 프로그램으로 다양한 활동들을 포함하고 있었다. 그들이 또한 보고한 바에 따르면, 장기적 개입들(5회기 이상)은 보통 단기 개입보다 더 효과적이었다. 하지만 Buescher, Johnston, Lucas와 Hughey(1989)가 보고한 바에 따르면, 커리어 상담자와의 1.5시간 만남, 직업 카드 분류 활동, 커리어 대안들에 대한 논의, 그리고 커리어 센터 투어와 같은 짧은 개입들은 미결정 상태의 학생들에게 긍정적인 변화를 일으켰다. Tripak과 Sclosser(2013)는 커리어 의사결정 자기 효능감에 대한 컴퓨터 지원 직업 안내 시스템(FOCUS-2)을 사용한 간단한 개입의 효과를 평가해서, 그것이 이 영역에서 그들의 자기 지각을 유의미하게 향상시켰음을 발견하였다. 하지만 1학년 신입 대학생 표본 중에서 남성들은 또한 커리어 의사결정을 내리는 자신의 능력에 대해서 더 비관적인 관점을 가지고 있었다. 학생들은 FOCUS-2를 활용하면서 0.5시간에서 7시간을 보냈다. 커리어 상담자는 어떤 개입들이 어떤 개인과 집단에게 사용되어야 하는지에 대한 복잡한 질문을 생각해 볼 필요가 있다. Osborn, Dikel과 Sampson(2011)이 제안한 바에 따르면, 준비성이 낮으면 낮을수록, 그 학생이 커리어 탐색과 의사결정을 하면서 필요로 하는 지원의 양이 더 커진다.

연습문제 16.1

당신의 주에 있는 중등 과정 이후의 기관 목록에서, 1개의 지역대학, 1개의 작은 학교(학생 수 5,000명 이하), 그리고 하나의 큰 학교(학생 수 12,000만 명 이상)를 골라보라. 당신이 선택한 3개의 학교 커리어 서비스 웹사이트를 방문하고, 그 웹사이트를 통해 제공되는 커리어 서비스 목록을 만들고, 그러고 나서 이 사이트의 다른 활용 목록을 만들어보라.

	웹사이트 사용
지역대학	
작은 대학	
큰 대학/대학교	

간단한 활동 : 웹사이트

앞에 있는 장에서 지적했듯이, 인터넷은 대학 캠퍼스에 있는 커리어 자원 센터가 제공하는 서비스를 확대하고 확장하기 위해서 많은 특별한 기회들을 제공한다. Sampson(1999, 2008)과 Srebalus와 Brown(2001)은 또한 상담센터의 효과와 효율성 모두를 증진시키는 수단으로 인터넷의 활용을 논의하였다. Sampson이 제안한 바에 따르면, 센터들은 웹사이트를 발전시켜서 커리어와 교육 정보를 올려서 학생들이 센터에 오지 않고도 필요한 정보를 다운로드받을 수 있다. 그가 또한 제안한 바에 따르면, 커리어 자원 센터 웹사이트는 그 센터의 서비스를 홍보하고, 취직 능력 기술의 개발과 같은 서비스를 실시하고, 웹사이트에 대한 링크를 제공하기 위해 사용될 수 있다. 이 목록에 아마도 커리어 자원 센터, 대학 상담센터, 조언 서비스, 그리고 대학이나 대학교 내의 다른 서비스를 연결하는 인트라넷이 포함될 수 있을 것이다. 웹 기반 커리어 상담과 평가 서비스가 또한 캠퍼스 밖 학생들과 졸업생들에게 제공될 수 있다. 그 커리어 자원 센터의 웹사이트를 활용해서 서비스를 위한 약속 시간을 잡을 수 있고, 첫 약속 이전에 접수면접용 자료를 수집할 수 있다.

간단한 활동 : 조언하기

조언하기는 중등 과정 이후의 기관에서 교육 계획 과정의 근간이 되고, 이 과정의 질은 아주 다양한 것 같다. 만약 교육과 커리어 계획을 통합하는 능력이 개발될 수 있는 것이라면, 뛰어난 조언 시스템의 개발은 하나의 목표가 되어야 하는 것이 논리적으로 보인다. Dailey(1986)가 제안하는 바에 따르면, 조언자는 학생이 전공을 선택해야 하는 시기에 학업/커리어 계획 과정에 목표를 둔 의사결정 나무를 활용한다. 의사결정 나무(decision tree)는 삶의 결정 포인트를 대안을 의미하는 나무의 가지로 도식화한 상징을 사용한다. 의사결정 나무 접근을 활용하는 결정 과정은 그림 16.1에 도식화되어 있다. Dailey가 믿는 바에 따르면, 의사결정 나무가 특히 비즈니스 메이저(business major)*를 위해서 활용될 수 있는데, 그 이유는 그들은 아마도 그 과정에서 이 접근에 적응해 왔기 때문일 것이다. 하지만 나무 콘셉트의 활용은 이들에만 제한되지 말아야 한다.

조언자들은 전형적으로 커리어 전문가는 아니지만, 커리어를 위한 교육 프로그램의 결과에 적응할 필요가 있다. 이것은 자문을 통해 이루어질 수 있다(만약 조언자들이 이 과정에 오픈되어 있다면). 하지만 조언자들은 졸업자들의 커리어 성공을 조사하는 추후 조사 자료를 필요로 한다. 그들은 또한 캠퍼스에 오는 기업의 신규 채용 모집자들로부터 정보를 필요로 한다. 기업의 신규 채용 모집자들은 채용 결정을 내리기 위해 자신의 기업이 사용하는 기준에 초점을 맞추는 조언자를 위한 세미나를 제공하기 위해 초청되어야 한다. 결국 조언자들은 다양한 프로그램의 졸업자들이

---

* 대학교육의 필요성을 크게 못 느끼는 사람들로, 일반적으로 이들은 자신이 뭘 하고 싶은지에 대해서 모르기 때문에 실제적인 과목을 공부하지 못하고, 돈을 벌 수 있는 것에만 초점을 맞춘다.

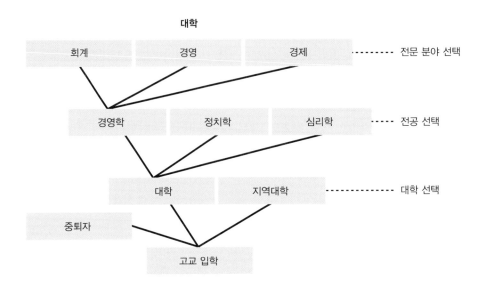

그림 16.1 대학 2학년생의 의사결정 나무

진입한 직무에 대해서 정기적으로 정보를 받아야 한다.

간단한 활동 : 전공 박람회

Elliot(1988)은 교육 계획을 수립하는 목적으로 하는 펜실베이니아주립대학교 프로그램을 설명하였다. 다양한 학업 프로그램의 학생 도우미(faculty representative)와 함께 미결정 학생들은 학생들과 교수가 전공 분야의 주제에 대해서 의견을 교환할 수 있는 저녁 프로그램에 참여하도록 초대를 받았다. 그 어떤 공식적인 평가도 없지만, 프로그램에 참가하는 사람들은 그 프로그램이 교육 탐색을 자극하는 효율적인 방식이라고 믿었다.

간단한 활동 : 커리어 코스

표 16.3에도 나오고 Sampson(2008)이 지적한 것처럼, 학생들에게 커리어 탐색 코스를 실시하는 많은 접근이 있는데, 이를테면 교과목, 학점 코스, 비학점 코스가 있다. Quinn과 Lewis(1989)가 발견한 바에 따르면, 커리어 선택의 확실성은 커리어 관련 자료를 전통적인 학업 과정에 포함시킴으로써 증가되었다.

Savickas(1990)는 다음에 나오는 태도와 개념들을 개발하기 위한 커리어 탐색 과정을 설계했고 현장 테스트하였다. (1) 지금에 전념하는 것, (2) 미래를 탐색하는 것, (3) 어떻게 보이는지에 근거해서 선택하는 것, (4) 미래를 통제하는 것, (5) 문제나 기회에 효과가 있는 것, (6) 일을 긍정적으로 보는 것, (7) 커리어 선택을 개념화하는 것, (8) 커리어 선택 오해들을 정리하는 것, (9) 자신에 근거해서 선택하는 것, (10) 선택 기초처럼 자기에 대한 네 가지 측면을 사용하는 것. 그는 그 과정이 일반적으로 커리어 의사결정 능력에 대한 긍정적인 영향력을 미쳤고 장기적인 관점에서 학생들이 미래의 관점에 보다 지향하는 과정에 등록한다는 아이디어에 대한 지지를 발견했다. Savickas의 발견은 보통 Lent, Larkin과 Hasequa(1980)의 초기 연구를 지지하는데, 이들이 발견한 바에 따르면, 주로 기술과 과학 관련 커리어 분야에 초점을 맞추는 10주짜리 커리어 계획 과정은 커리어 계획을 만드는 데 도움이 되었다는 점이다.

커리어 계획반의 유용성은 널리 알려져 있다. 전형적으로 이런 과정들은 커리어 탐색과 개발, 커리어의사결정, 취직 능력 기술에 초점을 맞추고, 일부는 특수 집단을 위한 커리어, 현장 경험 그리고 사기 평가에 초점을 맞춘다. Allyn(1989)은 전통적인 교육 과정 접근에서 벗어난 점을 설명하였다. 그녀는 "[뇌의] 좌반구와 우반구와 관련된 학습 유형에 초점을 맞추고"(p. 281) 경험적 접근을 사용해서 학습 유형을 활용하려고 시도하는 4MAT 시스템을 적용하였다. 그녀가 진행하는 과정의 목적은 학생들이 자신과, 자신의 지지 체계와 흥미가 될 수 있는 커리어들에 대해서 더 많이 배우도록 하는 것이었다. 그 과정에서 첫 단계는 학생들의 '왜'라는 질문을 다루는 것이다(예 : "이 과정은 왜 중요할까?"). 그리고 나서 학생들은 '무엇' 질문에 초점을 맞춘다("그 과정의 내용은 무엇일까?"). '무엇' 질문에 답을 한 후 학생들은 '어떻게' 질문에 답하기 위해 직접 활동들을 한다("내가 직업의 세계에 어떻게 어울릴 수 있을까?"). 마지막으로, 학생들은 '만약' 질문에 답을 한다("만약 내가 배운 정보가 나에게 적용된다면[또는 적용되지 않는다면] 그 결과는 무엇일까?"). Allyn의 과정의 내용은 이전에 설명된 다른 과정과 다르지 않았고, 유도된 심상을 포함해서 사용된 기법들을 신중하게 고려되었다.

마지막으로 Johnson과 Smouse(1993)의 연구 결과는 커리어 계획 과정집단 학생 대 통제집단 학생들 사이를 비교했을 때, 커리어 계획 과정집단 학생들의 커리어 결정성, 직업에 대한 지식, 그리고 직업 선택의 확실성에서 유의미한 증가를 발견하였다. 그들이 제안하는 바에 따르면, 이 과정들이 효과적이기 위해서 그들은 그 과정에 등록되어 있는 학생들의 구체적 요구를 충족시키기 위해 개발되어야 한다.

간단한 활동 : 워크숍과 세미나

Kahnweiler와 Kahnweiler(1980)는 맞벌이 가족 워크숍에 대해서 보고하였는데, 이는 결혼한 부부가 이 상황에 직면할 가능성과 특별한 관련이 있다. 그 워크숍은 강의, 맞벌이 가족의 모델링, 그리고 토론으로 구성되었다. 강의 단계에서 이득(예 : 가외수입)과 골칫거리(예 : 성 역할 갈등)가 제시되었다. 모델링 부분에서 자신이 맞벌이 부부이기도 한 그 워크숍 리더들은, 그들의 관계에 대한 찬반 토론을 하였다. 마지막으로, 학생들은 그들이 맞벌이 결혼에서 가지게 될지 모르는 문제와 배경에 초점을 맞춘 토론을 진행하였다.

불행히도, 커리어 세미나와 다른 교육적 커리어 개입들이 체계적으로 평가되지 않았다. 하지만 만약 목표 청중의 요구가 분명히 밝혀지고 세미나와 다른 경험들이 이러한 요구를 충족시키기 위해 주의 깊게 설계된다면, 이러한 접근들은 결정 불안이나, 경험에서 이득을 얻지 못하게 하는 다른 개인적 문제들을 갖지 않은 학생들에게 아주 효율적일 수 있다.

주의 깊게 설계되고 평가된 세미나의 사례는 특정 학생들의 요구를 다루었는데, Robbins와 Tucker(1986)가 제시하였다. 많은 다른 커리어 상담자들처럼 그들의 관심은 커리어 목적 불안정이었고, 그들은 주로 자기 주도적인 소집단이 리더 지향적 집단보다 더 효율적인지를 확인하려고 하였다. 그들이 발견한 바에 따르면, 높고 적절한 수준의 목표 불안정을 가진 학생들은 자기 주도적 집단에 참여하는 사람들보다 상호작용 집단의 결과로 커리어 정보 추구 행동의 수가 더 많았다. 하지만 집단의 유형은 낮은 목표 불안정성의 학생들이 보이는 정보 추구 행동에서 거의 차이를 만들지 못하는 것 같다. 상호작용 지향적인 집단에 등록한 학생들은 리더가 자기 주도를 강조하는 집단보다 자신의 집단에 더 만족한다.

간단한 활동 : 자기 주도

많은 대학들은 학생들이 자기 주도적 활동을 하도록 기회를 제공하는데, 이를테면, 평가, 컴퓨터 지원 커리어 탐색, 커리어 탐색 서적들을 포함한다. Pickering(1984)은 커리어 상담자에 의해 열리는 커리어-계획 세미나, 동료 지도자에 의해 열리는 유사한 세미나, 그리고 학생들이 커리어 탐색 워크북을 사용하는 자기 주도 집단을 비교하였다. 결과에 대한 분석은 처치집단 사이에서 아무런 유의미한 차이도 보여주지 못했다. 불행히도, Pickering은 연구 설계에 그 어떤 처치 통제집단도 포함시키지 않았다. 하지만 Pickering의 결론에 따르면, 독학 기법은 가장 비용 효율적 기법이고, 매우 주의 깊게 해석되어야 한다. 왜냐하면 Pickering과 Vacc(1984)이 초기에 결론 내린 바에 따르면, 자조 접근들은 연구 문헌에 대한 그들의 리뷰를 근거해서 최소 효과를 가진 접근이었기 때문이다.

커리어 정보 센터에서 자조 코너를 만들기를 바라는 사람들에게, Nachreiner(1987)의 위스콘신 대학교(메디슨 캠퍼스)의 센터에 있는 자료들의 설명은 유익하다. 그들의 자료는 네 가지 섹션으로 이루어져 있다.

섹션 I : 나는 누구인가 : 생애 이행, 가치, 흥미, 기술에 대한 자료들을 포함한다.

섹션 II : 직무 탐색 : 이력서 개발과 같은 취직 기술에 대한 정보를 포함한다.

섹션 III : 교육과 커리어 연구 : 커리어 정보뿐 아니라 연구 기술 연습을 포함한다.

섹션 IV : 참고문헌 : 다양한 주제에 대한 읽을거리 목록을 포함한다.

간단한 활동 : 정보 서비스

초기의 장(chapter)들은 다양한 정보 접근들에 대한 논의에 초점을 맞췄는데, 이를테면 정보의 유형과 커리어 정보 센터의 설립과 활용이다. 그 논의는 여기에서 반복하지 않을 것이다. 하지만 미시간주립대학교에서 사용된 적 있는 CareerLine 접근은 고려해 볼 가치가 있다(Forrest & Backes, 1988). CareerLine은 미시간 주에 있는 학생 신문에서 매주 볼 수 있는 300~400개의 단어로 된 커리어 정보 칼럼이다. 그것은 여름 아르바이트 계획, 다양한 유형의 커리어, 그리고 관련된 주제를 다룬다. 그 프로그램 이후에 일부 더 좋은 칼럼을 포함해서 *CareerLine* 소책자를 개발하였다.

개별 사례 관리 활동 : 인턴십

중등 과정 이후의 교육을 받는 학생들은 자신의 커리어 선택을 완결하도록 도와줄 기회들을 필요로 한다. 직업을 준비하는 것에 초점을 맞춘 과정 중에 있는 학생들은 자신이 들어갈 것으로 기대하는 직업을 보고, 냄새 맡고, 느끼고, 듣고, 맛보도록 허용해 주는 현장 과제와 실험적 경험에 즉시 참여한다. 영문학과 역사와 같은 교양과목 프로그램 과정 중의 학생들은 그러한 기회가 없다. 역사적 사건에 대한 연구와 편집과 같은 일을 포함하는 인턴십은 이런 학생들이 경험을 할 수 있도록 도와준다. 어떤 형사행정학 전공자는 경찰 활동에 대한 관찰, 재판장에 방문하고, 법집행관과 보호감찰 상담관과 토론하고, 경찰관과의 야간 순찰이 포함된 인턴십에 등록하였다. 그는 경찰과 총기를 소유했을지 모르는 강도와의 짧은 총격전을 목격한 이후 전공을 바꾸었다. 총격전에서 그 강도가 그에게 총을 쏘지는 않았다.

자문

Spokane(1991)은 커리어 개발 자문과 예방을 함께 논의하고, 그가 그것들을 직접적으로 관련짓지 않지만, 둘 다 커리어 역량을 촉진하는 것과 관련이 있다고 제안한다. Brown, Pryzwansky와 Schulte(2010)는 Spokane의 관점을 확장해서, 자문을 예방 과정으로 연결시키는데, 컨설턴트들이 개발 과정을 촉진시키는 프로그램과 활동에서 효율적으로 개입할 수 있다면 문제가 나타나는 것을 예방할 수 있음을 주장한다. 표 16.3에서 제안했듯이 내부 컨설턴트의 자문은 조언자, 기숙사 조언자, 그리고 자신의 과목 커리큘럼을 더 커리어에 관련된 것으로 만들고 싶어 하는 전임강사, 그리고 커리어 개발을 촉진하고 싶어 하는 학생들의 조언자들에게 제공될 수 있다. 스키 클럽에서 학생 신문까지 캠퍼스 활동들은 커리어와 생활양식 결정과 관련성을 가질 수 있고, 커리어 개발 프로그램에 포함되어야 한다.

커리어 개발 전문가들은 교수진, 클럽 후원자, 기숙사 보조원, 그리고 다른 이들이 커리어 개발을 촉진하는 계획 프로그램을 지원하기 위해 자문을 할 기회들을 갖는다. 하지만 하나의 다른 방법은 졸업생들을 자문 인력으로 활용하는 것이다. 윌래밋대학은 학생들에 대해서 기꺼이 자문하려는 졸업생 목록 파일을 만들고, 흥미를 느끼는 학생들에게 그들의 이름을 제공하는 프로그램을 개발했다(Bjorkquist, 1988). 윌래밋대학에 있는 스태프는 또한 대학 내 세미나를 위한 연설자를 확보하는 기초로서 이 졸업생 파일을 활용한다. 오하이오주립대학교 또한 똑같은 유형의 프로그램을 개발해 왔다.

커리어 상담

제5장에서 전적으로 커리어 상담과정을 다루었으므로 여기서의 논의는 간단하다. 하지만 많은 대학과 대학교들은 이제 커리어 상담 서비스를 졸업생에게 제공하고, 사우스캐롤라이나대학교 같은 일부 학교는 이 영역에 상당한 주의를 들인다. 또한 일부 대학과 대학교들이 지리적 위치 때문에 졸업생들이 모교로 찾아오지 못할 때 상담과 정보 서비스를 제공하기 위해 다른 기관들과의 협력 과제를 개발해 온 점은 주목할 만하다.

커리어 상담은 아마도 가장 광범위하게 제공된 커리어 관련 서비스일 것이다. 전형적으로 커리어 상담 서비스는 커리어 계획과 취업 알선을 다루고 특수기관, 대학 커리어 센터 또는 둘 다를 통해서 제공된다. Magoon(1989)이 보고한 바에 따르면, 상담센터의 1/5 이상은 그 어떤 커리어 상담도 제공하지 않으며, 큰 대학교의 상담센터들의 40% 그리고 작은 대학교의 53%가 캠퍼스 내의 다른 기관과 커리어 상담을 같이하고 있다고 보고하였다. 커리어 상담은 나머지 상담센터들에서만 제공된다(큰 센터의 30%와 작은 센터의 24%). 만약 Stone과 Archer(1990)가 옳다면, 대학교 상담센터에서 전통적으로 커리어 상담을 제공해 왔던 상담자와 상담심리학자의 흥미가 감소하고 있다. 이로 인해 커리어 계획과 취업 알선 센터를 통해서 더 자주 제공되는 커리어 상담 서비스가 만들어졌을 수 있다.

커리어 상담은 세 가지 모드로 제공되는데, 개인·집단·웹 기반 서비스이다. 일부 커리어 상담자들은 이 목록에 웹 기반 서비스를 포함시키는 것에 이의를 제기할 수 있다. 하지만 현실은 웹 기반 커리어 상담이 점점 성장하고 있는 추세이다. 커리어 상담이 커리어 관련 문제를 해결하는 것에 목표를 둔 2명 이상의 사람들 사이의 상호작용 과정이기 때문에, 떠올릴 수 있는 질문은 온라인상에서 그 관계를 어떻게 효과적으로 키울 수 있는가가 된다.

커리어 상담 서비스를 제공하는 일부 기관들은 학생들의 문제를 다루는 데 최선의 해법을 밝히기 위해서 접수면접 절차를 개발해 왔다. 상담자들이 학생들의 요구와 기대를 확인하기 위해서 접수면접이 실시된다. 이 후에 검사를 위해 검사자에게 개인 상담, 집단 상담 또는 취직 기술의 개발을 위한 집단 교육 활동에 다양하게 보내진다. 접수면접 과정의 목적은 효율적이고 효과적으로 커리어 개발 서비스를 실시하는 것이다.

비록 Oliver와 Spokane(1988)이 문헌 리뷰 후에 집단 개입은 다른 유형들만큼 또는 그 이상 효과적이라는 결론을 내렸음에도 불구하고, 집단 커리어 상담은 개인 커리어 상담이 가지는 동일한 정도의 연구나 논의 대상이 아니었다. 학생들이 집단 상담 이전에 주의 깊게 스크리닝되어야 한다는 Butcher(1982), Sampson과 동료들(2000)의 제안이 적절해 보인다. 그들이 권고한 바에 따르면, 학생들은 상담받을 준비가 될 필요가 있는데, 이는 그들이 그 과정의 책임을 받아들일 준비가 되어 있다는 의미이다. 그들이 또한 제안한 바에 따르면, 많은 이들에게 만연된 결정 문제들(우유부단함)을 학생들이 갖고 있는지에 대해서 확인해야 하는데, 그 이유는 결정 문제를 가진 학생들은 의사결정 과정을 거치기 전에 다뤄야 할 문제들을 안고 있기 때문이다.

Niles와 Harris-Bowlsbey(2005), Pyle(2000), Posthuma(2002)의 제안과 제6장에서 제시된 커리어 상담 무형에 근거해서, 커리어 상남에 대한 몇 가지 다른 제안들이 적당하다.

1. 커리어 개발에서 각기 다른 단계의 학생들을 동일한 집단에 두지 말아야 한다. 예를 들어 교양대학에 있는 학생들은 2학년 후반기에 전공을 선택하도록 요청받는다. 이것 때문에 종종 그들은 그들의 커리어 대안들을 고려하게 되고, 그래서 커리어 탐색의 초기 단계에 들어서게 된다. 다른 학생들은 몇 가지 선택 가운데 결정해야 하는 고통 속에 있을 수도 있고 의사결정 과정에 도움을 필요로 할 수도 있다. 다른 학생들은 법, 치과학, 의학, 또는 경영 전문가들 가운데서 막 골라야 하는 때일 수 있다. 이러한 범주 각각의 학생들은 동일한 발달 단계에 있는 학생들과 함께 있을 필요가 있다.

2. 집단은 분명한 단계들을 경험하고, 모든 단계는 리더에게 각기 다른 도전들을 제시한다. 이러한 단계들은 다른 연구자가 각기 다른 이름들을 붙이지만(Niles & Harris-Bowlsbey, 2005; Pyle, 2000), 근본적으로 4단계로 바뀔 수 있다.

   a. **사회화** : 유사점과 차이점 받아들이기, 신뢰 쌓기
   b. **문제 확인** : 개인의 문제 확인하기
   c. **문제해결** : 문제를 해결하는 접근들에 대한 탐색
   d. **종결** : 사후집단 경험을 요약하고 계획하기

주의 깊게 사전 스크리닝을 하는 것이 사회화 단계에서 성공을 보장하는 데 도움이 될 수 있다. 학생들은 동일한 개발 단계에 있어야 하고, 공통적 특징들을 가져야 한다. 편견적 태도가 집단이 생긴다면, 인종, 성, 그리고 성적 지향이 걱정거리가 된다. 단순한 스크리닝 질문은 이러한 많은 문제들을 제거할 수 있다. 여성[(만약 후보자가 여성이라면) 남성], 유색인종[(만약 유색인종이라면) 백인], 또는 당신과는 다른 성적 지향을 가진 사람들과 한 집단에 들어간다면 당신 기분은 어떨 것 같은가? 사전 스크리닝은 또한 언어적/비언어적 의사소통 양식과 문화적 가치에 초점을 맞춰야 하는데, 특히 의사결정이나 의사소통 양식에 영향을 줄

수 있는 것들에 초점을 맞춰야 한다(제5장 논의 참조). 사전 스크리닝은 그 집단에서 나타날 수 있는 모든 문제를 확인하지 못할 수 있다. Niles, Anderson과 Cover(2000)는 접수면접 때 나타나는 문제들과 커리어 상담 회기 중 나타나는 문제들 사이에 거의 상관이 없음을 발견하였다.

3. 우리는 다른 유형의 집단 작업에 필요한 리더십 기술이 커리어 상담에 일반화될 수 있다고 가정한다. 하지만 Kivlighan(1999)은 이 분야의 문헌을 리뷰한 후, 이 가정이 검증되지 않았음을 발견하였다.

4. 사회화가 나타나고 집단 구성원들이 서로를 받아들이고 신뢰하기 시작하면, 집단 상담이 집단 장면에서의 개인 상담이 되고, 이론을 적용하는 방식은 그 커리어 상담자가 사람들을 어떻게 대하는지를 좌우한다.

5. 구조화된 집단은 어젠다를 설정하지만 비구조화된 집단은 그렇지 않다. 여기에서 제안되는 점은 전형적인 자기 탐색, 직업 탐색, 또는 의사결정 문제를 목표로 하는 커리어 개발 집단들은 그러한 구조를 지원하는 연습이나 강의와 같은 어젠다와 구성물을 가진다는 점이다. 커리어 상담자들은 집단 구성원들의 삶에서 나타나는 비상 상황을 다루거나 집단에서 나타나는 대인관계 문제를 해결하기 위해서 그 구조를 벗어날 수 있을 만큼 충분히 유연해야 한다(예 : 집단 구성원 1명이 대안적인 커리어를 추구하는 과정에서 자신의 직업을 잃을 수 있다).

6. 구직자를 위한 커리어 개발 이슈에 대한 도움과 정서적 지지를 제공하는 덜 구조화된 집단이 추방된 근로자, 여성, 소수집단, 그리고 게이, 레즈비언, 양성애자와 트랜스젠더 학생들에게 유용해야 한다.

동료 상담 프로그램

인적 자원의 부족에 직면하는 중등 과정 이후의 기관들은 때때로 다양한 유형의 동료 프로그램에 의존해 왔는데, 개인 교습과 상담 프로그램이 그 예이다. Holly(1987)가 주목하듯이, 상담자의 주의 깊은 스크리닝과 훈련은 성공적인 프로그램의 바탕이 된다. 스크리닝 기준에는 동기, 심리적 개방성, 심리적 걱정으로부터의 자유, 의사소통 기술, 그리고 대인관계 스타일이 포함되어야 한다. 훈련 프로그램의 본질은 프로그램의 목적에 따라 달라지지만, 적절한 감독과 함께 동료 상담자는 학생들을 컴퓨터 지원 커리어 계획 시스템을 활용하도록 만들고, 직업 정보를 찾고 해석하는 학생들을 돕고, 잡 새도잉과 정보 면접을 위해 학생들을 훈련시키고, 자기 주도적 자기 평가 도구들에 대한 질문들에 답을 할 수 있다. 감독자들은 즉각적인 질문에 답을 하는 데 유용하고, 내담자와 동료 상담자 모두를 보호하기 위해 규칙적이고 계속적인 감독을 받는 것은 반드시 필요하다. 동료 상담자로서 돕는 것이 정신건강 분야에서 커리어를 갈망하는 학생들을 위해서 가치 있는 커리어 개발 경험을 제공할 수 있다는 점을 주목하는 것 또한 중요하다. 메릴랜드대학교, 코넬

대학교 그리고 디킨슨대학은 여러 경우에 동료 상담 프로그램을 제공해 왔다(Johnson & Figler, 1984).

프로그램 평가

프로그램 평가에 포함된 이슈들에 대한 상세한 관찰이 제16장에서 계속될 것이고, 여기서의 논의는 간단할 것이다. Sampson(2008)의 프로그램 개발 과정에서 7단계가 프로그램 평가였고, 주의 깊은 프로그램 검토가 제안하는 바에 따르면, 그 과정은 그 프로그램과 프로그램 책임의 지속적인 재개발에 영향을 준다. 이 관점에서 프로그램 개발 또는 재개발 과정은 선형적인 과징이 아니라 순환적 과정으로 그려지는 것이 가장 적절하다. 모든 프로그램 개선 과정을 촉진하기 위해 평가 자료가 사용되어야 한다.

실용적인 관점에서 프로그램 평가는 두 가지 질문에 대한 답을 주어야 한다. (1) 우리는 최초의 목적들을 성취했는가? (2) 어떤 활동들이 그들의 개발에 공헌했는가? 하지만 커리어 개발 프로그램은 더 광범위한 기관의 관심사를 다루는 또 다른 목적을 가질 수 있다. 이러한 목적 중 일부는 졸업률을 증가시키고, 조언 프로그램에 대한 만족도를 높이고, 취업 알선 서비스의 효율성을 증가시키고, 인턴십 프로그램의 만족도를 증가시키는 것 등이었다. 이러한 목적은 추후 연구와 같은 다양한 기법과 포커스 집단과 같은 질적 전략들을 사용해서 평가될 수 있다.

Reed, Reardon, Lenz와 Leierer(2001)는 CIP 이론에 근거해서 어떻게 평가가 이루어질 수 있는지를 보여주었다(Peterson et al., 2002). 그들은 학기제 커리어 과정이 커리어 사고검사(CTI) (Sampson et al., 1996)에 의해 측정되는 커리어 사고에 어떤 영향을 주었는지를 평가했다. 그들이 발견한 바에 따르면, 그 과정의 마지막에 커리어 의사결정에 대한 부정적 사고 점수에서 유의미한 감소가 있었다. 이 결과는 표 16.1의 역량 2와 일치한다. 하지만 학기제 과정은 또한 교육과 훈련 기관에 입학해서 적응하고 계속 수행을 유지하는 것, 직업 정보를 찾아내서 평가하는 것, 취직 능력 기술, 의사결정, 그리고 생활양식 고려를 목표로 할 가능성이 크며, 이는 표 16.1에 있는 역량 3~7이다. 이러한 기술과 다른 것들의 개발은 CTI에 더해서 그림 16.2에 나오는 것 같은 평정척도를 사용해서 평가되었다.

이 점에서 우리의 논의는 결과의 평가와 관련한 질문에 답하는 것에 초점을 맞추었다. 결과 평가는 어떤 것들이 성취되었는지에 대한 질문에 답하는 데 도움이 되지만, '어떻게' 관련 질문에 대한 일부 답들이 추가로 필요하다.

과정 평가는 의사결정, 직원 채용, 자원, 관리 변수, 그리고 다른 프로그램 과정 변인들을 살피게 되는데, 이들은 프로그램 목적의 성취에 공헌하거나 아니면 이를 손상시킬 수도 있다. 만약 이런 과정들이 완벽하다면(그렇지 않을 테지만) 그리고 그 프로그램 자체가 완벽하게 설계되었다면 이 과정은 어떤 기술과 역량을 개발하기 위해 설계되었습니다. 1~10까지의 점수를 사용해서 다음의 목록에서 당신이 획득한 기술과 역량에 대해 평정함으로써 그 과정을 개선하는 데 도움을 받으세요. 1로 평정하는 것은, 당신이 목록에 있는 기술과 지식을 획득하지 못한 것을 의미하고, 10은 당신이 목록에 있는 기술이나 지식을 개발했다는 것을 의미합니다.

평정

_____ 1. 나의 잠재력과 선호 그리고 직업 세계에 그것을 일반화할 수 있는가의 차원에서 나 자신에 대한 긍정적 관점을 유지하는 기술

_____ 2. 커리어 의사결정과 관련한 자학적 사고를 밝히고 그들의 영향력을 감소시키거나 크게 약화시키기 위해서 그 반에서 배우는 전략을 사용하는 기술

_____ 3. 교육이나 훈련 프로그램에 입학하고, 적응하고, 수행을 유지하는 기술

_____ 4. 커리어에 대한 정보를 찾고, 해석하고, 사용하는 기술

_____ 5. 어떤 직무를 구하고, 얻고, 유지하고, 발전시키는 데 필요한 기술

_____ 6. 교육과 커리어 의사결정을 하는 기술

_____ 7. 개인이나 가족 삶에 대한 커리어의 영향력에 대한 지식

그림 16.2 과정 평가

(그렇지 않을 테지만), 일부 실패들은 개발과 환경의 상호작용 때문에 나타날 것이다. 과정 평가 결과의 예시는 Reardon과 Regan(1981)에 의해 제시되었다. 그들의 평가 목적은 플로리다주립대학교에 있는 커리어 개발 과정에 대한 학생들의 반응을 확인하는 것이었다. 그 과정은 3개의 단위로 구성되었는데(자기와 환경 분석, 의사결정, 직무 획득), 학생 순위의 두 가지 다른 유형 그리고 학업 기록을 봄으로써 평가되었다. Reardon과 Regan이 발견한 바에 따르면, 학생들은 친구, 교수 조언자, 그리고 반의 스케줄로부터 그 과정에 대해서 배웠다. 그들이 또한 발견한 바에 따르면, 학생들은 커리어 계획과 의사결정 과정에 대해 더 풍부하게 이해를 하고, 커리어 계획을 하는 그들의 동기를 높이고, 커리어에 대한 더 많은 정보를 발견하고, 커리어와 전공들이 어떻게 관련되는지를 결정하기 위해서 그 반에 등록하였다. 마지막으로, 그들이 발견한 바에 따르면 학생들은 그 과정의 조직과 강사–학생 상호작용의 수준에 가치를 부여하였다. Reardon과 Regan의 결론에 따르면, 평가에서 나온 정보는 그 과정이 얼마나 수요가 있는지를 결정하는 것에, 그리고 과정 재설계에 유익했다.

요약

중등 과정 이후의 교육기관에서 하는 커리어 개발 활동은 커리어 계획을 확고히 하고 교육과 커리어를 연결시킴으로써 커리어 과정을 시작하도록 학생들을 도울 수 있다. 하지만 모든 학생들이 이러한 활동이 필요함을 지각하는 것은 아니다. 일부 사례에서 학생들은 커리어 개발 활동을 필요로 하지 않지만, 다른 학생들의 경우에 커리어 개발 활동의 적절성에 대한 학생들의 지각은 정보가 아닌 순박함과 정직함에 기초하고 있는 것이 분명하다. 중등 과정 이후의 기관에 등록한 학생들이 그들의 개발 덕분에, 그리고 대학에 있는 이유와 나이와 인종 때문에 다양한 것은 분명하다. 좋은 프로그램 제작은 이러한 요구들이 주의 깊게 고려되어야 하고, 그 요구를 충족하기 위한 시도들이 이루어지는 것을 필요로 한다. 정보, 커리어 상담, 반, 소집단, 그리고 반의 구성 단위를 포함해서 다양한 접근을 사용하고, 조언하기와 커리어 계획을 관련짓는 프로그램이 성공적일 가능성이 있다.

이 장의 퀴즈

T F **1.** 2007년에서 2010년까지 불경기가 한창인 동안에 대학 졸업생의 실업률은 일반 인구의 실업률보다 25% 더 낮았다.

T F **2.** 저자에 따르면 불완전고용(능력 이하의 일을 함)은 전일제로 일하고 싶어 하는 사람들이 시간제로 일하는 것으로 정의되어야 한다.

T F **3.** 노동력에 포함되지만 불완전고용 상태인 대학 졸업생들의 비율은 10% 정도이다.

T F **4.** 프로그램 평가는 프로그램 설계와 실행의 마지막 단계로서 고려되어야 한다.

T F **5.** Sampson, Reardon과 다른 연구자들이 결론 내린 바에 따르면 커리어 개발 이론은 대학의 커리어 프로그램 설계에서 소용이 없다.

T F **6.** 대학생의 거의 절반이 커리어 프로그램 서비스를 활용한다는 주장은 가능하다.

T F **7.** 프로그램 개발 또는 재개발 과정 초기에 포함되어야 할 이해 당사자는 커리어 프로그램 스태프와 학생들이다.

T F **8.** 최소한 하나의 대학이 학생들을 위한 자기 주도적 커리어 개발 프로그램을 개발했다.

T F **9.** 커리어 상담은 아마도 가장 자주 제공되는 커리어 서비스일 것이다.

T F **10.** 커리어 서비스에 대한 Sampson의 분류는 그 서비스 실시에 필요한 전반적인 시간의 양보다 학생당 필요한 시간의 양에 근거하는 것처럼 보인다.

(1) F (2) F (3) F (4) F (5) F (6) T (7) T (8) T (9) T (10) T

참고문헌

Allyn, D. P. (1989). Application of the 4MAT model of career guidance. *Career Development Quarterly, 37,* 280–288.

Belz, J. R. (1993). Sexual orientation as a factor in career development. *Career Development Quarterly, 41,* 197–200.

Bjorkquist, P. M. (1988). Creating an alumni career consultant program in a liberal arts college. *Journal of College Student Development, 29,* 77–78.

Blan, F. W. (1985). Inter-collegiate athletic competition and students' educational and career plans. *Journal of College Student Development, 26,* 115–118.

Brown, D., Pryzwansky, W. P., & Schulte, A. (2010). *Psychological consultation and collaboration: Introduction to theory and practice* (7th ed.). Boston, MA: Allyn & Bacon.

Buescher, K. L., Johnston, J. A., Lucas, C. B., & Hughey, K. F. (1989). Early interventions with undecided college students. *Journal of College Student Development, 30,* 375–377.

Bureau of Labor Statistics. (2010). Employment status of the civilian population 25 years and over by educational attainment. Retrieved from http://www.bls.gov/news.release/empsit.t04.htm

Butcher, E. (1982). Changing by choice: A process model of group counseling. *Vocational Guidance Quarterly, 30,* 200–209.

CollegeGrad.com (2004, September 9). Underemployment affects 18 percent of entry level job seekers. *CollegeGrad .com.* Retrieved from http://www.collegegrad.com/press/underemployed.shtml

Creager, M. F. S. (2011). Practice and research in career counseling and development. *Career Development Quarterly, 59,* 482–527.

Cummins, D. (2013, November 11). Why recent college graduates can't find jobs. *Psychology Today.* Retrieved from http://www.psychologytoday.com/blog/good-thinking/201311/why-recent-college-graduates-can-t-find-jobs

Dailey, M. J. (1986). Using decision trees to assist students through academic and career advising. *Journal of College Student Development, 27,* 457–458.

deBlois, C. S. (1992, July). *The emerging role of the female nontraditional education student–family and professional development.* Paper presented at the *Annual Meeting of the Association of Teacher Educators.* Orlando, FL.

Elliot, E. S. (1988). Major fairs and undergraduate student exploration. *Journal of College Student Development, 29,* 278–280.

Evans, N. J. (1985). Needs assessment methodology: A comparison of results. *Journal of College Student Development, 26,* 107–114.

Forbes. (2013). The 10 least valuable college majors. Retrieved from http://www.forbes.com/fdc/welcome_mjx .shtml

Forrest, L., & Backes, P. (1988). CareerLine: Career resources delivered to students. *Journal of College Student Development, 29,* 165–166.

Gallup Economy. (2010a, March 3). Underemployment 19.8% in February, on par with January. *Gallup Economy.* Retrieved from http://www.gallup.com/poll/126272/Underemployment-February-Par-January.aspx

Gallup Economy. (2010b, March 26). Focus on education may reduce underemployment. *Gallup Economy.* Retrieved from http://www.gallup.com/poll/126995/focus-education-may-reduce-underemployment.aspx/

Gallup Organization. (1989). *A Gallup survey regarding career development.* Princeton, NJ: Author.

Goodson, W. D. (1982). Status of career guidance programs on college campuses. *Vocational Guidance Quarterly, 30,* 230–235.

Griff, N. (1987). Meeting the career development needs of returning students. *Journal of College Student Development, 28,* 469–470.

Hatcher, L., & Crook, J. C. (1988). First-job surprises for college graduates: An exploratory investigation. *Journal of College Student Development, 29,* 441–448.

Healy, C. C., & Reilly, K. C. (1989). Career needs of community college students: Implications for theory and practice. *Journal of College Student Development, 30,* 541–545.

Holly, K. A. (1987). Development of a college peer counselor program. *Journal of College Student Development, 28,* 285–286.

Hoyt, K. B., & Lester, J. N. (1995). *Learning to work: The National Career Development Association Gallup survey.* Alexandria, VA: National Career Development Association.

Johnson, C. A., & Figler, H. E. (1984). Career development and placement services in postsecondary institutions. In N. C. Gysberg (Ed.), *Designing careers* (pp. 458–481). San Francisco, CA: Jossey-Bass.

Johnson, D. C., & Smouse, A. D. (1993). Assessing a career planning course: A multidimensional approach. *Journal of College Student Development, 34,* 145–147.

Kahnweiler, J. B., & Kahnweiler, W. M. (1980). A dual-career workshop for college undergraduates. *Vocational Guidance Quarterly, 28,* 225–230.

Kingkade, T. (2013, June 19). Unemployment for recent college graduates by major. *Huffington Post.* Retrieved from http://www.huffingtonpost.com/2013/06/19/unemployment-college-graduates-majors_n_3462712.html

Kivlighan, K. M. (1999). Career group therapy. *Counseling Psychologist, 18,* 64–79.

Kobylarz, L. (Ed.). (1996). *National career development guidelines: K–adult handbook.* Stillwater, OK: Career Development Training Institute.

Lanning, W. (1982). The privileged few: Special counseling needs of athletes. *Journal of Sports Psychology, 4,* 19–23.

Lent, R. W., Larkin, K. C., & Hasequa, C. S. (1980). Effects of a "focused" interest career counseling approach for college students. *Vocational Guidance Quarterly, 34,* 151–159.

Leong, F. T. L. (1993). The career counseling process with racial-ethnic minorities: The case of Asian Americans. *Career Development Quarterly, 42,* 26–40.

Linnemeyer, R. M., & Brown, C. (2010). Career maturity and foreclosure in student athletes, fine arts students, and general college students. *Journal of Career Development, 37,* 616–634.

Luzzo, D. A. (1995). Gender differences in college students' career maturity and perceived barriers in career development. *Journal of Counseling and Development, 73,* 319–322.

Magoon, T. M. (1989). *The 1988/1989 college and university counseling center data bank.* College Park, MD: University of Maryland Counseling Center.

MarketingCharts Staff. (2012, September 12). US College Student Demographics in 2012. *MarketingCharts.* Retrieved from http://www.marketingcharts.com/wp/topics/demographics/us-college-student-demographics-in-2012-36555/

Nachreiner, J. A. (1987). A self-help education and career planning resource for adult students. *Journal of College Student Development, 28,* 277–278.

National Career Development Association. (1999). Survey of working America. Retrieved from http://www.ncda.org

National Center for Education Statistics. (2012). Fast Facts. Retrieved from http://nces.ed.gov/fastfacts/display.asp?id=98

National Occupational Information Coordinating Committee. (1989). *The national career development guidelines: Local handbook for postsecondary institutions.* Washington, DC: Author.

Niles, S. G., Anderson, W. P., Jr., & Cover, S. (2000). Comparing intake concerns and goals with career counseling concerns. *Career Development Quarterly, 49,* 135–145.

Niles, S. G., & Harris-Bowlsbey, J. (2005). *Career development interventions in the twenty-first century.* Columbus, OH: Merrill/Prentice-Hall.

Oliver, L., & Spokane, A. R. (1988). Career intervention outcome: What contributes to client gain? *Journal of Counseling Psychology, 35,* 447–462.

Osborn, D. S., Dikel, R., Sampson, J. P. Jr., & Harris-Bowlsbey, J. (2011). *The Internet: A tool for career planning.* Broken Arrow, OK: National Career Development Association.

Padula, M. A. (1994). Reentry women: A literature review with recommendations for counseling and research. *Journal of Counseling and Development, 73,* 10–16.

Peterson, G. W., Sampson, J. P., Jr., Lenz, J. G., & Reardon, R. C. (2002). A cognitive information processing approach to career problem solving and decision making. In D. Brown & Associates, *Career choice and development* (4th ed., pp. 312–373). San Francisco, CA: Jossey-Bass.

Petrie, T. A., & Russell, R. K. (1995). Academic and psychosocial antecedents of academic performance for minority and nonminority college football players. *Journal of Counseling and Development, 73,* 615–620.

Pickering, J. W. (1984). A comparison of three methods of career planning for liberal arts majors. *Career Development Quarterly, 35,* 102–111.

Pickering, J. W., & Vacc, N. A. (1984). Effectiveness of career development interventions for college students: A recovery of published research. *Vocational Guidance Quarterly, 32,* 149–159.

Posthuma, B. W. (2002). *Small groups in counseling and therapy: Process and leadership* (4th ed.). Boston, MA: Allyn & Bacon.

Pyle, K. R. (2000). A group approach to career decision making. In N. Peterson & R. C. Gonzalez (Eds.), *Career counseling models for diverse populations: Hands-on applications for practitioners.* Belmont, CA: Wadsworth/Thompson Learning.

Quinn, M. T., & Lewis, R. J. (1989). An attempt to measure a career-planning intervention in a traditional course. *Journal of College Student Development, 30,* 371–372.

Reardon, R., & Regan, K. (1981). Process evaluation of a career planning course. *Vocational Guidance Quarterly, 29,* 265–269.

Reardon, R., Zunker, V., & Dyal, M. A. (1979). The status of career planning programs in career centers in colleges and universities. *Vocational Guidance Quarterly, 28,* 154–159.

Reed, C. A., Reardon, R. C., Lenz, J. G., & Leierer, S. J. (2001). A cognitive career course: From theory to practice. *Career Development Quarterly, 50,* 158–167.

Robbins, S. B., & Tucker, K. R. Jr. (1986). Relation of good instability to self-directed and interactional career counseling workshops. *Journal of Counseling Psychology, 33,* 418–424.

Sampson, J. P. Jr. (1999). Integrating Internet-based distance guidance with services provided in career centers. *Career Development Quarterly, 47,* 243–254.

Sampson, J. P. Jr. (2008). *Designing and implementing career programs: A handbook for effective practice.* Broken Arrow, OK: National Career Development Association.

Sampson, J. P. Jr., McClain, M. K., Musch, E., & Reardon, R. C. (2013). Variables affecting readiness to benefit from career interventions. *Career Development Quarterly, 61,* 98–109.

Sampson, J. P. Jr., Peterson, G. W., Lenz, J. G., Reardon, R. C., & Saunders, D. E. (1996). *Career Thoughts Inventory.* Lutz, FL: Psychological Assessment Resources.

Sampson, J. P. Jr., Peterson, G. W., Reardon, R. C., & Lenz, J. G. (2000). Using readiness assessment to improve career services: A cognitive information-processing approach. *Career Development Quarterly, 49,* 146–174.

Savickas, M. L. (1990). The career decision making course: Description and field test. *Journal of College Student Development, 38,* 275–284.

Spokane, A. (1991). *Career interventions.* Englewood Cliffs, NJ: Prentice-Hall.

Spreen, T. L (2013, February). Recent college graduates in the U.S. labor force: Data from the Current Population Survey. *Monthly Labor Review, Bureau of Labor Statistics.*

Srebalus, D. J., & Brown, D. (2001). *Introduction to the counseling profession.* Boston, MA: Allyn & Bacon.

Stone, G. L., & Archer, J. A. Jr. (1990). College and university counseling centers in the 1990s: Challenges and limits. *Counseling Psychologist, 18,* 539–607.

Tripak, D. M., & Schlosser, L. Z. (2013). Evaluating FOCUS-2's effectiveness in enhancing first-year college students' social cognitive career development. *Career Development Quarterly, 61,* 110–113.

Wilkes, S. B., Davis, L., & Dever, L. (1989). Fostering career development in student athletes. *Journal of College Student Development, 30,* 567–568.

제 17 장

개업 커리어 상담자 :
상담, 코칭, 컨설팅

기억해야 할 것들

- 개업 성공에 영향을 미치는 요인
- 개업 면허의 종류와 각각이 의미하는 바
- 성공적인 개업을 시작하는 단계들

현재 실업 상태와 능력 이하의 일을 하는 사람들의 숫자 때문에, 커리어 개발 서비스에 대한 전례 없는 요구가 생겨났다. 불행히도 이러한 상황들이 유료 커리어 상담과 유료 서비스를 필요로 하는 많은 근로자들의 지불 능력을 감소시켰다. 건강보험 적용이 가능한 정신건강 상담과는 다르게, 내담자가 정신 문제가 있지 않다면 커리어 상담의 전 비용을 부담해야 한다.

개업은 돈을 벌 목적으로 커리어 개발 서비스를 제공하는 일에 대한 것이다. 대부분의 커리어 개발 전문가들은 임금을 위해 교육이나 정부기관에서 일한다. 개업을 선택하는 커리어 상담자는 다양한 이유 때문에 그렇게 하는데, 이를테면 자신의 경력을 관리하고 소득을 증가시킬 기회를 갖는 것이다. 일부 커리어 상담자는 자기 집에서 상대적으로 제한된 시간제 실무를 하고 싶어 하지만 다른 상담자는 대중에게 다수의 서비스를 제공하는 다면적 컨설팅 회사를 원한다. 어떠한 목적을 가질지라도 개업을 하는 것은 자신이 제공하는 서비스를 시장에 내놓는 전문가의 능력에 따라 달라진다. 이 장에서 시장에 내놓을 수 있는 일부 서비스들이 논의되고, 개업을 하는 가장 기본적인 점들이 설명된다. 다른 곳에서 세세하게 논의되지 않았던 서비스인 커리어 상담이 이 장에서 논의된다. 이는 상대적으로 새로우면서도 이 서비스가 분명해야 되므로 논란이 많다.

문자 그대로 개업을 한 수많은 상담자, 심리학자, 사회복지사, 그리고 다른 정신건강 전문가들은 다양한 정신건강 서비스를 제공하고 있다. 몇천 명의 전문가들, 주로 상담자와 상담심리학자들이 대중에게 커리어 상담 서비스를 제공하는 것 같다. 또한 이 숫자가 앞으로는 증가할 것으로 보이는데, 그 이유는 우리 사회의 성인들이 도움을 원하고 점점 더 커리어 상담자들에게 의존하는 것처럼 보이기 때문이다. 어떤 한 조사 결과(Hoyt & Lester, 1995)는 거의 9%의 응답자들이 자신의 커리어에 도움을 얻기 위해 개업 전문가들을 활용했었는지에 대한 질문에 긍정적으로 대답했음을 밝혔다. 이는 대략 1,100만 명의 성인이 그 조사가 실시됐던 두 기간에 자신의 커리어에 대해서 어떤 도움을 받기 위해 비용을 지불했음을 의미한다. 불행히도, 이러한 20세기 후반의 조사가 반복되지는 않았지만, 커리어 상담과 직업심리학 분야의 리더들이 추정한 바에 따르면, 커리어 상담에 대한 수요는 사상 최고치이다(Dance, 2011 참조). 예상치 못한 것은 아니지만, 이러한 추정치들이 제안하는 바는 커리어 상담을 위해 오는 많은 사람들이 그와 함께 나타나는 정신건강 문제가 생길 가능성이 크다는 점이다. 오늘날 자발적으로, 그리고 비자발적으로 직업을 바꾸는 많은 사람들 때문에 점점 더 많은 사람들이 금전적 여유만 있다면 미래에는 개업 전문가들로부터 도움을 구할 것이다.

개업 자격

처음에 그 자격이 윤리와 법적 범주로 나뉜다는 점을 언급하는 것은 가치가 있다. 두 가지 이슈 모두 제2장에서 어느 정도는 다루었고, 이번에는 간단하게 다룰 예정이다. 모든 주에는 심리학자와 상담자들의 실무를 규제하는 면허, 증명 그리고 등록법이 있음을 주목하는 것은 중요하다. 대부분 심리학자들의 면허법은 심리학자라고 칭하는 사람들이 공공기관에서 수련을 하든, 개업을 하든 간에 면허를 받을 것을 요구한다. 그러나 상담자에 대한 법률은 사적 영역에서 실무를 조절하는 것에 주로 목표를 두고 있다. 면허법은 두 가지 범주로 나뉘는데, 이름에 대한 법률과 실무적인 규제에 대한 법률이다.

이 분야의 실무자들의 이름을 규제하는 면허법이 있는 주들은 소비자들을 거의 보호하지 못한다. 이런 주에서 사람들은 그들이 스스로를 상담자나 심리학자라고 부르지 않는 한은 커리어 개발 서비스를 제공할 수 있다. 이것은 대중에게 다양한 서비스를 제공하는 커리어 코치와 커리어 전문가로 스스로를 부르는 자격 미달의 사람에게 문을 열어준다. 운이 좋게도 아이다호, 노스캐롤라이나, 플로리다, 텍사스, 오하이오, 버지니아와 다른 주들은 이름과 실무를 제한하는 규제 법률을 채용해 왔다. 이들은 커리어 상담 면허를 받은 전문 상담자, 심리학자 또는 다른 면허 받은 전문가들만 제공해야 하는 서비스로 규정되어 있다. 향후에 모든 주가 이러한 유형의 법을 제정할 것이다.

소비자를 위한 가이드라인

캐비앳 엠토르(caveat emptor, 소비자 위험부담 원칙), 또는 "소비자가 스스로 알도록 만들라!"는 아마도 커리어 관련 문제에 대한 도움을 구하는 소비자들을 위한 최고의 조언일 것이다. 이에 대한 이유는 이미 지적된 대로, 일부에서 커리어 상담의 실무 장면이 충분히 규제되지 않기 때문이다. 전미커리어개발협회(NCDA)와 직업심리학자협회는 개업 전문가를 위한 전문적 기준을 수립하고 소비자 보호의 선두에 있다. 소비자들이 현명한 선택을 하도록 돕기 위해서, NCDA는 우선 1988년에 커리어 상담자를 선택하기 위한 소비자 가이드라인을 발표했고, 주기적으로 갱신한다. 갱신된 최신판이 매년 공지된다(예 : NCDA, 2013). 이 가이드라인은 다음 부분에 나온다.

자격증 수여

커리어 상담자는 커리어 상담, 상담심리학, 또는 사회복지와 같은 적절한 정신건강 전문 분야의 석사학위 소유자여야 한다. 커리어 상담자는 또한 그들이 받는 훈련에서 커리어 상담과 그에 대한 감독이 포함된 현장 경험을 완료해야 한다. 그들은 적절한 직업 경험도 있어야 한다. 또한 커리어 상담자로서 활동에 도움이 되는 지식을 쌓아야 하는데, 가령 커리어 개발, 평가, 직업 정보, 구직 기술, 삶의 역할에 대한 통합 그리고 직업, 직무 상실, 커리어 전환에 대한 스트레스에 대한 지식이 있다.

약속

전문적인 커리어 상담자는 더 높은 연봉의 커리어를 약속하거나 또는 그들이 커리어 문제에 대한 즉각적인 해결책을 제공할 수 있다고 주장하는 것을 삼가야 한다.

윤리

도입부에서 제시했듯이, 제2장은 커리어 상담에서 윤리적 이슈를 주로 다루었다. 일반적으로 면허가 있는 커리어 상담자들은 미국심리학회, 미국상담학회, 또는 다른 전문 조직에 의해 적용되는 윤리 규정을 따른다. 내담자들은 이러한 규정들을 온라인에서 발견할 수 있고 윤리적 위법행위에 대한 불만을 이 조직의 윤리위원회를 통해 제기할 수 있음을 고지받아야 한다. 많은 개업 전문가들은 그들의 서비스, 서비스에 대한 비용, 전문가의 소속, 불만사항 관련 정보가 나와 있는 브로셔를 만든다.

미국상담학회 윤리 규정은 제2장에서 논의되지 않았던 광고와 내담자 모집 문제를 다루는 2개의 가이드라인을 제공한다. 이 중 첫 번째는 추천서를 다룬다. 윤리 규정은 추천서를 사용하는 상담자들이 현재 내담자 또는 이전 내담자로부터 추천서를 요구하지 말아야 한다고 명시한다. 내담자가 과거나 현재에 그 상담자와의 관계에 의해 과도하게 영향을 받고, 그래서 정확한 진술을 하지 않을 수 있다는 염려 때문이다. 두 번째는 주로 시간제로 일하는 사람들에게 적용되는 것으로, 상담자는 내담자를 모집하기 위해 현재의 일을 이용하지 말아야 한다는 것이다. 미국심리학회 규정은 유사한 형태의 금지를 담고 있지는 않다. 심지어 소비자들이 국립경력개발협회에 의해 개발된 가이드라인을 알고 있더라도, 그들이 여전히 스스로를 커리어 전문가라 부르는 사람들의 숫자 때문에 혼란스러워하기 쉽다. 예를 들어 일부 직업 소개 전문가들은 이력서 준비 서비스를 제공하고, 일부 재취업 전문가들은 자신의 일이 끝난 사람들이 적당한 일자리를 찾게 도움을 주고, 다른 다양한 사람들은 '커리어 상담'을 제공한다. 불행히도, 일부 사람들은 커리어 상담에서 거의 훈련을 받지 못하는 데 반해, 다른 사람들은 1주 또는 2주짜리 훈련 과정을 수료하고 그럴듯한 조직에서 주는 자격증을 받기도 한다.

커리어 코칭

커리어 코칭은 무엇이고, 누가 그것을 하며, 커리어 코칭 산업은 어떻게 규제될까? 커리어 코칭은 책의 다른 부분에서는 상세하게 논의되지 않았는데, 그 이유는 그것이 주로 개업 전문가가 하는 것이기 때문이다. 1996년, Knowdell은 커리어 코칭의 초점이 커리어 상담보다 더 좁다고 설명했다. 그는 커리어 코치의 일이 내담자가 단기 또는 장기 커리어 전환을 협상하도록 돕는 것임을 보여주기 시작했다. 포브스의 웹사이트에 기고된 기사에서, 15년 경력의 커리어 코치인 Cheeks(2013, p.1)는 커리어 코칭을 다음과 같이 정의한다. "일반적으로 코칭은 해법 지향적 접근인 경향이 있고, 그들이 커리어 목표를 성취하도록 취할 수 있는 어떤 구체적인 단계들이 있는지를 보도록 내담자와 작업하는 것을 포함한다." Ginac 집단(Ginac Group, 2013)은 그들의 웹사이트에서 커리어 코칭을 이렇게 정의한다. "커리어 코칭은 사람들이 자신의 재능을 평가하고 커리어 선택과 방향에 대한 중요한 결정을 내리도록 돕기 위해서 그들과 작업하는 과정이다." Ginac 집단은 커리어 코치를 위한 TalentGuard라는 훈련 프로그램을 제공하는데, 이는 상담이나 심리학에서의 그 어떤 전문적인 교육도 필요로 하지 않는다. 사실 이러한 정의 중 그 어느 것도 커리어 상담과 코칭을 구별하는 데 도움이 되지 않는다.

아마도 커리어 코칭은 커리어 코칭이 아닌 것을 밝힘으로써 정의 내릴 수 있을 것이다. 커리어 코칭은 치료가 아니며, 그 과정의 주제가 다시 협의되지 않는다면 정신건강 문제를 다루지 말아야 한다. 또한 커리어 코칭은 첫 커리어 선택에 대한 것도 아니다. Ginac 집단은 커리어 코칭의 몇 가지 기능을 설명하는데, 그중 하나는 정신건강 이슈를 포함하고 있는지의 여부이고, 이는 전문적인 면허가 있는 위원회에서 염려하는 부분이다. 그것은 실업 상태의 사람들을 위해 직무 탐색을 촉진하는 것을 포함할 수 있는데, 이를테면 이력서 개발, 빈 일자리 찾기, 내담자를 대상으로 한 면접 기법 훈련이 있다. 그것은 특질, 기술, 적성에 대한 포괄적인 평가를 포함하지 않는다. 그것은 한 사람의 현재 커리어의 적응에 대한 것일 수도 있고, 또는 어떤 커리어에서 다른 커리어로 바꾸기로 한 결정이 내려진 이후에 하나의 커리어를 떠나 다른 데 진입하는 것에 대한 것일 수도 있다.

Bench가 보고한 바에 따르면, 2003년에 20세기의 커리어 코칭 운동은 20년이 덜 됐지만, 수백만 달러의 가치를 지닌 분야로 성장해 왔다. 11년 후에, 커리어 상담자가 벌어들인 돈에 대한 믿을 만한 추정치는 없다. 현재 직장에는 수천 명의 커리어 코치가 널리 퍼져 있다. 2003년 직장에서 정확한 커리어 코치들의 수를 결정하는 것은 불가능하다는 Bench의 관찰은 지금도 여전하다. 이러한 정보의 부족에 대한 이유는 단순하다. 커리어 코치가 되기에 필요한 그 어떤 자격이나 증명서도 없기 때문이다. 규제의 부족 때문에 일부 전문적 커리어 상담자들은 커리어 코칭을 비하한다. 또한 많은 커리어 코칭이 전화나 온라인으로 이루어지기 때문에, 일부 커리어 상담자들은 그 타당성에 의문을 제기한다. 커리어 코치가 되기 위한 준비뿐 아니라 커리어 코칭 자체도 온라인으로 진행될 수 있다. 일부 커리어 상담자들은 커리어 코칭을 그들의 기술 레퍼토리와 그들의 실제 업무로 추가시키기로 결정했다. 대부분의 커리어 상담자들은 이미 커리어 계획과 구직 기술의 개발에 숙련되어 있는데, 이는 커리어 코치들이 담당하는 주된 역할이므로, 그들은 코칭을 하기 전에 수행 강화와 다른 직무 코칭 기술을 배울 필요가 있다. 종종 커리어 코칭의 실무가 규제되지 않기 때문에, 커리어 상담자들이 '코치'를 그들의 이름에 더하는 것을 방해하는 윤리적 가이드라인이 있을 뿐이다. 다음 장에서 윤리 문제가 좀 더 상세하게 고려된다.

커리어 의사결정을 촉진하고 구직 기술을 개발하는 것 이외에 커리어 코치의 기술은 무엇인가? Bench(Bench, 2003)는 코칭 모형을 개발했는데, 그녀는 이를 양자 변화! 코칭(QuantumShift! Coaching, QSC)이라 부른다. 이 모형의 목표는 진짜 커리어로 내담자들이 '도약'하도록 도와주는 것으로, 이때의 커리어는 그들의 핵심 신념 체계에 상응하는 커리어를 말한다. Bench에 따르면, 커리어 코칭은 세 수준에서 일어나는 것으로 볼 수 있다. 1수준은 행동을 바꾸고 수행을 향상시키는 것을 목표로 한다. 이것은 관리적 코칭(managerial coaching)과 매우 유사한데, 이는 제15장에서 간략하게 논의되었다. 2수준 코칭은 내담자의 신념 체계와 무의식적 동기 요인을 포함하고, 3수준은 개인의 정체성을 다루고, 자기 지각의 변화, 정체성 변화를 목표로 한다.

Miller(2013)는 자신의 사업을 시작하고 싶어 하는 내담자를 돕는 커리어 코칭을 위한 더 단순한 모형을 제공한다. 그것은 내담자의 성격, 기술, 가치, 생애, 목표 등에 대한 그림을 얻기 위해 그에 대한 심층 면접(in-depth interview)으로 시작한다. 그녀는 초기 탐색의 6단계를 설명하는데, 이는 다음과 같다. (1) 기술, 3개의 가장 큰 강점, 그리고 가장 중요한 성공을 포함하는 개인 프로파일을 개발하도록 내담자를 돕는다. (2) 내담자가 성취하고 싶은 특별한 뭔가를 밝혀내고 이에 대한 비전 진술을 쓰도록 한다. (3) 내담자가 만들어내는 것(제품 또는 서비스)과 이러한 노력의 긍정적 측면에 초점을 맞추도록 한다. (4) 그 내담자는 단기와 장기 목표 그리고 그가 목표에 도달하기 위해 만날 도전들을 성취해야 한다. (5) 가시성 : 소셜 미디어 사용, 네트워킹, 글쓰기, 강연 등은 가시성을 증가시켜 준다. (6) 개인 혁신은 자신의 생활양식의 중요한 일부임을 내담자에게 상기시킨다.

Bench(2003)는 현재 120개 이상의 코칭 훈련 프로그램이 있고, 아마도 그 수는 상당히 증가했을 것이라는 점을 보여준다. Richard Knowdell이 이끄는 출판과 컨설팅 회사인 CareerTrainer는 직무와 커리어 전환 코치를 훈련시키기 위해서 프로그램을 운용한다. 다른 커리어 코칭 자격 프로그램들은 자기 주도적 연구와 12~250시간의 문서로 기록된 코칭을 필요로 한다(www.careercoachinstitute.com 참조). Bench는 또한 개인 코칭 연습을 다루는 온라인 프로그램을 제공한다.

사례연구

K를 코칭하기

배경

2011년 5월 회의에서, 나는 상사인 부관리자가 했던 말에 대한 대답으로 그 부서 내 집단 중 하나의 방향에 대해서 내가 생각했던 것을 나름대로 열정적이지만 신중하게 말했다. 내 발언은 나의 상사와 보조관리자를 기분 나쁘게 했는데, 그들이 내 말을 행동에 대한 제안보다 개인적 공격으로 받아들였기 때문이다. 같은 해 8월에, 내 책무를 바꾸는 것에 대해 상사와 대화하던 중에 나는 과도하게 정서적 반응을 보였다.

코칭 과정

앞서 언급한 상황의 결과로, 내 상사는 회사가 내 대인관계 기술에 도움을 주기 위해 커리어 코치를 하겠다는 사실을 말해주었다. 나는 그 기회를 기꺼이 이용하기로 결정했다. 왜냐하면 나는 두 사건이 나의 커리어를 어긋나게 만들 가능성이 있다고 생각했기 때문이다.

인사부서를 통해서 상사가 커리어 코치 J를 찾았다. 나는 대략 아홉 번 정도 J와 만났다. 우리의 첫 회기 이후에 J는 나에 대해서 이야기해 줄 수 있는 동료들의 목록을 요청했다. 나는 선배, 동료, 다이렉트 리포트(상관의 감독을 직접 받는 직원)를 포함한 대략 10명의 목록을 주었다. 이 목록은 나의 상사가 먼저 보았다. 그녀는 그 목록의 사람들 전부와 면담을 했고, 피드백을 기록하였다. 미팅에서 우리는 그 피드백을 함께 살펴보았고, 그녀는 나의 강점과 약점을 강조하였다. 밝혀진 약점을 기반으로, 우리는 구체적인 '할 일'을 가지고 행동 계획을 짰는데, 이를테면 논란이 많을 수 있는 아이디어에 대해서 지지를 받을 수 있도록 미팅 전에 동료들에게 전화하기 그리고 더 자주 대화하기 위해 다른 빌딩에서 일하는 나의 동료들 방문하기와 같은 것이다. 이 개발 영역 목록은 내 상사가 검토하였고, 그는 그것들이 나의 공식적 개인 개발 계획 문서(Individual Development Plan document, 모든 직원이 가지고 있는 문서임)의 일부가 되어야 한다는 데 동의했다. J는 또한 내 메시지와 그것에 대해 사람들이 지각하는 강도를 부드럽게 하기 위해 안면 표정과 몸짓언어의 활용에 대해서 나를 지도했다.

그 개발 계획이 승인된 후에 J와 나는 계획의 진전 사항을 논의하기 위해 주기적으로 만났고, 때로는 '실행'하기 전에 기술을 연습하기 위해 다가올 미팅/토론에서의 역할연기를 했다. J는 나와 작업한 것은 아니지만 내 동료 중 한 명과 작업한 영상을 코칭 과정에서 활용했다. 나와의 미팅에 더해서 J는 또한 나의 진전 사항을 내

상사에게 보여주기 위해 주기적으로 그와 함께 체크하였다.

결과

전반적으로 코칭은 성공적이었다. 2012년의 나의 업무 성과에 대한 검토에서, 상사는 내가 그의 고민을 완전히 해결했고, 나의 대인관계 기술은 더 이상 그의 고민거리가 아니라고 하였다.

개업을 하는 것

상담자나 심리학자가 개업을 하기로 결정하면, 몇 가지 질문에 답해야 한다. 첫째, 나는 내가 시장에 내놓을 수 있는 어떤 기술을 가지고 있을까? 둘째, 나의 서비스를 구입할 사람, 나의 목표 청중은 누구일까? 셋째, 나는 나의 목표 청중에게 어떻게 도달할까, 말하자면 나의 마케팅 계획은 무엇인가? 넷째, 그 서비스는 어디에서 제공될까? 커리어 대안으로 개업을 선택하는 거의 모든 사람이 그 과정에 포함되는 어려움을 증명할 것인데, 특히 실무자가 다른 전문가들로부터 위탁이 즉시 가능한 집단 서비스에 합류하지 않기로 선택할 때 그렇다. 개업을 하는 일부 심리학자와 상담자들이 집단 서비스에 들어가고, 그러고 나서 개인과 커리어 상담을 제공하기로 선택한다. 종종 그들은 동료들이 '커리어 사례'라고 부르는 것을 알게 되는데, 그 이유는 그들이 스스로 자신에게 그러한 서비스를 제공할 기술이 없기 때문이다. 다른 커리어 상담자들은 독립적인 실무 영역을 만들기로 선택하고, 오로지 커리어 개발 서비스만을 제공한다. 이 부분에서 개업을 하는 것에 대한 일반적인 문제가 일부 다뤄진다.

개인 실무자를 위한 개업의 시작과 성장을 제공하는 데 초점을 맞춘 웹사이트인 Practice Pointers가 제안하는 바에 따르면, 개업 전문가들은 초기에 마케팅 계획을 세워야 한다. 하지만 이전에 지적했듯이 "어떤 마케팅을 할까(Marketing what)?"라는 질문에 답을 얻어야 한다.

연습문제 17.1

다음 부분을 읽기 전에 개업 전문가로서 당신이 대중에게 제공할 수 있는 서비스 목록을 만들어 보라.

1.

2.

3.

4.

5.

서비스의 유형

커리어 상담자들은 종종 다양한 서비스를 제공하는데, 이를테면 개인과 집단과 함께하는 커리어 상담, 자문, 구직, 검사, 재취업, 이력서 개발과 기타 구직 기술, 커리어 코칭, 은퇴 계획, 커리어/생애 역할 통합 상담, 배우자 재취업 지원, 훈련, 프로그램 평가, 직업 적응 상담과 직업 평가 서비스의 개발이 있다. 마케팅이 성공적인 개업에서 중요하기 때문에, 실무자들은 현실적으로 그들이 어떤 서비스를 제공할 기술들을 가지는지, 그리고 그 서비스가 시장을 갖는지를 결정해야 한다. 표 17.1는 이미 언급한 서비스의 전부에 대한 잠재적 내담자 리스트를 제시한다.

표 17.1 커리어 상담자의 서비스에 대한 잠재적 내담자

서비스	잠재적 내담자
개인과 집단 커리어 상담	일반 대중, 커리어를 전환하려는 근로자 · 여성 · 은퇴자처럼 특수한 집단을 대상으로 할 수 있다.
심리검사/평가	일반 대중, 커리어 계획을 수립하는 고등학교 학생이나 다른 집단을 목표로 할 수 있다.
재취업	노동력을 줄이고 취업 서비스를 찾는 데 포함되는 기업과 산업, 종종 화이트칼라 노동자를 전문으로 한다.
직업 소개	일반 대중, 일부 기관들은 사무직 · 기술직 또는 다른 유형의 근로자들을 전문으로 한다.
헤드헌터	직업 소개의 특수한 형태, 종종 기업 관리자 · 학교 감독관 · 과학자를 모집하고 배치하는 것을 포함한다.
이력서와 구직 기술 개발	일반 대중, 종종 젊은 근로자(예 : 대학생) · 직업을 전환하려는 근로자 그리고 자신의 일자리를 잃은 사람들을 목표로 한다.
은퇴 계획	은퇴를 준비하는 근로자, 군대 또는 특수 산업의 사람들을 목표로 할 수 있다.
커리어 코칭	커리어 결정을 희망하거나 직장에서 수행을 향상시키고 싶어 하는 사람, 계획을 세우고, 그러한 계획을 이해하려는 노력을 지원하도록 내담자를 돕는다.
커리어/생애 역할 통합	일반 대중, 중년의 근로자 또는 노동력에 새로 진입하려는 새로운 세대를 목표로 할 수 있다.
훈련	다양한 분야에서 그들의 기술을 개선시키기 원하는 다른 전문가들, 개업을 준비하는 데 흥미를 갖는 사람을 목표로 할 수 있다.
자문	기업, 정부기관, 학교, 대학과 대학교, 연방 프로그램(예 : 직업훈련협력법)
커리어 개발 프로그램 평가	기업, 정부기관, 학교, 대학과 대학교, 커리어 개발 프로그램을 가진 연방 프로그램
직업 적응	일반 대중, 계약을 중심으로 기업 상담
배우자 재취업 지원	기업, 커리어를 찾고 있는 배우자를 고용하고 있고 이미 발령된 간부에 흥미를 갖는 기업
직업적 평가	사회보장국, 보험회사, 직업장애의 정도를 규명하는 데 흥미를 갖는 다른 기관
커리어 정보	정보를 독립적으로 찾기를 바라지 않는 내담자를 위한 맞춤형 정보를 개발한다.

리스트를 읽은 후 [연습문제 17.1]을 위해 당신이 개발한 리스트를 기존 서비스에 더했는가

그들이 제공해야 할 서비스 그리고 내담자 집단이 그들의 지리적 영역에서 가능한지를 결정하는 것에 더해서, 실무자들은 시장에서의 경쟁 정도를 평가해야 한다. 예를 들어 재취업 시장은 아주 경쟁적이며, 거대한 재취업 회사, 이를테면 Drake Beam Morin은 이제는 Lee Hecht Harrison과 통합되었는데, 이 회사는 잘 개발된 재취업 프로그램을 가지고 있을 뿐 아니라, 광범위한 직업시장에서 직업을 찾는 데 근로자들을 도와주기 위해 도움을 청할 수 있는 전국적 사무실 네트워크를 가지고 있다. 이러한 회사들은 종종 배우자 재취업 지원 서비스를 제공하는데, 이는 수익성이 좋을 뿐 아니라, 기업과의 접촉을 돕는다. 오로지 소수의 사람들만이 거대 재취업회사와 경쟁할 수 있나. 그러나 많은 커리어 상담자들은 작은 회사들을 위한 재취업 서비스를 개발해 왔다.

사무실의 위치

많은 개업 전문가들은 그들의 거주지의 일부를 그들의 사무실로 사용하는 것이 편리하고 비용이 덜 든다는 것을 알고 있다. 분명히 이는 통근, 대여료, 관리 서비스 등의 필요성을 없애준다. 일부 주차장이 내담자를 위해서 제공되어야 하고, 이것은 일부 지역에서는 주요한 이슈가 될 수 있는데, 특히 한 번에 집단 상담이 8~12명의 내담자에게 제공되는 경우에는 문제가 될 수 있다. 거주지를 사무실로 사용하는 것은 제한구역이기 때문에 어떤 지역에서는 불가능하다.

많은 상담자들은 접근가능성, 주차가능성, 접수담당자/ 전화응답/ /다른 전문가와의 요금 청구와 같은 서비스 공유의 기회, 그리고 소개 가능성이 증가할 기회 때문에 전문가들을 충족시키는 곳에 사무실을 위치시킨다.

이미지

전문적인 오피스 빌딩에 위치한 사무실은 또한 많은 커리어 상담자들이 바라는 전문적 이미지를 투사하는 데 도움이 되는데, 특히 그들이 기업과 조직에 자문을 한다면 더욱 그럴 것이다. 사무실의 정확한 위치와 종류는 제공되는 서비스, 비용, 전문적 이미지에 대한 욕구, 그리고 편리성의 유형에 따라 달라진다. 이미 지적했듯이 커리어 상담자들은 대중에게 다양한 서비스를 제공할 수 있다. 대부분의 개업의 근간은 커리어 상담이지만 많은 전문가들은 다른 서비스도 한다. 많은 개업 전문가들이 단순히 자신의 사업을 시작하고 그것이 커가도록 놔두긴 하지만 대중에게 서비스를 제공하고 그것을 시장에 내놓기 위해서 주의 깊은 계획이 필요하다.

개업이 누구, 무엇, 그리고 어디에 관련되어 있는지에 관한 이 논의의 초기에 몇 가지 질문들이 제기된다. 기대하던 그 사업의 개시 때에 그 일이 전일제가 될지 시간제가 될지에 대한 질문을 떠올릴 수 있다. 많은 개업 전문가들은 사립학교, 대학교 상담센터, 지역사회 정신건강 서비스, 그리고 병원에서 자신의 일을 유지하지만 그들은 시간제로 시작한다. 왜 그럴까? 그들이 기존의 일을 유지하지 않고 그 일을 '시작하는' 동안, 그 사업을 유지할 충분한 돈의 흐름을 경험하지 못할 수 있기 때문이다.

개업

결정이 내려졌고 사업이 시작된다. 고객들이 필요하고, 홍보가 열쇠이다. 개업을 알리는 지역 신문 비즈니스란의 적당한 위치에 있는 글이 일부 내담자를 끌어올 수 있다. 매우 구식이긴 하지만 잘 만들어진 웹사이트는 필수이다. 명함을 사람들에게 전해주고, 당신을 기억하게 만들라. 이것을 네트워킹이라 부른다. "나 사업해요."라는 페이스북과 트위터의 포스팅들도 도움이 될 수 있다. 다음으로 가능한 한 빨리 무료로 연설, 강연, 세미나와 워크숍을 열라. 지역 전문가 모임에 참여하는 것을 통한 네트워킹이 또한 가능하다.

답변이 될 질문 가운데 으뜸(Ridgewood Financial Institute, 1995)은 "내가 올바른 이미지를 보여주고 있는가?"이다. 커리어 상담 사무실은 종종 조용하고 편안한 장소에 있고, 일부 편안한 가구, 책상과 서류 캐비닛만을 필요로 한다. 거주지를 사무실로 개설해서 커리어 상담을 전문으로 하는 성공적인 개업을 이루는 것도 어느 정도는 가능하다. 개업 전문가들이 아주 성공적인 자문을 하거나 그들의 가정 사무실로부터 재취업 서비스를 성공적으로 할 수 있기가 쉽지는 않은데, 그 이유는 주로 기업 고객을 끌어들이는 이미지를 만들어야 할 필요성 때문이다. 부동산에서 소유물을 선택하는 세 가지 규칙은 위치, 위치, 위치이다. 개인 사업에서, 특히 안정된 재취업/기업 전문 회사와 경쟁하게 된다면, 아마 세 가지 규칙은 이미지, 이미지, 이미지일 것이다. 자격증, 사무실 공간, 문구류, 명함, 개인 옷과 태도, 그리고 인쇄물과 구두 안내는 사업 이미지의 전부이며, 사업을 구축하는 데 다뤄져야 한다.

이미지를 평가하기 위해서 경쟁업체와 시설, 장비, 문구류, 복장을 비교하고 물어보라. "내가 어떤 것을 선택할까?" 일부 개별 전문가들은 이 비교를 한 후에 집단 서비스에 합류하기로 결정한다. 그러면 그들은 '올바른' 이미지를 투영하기를 배울 수 있다. 다른 사람들은 사업을 위해 어떤 영역에서는 경쟁하지 않기로 선택한다.

마케팅

개인을 위한 질문은 "나는 나의 서비스를 시장에 내놓는 법을 알고 있는가?"이다. 서비스를 시장에 내놓을 많은 방법이 있는데, 이 중 일부는 이미 언급되었다. 개업을 한 사람들은 이러한 것들을 알아야 하며, 아마도 더 중요한 것은 실제로 비용 절감이 되는 것들을 알아야 한다는 점이다. 만약 마케팅 전략에 대한 지식과 그 효율성이 효과가 없다면, 마케팅 컨설턴트를 접촉해 볼 수 있다.

연습문제 17.2

당신이 곧 있을 개업을 위한 마케팅 계획을 세우고 있다고 상상해 보라. 당신이 사용할 수 있는 전략들의 목록을 만들어 보라.

1.

2.

3.

4.

5.

6.

　공공기관에서 일하는 대부분의 커리어 상담자들은 그들의 프로그램을 광고할 필요성에 대해서 알고 있지만, 그들은 공공기관 또는 사설기관이 정기적으로 제공하는 보수를 받기 때문에 광고의 즉각적 필요성은 덜하다. 개업 전문가들은 그들의 내담자가 보수를 주기 때문에 내담자가 없으면 수입도 없다. 이것이 바로 많은 개업 전문가들이 기관에서 일하면서, 시간제로 개인적 사업을 시작하고, 그러고 나서 점차적으로 일을 확장하고, 내담자 기반이 만들어진 후 고용주와의 관계를 정리하는 이유이다. 이렇게 성공적으로 한 개업 전문가들은 그들의 서비스를 성공적으로 홍보하기를 배웠다. 하지만 어떤 전략이든 채택되기 전에, 첫 단계는 광고 아이디어에 편안해지는 것이다. 공공기관에서 일했던 일부 상담자들은 광고에 대한 혐오를 갖고 있다. 왜냐하면 그것은 비전문적인 것처럼 보이기 때문이다. 광고는 합법적인 것이고, 프로페셔널하며, 개업의 성공과 유지를 위해서는 기본이다.

　분명히 광고는 멋있어야 하지만 제한은 없다. 웹사이트, 신문, 소식지, 잡지광고, 옥외광고판, TV와 라디오 광고, 그리고 포스터는 서비스를 광고할 만한 수단들이다. 개업을 광고할 다른 방법으로는 당신의 서비스를 소개하고 사업 자체를 보여주는 멋진 브로서가 있다. 최고의 광고 중 하나는 비광고 전략이다. 개업 상태의 한 심리학자는 정기적으로 항공사 잡지에 글을 쓴다. 그는 잡지에 노출된 이후, 매년 100개도 넘는 워크숍에 초청받는다. 또 다른 사람들은 지역신문에 매주 칼럼을 싣는다. 다른 사람들은 자신의 이름이 자주 지역 뉴스미디어에 언급될 수 있도록 아주 눈에 잘 띄는 자원봉사직을 맡기도 한다. 커리어 상담과 개발을 논의하기 위해서 몇몇 클럽, 부모 모임, 그리고 전문가 모임에 모습을 드러내는 것은 많은 전문가들이 사용하는 또 다른 비광고 마케팅 전략이다. 이 전략을 효율적으로 사용하기 위해서 개업 전문가들은 좋은 대중 강연 기술을 가져야 하고, 전문가적인 이미지를 보여줄 수 있어야 한다. 이름을 알아보는 것은 어떤 서비스든 광고하기 위한 중요한 포인트이며, 그 서비스를 제공한 비광고 활동에 의존하는 것은 바람직한 이미지를 세우는 데 도움이 될 수 있다.

마케팅 전략은 비광고로 시작할 수 있지만, 곧 목표 집단을 개발하고, 마케팅 전략의 목록이 만들어지고, 광고 예산이 만들어지고, 광고 일정표가 만들어져야 한다. 이 전략은 제공되는 서비스와 관련이 있을 수 있다. 예를 들어 개업 전문가들은 1월부터 5월까지 이력서 작성 서비스를 알리기 위해서 지역신문에 주중 광고를 싣기로 결정할 수 있는데, 그 이유는 많은 고등학교와 대학생들이 이 시기에 구직을 시작하기 때문이다. 이러한 광고들은 기숙사와 고등학교 공지 게시판에 있는 포스터에 추가될 수 있다.

네트워킹은 상담자들이 사업 기회와 다른 전문가에게 위탁을 하기 위한 목적으로 다른 전문가들과 상호작용하는 과정이다. 커리어 상담자들은 종종 지역, 지방, 주의 상담자를 위한 모임에 참석하는데, 자신의 전문성을 개발하고 강화하고, 내담자들이 다른 전문가에 의해 자신에게로 위탁될 가능성을 높이기 위해서이다. 기업과 산업에 자문을 제공하는 커리어 상담자들은 아마도 그들의 네트워킹을 미국 직업훈련 및 개발협회와 같은 조직들로 확대하는데, 이는 상담자와 심리학자들의 지역 회의를 여는 단체로, 그 이유는 지역기업에 고용된 사람들은 이 단체에 소속되어 있기 때문이다.

우편, 전화, 또는 개인적 접촉을 통해 서비스를 직접적으로 권유하는 것은 또한 내담자를 만들기 위한 방법인데, 특히 자문 서비스가 제공된다면 이 또한 가능하다. 일부 커리어 상담자들은 최고의 접촉이 점심 약속처럼 비공식 만남에서 이루어진다고 믿는다. 그 어떤 증거 자료도 이 예상을 지지하지 않지만 사업에서 점심 약속은 마케팅 전략으로 광범위하게 사용되는 것 같다.

Ridgewood 재정기관(2012)이 제안하는 바에 따르면, 당신 자신의 소식지를 만들고 그것을 이전 내담자, 다른 전문가, 직원과 다른 이들이 볼 수 있게 만드는 것은 유용한 광고 도구가 될 수 있다. 소식지는 개업가의 웹사이트에 올려지고 목표 집단에게 이메일로 보내질 수 있다. 블로그 또한 유익한 광고 도구가 될 수 있다.

모든 종류의 광고는 그 전문가 직업의 윤리적 가이드라인을 준수해야 한다(제2장 참조). 일반적으로 광고는 그 사람이 얼마나 그 분야에 적합한지, 그리고 자격증과 증명서, 제공되는 전문 서비스의 목록을 포함할 수 있다. 앞에서 지적했듯이 광고 속에서 내담자들이 추천하는 말을 하거나 문제해결에 성공했다고 주장하는 경우가 있지만 이러한 진술들이 사실일지라도 조심해야 한다.

개업 전문가의 마케팅은 수개월 그리고 아마도 수년이 걸릴 수 있다. 무엇보다 마케팅은 **결코** 끝이 없다. 내담자들이 종결하고, 자문 계약들은 끝이 난다. 수입을 계속 얻기 위해서는 내담자들을 찾아야 하고, 새로운 계약 협상이 이루어져야 한다. 쉬운 마케팅 중 하나는 입소문이다. 하지만 그것은 항상 개업 전문가의 기본 과제로 남는다.

예산 수립

개업은 많은 계획 수립을 필요로 하는 영리 추구 사업인데, 이를테면 예산 수립에 주의를 기울이는 것을 포함한다. 그러나 대부분의 개업 전문가들은 지출에 대한 예산을 세우기 위해 소프트웨어를 사용하고 그들의 기록을 보존한다.

또한 여행, 음식 그리고 다른 다양한 지출에 대한 기록은 소득세 관련한 목적으로 유지되어야 한다. 상업 용도로 개발된 많은 일지들이 사용 가능하다. 일반적인 일일기록지를 포함해서 모든 종류의 기록은 모든 지출에 대한 영수증이 다 있다면 충분히 보증될 수 있다. 공제가 합법적인지를 결정하기 위해서, 국세청(IRS)은 납세자가 지출과 사업 사이의 분명한 관계를 만들기를 기대한다. 어떤 응급실 의사는 더 빨리 응급상황에 도달할 수 있도록 차고문 개폐기를 바꿨다고 한다. 또한 매년 100~150회의 강연을 하는 유명한 강연자는 자쿠지(Jacuzzi, 물에서 기포가 생기게 만드는 욕조)는 그가 여행의 스트레스를 처리하는 데 가장 힘이 되었다고 한다. 하지만 두 경우 모두 '허용 가능한 경계선'에 있고, 다른 회계 감사관은 허용하지 않았을 수 있다. 오락, 여행, 식사, 장비 구입, 가구, 위법행위 보험, 그리고 지속적인 교육은 기록들이 적절하게 잘 되고 있다면 모두 합법적인 지출이다. 하지만 경험이 풍부한 회계사의 자문이 사업을 만들어 가는 데 취할 수 있는 첫걸음이 될 수 있고, 지출의 합법성과 관련해서 지속적인 자문은 국세청과의 문제를 피하는 최고의 수단이 될 수 있다.

수수료와 청구서 발행

커리어 상담자는 수수료를 설정해 놓고, 내담자들이 그들이 필요로 하는 서비스를 선택하도록 해주고, 그들이 적절한 때라고 생각할 때 종결하도록 해주고, 제공된 서비스에 대해서만 지불하도록 해주어야 한다. 많은 주 허가위원회는 개업 전문가가 내담자와 전문가 사이의 분쟁이 청구서 관련해서 나타나고 불평이 위원회로 올라오는 경우에 사무실에 파일로 수수료 표를 놔두도록 한다.

내담자의 재정적 상태가 수수료와 관련해서 고려되어야 한다는 것이 보통은 받아들여진다. 하지만 그 점이 "내가 어느 정도의 금액을 요구해야 할까요?"라는 질문에 답이 되지는 않는다. 이 질문에 대해서는 가능한 몇몇 답들이 있다. 커리어 상담에서 수수료에 대한 가장 일반적인 방식 중 하나는 경쟁자들의 수수료를 보고 그에 상응하는 수수료 표를 만드는 것이다. 또 다른 방법은 심리치료에 적용되는 것과 일치하게 수수료를 정하는 것인데, 이는 전문가의 시간과 서비스가 심리치료자의 것만큼이나 가치가 있다는 가정에 기초한 것이다. 일반적인 수수료 설정 전략은 개인 상담보다 집단 상담에 더 적게 설정하는 것이다. 불행히도 그 어떤 자료도 "커리어 상담자들은 다양한 서비스에 대해서 어떻게 수수료를 부과하나요?"에 대한 질문에 적절한 답을 제공하지 못한다.

시간당 75달러에서 200달러까지의 수수료가 심리치료에서 다양한 정신건강 전문가에게 지불된다. 앞서 언급한 대로 일부 전문가들은 자신의 수수료를 그 지역에 있는 심리치료자의 수수료에 맞춘다. 내담자들은 아마도 커리어 상담에 시간당 80~100달러를 지불하고 있을 텐데, 이는 심리치료자에게 지불하는 것보다는 적다. 그러나 많은 커리어 상담자들은 또한 흥미검사, 성격검사, 적성검사에 대한 검사 수수료를 부과하고, 이러한 것들은 일부 경우에 300달러가 넘기도 한다.

만약 커리어 상담 수수료에 대한 자료가 불분명하다면, 커리어 개발 자문과 관련한 사람들과 접촉할 수 없다. 커리어 개발 프로그램을 만들고, 수행 평가 시스템을 설계하고, 직원-고용주 관계를 향상시키기 위해서 기업과 기관에서 일하는 일부 컨설턴트들은 하루 1,000달러에서 2,500달러까지 수수료를 부과하는데, 이는 그들과의 개별 미팅에서 만들어진다. 하지만 자문 서비스에 대한 수수료의 범위는 하루 500달러에서 5,000달러까지 넓은 편이어서 각 컨설턴트의 명성과 문제에 따라 달라질 것이다.

게다가 수수료에 대해 상대적으로 적은 정보만이 재취업 분야에서는 유용하다. 재취업 주선 회사들과 개별 전문가는 3개월 동안의 그 직원의 임금에 근거해서 수수료를 요구하고 받았다(제11장 참조). 그러므로 만약 그 직원이 한 달 5,000달러를 받는다면, 재취업 수수료는 15,000달러가 될 것이다. 하지만 이러한 수수료는 중간과 상급 관리자의 재취업에 대해서 부과되는 요금이다. 기업이 육체노동자와 일하기 위해 재취업 주선 회사를 고용할 때, 직원이 더 많더라도 그 수수료는 훨씬 더 낮다.

모든 형태의 개업에서 한 가지 피할 수 없는 점은 수수료를 수집할 필요성이다. 많은 전문가들은 상담이 제공되는 시기에 현금카드에 의한 지불을 요청한다. 다른 사람들은 수표도 받고, 소수의 사람들은 지불 수단으로 상품과 서비스를 활용한다. 하지만 청구서가 지불되지 않을 때마다 주변 환경에도 불구하고, 청구 대행기관과 심지어 미수금 처리대행사들은 종종 기한이 지난 계좌를 모으기 위해 활용된다. 수집에 소요되고 지불되지 않은 청구서의 결과로서 잃게 되는 돈의 양은 상황에 따라 달라진다. 하지만 악성 부채는 모든 사업에서 실질적 영향을 주며, 기대 수입을 감소시킨다.

Ridgewood 재정기관(1995)은 서비스에 대한 지불을 증가시키기 위해서 몇 가지 방식을 제안한다. 예를 들어 모든 내담자에 대한 가능한 정보를 수집하는데, 이를테면 이름 주소, 전화번호와 사회보장번호이다. 그러면 수집된 것들이 더 신속히 처리될 수 있다. 아마도 더 중요한 점은 내담자들이 자신에 대해서 정보를 써둘 때 자신의 재정적 의무, 어떤 방식의 지불이 기대되는지(현금, 수표, 신용카드), 그리고 만기가 지난 계좌에서 무슨 일이 일어날지에 대해서 잘 알아야 한다. 일부 전문가들은 늦은 수수료에 대해서 추가비용을 부과하는데, 때때로 사업비용이라 불린다. 서비스 실시하는 때에 즉각 이루어지는 지불은 미납 청구를 줄이는 방법이다. 이것이 부도수표의 영수증을 방지하지는 못하지만 아마도 수금되어야 할 청구서의 숫자는 줄여줄 것이다. 지불을 위해서 신용카드를 받는 것은 또한 수수료 수금에 포함되는 귀찮은 일들이다.

일부 전문가들은 일련의 '수금 편지'를 사용하는데, 이는 지불 기일이 지났다는 친절한 내용부터 청구서가 수금기관에 넘어갈 것이라는 경고까지의 내용을 담고 있다. 수금기관의 활용은 마지막 수단인데, 그 이유는 그들의 수수료가 종종 그 빚의 50%까지 이를 때도 있고, 궁극적으로 이러한 기관들은 기본적 수금 전략으로써 신용 평가에 대한 위협을 하기 때문이다. 마지막으로, 일부 전문가들은 작은 청구 재판으로 소송을 가져가고, 체불된 사람에게 전화하는 사무실 보조도 두고 있고, 심지어는 지불 수단으로 현물 교환 서비스(예 : 수리할 집이나 사무실)를 받아들인다. 이러한 방법 중 그 어느 것도 특별히 바람직하지 않지만, 그것들 모두는 수입의 증가를 가져오고, 그 사업의 수익성을 증가시키는 대안적 방법으로 고려되어야 한다.

다른 사업 세부사항

개업 과정은 다른 여러 세부사항을 다루는 것을 포함하는데, 예를 들면 기록 시스템 수립, 응답 서비스(또는 응답 기계)의 사용 가능성 고려, 보조와 사무직 고용, 적절한 법적 책임 보험 정책 선택, 그리고 회계사 선발과 같은 것이다.

이러한 결정 중 일부는 상대적으로 간단하다. 예를 들어 대부분의 전문가들은 전문적 제휴를 통해 집단 평가를 제공하는 회사로부터 법적 책임 보험을 구매하는데, 예를 들면 미국상담학회와 미국심리학회이다. 다른 결정들은 비용, 이미지와 그 전문가에 대한 개인적 선호도에 따라 달라진다.

검사 파일 개발   특별히 고려할 만한 사항은 검사 파일의 개발이다. 모든 개업 전문가들은 내담자의 커리어 개발을 촉진하기 위해 사용할 수 있는 심리검사를 밝히고 확보하는 문제에 직면한다. 이 과정에서의 첫 번째 고려사항은 검사 구매의 '자격을 얻는 것'이다. 검사 결과를 만들고, 분류하고, 채점하는 검사 출판회사들은 검사를 주문하는 사람들이 구매하고자 하는 검사를 실시하고 해석할 훈련, 자격, 그리고 증명에 의해서 전문가 자격을 얻었다는 증거를 제공할 것을 요구한다. 전문가 윤리는 또한 심리검사를 사용할 때 고려되어야 할 기본적 중요성을 가지는 역량을 요구한다. 마지막으로, 부주의하게 심리검사를 사용하는 사람들에 대한 과실 소송에 대한 잠재성이 고려되어야 한다.

커리어 자원 센터 설립   제11장과 제12장에서, 정확한 정보에 대한 내담자의 요구와 커리어 정보 센터의 중요성이 논의되었는데, 센터를 만들기 위한 일부 가이드라인이 함께 필요하다. Schutt(2008)의 책 커리어 센터를 계획하고 개발하는 법(*How to Plan and Develop a Career Center*)이 또한 도움이 될 수 있다. 하지만 개업 전문가의 목표는 비용을 최소화하지만 내담자 요구에 부합하는 적절한 정보 자원을 제공하는 것이다. "누가 나의 내담자인가(또는 내담자가 될까)?"와 "그들의 정보에 대한 요구는 어느 정도일까?"에 대한 답은 그 센터를 만드는 시작점이 될 것이다. 다음 단계는 아마도, 어떤 정보가 주 수준과 연방 웹사이트를 통해서 적은 비용으로 얻을 수 있는지를 결정하는 것일 것이다. O*NET에 포함된 **직업 전망서**와 **직업 정보 데이터베이스**는 개업 전문가를 위한 무료이면서도 잠재적으로 매우 유용한 정보 자원이다. 모든 주는 또한 채용 리스트를 출판하며, 몬스터와 같은 임금 정보를 제공하는 수많은 웹사이트들이 있다. 은행과 첨단 기술회사와 같은 사업체들은 또한 그들의 웹사이트에 일자리 정보를 공지한다. 이러한 웹사이트의 활용은 그 사무실을 위한 공간의 필요성을 줄여준다.

요약

개업 장면의 커리어 상담은 돈이 되지만 도전적인 커리어 대안들을 제공한다. 하지만 그것은 또한 대부분의 졸업자 프로그램에서 배우는 것과 더불어서 일련의 기술들을 필요로 한다. 개업 장면의 커리어 상담은 상담자가 사업을 개념화하고 시장에 내놓을 수 있어야 하는데, 사무실 선택에서부터 시장 비교까지 모든 것을 포함한다. 이 대안을 고려하는 사람들은 주의 깊게 그러한 기업에 들어가기 위해 개인적으로 그리고 전문적으로 준비가 되어 있는지를 고려해야 한다. 경제적으로 보면 실패 위험이 높은 대부분의 소규모 사업임에도 불구하고, 아마도 성공적으로 개업을 하는 사람들에게 전문적이고 경제적인 보상은 상당할 것이다.

이 장의 퀴즈

T F **1.** 커리어 코칭은 예전에는 다양한 전문가에 의해 이루어졌지만, 요즘에는 주로 주 면허 전문가에 의해 제공된다.

T F **2.** 대부분의 주 면허위원회는 커리어 상담자에 대한 개인 사업 규준을 만들었다.

T F **3.** 개업 전문가의 사무실은 쾌적하고, 편안하고, 높은 수준의 사생활의 여유가 있는지는 상대적으로 덜 중요하다.

T F **4.** 전미커리어개발협회는 커리어 상담자의 선택에 대해서 소비자들에게 조언을 제공하는 선두에 있었다.

T F **5.** 개업 장면에 있는 상담자들과 심리학자들은 보통 NCDA의 윤리 규범에 있는 윤리적 기준을 따른다.

T F **6.** 법적 책임 보험은 그것이 개업 장면의 다른 사람처럼 커리어 상담자를 위해서도 중요하다.

T F **7.** 최소한 개업 전문가는 50%의 시간을 마케팅에 보내도록 권고된다.

T F **8.** 경기의 순환에서 불황이나 약간의 증가는 개업 전문가의 사무실로 내담자들이 찾아오는

것에 거의 영향을 주지 않는다.

T F **9.** 커리어 상담자의 개업은 보통 성공하기가 어렵지만, 이에 대한 '좋은 소식'은 대부분의 시장에서 전형적으로 내담자를 쟁취하려는 경쟁이 매우 적다는 점이다.

T F **10.** 라틴어 캐비앳 엠토르 또는 "구매자가 알도록 하라."는 개업 전문가를 선택할 때 여전히 믿을 만한 조언이다.

T (01) F (9) T (8) T (7) F (6) T (5) F (4) F (3) F (2) F (1)

참고문헌

Bench, M. (2003). *Career coaching: An insider's guide.* Palo Alto, CA: Davies Black.

Cheeks, D. (2013, July 9) 10 things you should know about career coaching. *Forbes.* Retrieved from http://www.forbes.com/sites/learnvest/2013/07/09/10-things-you-should-know-about-career-coaching/

Dance, A. (2011, March). The unemployment crisis. *The APA Monitor, 43,* 28.

The Ginac Group. (2013). What is career coaching? Retrievedfrom http://www.ginacgroup.com/what-is-career-coaching

Hoyt, K. B., & Lester, J. L. (1995). *Learning to work: The NCDA Gallup survey.* Alexandria, VA: National Career Development Association.

Knowdell, R. L. (1996). *Building a career development program.* Mountainview, CA: Davies-Black.

Miller, N. (2013). A creative plan for success: 6 steps to developing a business plan. *Career Developments, 30,* 15–16.

National Career Development Association. (1988). *The professional practice of career counseling and consultation: A resource document.* Alexandria, VA: Author.

National Career Development Association. (2010). Consumer guidelines for selecting a career counselor. Retrieved from http://www.ncda.org

Practice Pointers. (n.d.). Marketing strategies for private practice therapists. *Practice Pointers, 1(3).* Retrieved from http://www.buildimage.com/MarketingStrategies.pdf

Ridgewood Financial Institute. (1995). *Guide to private practice* (2nd ed.). Hawthorne, NJ: Author.

Ridgewood Financial Institute. (2012). Psychotherapy finances. Retrieved from http://www.psyfin.com/interchange1/interchange_intro.htm

Schutt, D. (2008). *How to plan and develop a career center* (2nd ed.). Chicago, IL: Ferguson.

제 18 장

기업 조직과 연방정부의 커리어 개발

- 기업의 커리어 개발 전문가와 대부분 다른 기관들의 전문가 사이에 존재하는 관점의 차이
- 기업과 산업에 사용되는 개입의 유형
- 기업에서 커리어 서비스 프로그램을 계획하는 과정
- 경영자들과 인적자원개발(HRD) 전문가들이 기업의 커리어 개발 서비스 분야에서 하는 역할

커리어 개발과 기업 커리어 개발 프로그램은 왜 동일한 장에 있을까? 그 이유는 연방 근로자 커리어 개발 프로그램이 기업에서의 최고 프로그램들과 유사하기 때문이다. 주 근로자 프로그램은 훨씬 더 제한적이긴 하지만 보통은 채용 공지, 혜택, 연금 수단, 그리고 보험에 초점을 맞춘다. 그러나 앞으로 보겠지만, 연방 프로그램은 아주 비싸고 주 수준의 커리어 개발 프로그램을 위한 모형으로 작용할 수 있고, 이는 이미 다양한 정도의 개발 준비가 되어 있다.

기업

커리어 개발이라는 용어는 기업 맥락에서 제한적인 의미를 갖는다. 지금까지 커리어 개발은 한 사람의 커리어라 부를 만한 일련의 직업들에 대한 선택, 진입, 적응을 만드는 평생의 과정으로 논의되어 왔다. Hall(1990/2002)은 Donald Super 같은 직업심리학자와, Hall 자신처럼 기업과 관련이 있는 조직심리학자 사이의 근본적인 차이점을 지적하였다. 직업심리학자들은 개발의 개별적 과정과 더 관련이 있는 데 반해, 산업심리학자들은 기업 장면에서의 적응과 관련이 있는 상황적 변인

들에 더 많은 초점을 둔다. 업무 능력, 조직 몰입, 기업 내의 직무 유동성, 가족–직장 상호작용, 그리고 다른 유사한 변인들이 기업의 커리어 개발 전문가들에게 큰 관심사였다(Hall, 1990, 2002). 또한 기업 장면의 커리어 개발 전문가들은 이윤 동기의 중요성을 인식하고, 기업의 기능 강화를 강조하고, 의사결정을 유도하도록 받아들일 수 있는 증거의 수준에 대한 아이디어를 바꿀 필요가 있다. 이윤 동기에 대한 강조는 기업과 정부 프로그램의 취지를 구분한다. 사실 정부 프로그램은 개인 욕구와 연방정부의 다양한 부서가 가지는 능률과 효율성에 초점을 더 많이 둔다.

2007년 말에 시작해서 기술적으로는 2010년에 끝난 불황은 전반적으로 커리어 개발 프로그램의 일부 측면을 축소시키는 결과를 낳았는데, 이는 미래에도 몇 년간은 지속될 가능성이 크다. 일부 사례에서, 이 프로그램들은 이윤이 감소하면서 없어질 것들이었는데, 아마도 그 이유는 관리자들이 프로그램의 기능과 기업의 손익 사이의 관계를 보일 수 없었기 때문일 것이다. 이 최근의 축소현상은 2000~2002년 경기 순환의 침체 동안 벌어진 일을 반영하였다. 하지만 불황과 그와 동반된 일시해고 둘 다 기업 리더들이 그들의 직원들에게 커리어 서비스를 제공할 필요성에 다시 초점을 두도록 만들었다. 주목할 만한 예시는 자동차근로자연합(UAW)이다. 포드(UAW-포드, 지금은 UAW-포드 비스티온임)는 생애–직업 계획 프로그램을 1987년에 시작했고, 이후에 수정하였다(UAW-포드, 2014). 현재 UAW-포드 센터 프로그램의 주요 초점 중 하나는 그들이 프로그램을 마칠 때, 기업에서 성공하도록 하는 인턴십 프로그램 자격을 얻도록 근로자를 돕는 것이다. 지금까지 17,000명의 근로자들이 이 인턴십을 마쳤고, 그중 절반은 소수민족과 여성이었다(UAW, 2014).

UAW-포드 협약은 또한 현재 직원, 이전 직원, 그리고 사망한 직원의 자녀들을 위한 장학금 프로그램을 포함한다. UAW-포드 협약이 유일하지는 않지만, 기업–조합 간의 협력을 이끌었다. 2014년에, 133개의 공동 근로–기업 커리어 개발 프로그램들이 캐나다에서 나타났는데, 일부는 미국에 계열사가 있다[Nationwide Canadian Organized Labour and Union Website Links(XPDNC)의 웹사이트(http://www.xpdnc.com/links/crrdjlm.html) 참조]. 이런 프로그램의 대략 1/3 정도는 UAW-포드 비스티온 공동 협력의 결과물이다. 조합과 기업 리더들 사이의 일부 협력 결과물은 가족에 초점을 맞추고 있고, 다른 것들은 강제 해고의 스트레스를 줄이는 것에, 그리고 다른 것들은 재훈련과 승진에 초점을 맞추고 있다. 대개 이런 프로그램은 조합에 의해 실시된다. 다른 프로그램들은 기업이 만든 결과물이며, 기업 스태프에 의해 관리된다.

IBM(IBM 커리어 개발을 온라인에서 검색해 볼 것)과 같은 일부 기업들은 전방위적인 커리어 개발 서비스를 제공하는 데 반해, 다른 기업들은 그렇지 않다. 제공되는 일부 서비스에는 다음과 같은 것들이 포함된다.

개인의 개발과 계획 수립 이 서비스는 기업 틀 내에서 근로자가 개인 목표를 성취하도록 돕는 것을 목적으로 하며, 관리자에 의해 실시된다.

커리어 개발 근로자에게는 커리어 방향을 설정하도록 도와줄 도구와 팁들이 제공된다. 이것은 온라인으로 제공될 수도 있고, 취직 능력 기술을 강화하기 위한 제안들과 목록들을 포함할 수도 있다.

교육 기회 근로자들에게 유용한 교육 기회들이 대개는 온라인상에 있다. 근로자들이 전문적으로 지도받는 인터넷 학습 경험을 활용할 계획을 세우기 위해 관리자들과 함께 작업하는 것이 보통 제안된다. 워크숍과 인터넷 학습 재료들은 내부 이력서에서부터, 자기 주도적 활동, 관리자들과 커리어 전문가들을 통해서 근로자에게 실시되는 리더십 개발까지의 범위에 있는 주제들에 초점을 맞출 수 있다.

코칭과 멘토링 이것은 근무 실적과 개별 피드백 프로그램으로 관리자, 멘토, 외부 커리어 코치들에 의해 실시된다.

현장 개발 이 범주는 기업 구조에서 근로자 잠재력을 강화하기 위해 설계된 업무 할당을 포함한다. 현장 개발(on-the-job development)은 종종 승진 계획 수립이라는 용어와 관련이 있다. 승진 계획은 승진 가능성 추정치와 동반되는데, 이는 그 기업과 근로자가 그 회사 내의 각기 다른 직무를 위해 개인을 준비시키도록 만든다.

일자리 공지 일자리 공지는 근로자들이 그 기업 전체의 빈 일자리를 알도록 만든다. 이 서비스는 전형적으로 인적자원개발(HRD) 부서 직원들에 의해 온라인에서 공지된다.

기업의 커리어 개발에 대한 초기 논문 중 하나에서, Osipow(1982)는 다음과 같은 서비스 목록을 만들었다. (1) 근로자가 자신의 작업 스타일을 평가하고 그 후에 비효율적일 수 있는 자기의 스타일을 바꾸도록 돕기, (2) 반복적인 작업·강요된 재배치·직무 상실의 부정적 효과를 관리자들이 알도록 돕기, (3) 맞벌이 가정과 관련된 부담을 밝혀내고 그러한 관계 밖에서 커지는 스트레스를 개선하는 것을 돕기(워크숍 내에서 포함될 수 있음), (4) 스트레스와 일과 관련된 위험들을 관리자가 밝히도록 돕기(리스트에 포함되지 않음), (5) 은퇴 준비시키기, (6) 업무 평가의 과정 향상시키기, (7) 과학자와 같은 전문가들의 특별한 관심사 밝히기. 현재 제공되는 전형적인 커리어 개발 서비스들은 근로자의 효율성을 증가시키는 것과 그들이 그 회사에 더 가치 있도록 만드는 것에 초점을 두는데, 이는 앞부분에서 제시된 Hall(1990)의 설명과 일치하는 것이다. Osipow의 목록은 근로자의 전반적인 안녕감에 더 초점을 맞춘다(예 : 스트레스를 줄여서).

기업과 산업의 커리어 상담자들이 커리어 개발 서비스를 설계하고 시장에 내놓으면서 "서비스의 질과 효율성, 고객 만족, 시장 진입, 자원 배분, 그리고 그 영향력에 대한 시범 설명"(Hall, 1990, pp. 31-32)이 관심사가 되는데, 그 이유는 모든 사업이 처음에는 이윤을 내는 것에 전념하기 때문이다. 개인적 성장을 우선으로 놓는 것에 익숙한 상담자들은 Osipow가 말하듯이, 어느 정도는 이러한 두 가지 목적을 조화시켜야 할 것이다. 이 점은 이러한 두 가지 분야가 공존할 수 없지만 만약 하나가 강조되어야 한다면 전형적으로 개인의 개발이 차선이 되는 것을 암시하지는 않는다. 또한 상담자들과 심리학자들은 하나의 개입이 작용하는 과학적 증거를 찾도록 체계적으로 훈련받는다. 기업의 결정은 종종 경험에 덜 근거한다.

커리어 개발을 위한 프로그램 설계 : 간략 역사

Knowdell(1982, 1984)은 1970년대 초 당시 기업의 커리어 개발 프로그램의 기원을 추적하였는데, 그때는 동등한 고용 기회를 제공하기 위해 정부가 기업들에게 규제를 가하고 있을 때였다. 의심의 여지 없이 Knowdell이 모든 근로자를 위한 포괄적인 커리어 개발 프로그램의 개발에 대해서 옳다고 할지라도 커리어를 지향하고, 사회화하고, 강화하는 특수한 프로그램들은 초기에 많이 시작됐다(Hall, 1990).

시티코프, GE, AT&T, 그리고 NASA는 포괄적인 프로그램을 실시한 첫 기업들이다. 포드 자동차, 아메리칸 항공, 글락소스미스클라인, 파이저와 많은 다른 기업들은 지난 몇 년간 프로그램을 시작했는데, 그 프로그램 중 일부는 크기와 노력 면에서 아주 빈약했다. 일부 프로그램은 신규 채용자의 오리엔테이션, 기업 일자리 공지, 그리고 비용을 절약하기 위한 관리자 주도 코칭/피드백을 포함하는 정도로 범위가 축소되었다.

많은 회사들은 현재 위치에서 더 효율적으로 기능하고 승진을 위한 근로자의 기회를 강화할 새로운 직무 기술을 획득하도록 근로자를 도와주는 데 목적을 둔 광범위한 교육 프로그램을 제공한다. 소수의 기업 근로자들은 자신이 다니는 회사의 지원과 지지로 대입자격시험과 이후의 대학 학위를 얻는 것이 가능하다.

이런 기본적인 포괄적 커리어 프로그램은 체계적이며 초점이 맞춰져 있다. 기업 내의 커리어 개발 시스템은 "개인의 커리어 욕구와 조직의 노동 요건 사이의 균형을 성취하기 위한 조직적이고, 공식화되고 계획된 결과"이다(Leibowitz, Farren, & Kaye, 1986, p. 4). 이 장의 나머지는 포괄적 커리어 개발 시스템의 설계와 실시를 위한 근거에 초점을 둔다. 비록 기업에 커리어 개발 서비스를 광고하는 웹사이트 숫자를 보고 판단할 때, 많은 기업들이 최소한 그들의 커리어 개발 프로그램 일부를 외부에 위탁하는 것처럼 보이지만, 커리어 개발 프로그램은 기업 내부의 독립적 개체라는 가정이 이 논의의 근거가 된다.

근거

Knowdell(1982, 1984)이 제안했듯이, 고용 기회의 균등이 항상 중요했던 것은 아니다. 하지만 성, 인종, 성 소수집단 평등의 진보 때문에 이 압력은 40년 전만큼 크지는 않다. 기업들은 신규 모집, 유지, 그리고 승진 절차에서 공정성을 보이도록 압력을 받아 왔고, 모든 것에 만족하지 않음에도 불구하고 그런 노력들을 해왔다(Heppner, 2013). 근로자들이 자신의 잠재력뿐 아니라 회사 내의 빈자리에 대해서 알도록 만드는 커리어 개발 프로그램은 균등한 고용 기회를 강화하는 하나의 수단으로 활용되어 왔다. 종종 그 회사의 인트라넷에 빈자리를 공지하는 것이 첫 단계이다. 또한 일부 회사에서 빈자리를 채우기 위해 소수집단과 여성들을 적극적으로 모집한다.

Leibowitz, Farren과 Kaye(1986)가 또한 제안한 바에 따르면, 커리어 개발 프로그램을 개발하는 근거는 내부 요구의 충족을 넘어서 커졌다. 커리어 개발 프로그램은 기업이 근로자의 기술을 더 잘 활용하고, 근로자의 충성도를 높여주고, 의사소통을 강화하고, 근로자 유지 가능성을 증가시키고, 업무 수행 평가와 승진과 같은 인사 시스템의 효율성에 기여하고, 조직 목표를 분류하는 것을 돕도록 만들어준다. 이러한 조직의 이득들은 누적이 되는데, 그 이유는 관리사들과 근로자들이 자신의 커리어를 관리하는 법을 배우고 조직과 그 정책에 대한 그들의 이해를 증가시키기 때문이다. 그들은 또한 업무 수행에 대한 피드백을 주고받고, 자신의 커리어에 대한 현실적 목표들을 이루고, 자신에 대한 개인적 책임감을 증가시키는 것을 더 잘할 수 있다.

전국기업연합회 같은 조직과 UAW-포드 같은 프로그램들에서 발간된 보고서(1987, 2014)는 기업 경영진들에게 기업이 지금처럼 계속 경쟁한다면 현재 근로자의 일 관련 역량들을 개발하고 강화하는 것은 점점 더 중요해질 것이라는 점을 깨닫게 만들어 주었다. 대부분의 기업의 노동력이 다음 10~15년 동안 계속 있을 것이고, 현재의 근로자들을 기업의 방향에 적응시키고 훈련하고, 증진시키기 위해 만들어진 잘 구상된 기업 전략들은 조직 기능을 강화시킬 것이다. 요약하면 많은 기업 경영진들은 커리어 개발 프로그램이 좋은 사업이라고 결론짓고 있다.

프로그램 시작 : 초기 단계

성공적인 커리어 개발 프로그램을 시작하는 것은 어떤 전제 조건을 필요로 한다. 이러한 조건 중 더 중요한 것은 최고위 경영자로부터의 허가인데, 특히 인적자원개발(HRD) 분야 책임자의 허가이다. 커리어 개발 프로그램은 HRD의 틀 내에서 진행되는데, 이는 직무와 관리 업무 수행 강화, 근로자 평가, 커리어 상담과 코칭, 멘토링, 업무승계 계획, 핵심 근로자 확인, 그리고 근로자 훈련을 포함한다.

프로그램을 지원하는 예산을 수립하는 것은 또한 중요한 초기 단계이다. 프로그램을 개발할 수 있는 관리자를 선택하는 것 또한 변화의 선행 조건이다. 프로그램의 개발을 위한 총예산과 관리자의 자격은 개발될 프로그램의 유형에 따라 달라진다. 관리자는 구체적으로는 커리어 개발 그리고 일반적으로는 HRD에 대해서 잘 알아야 한다. 답이 필요한 질문 중 하나는 "HRD 프로그램은 어떤 점에서 제공되는 많은 서비스들에 들어맞을까?" 이다. 성공적인 커리어 개발 프로그램 관리자는 조직 기능과 관리 원칙과 실무에 대한 기본적 이해를 필요로 한다. 물론 관리 정보 시스템, 업무 수행 평가 시스템, 인사 선발과 개발 실무, 교육 기술 그리고 다수의 다른 기술들에 대한 특수한 지식이 커리어 개발 프로그램의 관리자에게 활용될 수 있다. HRD 프로그램은 또한 신규 채용자 훈련, 베테랑 근로자 재훈련, 직무 결원 공지, 보상 계획 평가, 근로자 업무 수행 평가 강화와 같은 활동들을 포함한다. HRD 관리자에게 일상적으로 할당되는 직무 중 하나는 공급 가능한 유용한 노동력을 목록화하는 것이다(즉, 조직의 임무에 초점을 맞추는 데 유용한 기술들을 결정하는 것).

커리어 프로그램 개발을 위한 예산은 업무 예산뿐 아니라 개발 예산을 포함시키는 것이 필요하다. 주요 기업에서 프로그램의 시작에는 그 프로그램의 본질에 따라서 30~40만 달러의 비용이 들 수 있다. 커리어 개발 프로그램의 개발을 위한 예산에는 다음과 같은 항목들이 포함되어야 한다.

- 관리자의 임금
- 지원 부서 직원 임금
- 컨설턴트의 수수료/비용
- 모범 사례 확인을 위한 출장비
- 필요한 자료 준비
- 책상, 책장 등의 가구
- 컴퓨터와 프린터 같은 장비
- 웹사이트 개발
- 내부 자료, 브로셔 등의 인쇄
- 교육 훈련비(관리자를 목적에 지향시키고, 워크숍 리더를 훈련시키는 것 등)

프로그램을 가용하는 실제 비용은 사실 기업의 크기와 제공될 프로그램 유형에 따라서 아주 적절할 수 있다. 컨설턴트의 수수료, 출장비, 자료 준비, 장비 조달, 가구, 인쇄, 훈련의 총량이 실행 이후에 아주 크게 감소되긴 하지만 프로그램 예산은 이전에 언급한 많은 예산 항목들을 포함할 것이다. 하지만 부가적인 항목(평가비용)이 가용비용 예산에 더해져야 한다.

요구 평가

근로자 요구를 정확하게 평가하는 것은 커리어 개발 프로그램의 설계에서 또 다른 중요한 단계이다. 요구 평가는 몇 가지 주요 질문들에 답하는 방식으로 설계되어야 하는데, 그러한 질문에는 "커리어 개발 프로그램에 대한 우리의 요구는 어느 정도일까?"와 "우리는 어떤 종류의 프로그램이 필요할까?"이다. 요구 평가에 착수하기 이전에 몇 개의 질문에 대한 답이 필요하다. "어떤 자료 수집 절차가 사용되어야 할까?" "근로자의 고민 중 어떤 영역들이 표본 조사가 되어야 할까? 특정한 근로자 집단의 요구는 어떤 방식으로 밝힐 수 있을까?"

자료 수집 절차

일부 기업들은 커리어 개발 프로그램에 대한 그들의 요구를 밝히기 위해 근로자 면담을 활용해 왔다. 이것은 요구에 대한 최고위층 관리의 지각을 확인하는 수단으로는 만족스러울 수 있지만, 그 과정이 너무 오래 걸리고 모든 근로자에게 활용하기에는 비용이 많이 든다. 설문지를 모든 근로자에게 또는 무선 표본들에게 보내야 하는데, 전통과 선호도에 따라 누구에게 보내야 할지 달라진다. 분명히 표집은 비용을 줄이지만, 만약 회사가 자료 수집의 일환으로 모든 근로자들에게 조사를 한다면, 인구조사처럼 종합적으로 실시되어야 한다.

회수율을 높이기 위해 추후 절차가 사용되는가의 여부는 펀드의 활용 가능성과 회수율의 대표성과 같은 요인들에 따라 달라진다. 회수율이 고용자들의 대표성을 띠면서 고용자 태도를 정확하게 묘사한다는 점을 보장하기 위해서 모든 노력이 이루어져야 한다. 후자와 관련해서 만약 회수율이 정확하게 근로자 커리어 개발 요구를 반영하는 것이라면 근로자 익명성을 보장하기 위해서 모든 노력이 이루어져야 한다. 일부 기업들은 비밀 보장의 한 수단으로 자료 수집을 위해 외부 기업들을 활용한다. 만약 이것이 가능하지 않다면, 설문지는 그 회사의 인트라넷에 공지돼서 보안 서버에 저장될 수 있다.

표집되는 영역 밝히기 요구 평가 질문지는 다음과 같은 영역들의 정보를 수집하기 위해 설계되어야 한다. (1) 커리어 계획 수립에 대한 도움 희망, (2) 커리어 개발에서 선호되는 지원 자원(예 : 관리자 또는 커리어 상담자), (3) 커리어 개발 활동들의 유형별 선호도, (4) 가능한 커리어 개발 활동에 대한 혐오, (5) 현재의 커리어 개발 활동들에 대한 평가(기존 것이 있다면).

지원에 대한 바람 만약 당신이 그걸 만든다면 그들(근로자들)이 올까? 초기 연구가 보여준 바에 따르면, 근로자의 77% 정도는 커리어 개발 프로그램의 일부에 참여할 수도 있다(Wowk, Williams, & Halstead, 1983). 내 추측으로는 고용에 대한 현재의 위험요인들이 있으므로 참여율이 더 높아질 것이다. 하지만 만약 다양한 유형의 커리어 개발 활동을 활용 가능하게 만든다면 그들이 참여할 시기를 추정할 수 있고 얼마나 많은 사람들이 참여할지를 아는 것은 프로그램 설계 목적에 중요하다. 그래서 현재의 지위에 대한 만족의 정도와 같이 흥미를 가진 간접적 지표들처럼, 커리어 개발 프로그램 참여에 대한 근로자들의 흥미와 관련된 직접적인 질문들이 그 도구 안에 포함되어야 한다. 현재 직무에 불만족하는 근로자들이 그 프로그램에 참여를 지원하는 첫 사람이 되는 것은 당연하다. 전형적인 질문에는 다음과 같은 것이 포함될 수 있다.

1. 회사 내의 다른 커리어 기회를 탐색하는 것에 당신이 가진 흥미 정도를 평정하시오.
2. 당신의 현재 지위에 만족하는 정도를 평가하시오.

지지 및 지원의 근원 관리자, 기업에 고용된 커리어 상담자, 외부 컨설턴트, 웹 기반 프로그램 등을 통해 커리어 개발 서비스를 실시하는 것이 가능하다. 근로자들은 그들이 생각하기에 최고의 커리어 개발 서비스를 제공할 사람과 서비스에 관한 질문을 받아야 한다. 만약 외부 회사가 고려되고 있다면, 이 대안에 대한 근로자들의 반응이 미리 탐색되어야 한다. 프로그램 개발을 담당하는 관리자에 의해서 실행 가능하다고 고려되는 모든 가능한 대안들이 다음과 같은 질문을 통해 확인되어야 한다.

1. 당신의 커리어 계획에 도움을 주는 자원으로 수용 가능한 정도를 체크해 보시오.
   a. 당신의 현재 감독자(관리자)
   b. 회사가 고용한 전문적인 커리어 상담자 또는 코치
   c. 근로자에게 지원을 제공하기 위해 초빙된 외부의 커리어 상담자 또는 코치
   d. 기타 — 가능하면 구체적으로 쓰시오.

커리어 개발 활동에 대한 선호와 혐오 최근 커리어 개발 프로그램의 실행을 고려하는 기업의 대표자 회의에서 커리어 개발 프로그램의 일부로서 특정 성격검사를 사용하는 아이디어에 대한 논쟁이 있었다. 이 논쟁이 강조했던 것은 일부 사람들은 가치와 성격검사들, 그리고 아마도 종종 커리어 개발 프로그램에 포함되었던 다른 활동들에 대해서 불편해했다는 점이다. 그러므로 흥미, 가치, 성격, 의사결정 유형, 그리고 커리어 변화에 대한 논의와 같은 활동들에 대해서 근로자들이 어떻게 느끼는지를 확인하는 것은 중요하다. 관리자들이나 근로자들 사이에서 직업가치검사를 실시하고 논의하는 것과 같은 활동들에 혐오가 있다면, 이러한 사람들은 프로그램에 포함되지 않거나 또는 대안적 활동으로 교체되어야 한다. 만약 근로자들이 어떤 활동에 대해서 불편함을 느낀다면, 그 성격검사 속 질문들에 대한 그들의 반응 또는 그 활동에 대한 그들의 참여는 그들의 진정한 가치나 태도를 반영하기 어렵다. 이 영역에서 표집된 태도에 대한 문항들은 다양한 대안들을 포함할 수 있다.

1. 다음은 커리어 개발 프로그램에 종종 포함되는 활동들의 목록이다. 당신이 각각에 대해서 참여하기 편한 정도를 평정하시오.
   a. 흥미검사 실시
   b. 성격검사 실시
   c. 당신의 직업 가치 논의
   d. 단기적 · 장기적 커리어 목표 논의
   e. 당신의 이상적인 직업 현장 논의

f. 그 직무에서 당신의 업무 수행 향상시키기

g. 그 직무의 스트레스 다루기

기존 노력의 평가 대부분의 기업들은 일부의 커리어 개발 프로그램을 보유하고 있는데, 보통은 업무 수행 평가 동안 직무 관련 피드백의 형태이다. 현재 프로그램의 모든 측면이 요구 평가 과정에서 평가되어야 하고, 그래서 그들의 유지와 변경에 대한 결정이 이루어져야 한다. 기업에 의해 제공되는 새로운 기회, 이를테면 회사의 지원을 받는 교육 경험, 내부 직원 개발을 위한 안식년 프로그램 등을 근로자가 알고 있는지를 확인하는 것이 또한 유용하다. 커리어 개발 프로그램이 변화하고 사람들이 자신의 커리어를 관리하는 데 적극적 역할을 해나가면서, 이러한 활동들은 더 중요해진다. 요구 평가는 프로그램의 정보에 대한 요구의 증가나, 또는 심지어 프로그램 수정의 필요성을 의미할 수 있다. 표본 문항들은 다음과 같은 것을 포함할 수 있다.

1. 당신의 업무 수행에 대한 평가는 당신의 커리어 계획에서 어느 정도나 유용했습니까?
2. 기업이 실시하는 교육 휴가가 당신에게 얼마나 유용한가를 평정해 보시오.

특수한 요구를 밝히는 것 커리어 개발 프로그램의 설계는 앞서 언급한 영역들을 시도해 봄으로써 강화될 수 있다. 하지만 요구 평가는 그것이 여성, 소수집단, 신규 채용자와 같은 근로자 하위집단의 특수한 요구에 초점을 맞추지 않는다면 완전하지 않다. 미국 장애인법과 평등고용기회법과 같은 연방법과 게이와 레즈비언에 대한 차별을 금지하는 주 수준의 법은 이 문제를 더욱 선명하게 만들었고, 모든 집단을 위한 주의 깊은 요구 평가의 필요성을 증가시켰다.

커리어 개발 요구 평가 또한 구성되어야 하고 그러면 커리어 유동성에 대한 장애물을 파악할 수 있다. 여성들은 보육 문제가 있을 수 있고, 소수집단과 백인 빈곤층은 교육 기회가 적거나 또는 열악한 학교에 다녔을지 모른다. 두 집단 모두 차별을 관찰하거나 경험해 왔을지 모른다. 예를 들어 1988년 갤럽 조사가 보여준 바에 따르면 아프리카계 미국인의 62%는 직장에서 자신이나 다른 사람을 향한 차별을 관찰했다(NCDA, 1988). 1999년 NCDA가 보고한 바에 따르면, 조사에 응한 성인 근로자의 73%는 자신의 직장에 차별이 없다고 응답한 데 반해, 8%는 여성과 소수집단이 차별받았다고 응답하였다. 조사 대상의 7%는 백인들이 직장에서 차별받았다고 믿었다. 이 주제는 2011년 NCDA Harris 조사에서 다뤄지지 않았고, 그래서 차별에 대한 자료가 직접적으로 유용하지 않다. 하지만 그해에 직장에서 차별에 대한 10만 번의 항의가 있다는 평등고용기회위원회의 최신 보고서에 근거해서 보면(Cohen, 2012), 직장에서의 차별은 큰 문제이다.

많은 기업 경영자들은 차별처럼 정서적으로 부담스러운 이슈에 대해서 근로자에게 질문하는 것에 극도로 민감하다. 이것이 정상적임에도 불구하고 요구 평가 질문지에 이러한 질문들을 하지 않도록 결정이 내려진다면, 이 정보를 확인하는 다른 수단들이 고려되어야 하는데, 이를테면 다양한 근로자 집단과 면담을 수행할 외부 컨설턴트를 고용하는 것이다.

만약 근로자들이 인구통계학적 자료를 제공하도록 요청받고(예 : 성, 인종, 고용 지위, 직무, 고용 기간) 잠재적인 문제를 다루는 질문들이 자료 수집 과정에 포함된다면, 하위집단 근로자의 특수한 요구가 다뤄질 수 있다. 다양한 하위집단에 실시되는 커리어 개발 프로그램에 대해서 문헌을 리뷰하는 것은 다뤄야 할 요구들을 밝히는 데 유용한 방식이 될 수 있다.

남성과 여성 근로자들이 각기 다른 커리어 개발 요구를 할 뿐 아니라 각기 다른 부처나 부서에서 일하는 근로자들이 다른 고민들을 갖는다는 것을 밝히는 것은 기대할 만한 일이다. 예를 들어 본사의 커리어 개발 워크숍에 참여하는 것은 많은 기업의 판매 직원들에게는 불가능하지만 그들은 이메일, 온라인 회의, DVD, 그리고 커리어 개발 이슈를 다루는 책을 활용할 수 있다.

커리어 개발 활동에 대한 바람이 부서와 부처별로 다르고, 바람직한 활동의 유형과 수준이 뚜렷하게 다를 가능성이 크다. 언급된 이러한 요인들과 다른 요인들은 커리어 개발 프로그램의 설계에 영향을 주고, 그래서 요구 평가 질문지의 개발이 예상되어야 한다.

역학과 계획 수립에 대한 말 초기에 지적했듯이, 요구 평가 조사는 일상적인 근로자 질문지에 들어가거나 분리해서 실시될 수 있다. 결과들이 정확하게 근로자 견해를 반영하는 것이라면 비밀에 대한 우려와 같은 전형적인 이슈들은 처리되어야 한다. 커리어 개발 요구에 대한 평가에서 나타나는 하나의 이례적인 염려는, 일부 관리자들이 자료 수집 과정 그 자체가 커리어 개발 프로그램에 대한 잘못된 기대를 일으킨다는 것에 관심을 가진다는 점이다. 커리어 개발 프로그램에 대한 관여는 승진으로 이어질까? 더 나은 업무 수행 평가로 이어질까? 반드시 그렇지는 않다! 잘못된 기대를 떠올리는 것은 구두와 문서화된 포기각서를 통해 피할 수 있다.

커리어 개발 요구 평가 조사가 커리어 개발 프로그램의 계획을 위한 자료를 제공하는 탐색적인 단계로 수행된다면, 그 포기각서는 질문지의 도입부에서 표기되어야 한다. 만약 어떤 프로그램의 시작을 위해 시간표가 만들어졌다면, 이러한 것들이 또한 표기되어야 한다. 근로자에게 회사가 커리어 개발 프로그램의 실행과 관련해서 의사결정 과정을 알리는 하나의 방식으로서 근로자 투입을 요청하고 있음을 말하면, 잘못된 기대를 일으키는 것을 피할 수 있다. 유사하게 만약 그 회사가 조사 시기부터 2년간 커리어 개발 프로그램을 실행할 계획을 한다면, 그 질문지에 이것을 보여주는 것은 그 프로그램이 실행될 시기에 대해 현실적인 기대를 갖게끔 만들어준다. 또한 그 프로그램 안에 포함시키기 위한 실질적인 대안이 될 수 없는 어떠한 질문도 커리어 개발 요구 평가 질문지에 두지 말아야 한다. 예를 들어 커리어 코칭 시스템의 개발에 그 어떠한 심사숙고의 시간도 없었다면, 이것은 프로그램을 실시하기 위한 대안으로서 만들어지지 말아야 한다.

프로그램 설계

캘리포니아 로렌스 리버모어 국립연구소(LLNL) 프로그램은 다른 조직에 있는 많은 커리어 개발 프로그램의 원형으로 활용되었다. LLNL 프로그램은 커리어와 생애 계획에 초점을 두고, 세 가지의 주요 요소로 구성된다. 이 중 첫 번째 요소는 커리어 상담센터(CC)인데, 이는 초기에 묘사되었던 가상의 CC와 다르지 않다. 말하자면 그것은 온라인 자원에 접근하기 위해 필요한 장비를 제공한다. CC 직원들은 또한 내부나 외부 이력서를 쓰는 근로자들을 지원한다. 내부 이력서는 조직 내에서 직무 변화를 위해 개발되는 데 반해, 외부 이력서는 기업 밖의 새로운 직무를 구하기 위해서 사용된다. 당연히 많은 기업들이 그들의 프로그램의 일부로서 외부 이력서 개발 서비스를 포함하지 않았다.

리버모어 연구소 프로그램의 두 번째 요소는 개인 커리어 상담이다. 하지만 이 서비스를 제공하는 상담자들은 재정 계획, 은퇴 준비, 가족 문제, 그리고 많은 다른 고민에 대한 지원을 제공한다.

커리어 평가 워크숍은 리버모어 연구소 프로그램의 세 번째 요소를 구성한다. 이것은 40시간의 집중적인 커리어 탐색으로 구성된다. 개별 세미나의 실질적인 내용은 어느 정도는 다양할 수 있다. 예를 들어 이력서가 개발되고, 면접 기술이 연습되고, 조직 요구들이 논의될 수 있다. 최근에 그 프로그램의 하위 부분인 관리 기술 평가 프로그램이 자신의 관리 기술을 향상시키기를 원했던 근로자들에게 지원서를 요청하고 있다.

커리어 계획 개발에서 사용될 수 있는 정보의 한 유형은, 조직에서 순차적인 승진의 과정인 커리어 방향이다(Lunenburg, 2012). 그림 18.1에서 볼 수 있듯이, 행정 지원 직원을 위한 진입 직무는 사무 보조원 같을 수 있고, 기업 회계사(그림 18.2 참조)는 전형적으로 재정 시스템 분석가로서 그 시스템에 들어간다. 이러한 커리어 방향과 다른 커리어 방향들은 관리와 감독직으로 옮긴 근로자의 실제 경험에 대해서 개발되고, 그래서 그 기업의 실제 승진을 반영한다.

포드 자동차는 자동차근로자연합(UAW-포드, 1987, 2014)과 함께 근로자 개발과 훈련 프로그램을 개발했다. 이 프로그램은 일련의 생애/교육 조언자를 활용하는데, 이들은 교육과 개인적인 개발 계획과 목표 설정으로 근로자를 돕기 위해서 그들과 함께 일대일 조언 회기를 갖는다. 이 조언자들은 또한 생애/교육 계획 워크숍을 실시하고 교육, 커리어, 그리고 개인적 성장 요구와 관련해서 근로자들에게 정보를 제공하고, 훈련 기회에 대한 자료들을 수집한다.

UAW-포드 프로그램을 통해 기대하는 결과물 중 하나는 개인적 성장이다. 두 번째는 교육과 커리어 개발이다. 하지만 이 프로그램에서 커리어 탐색, 흥미, 의사결정에는 강조를 덜 두고, 논의되는 다른 프로그램들보다 교육 계획에 더 많은 강조를 둔다는 것은 상대적으로 분명하다.

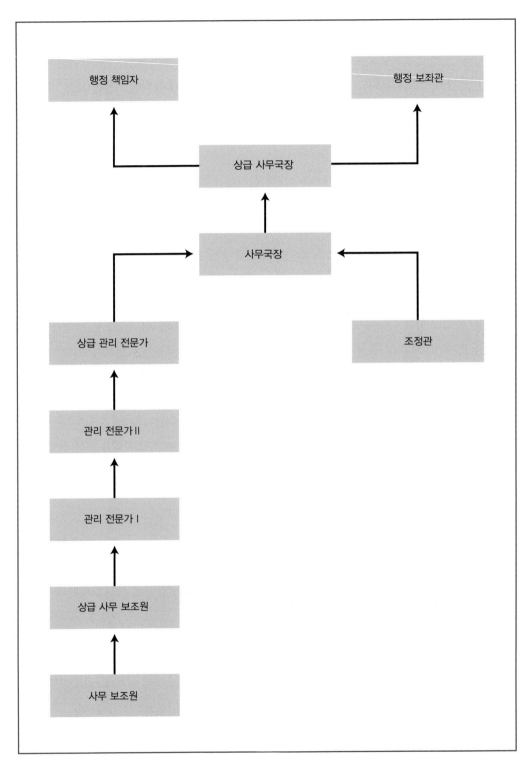

그림 18.1 행정 지원 인력 채용 경로

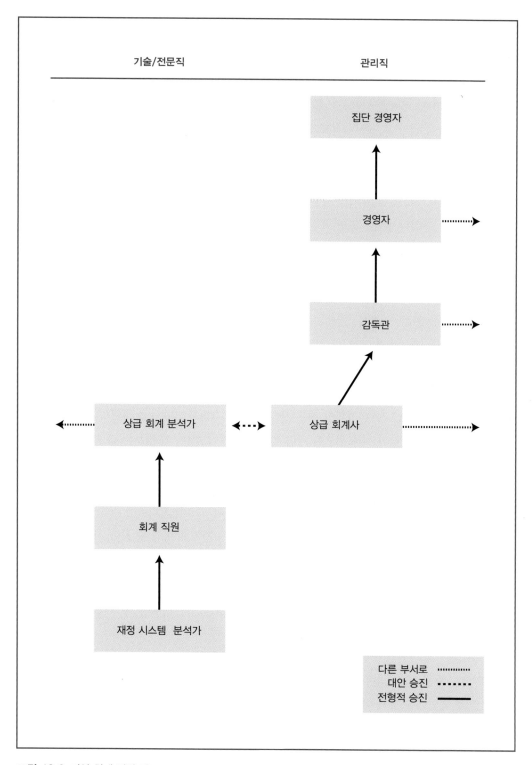

그림 18.2 기업 회계 경력 경로

필수적인 요소

요약하면 그 프로그램에 사용될 수 있는 일반적인 유형의 조직 도구 다섯 가지는 (1) 자기 평가 도구, (2) 개인 코칭과 상담, (3) 내부 노동시장 정보/취업 알선 교환, (4) 조직 잠재력 평가 과정, (5) 발달 프로그램이다. 리버모어 연구소 프로그램은 필수적인 자기 평가 도구로서 워크숍을 활용한다. 일부 기업들은 평가 도구들이 실시되고, 채점되고, 해석되는 워크숍을 제공한다. 그것은 또한 자기 평가 도구를 돕는 워크숍을 제공한다. UAW-포드 프로그램은 평가를 위한 워크숍 활동들을 필요로 한다.

많은 기업들은 자격을 갖춘 커리어 상담자에게 상담업무를 부여하지 않는다. 감독자나 경영자들은 매주 자주 '커리어 상담', 코칭, 또는 조언을 그들의 업무 수행 평가 미팅의 일부로 제공한다. 코치나 상담자로서 관리자들의 전문성에 대한 우려에도 불구하고, 커리어 코치처럼 행동하는 관리자들은 매우 긴 역사를 갖고 있고, 계속 이어질 것처럼 보인다. 관리직 커리어 코칭의 목표는 업무 수행 향상이지만, 어떤 사례들에서는 부가물이 과정으로 이동될 수도 있다. 업무 수행 평가 피드백 회기 동안에 종종 시작되는 것은 전형적으로 일대일 과정이다. 커리어 코칭의 성공에 이르는 열쇠로 볼 수 있는 관리자의 능력으로는 (1) 조직 요구를 밝히는 능력, (2) 그러한 요구에 부합하는 잠재력을 가진 사람을 확인하는 능력, (3) 긍정적/부정적 피드백과 성장을 지원할 고용주–근로자 관계를 맺는 능력이 있다.

효율적 조직은 명확한 직위, 정확한 직무 기술, 그리고 그러한 의무들을 수행하기 위한 최소 필요 조건과 직무를 수행하기 위해 필요한 역량 목록을 가져야 한다. 이 정보는 그 프로그램의 커리어 정보 부분을 위한 기초이다. 커리어 사다리/방향이 제공되고 모든 정보가 쉽게 근로자들에게 접근 가능해지는 것이 또한 중요하다. 기업 외부에 있는 일자리를 구하도록 근로자를 돕기 위한 준비가 된 기업들에게 주변지역, 주, 그리고 더 넓은 범위의 지방의 커리어에 대한 정보가 활용 가능해야 한다. 직업 정보처럼 교육 정보도 외부와 내부의 두 가지 유형일 수 있다. 대부분의 기업들은 근로자들에게 계속 진행 중인 훈련을 제공한다. 많은 기업들은 또한 기업 외부에 있는 부가적인 교육과 훈련을 탐색할 기회를 제공한다.

이전에 지적했듯이 종종 암호화된 메일을 통해 또는 직무 공지 게시판을 통해 빈자리에 내한 정보를 소통하는 것은 근로자들이 커리어 기회들을 확인하고 추구하도록 도와주는 하나의 방법이다. 근로자들이 내부 이력서와 직무 면접 기술을 개발하는 것을 돕는 것은 이 기능의 또 다른 중요한 측면이다. 종종 CC(커리어 센터)는 이러한 서비스를 제공하기 위해 세워지고 직원을 채용한다. 하지만 일부 기업은 근로자 이메일, 휴게실과 다른 장소에 있는 게시판, 그리고 근로자가 직무 기회를 확인하고 그것들을 지원해 보도록 돕는 컴퓨터 시스템에 의존한다. 커리어 개발 프로그램들은 근로자와 그들이 일하는 조직 모두의 성공에 중요하다.

다양한 조직에 제공되는 개발 프로그램 중 그 어느 것도 멘토링보다 더 많은 주목을 받지는 못했다. Kram(1986)이 제안한 바에 따르면, 그녀는 멘토링을 "커리어 개발에 공헌하는 아랫사람과 윗사람 사이의 관계"로 정의하는데(p. 161), 이런 멘토링은 심리사회적 기능과 커리어 기능 두 가지 기능을 한다. 커리어 기능은 그 관계의 아랫사람이 그가 속한 조직에서의 승진을 준비하도록 돕는 것인 데 반해, 심리사회적 기능은 자신의 유능감을 강화하고 정체성을 명료하게 만드는 것이다.

커리어 기능을 수행하기 위해서 멘토는 아랫사람을 후원하는데, 구체적으로 아랫사람이 대인 간 연결을 하도록 돕고, 관련된 업무수행에 대한 피드백을 주고, 지원을 제공하고, 역량을 보여줄 기회를 만들고, 도전이 될 만한 직업 기회를 제공하는 것을 한다. 심리사회적 기능은 개인적 측면과 전문적 측면에서 중요한 적절한 조직 행동을 실제로 보여주고, 계속해서 지원과 강화를 제공하고, 친구처럼 행동함으로써 실행된다(Kram, 1986).

멘토링 관계의 수혜자는 분명히 아랫사람이긴 하지만 Kram(1985, 1986)은 또한 윗사람도 이득을 본다고 제안한다. 사립기관과 공공기관에서 멘토가 되는 이득으로는 몰입의 느낌, 조직에 대한 기여, 양자 중에서 아랫사람의 지원, 그리고 초기 시도와 성공의 재경험이 있다.

멘토링이 위험성도 있긴 한데, 특히 이성이 멘토링 관계를 맺을 때이다. Martin, Harrison과 DiNitto(1983)가 보고한 바에 따르면, 이성 멘토링은 유능감과 안녕감뿐 아니라 업무 수행을 감소시킬 수 있다. Kram(1985, 1986)은 이러한 결과들에 대한 다섯 가지 원인을 밝혔다.

1. 그 관계의 경계에 대한 불안정성이 나타나는데, 특히 친밀함과 성적 끌림에 대한 걱정이 생긴다.
2. 전통적인 성역할에 대한 의존은 남성의 보호적 태도와 독립적 역할 성취 실패를 낳는다.
3. 남성 지배적 조직에서 여성에 대한 다른 기대들 때문에 비효율적인 역할 모델링이 남성에 의해 만들어진다.
4. 이성 간 멘토링 관계는 종종 다른 관리자와 근로자의 의심을 받고, 그 관계의 공적 이미지가 그 여성의 안녕감보다 주요한 관심사가 되는 결과를 초래한다.
5. 남성 지배적 조직에서 일하는 여성에게 특별한 주의가 주어질 때, '불공평한' 경쟁에 대한 관심 때문에 동료들이 억울함을 느끼게 된다. 그 결과로 여성은 그녀의 멘토와 동료 사이에서 선택하도록 강요받는데, 둘 모두 그녀의 커리어 개발에는 해로운 선택이 된다.

Bowen(1985)은 또한 이성 간 멘토링에 대한 Kram(1985, 1986)의 우려들을 강조해서 반복하였다. 그가 자신의 연구를 통해 내린 결론에 따르면, 이성 간 멘토링 관계의 결과로 배우자와 다른 사람들의 부러움과 질투 그리고 동료들의 비난이 있을 수 있지만, 성 관련 문제들은 일부가 예측하는 것만큼 그리 크지는 않을 수 있다.

거의 모든 사람이 동의하는 점은 일부의 멘토링은 대부분의 조직 내에서 일어나고, 그것은 일반적으로 커리어 개발을 용이하게 만드는데, 이는 관리자들의 커리어를 조사했던 많은 연구에서 입증된 것이다. 아랫사람이 멘토와 연결되는 공식적 멘토링 프로그램이 점점 더 유행하지만 후배에게 멘토들을 할당하는 과정은 프로그램 실패처럼 보인다(Kram, 1986). 종종 억울함과 역할 혼란을 이끄는 비자발적인 할당 대신에 주의 깊게 잠재적인 멘토들을 가려내고, 프로그램에 그들의 자발적 참여를 요청하고, 그들이 멘토의 역할에 대한 공식 훈련을 통해서 멘토가 되도록 준비시키고, 멘토링 기술을 개발하고, 그들을 멘토링 프로그램과 조직 사이의 관계에 대해서 적응하도록 만들고 그들이 이성 간 멘토링과 다른 문화권 간 멘토링 과정과 관련된 잠재적인 문제들을 숙지시키고, 멘토링 과정이 강요 대신에 정상적으로 나타나도록 허용하는 것이 가장 좋아 보인다(Kram, 1985, 1986).

모든 프로그램의 실질적인 설계는 어느 정도는 근로자의 요구에 따라 달라진다. 그것은 또한 유용한 자원, 조직의 문화와 목적, 그리고 그 프로그램이 다른 HRD 기능들과 통합되어 온 정도와 관련이 있다. 예를 들어 UAW-포드(2014) 프로그램은 회사를 떠난 사람들이 다른 직무로 전환하도록 돕는 것에 많은 주의를 돌려주었다.

HRD와의 통합

반복적으로 강조된 것처럼 커리어 개발 프로그램은 인적자원개발(HRD) 프로그램의 전반적 기능을 강화하는 방식으로 설계되어야 한다. 다음은 이것이 어떻게 이루어질 수 있는지에 대한 예시이다.

업무 수행 평가   HRD의 기능은 업무 수행 평가의 시기에 감독자들에게 근로자가 특정 질문을 하도록 준비시키는 활동들을 설계함으로써 강화될 수 있다. 예를 들어 근로자들은 다음의 질문하고 싶을 수 있다.

- 나의 현재 업무 수행은 승진 가능성에 얼마나 영향을 주는가?
- 내가 부족한 점은 무엇이며, 내가 그것들을 어떻게 개선할 수 있나?
- 당신이 그 회사에 대해 알고 있는 것들을 고려할 때, 나는 승진을 위해 어떻게 나 자신을 준비시킬 수 있을까?
- 내가 현재의 직무 수행을 가장 강화하기 위해 활용할 전략들은 무엇일까?

많은 근로자들이 보고하는 바에 따르면, 관리자들은 그들의 업무 수행 평가에서 불편해하는데,

그로 인해 그 회기와 피드백이 간단해지는 결과를 낳는다. 물론 관리자들은 또한 그들의 피드백을 줄 때와 근로자의 업무 수행의 결과를 논의할 때 더 구체적으로 하고, 근로자가 따라야 하는 지시들과 관련해서 '조언'을 하도록 훈련받을 수 있다.

훈련 그 회사의 훈련 정책에 대한 자료들이 광범위하게 활용되어야 한다.

일자리 공지 그 프로그램에 참여하는 근로자들은 일반적인 채용뿐 아니라 일자리 공지 절차도 알아야 한다.

기술 목록/승진 가능성 예측 워크숍에서 개발된 기술 프로파일 결과들은 근로자의 기록 속에 있을 수 있고, 그래서 관리자들이 다양한 근로자들의 재능 유용성과 잠재적 승진 가능성에 대한 보다 완벽한 그림을 얻는 데 도움이 된다.

보상 체계 보상 체계의 공정성과 적절성에 대한 근로자의 지각과 관련해서 워크숍에서 얻어지는 정보는 관리자에게 전달될 수 있다.

승계 계획 모든 성공적인 조직은 조직에서의 주요 역할을 근로자가 할 수 있는 잠재력을 평가하기 위해 현재 진행 중인 프로그램을 갖는다(Lunenburg, 2012). 그 과정은 승진 가능성 예측(promotability forecasting) 또는 승계 계획(succession planning)처럼 다양하게 언급된다. 상위 수준 경영의 경우에, 승계 계획은 조직 리더십의 연속성을 확인하는 것이다. 승진 가능성 예측이 또한 이루어지는데, 부분적으로는 업무 수행 평가 정보가 그 근거가 된다. 일부 예에서 평가 센터들이 주로 감독과 관리직을 위한 잠재력을 평가하기 위해 사용되지만, 승진 가능성 예측은 그러한 센터에서의 업무 수행에 기초해서 이루어진다. 평가 센터들이 사용될 때 기업 평가자는 관리자로서 기능하는 것과 관련이 있는 개인 및 집단 훈련들을 다양하게 설계한다. 이러한 평가자들은 패널을 구성하는데, 패널은 보통 근로자들의 업무 수행을 관찰하고 평가하는 관리자들로 구성된다. Lunenburg(2012)가 제안하는 바에 따르면, 모든 근로자들은 조직에서 자신의 영역에서 잠재력을 평가받고, 즉시 승진 가능한 사람부터 훈련을 통해서 승진 가능하거나 해고 가능한 사람까지 범위에서 승진 가능성 평정을 받게 된다.

프로그램 이행

이미 진술한 것처럼 최대의 효율성을 위해서 그 프로그램은 기존 프로그램을 기반으로 수립될 뿐 아니라, 주의 깊게 통합되어야 한다(Gutteridge, 1986; Mirabile, 1986). Leibowitz, Farren과 Kaye(1985, 1986)가 제안한 바에 따르면, 관리자들과 근로자들로 이루어진 자문 집단은 커리어 개발 프로그램을 성공시키는 데 필요한 지원을 얻는 효율적인 방법일 수 있다. Mirabile(1986)은 보다 구체적인 제안들을 제공하였는데, 이를테면 조직 몰입을 분명히 하고, 그 프로그램의 내용과 관련해서 투입을 요청하고, 프로그램의 목적이 조직의 목적과 관련이 있을 때 그 목적을 분명히 하기 위한 조직 부사장과의 미팅이 바로 그것이다. 그는 또한 부서의 부사장, 다른 근로자들, 그리고 HRD 조직의 다른 주요 직원과의 유사한 미팅들을 제안했다.

그 프로그램이 설계된 이후, 소규모 예비 프로그램이 수행되고 평가되어야 한다(Gutteridge, 1986; Mirabile, 1986; Sampson, 2008). 예비 프로그램의 평가는 반드시 근로자와 조직 요구에 초점을 맞춰야 한다. 초기의 연구(Wowk et al., 1983)가 제안한 바에 따르면, 공식적 커리어 개발 프로그램이 제공될 때 그 근로자의 60% 이상이 그 프로렘의 일부에 참여하는데, 대부분은 커리어 정보에 접근한다. 그들은 또한 그 프로그램의 이득에 대한 관리자들의 지각이 이직률 감소와 생산성과 수익성 증가를 포함한다고 보고한다. 처음에 논의된 요구 평가는 예비 프로그램의 평가를 설계하는 참조점 중 하나가 되어야 한다. 만약 그 프로그램이 참여자의 요구에 부합하지 않았다면, 그것은 효율적이라 볼 수 없다. 또한 모든 조직이 출결, 이직률, 업무 수행, 생산성과 수익성에 대한 기록들을 정기적으로 유지하고, 평가 자료의 원천으로 모든 기존의 데이터 수집 업무가 모니터될 수 있다는 점은 분명하다.

마지막으로, 평가와 관련해서 이러한 연구들이 항상 정교화될 필요는 없다. Moravec(1982)이 보고한 바에 따르면, 커리어 개발 프로그램은 근로자 이직률을 줄이고, 생산성을 높이고, 승진 가능성을 높여 1년에 거의 200만 달러짜리 제방(bank) 하나가 무너지는 것을 막는 셈이었다. 관리자와 근로자 모두가 이러한 유형의 프로그램에 아주 만족할 가능성이 커 보인다.

예비 프로그램의 평가 자료가 수집된 이래로, 그 프로그램은 조정되고 조직을 통해 근로자에게 제공되어야 한다(Sampson, 2008). 아마도 이 상황에서 추가되어야 할 유일한 경고의 말은, 광범위한 참여가 기대될 수 있고 완전한 실행을 위한 프로그램 수립은 이것을 고려해야 한다는 것이다.

커리어 개발 프로그램의 이득

기입과 신업에서의 커리어 상담자가 기업 이윤을 더 많이 걱정해야 할 필요가 있지만, 그들은 여전히 그들이 설계하는 프로그램에 참여하는 개인들에게 주는 영향력에 대해서 관심을 가져야 한다. Knowdell(1982)이 보고한 바에 따르면, 리버모어 연구소의 관리자와 감독자들의 추후의 결과들은 두 집단의 66%가 근로자의 사기가 올라갔다고 믿었고, 감독자들의 88%는 그 회사가 그 프로그램과 관련된 비용을 만회했다고 느꼈고, 근로자의 73%는 프로그램의 결과로 그들의 커리어나 삶에서의 유의미한 변화를 보고했다는 것을 보여주었다.

Schmidt(1990)는 기업과 산업의 커리어 개발 프로그램의 효율성에 대한 문헌 리뷰에서 수많은 프로그램의 평가 결과를 요약했다. 예를 들어 캘리포니아 새너제이 소재의 IBM 커리어 개발 프로그램에 대한 평가에서, 근로자들은 자기 평가와 계획 수립을 하는 능력에서의 향상을 보고하였다. 그들은 또한 자신의 커리어 계획의 소유권과 책임감에 대한 수용이 더 높아졌고 그 회사 내에서의 커리어 기회들에 대한 더 많이 알게 되었음을 보고하였다. Schmidt는 또한 두 은행에 위치한 프로그램의 성공에 대해서도 보고하였다. Third National Corporate 프로그램의 관리자들이 보고한 바에 따르면, 커리어 개발 프로그램은 가치가 있지만 시간 소모적인 데 반해(Goodstein, 1987), 워싱턴국립은행의 근로자들은 그 프로그램의 결과로 그들의 태도에서의 주요한 향상을 경험하는 것 같았다. 또한 두 은행의 관리자들은 고객 예치금, 자산 수익률, 그리고 주식 반환에서 극적인 향상을 보고하였는데, 전부 다 커리어 개발을 촉진하는 이유들이었다(Johnson & Bell, 1987). 다우존스 회사의 근로자들과 관리자들이 보고한 바에 따르면, 의사소통이 향상되었고, 프로그램의 결과로 지금은 근로자들이 직무 변화를 긍정적으로 보았다(Brozeit, 1986). 이러한 보고 중 그 어느 것도 Moravec(1982)이 보고한 은행의 커리어 개발 프로그램의 이행의 결과로 나타난 연 200만 달러의 저축만큼 극적이지는 않았지만, 그 보고들은 일반적으로 조직과 개인의 목적 둘 다 향상되는 아이디어를 지지한다.

연방정부 프로그램

2013년에, 연방정부는 군대, 해외 근무직, 과세 제도, 국립공원, 사회 프로그램, 교육 등을 포함하는 관료 조직에 270만 명의 근로자를 고용하였다. 대규모의 커리어 개발 프로그램이 근로자들이 거대한 시스템과 협상하도록 돕기 위해 개발되었다는 점은 놀랍지도 않다. 이 프로그램은 군대에 있는 140만 명의 병사들을 포함하지 않았는데, 군대는 자체 커리어 개발 프로그램이 있다. 현재 연방정부가 미국 인사국(OPM.gov)의 지원을 받아서 대규모 커리어 개발 프로그램을 가용하는데, 이는 민간 부문 근로자에게 유용한 것보다 연방 근로자들에게 더 포괄적인 서비스를 제공한다. 그들의 웹사이트는 다음의 목적을 보여준다.

- 개발 요구와 계획을 밝히고 추구하기 위한 행정상의 구조를 제공한다.
- 그 기관의 훈련과 개발 조건을 위한 계획을 지원한다.
- 그 임무, 목적, 목표를 가지고 근로자의 훈련과 개발 활동을 조정한다.

이러한 목적들은 경영(승계 계획)과 개인개발계획(individual development plan, IDP)을 수립함으로써 성취된다. 인사국(OPM)에 따르면 개인개발계획(IDP)은 다음의 정보를 포함한다.

- 근로자 프로파일 : 이름, 직위명, 사무실, 등급/임금
- 커리어 목표 : 예상된 완수 날짜와 실제 완수 날짜가 있는 단기와 장기 목표

- 개발 목적 : 관련된 작업 단위 임무/목적/목표들과 근로자의 개발 요구와 목표들은 근로자 기술의 목록을 또한 포함해야 한다.
- 훈련과 개발 기회 : 예상 완수 날짜와 실제 완수 날짜와 함께 근로자가 추구할 활동들은 공식 교실 훈련, 웹 기반 훈련, 순환 과제, 섀도잉 과제, 현장 훈련, 자기 연구 프로그램과 전문적인 컨퍼런스/세미나를 포함할 수 있다.

그 프로그램에는 또한 리더십 훈련과 승계 계획, 은퇴 계획과 그 이상의 많은 것이 포함된다. 그 프로그램에 대한 완전한 탐색을 위해서 미국 인사국 웹사이트(OPM.gov)를 방문해 보라.

요약

근로자와 고용주 모두가 기업의 커리어 개발 프로그램에서 이득을 얻는다는 점을 여러 증거가 제안하지만 이러한 프로그램의 미래는 경기 순환, 합병, 그리고 프로그램의 비용 때문에 불확실하다. 커리어 개발 전문가들이 책임을 갖는 것이 점점 더 의무가 되고 있는데, 말하자면 이러한 프로그램들이 그 회사의 수익성에 공헌한다는 것을 보여주는 것을 말한다. 프로그램들이 개발될 때, 그 기업의 요구와 자원에 근거해서 프로그램이 실시되는 그 기업에 맞게 명확하게 조정되어야 한다. 일부 프로그램들은 최소한으로만 실시되겠지만, 다른 것들은 모범적인 사례가 될 것이다. 하지만 모든 프로그램의 핵심 요소들은 그 기업의 직무에 대한 정확한 정보, 이 정보를 전달하는 기제, 그리고 근로자가 그 조직 내에서 새로운 커리어를 추구하고 훈련하고 진입하기 위한 조직 경계들을 횡단하도록 허용하는 시스템이다. 일부 조직들은 의심의 여지 없이 이러한 요소들을 실시하기 위한 컴퓨터화된 시스템 기술에 의존하는 데 반해, 다른 조직들은 사람 지향적 접근에 더 많이 의존한다. 기업과 산업에서 고품질의 커리어 개발 프로그램을 실시하기 위해 기술과 사람 모두가 필요한 것은 사실이다. 연방정부 프로그램인 OPM.gov는 270만 명의 연방 근로자들을 위한 커리어 서비스를 제공한다.

이 장의 퀴즈

T F **1.** 기업 조직 내의 커리어 개발 프로그램은 종종 노동과 경영 사이의 공동 노력의 결과물이다.

T F **2.** 기업 커리어 개발 프로그램의 코디네이터는 많은 책임을 지는데, 그 프로그램의 내용의 전달에 주로 책임을 지는 것은 아니다.

T F **3.** Hall과 다른 연구자들이 강조하는 것은 기업 조직 내의 커리어 개발 전문가가 근본적으

로 이윤에 기초하고 근로자의 복지에 관심을 덜 갖는 기업 관점을 채택해야 한다는 점이다.

T F **4.** 기업에서 커리어 서비스 프로그램의 개발을 위한 주요한 추동력은 평등고용기회법 제정이었다.

T F **5.** 기업과 산업의 커리어 개발 프로그램의 평가는 오로지 하나의 질문을 기초로 한다. 그것이 기업의 핵심을 더했는가?

T F **6.** 불경기 동안 커리어 개발 프로그램에 일어날 일을 예측하는 것은 꽤 쉽다. 프로그램의 수는 감소할 것이다.

T F **7.** 내부의 직무 공지는 기업 커리어 개발 프로그램의 전형적인 부분이다.

T F **8.** 커리어 개발 프로그램은 전형적으로 그 조직의 내부에서 생기지만 일부 기업은 컨설팅 회사에 프로그램의 많은 부분을 위탁한다.

T (8) T (7) T (6) T (5) T (4) F (3) F (2) T (1)

참고문헌

Business Decisions, Inc. (2010). *Business decisions incorporated.* Retrieved from http://www.businessdecisions .com/partners.asp

Bowen, D. D. (1985). Were men meant to mentor women? *Training and Development Journal, 44,* 30–34.

Brooks, L. (1984). Career planning in the work place. In D. Brown & Associates, *Career choice and development: Applying contemporary theories to practice* (pp. 386–405). San Francisco, CA: Jossey-Bass.

Brozeit, R. K. (1986). If I had my druthers. *Personnel Journal, 65,* 84–90.

Doyle, J. (1999). *The business coach: A game plan for the new work environment.* New York, NY: Wiley.

Cohen, R. (2012, May 16). EOC releases 2011 statistics breaking down charges filed by state and type. *Association of Corporate Counsel.* Retrieved from http://www.lexology.com/library/detail.aspx- ?g=10ae860c-8ed8-4301-a936-23a9ffeb8a12

Goodstein, H. (1987). Career planning. *The Bunker's Magazine, 170,* 58–64.

Gutteridge, T. G. (1986). Organizational career development systems: The state of the practice. In D. T. Hall et al. (Eds.), *Career development in organizations* (pp. 50–94). San Francisco, CA: Jossey-Bass.

Hall, D. T. (1990). Career development theory in organizations. In D. Brown & Associates, *Career choice and development* (2nd ed., pp. 422–454). San Francisco, CA: Jossey-Bass.

Hall, D. T. (2002). *Careers in and out of organizations.* Thousand Oaks, CA: Sage.

Heppner, M. J. (2013). Women, men and work: The long road to gender equity. In S. D. Brown & R. W. Lent (Eds.), *Career development and counseling* (2nd ed., pp.187–214). New York, NY: John Wiley & Sons.

Johnson, P., & Bell, D. (1987). Focused vision for focused performance. *Training and Development Journal, 45,* 56–59.

Knowdell, R. L. (1982). Comprehensive career guidance programs in the workplace. *Vocational Guidance Quarterly, 30,* 323–326.

Knowdell, R. L. (1984). Career planning and development programs in the workplace. In N. C. Gysbers et al. (Eds.), *Designing careers* (pp. 482–507). San Francisco, CA: Jossey-Bass.

Kram, K. E. (1985). *Mentoring at work.* Glenview, IL: Scott, Foresman.

Kram, K. E. (1986). *Mentoring in the workplace.* In D. T. Hall et al. (Eds.), *Career development in organizations* (pp. 160–201). San Francisco, CA: Jossey-Bass.

Leibowitz, Z. B., Farren, C., & Kaye, B. L. (1985). The 12-fold path to CD enlightenment. *Training and Development Journal, 43,* 29–32.

Leibowitz, Z. B., Farren, C., & Kaye, B. L. (1986). *Designing career development systems*. San Francisco, CA: Jossey-Bass.

London, M., & Stumpf, S. A. (1986). Individual and organizational career development in changing times. In D. T. Hall et al. (Eds.), *Career development in organizations* (pp. 21–49). San Francisco, CA: Jossey-Bass.

Lunenburg, F. (2012). Human resource planning: Forecasting demand and supply. *International Journal of Management, Business, and Administration, 15,* 1–10.

Martin, P. Y., Harrison, D., & DiNitto, D. (1983). Advancement for women to hierarchical organization: Analysis of problems and prospects. *Journal of Applied Behavioral Science, 19,* 18–33.

Mirabile, R. J. (1986). Designing CD programs the OD way. *Training and Development Journal, 44,* 38–41.

Moravec, M. (1982). A cost effective career planning program requires a strategy. *Personnel Administration, 27,* 28–32.

National Alliance of Business. (1986). *Employment policies: Looking to the year 2000*. Washington, DC: Author.

National Career Development Association. (1988). *Planning for and working in America: Report of a national survey*. Alexandria, VA: Author.

National Career Development Association. (1999). *National survey of working America*. Available at www.ncda.org, accessed 11/29/01.

National Career Development Assocation. (2011, September 30). *NCDA 2011 Harris Interactive Survey on working American*. Retrieved from http://www.ncda.org/aws/NCDA/pt/sd/news_article/48270/_PARENT/layout_details/false

Osipow, S. H. (1982). Counseling psychology: Applications in the world of work. *Counseling Psychologist, 10,* 19–25.

Reich, M. H. (1985). Executive views from both sides of mentoring. *Personnel, 62,* 42–46.

Sampson, J. P., Jr. (2008). *Designing and implementing career programs: A handbook for effective practice*. Broken Arrow, OK: National Career Development Association.

Schmidt, S. (1990). Career development programs in business and industry. *Journal of Employment Counseling, 27,* 76–83.

UAW-Ford. (1987). *Life education planning program*. A status report in the UAW–Ford program. Dearborn, MI: UAW-Ford National Development and Training Center.

UAW-Ford. (2014). *Joint apprentice program*. Retrieved from http://uawford.org/apprentice/

Wilbur, C. S., & Vermilyea, C. J. (1982). Some business advice for counseling psychologists. *Counseling Psychologist, 10,* 29–30.

Wowk, R., Williams, D., & Halstead, G. (1983). Do formal career development programs really increase employee participation? *Training and Development Journal, 44,* 82–83.

제 19 장

프로그램 평가와 증거 기반 실무

기억해야 할 것들

- 연구와 평가 사이의 차이점
- 증거 기반 실행법을 촉진할 때의 연구와 평가의 역할
- 프로그램 평가와 그 적용법에 대한 두 가지 모형
- 형성 평가와 총괄 평가 사이의 차이점

15장은 사립학교에서 커리어 개발 프로그램을 다뤘다. 그것은 여러 이유 때문에 ASCA 전국 모형에 의존하였는데, 그 모형이 결과 보고와 책임에 대해서 강조하기 때문은 아니었다. 하지만 프로그램 평가에 대한 요구는 유치원에서 12학년까지 더 커진다. 커리어 개발 프로그램을 실시하는 모든 기관들은 정기적으로 그 과정, 결과, 그리고 구성요소의 영향력을 평가해야 하고, 그 프로그램을 향상시키기 위해 사용할 수 있는 정보를 제공하고 책임을 갖기 위해서 그 프로그램의 영향력을 정기적으로 평가해야 한다. 또한 평가는 전체 프로그램에 반대되는 특정한 개입의 효과성에 초점을 맞출 수 있음에 주목해야 한다(개입의 평가에 대한 포괄적 논의를 위해서 Makela & Rooney, 2012 참조).

책임(accountability)은 한 프로그램의 결과와 관련한 이해 당사자들에게 자료와 다른 정보를 제시하는 것이다. 이러한 보고들은 어떤 프로그램이 왜 보유되어야 하는지, 그 프로그램이 보강을 필요로 하는 분야, 그리고 어떤 사례들에서는 그 프로그램이 왜 폐기되어야 하는지를 보여주어야 한다. 아마도 불운한 일이 되겠지만 프로그램의 종결은 상대적으로 드물다. 하지만 몇 년 전에 아이들과 청소년에 의해 약물사용예방에 목적을 둔 프로그램들이 많은 사립학교에서 도입되었는데,

이는 약물청정학교법률(Drug-Free Schools Act)이 제공한 재정 지원의 결과였다. 다수의 학교에서 이러한 프로그램들의 평가가 지속적으로 제안한 바에 따르면, 그 프로그램들은 그들의 주요 목적을 달성하는 데 효과적이지 못했고, 결과적으로 종결되었다.

일반적으로 평가는 그 프로그램에 의해 다뤄질 필요성, 프로그램 과정의 본질(형성 평가), 그리고 프로그램의 가치나 결과물(총괄 평가)이 결정되는 과정이다. 기업이사회는 이렇게 물을 수 있다. "커리어 개발 프로그램은 거기에 투자되는 돈의 가치가 있나요? 그것이 우리의 최종 결과에 긍정적으로 영향을 미치나요?" 예산 축소에 직면한 교육위원회는 커리어 개발 프로그램이 읽기 프로그램이나 일부 다른 학문적 프로그램만큼 가치가 있는지를 궁금해할 것이다. 지역대학과 4년제 대학은 유사한 질문들을 할 수 있다. 개인 영업을 하는 사람은 두 가지 유형의 질문을 할 수 있다. "기업으로부터의 수입이 실무 장면의 노력과 투자를 정당화할까?"와 "내가 제공하는 그 서비스는 얼마나 효율적일까?" 평가의 목적 중 하나가 그 프로그램을 바꾸거나, 촉진하거나, 종결시킬 수 있는 의사결정자에게 알리는 것임을 분명히 해야 한다. 두 번째 관련된 목적은, 프로그램과 그 구성요소의 효율성에 대한 질문에 답하는 것이며, 그걸 통해 비효율적 프로그램을 제거하고 그것을 새롭고 더 효과적인 방법으로 향상시킬 수 있다. 제12장에서 지적했듯이 증거 기반 실행법에 대한 흥미가 증가하고 있다.

잘 설계된 프로그램들은 그 프로그램들이 유용하다면, 증거 기반 실행법에 따라 달라진다. 그러한 실행법들은 엄격한 연구에서 나온 결과에 근거를 둔다. Carey, Dimmitt, Hatch, Lapan 그리고 Whiston(2008)이 제안한 바에 따르면, 이 연구를 위한 '금본위제'는 전통적인 실험 모형이지만, 그들은 강력하거나 전망 있는 증거를 만들어내기 위해서 유사 실험과 같은 다른 모형들이 사용될 수 있음에 동의했다. 이러한 연구자들이 증거 기반 생산물을 만들기 위해 사용될 수 있었던 그들의 연구 설계 목록에서 질적 설계를 누락시키려고 의도했는지는 분명치 않다. 하지만 조심스럽게 수행된 질적 연구는 그 과정에서 나름의 위치를 차지한다는 것이 나의 관점이며, 많은 사람들(예 : Brantlinger, Jimenez, Klinger, Pugach, & Richardson, 2005)이 공유하는 관점이기도 하다.

Carey와 동료들(2008)이 증거 기반 실행법을 말할 때, 그들은 생태학적 타당성을 가지는 세팅이나 개입들에 적용될 수 있는 전략들을 의미하고 있다. 그러한 타당성이 하나의 프로그램이나 개입이 증거 기반으로 지지된다는 점에 있어 중요한 전제 조건임에도 불구하고, 그것이 프로그램 평가자를 위한 배려일 필요는 없다. 연구와 평가 사이의 주요한 구별 요인 중 하나는 맥락적 타당성 또는 생태학적 타당성에 대한 염려이다. 프로그램 평가자들은 그것이 수행되었던 장면에서 기법, 전략 또는 프로그램의 가치에 초점을 맞춘다. 좁은 의미로 프로그램 평가는 하나의 기법, 개입 또는 프로그램이 제한된 장면에서 바람직한 결과를 갖는 증거를 얻기 위한 것으로 이는 연구와 동일한 목적이다. 그러므로 프로그램 평가자는 '어떤' 프로그램 결과들이 무선적으로 할당된 처치와 비교 집단을 사용하고, 적절한 통계분석을 사용하고, 시간이 흘러도 긍정적 결과들이 유지되는지를 결정하기 위해 추후 연구를 수행하는지에 대한 신뢰롭고 타당한 측정치를 선택해야 한다. 그들은 또한 자신의 기관에서 그 기법이나 프로그램을 반복해서 활용하기를 희망할 것이다.

　프로그램 평가는 그 프로그램이 설계되고 목적이 구체적으로 기록될 시점에 시작된다. 그 목적은 평가 과정을 위한 로드맵이며, 그것이 더 주의 깊게 만들어지면 만들어질수록, 평가의 설계는 더 단순해진다. 잘 짜여진 프로그램 목적은 누가 영향을 받을지, 그 개입이 언제 끝날지, 그리고 어떤 결과가 나타날지를 보여준다. 환경이 고려 대상이라면 그 목표 안에 '어디(where)'의 이슈가 포함될 수 있다. 예를 들어 일부 개입들은 커리어 자원 센터에서 실시될 수 있지만, 다른 것들은 교실 장면에서, 그리고 다른 것들은 상담자의 사무실에서 제공될 수 있다. 그 개입의 장면이나 장소는 종종 은연중에 나타난다. 커리어 상담은 상담자의 사무실에서 제공된다. 1학점짜리 진로 수업은 교실 장면 학생집단들에게 제공될 것이다.

질문 수준

프로그램 목적과 결과 측정치들은 단순하거나 복잡할 수 있고, 결과를 결정하기 위해 사용되는 측정치들을 포함할 수 있다(예 : 능력 자기 평정)(Makela & Rooney, 2012). 단순한 목적의 예시는 구체적인 기간 내에 커리어 개발 프로그램을 사용할 수 있는 수나 비율과 관련이 있다. 이 목적의 평가로는 커리어 자원 센터의 총무가 센터에 오는 사람들의 이름에 대한 기록을 유지하는 것이 있다. 사람들의 수에 방문 횟수를 더한 것이 계산될 수 있고, 그 결과의 보고서가 기록되고 배포될 수 있다. 이런 유형의 목적은 내담자들에 대한 방문의 기대 효과에 대해서 아무것도 말해주지 않으며, 그래서 그 평가는 가능한 결과들을 무시하게 된다. 이것은 단순한 숫자가 내담자 참여로 나타난 결과들을 보여주지 않을 것을 암시하지는 않는다. 고등학교 상담자들은, 2학년 2학기에 개별 교육 계획 수립 회기들이 지난 가을보다 그 다음 가을 동안에 대학 지원자 수가 더 높아지게 만들었는지를 알고 싶을 수 있다. 많은 대학 입학 사정관들이 그 학생 학교의 상담자 중 하나에 의해 서명된 입학 원서를 필요로 하기 때문에, 상담 스태프 구성원은 서명된 모든 원서를 자신의 캘린더에 표기를 할 수 있다. 이후에 기록이 만들어질 수 있고, 기저선과 사후 개입, 그리고 개입 기간 사이의 비교가 만들어질 수 있다. 결과들은 개별 계획 수립 회기의 결과들에 대한 대략적 추정치일 수 있지만, 그것은 일부 목적에는 충분할 수 있다. 하지만 이 상대적으로 약한 평가 설계로 만들어진 자료는 상담자들로 하여금 그들이 사실은 증가하는 대학 입학 허가에 대한 증거 기반 접근을 개발했다고 결론내릴 수 있게 해주지는 않을 것이다. 다음 부분에서 평가 설계의 유형들이 고려될 것인데, 일부는 지역 장면에서 증거 기반 실행법을 이루기 위해 사용될 수 있다.

평가 설계

Firestone(1987), Patton(1980, 1997) 그리고 다른 연구들에 기초해서 2005년에 Brown과 Trusty는 다음의 평가 모형 분류를 제시하였다.

> I. 정량적 모형(숫자 중심의 접근)
>   A. 예비실험 설계
>   B. 실험과 유사실험 모형
>   C. 기술 연구 설계
>   D. 관찰 연구 설계
>   E. 상관 연구 설계
>
> II. 정질적 설계(단어 중심의 접근)
>   A. 사례연구
>   B. 문화 기술법
>   C. 포커스 집단
>
> III. 혼합 평가 모형(I과 II의 전략 포함)

진행 전에 정량적이고 정질적 평가 모형들이 각각 논리실증주의와 구성주의 철학(제3~6장 참조)에서 발전하여 성장했고, 일반적으로 이러한 철학들에 기반을 둔 개입법과 프로그램을 평가하기 위해 사용되어야 한다는 점에 주목하는 것은 중요하다. 그러나 복합적으로 함께 사용되는 접근들이 개별적으로 사용되는 것보다 던진 질문들에 더 나은 답을 하는 상호 보완적 정보를 제공하는 때가 있다.

예비실험 설계

대학 상담 프로그램의 효율성을 결정하기를 원하는 초기의 학교 상담 스태프들 사례들로 돌아가 보자. 그들은 2008년 가을에 기저선 자료를 수집했고, 2009년 봄에 대학 입학에 중점을 두고 고교 졸업 후의 일대일 계획 수립 회기들에 모든 학생들을 참가시켰고, 2009년 가을에 대학지원을 한 학생들의 수를 계산하였다. 그들이 발견한 것은 대학 지원자의 수가 20% 정도 증가했다는 것이다. 그 프로그램은 효과적이었을까? 설계의 타당성에 대한 외부의 위협 그리고 다양한 다른 이유 때문이라고 말하는 것은 불가능하다.

외적 타당성은 결과들에 영향을 줄 수 있는 프로그램 밖의 것들과 관계가 있다. 몇 가지 요인이 대학 지원자의 수를 증가시켜 왔다. 교사들은 상담자들이 대학 지원자를 늘리는 것과, 대학 재학을 고려하도록 학생들을 발견하고 상담함으로써 '도움이 되는 것'에 열중했다는 것을 알게 될 수 있었다. 부모들도 유사한 형태로 행동해 왔을 수 있다. 지역은행은 학자금 대출에 유용한 돈의 양을 증가시켜 왔을 수 있다. 실험설계 밖의 많은 요인들이 그 결과들을 왜곡해 왔을지 모른다. 유사하게 '내부 변인들'이 결과에 영향을 미쳐 왔을지 모른다. 2009년의 학생이 2008년의 학생보다 더 지적이고 대학 입학 점수에서 더 높은 점수를 받았을지도 모른다. 상담자 스스로 부주의하게 2009년의 학생에게 더 많은 주의를 주었을지도 모른다. 최종 결과는 프로그램 평가에서 유사실험 실제 사용을 피하는 것이 아마도 현명할 것이라는 점이다. 미국 교육부 교육과학부서(2003)는 예비실험 설계가 불완전한 정보를 만들어낸다고 결론 내렸다.

유사실험과 실험 평가 설계

실험 설계는 실제 장면에서 사용하는 것이 불가능한데, 그 이유는 변인의 수가 조작되어야 하고, 최소한 처치와 통제집단에 내담자를 무선적으로 할당하는 것이 안 되기 때문이다. 하나의 사례에서 이 점을 살펴보자. 한 대학 상담자가 직업 면접 기술을 개발할 때 소집단 접근이 가지는 효율성을 확인하고 싶어 한다. 그녀는 집단 회기들을 광고하고, 난수 발생기를 사용해서 처치집단과 대기통제집단에 20명의 지원자를 할당한다. 양 집단의 학생들은 훈련받은 면접자와의 직무 면접 회기에 참석하도록 요청받는데, 이 면접자는 20명의 학생과 함께 일련의 면접 프로토콜을 따르도록 지시를 받았다. 면접 행동의 표본을 얻은 후에, 대기통제집단은 그들의 훈련이 훈련자가 빠지는 관계로 5주 동안 연기되어야 한다는 말을 듣는다. 그 처치는 그 연구의 구체적 목적을 모르는 사람에 의해 실시되었다. 5주 후에, 두 집단은 다시 동일한 면접자를 이용해서 그들의 면접행동에 대한 녹화 영상 표본을 제공하도록 요청받았고, 사전과 사후 면접행동을 평정하기 위해 신뢰로운 평정 프로토콜이 사용된다. 5주 후, 두 집단은 다시 자신의 면접행동에 대한 표본을 제공하도록 요청받고, 그들의 행동은 훈련된 평정자에 의해 다시 평정된다.

앞에 나오는 단락에서 개관한 평가 설계는 상담자에 따라 많은 장점을 보여준다.

1. 우리는 집단의 동등성에 대한 체크를 한다. 왜냐하면 우리는 개입 이전의 면접행동을 수집했고 평정했기 때문이며, 관찰된 결과를 설명하는 것은 그 개입이 아니라 사전면접 검사일 가능성을 배제했기 때문이다.
2. 우리는 '역사'에 대한 통제를 갖는다. 즉, 면접행동에 대한 시리즈물을 출판하는 유명 잡지나 신문과 같은 역사적 사건의 영향력을 말한다. 만약 그런 일이 일어났다면 두 집단에게 동등하게 영향을 주었을 가능성이 있어 보인다.

3. 우리에게는 첫 번째 실험집단에 대한 추후 자료 수집 시점이 있기 때문에, 우리는 그 첫 실험 집단이 첫 사후검사에서 확인된 기술들을 유지하는지를 결정할 기회를 갖는다.

여기에서 개관된 실험 연구의 일부 장점과 몇 가지 단점이 있다. 하지만 응용 장면에서 사용된다면 이 설계의 주요한 단점으로는, 처치와 통제집단의 무선화 부족, 실험자 편향을 최소화하도록 처치를 실시하는 동료 훈련의 필요성, 그리고 일부 학생들에 대한 처치 연기가 있다. 실험 설계의 복잡성 때문에, 응용 장면에서의 커리어 상담자는 종종 유사실험 설계를 사용한다.

이러한 설계는 왜 유사실험 설계라고 부를까? 가장 빈번하게 사용되는 답은 응용 장면에서 사용되는 통제집단과 관계가 있다. 처치와 통제집단에 내담자들을 무선적으로 할당하는 것이 좀처럼 가능하지 않기 때문이다. 전형적으로, 평가자는 이 문제를 다루기 위해 두 가지 접근 중 하나를 사용한다. 첫 번째는 실험집단에 가능한 한 많은 점(예 : 나이, 인종, 성별, 사회·경제적 지위 등)에서 유사하다고 추정되는 통제집단을 찾는 것이다. 비무선화된 표본을 다루는 두 번째 접근은 집단 간 차이의 영향력을 최소화하기 위해 공변량 분석이라는 통계 기법을 적용하는 것이다. 종종 매칭과 통계적 통제는 모두 잘못된 결과를 만들어낼 가능성을 최소화하기 위해 사용된다. 비무선화 접근을 사용하는 결과로써 나타나는 편향을 제거하는 데 완벽하게 만족스러운 접근은 없다. 그럼에도 불구하고 이러한 평가 설계들은 종종 완전히 무선화된 설계를 사용하는 것이 불가능한 프로그램 평가자에 의해 종종 사용된다.

사례 수가 1이거나 단일 피험자 설계가 실험 설계의 일반 규정이나 또는 유사실험 설계하에 포함된다는 것은 일부 전문가들에게 놀라운 사실이다. 단일 피험자 설계는 개별 피험자 수준에서 인과 관계를 밝히기 위해서 70년 이상 동안 사용되어 왔다(Horner et al., 2005). 하지만 이러한 설계들은 커리어 개발 개입의 결과를 검증하고 있는 평가자에 의해서 사용되지는 않는데, 그 이유는 대부분의 커리어 개발 개입들은 집단으로 실시되기 때문이다. 단일 피험자 설계는 전형적으로 개입이 상대적으로 단순한 행동, 이를테면 커리어 자원 센터 방문과 같은 행동을 목표로 할 때 사용되는 것이 또한 사실이다. 또한, 사실 ABAB 설계 같은 역설계(reversal design)를 사용해서 '실험 통제'라 불리는 것을 문서화하는 것이 가능함에도 불구하고, 이러한 기법들은 그 개입이 철수되고, 그리고 그 문제나 이슈가 되돌려지고 나서 재구성되는데, 대부분의 전문가들은 비윤리적이라 보는 이러한 것을 필요로 한다. 무엇보다 외적 타당도에 대한 위협들이 폭넓은 반복 연구를 통해서만이 해결될 수 있다.

기술 연구 설계

기술 연구 설계(descriptive designs)는 커리어 개발 프로그램의 평가자에 의해 가장 자주 사용되는 기법일 가능성이 크다. 4개의 설계가 이 범주에 속하는데, (1) 조사, (2) 상관, (3) 관찰, (4) 인과 비교가 그것이다(Brown & Trusty, 2005). 오로지 조사 연구 설계만이 여기에서 논의될 예정인데, 그 이유는 다른 것들은 프로그램 평가에서 한정적으로 사용되기 때문이다.

실험과 유사실험 설계는 인과적 질문들에 답하기 위해 사용되는데, 이를테면 "커리어 개발 개입이 어떤 행동(예 : 직무 탐색 기술), 자기 지각(예 : 자기 효능감, 자기 개념), 또는 다른 심리적 변인들(예 : 태도)의 변화를 '일으켰는가'?" 제목(실험/유사실험)이 의미하는 것처럼, 기술 연구 설계는 평가자들이 일어났던 일을 자기 보고에 기초해서 기술하기를 바랄 때 주로 사용된다. 예를 들어 기술 연구 설계는 다음과 같은 내용을 결정하기 위해 사용될 수 있다.

1. 일마나 많은 내담자 집단이 커리어 자원 센터를 방문할까?
2. 얼마나 많은 내담자들이 센터 방문 후에 일자리를 찾았을까?
3. 얼마나 많은 학생들이 졸업 5년 내에 공식 직업으로 진입했는가?
4. 내담자들이 커리어 상담자로부터 받은 서비스의 가치, 중요성, 또는 질에 대한 지각
5. 서비스를 사용하는 학생들의 인구학적 특성
6. 부모나 감독자들과 같은 그 서비스의 비사용자들의 그 커리어 개발 프로그램에 대한 지각
7. 그들의 커리어 선택에 대해서 영향력을 가진 사람들에 대해서 내담자들은 어떻게 순위를 매기는가?
8. 내담자들이 그들의 목표를 커리어 상담의 결과로서 성취한 정도에 대한 지각

조사 연구의 과정

조사 평가를 설계할 때 몇 가지 질문이 다뤄져야 한다. 이 질문 중 가장 중요한 것은 그 프로그램의 효율성에 대해 이해 당사자에게 알리기 위해서 필요한 자료와 관련이 있다. 이것이 결정된 이후, 다른 질문들이 다뤄질 수 있다. 답변이 되어야 할 또 다른 질문은 평가 프로젝트를 지원하는 데 유용한 재정과 다른 자원들과 관련이 있다. 자원 관련 질문에 대한 답은 자료를 모으기 위해 사용되는 접근의 이슈에 영향을 줄 것이다. 우편으로 발송된 조사는 비용이 많이 든다. 불필요한 중복 우편, 우편 요금, 편지지, 주소 작성, 그리고 자료 수집은 개인당 5달러 정도가 들 수 있음을 고려하라. 컴퓨터로 점수가 매겨지는 질문과 컴퓨터로 수집되는 자료를 사용함으로써 비용을 절약할 수 있다. 암호화된 반응과 함께 이메일 질문을 사용하는 것은 점점 더 유행하는 조사응답수집 전략이지만, 어느 정도의 기술적 역량은 이 접근을 사용하기 위해 필요한데, 특히 그 응답들이 되돌아 오는 대로 수집되기 위해 어느 정도 기술을 필요로 한다. 전화 조사는 또한 어떤 환경 내에서는 사용될 수 있지만, 자료 수집의 시점과 자료 수집 이후에 그 일은 노동 집약적이다. 자료 수집 매개체는 목표집단이 조사되면서 그 질문의 설계에 일부 단서를 제공할 것이다. 사용되는 방법론

에도 불구하고, 모든 심사숙고 사항은 반응의 비밀 유지와 사람들이 반응하도록 동기화시키는 것에 주어져야 한다. 아마도 충분히 활용되지 않았을 동기 기법으로는, 사람들이 자신의 이름과 전화번호를 복권처럼 이용하도록 제공하기를 바라는 모든 응답자들을 포함시키고, 승자에게 현금으로 상을 부여하는 방식이다.

예전에 나는 노스캐롤라이나 지역대학에서 지도 프로그램의 질을 평가하도록 고용되었다. 그 프로그램에 대한 많은 불만들이 있었는데, 특히 상담자의 유용성과 그들이 제공했던 정보의 정확성에 대한 것이었다. 평가의 초점은 분명했고, 조사 도구가 간단했기 때문에, 나는 대학 편입학 프로그램과 직업 프로그램의 참가자들과 일련의 전화 인터뷰를 수행하기로 결정했다. 간호직과 같은 프로그램은 그 연구에서 빠졌는데, 이유는 그 프로그램에 들어간 학생들이 요란하게 광고되고 잘 구성된 커리큘럼을 따르도록 요구를 받았기 때문이다. 설계된 질문들은 상담자의 유용성과 그들이 제공한 정보의 정확성을 다루었다는 것이었다. 기관 정책에서는 상담자들에게 상담 시간의 스케줄을 공지하고 그 시간 동안은 자신의 사무실에 있을 것을 요청했다. 상담자들은 또한 사무실 상담 시간 동안 캠퍼스에 없는 학생들을 위해 전화 회기를 해줄 수 있는 스케줄을 제공할 것을 요구받았다.

내가 질문들을 작성하면서 관리상의 이슈들이 생겼다. "내가 학생들의 상담자를 확인하고 개별 행동을 평가해야 할까?" 내 책임이 아닌 그 결정은 '아니요'였다. 면접 프로토콜은 일부 인구통계학적 자료들로 시작했다. 이를테면 그 학생이 전일제였는지 아니면 시간제였는지, 그들의 전공이나 커리큘럼, 그리고 학교에 오기 위해 얼마나 멀리서 통학을 했는지 등이다. 학생과의 대화 시작 즈음에, 그들은 이름이 그 반응지에 포함되지 않고, 정보가 집단 자료로 보고될 것이고, 면접의 목적은 지역대학을 향상시키기 위해 사용될 자료를 모으는 것이라는 말을 들었다. 학생들은 상담 시스템에 대해서 만들어진 다음과 같은 질문에 '예, 아니요'로 답하도록 요청받았다.

1. 당신은 당신 상담자의 이름을 알고 있나요? _____
2. 당신은 캠퍼스에서 그 상담자의 위치를 알고 있나요? _____
3. 당신은 상담자의 사무실 상담 스케줄을 알고 있나요? _____
4. 당신은 상담자의 전화 상담 스케줄을 알고 있나요? _____
5. 과거 3개월간 공지된 상담 시간 동안 상담자의 사무실에서 상담자를 만나려고 시도했었나요? _____
6. 당신이 사무실에 갔을 때 그와 상담할 수 있었나요? _____
7. 지난 3개월간 당신의 상담자가 전화 상담을 하기로 되어 있는 시간 동안 전화로 당신의 상담자에게 접촉하려고 시도했었나요? _____
8. 만약 '예'라면 그 상담자는 당신이 전화했을 때 상담을 해주었나요? _____

9. 당신은 상담을 위해 상담실 방문 약속을 잡으려고 시도했었나요? _____

10. 당신은 약속을 잡을 수 있었나요? _____

11. 당신의 프로그램, 스케줄, 또는 관련된 문제에 대해서 당신의 상담자가 당신에게 접촉한 적이 있나요? _____

학생들은 다음의 질문에 구체적으로 답하도록 요청받았다.

12. 지난 몇 달 동안 당신은 얼마나 많이 당신의 상담자에게 접촉을 시도했었나요? _____

13. 당신은 얼마나 많이 당신의 상담자에게 접촉할 수 있었나요? _____

14. 만약 당신이 지난 3개월간 당신의 상담자에게 접촉할 수 있었다면, 당신 접촉의 유익함을 평정해 보시오. 해당되는 만큼 체크하시오.

_____ a. 상담자는 아는 것이 많았고 내가 필요로 하는 정보를 제공하였다.

_____ b. 상담자는 내가 필요로 하는 정보를 제공할 수 없었지만, 지체 없이 필요한 정보를 가지고 나에게 다시 연락을 했다.

_____ c. 상담자는 내가 필요한 정보를 제공할 수 없었고, 나에게 다시 연락하지도 않았다.

_____ d. 상담자는 나에게 부정확한 정보를 주었다.

_____ e. 기타 : _____

전체적으로 나는 나의 상담자와 만난 나의 경험을 다음과 같이 평정하였다(택 1).

_____ a. 매우 만족

_____ b. 만족

_____ c. 만족도 불만족도 아님

_____ d. 불만족

_____ e. 매우 불만족

상담 체계와 관련해서 당신이 하고 싶은 말이 있나요?

정질적 평가 전략

프로그램 평가에 3개의 정질적 접근이 초기에 제시되었는데, 이는 사례연구, 문화 기술법, 포커스 집단이다. 앞부분에서 제시된 정량적 접근처럼, 이러한 접근들은 시간 소모적이며, 많은 지식과 활용하기 위한 상당한 자원들을 필요로 한다. 예를 들어 문화 기술법은 관찰 전략으로, 이는 인간 행동의 패턴을 밝히려는 인류학자와 사회학자가 개발하였다. 이러한 두 가지 정질적 접근은 프로그램 평가에 사용되었는데, 사례연구와 포커스 집단이 바로 그것이다. 나는 프로그램 과정(형성 평가)과 결과(총괄 평가) 모두를 평가할 때의 유용함 때문에 오로지 포커스 집단을 강조하기로 선택했다. 이 전략은 또한 조사만으로는 제공할 수 없는 정보를 제공하고, 그래서 평가에 대한 혼합 모형 접근이 되는 장점이 있다. 전형적인 실무자는 다른 정질적 전략들보다 더 쉽게 포커스 집단을 활용하는 법을 배울 수 있고, 포커스 집단의 설계와 실행에 도움이 될 만한 일은 오로지 핵심어 탐색뿐이다.

다른 정질적 평가 접근처럼 포커스 집단은 특정 맥락 내의 태도, 신념, 관점을 밝히기 위해 사용될 수 있는데, 우리의 경우에는 커리어 개발 프로그램이 바로 그 맥락에 해당된다. Rennekamp 와 Nall은 포커스 집단을 한 가지 이상의 특성이 유사한 6~12명의 사람들을 한데 묶은 것으로 정의하며, 이는 그 주제와 관련 있는 집단 구성원의 인식에 대한 정보를 수집하는 목적을 갖고 있고, 명확하게 정의된 주제에 대해서 60~90분짜리 촉진된 토론 시간을 갖는다. 그들이 제안하는 바에 따르면, 포커스 집단은 다양한 방법으로 사용될 수 있는데, 프로그램 요구, 프로그램 설계, 프로그램 향상법, 그리고 결과 평가를 밝히는 것도 포함될 수 있다. 전화, 인터넷 채팅방, 회의용 소프트웨어를 사용한 포커스 집단이 가능하지만 여기에서의 강조는 전통적인 방식의 면대면 포커스 집단에 둘 것이다.

정량적 설계에 대한 논의에서 무선적으로 선발된 내담자들의 중요성이 강조되었다. 포커스 집단의 참여자 선발은 그 집단의 목적(답변되어야 할 질문들)에 의해 결정된다. 예를 들어 만약 평가자가 취직 기술을 배우는 커리어 개발 프로그램에 참여한 사람들의 지각에 흥미를 가지고 있다면, 그 집단은 취직 기술 훈련에 포함되었던 내담자들 사이에서 선별될 것이다. 만약 평가자가 어떤 집단이 왜 그 서비스를 사용하지 않았는지에 흥미가 있다면, 포커스 집단은 비참여자들로 구성될 것이다. 정질적 평가는 정량적 평가자가 제기한 문제 중 하나를 공유하는데, 그 평가 과정이 그 프로그램과 무관한 사람에게 맡겨질 때 아마 최선이다.

포커스 집단을 계획하고 실시하는 과정은 많은 자료들에서 논의되어 왔다(예 : McConnell, 1999; Rennekamp & Nall, n.d.). 다음에 나오는 단계들은 일반적으로 동의가 되는 과정이다.

1. 그 모임의 주요 목표를 밝힐 것. 그 집단은 욕구를 밝히고, 프로그램 과정이나 프로그램 결과를 검토하기 위해서 구성되는가?
2. 집단에 던질 5~6개의 구체적 질문을 쓸 것. 다음의 4개 유형의 질문이 필요하다.

   A. 그 프로그램에 대한 집단 구성원의 경험에 초점을 맞출 수 있는 시작 질문 : 당신은 얼마나 많이 CRC의 서비스를 사용해 봤나요? 당신은 어떤 서비스를 사용해 봤나요?

B. 그 집단이 따라야 하는 목적에 대해서 집단의 주의를 모으기 시작하는 질문 : CRC에 대해서 어떻게 알게 되었나요? 무엇 때문에 CRC를 사용하기 시작했나요? 당신이 CRC에 왔을 때 놀란 것이 있었나요?

C. 집단의 주요 목적에 초점을 두는 핵심 질문 : 경험으로 당신은 무엇을 배웠나요? 당신의 경험에 대해 실망한 점은 무엇인가요? 당신은 다른 어떤 것을 배우고 싶었나요? 그것이 어떻게 성취될 수 있었나요?

D. 그 집단의 마무리를 위한 종료 또는 최종 요약 질문 : 당신이 배웠던 주제와 당신의 경험에 대한 실망을 우리가 철저히 다루었나요? 오늘 우리의 대화를 누군가 요약하실 분이 있나요?

다음 단계는 누가 그 집단을 촉진할지, 누가 집단 구성원을 모집할지, 가능하다면 녹화나 녹음을 하는 것, 그리고 편안한 조건에서 모임을 계획하는 것을 결정하는 단계이다. 촉진자는 그 과정에서 포커스 집단 전부를 포함할 수 있는 숙련된 집단 리더여야 하며, 상담자 교육, 상담심리학, 그리고 사회복지 프로그램의 졸업자를 포함한다.

전형적으로 이런 집단의 리더 행동 중 하나는 그 집단 대화가 기록되지 않는다면 메모를 하는 것이다. 집단이 정한 주요 아이디어로 움직여 가면서, 집단 구성원들의 태도와 판단이 드러날 것이고, 그 집단 활동 동안 그리고 집단이 끝난 후 즉시 표기법들이 만들어져야 한다. 촉진자의 메모와 집단의 녹음(만약 가능하다면)을 다시 들을 때 나타나는 분위기는 그 자료의 분석을 위한 주요한 기초가 된다. 만약 가능하다면 포커스 집단의 목적에 익숙한 1명 이상의 사람들이 촉진자의 메모와 녹음을 검토해야 하고, 그들이 관찰한 것과 촉진자가 관찰한 것이 비교되어야 한다. 만약 포커스 집단의 목적이 총괄적(결과) 자료를 수집하는 것이었다면, 그 분석은 이 목적과 관련이 있는 진술문들에 초점을 두게 될 것이다. 분석의 원칙은 분석 자체가 그 연구의 목적과 일치해야 한다는 것이다.

만약 회기의 기록이 가능하다면, Rennekamp와 Nall이 제안하는 바에 따르면 색인화(지수화, indexing)로 알려진 과정이 유용할 수 있다. 색인화는 포커스 집단 대화의 기록을 읽고 여백에 있는 비판적인 설명을 '코딩(coding)'하는 것을 포함한다. 예를 들어 포커스 집단의 주요 목적이 그 집단의 결과에 대한 자료를 수집하는 것이라면, 그 목적과 관련된 모든 요소들은 O1, O2, 또는 O3로 코딩될 수 있다. 불필요한 결과에 대한 진술이 유사한 방식으로 코딩될 수 있고(예 : O1), 그리고 다른 유용한 정보(예 : 과정 자료)는 다른 표기법(예 : P1)을 사용해서 코딩될 수 있다. 만약 그 기록이 워드프로세스 프로그램으로 준비된다면, O1으로 코딩된 진술들은 해석을 위한 새로운 문서로 잘라서 붙여넣기를 할 수 있다. 평가자들은 견해, 태도, 그리고 그 집단에서 논의되는 행동 변화에 대한 보고를 반영하는 요약 진술을 제시할 수 있다. 이 절차는 O2, O3, P1 등으로 코딩되는 진술들이 반복될 것이다. 이러한 요약 진술들은 평가자의 보고서에서 기초로 쓰인다.

포커스 집단의 오디오테이프와 비디오테이프는 다른 분석 가능성을 제공한다. 평가의 목적에 친숙한 두 개인은 기록으로 사용되는 것과 유사한 방식으로 진술들을 코딩할 수 있다. 그들은 이러한 테이프들을 검토하고, 관찰을 비교하고, 리포트에 삽입될 수 있는 결론을 도출하기 위해 만날 수 있다.

평가를 위해서 어떤 접근을?

일반적으로 포스터모던 철학에 기초하는 프로그램이나 개입법들은 정질적 설계를 사용해서 평가되어야 하고, 논리실증주의에 기원을 두는 프로그램이나 개입법들은 이 철학에서 기원하는 기법들을 사용해서 평가되어야 한다. 하지만 두 접근 모두를 포함하는 평가의 혼합 모형을 사용하는 것은, 단일 평가 모형을 사용하는 것으로 만들어지지 않은 프로그램이나 개입법에 대한 정보를 제공할 수 있다. 이 뒤의 포인트를 보여주기 위해서 직업을 선택하는 데 초점을 두는 1학점 과정의 영향력을 결정하고 싶어 하는 지역대학 커리어 자원 센터의 평가자의 예시를 고려해 보자. 그녀는 유사실험 설계를 사용하는데, 그 이유는 비교집단이 1시간짜리 기술반에 등록되어 있기 때문이다. 결과 중의 하나는 커리어 개발반의 학생들은 그들의 Holland(Holland, 1997) 흥미 프로파일과 가장 일치하는 커리어 선택을 한다는 점인데, 이는 그 반이 효과적이었음을 보여준다. 그 반의 과정을 조사하는 추후 포커스 집단은, 그 과정의 어떤 측면들이 불필요했음을 보여주는 일부 관찰들 결과에 최소한의 부분적 책임이 있었던 그 반의 중요한 측면들을 밝힐 수 있다. 이 정보는 그 반을 다시 설계하는 데 도움이 될 수 있었다. 모든 평가가 정량적 설계와 정질적 설계의 사용을 필요로 하지는 않지만, 반복하자면 혼합된 평가 모형이 선호될 때가 있다.

연습문제 19.1

당신은 포커스 집단을 이끌 준비가 되어 있는가?

전문가들은 포커스 집단의 성공은 주의 깊은 계획 수립과 숙련된 집단 리더십에 따라 달라진다는 점을 강조한다. 1~3점 척도를 사용해서 당신의 집단 리더의 기술을 평정해 보라. 1은 '이것이 필요함', 2는 '불확실함', 3은 '이 기술을 가짐'을 의미한다.

1. _____ 그 집단의 목적을 설명할 수 있다.
2. _____ 그 집단의 초반의 잡담에서부터 주요 목적까지 집단 분위기를 이끌 수 있다.
3. _____ 2명 이상의 집단 구성원으로부터 유사한 아이디어를 밝히고 그 집단을 위해 그것을 말로 할 수 있다.
4. _____ 집단 구성원들에 의한 비언어적 의사소통을 밝히고, 해석하고, 거기에 반응할 수 있다.
5. _____ 수줍어하는 집단 구성원들이 참여하도록 격려할 수 있다.
6. _____ 그 집단 시간을 주도하고 싶어 하는 집단 구성원을 잘라낼 수 있다.
7. _____ 언어적/비언어적 방식으로 문화 차이를 인식하고 적절하게 반응할 수 있다.
8. _____ 그 집단을 요약하고 종결하는 데 그 집단을 포함시킬 수 있다.

요약

책임은 상담 예산이 다양한 프로그램의 상대적 가치에 대해서 관리자들이 선택하게끔 강요하는 시대에서 점점 중요해진다. 기업에서 커리어 개발 프로그램의 가치를 검토하는 평가자들은 교육 기관에서 일하는 사람들과는 다른 기준을 사용함에도 불구하고, 주의 깊게 설계된 평가 전략들에 대한 요구는 모든 장면에서 중요하다. 이 장에서는 세 가지 모형(정량적, 정질적, 혼합)이 논의되었다. 이 장에서 강조되었던 유사실험, 조사, 포커스 집단 접근은 현장이나 응용 장면에서 가장 큰 유용성을 나타내는 것으로 보인다. 평가의 황금률인 실험 설계는 많이 추천되지만, 현장이나 응용 장면에 적용하는 것은 거의 불가능하다.

이 장의 퀴즈

T F **1.** 유사실험 설계의 구별되는 측면은 실험집단과 통제집단이 무선적으로 할당되는 것이다.

T F **2.** 정질적 설계는 평가되는 프로그램을 말로 묘사하기 위해 사용된다.

T F **3.** 정질적 설계는 주로 프로그램 과정을 살펴보는 도구로 유용하다.

T F **4.** 단일 피험자 설계는 유사실험 설계로 분류된다.

T F **5.** 프로그램 평가가 프로그램 목표가 기록될 때 시작된다는 것은 당연하다.

T F **6.** 인터넷 채팅방은 포커스 집단을 수행하기 위해 사용될 수 있다.

T F **7.** 색인화는 진술들에서 주제를 밝히기 위해서 포커스 집단 자료의 분석에서 사용되는 과정이다.

T F **8.** 우편 추후 조사는 평가 자료를 수집하는 상대적으로 저렴한 방식인 것으로 증명되었다.

T F **9.** 평가 목적이 수립된 후 포커스 집단 촉진자들은 프로그램 참여자들의 목록을 작성해야 하고, 집단 구성원들은 이 목록에서 무선적으로 선택되어야 한다.

T F **10.** 그 집단의 다양성을 성취하기 위해서 공유하는 바가 거의 없는 포커스 집단 구성원을 선택하기 위해 모든 노력을 취해야 한다.

(1) F (2) T (3) F (4) T (5) F (6) T (7) T (8) F (9) F (10) F

참고문헌

American School Counselor Association. (2008). *The ASCA national model: A framework for school counseling programs* (3rd ed.). Alexandria, VA: Author.

Brantlinger, E., Jimenez, R., Klinger, E., Pugach, M., & Richardson, V. (2005). Qualitative studies in special education. *Exceptional Children, 71(2),* 195–207.

Brown, D., & Trusty, J. (2005). *Designing and leading comprehensive school counseling programs.* Belmont, CA: Brooks/Cole.

Carey, J. C., Dimmit, C., Hatch, T. A., Lapan, R. T., & Whiston, S. (2008). Report of the national panel for evidence-based school counseling outcome research coding protocol and evaluation of student success skills and second step. *Professional School Counseling, 11*, 197–206.

Firestone, W. A. (1987). Meaning in method: The rhetoric of quantitative and qualitative research. *Educational Researcher, 16*, 16–21.

Holland, J. L. (1997). *Making vocational choices* (3rd ed.). Englewood Cliffs, NJ: Prentice-Hall.

Horner, R. H., Carr, E. C., Halle, J., McGee, G., Odom, S., & Wolery, M. (2005). The use of single-subject research to identify evidence-based practice in special education. *Exceptional Children Journal, 71(2)*, 165–175.

Makela, J. P., & Rooney, G. S. (2012). Learning outcome assessment step-by-step: Enhancing evidence-based practices in career services. Broken Arrow, OK: National Career Development Association.

McConnell, E. A. (1999, September/October). Practical advice for planning and conducting focus groups: Brief article. *AORN Journal, 48*, 280–283.

Patton, M. Q. (1980). *Qualitative evaluation methods.* Thousand Oaks, CA: Sage.

Patton, M. Q. (1997). *Utilization-focused evaluation* (3rd ed.). Thousand Oaks, CA: Sage.

U.S. Department of Education Institute for Education Sciences. (2003). Identifying and implementing educational practices supported by rigorous evidence: A user friendly guide. Retrieved from http://www2.ed.gov/rschstat/research/pubs/rigorousevid/rigorousevid.pdf

제5부

추세와 쟁점 : 미래에 대한 전망

제20장 노동시장의 추세, 노동시장을 결정하는
요인, 그리고 의사결정자를 위한 쟁점

노동시장의 추세, 노동시장을 결정하는 요인,
그리고 의사결정자를 위한 쟁점

 **기억해야 할 것들**

- 미국 노동시장에서 벌어지고 있는 주요한 직업적 변화
- 이러한 변화들에 기여하고, 향후 수십 년간 그렇게 계속될 요인
- 노동시장에서 소수민족의 역할 증가
- 미래에 정부와 미국 노동자들에 맞서는 문제들

21 세기의 직장은 주로 기술 발달과 변화하는 경제적 상황 때문에 항상 유동적인 상태였다. 빠르고 극적인 직무 변화를 경험하는 첫 산업은 농업이고, 그 변화는 오늘까지 계속된다. 수많은 사람들이 말과 일손을 대신한 트랙터와 콤바인으로 대체되었다. 기술은 또한 사람들이 하는 일의 본질과 종류를 계속 바꿀 것이지만, 오늘날 전 세계 경제의 영향력이 또한 직업 구조를 재구성하고 있다. 하지만 이 장이 글로벌 경제 또는 기술이 고용 창출과 쇠퇴에 어떻게 영향을 주는가에 대한 이해에 대한 것은 아니다. 노동시장에서의 변화가 피할 수 없다는 이해에 대한 것이다. 커리어 개발 전문가처럼 당신은 사람들의 직업 생활 동안 그들이 그들의 직업을 모니터하고 나타날 변화들을 예측할 필요가 있음을 당신의 고객들이 이해하도록 도울 필요가 있을 것이다. 현대 직장에서의 생존은 어느 정도의 선견지명이나 최소한 한 사람의 삶이 바뀔 수 있다는 자각을 필요로 한다(제4장, 특히 Krumboltz와 그의 우연 이론 참조). 많은 분야의 근로자들이 다가올 변화에 대한 감을 개발하지 않는다면, 그들은 20세기 중반의 웨스트버지니아의 석탄 광부들과 오늘날의 직물공처럼 확실히 실직하게 될 것이다.

지금 벌어지고 있고 미래에 벌어질 일부 변화들은 아주 급작스럽고 극적이었는데, 이는 마치 2001년 테러리스트들이 2대의 보잉 767기로 세계무역센터에 부딪쳤을 때 또는 허리케인 카트리나가 2005년 루이지애나 뉴올리언스를 덮칠 때와 같다. 일시적으로 분열된 소통 시스템, 사람들의 여행 기피, 그리고 급격한 여행 감소로 인한 석유 소비의 감소 때문에 많은 사람들의 일자리가 일시적으로 대체되었다. 경제 순환의 결과, 기업 결정에 대한 미국과 세계의 나머지 부분에서의 임금 격차의 영향력, 기술의 영향력, 그리고 기업 합병의 결과로 대부분의 변화들은 점진적으로 일어난다. 예를 들어 미국의 2004년의 실업률은 거의 4%에서 맴돌았고, 일련의 경제적 사건들의 결과로 2010년에는 거의 10%까지 상승하였다. 실업률이 다시 7%까지 감소하였는데, 앞으로 보게 될 것처럼, 실업률은 오로지 그 전체 그림의 작은 부분만을 반영할 뿐이다.

연습문제 20.1

미래의 직업 문제는 이 책에서 가끔 다루었다. 이 장을 읽기 전에 미래파로서 당신의 기술을 시험하고, 우리가 2020년을 향해 감에 따라 이 세기의 직업 구조에서 5개 동향 중 3개를 찾아봐라.

직업 구조 내에서 나타나는 많은 변화들이 심지어 가장 유능한 예언자에 의해서도 예측될 수 없는 가능성에도 불구하고, 미국 노동시장에서 직업의 미래에 대한 예측들은 아주 다양하다. 이 예측 중 하나가 이 장에서 고려된다. 미래에 대한 예측은 위험한 일이며, 심지어 가장 최선의 추정치도 종종 설명되지 않는 많은 요인들을 남겨둔다. 정확성에 대한 욕구와 미래와의 거리가 커질수록 실수의 위험이 증가한다. 심지어 모든 요인들에 정확하게 가중치를 부여하는 공식을 우리가 만들 수 없음에도 불구하고, 우리는 보통 가장 영향력을 행사할 요인들을 밝혀낼 수 있다. 우리는 다른 모든 것이 동등하다는 점에 기초해서 진행할 수 있고, 또한 노동통계국이 하듯이, 실질적 변화가 나타나기 쉬운 정도를 확인하는 최선의 사례와 최악의 사례를 가지고 진행할 수도 있다. 이 장에서 예측된 변화와 관련된 4개의 포괄적 주제와 현재 직업 세계의 구조가 논의된다.

1. 장기적 동향의 원인
2. 단기적 동향의 원인
3. 2020년까지의 직업의 세계
4. 변화와 구조에 대한 정보의 근원

직업 정보의 근원에 대한 이슈로 제8장에서 다루었다. 이 장에서는 3개의 이슈가 다루어질 것이다. 아마도 이 중 가장 중요한 것은 "어떤 유형의 직무가 지금과 미래에 유용할까"일 것이다. 일반적으로 직업 집단은 2개의 부문으로 나누어질 수 있는데, 하나는 서비스 제공이고 또 다른 하나는 제조이다. 알코아(Alcoa) 사는 원료를 완제품으로 전환시키는 업체인데 알루미늄을 생산한다. 건설회사는 원료를 집, 빌딩, 길 등으로 전환한다. 서비스 제공 집단들은 그 어떤 제품도 생산하지 않는다. 그보다는 의료, 교육, 재정, 양육 서비스 등을 제공한다. 대개 미국에서의 고용 창출은 서비스 부문에서 일어나고 있고, 이것은 2020년까지 지속될 것으로 기대된다(노동통계국, 2012/2013). 다뤄지는 두 번째 이슈는 현재 유용하고 미래에 유용해질 특정 직무의 문제이다. 커리어 상담자와 다른 커리어 개발 전문가에게 가장 중요한 것은 이 두 번째 이슈이다. 이 장에서 다뤄지는 세 번째 이슈는 노동인구인데, 말하자면 경제에 유용한 직무들을 채우는 사람들을 말한다.

기술의 영향

이 장에 대한 도입부에서 농업에 대한 기술의 영향이 언급되었다. 표 20.1에서 볼 수 있듯이, 그 쇠퇴는 지속되고 있다. 사람들이 도시에서 일을 찾기 위해 농촌을 떠남에 따라 농업에서 기계화의 결과는 영원히 미국의 풍경을 변화시켰다. 기술은 계속 영향력을 미친다. 기술로 인해 많은 직업이 사라졌고 현재도 진행 중이며 심지어 다른 직업의 형태도 바꾸고 있다. 표 20.1은 다음 8년간 쇠퇴할 것으로 예측되는 직업 리스트를 제시한다. 리스트를 토대로 기술의 진보로 어떤 직업들이 쇠퇴하고 있다고 말할 수 있을까? 해외업무위탁(offshoring)? 또는 다른 요인들? 섬유산업의 직업들은 더 값싼 노동력을 가진 나라들로 이전되었다. 모든 종류의 사무직 일자리는 기술에 영향을받는 또 다른 직업 집단이다. 근로자가 과중한 업무를 효율적으로 처리하게 해주는 음성 인식 컴퓨터, 사용자 친화적 소프트웨어 패키지 그리고 고속 스캐너는 이러한 직무의 수가 줄어드는 원인이다. 기계공이 없어지고 있는데, 그 이유는 컴퓨터가 기계를 작동하도록 프로그램될 수 있고 기

표 20.1 BLS 예측 : 2012년에서 2022년까지 가장 빠른 감소 직업 10개

직업	감소 비율
우체국 직원	29.8
우편 분류자, 직원 등	35.3
재봉사	25.8
섬유 재단과 직조 기계공	24.5~27.1
항공기 부조종사	19.2
문서 작성자(워드프로세서)	25.1
컴퓨터 기사	17.0
방문 판매	15.3
이동주택 설치자	15.1

출처 : BLS(2012 – 2013). *Occupational Outlook Handbook*, http://www.bls.gov/ooh/. 미국 노동통계국

계공을 필요로 하는 구사업과 신사업 모두가 다른 국가에 배치되기 때문이다. 미국 우편 서비스의 직무들은 또한 기술과 노동력 감소를 필요로 하는 상승비용에 의해 영향받고 있다.

글로벌 경제와 장기적 직무 동향

75년 전, 미국에서 생산된 제품과 서비스는 미국에서 소비되었다. 이것은 더 이상 사실이 아니며, 특히 그것이 생산된 제품과 관련이 있다. 예를 들어 2013년 미국의 중국 무역적자는 2,270억 달러를 넘었다(2013). 전반적인 미국의 무역적자가 완전히 생산된 제품을 수입하는 것 때문은 아니다. 미국에서 소비되는 많은 석유가 미국에서 생산됨에도 불구하고, 미국에서 소비되는 많은 석유가 사우디아라비아, 베네수엘라, 멕시코, 그리고 다른 곳에서 수입된다. 미국이 수출보다 더 많은 수입을 하는 경향이 있지만, 미국에서 생산되는 농산물, 제품, 그리고 다른 생산품과 서비스들은 해외에서 팔린다.

글로벌 경제의 본질은 수출과 수입을 넘어 확장된다. 이 나라의 대부분의 기업들은 다국적기업이며, 이는 그들이 다른 나라와 사업을 하는 것뿐 아니라 해외에서 투자와 영업을 하는 것을 의미한다. 기업은 자신들의 고객 서비스 사업을 연안으로 이동시켰고, 미국 기업들을 위한 소프트웨어 개발과 생산 사업은 아일랜드와 인도 같은 곳에서 발견할 수 있다. 예를 들어 이 책의 생산은 최소한 부분적으로는 인도에서 이루어졌을 가능성이 있다.

대개 기업의 생산과 다른 부문을 위치시키는 결정은 부분적으로는 경제적인 문제이다. 표 20.1에서 볼 수 있듯이, 섬유산업의 근로자 수는 감소할 것으로 기대된다. 왜 그럴까? 2013년에, 미국에서 섬유 노동자의 평균 월간 보상은 전일제에게 대략 2,240달러였다. 이 수치를 포함해서 **워싱턴 포스트**(2013) 기사가 2011년의 자료를 사용했음에도 불구하고, 방글라데시(92달러), 멕시코(536달러), 필리핀(23달러)과 같은 나라의 임금이 더 낮았다. 게다가 많은 국가들의 환경 규제는 미국보다 훨씬 덜 엄격하고, 전기와 같은 원자재의 비용은 더 낮다. 노동과 전기 가격 때문에 생산 대기업인 알코아 사는 중국에 생산공장 설립을 조사하고 있고, 현재는 사우디아라비아에 처리공장을 세우고 있다.

미국은 또한 이 나라에 기업의 일부를 세우려는 외국 기업 리더들의 결정의 수혜자가 되었다. 이러한 결정들은 미국이 세계에서 가장 크고 강력한 경제를 갖고 있고, 우리가 자동차, 전자제품, 가구와 같은 제품을 사기 위해 버는 돈을 사용한다는 사실에 의해 내려졌다. 몇 개 예를 들면 토요타, 현대, BMW, 벤츠, 소니, 히타치는 모두 미국에 생산과 조립공장을 위치시켰는데, 이는 수천의 일자리를 창출했다. 일부 예에서 볼 수 있듯이 미국에 생산과 조립공장들을 위치시키는 것은 미국의 노동비용이 다른 나라들보다 싸기 때문만은 아니다. 예를 들어 독일의 자동차 생산업체들의 노동비용은 일반적으로 미국보다 더 높지만, 그 두 나라 사이에 임금 차이에 대한 일부 논쟁이 있다. 일본의 노동비용은 미국보다 33%나 더 낮고, 한국의 시간당 임금은 거의 50%나 더 낮다. 하지만 이동비용, 관세와 같은 정책상의 고려, 그리고 숙련된 노동력 활용 가능성이 또한 기업 결정에 영향을 미친다.

미래는 사업 투자를 끌어들일 분위기를 만들기 위해 기업과 국가 간에 계속 치열한 경쟁의 징조를 보인다. 이러한 교차 흐름은 유용한 직업의 유형과 그 직업의 지리적 위치에 영향을 준다. 무엇보다 그것은 노동자들에게 지급되는 임금, 그들에게 유용한 부가 혜택, 그들의 직장의 질에 영향을 준다.

마지막으로, 반복해서 말하지만 세상의 경제는 연결되어 있다. 미국으로부터 제품과 서비스를 구입하는 나라의 약한 경제는 기업에 해를 끼치고 근로자에게도 해를 끼친다. 유사하게 우리 경제의 순수한 규모 때문에 미국의 불경기는 경제와 세계의 노동시장에 영향을 끼친다.

다른 경제 요인

세계 경제는 미래에 미국의 노동력을 구성하고 있고 이 기회에 주요한 하나가 될지 모르는 경제적 요인이다. 하지만 직무의 유용성에 대한 깊은 영향력을 갖는 다른 경제적 요인들이 있다. 예를 들어 우리는 아마도 장기적 주택시장 성장 순환에 있을 것이다. 사람들이 더 크고 비싼 집을 위해 지불하는 자기 능력에 대한 과대평가, 급등한 신용카드 빚, 그리고 제공되는 대출 규모를 감당하지 못하는 사람들에게 저금리 융자를 확대한 은행 때문에, 2010년대 초의 주택 붐은 붕괴하였다. 경제가 성장하면서 주택에 대한 요구는 또한 증가할 것이다.

현재 이율은 이례적으로 낮다. 저금리는 일반적으로 사업 분야에서의 성장을 자극하는데, 이는 유용한 직무의 수에 영향을 준다. 만약 기존 사업을 확장하기 위해 기업이 4%에 5,000만 달러를 빌린다면, 매년 이자는 대략 200만 달러이다. 만약 이율이 8%라면, 비용은 매년 400만 달러이다. 빚을 청산하기 위해서 기업은 200만 달러를 더 벌어야 하고 그것은 그 자체로 위험하다. 저금리의 불리한 점은 그것이 장기 채권을 판매함으로써 그 빚에 자금을 대기 위해 미국 정부를 더 힘들게 만든다는 것이다. 그 이유는 외국 투자자들은 수익성이 더 좋은 투자를 어디에선가 찾을 수 있기 때문이다.

국가적 부채는 다음 몇 년 내에 200조 달러를 넘어설 것으로 보인다. 부채의 크기는 직접적이고 간접적인 방식으로 노동력에 영향을 줄 것이다. 국가 부채를 청산하기 위해서 정부는 일자리의 수와 질을 증가시키는 방식(개인의 수입을 증가시켜서 결과적으로 세수를 늘림)으로 경제를 촉진/활성화해야 하며, 또한 세율을 높여야 한다. 부채를 지불하거나 정부를 지원하는 세금을 높이는 것은 사람들이 제품과 서비스에 쓰거나 저축하는 돈의 양을 줄인다. 부채는 또한 서비스를 제공하는 정부의 능력을 증가시켜 주는데, 그 이유는 돈은 국가 부채에 대한 이자를 갚는 것으로 전환되어야 하기 때문이다. 그러므로 높은 수준의 국가 부채는 전형적으로 경제의 장애물이며, 경제 성장과 일자리 창출을 감소시킨다. 이 분야에서의 논쟁은 "무엇이 높은 수준의 부채를 구성하는가?"이다. 거의 모든 사람이 처음에는 현재의 부채가 지속 불가능하고, 일자리 창출에 대한 부정적인 영향을 끼칠 것이라는 데 동의한다.

국제환전시장에서 달러의 가치는 고용 창출에 영향을 주는 또 다른 경제적 요인이다. 예를 들어 달러의 가치가 일본의 엔화에 비해 낮을 때, 일본과 경쟁하는 이 나라의 기업은 장점을 갖는다. 일본 기업은 미국에서 제품을 판매하고, 그에 대해 달러를 가져간다. 그들은 그들이 받는 달러를 사용해야 하는데, 이는 상대적으로 엔화보다 더 적은 가치를 가지고, 일본에서 제품과 서비스에 지불하기 위해 엔화를 산다. 왜냐하면 달러-엔 교환은 달러가 엔보다 더 많은 가치를 가진 경우일 때보다 더 적은 엔을 사기 때문에 일본에서의 비용은 올라가고, 이것은 미국 기업의 경쟁상의 장점을 증가시켜 준다.

인구 요인

이 책의 초판에서 베이비부머, 출생률, 소수집단 근로자들의 노동시장 유입과 같은 인구 요인은 그 논란의 핵심에 있었다. 노동통계국(2012/2013)이 보고하는 바에 따르면, 과거의 추세는 미래에도 지속될 것으로 기대되는데, 이는 히스패닉, 아프리카계 미국인, 그리고 다른 인종의 노동력 참여의 증가를 의미한다. 확실하지 않은 것은, 이러한 예상들은 매년 이 나라에 들어오는 70~90만 명의 합법적 이민자들을 설명하는가이다(Center for Legal Immigration Studies, n.d.). 또한 BLS 예측으로 설명되지 않는 것은 다양한 일자리에서 일하는 대략 1,100만 명의 불법 근로자들의 영향력이다. 불법 근로자들은 미국 이민을 지배하는 법망을 피해 미국으로 들어온 사람들이며, 그 색깔 때문에 '그린카드'로 불리는 취업 허가증이 없다. 이는 종종 멕시코를 통해 미국으로 들어가는 불법적인 통로를 만드는 '코요테들'은 종종 불법적 취업 허가를 얻기 위해서 길안내를 제공한다. 불법 근로자들에 의해 만들어진 종류의 일들은 전형적으로 농업과 건축의 보수가 낮은 일자리이다. 다른 사람들은 가정 고용인, 가정부와 관리인, 종업원, 소매상, 그리고 다른 유사한 종류의 일자리를 찾는다.

불법 근로자들을 포함하는 쟁점들은 다양하다. 일부 미국인들은 국경선을 막고 모든 불법 근로자들을 강제 추방하기를 원한다. 또 다른 사람들은 이러한 근로자들이 합법적인 근로자가 되도록 절차를 수립하기를 바란다. 일부 불법 외부인들은 미국에서 추방되겠지만 1,200만 명을 추방하기 위해 프로그램을 만든다는 것은 쉽지 않다. 일부 종류의 프로그램들이 노동자들로 하여금 이 나라에서 그들의 위치를 합법화하도록 하는 것이 더 현실적이다. 불법적 입국자들임에도 불구하고, 그들은 노동력의 일부로 정당한 노동 필요를 채운다. 그들이 합법적 노동인구가 된 후, 지금 불법인 노동자들은 적절한 돈과 작업 조건들을 요구할 수 있는 더 나은 위치가 될 수 있지만 지금은 그러한 것을 잘 제공받지 못한다.

학교에서의 불법 노동자의 자녀들의 존재는 학교 상담자와 커리어 개발 전문가들에게 일반적으로 다른 이슈들을 만들어 왔다. 이러한 아이들 중 일부는 고교 후에 계속 교육 받기를 희망하고, 이러한 학생들에 대한 주내 대 주외 교육비용의 문제는 전국의 주 입안자들에 의해 논쟁이 되어 왔다. 21세기에 태어난 아이들은 시민으로 인정받지만, 불법 이민자들의 아이들은 다른 국가에서 태어났기 때문에 시민이 아니다. 다른 불법 노동자의 아이들은 중등 과정 이후의 교육을 받지 않는데, 그 이유는 부모의 신분이 위태로워질 것을 두려워하기 때문이다. 노동자로서 그 아이들의 미래는 또한 잠정적인네, 그 이유는 그들은 시민이 아니기 때문이다.

출생률, 합법적 이민과 불법적 이민, 수명, 그리고 은퇴 속도는 노동시장에서 근로자의 유용성에 영향을 주는 소수의 장기적 인구 동향이다. 노동력의 인구 통계는 몇 개 범주의 변화를 보여준다(노동통계국, 2012/2013). 예를 들어 라틴계 노동력의 비율은 2008년에는 대략 14%부터 시작해서 2020년에 노동자의 18.6%에 이를 것으로 기대된다. 노동력에서 아시아계 미국인의 비율은 2020년에 5.7%에 이를 것으로 기대된다. 아프리카계 미국인들은 2020년에 노동력의 12%를 구성할 것인데, 아주 작은 정도의 증가를 보여준다. 백인 노동자들은 2020년에 미국 노동력의 2/3에 약간 못 미치는 정도를 구성할 것으로 기대된다.

향후 몇 년은 노동인구 중에서 16~24세 근로자의 비율이 11.2%까지 감소될 것으로 예측된다. 하지만 베이비부머들이 나이가 들어가면서 55세 이상의 연령층은 2020년에 노동인구의 25%까지 이를 것으로 기대된다. 이른바 25~55세까지의 주요 노동 연령(prime working age)의 노동자들은 노동인구의 63%를 약간 상회할 것이다.

이러한 통계치들의 전반적인 영향은 평가하기가 어렵다. 하지만 가장 나이가 든 노동자 집단이 증가할 때, 더 젊은 노동자를 위한 일자리의 유용성에 은퇴가 영향을 줄 것으로 예상할 수 있다. 그러나 이 책에서 때때로 지적하듯이, 나이가 많은 노동자들은 그들의 수입을 유지하기 위해서 그리고 그들이 자신의 일을 즐기기 때문에 전일제 또는 시간제로 자신의 커리어를 지속하기 위한 선택을 하고 있다. 이러한 결정들은 더 젊은 근로자들이 자신의 직업에서 승진하는 것을 더 어렵게 만들 수 있다. 확실히 직장은 계속 다양해질 것이다. 직장에서 소수민족의 증가는 현재 노동력과 미래의 근로자들 사이에서 문화적 차이에 대한 이해를 높일 필요성을 높여준다. 이 점은 우리가 미래를 예측할 때 공립학교, 중등 과정 이후의 교육기관, 그리고 기업 내의 커리어 개발 전문가들이 직면하는 주요한 도전이 될 것이다. 소수민족 근로자, 여성, 그리고 불법 노동자들의 이익에 대한 지지가 또한 필요하다. 또한 노동력의 본질, 글로벌 경제의 존재, 그리고 대부분의 기업에 의해 제공되는 고객들의 다양성과 같은 이유 때문에 제2언어를 사용하는 근로자들이 유리한 입장에 있게 될 것처럼 보인다.

정부의 크기

지방정부, 주정부, 중앙정부 기관들은 수많은 사람들을 고용한다. 모든 수준에서 정부를 축소하는 것에 찬반 논의들이 아주 많다. 일반적으로 보수파들은 더 작은 정부를 선호하고, 진보파(또는 그들은 때때로 혁신파로 불림)는 더 큰 정부를 선호하지만 최근에는 이러한 경계가 희미해졌다. 정부기관들은 납세자의 돈으로 일을 하고, 그 때문에 부담이 될 수도 있다. 이 이슈는 일정 기간 동안은 길게 논의되기 쉽지만, 모든 수준에서 정부를 축소하려는 결정이 있어야 하고, 그 결정은 극적일 것이다.

단기적 동향의 원인

단기 동향에 영향을 미치는 몇 가지 요인들의 예시가 밝혀질 수 있다. 객관적으로 보면 이러한 것들은 보통 장기 동향보다 더 작은 영향력을 갖는다. 그럼에도 불구하고 일시적인 요인들에 의해 만들어지는 상황에 있는 개인들에게는 그 영향력이 대단히 파괴적일 수 있다. 일부 요인들은 거의 경제 전반에 영향력을 끼친다. 다른 요인들은 보다 특정한 분야에만 영향을 미칠 수 있다.

단기 동향의 가장 명확한 원인 중 하나는 다양한 유형의 재앙들로, 이는 인재나 자연재해 모두를 포함한다. 지진, 허리케인, 홍수, 화산 폭발은 오랫동안 그 지역의 직업 패턴을 방해하고 바꿀 수 있다. 감귤 재배지역의 예기치 않은 추위는 현재의 작물들을 죽일 뿐 아니라 만약 나무들이 심각하게 피해를 받는다면 생산을 위해서 몇 년이 필요한 새로운 작물 심기를 필요로 할 수 있다.

인재(human disaster)가 또한 영향을 줄 수 있다. 전쟁이나 전쟁의 위협은 시민의 직업에서 군대 배치까지 많은 근로자들을 전환시킨다. 그것은 이후에 제조업과 다른 영역을 군 관련 제품의 생산으로 바꾸게 되므로 다른 영역들에 영향을 준다. 그것은 또한 국가의 안위에 덜 중요하다고 고려되는 분야의 근로자 수의 심각한 부족을 초래할 수 있다.

패션, 레크리에이션, 그리고 다른 활동들에서의 새로운 방향은 또한 새로운 수요를 만들거나 예전 수요를 줄임으로써 직업 구조를 바꿀 수 있다. 예를 들어 남녀 공용 미용실은 전반적으로 이발소를 대체하였다. 유사한 방식으로 옷깃 길이와 단 길이의 변화는 옷이 해지기 훨씬 전에 옷을 구식으로 만들 수 있다. 영화 스타, 운동선수, 또는 TV 스타들의 흉내를 내는 것은 이전에 없었던 요구를 만들어낼 수 있다. 일부 기술의 발달은 때때로 유행처럼 시작해서(예 : 아이팟), 빠르게 대규모 일자리 창출의 기반이 된다.

계절 변화는 또한 영향력이 있다. 여름은 레저용품과 서비스에 대한 수요가 증가하는 경향이 있다. 겨울은 방한용품에 대한 수요가 증가한다. 신학기 시즌은 소매점에서의 구입에 영향을 미치는데, 그 이유는 제조사가 제품들을 준비해 온 정도가 영향을 미치기 때문이다. 심는 시기와 수확 시기는 농업 영역에서 전형적인 패턴을 변화시킨다. 연례 휴가 쇼핑 시즌은 일시적인 판매 근로자, 우편 집배원, 운송 근로자와 다른 근로자들에 대한 수요를 만든다.

단기 경제 요인들은 또한 영향력을 행사한다. 장기간의 일반적 기업 동향이 상승하거나 하강함에도 불구하고, 더 큰 동향의 작은 요인들이 고려할 만한 변화를 보여준다. 이러한 단기적인 증감을 만드는 요인들에는 파업, 예상치 못한 원재료와 가공품의 과잉이나 부족, 일시적 시장 붕괴, 이율 변화에 의한 단기 자본에 대한 접근 변동, 인플레이션 압력, 변화하는 세법, 때때로 가능한 사건의 예측이 있다.

2020년까지의 직업의 세계

직업 변화를 만들기 가장 쉬운 요인 중 일부를 밝혀낼 때, 오늘날 그리고 가까운 미래에 있을 직업의 세계가 간단하게 검토된다. 이전 논의는 미래에 나타날 수 있는 갑작스러운 변화들을 지적했다. 주요한 변화들은 보통 약간의 시간을 필요로 한다. 그래서 최근 동향에 기초한 예상은 보통 가까운 미래가 주는 것을 가장 안전하게 추정하는 것이다. 이 논의에서 대부분의 초점은 2010년과 2020년 사이의 기간에 맞췄으며, 이를 위해 노동통계국 추정이 유용하다.

미래에 대한 예상

노동통계국(BLS)은 정기적으로 노동력에 대한 다양한 측면 관련한 예측을 한다. 표 20.2는 세 가지 유형의 정보를 포함하는데, 목록화한 직업에 들어가는 데 필요한 교육에 대한 정보뿐 아니라 만들어진 직업의 수에 기초해서 빠르게 성장하는 직업들의 리스트와 그러한 동일한 직업의 증가의 대응 비율이 그것이다. 2010년의 근로자의 임금이 또한 목록화되어 있다.

표 20.2의 자료가 당신에게 말해주는 것은 무엇인가? 가장 명확한 답은 임금 정보 앞의 직업을 얻기 위해 필요한 정보를 보여주는 오른쪽 끝 열의 '진입 수준의 훈련'에서 알 수 있다. 가장 빠르게 성장하는 직업들은 간호와 중등 과정 이후 교사를 제외하고는 고등학교 졸업장 이하를 필요로 한다. 더욱이 이러한 것들은 대개는 저임금 직업들이다. 아주 조금 교육 받은 사람들을 위한 직업이 사라지고 있다는 신화가 있음에도 불구하고, 상대적으로 적은 교육을 받은 사람들을 위한 직업은 계속 있을 것이다.

표 20.2는 고용 창출의 전체 이야기를 말하지는 않는다. 빨리 성장하는 직업 20개 중 4개는 의료 서비스에 있는데, 많은 직업(예 : 의사)이 높은 급료를 받는다. 이것은 사람들이 더 오래 산다는 사실과 관련이 있지만, 나이를 먹으면서 사람들은 더 높은 수준의 그리고 더 집중적인 의료 서비스를 필요로 하기 때문이다. 또한 교육 직업의 성장이 있을 것으로 기대되는데, 예를 들면 중등 과정 이후의 교사, 초등과 중등학교 교사, 보조교사가 있다. BLS(2012/2013)로부터의 직업 예상 자료를 검토하면 깜짝 놀랄 만한 사실을 발견할 수 있다. 가장 빨리 성장하는 직업 20개 중에 기술직

표 20.2 2010~2020년 성장에 근거해서 빈자리가 가장 많은 10개 직업의 예상, 2010년의 임금 그리고 그 직업에 들어가기 위해서 필요한 교육/훈련에 대한 추정

직종	2010년 고용	2020년 예상	숫자 변화	비율 변화	2010년 5월 임금(달러)	진입 수준의 훈련
등록 간호사	2,737,000	3,449,000	712,000	26	64,690	15세 이상
소매판매	4,251,999	4,968,000	768,000	17	20,670	고졸 미만
재택건강 보조원	1,017,000	17,239,000	706,300	69	20,560	고졸 미만
개인돌봄 보조원	861,000	1,468,000	607,000	71	19,640	고졸 미만
일반 사무원	2,950,700	3,440,200	489,000	17	26,610	고졸
음식 준비원과 웨이터	2,682,100	308,100	398,000	15	17,950	고졸 미만
세관직원 대표	2,187,300	2,525,600	338,400	16	30,460	고졸
트랙터-트레일러 트럭 운전사	1,604,800	1,934,900	331,100	21	37,700	고졸
육체노동자	2,068,200	3,081,000	398,000	15	23,460	고졸 미만
중등 과정 이후 교사	1,756,000	2,061,700	305,700	17	45,690	박사 또는 전문가

출처 : BLS(2012/2013). *Occupational Outlook Handbook*. Author. http://www.bls.gov/ooh/. 미국 노동통계국.

은 없다. 왜 그럴까? 많은 기술 직업들은 자동화되는데, 기계가 기계를 동작시킨다. 기술을 이용하는 시스템을 설계하는 소프트웨어 엔지니어와 근로자들은 수요가 많아질 것이다. 표 20.1과 20.2의 자료를 함께 볼 때, 제조업에서 서비스업 쪽으로 초점이 변하는 장기 직업 동향이 지속될 것처럼 보인다.

현실적 영향

커리어 개발 전문가들은 만약 그들이 고객들에게 정확한 커리어 정보를 제공하려 한다면, 노동시장에서의 변화들에 대한 영향력을 이해해야 한다. 제1장에서 민족과 인종적 소수집단들과 일반적인 소외집단을 위한 다양한 직업 선택을 격려할 필요성이 논의되었다. 아시아계 미국인을 제외하고, 이러한 집단들은 저임금 직업에 지나치게 많다. 그들이 직업 결정을 하고 있는 때에, 학생들은 자신들의 선택이 미칠 장기적 경제적 영향에 대해서 알고 있어야 한다. 무엇보다 교육과 고임금 직업의 유용성 사이의 관계 때문에, 교육 무대에서의 가치가 있음을 확인하기 위해 큰 노력이 들어가야 한다.

적극적으로 제조 직업을 고려하고 있는 사람들은 또한 미국 노동력에서 제조업의 쇠퇴현상에 대해서 알고 있을 필요가 있고, 많은 제조업은 우리가 미래로 가면서 사라질 것이다. 현재 녹색 일자리(green job)에 대한 많은 논의가 있는데, 이는 화석연료에 대한 의존을 감소시킬 직업으로, 일부 사람들이 말하듯이 지구 온난화와 기후 변화를 가속화하는 소위 온실가스의 수준을 낮추는 것이다. 하지만 미국 근로자들은 여전히 더 적은 돈을 받으면서 더 적은 부가 혜택을 받고, 많은 경우에 더 생산적이려고 애쓰는 다른 국가의 근로자들과 경쟁하게 될 것이다. 일부 사람들이 받아들

였던 '게으른 미국인' 신화는 그저 신화임을 주목하는 것은 중요하다. 미국 근로자는 세계 경제에서 가장 생산적인 근로자이다(Associated Press, 2007; Schaller, 2013). 아일랜드의 평균 근로자는 5만 5,986달러, 프랑스에서의 평균 근로자는 5만 4,609달러와 비교해서, 2012년에 미국 평균 근로자는 6만 3,885달러를 생산했는데, 이 차이의 일부는 매년 일하는 데 들어가는 시간 수의 결과로 볼 수 있다(예 : 미국 804시간, 프랑스 564시간). 하지만 최소한 7개 아시아 국가에서 근로자의 노동시간은 동일 기간에 2,200시간 이상이지만, 조금 더 생산했을 뿐이다(예 : 중국의 산업 근로자는 1만 2,642달러를 벌어들였다).

변화와 구조에 대한 정보의 근원

6학년 학생이 직업에 더 친숙해지게 하려고 돕고 있든지, 고등학교 졸업자의 구직을 돕든지, 장애 근로자가 다른 직업으로 옮기는 것을 돕든지 아니면 구조적으로 실업 상태인 근로자가 새로운 일을 찾도록 돕든지 간에 도와주는 사람과 내담자 모두 미래의 가능한 변화뿐 아니라 현재와 미래의 구조에 대한 정보를 필요로 한다. 현재 유용한 정보는 다양한 출판물의 형태로 이용 가능하다. 현재의 예상된 전국 직업 구조에 대한 정보는 인터넷에서 접근 가능하다. 노동통계국의 웹사이트 (http://www.bls.gov)는 정기적으로 최신 정보를 제공한다.

요약

이 장에서 한 가지 목표는 독자들로 하여금 직업 구조와 노동력이 본질적으로 역동적임을 알게 만들어주는 것이었다. 기술, 경제, 그리고 인구 변인을 포함해서 직업 구조에 지대한 영향을 미치는 일부 주요한 힘들이 밝혀졌다. 노동시장에 단기적 영향을 미치는 요인들에 대한 간략한 논의가 또한 제시되었다. 노동시장의 현재와 미래 상태에 대한 친숙함은 직업 세계에서 고객들의 잠재력을 최대화하고 싶어 하는 실무자들에게는 큰 가치가 있을 수 있다.

이 장의 퀴즈

T F **1.** 다른 나라로 기업의 일부 또는 전부를 옮기려는 기업 결정은 거의 그 기업이 근로자들에게 지불해야 할 임금에 따라 달라진다.

T F **2.** 어떤 직업은 가장 빠르게 성장하지만 상대적으로 일자리가 적은 것 중 하나가 되는 것도 가능하다.

T F **3.** 미국 근로자들은 다른 국가의 근로자들보다 더 많은 부를 만들어내는데, 그 이유는 주로 그들이 자신의 일에 대해서 잘 훈련되었기 때문이다.

T F 4. 고용 창출에 대한 예측은 그 예측의 시간표가 늘어나는 만큼 덜 정확하다.

T F 5. 기술 발달의 결과로 일자리 감소가 되는 첫 산업은 농업이다.

T F 6. 분명히 줄어들고 있는 일의 목록은 기술과 '해외업무위탁'의 영향력을 보여준다.

T F 7. 교육 전문가들은 중퇴자와 다른 교육 받지 못한 근로자들을 위한 직업시장에 대해서 오랫동안 염려했다. 우리의 현재 분위기에 기초해서 이 집단을 위한 일자리가 많지 않을 것이고, 그래서 그들의 두려움은 근거가 충분하다.

T F 8. 약한 미국 달러(말하자면 외국 통화보다 상대적으로 가치가 낮은)는 미국 수출과 미국의 일자리에 피해를 주기 쉽다.

T F 9. 생산성은 평균적인 노동자가 만드는 부의 총량으로 정의된다.

T F 10. 직업시장에서 향후 8년간 숫자가 가장 빠르게 증가할 것으로 기대되는 민족은 아시아계 미국인들이다.

(1) F (2) T (3) F (4) T (5) T (6) T (7) F (8) T (9) T (10) F

참고문헌

Associated Press. (2007, September 3). U.S. workers are world's most productive. *MSNBC*. Retrieved from http://www.msnbc.msn.com/id/20572828/

Bureau of Labor Statistics. (2012/2013). *Occupational Outlook Handbook*. Washington, DC: Author.

Center for Legal Immigration Studies. (n.d.). Retrieved from http://www.cis.org/topics/legalimmigration.html

Schaller, T. F. (2013, August 20). Americans working more, relaxing less than their peers. *The Baltimore Sun*. Retrieved from http://articles.baltimoresun.com/2013-08-20/news/bs-ed-schaller-vacation-20130820_1_vacation-time-paid-vacation-days-u-s-workers

Schneider, H. (2013, July 12). This why the textile industry is relocating to places like Bangladesh. *The Washington Post*. http://www.washingtonpost.com/blogs/wonkblog/wp/2013/07/12/this-is-why-the-textile-industry-is-relocating-to-places-like-bangladesh/

U.S. Census Bureau. (2013). Trade in goods with China. Retrieved from http://www.census.gov/foreign-trade/balance/c5700.html

WikiInvest. (2008). Auto makers. Retrieved from http://www.wikinvest.com/industry/Auto_Makers

찾아보기

저자 소개

Duane Brown

25권의 책 초판과 매뉴얼의 저자이다. *Psychological Consultation and Consultation*을 포함한 40여 권 이상의 책과 100여 편 이상의 책에 부분 참여하고 저널을 출판했다. 아이오와주립대학교, 웨스트버지니아대학교, 노스캐롤라이나대학교(채플힐 소재)에서 교수직을 역임했으며, 밴쿠버대학교, 드레이크대학교에서 강의를 했다. 미국 항공, 바베이도스 노동부와 수많은 대학협회 공립학교시스템(뉴욕, 뉴저지, 아이오, 웨스트버지니아, 오하이오)과 정부기관에서 자문가로 활동했다. 현재는 커리어와 개인상담을 무료로 제공(Pro Bono)하고 있다. 전미커리어개발협회(NCDA)를 포함하여 여러 기관의 회장직을 역임하였고, 전미커리어개발협회의 회원이며 NCA Ella Stephens Barrett Award와 NCDA Eminent Career Award를 수상한 바 있다.

역자 소개

박종원

아주대학교 심리학과 졸업
아주대학교 대학원 심리학과(문학박사, 직업심리학 전공)
아주대학교, 성균관대학교, 한국외국어대학교, 선문대학교, 한경대학교 강사
    역임
현재 아주대학교 사회과학연구소 연구원

주요 저서
직업심리학(김완석 등과 공저, 학지사)

이성준

아주대학교 심리학과 졸업

아주대학교 대학원 심리학과(문학박사, 건강심리학 전공)

아주대학교, 한국외국어대학교, 선문대학교 강사 역임

아주대학교 학생상담센터, 여대생커리어개발센터 연구원 역임

현재 삼성인력개발원 영덕연수원 명상강사, 아주대학교 사회과학연구소 연구원, 몸마음
　　챙김 비니요가 연구소 연구원

송연미

한경대학교 조경학과 졸업

필리핀 데 라살 대학교 마닐라 교육심리대학원 상담심리학과(철학박사, 임상상담심리학
　　전공)

세인트 아놀드 통합치료센터 박사인턴 수료(필리핀 마닐라)

한국기술대학교 학생상담센터, 강동구 다문화건강가족센터 외국인 상담사 역임

강릉원주대학교, 청운대학교, 동남보건대학교, 대전대학교, 충청대학교 강사 역임

현재 마음플러스 심리상담센터/연구소 소장, 미국 벡센터 인지치료학회 정회원

김완석

고려대학교 심리학과 졸업

고려대학교 대학원 심리학과(문학박사, 산업심리학 전공)

사단법인 한국명상학회 회장 역임

현재 아주대학교 심리학과 교수

주요 저역서

직업심리학(김병숙 등과 공저, 박문각)

직업상담을 위한 심리검사(전진수와 공저, 학지사)

커리어상담(김선희와 공역, 시그마프레스)

직업심리학(박종원 등과 공저, 학지사)